2025

복음적인
예배와
설교를
위하여

— 김항안, 선종욱 목사 —

GLORIA

축제 같은 예배와
신바람 나는 설교를 위하여
항상 수고하시는

_____ 께

_____ 가

드립니다.

축제 같은 예배
신바람 나는 설교!

김항안 목사
선종욱

GLORIA

축제 같은 예배! 신바람 나는 설교!

2025 복음적인 예배와 설교를 위하여

저자
김향안/선종욱

펴낸이
한국교회정보센터

편집책임자
김유리

발행처
주식회사 한국교회정보센터앤글로리아

주 소	서울 동작구 상도로 265-14
전 화	1566-3004
팩 스	(02) 824-4231
이메일	kcdc@chol.com
홈페이지	www.kcdc.net
등 록	1989년 3월 9일 제 3-235호
재등록	2007년 3월 9일 제 3-235호

발행일/인쇄일
1판 1쇄 만든 날 / 2024년 9월 15일
1판 1쇄 펴낸 날 / 2024년 9월 22일

온라인
예금주 주식회사 한국교회정보센터앤글로리아

국민은행 029337-04-009631

값 37,000원

축제 같은 예배! 신바람 나는 설교!

2025 복음적인 예배와 설교를 위하여

G·L·O·R·I·A
KOREA CHURCH DATA CENTER

내년이면 『복음적인 예배와 설교를 위하여』를 쓰기 시작한 지 30년이 된다. 독일 유학을 마치고 귀국한 후 한국교회 강단에 복음적인 예배와 설교가 선포되게 할 마음으로 집필을 시작했었다. 그리고 교회와 목회자들에게 영적인 부싯돌 같은 목회 정보와 교회 성장의 노하우(Know How)와 노웨어(Know Where)를 공유하고 싶어 '한국교회정보센타(www.kcdc.net)'를 만들어 헌신한 지 벌써 40년이 되어간다.

6월 5일 '목회자의 날'을 기념하여 시작한 〈목회자 초청 영적 성장 세미나〉를 할 때마다 국내외에서 온 매년 3,000 ~ 5,000명이 넘는 목회자와 사모들이 의자도 없는 바닥에 무릎을 꿇고 앉아 경청했고, 밤을 지새우며 기도하는 그분들을 보면서 이 일을 지속해야 하는 하나님의 뜻을 알게 되었다.

그리고 참으로 많은 목사님을 만나면서 '그래 목사라면 이것에 목숨을 걸어야지'라는 생각을 하게 되었다. 이제 내 나이 80을 훌쩍 넘기고, 90을 바라보면서 평생 많은 목회자들을 만나고 부흥회나 세미나를 할 때마다 강조했던 것을 여기에 다시 한번 '목사가 목숨을 걸고 해야 할 가지'로 요약해 보았다.

ㅣ목사는 기도에 목숨을 걸어야 한다

목사의 영성(靈性, Spirituality)은 '기도'로 판가름 난다. 기도, 그것은 목사의 생명이다. 기도 안 하고 목사 된 사람은 없다. 목사는 기도하는 사람이다. 그러나 목사가 얼마나 기도하는지는 목사 자신과 하나님만 아신다.

기도는 목사의 목숨을 이어주는 숨통이다. 숨통이 막히면 죽는다. 목사에게서 기도가 사라지면 죽은 송장이나 마찬가지이다. 죽은 송장이 있는 곳에서는 고약한 냄새가 난다. 기도하지 않는 목사가 서 있는 강단에서 복음의 향기가 나겠는가? 썩은 냄새만 날 뿐이다.

목사여, 혼자 기도하는 시간을 가져라. 목사가 기도하지 않으면 죽는다. 그런데 마치 새벽기도 후 감동과 열정이 없이 목사는 오래 남아 있어야 한다는 식으로 습관화되면 자기가 기도하는지 기도하지 않는지를 전혀 깨닫지 못한다. 이렇게 되면 목사에게 기도는 멀어지게 되고 국은 기도하지 않는 목사로 타락한다.

목사가 교인들에게 기도를 강조하면서도 자기는 기도를 잊고 살면 이는 마치 죽은 목사와 같다. 그러므로 목사는 기도를 습관화하지 말고 매일 목숨을 걸고 하나님께 기도해야 성공적인 목회를 할 수 있다.

┃ 목사는 말씀에 목숨을 걸어야 한다

목사에게 성경은 생명이다. 막말로 '성경은 목사의 밥통이다.' 우리 솔직하게 말해보자. '성경을 얼마나 읽었는가?' 스스로 '성경을 백 번 안 읽고 목사가 된 사람은 도둑놈이다.'라는 말이 뇌리에 박혀 있어야 한다. 성경으로 밥 먹고 사는 목사가 성경을 백 번도 안 읽고 설교한다면, 양심적으로 진짜 목사인가, 가짜 목사인가를 자신에게 물어보아야 한다.

성경을 한두 번 읽어서는 모른다. 성경은 최소한 백 번은 읽어야 내용을 알 수 있다. '아는 것만큼 보인다.'라는 말이 있다. '아는 그것이 힘이다.'라는 말도 있다. 성경을 많이 읽어 말씀을 많이 알면 힘 있는 목사가 된다. 설교에 힘이 붙는다. 성경을 백 번 정도 읽고 나면 성경책을 덮어놓고 눈을 감아도 성경 속이 환하게 보일 것이다.

성경은 무조건 읽어야 한다. 필자의 성경 읽기는 하루에 한 권이었다. 오늘 창세기를 읽고, 내일은 출애굽기를 읽었다. 시편을 읽는 날은 힘이 들었지만, 신약과 서신서는 쉬웠다. 보통의 경우에는 한 권을 읽고 짧으면 하루 정한 시간만큼 더 많이 읽으면 쉬워진다.

목사는 모든 걸 내려놓고 성경을 매일 읽어야 한다. 우리가 한 끼의 식사를 안 하면 굶주림을 느끼는데, 목사도 매일 성경을 읽지 않으면 영혼이 굶주리므로 매일 정한 시간에 성경을 읽어야 한다.

┃ 목사는 예배와 설교에 목숨을 걸어야 한다

목사는 설교자이다. 목사의 설교는 성도들에게 살아있는 하나님을 보여 주는 시간이다. 그러나 많은 목사가 성경에서 살아있는 하나님을 만나지 못하기 때문에 생명을 잃은 죽은 설교를 한다. 목사는 설교를 통해서 성도들이 하나님을 만나게 해야 한다. 목사의 설교는 '하나님께서 예수 그리스도를 통해서 주시는 놀라운 삶'을 말해야 한다.

목사는 평생을 설교자로 살아간다. 목사는 날마다 설교와 씨름을 하며 산다. 능력이 있는 설교자! 목사라면 누구나 원하는 바람이다. 듣는 사람이 감동한다. 병자가 낫고 이적이 일어난다. 문제가 해결되고 성도들이 변한다. 이렇게만 되면 목회보다 더 신나는 일이 세상 어디에 있겠는가? 그러나 솔직히 쉬운 일이 아니다.

요즘 흔히 뜨는 목사는 교인들 앞에서 유쾌·상쾌·통쾌한 몸짓으로 아주 재미있게 설교한다. 그러면 교인들도 박장을 치면서 함께 즐기며 예배를 드린다. 또한 설교의 내용도 성경 말씀은 어디론가 실종되고 재미있는 농담이나 웃기는 말로 채워져서, 거룩한 하나님은 없고 세상사와 춤추며 즐기는 예배로 타락한다. 이건 분명히 복음적인 설교가 아니고 거룩한 하나님께 드리는 경건한 예배가 아니다.

예배와 설교는 하나님과 사람이 인격적으로 하나가 되는 만남의 장소이다. 고통이 변하여 기쁨이 되는 곳이다. 영원한 죽음이 영원한 생명으로 재창조되는 곳이 예배이다. 그러므로 목사는 예배를 드리고 설교할 때 기록된 성경 말씀을 중심으로 메시지가 설교로 선포해서 인간의 존재는 사라지고 오직 하나님만 실존하여 계시는 예배를 드려야 한다.

┃ 목사는 찬양에 목숨을 걸어야 한다

찬송은 하나님과 사람을 움직이는 힘이 있다. 신앙의 절정은 찬송을 통해서 나타난다. 기적도 찬송이 있는 곳에서 시작된다. 그래서 찬송은 하나님이 해 주신 일에 대한 반응이다. 하나님께서 나를 위해서 해 주신 일이 너무나 신기하고 놀라워 그 은혜를 인간이 표현할 수 있는 가장 확실한 감사의 표현 방법이 찬송임을 알아야 한다.

찬송은 목사가 전전하는 성도들을 고무시키므로, 비틀거리는 교인들을 격려함으로 영적 생활 가운데서 전진하도록 해 준다. 이 찬송은 목사를 사회의 적극적인 증인으로 불러세운다

즉, 탐욕과 묵인, 이기심 등을 조장하는 지배적인 문화에 동조하지 않게 하는 것이다. 목사에게 찬송은 전도에 열의를 갖게 하고 사명으로 불타게 한다. 따라서 목사에게 찬송은 생활이 되어야 한다. 목사에게 가능하면 20개 이상 찬송가를 외우면 좋을 것이다.

작은 종이에 가사를 쓴 쪽지를 들고 다니면서 시간이 날 때마다 보고 부르게 하면 된다. 일 년에 찬송가 하나 못 외운다는 것은 핑계일 뿐이다. 새벽 기도를 마친 후 강단에서 정한 찬송을 외울 때까지 부르면 된다.

찬송가가 없을 때 목사는 거침없이 성도들과 함께 찬송을 인도하면서 부를 수 있어야 한다. 야외에서 예배를 드릴 때, 장례식장에서, 산에서. 목사 당신은 찬송가 없이 몇 곡이나 부를 수 있는가? 외우는 찬송이 목사의 자산이 됨을 알아야 한다.

ㅣ목사는 섬김에 목숨을 걸어야 한다

예수님은 섬김을 받고자 세상에 오시지 않았고, 세상과 사람들을 섬기시기 위하여 세상에 오셨다. 예수님께서는 대야와 수건을 집어 드셨다. 그리고 제자들의 발을 씻겨 주셨다. 이렇게 하신 후에 "내가 주와 또는 선생이 되어 너희 발을 씻겼으니 너희도 서로 발을 씻기는 것이 옳으니라 내가 너희에게 행한 것 같이 너희도 행하게 하려 본을 보였노라"(요 13:14-15)라고 말씀하셨다.

하나님의 나라에서 천하면 고귀한 것이고, 내려가는 게 올라가는 것이다. 목사의 약함이 강함이고, 섬김이 힘이다. 목사가 정말로 힘이 있기를 원하는가? 목사가 교인들에게 자비를 입은 지도자가 되기를 원하는가? 목사가 하나님의 쓰임을 받아 성도들의 상처가 치유되기를 원하는가? 그렇다면 모든 교인의 종이 되기를 배우라.

"아무든지 첫째가 되고자 하면 뭇 사람의 끝이 되며 뭇 사람을 섬기는 자가 되어야 하리라"(막 9:35).

"내가 진실로 진실로 너희에게 이르노니 한 알의 밀이 땅에 떨어져 죽지 아니하면 한 알 그 대로 있고 죽으면 많은 열매를 맺느니라 자기의 생명을 사랑하는 자는 잃어버릴 것이요 이 세상에서 자기의 생명을 미워하는 자는 영생하도록 보전하리라 사람이 나를 섬기려면 나를 따르라 나 있는 곳에 나를 섬기는 자도 거기 있으리니 사람이 나를 섬기면 내 아버지께서 그를 귀히 여기시리라"(요 12:24-26)

| 목사는 청빈에 목숨을 걸어야 한다

가난한 목사와 부자 목사, 일반적으로 대도시의 대형 교회의 담임목사는 돈과 재산이 많아 부자이고, 농촌이나 시골의 작은 교회의 목사는 생계를 이룰 수 없게 가난하다. 그래서 이제 '청빈'은 목사에게 훈장이 아니라 벌칙이다.

세계에서 가장 가난한 대통령은 우루과이 호세 무하카 대통령(80세)이다. 그는 자신의 월급의 3분의 2는 나라에 기부하고, 3분의 1만으로 생활하는 농부 대통령이다. 42명의 비서와 수행원이 있는 대통령 궁을 노숙자들의 쉼터로 내주고, 수행원을 포함한 4명만을 데리고 우루과이 수도 몬테비데오의 외곽에서 농사를 짓고 산다.

예수님께서 "마음이 청결한 자는 복이 있나니 그들이 하나님을 볼 것임이요"(마 5:8)라고 말씀하셨다. 청빈은 마음이 청결한 사람으로 문자 그대로 마음이 깨끗하다. 이는 모든 복 가운데 가장 포괄적인 복이다. 구름이 있으면 하늘이 안 보인다. 마찬가지로 마음에 죄와 욕심이 가득하면 하나님도 안 보이고 주님도 안 보인다. 목사가 청빈한 마음을 가지면 자신이 보이고, 다른 교인도 보이고, 하나님도 천사도 보인다. 청빈을 실천하는 목사가 교인에게 존경받는다.

| 목사는 가정 화평에 목숨을 걸어야 한다

목사에게 가정은 행복의 보금자리다. 목사에게 가정이 없으면 마치 사막에 사는 것과 같다. 그런데 가정이라고 모두 행복하지는 않다. 화평한 가정은 행복하지만, 불화하는 가정은 불행하다.

목사에게도 가정이 소중하다. 힘들어 지쳐있는 가족에게 목사가 건네는 따뜻한 말 한마디가 가족에게는 얼마나 큰 힘이 되는지 모른다. 가족이 매사에 자신감을 잃고 그야말로 고개를 숙이고 있을 때 목사가 던지는 따뜻한 위로의 말 한마디는 큰 힘이 되는 것이다.

요즘 가족들은 서로 인정만 해 주면 더 바랄 것이 없다고 말한다. 온 세상이 인정해줘도 가족이 인정해주지 않으면 행복을 느끼지 못한다. 가정의 화평을 위하여 서로 나누는 위로의 말, 격려의 말, 존중하는 말, 사랑의 말, 평화의 말 한마디가 개인을 행복하게 하고 가정의 화평을 이룬다.

한국교회정보센타가 추구하는 원칙은 복음의 실용성과 현장감이다. 따라서 책의 내용은 물론 분량과 편집도 30년 동안 변함없이 그 원칙을 따라 만들고 있다.

올해도 이 책이 나오기까지 수고해 주신 분들을 잊을 수 없다. 바라는 것은 매년 이 책을 사용하시는 모든 주의 종과 강단이 복음적인 말씀과 은혜가 강물처럼 흘러넘치는 통로가 되고, 수원지가 되기를 기도한다.

2024년 9월 17일
김항안 목사 · 선종욱 목사

복 음 적 설 교 를 위 해 서

| 복음적 설교를 위한 비유의 해석과 적용

지난해에는 교훈과 담론 본문을 어떻게 복음적으로 설교할지에 대해서 설명하였다. 내용을 잠시 기억한다면 교훈과 담론의 주체가 누구인지, 담론의 대상자가 누군지를 확인하자고 제안하였다. 담론의 논리적 전개를 살피고, 논리적 전개에 따라 담론을 나누되, 잠언 1:8의 본문을 논리적으로 전개해 보았다. 담론에서 교훈을 찾고, 교훈을 포인트에 따라 신앙으로 연결하는 사례를 제시하였다. 마지막엔 원고 정리와 퇴고에서 복음적 설교양식인지를 살피려고 하였다.

올해는 복음적 설교를 위한 비유의 해석과 적용을 살피려 한다. 성경에는 수많은 비유가 등장한다. 대표적으로는 복음서에 나타난 예수님의 비유이다. 그리고 구약성경에도 실상이나 하나님의 뜻을 깨닫게 하려고 비유를 제시하는 사례가 있다. 사사기에는 기드온의 막내아들 요담이 그리심산 꼭대기에서 왕이 되는 나무의 이야기로 아비멜렉의 악행을 소리쳐 외친 적이 있었다. 요담이 말하는 나무의 이야기는 아비멜렉의 욕망과 악행의 실상을 고발하는 비유였다.

하나님이 예레미야를 통해 비유로 깨닫게 하신 적이 있었다. 하나님이 예레미야에게 토기장이가 토기를 빚는 장면을 보여주셨다. 토기장이는 그릇을 빚다가 맘에 안 들면 토기를 깨뜨린다. 하나님이 예레미야를 통해 "이스라엘 족속아 진흙이 토기장이의 손에 있음 같이 너희가 내 손에 있느니라"라고 말씀하셨다. 이 외에도 예레미야서에는 썩은 띠, 포도주 병, 예레미야의 독신 생활 그리고 무화과 두 광주리의 비유가 있다. 비유에는 모두 의미하는 바가 있다.

예수님도 가르치실 때 비유를 말씀하신 적이 많다. 마태복음 13장의 경우에 천국에 관해 7가지 비유가 있다. 누가복음에는 잃은 것을 찾는 세 개의 비유가 있다. 마태복음 25장에는 천국에 관한 비유가 세 가지 있다. 예수님은 비유가 아니면 아무 것도 말씀하시지 않은 적도 있었다(마 13:34). 예수님이 이처럼 비유를 많이 말씀하셨다면 설교자는 비유에 관해 관심을 가져야 한다. 그리고 해석과 적용에 유의해서 설교해야 한다. 잘못하면 이단적으로 치우친다.

| 비유의 목적을 먼저 파악하자

하나님이 예레미야에게 비유를 말씀하신 이유가 무엇인가? 또 예수님께서 비유가 아니면 말씀하시지 않은 적도 있었는데, 왜 그러셨을까? 비유를 말한다면 그 목적이 있을 것이다. 비유보다 직설적으로 이야기하면 더 잘 알아듣고, 분명할 텐데 왜 하필이면 비유로 말해야 할까? 그것은 직설적으로 말하는 것보다 비유로 말하는 것이 듣는 사람들에게 어떤 효과를 주기 때문이다. 말하는 의도와 청중들에게 나타나는 효과를 우리는 비유의 목적이라고 말할 수 있다.

비유의 목적은 어려운 것을 쉽게 이해시키려 함이다. 사람의 눈에 보이지 않는 것, 상상해야 하는 것은 말로 설명하기 어렵다. 말로 설명해야 하는 데, 청중들이 알아듣기 어렵거나 자기 생각과 다르다고 반박하면 말하는 설명의 목적을 이루지 못한다. 이때 비유로 한다면 비유와 관련된 원래의 의미를 보다 쉽게 이해할 수 있다. 어려운 내용일수록, 또 쉽게 반박을 받을 수 있는 내용일수록 비유로 말하는 것이 더 효과적이다. 즉, 비유는 말하는 사람의 기술이다.

비유는 청중들에게 더 깊고 넓게 생각하는 기회를 제공한다. 직설적인 내용은 청중이 악감정을 갖고 강하게 반발할 가져올 수도 있다. 그러나 비유는 의미를 깨닫는 시간동안 반발을 늦춘다. 왜냐하면 비유는 여운을 갖게 때문이다. 청중들은 비유를 들은 후에 비유의 의미에 대하여 생각하고 비유의 원 뜻을 짐작하는 시간을 갖는다. 빨리 깨닫고 빠르게 행동하는 것도 필요하지만 천천히 깊이 깨닫고 지속적으로 행동하는 것도 필요하다. 이때 비유가 필요하다.

비유로 가르치면 듣는 사람들에게 흥미를 준다. 흥미가 있으면 듣는 청중들이 더 많아진다. 또 다른 사람들에게도 흥미를 가진 내용을 들어보라고 말한다. 즉, 흥미를 주는 비유들은 청중들이 기억하기 쉽고 다른 사람들에게 전달하기도 쉽다. 더 많은 사람에게 알려주려는 의미가 있을 때, 말하는 사람이 그 목적을 이루려면 의미에 흥미를 부여해야 한다. 흥미 있는 애용일수록 더 많은 사람들에게 들려지고, 빨리 더 널리 퍼져나가기 때문이다. 비유가 그렇다.

ㅣ비유와 관련된 개념을 파악하자

비유에는 원관념과 보조관념이 있으므로 관념의 구분이 필요하다. 비유는 말하고자 하는 바를 다른 대상에 빗대어서 말하는 방법이다. 말하고자 하는 바를 '원관념'이라고 하고, 다른 대상을 '보조관념'이라고 한다. 원관념은 비유에서 표현하고자 하는 바를 말하고, 원관념에 비유하는 것을 보조관념이라고 한다. 예를 들어 예수님이 천국을 말씀하시면서 씨 뿌리는 비유를 말씀했는데, 이때 원관념은 천국이고, 보조관념은 씨를 뿌리는 행위와 농부 등을 말한다.

원관념은 사실과 진실을 담은 소재이다. 원관념은 대체로 형태가 없으며 깊고 다양한 의미들을 내포한다. 원관념을 설명하려면 표현의 내용이 어렵고 장황할 수 있다. 그러나 보조관념을 사용하면 쉽고 짧게 원관념을 설명할 수 있다. 그러므로 보조관념이 있어야 원관념을 보다 잘 설명할 수 있다. 보조관념은 원관념의 뜻이나 분위기가 잘 드러나도록 도와주는 관념이기 때문이다. 설교자는 어떤 비유를 보듯이 원관념과 보조관념을 먼저 살피고 구분해야 한다.

설교자들이 비유를 해석하고 적용하는 데 있어서 문제를 노출하기도 한다. 비유를 해석하고 적용하는 데 있어서 보조관념과 원관념을 혼동하거나 뒤바꾸는 착각을 저지르기도 한다. 비유가 말하려는 원관념을 제쳐두거나 무시하고 보조관념 자체만을 중요시하는 경우가 있다. 비유는 겉으로 드러나는 이야기이고, 비유의 이면에는 내재하는 진리와 교훈, 강조점이 있다. 그런데 빈약한 문해력을 가진 사람은 비유에서 대한 원관념을 무시하는 현상을 보인다.

교회 역사에는 보조관념이 의미하는 원관념을 엉뚱하게 제시하는 경우가 있었다. 대표적인 사례가 선한 사마리아인의 비유이다. 예수님이 이 비유를 말씀하신 것은 이웃에게 선을 행하라는 목적이다. 그런데 비유에서 등장하는 예루살렘, 여리고, 제사장과 레위인, 사마리아 사람, 기름 등의 내용에 영적 의미를 부여하는 바람에 이웃에게 선행을 하라는 예수님의 목적을 발견하지 못하였다. 보조관념에 지나친 의미를 부여하므로 원관념이 왜곡되는 대표적 사례이다.

I 비유의 흐름을 잡아라

대부분 성경의 비유는 일종의 이야기 형식을 띤다. 아주 짧은 이유라도 이야기 형식이면 줄거리와 흐름을 갖는다. 긴 이야기를 축약하여 짧게 구성할 수도 있다. 아무리 짧아도 이야기를 구성하는 요소는 담겨있다. 그러므로 설교자는 비유이야기 속에서 구성 요소들을 찾아낼 수 있어야 한다. 대부분의 구성 요소들은 발단, 전개, 위기, 절정, 결말, 반전 등이 펼쳐지는 구조를 갖는다. 이야기의 구조에는 구성 요소 중에 제외되거나 건너뛰는 요소들도 있다.

또 이야기는 인물, 배경, 사건으로 구성되기도 한다. 이야기에는 인물의 생각이나 성격, 상황에 따른 행동양식이 나타난다. 이야기 안에는 인물 간의 갈등과 대립, 화합이 보이기도 한다. 인물 사이에 일어나는 일들이 곧 사건이다. 천재지변이라는 사건이 발생해도 이야기가 흥미 있게 구성되려면 인물 사이의 사건이 담겨야 한다. 인물 사이의 사건도 발단, 전개, 위기, 절정, 결말의 구조를 갖는다. 즉, 이야기의 흐름이 존재한다.

그러나 비유는 이야기를 구성하는 데 정형화된 구조를 갖지 않을 수 있다. 비유에서 제시하려는 메시지가 훨씬 더 중요하고, 메시지와 관련이 없는 관념은 과감하게 배제할 수 있다. 구조와 구성이 정형화된 이야기와 소설에서도 흐름을 정확하게 잡기 어려운데, 비정형화된 비유에서는 흐름을 잡기 더 어렵다. 그만큼 비유에서 말하려는 메시지와 원관념을 발견하고 설명하는데 설교자들이 어려움을 느낄 수 있다. 그래서 흐름에 관한 이해가 필요하다.

비정형화된 비유의 흐름을 잡으려면 먼저 구조와 구성요소가 정형화된 소설과 이야기의 흐름을 잡는 연습이 선행되어야 한다. 설교자의 독서가 폭넓고 깊어야 한다. 소설과 에세이, 이야기 등을 읽고 메시지를 발견하는 문해력 훈련도 있어야 한다. 설교자의 노력에 성령께서 감동하시면 설교자는 비유의 흐름을 쉽게 파악하는 자신을 발견할 것이다. 설교자에게 비유에 담긴 원관념과 하나님께서 알려주시려는 메시지가 보다 선명하게 보이는 감동을 경험할 것이다.

| 상징적 해석을 경계하라

비유를 해석하는 여러 방법이 있다. 그중에 가장 널리 알려지고 쉬운 해석 방법은 상징적인 해석방법이다. 풍유적 해석방법이라고도 하고 알레고리 해석이라고도 한다. 비유를 상징적으로 해석하면 비유의 내용이 재미있고, 해석에 대한 흥미가 생기며, 해석 내용이 독특할 수 있다. 그러나 성경의 모든 비유를 상징적으로 해석하는 것은 문제가 있다. 이런 시도는 비유 안에 상징이 있으므로 모든 비유 안에 상징이 존재한다는 과일반화의 오류를 범하는 것이다.

설교자는 성경에서 상징적으로 해석하는 사례를 보일 때만 상징적 해석을 시도하는 것이 좋다. 예를 들어, 씨를 뿌리는 비유이다. 예수님이 씨 뿌리는 비유를 말씀하셨을 때, 제자들이 비유의 의미를 예수님께 질문했다. 누가복음 8장에서 예수님은 씨, 길 가에 있는 것, 바위 위에 있는 것, 가시떨기에 떨어진 것, 좋은 땅에 있다는 것의 의미를 차례로 말씀하셨다. 이처럼 비유의 의미를 정확하게 말씀하신 적이 적다는 것이 사실 우리가 당면한 문제이다.

우리는 예수님이 의미를 명확하게 제시하신 비유도 그 내용 중에서 하나 이상을 간과할 수 있다. 거기에 설교자가 본인의 생각을 덧붙이는 사례가 매우 많다. 하물며 예수님이 알려주지 않은 비유들에 대해서 설교자는 가능하면 알기 쉽고 듣기 쉽게 설명하려는 욕구를 갖는다. 비유를 해석하는 데 있어서 당장에 편리한 방법, 익숙한 방법을 사용하고, 청중들에게 그럴 듯하게 설명하고픈 욕구를 갖는다. 상징적 해석은 그 욕구를 정당화시키는 방법이 될 수 있다.

성경에 상징이 있고, 성경의 비유 안에 상징이 있다 해서 모든 성경을 상징으로 해석하거나 모든 비유를 상징으로 해석하는 것은 반드시 문제를 야기한다. 필연적으로 청중들에게서 신앙의 문제를 발생시킨다. 상징적 해석 한 가지만을 고집하면 청중들에게 영적 무지와 교만을 발생시키고, 사회적으로 윤리적 문제를 야기하는 행동을 조장하기도 한다. 설교자가 영적 소경이 수준이면 하나님 나라 백성으로 살아야 할 청중들을 구덩이로 빠뜨리고야 말 것이다.

I 자의적(恣意的) 해석을 경계하자

상징적 해석으로 문제를 일으키는 사람들에게서 나타나는 현상을 비윤리성이다. 어느 시대에나 일부 설교자들에게서 자기 편리한 대로 성경과 비유를 해석하는 사례가 있다. 해석자의 인간적 욕망을 합리화하고 정당화하는 목적에 의해 해석하는 경우도 있다. 해석의 적용은 청중들에게 설교자에게 무엇을 가져다주어야 하는 것이다. 청중들에게 과도한 헌신과 섬김, 금욕과 빈곤을 요구하고, 그 결과로 나타나는 잉여재산을 설교자 자신이 착복하는 사례이다.

건전한 교단, 전통적인 대부분의 교단에서는 이런 형태의 설교자가 걸러진다. 그런데 건전하고 전통적인 교단에 속한 설교자 중에서도 본인도 모르게 실수할 수 있다. 그리하여 목회적 목적이라는 명분에 의해 청중들에게 무엇을 강조하면서 강조의 정당성을 확보하려고 성경을 왜곡하여 해석할 수 있다. 누구에게나 자의적 해석의 가능성이 존재한다. 그러므로 설교자는 성경을 해석할 때 본인의 욕망이 해석의 내용 안에 담겼는지를 스스로 치밀하게 점검해야 한다.

앞서 말한 바 선한 사마리아인의 비유의 경우 예루살렘을 떠나 여리고로 가는 이야기를 해석하는 경우를 보자. 고대 교회부터 종교개혁을 거쳐 18세기에 이르기까지 예루살렘을 교회라고 해석하는 사례가 많았다. 여리고는 세상이고, 여리고로 가는 것을 배교하고 세속화되는 것으로

말하는 경우가 많았다. 이런 해석만 해도 상징적 해석인데, 예루살렘을 지칭하여 자기가 목회
하는 교회, 여리고를 다른 교회로 말한다면 그야말로 자의적 해석의 전형이라 할 것이다.

자의적 해석의 기저에는 인간의 욕망이 숨어 있다. 자신의 욕망을 들여다보는 눈이 없거나
부족하다면 신앙적으로 성숙하지 못한 상태이다. 자신의 욕망을 알아도 내려놓지 못하는 합리
화하는 시도는 신앙을 욕망 충족의 수단으로 삼는 것이다. 게다가 자신의 해석만 옳고 성령의
감동이라고 주장하면 영적 교만이라 할 수 있다. 성경을 해석하고 적용하는 데 있어서 아전인
수가 나타날 수도 있다. 성경을 해석하는 데도 겸손해야 하고, 자신을 비울 수 있어야 한다.

| 비유를 복음적으로 해석하자

복음적이라는 표현의 의미가 무엇인가? 수차례 강조한 바 삼위일체 하나님께서 우리에게 주
시는 은혜이다. 비유를 복음적으로 해석한다면 비유 안에서 삼위일체 하나님이 주시는 은혜를
발견해야 한다. 성부 하나님이 준비하신 은혜, 성자 예수님이 베푸신 은혜, 성령께서 베푸시려
는 은혜 등 비유 안에서 얼마든지 은혜를 발견하고 적용할 수 있다. 은혜의 시각, 복음적인 사
고방식으로 생각하면 사람의 관점이 아닌 하나님의 관점에 의한 비유 해석이 가능하다.

사례를 하나 들어보자. 밭에 감추어진 보화의 비유와 진주장사의 비유이다. 이 비유는 대부
분 천국의 비유라고 하면 감추어진 보화와 값진 진주는 천국 혹은 믿음으로 해석한다. 그래서
모든 재산을 매각한 사람의 행동을 믿음을 위해 모든 것을 버리고 희생하는 것이라 생각한다.
성도들에게도 천국을 알게 되었으니 어떤 희생을 치르더라도 천국을 사모하며 가져야 하고, 놓
치면 안 된다고 가르친다. 이는 사람의 행동과 헌신, 섬김을 강조하는 해석이다.

전혀 다른 해석 방법이 있다. 필자는 이것을 복음적 해석이고 은혜에 기반한 해석이라고 생
각한다. 밭에 감추어진 보화와 값진 진주를 믿음의 사람으로 보는 경우이다. 농부와 진주장사
를 하나님으로 보고, 팔았던 모든 재산을 아들이신 예수 그리스도로 해석한다. 이렇게 해석하
면 하나님이 우리를 값진 보화로 여기시고, 당신의 독생자 예수의 생명을 희생하심으로 우리를
얻으셨다. 하나님의 발견, 예수님의 희생, 우리를 얻으심 등이 모두 하나님의 은혜이다.

전혀 다르게 해석한 내용에서 인간의 주도성은 전혀 없다. 오직 하나님의 주도성만 존재할 뿐이다. 인간의 헌신을 강조한 해석과 하나님의 주도성을 강조하는 해석 중 무엇이 더 은혜에 기반하고 복음적인가? 판단은 독자의 몫이다. 인간의 헌신과 희생 강조도 틀린 해석이라고 단언할 수는 없다. 신앙에는 인간의 헌신 영역이 존재하기 때문이다. 그러나 복음적으로 설교하려 할 때 비유에서 하나님의 은혜를 발견하고, 은혜를 받는 우리를 강조해야 하지 않겠는가?

| 복음적인 원고를 작성하자

비유에서 원관념과 보조관념, 비유의 흐름을 잡고 상징적이거나 자의적 해석을 경계하며 복음적으로 해석할 수 있다면 그다음에는 어떻게 해야 하겠는가? 비유를 통하여 하나님의 은혜를 청중들에게 전달해야 한다. 좀 더 세련되고 뚜렷하며 정확하게 전달하려면 복음적 원고 작성이 필수이다. 복음적 원고 작성에서 중요한 점이 무엇인가? 강조점을 말할 때 문장의 주어를 삼위일체 하나님으로 표현하고, 하나님의 은혜를 서술하며 우리를 대상으로 구성해야 한다.

위의 밭에 감추어진 보화와 진주 장사의 비유에서 복음적인 원고 작성 사례를 보자. 이렇게 표현할 수 있다. "하나님께서 우리를 발견하셨습니다. 비유에서 농부는 우연히 보화를 발견하지만 사실 하나님은 우리를 찾고 또 찾으시며 우리 안에 있는 믿음의 가능성과 하나님 형상의 모습을 발견하셨습니다.", "하나님께서 당신의 독생자를 희생하여 우리를 얻으셨습니다. 진주 장사가 진주를 샀는데, 하나님은 우리를 독생자의 피, 즉 당신의 피로 사셨습니다."(행 20:28)

씨 뿌리는 비유에 적용해 보자. "예수님이 우리 안에 말씀의 씨를 뿌리셨습니다. 예수님이 우리 마음을 옥토로 가꾸십니다. 예수님이 우리에게서 믿음의 열매를 원하십니다. 예수님이 우리 안에서 믿음의 열매를 맺으십니다." 선한 사마리아인의 비유에 적용해 보자. "예수님이 우리에게 선한 이웃의 모습을 가르치셨습니다. 예수님이 우리에게 선한 이웃이 되어 살아가기를 원하십니다. 예수님이 우리에게 이웃을 사랑하는 구체적 방법을 친절하게 알려주셨습니다."

원고의 모든 문장을 삼위일체 하나님을 주어로, 하나님의 일하심을 서술어로, 우리를 대상이나 목적으로 표현하기는 어렵다. 모든 문장을 정형화하면 딱딱하고 건조한 문장과 원고가 작성될 여지가 있다. 하지만 분명하게 강조해야 할 때, 대지의 핵심 문장, 결론을 맺고 강조하며 앙의 확신을 부여해야 할 때는 복음적인 문장으로 적을 필요가 있다. 복음적 표현이 자연스러운 설교자가 아닌 바에야 분명하게 강조해야 할 내용은 복음적 문장으로 준비해야 한다.

다음 해에는 성경에 나타난 기적과 표적을 어떻게 관찰하고 복음적으로 설교할 것인지를 이야기하려고 한다.

이 책 의 사 용 법

1. 본문에 관한 내용

- **본문 선택** : 여기서 사용한 본문은 교회력에 의한 성서 일과를 참고하여 한국교회정보센타 집 위원회가 정한 원칙에 따랐다(성경은 개역개정성경 사용).
- **성서 일과** : 교회력에 의하여 구약, 서신서, 복음서 세 가지 본문 중에 하나를 선택하여 주 본문으로 정했으며, 신구약의 알맞은 조화를 위하여 노력했다.
- **설교 본문** : 성서 일과 중에서 주일 대예배를 위한 본문으로 선택된 성경 본문(음영으로 조처리)은 구약, 서신서, 복음서 중 하나를 정했다. 선택된 복음적인 조명도 그 양을 달리 다. 주일 대예배를 위해서 선택된 본문은 한국교회정보센타가 매주 목회자에게 제공하는 회자료 중 설교 자료의 본문과 일치시켰다. 따라서 더 많은 설교 자료에 대한 참고를 원할 는 한국교회정보센타가 매주 발행하는 자료, 즉 주일 대예배 본문을 중심으로 만들어가는 교 자료 6~7편(복음적인 본문 설교, 강해 설교, 주해 설교, 대지 설교, 제목 설교, 상황 설 등)과 이 설교를 돕는 예화 자료 6~8편, 본문 설교를 돕는 참고자료를 이용하면 유익한 것 를 많이 얻게 될 것으로 사료된다.
- **기 타** : 성서 일과 중 본문으로 선택되지 않은 나머지 본문에 대한 설교 자료 및 참고 자료 한국교회정보센타에서 매주 주일 예배와 수요 예배, 금요철야 예배를 위해서 회원들에게 주 제공되는 자료를 참고하면 된다.

2. 예배에 관한 내용

- 예배에 사용되는 각종 기도문은 복음적인 감격과 실천 지향적인 의미를 주는 기도문이 고 노력했다.
- 복음적인 예배와 설교를 위하여 예배의 실제 모델은 지면 관계상 생략했다. 복음적인 예 위해서는 저자 김항안 목사가 쓴 『절기예배의 이론과 실제』, 『특별 예배의 이론과 실제』(출판 글로리아)를 참고하기 바란다.

3. 교회력

- 교회력 중에 모든 교단이 공통으로 사용하는 것은 그대로 사용했다. 그러나 교단별로 다 념일 등에 대한 것은 혼란을 피하고자 생략했다. 그 대신 여백을 만들었기 때문에 각자 단의 실정에 맞게 적어서 활용하기 바란다.

기타 설교에 대한 안내

새벽 설교, 금요일 밤 설교, 수요일 밤 설교는 지면 관계상 생략했다. 그러나 금요일 저녁과 수요일 예배를 위한 설교 자료는 한국교회정보센타 홈페이지(www.kcdc.net)를 통하여 제공되는 목회자료를 참고하면 많은 도움을 받을 수 있다.

새벽 기도에 관해서는 한국교회정보센타에서 발행하는 『새벽기도를 위한 365일 기도문』(도서출판 글로리아)을 참고하거나, 홈페이지를 통하여 매월 새롭게 회원들에게 제공하는 자료에서 도움을 받을 수 있다.

찬송 선곡

가능한 한 교회력과 성서 일과에 따라 본문의 주제에 맞는 찬송을 설교 전, 설교 후로 나누어서 두 편씩 선곡했다(21세기 찬송가 사용). 성가대를 위한 선곡도 성서 일과에 의한 주제에 맞추어서 선곡했다. 지면 관계상 곡명과 작곡자만을 기재했다. 성가곡의 출처는 아래와 같다.

① 교회력에 의한 예배찬양(기독교음악사) 1~7권
② 교회합창(기독교음악사) 1~5권
③ 예배성가곡집(서울음악사) 1~4권
④ 교회력에 의한 예배찬양(호산나음악사) 1~3권
⑤ 명성가곡집(미완성출판사)
관련된 책자는 일반 기독교 서점에서 구입할 수 있다.

편집 방법

효과적으로 이용할 수 있는 자료가 되기 위하여 바인더 형식을 취했다. 첫째 이유는 언제 어디서나 쉽게 활용할 수 있는 실용성 때문이고, 둘째 이유는 목회자가 스스로 만든 자료를 가감할 수 있는 자료집이 되게 하기 위함이다.

특별예배

송구영신, 교회설립예배, 사순절과 같은 특별 절기를 위한 예배자료와 영상자료, 설교 및 예화자료는 김항안 목사가 별도로 쓴 『복음적인 송구영신예배를 위하여』, 『사순절을 주님과 함께』, 『감동적인 고난주간을 위하여』(도서출판 글로리아)를 참고하면 된다.

교 회 력

구약 성서의 히브리력				교회력	
양력	히브리력	기후	농사계절	기념일	절기
1	10 (데 벳)		겨울엄동		현현절(주현절) Epiphany 1월 6일 – 3월 1주 (성회 수요일 이브)
2	11 (스 밧)	우기 늦은 비		15 – 식목일	
3	12 (아 달)		복숭아꽃	14 – 부림절	사순절(수난절) Lent 3월 5일 – 4월 2주 (부활절 이브)
4	1 (니 산)		보리 추수 시작	14 – 유월절 15 – 무교절 시작 21 – 유월절 무교절의 끝	부활절 Easter 4월 20일 – 6월 1주 (오순절 이브 승천절)
5	1 (니 산)		보리 추수	4 – 현충일 5 – 독립기념일	
6	3 (시 완)		밀 추수	6 – 오순절(칠칠절) 유월절 이후 7주	성령강림절 Pentecost (오순절) – 11월말 주
7	4 (탐무즈)	건조기			
8	5 (아 브)		포도, 무화과 감람이 익는 때	9 – 성전파괴일	
9	6 (엘 룰)		포도 추수 시작		
10	7 (티쉬리)		이른 비 경작 시작	1 – 나팔절 10 – 속죄절 15 – 21 초막절 장막절	
11	8 (헤스반)	이른 비	밀, 보리 파종		
12	9 (기슬르)			25 – 수전절	대강절(대림절) – 크리스마스 이브
	10 (데 벳)		겨울엄동		성탄절(12월 25일) – 1월 5

24

예 전 및 절 기

색상	의 미
흰 색	순결, 완전, 기쁨을 상징한다. 예수님의 생애에서 수난일을 제외하고 주요 절기를 나타낸다. 성탄절, 부활주일, 승천주일, 삼위일체 주일, 결혼 등에 사용된다.
빨간색	불과 피의 빛이며 성경, 순교, 하나님의 사랑을 나타낸다.
보라색	슬픔과 통회를 표하는 것으로 대강절, 사순절에 사용된다.
초록색	대자연의 푸른색으로 소망, 중생, 양육, 선교 등을 나타낸다.
검정색	슬픔을 상징한다. 예수 수난일, 장례식에 사용된다.

구분	의 미
양력 陽曆	기원은 1581년 교황 그레고리우스 13세(1572-85)의 'Inter gravissimas' 교황 칙서에서 유래되었다. 그레고리우스 13세는 율리우스력(B.C. 47년 율리우스 카이사르에 의하여 수립된)의 시간 계산에서 나타난 오차를 바로 잡고 1582년 날 수 중 10일(10월 5일부터 14일)이 달력에서 제거되어야 한다고 지적했다. 따라서 1582년의 10월 4일의 다음 날은 곧바로 10월 15일이 되었다. 그러한 차이의 근본적인 원인은 율리우스력이 1년을 정확히 365¼일로 계산하여 4년마다 한 번씩 윤년을 두었다는 사실에 있다. 매 윤년의 2월 24일은 2일간 지속되었다. 그레고리우스력(Gregorian Calendar)은 개혁된 거의 모든 카톨릭 국가에서 채택되었으나, 프로테스탄트 국가에서는 서서히 채택되었다. 현재 모든 국가가 이 달력을 사용하는 것은 아니며 희랍 정교회에서는 음력 제도를, 이스라엘에서는 고유한 달력인 유대력을 사용하고 있다. 한국에서는 일제 치하인 1896년부터 사용하다가 1948년 9월 국회에서 음력 사용을 결정했다. 1961년 군사 정부에 의하여 양력이 다시 사용되었으며 현재에는 양·음력을 병행하여 사용하고 있는 실정이다. 양력을 사용하면서 각종 기념일은 양력으로 표기되기 시작했고 음력의 계산법은 점차 뒷전으로 밀려나기 시작했다.
음력 陰曆	우리가 사용하는 산력인 음력은 중국의 달력인 월산력(月算曆)에 근거한 것으로 인도의 태음력과 유사하다. 두 달력의 윤일 산정법, 월차 계산법 등은 당시 엄격한 천문학적 계산에 근거하여 얻어졌다. 흔히 이 두 달력의 음력 수치 계산을 바벨론 문화 유산으로 많이 착오한다. 그러나 중국의 월산력법은 다른 곳과는 다른 그들 나름대로의 독특하고 고유한 천문학적 방법에 의거하여 수치 계산을 하고 있다. 우리나라의 음력 사용은 중국과의 밀접한 관계 속에서 받아들여져 자연스럽게 사용되고 있었으나 일제 치하인 1896년에는 사용이 중단되는 시기를 맞기도 했으며 해방 이후 국회에서 음력 사용을 결의하기도 했으나 세계화의 추세 속에서 보편적인 양력을 채택, 오늘에 이르고 있다. 음력은 아직까지 농업이나 어업, 관혼상제 등 우리 삶과 깊게 묶여 예민한 독특성을 인정받고 있다. 씨의 파종 시기나, 물의 간차를 시기적절하게 파악한 자연 운영력이 강한 월산력이라 하겠다.

절 기 표

	24절기	음력	양력
봄	입춘(立春) : 봄이 시작되는 철	1월 절	2025년 2월 3일
	우수(雨水) : 비가 내리는 철	1월 중	2월 18일
	경칩(驚蟄) : 동면하던 곤충이 깨어나는 철	2월 절	3월 5일
	춘분(春分) : 봄철 태양 환경이 분기되는 철	2월 중	3월 20일
	청명(淸明) : 날씨가 맑고 밝은 철	3월 절	4월 4일
	곡우(穀雨) : 곡식에 좋은 비가 내리는 철	3월 중	4월 20일
여름	입하(立夏) : 여름이 시작되는 철	4월 절	5월 5일
	소만(小滿) : 보리알이 굵어지는 철	4월 중	5월 21일
	망종(芒種) : 보리를 베는 철	5월 절	6월 5일
	하지(夏至) : 여름으로 해가 가장 김	5월 중	6월 21일
	소서(小暑) : 조금 더운 철	6월 절	7월 7일
	대서(大暑) : 매우 더운 철	6월 중	7월 22일
가을	입추(立秋) : 가을이 시작되는 철	7월 절	8월 7일
	처서(處暑) : 더위가 그치는 철	7월 중	8월 23일
	백로(白露) : 흰 이슬이 내리는 철	8월 절	9월 7일
	추분(秋分) : 가을에 태양 환경이 분기됨	8월 중	9월 23일
	한로(寒露) : 찬 이슬이 내리는 철	9월 절	10월 8일
	상강(霜降) : 서리가 내리는 철	9월 중	10월 23일
겨울	입동(立冬) : 겨울이 시작되는 철	10월 절	11월 7일
	소설(小雪) : 눈이 조금 오는 철	10월 중	11월 22일
	대설(大雪) : 눈이 많이 오는 철	11월 절	12월 7일
	동지(冬至) : 겨울의 막바지 철	11월 중	12월 22일
	소한(小寒) : 조금 추운 철	12월 절	2026년 1월 5일
	대한(大寒) : 매우 추운 철	12월 중	1월 20일

순 서 매 김

2024년 본문

2025년 본문

12월의 예배와 설교를 위하여

일	요일		본문	설교제목	기타 (예화, 참고자료)
1	주일	낮			
		밤			
4	수				
8	주일	낮			
		밤			
11	수				
15	주일	낮			
		밤			
18	수				
22	주일	낮			
		밤			
25	수				
29	주일	낮			
		밤			

성 경	이사야 27:1-3	예전색상	보라색

예배의 부름	"또 유대 땅 베들레헴아 너는 유대 고을 중에 가장 작지 아니하도다 네게서 한 다스리는 자가 나와서 내 백성 이스라엘의 목자가 되리라 하였음이니이다"(마 2:6) **말**구유에 강림하신 아기 예수님의 탄생을 기다리는 감동을 주신 하나님 아버지! 약속하신 대로 오실 구세주 아기 예수 그리스도의 탄생을 소망하면서 기다리는 대림절기를 주신 것을 감사드립니다. 저희는 절망과 고통 속에서도 곧 오실 주님을 기다리는 마음으로 무릎 꿇습니다. 성령으로 거룩하게 하시고, 예배 가운데 임재하시는 하나님을 뵈게 하옵소서. 교회력의 첫 절기 시작일에 말씀을 통해서 빛을 발견하고 가지고 나온 문제들의 실마리를 풀어나가는 지혜를 얻게 하옵소서. 예수님의 이름으로 기원하옵나이다. 아멘
회개를 위하여	첫 단추가 중요합니다. 올해가 우리 인생에 가장 중요한 해라고 생각하고 우리 안에 도사리고 있는 가장 무서운 적이 무엇인가를 성찰하고 꼭 실천하겠다는 다짐을 하고 성령님과 동행하겠다는 각오를 십자가에 못을 박듯 가슴에 새기는 기도를 계속합니다.
고백의 기도	**인**간의 지혜로 계수할 수조차 없는 은혜받은 기회를 주시는 하나님 아버지! 허물투성이 저희를 사랑으로 맞아 주시고 고백하고 회개할 수 있는 마음을 허락해 주심을 감사드립니다. 교회력에 따라 대림절 첫 번째 주일예배를 드립니다. 저희가 두려워해야 할 것은 가난도 아니요. 궁핍함도 아닙니다. 하나님께서 원치 않는 것을 얻고 누리려고 헛고생만 한 지난날들의 부끄러움임을 고백합니다. 불쌍히 여겨 주시옵소서. 이 시간 회개의 눈물을 흘립니다. "제 탓입니다."라고 회개의 가슴을 치며 부르짖습니다. 용서하여 주옵소서. **습**관적으로 죄를 범했던 그 순간들이 찰거머리처럼 저희 곁을 떠날 줄 모르고 괴롭히고 있습니다. 잘못이라는 것을 알면서도 저희 욕심의 타당성으로 포장을 하며 살았음을 고백합니다. 이제 남은 날 동안 망가진 영혼을 거듭나게 하려고 말씀과 기도와 찬양의 옷을 입겠습니다. 주의 몸 된 교회를 위하여 눈물을 흘리면서 기도하겠습니다. 몸으로 봉사하지 못하고 입으로만 떠들었으며 어리석음을 버리겠습니다. 이 시간 마음으로 고백하는 저희 모든 잘못을 지워 없애시고 십자가 보혈로 다시 한번 씻음 받는 주의 말씀을 들려주옵소서. 우리 주 예수 그리스도의 이름으로 기도합니다. 아멘
사함의 확인	"여호와여 내 젊은 시절의 죄와 허물을 기억하지 마시고 주의 인자하심을 따라 주께서 나를 기억하시되 주의 선하심으로 하옵소서"(시 25:7)
성시교독	115. 구주강림(1)
설교 전 찬 송	9장(하늘에 가득 찬 영광의 하나님) 283장(나 속죄함을 받은 후)
설교 후 찬 송	285장(주의 말씀 받은 그 날) 427장(맘 가난한 사람)

12
01

금주의 성 가	강림절 송가 – 김종환 하나님께서 세상을 사랑하심 – Thomas Ahrens 오 깊으신 사랑 – Everett Titcomb
목 회 기 도	**죄**인들을 구속해 주시기 위해 독생자를 이 땅에 보내주신 하나님 아버지! 죄악의 암흑이 깔려 있던 이 세상에 구세주 예수 그리스도를 보내셔서 죄악으로 만연된 세상을 광명의 새 나라로 변화시켜 주신 은혜와 사랑을 감사드립니다. 지금이라도 주님 손 잡고 가기를 간절히 원합니다. 교회 공동체가 서로서로 관심을 두고 위로하고 서로 협력하면서 덕을 이루고 선을 이루어가기를 소망합니다. 우리 교회가 영혼을 사랑하신 예수님의 심정으로 섬기면서 상처받은 마음이 치유되게 하옵소서. 성도들의 생활현장에서 성령의 교통하신 은혜 따라 말씀을 실천하는 생활이 이 나라의 어둠을 밝히는 빛이 되게 하여 주옵소서. **하**늘 백성들을 의의 길로 인도하시는 하나님 아버지! 우리 교회 성도들이 서로 격려받고 위로받고 싸매주는 교회가 되게 하여 주옵소서. 우리 교회 주변에 주님을 모르는 사람들이 저희의 모습을 보고 교회를 향하여 오해하거나 잘못된 생각들이 변하고, 긍정적으로 변하여 구원으로의 초청에 응할 수 있도록 복 내려주시옵소서. 각 기관이 먼저 믿음 안에서 하나가 되는 뿌리를 내리고 활동의 열매가 사랑과 믿음 속에 탐스럽게 맺혀지게 하옵소서. 오늘도 각 가지 사연을 들어 주시옵시고 해결의 실마리가 풀리는 귀한 은혜의 날이 되게 하여 주옵소서. 예수님의 이름으로 기도합니다. 아멘
헌금을 위 한 성 구	"너의 가운데 모든 남자는 일 년에 세 번 곧 무교절과 칠칠절과 초막절에 네 하나님 여호와께서 택하신 곳에서 여호와를 뵈옵되 빈손으로 여호와를 뵈옵지 말고 각 사람이 네 하나님 여호와께서 주신 복을 따라 그 힘대로 드릴지니라"(신 16:16–17)
헌 금 기 도	**주**의 백성을 사랑하사 외아들까지 아낌없이 선물로 주신 하나님 아버지! 지난 한 주간에도 저희 삶에 필요한 것을 채워주신 은혜를 감사드립니다. 오늘도 주신 은혜를 생각하여 드리는 물질을 받아 주시옵소서. 오늘 성삼위 하나님께 물질을 드리는 이 심정으로 주께서 맡기신 일을 잘 감당할 수 있는 일꾼이 될 것을 새롭게 약속드립니다. 봉헌하는 이 헌금이 주의 일에 더욱 귀하게 쓰이게 하옵소고 감사한 마음으로 드린 모든 이들에게 항상 주의 일에 동역하며 헌신하려는 불타는 가슴을 주옵소서. **십**일조를 드립니다. 기도를 응답받고 감사를 드리고, 범사를 책임져주시는 은혜를 감사드리며 예물을 드립니다. 오늘도 주님의 예배 속에 응답받기를 사모하는 자녀들이 주일 헌금을 드립니다. 구역 헌금, 성미를 드립니다. 복음전파의 지상 명령을 기억하며 선교 헌금을 드립니다. 이 물질이 하늘 능력의 열매를 맺게 하옵소서. 한 주간 동안 교회 안에서 교회 밖에서 충성스럽게 봉사하는 성도들의 헌신이 있습니다. 몸으로 봉사하는 자녀들의 삶에 축복의 통로를 활짝 열어 주옵소서. 예수님의 이름으로 기도하옵나이다. 아멘
위탁의 말 씀	"그날에 너희는 아름다운 포도원을 두고 노래를 부를지어다" 집을 떠나면 고생이듯이 하나님을 떠난 사람들에게는 고통이 따릅니다. 하나님은 고통을 당하는 백성들을 보면서 돌아오기를 원하십니다. 혹 누군가 하나님을 떠나 사는 사람이 있으면 권하여 돌아오게 도와주어야 합니다.
축 도	지금은 죄인을 구원하기 위해서 하늘 보좌를 떠나 이 땅에 강림하시는 주 예수 그리스도의 무한하신 사랑과 독생자를 보내시기까지 죄인을 위하신 하나님 아버지의 망극하신 은혜와 성령님의 감화 감동하심이 대림절 첫 주간을 보내는 성도들과 가정과 그 기업 위에 지금부터 영원까지 함께하옵시기를 간절히 축원하옵나이다. 아멘

오늘의 설교를 위한 복음적 조명 주제 : 회복의 계절

제목 : 내가 회복시키겠다 | 본문 : 이사야 27:1-3

주제 : 사람은 하나님을 떠나서 살 수 없다. 그런데도 하나님을 떠난 사람들이 있다. 하나님을 떠난 사람들에게는 고통이 따른다. 하나님은 고통을 당하는 백성들을 보면서 돌아오기를 원하신다. 하나님이 예언자를 통해 회복을 말씀하심으로 백성들의 돌아옴을 기다리신다.

논지 : 하나님은 예언자를 사용하셔서 당신의 백성들에게 회복을 선언하신다.
  1. 백성들을 보호하시는 하나님
  2. 백성들을 용서하시는 하나님
  3. 죄인들을 징계하시는 하나님
  4. 백성들을 잡아주시는 하나님

　예수님의 오심을 기다리는 대림절이다. 예수님의 오심이 우리에게 은혜이다. 하나님이 계획하신 은혜가 있는데, 우리를 향한 하나님의 구원하심은 궁극적이고 완성되는 은혜이다. 이 은혜를 성취하려고 예수님이 오신다. 하나님은 사람을 지으실 때부터 은혜를 주셨다. 그런데 사람들이 하나님의 은혜를 잊고 살았다. 하나님 없이도 잘 산다고 착각하고는 하나님을 떠나 살았다. 하나님을 떠난 직후에는 실제로 잘 사는 것처럼 보인다. 세상의 온갖 좋은 것들을 다 누릴 수 있으니 잘 사는 것처럼 보인다. 그런데 언젠가부터 몸과 마음, 공동체에 이상 징후가 나타난다. 하나님을 떠나 무질서하게 살다 보니 마음은 비뚤어지고 몸에 병이 생긴다. 비뚤어진 마음으로 살다 보니 사람 사이에는 대립과 다툼이 일어난다. 대립하고 다툴수록 몸의 질병도 더 악화한다. 대립하고 다투는 사회에는 희망이 없다. 공동체의 힘도 약해진다. 하나님을 떠나 잘 먹고 잘산다고 하지만 공동체의 힘이 떨어지다 보니 다른 나라의 침략을 받고 추풍낙엽처럼 무너져 내린다. 하나님 없이 잘 살려고 했는데, 그 결과는 비참하고 처참한 생활로 나타났다. 하나님이 이런 백성들을 어찌해야 하실까? 하나님의 긍휼과 은혜가 다시 나타난다. 하나님은 백성들을 향해 회복의 소망을 주시고자 예언자를 통해 말씀하신다.

1. 백성들을 보호하시는 하나님

　하나님을 떠난 백성들이 고통을 당하였다. 고통을 가져다주는 존재가 얼마나 무섭고 대단한지 사람은 이겨낼 수 없다. 본문에는 리워야단과 용이 나타난다. 리워야단은 견고하고 크고 강하며 꼬불꼬불한 뱀이다. 용은 바다에 있다. 리워야단과 용은 백성들을 망하게 하는 사탄이라고 해석할 수도 있다. 리워야단과 용은 하나님의 백성들을 유혹하고 시험해서 노예로 삼아버리며 사망으로 이르게 하는 일종의 상징적 동물이다. 죄를 짓는 사람들은 이런 존재의 노예가 되었으므로 이런 존재를 이겨낼 수 없다. 오직 하나님만 이기실 수 있다. 사탄의 노예로 사는 백성들을 하나님이 보호하셔야 한다. 하나님이 리워야단을 벌하시고 용을 죽이신다. 그리고 백성들에게 아름다운 포도원에서 노래하게 하신다. 솔로몬 때 백성들이 포도나무 아래서 평안하게 산 적이 있었다(왕상 4:25). 그러므로 포도원은 평안히 살아가는 것을 의미한다. 하나님은 친히 포도원 지기가 되신다. 그래서 때때로 물을 주고, 밤낮으로 지키신다. 하나님이 아무든지 포도원을 해치지 못하도록 막으신다. 이는 백성들이 포도나무의 가지이고, 백성의 공동체가 포도원이라는 의미이다. 포도원 지기 하나님께서 포도원이 되는 백성들을 보호하신다. 예수님은 당신을 포도나무이고 아버지를 농부라고 하셨다(요 15:1).

12
01

2. 백성들을 용서하시는 하나님

포도원의 농부이신 하나님, 포도원 지기는 포도원을 향하여 어떤 마음을 가지겠는가? 농부가 가꾸는 나무와 과수원을 미워하거나 귀찮다고 할 수 있겠는가? 사람 중에는 그런 농부가 있을지 몰라도 하나님은 결코 포도원을 미워하지 않으신다. 하나님이 당신의 포도원으로 선택한 백성들을 향하여 진노를 멈추셨다. 찔레와 가시가 나서 포도원을 잠식한다고 해도 농부는 그것들을 자르고 밟고 모아서 불에 사른다. 만약 그렇게 안 한다면 찔레와 가시가 포도원 지기와 친구가 되자고 덤벼들 터이다. 하나님은 당신의 백성을 해치는 찔레와 가시를 용서하지 않으신다. 이는 백성들을 용서하신다는 방증이다. 하나님이 야곱의 뿌리가 박히고 움이 돋고 꽃을 피울 것이다. 야곱은 백성들의 조상이다. 즉, 백성들에게 새로운 시대가 열릴 것이다. 백성을 용서하신 하나님이 백성들의 삶에서 결실을 얻으실 터이고, 그 결실이 지면을 채우게 될 것이다. 백성들이 결실을 얻을 때 하나님이 자기들을 용서하셨고 회복시키신다는 믿음을 확증할 것이다. 하나님은 백성들을 책망하실 때도 원수들의 행동과는 다르게 하셨다. 원수들은 백성을 죽였지만, 하나님은 백성을 적당히 견책하셨을 뿐이다. 야곱의 불의가 용서받고 죄 없이함을 받을 것이다. 용서는 하나님과 백성 사이 관계회복의 길이다.

3. 죄인들을 징계하시는 하나님

용서받은 백성들은 하나님의 제단에 다른 것을 두지 않는다. 출애굽 당시 하나님은 모세를 통해 여호와 하나님 외에 다른 신을 두지 말고 어떤 형상이든지 만들지 말라고 하셨다(출 20:3,4). 그런데 하나님을 떠난 백성들이 하나님의 성전에 아세라와 태양상을 세우기까지 하였다. 하나님이 백성을 용서하실 때는 제단에 있는 모든 우상이 치워질 것이다. 우상의 재료들이었던 돌은 부서진 쇳돌처럼 산산조각이 날 것이다. 과거에 백성들이 하나님을 떠났을 때, 하나님이 그들을 징계하신 적이 있었다. 하나님은 죄인들을 반드시 징계하신다. 징계의 표시가 있었다. 견고한 성읍이 적막하였고, 사는 곳은 황무지가 되었다. 하나님을 아는 지식이 없으면 이렇게 된다. 하나님을 아는 지식이 무엇인가? 하나님이 사람을 지으셨음을 알고 믿어서 하나님을 섬기는 것이다. 하나님의 백성이라는 정체성을 알고 하나님의 뜻을 따라 살아가야 한다. 그런데 입으로는 하나님을 안다고 하면서도 생각을 하나님을 떠나있고, 행동 역시 하나님의 뜻과 반대로 나타낸다. 이런 사람을 지각이 없다고 말한다. 하나님은 지각이 없는 백성들을 불쌍히 여기지 않으시고, 백성들을 지으신 하나님이 그들에게 은혜를 베풀지 않으신다. 하나님이 백성들을 향해 마음을 돌이키실 때까지 시간이 얼마만큼 걸릴지 모른다.

4. 백성들을 잡아주시는 하나님

비록 지각이 없는 백성이라고 고통을 당하고 보면 하나님을 찾게 된다. 하나님을 찾는 백성들이 고통의 원인을 살펴본다. 그 원인은 바로 하나님을 떠난 죄이다. 입술로 하나님보다는 아세라와 태양상을 찾았고, 마음과 생각으로 우상을 의지하며 행동으로는 우상에게 절하였던 죄를 깨달았다. 죄를 깨달았다면 철저하게 회개해야 한다. 하나님은 회개하는 백성을 향하여 과거의 영광으로의 회복을 선언하신다. 백성들을 노예처럼 묶어두고 부렸던 사단을 하나님이 물리치신다. 그리고 하나님이 당신께 돌아오는 백성들을 붙잡아주신다. 하나님이 회복하시는 그날이 백성들에게 다가왔다. 뿔뿔이 흩어진 백성들을 하나님께서 하나하나 모으신다. 백성 중에는 이방으로 끌려가서 온갖 고생을 하며 생존하고 거기서 재산을 모았다 해도 그것은 이방인들에게 다 뺏기고 말 것이다. 이방인들에게 뺏겼다고 해서 실망할 필요가 없다. 하나님이 모두를 빼앗긴 백성을 예루살렘 성전으로 불러 모으신다. 그리고 하나님께 예배를 드리게 할 것이다. 비록 이방 땅에서 망한 백성이지만 하나님께서 붙잡아주신다. 그야말로 전화위복이다. 백성들은 이제 세상에서는 소망이 없고, 세상에 소망을 두면 안 된다는 사실을 알게 된다. 오직 하나님께 소망이 있고 하나님이 회복하심을 믿게 될 터이다.

성 경	베드로후서 1:15-21	예전색상	보라색

예 배 의 부 름	"모든 성경은 하나님의 감동으로 된 것으로 교훈과 책망과 바르게 함과 의로 교육하기에 유익하니 이는 하나님의 사람으로 온전하게 하며 모든 선한 일을 행할 능력을 갖추게 하려 함이라"(딤후 3:16-17)
	죄인에게 정결한 마음으로 새롭게 하시는 하나님 아버지! 말씀이 사람이 육신을 입고 세상에 강림하신 예수 그리스도를 보내주신 것을 감사드립니다. 하나님께서 우리에게 감동의 말씀을 주시고, 우리가 그 말씀에 순종하면서 오직 하나님의 말씀대로 삶을 이어가게 하옵소서. 오늘은 대림절 둘째 주일이자 성서주일입니다. 좌로나 우로나 치우치지 말고 주님께서 말씀하신 교훈과 훈계로 자신과 세상을 이기고 승리하게 하옵소서. 우리 주 예수님의 이름으로 기원하옵나이다. 아멘
회개를 위하여	우리는 지금까지 세상의 신문이나 잡지, 또는 소설을 즐겨 읽고 인터넷 카톡을 좋아하면서도 하나님의 말씀이 기록된 성경을 읽지 않았습니다. 이제는 자신을 돌아보면서 회개하고 하나님의 말씀이 기록된 성경을 부지런히 읽지 못하는 원인을 성찰하고 읽을 결심을 드리는 기도를 계속합니다.
고 백 의 기 도	**죄**에 찌든 영혼을 새 생명으로 소생시킬 생명의 말씀을 주신 하나님 아버지! 말씀이신 하나님을 만나 어두움 속에서 방황하던 영혼을 믿음의 바른길을 가게 하심을 감사드립니다. 오늘 주님 오심을 기다리는 대림절 두 번째 주일이자 성서 주일에 말씀을 들었으면서도 그 귀한 충고를 듣지 않고 고집과 욕심대로 살아온 것을 용서하여 주시옵소서. 말과 행동이 언제나 앞서나가 경솔한 실수를 저지르고 교회 안에 부덕한 모습으로 상처를 주는 일만 해왔던 잘못을 불쌍히 여겨 주옵소서.
	성서 주일에 우리 자신을 하나님의 말씀에 비춰보니 흠과 악이 가득한 걸 고백하나이다. 하나님의 말씀에 순종하지 않은 죄를 고백하나이다. 하나님의 말씀을 전파하지 않은 죄를 고백하나이다. 육신의 입맛을 살려 주기 위해서 멀리 있는 길을 달려가기도 하고, 많은 음식값을 지급했으면서도 성경을 읽는 일에는 너무나 인색했던 저희를 불쌍히 여겨 주옵소서. 하나님의 말씀은 좌우에 날선 칼과 같다고 하셨으니, 오늘 주시는 말씀으로 뼈와 관절을 쪼개어 변화된 사람이 되게 하옵소서. 말씀이 육신이 되신 예수 그리스도의 이름으로 고백의 기도를 드리나이다. 아멘
사함의 확 인	"오라 우리가 여호와께로 돌아가자 여호와께서 우리를 찢으셨으나 도로 낫게 하실 것이요 우리를 치셨으나 싸매어 주실 것임이라 여호와께서 이틀 후에 우리를 살리시며 셋째 날에 우리를 일으키시리니 우리가 그의 앞에서 살리라"(호 6:1-2)
성시교독	116. 구주 강림(2)
설교 전 찬 송	10장 (전능 왕 오서서) 200장 (달고 오묘한 그 말씀)
설교 후 찬 송	201장 (참사람 되신 말씀) 49장 (하나님이 언약하신 그대로)

12 08

금주의 성 가	임마누엘 오소서 – Elliott Goodwin 기뻐하며 찬양하라 – H. Messiter 예수님 다시 오리 – Arr. by John M. Rasley
목 회 기 도	죄악으로 더럽혀진 심령을 정결케 하시어 의의 병기로 쓰임받게 하시는 하나님 아버지! 정욕과 거짓으로 가득 찬 세상에서 순전한 믿음을 상실하지 않고 주님 앞에 나아와 예배드리게 하심을 감사드립니다. 없는 자를 들어 세상에 있는 자를 부끄럽게 하신다고 하셨던 말씀이 저희 생활을 통하여 증거되게 하옵소서. 믿음의 눈을 떠 세상의 소외되고 구석진 곳을 볼 수 있게 하옵시고 주님의 경륜 안에서 일하게 하옵소서. 하나님께서 세우신 이 교회를 통해 하나님의 형상이 회복되게 하옵소서. 올해 대림절기를 보내면서 주님 오심의 참 의미를 깨닫게 하시옵소서. 감사와 찬송을 받으시기에 합당하신 하나님 아버지! 우리 교회가 하나님의 뜻하신 바를 이루어가게 하옵소서. 하나님의 의를 이루어 갈 수 있는 교회가 되게 하옵소서. 교회를 위하여 기도하며 살겠다고 약속합니다. 선교와 전도를 위하여 헌신자의 모습으로 살 것을 약속합니다. 교회에 속한 당회와 제직회, 남전도회, 여전도회가 그 맡은 바 본분을 다할 수 있게 하시고 청년회와 학생회, 유년부, 소년부들 모두 다 어릴 때부터 말씀으로 잘 자라서 하나님의 나라에 크게 이바지할 수 있게 하여 주시옵소서. 예수님의 이름으로 기도합니다. 아멘
헌금을 위한 성 구	"아벨은 자기도 양의 첫 새끼와 그 기름으로 드렸더니 여호와께서 아벨과 그의 제물은 받으셨으나 가인과 그의 제물은 받지 아니하신지라"(창 4:4-5)
헌 금 기 도	거짓된 많은 돈보다 희생의 피가 묻은 헌금을 기뻐하시는 하나님 아버지! 가인은 세상의 땅에서 난 거짓 제물을 바쳤으나 받지 않으시고, 진실한 양의 첫 새끼와 그 기름을 기쁘게 받으신 것을 믿게 하심을 감사드립니다. 오늘 저희가 드리는 헌금이 아벨의 제물이 되게 하시고, 가인의 제물이 되지 않게 하옵소서. 특별히 성서 주일에 하나님께 드리는 헌금으로 지구촌의 땅끝까지 성경이 보급되어 하나님과 예수님을 모르는 사람들에게 복음이 전파되어 구원을 받게 하시옵소서. 우리는 돈을 다른 데 쓰지 말고 복음 전도를 위하여 헌금을 하나님께 바치게 하시옵소서. 우리가 얻은 돈 가운데 십일조는 하나님의 것이니, 그대로 하나님 아버지 앞에 모두 봉헌하게 하옵소서. 그러면 하나님께서 우리의 창고에 쌓을 데가 없도록 채워주신다는 말씀을 믿게 하옵소서. 우리가 일상생활에서 먹고 마시고 자고 깨고 하는 가운데 건강을 주신 하나님께 감사하는 헌금을 드리오니 받으시고 적절한 복을 내려주시옵소서. 물질이 부족해 풍성하게 드리지 못한 성도들을 위로하시고 넘치는 물질의 복의 통로를 열어주시옵소서. 성도들과 어린 자녀들이 드리는 이 헌금에 사람의 생각이 미치지 않고 하나님의 뜻대로 사용되게 하옵소서. 예수님의 이름으로 축복하며 기도드립니다. 아멘
위탁의 말 씀	"이는 내 사랑하는 아들이요 내 기뻐하는 자라" 하나님의 말씀과 예수님의 말씀을 듣고 성령에 감동되어 사는 사람이 하나님을 기쁘게 해드리는 성도입니다. 언제나 하나님의 말씀을 사사로이 풀려 하지 말고 한 주간 동안 어떻게 예수님을 기쁘시게 할 것인가를 실천하는 그 한 사람이 되어야 합니다.
축 도	지금은 세상 모든 사람의 대속자가 되시는 우리 구주 예수 그리스도의 사랑과 하나님의 크신 은혜와 성령님의 역사하심이 주의 오심을 대망하는 마음으로 예배 드리고 세상으로 나아가는 주의 자녀들과 가정 위에 이제부터 영원까지 함께하시기를 간절히 축원하옵나이다. 아멘

오늘의 설교를 위한 복음적 조명 주제 : 감동의 말씀

제목 : 오직 말씀으로 | 본문 : 베드로후서 1:15-21

주제 : 하나님이 우리에게 말씀하셨다. 또 예수님이 우리를 향해 말씀하셨다. 하나님의 말씀과 예수님의 말씀을 듣고 성령에 감동되어 기록한 사람들이 있다. 그 말씀은 우리 신앙과 인생의 빛이다. 그러므로 말씀을 사사로이 풀려 하지 말고 예수님 중심으로 생각해야 한다.

논지 : 하나님은 우리에게 예수님을 믿게 하는 말씀을 선물로 주셨다.
  1. 사실을 기록하여 생각나게 하는 말씀
  2. 하나님의 음성을 듣고 기록하는 말씀
  3. 마음에 떠오르고 주의하게 하는 말씀
  4. 성령의 감동을 받아 기록한 예언 말씀

  종교개혁시대에 '오직 성경으로'라는 모토가 있었다. 이 모토는 '오직 말씀으로'라고 바꿔 말할 수 있다. 우리가 말씀이라고 하면 가장 먼저 성경이 생각난다. 성경은 기록된 말씀이기 때문이다. 종교개혁시대에는 '성경으로 돌아가자'라는 생각이 새롭게 떠올랐다. 이는 당시의 교회가 성경으로부터 멀리 떨어져 있기 때문이었다. 성경을 연구하는 사람들이 가진 시각은 철학이었다. 철학은 신학의 시녀라고 했는데, 철학의 관점에서 성경을 보고 신학을 한다면 성경이 말하는 바를 오해할 소지가 많았다. 그 결과 교회의 부패가 생기고, 일반 신앙인들은 성경을 제대로 배우지 못했다. 이런 사조를 깨뜨리고 성경으로 돌아가서 성경의 의미를 다시 발견하게 된 흐름이 곧 종교개혁이었다. 종교개혁의 물결이 오백 년을 지났다. 그런데 과거 종교개혁의 필요성이 대두된 이유가 완전히 사라지지 않았다. 성경을 갖고 싶어도 못 가지며 그래서 모른 채 신앙생활을 하는 사람들이 제3세계에 많고, 성경을 마음껏 가질 수 있고 자유롭게 공부할 수 있어도 성경보다 다른 것에 관심을 가진 신앙인이 많으며, 성경보다는 세상의 유행에 관심을 가진 교회들이 많으며, 자신의 고정관념으로 성경해석을 시도하는 학자도 많기 때문이다. 그러므로 '성경으로 돌아가자'라는 말은 지금도 유효하다.

1. 사실을 기록하여 생각나게 하는 말씀

  성경을 신화로 생각하는 사람들이 있다. 물론 성경에는 신화적인 이야기가 많이 있다. 그래서 신화적인 껍데기를 벗겨낸 후에 성경을 보자는 말도 있었다. 문제는 이런 시도가 성경 안에 있는 신비와 기적을 부정하는 결과를 가져왔다. 그리고 믿음보다는 합리적 이해를 더 중요시하였다. 이런 시도가 현대에만 있는 것은 아니다. 성경이 기록될 당시에도 있었다. 베드로 사도는 이런 시도를 알고 있었으므로 교인들을 향하여 성경의 중요성을 강조하였다. 베드로 사도 본인이 세상을 떠난 후에라도 성도들이 성경을 바르게 알기를 소망하는 마음을 피력하였다. 베드로는 예수님의 이야기를 쓴 기록물도 알고 있었다. 이것이 당시 신앙인들의 신앙 내용이자 기준이었다. 예수님의 이야기는 예수님의 능력과 강림하심도 포함되었다. 예수님이 공생애 사역에서 능력을 행하시고, 부활 후에 하늘로 오르셨는데 다시 오실 것이라는 내용이다. 그런데 어떤 사람들은 예수님 이야기를 소설처럼 생각한다. 사람들이 교묘하게 지어낸 이야기라고 주장하는 사람들도 있었다. 하지만 베드로는 예수님을 직접 보았다. 예수님의 위엄을 본 사람이 있는 한, 예수님의 위대하심을 쓴 기록은 거짓말이 될 수 없다. 베드로는 예수님에 관한 사실이 기록되었고, 그 사실이 후대의 신앙인들에게 기억되어야 함을 강조한다.

**12
08**

2. 하나님의 음성을 듣고 기록하는 말씀

예수님을 직접 보고 쓴 글이 있다면 예수님과 함께하면서 들은 사실을 기록한 글도 있다. 베드로는 예수님이 세례를 받던 당시에 하늘로부터 들렸던 음성을 기억하고 있다. 예수님이 요단강에서 세례 요한으로부터 세례를 받고 올라올 때 하늘에서 음성이 들렸다. 마태복음 3장 17절 말씀이다. "이는 내 사랑하는 아들이요 내 기뻐하는 자라" 예수님에게 들린 말씀이 함께하는 사람들에게도 들렸다. 예수님이 세례를 받을 당시에는 마태복음을 기록한 제자 마태나, 어부였던 베드로나 예수님 곁에 없었다. 그런데 이 제자들이 예수님에게 들린 하늘의 음성을 알고 있었다. 대체 어떻게 알았을까? 제자들이 예수님과 함께 있을 때 들렸던 적이 있었다. 마태복음 17장을 보면 예수님이 제자들과 함께 산에 오르셨고, 거기서 변화됨을 제자들에게 보이셨다. 베드로가 좋아서 초막 셋을 짓고 살자고 하는데, 하늘에서 큰 영광중에 음성이 들렸다. 17장 5절의 말씀이다. "이는 내 사랑하는 아들이요 내 기뻐하는 자니" 베드로는 예수님과 함께 거룩한 산에 있을 때 분명하게 들었다고 증언한다. 하늘의 음성이 들릴 때 예수님이 하나님 아버지께 존귀와 영광을 받으셨다. 베드로는 자신이 직접 들은 하늘의 말씀이 기록되었으므로 예수님에 관한 말씀의 사실성을 명확하게 확인해주고 있다.

3. 마음에 떠오르고 주의하게 하는 말씀

그런데 예수님을 향한 말씀이 아무리 사실이고 진실이라도 시간이 지나면 사실성을 부인하는 사람들이 있다. 시간이 지나면 사실을 본 사람들이 세상에 없다. 말씀의 내용이 상식적으로는 이해되지 않으면 믿지 않는 사람들도 생겨난다. 베드로로부터 전달받은 사람들을 믿고 있는데, 부인하는 사람들로부터 질문을 받으면 과연 사실일까에 대해 의심할 수도 있다. 이런 의심이나 부인을 거절해야 할 확실한 증거가 있어야 한다. 베드로는 그 증거를 확실한 예언이라고 말한다. 예수님에 관한 말씀은 예언의 성취였다. 그리고 예수님의 말씀 자체가 예언이었다. 이 예언은 어두운 세상을 비추는 등불과 같다. 즉, 의심과 불신의 세상에서 예언이라는 등불이 없다면 말씀의 사실성과 진실성을 망각하고, 말씀의 본래 의미로부터 멀어진 상상만 남을지도 모른다. 이런 사람들에게 말씀을 믿고 확신하는 경험이 있어야 한다. 그 경험은 성령의 인도와 감동으로 될 것이다. 그 경험은 날이 새어 샛별이 떠오르는 것을 보는 느낌일 것이다. 누구나 밤이 지나 햇살이 떠오르는 새벽을 한 번쯤은 보고 싶다. 매일 해가 떠도 그것을 보려고 하는 사람만 볼 수 있다. 베드로는 마음에 떠오르기까지 주의하는 것이 옳다고 강조한다. 그러므로 우리는 말씀의 사실성을 경험하기까지 확실한 예언에 주의해야 한다.

4. 성령의 감동을 받아 기록한 예언 말씀

예언을 부인하거나 의심하는 사람들은 예언이 합리적으로 이해될 수 있도록 최선을 다하여 내용과 배경을 설명하려고 한다. 예언의 상황을 합리적으로 구성해보려고 고대 서적을 뒤져보며, 서적의 단어 하나의 의미까지 추적해 들어간다. 그런 노력이 평생 지속되기도 한다. 그런데 만약 본문에 있는 것처럼 예언을 사사로이 푸는 행위라면 어떻게 하겠는가? 평생의 노력이 헛수고로 돌아가지 않겠는가? 그러므로 예언을 대할 때 자신의 자세를 점검해 보아야 한다. 사사로이 푸는 것인지, 자신의 노력 방향이 맞는지를 자신에게 질문해보아야 한다. 베드로 당시에도 예언을 사사로이 풀어보려는 사람들이 있었는데, 지금이라고 그런 사람들이 없겠는가? 예언을 사사로이 풀지 말아야 할 분명한 이유가 있다. 그것은 예언이 사람의 뜻에 따라 기록되거나 선포된 것이 아니기 때문이다. 예언은 성령의 감동하심을 받은 사람들이 하나님으로부터 받아 말한 것이다. 즉, 예언은 하나님의 말씀이고 예언에는 성령의 감동이 담겨 있다. 사람이 예언을 풀려 한다면 하나님의 의도와 목적을 기억해야 하고, 성령의 조명하심을 받아야 한다. 하나님의 말씀을 사람이 마음대로 다룰 수는 없기 때문이다. 그러므로 신앙인은 말씀에 대한 존중이 있어야 하고, 말씀을 대하는 태도가 진실해야 한다.

2024년 12월 15일, 대림절 3번째 주일

성 경	누가복음 1:26-38	예전색상	보라색

예 배 의 부 름	"이새의 줄기에서 한 싹이 나며 그 뿌리에서 한 가지가 나서 결실할 것이요" (사 11:1)
	어두운 세상을 빛으로 밝히시기 위해 빛이신 독생자 예수를 이 땅에 보내주신 하나님 아버지! 거룩한 주님의 날 성령의 임재가 시간과 공간을 초월하여 임재하심을 감사드립니다. 하나님께서 인류를 죄악에서 구원하시기 위하여 이미 예정하신 대로 이새의 줄기인 다윗의 후손으로 예수 그리스도를 처녀 마리아의 몸을 통하여 성령으로 잉태하게 하셨나이다. 주님 오심을 기다리면서 기도하던 문제의 해결도 응답 주실 줄 믿고 기다리는 믿음 허락하여 주옵소서. 이 예배를 통하여 하나님 홀로 영광 받아주시옵소서. 예수님의 이름으로 기원하옵나이다. 아멘
회개를 위하여	우리는 남자와 동거하지 않은 처녀가 아이를 낳는다는 기적을 믿지 않으려고 했습니다. 처녀 마리아가 성령으로 잉태했다는 사실은 과학적이지 않기 때문입니다. 이런 부질없는 생각을 아직도 하고 있다면 믿음이 없음을 인정하고 우리의 어리석은 불신앙을 회개하는 기도를 계속합니다.
고 백 의 기 도	우주와 자연과 함께 인간을 창조하신 하나님 아버지! 우주와 자연의 질서는 하나님의 섭리로 진행하시는 그 사랑을 감사드립니다. 우주와 생명의 탄생, 시초에 대해 말할 때 태초에 빅뱅이라 하여, 아무것도 없는 가운데에서 갑자기 물질이 생기고, 그 후 오랜 시간이 지나자 생명이 생겼다고 생각하는 허물을 용서하여 주옵소서. 주님의 사랑을 알면서도 주님의 은혜를 깨달으면서도 게으름과 교만 때문에 주님의 마음에 합당한 삶을 살지 못한 저희를 불쌍히 여겨 주시옵소서. 삶이 재미있고 신바람이 날 때는 주님을 등졌으며 삶에 고통이 오고 어려움이 닥칠 때만 주님을 향했던 얄팍한 신앙을 고백합니다.
	예수님께서 동정녀 마리아의 몸을 통하여 성령으로 탄생하신 사실은 모순과 착각이며, 교만과 자기 높임에 비이성적이며, 비과학적인 모순이라고 생각한 죄를 고백합니다. 이를 전혀 이상하게 생각하지도 않는 자기들만의 생각에 우쭐대며 살아가고 있는 신앙인을 모독한 죄를 용서하여 주옵소서. 때로는 과학이 신앙보다 우수하다고 여긴 죄를 용서하여 주옵소서. 불꽃 같은 눈으로 순간순간을 지켜주시옵소서. 이 시간 주님께 회개하는 모든 자가 주님의 은총 속에서 주님을 만날 때까지 살도록 인도하여 주옵소서. 우리 주 예수님의 이름으로 기도합니다. 아멘
사함의 확 인	"내가 이르기를 내 허물을 여호와께 자복하리라 하고 주께 내 죄를 아뢰고 내 죄악을 숨기지 아니하였더니 곧 주께서 내 죄악을 사하셨나이다"(시 32:5)
성시교독	117. 구주강림(3)
설교 전 찬 송	11장 (홀로 한 분 하나님께) 182장 (강물 같이 흐르는 기쁨)
설교 후 찬 송	186장 (영화로신 주 성령) 50장 (내게 있는 모든 것을)

금주의 성가	증인이 되리라 – Jerry Kirk 하늘이여 노래하라 – Fred B. Holten 경배하라 우리 하나님 – J. C. Rinck
목회기도	**하**나님의 말씀은 능하지 못하심이 없다고 말씀하신 하나님 아버지! 처녀 마리아의 몸을 통하여 독생자 예수 그리스도 세상에 보내주심을 감사드립니다. 우리는 성탄절을 앞두고 하나님의 은혜를 받아 평안함을 누리게 하시옵소서. 처녀 마리아가 가브리엘 천사의 말을 듣고 놀라 두려워했는데, 우리도 거룩하신 아기 예수님의 성령으로 탄생하신 사실을 믿고 거룩한 두려움으로 올바른 믿음의 길을 가도록 인도하여 주시옵소서. **기**다리는 자에게 소망의 감동을 주시는 하나님 아버지! 처녀 마리아가 주님의 여종으로 하나님의 뜻대로 이루어지기를 바란 것처럼, 우리도 주님의 종으로 무슨 일이든지 소원하는 일이 이루어지는 감동을 주옵소서. 인간으로는 불가능한 일도 하나님의 역사와 성령의 능력으로 성취할 수 있다는 믿음으로 세상에 하나님의 나라가 이루어지도록 살아가게 하시옵소서. 오늘도 교회에서 헌신하는 아름다운 손과 발이 있습니다. 충성하는 성도들이 기도하는 문제가 해결되는 말씀을 얻게 하옵소서. 저희의 게으름의 삶을 부지런한 삶으로 바꾸어 살아가게 하옵소서. 예수님의 이름으로 기도드립니다. 아멘
헌금을 위한 성구	"그가 흩어 가난한 자들에게 주었으니 그의 의가 영원토록 있느니라 함과 같으니라"(고후 9:9)
헌금기도	**세**상의 가난한 자들에게 흩어 주어서 의를 이루시는 하나님 아버지! 저희가 세상에 올 때 빈손 들고 왔지만, 하나님께서 생명과 건강과 믿음과 가정과 지식과 재물까지 주심을 감사드립니다. 처녀 마리아가 성령으로 예수님을 잉태한 사실을 통하여, 성령이 능력은 무에서 유를 창조한다는 믿음으로 하나님 아버지께 넘치는 헌금을 드리게 하시옵소서. 우리나라 형편이 좋아졌다고 하지만 아직도 주변에 못 먹고 못 입고 궁핍하게 사는 이웃들이 있나이다. 이번 성탄절에 미리 준비하여 구제헌금을 모아서 그들에게 나누어 주는 봉사를 하도록 하시옵소서. **다**양한 모습으로 헌금을 드리는 손들이 있습니다. 그 손을 들고 기도할 때 천국 문이 열리는 감격을 맛볼 수 있게 하옵소서. 아름다운 꽃으로 주의 성전을 꾸미는 손들이 있습니다. 봉사로 시간을 드리는 정성도 있습니다. 가르침의 은사와 성가대를 통해서 찬양의 예물을 드립니다. 식당에서 몸으로 봉사하는 손들까지도 주님 가장 아름다운 예물로 받아주옵소서. 하나님께 드리는 십일조 헌금과 감사 헌금과 생일 헌금과 건축 헌금이 하나님의 나라와 복음 선교를 위하여 아름답게 사용되게 하옵소서. 예수님의 이름으로 축복하며 기도드립니다. 아멘
위탁의 말씀	"나는 알파와 오메가라 이제도 있고 전에도 있었고 장차 올 자요 전능한 자라 하시더라" 전능은 만사를 형통하게 하는 힘을 말합니다. 그 힘이 있는 자와 함께 한 주간 동안 승리하기 위해서 세상으로 나아갑시다.
축도	지금은 2024년 대림절 세 번째 주일예배를 드리면서 오실 주님을 기다리는 사랑하는 주의 백성들 위에, 예수 그리스도의 은총과 독생자를 통해 구원의 빛을 주신 하나님의 무한하신 사랑하심과 언제 어디서나 우리와 함께하셔서 우리의 연약함을 도우시고 은혜와 진리의 증거자가 되게 하시는 성령님의 교통하심이 영원토록 함께하시기를 간절히 축원합니다. 아멘

오늘의 설교를 위한 복음적 조명 주제 : 성령의 잉태

제목 : 성령의 임재와 마리아의 잉태 I 본문 : 누가복음 1:26-38

주제 : 하나님은 사람을 구원하기 위해 신비하고도 치밀한 계획을 세우셨다. 하나님의 계획은 사람의 상상을 뛰어넘는다. 대표적인 예를 든다면 마리아에게 성령이 임하고 잉태하게 하는 사건이다. 당사자 마리아가 천사의 말을 믿었듯이 우리 역시 성령의 잉태를 믿는다.

논지 : 하나님은 마리아에게 성령의 잉태를 허락하심으로 구원 계획을 진행하신다.
1. 찾아와 말씀하신 하나님
2. 미래를 예고하신 하나님
3. 잉태를 확증하신 하나님
4. 믿음을 확인하신 하나님

　우리는 예수님이 육신이 되어 세상에 오셨다는 사실을 믿는다. 예수님이 동정녀의 몸에서 아기로 태어나시고, 어린 시절을 보내셨으며, 성인이 되어서 공생애 사역을 하셨다고 믿는다. 이 믿음은 기독교인의 핵심적인 믿음이다. 신성을 가지신 분이 인성을 가지신 사건, 하나님이 사람이 되신 사건을 사람의 이성으로 이해할 수 있겠는가? 수많은 설명이 있지만 믿지 않으려는 사람에게는 백약이 무효이다. 예수님의 탄생과 사역 그리고 사역의 결과로써의 구원에 관한 믿음은 성령의 감동으로 가능하다. 예수님의 탄생과정에서 일하신 성령께서 예수님을 믿는 믿음까지도 우리를 향해 관여하신다. 성탄절을 앞둔 대림절 기간에 예수님의 잉태과정을 살펴보는 것이 매우 중요하다. 우리의 믿음을 확인하는 일, 믿음의 핵심을 분명하게 하는 일이기 때문이다. 하나님이 예수님의 탄생과정을 주도하셨다. 하나님이 예수님의 탄생을 계획하시고, 진행하셨다. 예언자들을 통해 예언하셨고, 성령에 의해 잉태하게 하셨다. 그리고 마리아에게 예수님의 탄생을 예고하셨다. 사람의 이성으로는 믿어지지 않는다고 할지라도 전능하신 하나님께서 하시는 일이므로 믿어야 한다. 하나님에게는 능치 못함이 없기 때문이다. 전능하신 하나님께서 예수님의 탄생으로 우리를 향해 계획하신 은혜를 이루셨다.

1. 찾아와 말씀하신 하나님

　나이가 많은 제사장 사가랴의 집에 아기가 생겼다. 사가랴의 아내 엘리사벳 역시 나이가 많았지만 몸 안에 아기가 생겼다. 엘리사벳의 임신 6개월 무렵에 또 다른 여인의 몸에 아기가 생겼다. 그 여인은 마리아이다. 하나님께서 천사 가브리엘을 시켜서 나사렛 동네에 사는 여인 마리아를 찾아가게 하셨다. 천사가 찾아온 것은 사실 하나님이 찾아온 것이다. 왜냐하면, 천사는 하나님의 심부름꾼이기 때문이다. 하나님의 계획을 말씀하시고, 하나님의 뜻을 전하는 천사의 방문은 사실상 하나님의 방문이다. 나사렛에 사는 여인 마리아는 요셉이라는 청년과 약혼한 사이이다. 요셉은 다윗의 자손이다. 가브리엘이 마리아를 찾아가서 하나님의 뜻을 전한다. "은혜를 받은 자여 평안할지어다. 주께서 너와 함께 하시도다" 하나님이 우리에게 찾아오시는 목적이 무엇인가? 하나님의 뜻을 전하기 위함이다. 사람이 하나님의 뜻을 들었을 때 쉽게 받아들일 수 있을까? 마리아처럼 이게 웬일이냐며 어안이 벙벙할 수 있다. 하나님의 계획과 뜻이 사람의 상식을 뛰어넘기 때문이다. 그래서 하나님의 뜻을 알리기 전에 먼저 평안을 말한다. 평안은 첫 번째 인사의 역할을 한다. 평안을 들으면 이후의 말에 대해 놀라지 않을 것이다. 천사가 마리아에게 하나님의 함께 함을 말하였다. 임마누엘의 은혜이다.

2. 미래를 예고하신 하나님

천사가 찾아와서 평안과 하나님의 함께 함을 말할 때, 그것을 듣는 사람의 반응이 어떨까? 마리아가 이런 인사가 어찌함인가 생각했다. 우리 역시 마리아처럼 당황할 수 있다. 천사가 보기에 마리아는 무서워하는 것 같다. 하나님을 만나는 것은 두려운 일이다. 하나님을 만나면 죄가 드러나고 죄에 대한 책망을 들을까 두려워한다. 그러나 하나님이 평안과 함께 함을 말하는 이유는 죄에 대한 책망이 목적은 아니다. 그래서 천사가 마리아에게 무서워하지 말라고 말한다. 천사는 마리아에게 재차 하나님의 은혜를 입었다고 강조한다. 그런데 하나님의 은혜를 입었으면 사람이 원하는 일이 이뤄져야 할 텐데 그렇지 못하다. 천사가 마리아를 향하여 잉태하여 아들을 낳을 것인데 이름을 예수라 하라고 말한다. 천사가 마리아에게 다가올 미래를 이야기한다. 천사의 말은 불과 일 년도 안 되어 일어날 것이다. 마리아가 낳을 아들은 큰 자가 되고, 지극히 높은 이의 아들이라고 일컬어질 것이다. 즉, 마리아의 아들이 나중에 하나님의 아들이라고 인정받을 것이다. 그리고 하나님께서 다윗의 왕권을 마리아의 아들에게 주실 것이다. 그 아들이 왕이 되어 야곱의 집을 다스리며, 그 나라가 영원할 것이다. 일 년도 안 되는 가까운 미래에 성취될 예언이 영원한 미래의 성취를 향하고 있다.

3. 잉태를 확증하신 하나님

천사의 예고를 들은 마리아에게 어떤 생각이 들까? 일반적으로 여인이 태몽을 꾸었는데, 그 태몽이 아주 희망적이라면 얼마나 기쁘겠는가? 게다가 왕가의 여인이 이런 태몽을 꾸었다면 왕실과 나라 전체의 희망이 될 것이다. 하지만 마리아는 그렇지 못하다. 나사렛이라는 작은 동네에 사는 평범한 여인인 데다가 아직 결혼까지 하지 않았기 때문이다. 마리아의 몸에서 왕이 태어난다는 말은 당사자에게는 당황하다 못해 황당한 이야기이다. 마리아가 자기는 남자를 알지 못하는데 어떻게 이런 일이 가능하겠느냐고 천사에게 묻는다. 천사는 그 일이 하나님의 은혜로 가능하다고 대답한다. 성령이 마리아에게 임하고, 지극히 높으신 분, 즉 하나님의 능력이 마리아를 덮을 것이다. 그래서 마리아에게서 태어날 아기는 하나님의 아들이라고 일컬어질 것이다. 지극히 높으신 분, 즉 하나님의 아들이라는 말씀이 천사의 말에 의해 재차 확인된다. 지금 천사 가브리엘은 마리아에게 잉태를 한 번 더 확증한다. 아들의 잉태를 처음 들었을 때는 놀랄 수밖에 없었지만 한 번 더 확인하면 믿을 마음이 생긴다. 하나님은 당신의 일을 이루실 때 말씀하시고 또 확인하신다. 하나님이 우리를 구원하시고 사랑하신다는 말씀도 한 번으로 끝나지 않는다. 지속해서 말씀하시고 또 말씀하신다.

4. 믿음을 확인하신 하나님

천사 가브리엘은 마리아에게 믿음을 확인시키려고 하나님의 속성을 알려준다. 하나님의 말씀은 반드시 이뤄진다. 천사가 마리아에게 하나님의 말씀은 능치 못함이 없다고 일러준다. 믿음의 사람이라면 하나님의 속성이 무엇인지 알고 믿는다. 하나님을 믿는 사람은 하나님의 전능하심을 분명히 믿는다. 마리아를 향해 하나님의 전능하심을 말했으므로 마리아는 자기를 향한 하나님의 계획을 거절할 수 없게 된다. 사람에게 일어나기 어려운 일, 사람이 원하지 않았던 일, 사람으로서는 감당하기 어려운 일, 당황하다 못해 황당한 일이 벌어진다고 할 때 그 일이 하나님의 계획과 뜻이라면 어떻게 반응해야 하는가? 게다가 하나님이 하시는 일이 나에게 일어나고, 나를 중심으로 일어난다면 나는 어떻게 반응해야 하는가? 난 못 한다고 거절해야 하는가? 그건 불가능한 일이라고 못 믿겠다며 부정해야 하는가? 믿음의 사람이라면 내 생각과 내 뜻보다는 하나님의 뜻을 우선해야 한다. 고급 지식을 갖고, 경험을 많이 하고, 높은 자리에 있어도 하나님의 뜻을 거부할 수 있다. 그런데 시골의 평범한 여인 마리아는 이렇게 말한다. "주의 여종이오니 말씀대로 내게 이루어지이다" 가브리엘은 마리아로부터 믿음을 확인하였다. 그리고 마리아를 떠났다. 이제 하나님의 뜻대로 진행될 것이다.

성 경	미가 5:1-4	예전색상	보라색

예배의부름	"보라 처녀가 잉태하여 아들을 낳을 것이요 그의 이름은 임마누엘이라 하리라 하셨으니 이를 번역한즉 하나님이 우리와 함께 계시다 함이라"(마 1:23)
	베들레헴에서 인류를 다스릴 그리스도께서 나오리라 예언하신 하나님 아버지! 처녀가 잉태하여 아들을 낳을 걸 예언하셨고, 그의 이름은 임마누엘이라고 하신 말씀을 믿게 하오니 감사드립니다. 성탄절을 앞두고 지저분한 마음을 비우고 깨끗하고 정갈한 마음으로 아기 예수를 모실 자리를 예비하게 하옵소서. 오늘도 말씀으로 저희가 근심하는 일들이 사라지고 벅찬 해결의 응답을 찾는 예배가 되게 하여 주옵소서. 예수 그리스도의 이름으로 기원하옵나이다. 아멘
회개를 위하여	우리의 마음은 미움과 시기, 탐욕과 욕망, 거짓과 허위, 원망과 불평 등의 죄악으로 가득합니다. 이제 3일 후면 우리를 죄악에서 구원하실 아기 예수님께서 탄생하신 성탄절인데, 어서 속히 어지럽고 더러운 마음을 청소하는 마음으로 회개하는 기도를 계속합니다.
고백의기도	죄악으로 더러운 옛 생활을 버리고 깨끗하고 새로운 변혁을 원하시는 하나님 아버지! 하나님께서는 우리에게 새로운 변혁을 바라시지만, 우리는 고리타분한 옛것을 버리지 못하는 허물을 불쌍히 여겨 주옵소서. 옛날에 즐기던 쾌락을 버리지 못하고, 음란한 생각과 육신의 정욕을 위하여 많은 시간과 돈을 허비하였으며, 거룩하지 않고 경건하지 않은 오락과 게임에 정력을 쏟은 죄악을 용서하여 주옵소서. 가난한 사람을 도와주지 않았으며, 장애인을 무시한 허물을 고백하나이다. 혹여 우리 중에 성탄절에 하나님께 바칠 헌금으로 엉뚱한 곳에 헛돈을 쓰는 죄악을 용서하여 주옵소서. 우리는 세상에서 온갖 허물과 죄로 일그러져 감히 거룩하신 아기 예수님을 만날 수 없음을 고백하나이다. 우리는 눈으로 보아서 안 될 것을 보았고, 입으로 하지 말아야 할 거짓말을 했으며, 손으로 해서는 안 될 짓을 했고, 발로는 가서는 안 곳을 간 허물을 용서하여 주옵소서. 마음으로 형제를 미워하고 시기와 질투를 했으며, 진실하지 못한 생활로 위선과 교만의 옷을 입고 빛 좋은 개살구처럼 살아온 잘못을 고백하오니 말씀으로 용서받고 새롭게 변혁하여 성탄절을 맞이하게 하옵소서. 예수님의 이름으로 기도드립니다. 아멘
사함의확인	"주께서는 용서하시는 하나님이시라 은혜로우시며 긍휼히 여기시며 더디 노하시며 인자가 풍부하시므로 그들을 버리지 아니하셨나이다"(느 9:17)
성시교독	118. 구주강림(4)
설교 전찬 송	13장 (영원한 하늘나라) 115장 (기쁘다 구주 오셨네)
설교 후찬 송	125장 (천사들의 노래가) 116장 (동방에서 박사들)

12 22

45

금주의 성가	천국의 소망 – T. H. Candlyn 주 여호와를 앙망하는 자 – 한태근 구원의 주 예수 – John W. Peterson
목 회 기 도	**지**극히 작을지라도 하늘보다 높고 크게 하시는 하나님 아버지! 큰 성 예루살렘은 타락하여 거룩함을 상실하였으나, 지극히 작은 성 베들레헴은 '생명의 떡집'으로 이스라엘과 온 인류를 구원하신 메시아가 탄생하도록 하셨음을 감사드립니다. 저희도 스스로 큰 자가 되고자 하지 말고, 지극히 낮아져서 섬기는 자가 되게 하여 주시옵소서. 아기 예수님은 왕궁에서 태어나시지 않고, 시골 베들레헴 말구유에서 탄생하셨으니, 우리도 호화롭고 거대한 욕심보다는 지금의 부족한 현재를 감사하는 마음으로 아기 예수님을 모시게 하옵소서. **승**리의 보증되는 하나님 아버지! 예수님의 탄생으로 하나님의 나라와 그의 의를 세우게 하시고, 하나님 나라의 복음을 전하게 하시옵소서. 아기 예수님은 우리를 죄에서 구원하실 하나님의 아들이오니, 우리는 새롭게 변혁하는 복음의 메시지를 전도하게 하시옵소서. 미약하고 어리석은 인생들이지만 주님 손에 붙들리어 놀라운 능력을 발하게 하옵소서. 주님의 이름으로 많은 이들을 구원하고 평화를 이루는 삶을 살게 하옵소서. 이 땅에 따뜻한 그리스도의 향기가 퍼질 때까지 주님을 위해 충성하게 하옵소서. 예수님 이름으로 기도합니다. 아멘
헌금을 위한 한 구 성	"감사함으로 그의 문에 들어가며 찬송함으로 그의 궁정에 들어가서 그에게 감사하며 그의 이름을 송축할지어다"(시 100:4)
헌 금 기 도	**감**사함으로 성전에 들어가서 드리는 헌금을 기뻐하시는 하나님 아버지! 지금 베들레헴 같은 작은 마음으로 봉헌하는 우리의 예물을 받으시고, 때마다 일마다 우리에게 축복을 베풀어 주실줄 믿고 감사드립니다. 하나님께서 이미 우리에게 생명의 떡인 말씀을 주셔서 구원하셨으니, 우리는 몸과 마음과 정성을 다하여 헌금을 드리게 하시고, 행여 억지로나 마치 못해서 헌금을 드리지 않게 하시옵소서. 감사가 없는 헌금은 위선이오니, 우리는 감사하며 하나님의 이름을 송축하게 하옵소서. **하**나님께서 우리에게 주신 재물이 많든 적든 분량에 따르지 않고 무조건 감사하는 마음으로 십일조 헌금을 드리게 하시고, 혹시 슬픈 일이나 실패한 일이 있어도 그냥 하나님께 드리는 감사 헌금이 되도록 인도하여 주시옵소서. 감사는 물질이 아니라 마음에서 비롯되오니 넉넉한 마음으로 모자람이 없이 하나님께 헌금을 드려 교회가 계획한 영혼에 차질이 없게 하옵소서. 이 헌금은 사람을 위한 게 아니라 하나님의 뜻을 위한 예물이오니 하나님의 나라를 위하여 사용되게 하옵소서. 예수님의 이름으로 축복하며 기도드립니다. 아멘
위탁의 말 씀	"이제 그가 창대하여 땅끝까지 미치리라" 한 주간 동안 하나님께서 원하시는 하나님의 생각이 자기의 생각을 지배하게 만들어야 합니다. 그렇게 사는 것이 하늘 질서입니다. 하나님의 생각대로 살면 우리는 땅끝까지 자손만대 창대한 열매를 맺습니다. 그렇게 한 주간을 살아야 합니다.
축 도	하늘 은혜와 진리가 충만하신 예수 그리스도의 사랑하심과 독생자를 통해 구원의 빛을 주신 하나님의 무한하신 은혜와 우리의 연약함을 도우시고 은혜와 진리의 증거자가 되게 하시는 성령님의 교통하심이 오실 주님을 맞이할 준비를 열심히 할 것을 다짐하는 모든 성도와 저들의 가정 위에 영원토록 함께하시기를 간절히 축원합니다. 아멘

46

오늘의 설교를 위하여

오늘의 설교를 위한 복음적 조명 주제 : 구속의 예언

제목 : 변혁을 향한 예언 | 본문 : 미가 5:1-4

주제 : 하나님이 원하시는 질서가 있다. 사람들은 하나님의 생각보다는 자기들의 생각을 더 주장한다. 사람은 자기들 생각으로 환경을 만들려 하고 질서라는 명목으로 자기들 환경을 유지하려 한다. 그러나 하나님은 새로운 질서를 세우시는 변혁으로 구원의 계획을 완성하신다.

논지 : 하나님은 세상의 질서를 바꾸심으로 당신의 구속 계획을 이루신다.
1. 기존 질서를 파괴하시는 하나님
2. 새로운 질서를 예고하신 하나님
3. 희망의 소식을 알려주신 하나님
4. 함께하는 은혜를 주시는 하나님

  하나님이 세상을 창조하셨다. 하나님이 창조하신 세상은 질서의 세계였다. 즉, 하나님은 세상에 질서를 부여하셨고, 질서를 창조하셨다. 세상은 원래 혼돈하고 공허했기 때문이며 흑암이 깊음 위에 있었다(창 1:2). 이런 혼돈의 세상에 하나님께서 빛을 창조하셨고, 궁창을 만드셨다. 하나님은 물을 궁창 위와 아래로 나누셨다. 궁창 아래의 물은 한곳으로 모여 땅과 바다를 이루었다. 하나님은 궁창에 사는 새, 땅에 사는 짐승, 바다에 사는 물고기를 창조하셨다. 땅에서 자라는 식물도 창조하셨다. 각종 생물이 생활할 수 있도록 낮과 밤을 나누셨다. 마지막에 하나님은 사람을 창조하셨다. 사람에게 생육하고 번성하며 땅에 충만하여 땅과 바다와 하늘에 사는 모든 생물을 다스리라고 하셨다. 다스린다는 의미는 하나님의 뜻에 따라 땅을 잘 관리하라는 의미이다. 하나님은 사람들에게 생명을 가진 동물들과 땅에서 자라는 풀을 먹거리로 허락하셨다. 하나님이 지으신 세상을 보셨을 때 매우 흡족하셨다. 즉, 하나님이 창조하신 세상의 질서는 하나님이 보시기에 완전하였고, 하나님의 마음에 만족을 주었다. 그런데 하나님이 창조하신 질서가 다시 혼란으로 빠져들었다. 하나님이 창조하신 사람이 창조주의 명령을 어기고 죄를 지었기 때문이다. 죄가 점점 커지고, 질서는 더 엉망이 된다.

1. 기존 질서를 파괴하시는 하나님

  하나님이 세상의 질서를 다시 세우기 위해 노력하지 않으시겠는가? 하나님은 홍수를 내려 세상을 새롭게 하신 적이 있다. 그러나 사람들은 바벨탑을 세워서 흩어짐을 면하자고 했다. 하나님이 율법을 주셨는데, 사람들은 율법의 정신보다는 조항에 사로잡혀서 다른 사람을 억압하고 정죄하는 도구로 삼았다. 하나님이 죄를 지은 사람들에게 책망하고 징계를 내리신 적이 있었는데, 그때는 회개하던 백성들이 시간이 지나면 또 하나님의 뜻을 어기고 하나님에게서 벗어났다. 예언자들이 하나님의 뜻에 순종하라고 외쳐도 사람들의 마음은 점점 더 엇나가고 있다. 하나님이 어떻게 하면 사람들을 돌이키게 하실 수 있을까? 하나님이 어떻게 하면 원하시는 질서를 다시 세우실 수 있을까? 혼돈의 세상에도 나름의 질서는 있다. 왕과 관리와 재판관이 있다. 그런데 그들이 자기 욕망에 사로잡혀서 자기들의 질서를 세우며 하나님의 질서에 금이 가게 하고 심지어는 하나님의 질서를 무너뜨리고 있다. 하나님이 어떻게 하실까? 예언자들을 통해 새로운 질서를 세우겠다고 말씀하신다. 하나님이 당신의 백성으로 삼으신 시온을 딸이라고 칭하시면서 군대를 모으라 하신다. 군대가 재판관들의 뺨을 칠 것이다. 하나님은 사람이 세운 질서가 잘못되었다고 여기시며 그 질서를 깨뜨리고 파괴하신다.

2. 새로운 질서를 예고하신 하나님

세상이 바르다는 것을 어떻게 가늠할 수 있는가? 재판이 공정한지를 보면 된다. 법과 원칙이 분명하게 살아 있고, 법을 집행하는 사람들이 공정해야 한다. 법이 만민에게 공평하게 적용되어야 한다. 법과 재판이야말로 세상에서는 질서를 바르게 하는 마지막 수단이자 보루이다. 하지만 현실은 달랐다. 미가 7장 3절의 말씀이다. "그 지도자와 재판관은 뇌물을 구하며 권세자는 자기 마음의 욕심을 말하며 그들이 서로 결합하니" 법을 집행하는 사람들이 권력을 가진 사람들의 눈치를 보고, 재판관은 뇌물을 받으며 권력자들과 야합하는 일이 벌어진다. 이런 현상은 분명히 불의하고 타락했다는 증거이다. 이런 현상에는 억울한 백성들이 많아진다. 하나님을 향해 한탄하고 호소하는 사람들이 곳곳에서 신음과 애통 소리를 낸다. 하나님이 응답하셔야 한다. 하나님의 응답은 메시아를 보내 기존 새로운 질서를 세우시는 것이다. 그 메시아가 어디서 나오겠는가? 그 메시아의 근본은 어디이겠는가? 본문의 2절에서 하나님이 예언자 미가를 통해 답하신다. "베들레헴 에브라다야 너는 유다 족속 중에 작을지라도 이스라엘을 다스릴 자가 네게서 내게로 나올 것이라 그의 근본은 상고에 영원에 있느니라" 영원 전부터 계신 메시아가 베들레헴에서 새로운 영적 질서를 세우려고 탄생할 것이다.

3. 희망의 소식을 알려주신 하나님

타락한 세상의 회복을 위해 하나님께 애타게 간구하는 사람들이 있다. 세상에 어지럽고 타락했다 해도 어디엔가는 바른 생각을 하는 사람들이 존재한다. 엘리야 시대에 우상숭배가 횡행하며, 나라가 온통 타락한 것으로 보였다. 엘리야는 자기 혼자만 하나님을 믿고 영적 질서를 세우는 사람인 줄로 착각했다. 자기가 사라지면 이스라엘의 희망도 사라질 것으로 생각했다. 그러나 엘리야의 생각은 하나님의 생각과 다르다. 하나님은 엘리야에게 우상 바알에게 무릎을 꿇지 않고 바알에게 입을 맞추지 않은 칠천 명을 남겨두시겠다고 말씀하셨다. 하나님이 새로운 질서를 세우시는 데 협력할 사람들을 준비하셨다. 그들을 하나님은 남은 자들이라고 칭하신다. 그 사람들이 내 눈에 보이지 않을 수 있다. 내 눈에 안 보인다고 해서 없는 것은 아니다. 내 눈에 보이지 않는다고 실망하지 않아야 하고, 하나님의 계획을 여쭈어야 한다. 하나님은 베들레헴에서 여인이 해산하기까지 남은 자들을 보존하시고, 남은 자들은 이스라엘로 돌아와서 하나님이 원하는 질서를 세우는 데 협력할 것이다. 하나님은 남은 자들이 있고, 돌아와 새로운 질서를 세우는 일을 감당할 것이라고 희망의 소식을 알려주신다. 비록 절망스러운 일이 세상에 너무 많아도 하나님은 사람들에게 희망의 소식을 알려주신다.

4. 함께하는 은혜를 주시는 하나님

베들레헴에서 탄생하는 이스라엘의 지도자는 어떤 일을 할 것인가? 사람들은 이스라엘의 지도자가 이스라엘을 해방시킬 것이라고 믿는다. 탄생하는 사람은 정치적 지도자가 되어 이스라엘을 강하게 하고 주변 나라들을 복속시키며 이스라엘에게 평화를 가져다줄 것이라고 믿는다. 과거에 다윗이 이스라엘을 강하게 하고 주변 나라를 정복하여 이스라엘에 번영과 평화를 가져다주었다. 사람들은 다윗과 같은 지도자가 다윗의 후손 중에 나올 것이라고 기대한다. 하나님이 보내시는 지도자가 다윗의 후손에서 나오는 것은 맞다. 베들레헴이 다윗의 고향 동네이지만 다윗 시대나 지금이나 매우 초라하다. 다윗이 태어난 작은 동네 베들레헴에서 이스라엘의 지도자가 나올 것이므로 다윗의 후손으로 오는 것이 맞다. 그러나 다윗의 후손 이스라엘의 지도자는 사람들의 바람과 다르게 하나님의 질서를 세우는 변혁을 실행한다. 새로운 지도자는 사람의 생각과 힘으로 일하지 않으며, 하나님의 능력과 위엄과 이름을 의지한다. 새로운 지도자는 하나님과 함께한다는 측면에서 과거의 수많은 지도자와는 다르다. 지도자가 하나님과 함께하면 하나님도 지도자를 비롯한 백성들과 함께하신다. 임마누엘의 은혜이다. 하나님이 세우신 지도자는 창대하여 변혁의 영향력이 땅끝까지 미친다.

2024년 12월 25일, 성탄절

성 경	마태복음 2:1-11	예전색상	흰색

예배의 부름

"베들레헴 에브라다야 너는 유다 족속 중에 작을지라도 이스라엘을 다스릴 자가 네게서 내게로 나올 것이라 그의 근본은 상고에, 영원에 있느니라"(미 5:2)

작은 마을 베들레헴에 메시아이신 아기 예수 그리스도가 탄생하게 하신 하나님 아버지! 거룩한 성탄절 우리가 세상의 즐거움을 따라가지 않고 하나님의 성전에서 예배를 드리게 하심을 감사드립니다. 이 시간에 모든 잡념을 버리고 오직 아기 예수님을 마음속에 모시는 기쁨의 순간이 되게 하시옵소서. 지금 누리는 성탄의 기쁨을 영원토록 소유하고 험한 세상을 헤쳐나갈 영성을 회복하게 하옵소서. 우리 주 예수님의 이름으로 기원하옵나이다. 아멘

회개를 위하여

우리는 성탄절을 선물을 주고받고 즐기는 모임의 공휴일인 줄 알고 지냅니다. 그래서 성탄절의 주인이신 아기 예수님은 계시지 않고 사람들만 북적거렸습니다. 그 일에 나도 한 몫을 거들었다면 그 죄를 회개하고 진정한 성탄의 의미를 찾기 위해 회개의 기도를 드리겠습니다.

고백의 기도

독생자 아기 예수님을 세상에 보내서서 구원받게 하신 하나님 아버지! 감사와 찬송과 경배를 드리나이다. 예수님은 하늘의 보좌를 버리시고 낮고 천한 사람의 모습으로 베들레헴 말구유에 태어나셨는데 우리는 깨끗한 산부인과 병원에서 태어났고, 베들레헴 작은 마을보다 웅장하고 아름다운 고급 아파트를 선호한 허물을 고백하오니 불쌍히 여겨 주옵소서. 예수님은 나사렛 촌에서 생활하시고 자신을 낮추시고 섬기기를 다하셨는데 우리는 언제나 대접받는 높은 자리를 탐한 죄를 용서하여 주옵소서. 오늘 탄생하신 아기 예수님께 회개하오니 완악함을 용서해 주시옵소서.

동방에서 기이한 별을 보고 베들레헴에 찾아온 박사들은 황금과 몰약과 유향을 아기 예수님께 드렸는데, 우리는 이것저것 따져보고 심히 작은 헌금을 준비한 죄를 고백하나이다. 아기 예수님은 짐승들이 사는 곳과 말구유에서 탄생하셨는데 우리는 낮은 자리보다 높은 자리를 탐했으며, 주기보다 받기를 즐겼으며, 기부하기보다 소유하기를 좋아한 허물을 용서하옵소서. 우리가 가난한 이웃을 찾기보다 돈이 많은 부자를 찾았으며, 헐벗은 이웃을 찾지 못한 죄를 용서해 주시기를 아기 예수님의 이름으로 기도합니다. 아멘

사함의 확인

"만일 악인이 그 행한 악을 떠나 정의와 공의를 행하면 그 영혼을 보전하리라 그가 스스로 헤아리고 그 행한 모든 죄악에서 돌이켜 떠났으니 반드시 살고 죽지 아니하리라"(겔 18:27-28)

성시교독	119. 성탄절(1)
설교 전 찬 송	115장 (기쁘다 구주 오셨네) 109장 (고요한 밤 거룩한 밤)
설교 후 찬 송	122장 (참 반가운 성도여) 123장 (저 들 밖에 한밤중에)

12
25

49

금주의 성가	아기 예수 - Pieter A. Yon 오 거룩한 밤 - Dudly Buck 주 예수 나셨다 - Allen Pote
목회기도	**선**지자의 예언대로 베들레헴 마을에 메시아이신 아기 예수님을 탄생시킨 하나님 아버지! 감사하며 찬송과 영광을 돌리나이다. 세상은 여러 가지 죄악으로 타락하여 정의와 진리를 찾아볼 수 없으며 부정과 부패, 탐욕과 이간, 싸움과 전쟁이 판을 치고 있습니다. 하나님께서는 이런 세상을 보시고 예정하신 대로 세상을 바꿀 구세주 메시아 예수를 베들레헴 작은 마음에 탄생하게 하셨나이다. 오늘 주시는 말씀으로 주님께서 탄생하신 뜻을 바로 깨닫고, 성탄의 복음을 가지고 세상에 나가 전파하게 하옵소서. **성**도들을 은혜의 보좌로 불러 주시는 하나님 아버지! 저희도 주님을 경배하는 동방 박사들처럼 주님의 참뜻을 따라 삶의 방향을 전환하는 귀한 결단을 합니다. 경건과 말씀 위에 삶의 기둥을 세워나가는 하루가 되게 하렵니다. 위로받기보다는 위로하는 위로자가 되렵니다. 우리 기업은 망해도 다른 기업이 잘되기를 기도하겠습니다. 저희 가정은 부족한 것 많아도 이웃은 흥하기를 간절히 기도하는 저희가 되렵니다. 우리 교회에 속한 기관들과 저희 가정, 기업속에 그리스도의 정신이 주인 되는 감격을 더 해 주옵시고 성령으로 충만케 하옵소서. 예수님의 이름으로 기도합니다. 아멘
헌금을 위한 성구	"집에 들어가 아기와 그의 어머니 마리아가 함께 있는 것을 보고 엎드려 아기께 경배하고 보배합을 열어 황금과 유향과 몰약을 예물로 드리니라"(마 2:11)
헌금기도	**영**광, 영광, 영광을 받으시기에 합당하신 주님! 탄생하신 아기 예수께 드린 동방 박사들이 드린 예물처럼 저희가 드린 성탄절 예물을 드리오니 왕이시어 받아주시옵소서. 천군 천사가 주님의 탄생을 축하하는 이 시간 저희의 생명이 담긴 신앙의 열매를 준비하지 못했으나 땀 흘린 일부를 가지고 나왔습니다. 비록 적은 헌금이오나 어린양과 같은 희생의 예물이 되게 하시고, 황금과 유향과 몰약과 같은 아름답고 향기로운 예물이 되게 하시옵소서. 이 땅에 오신 주님을 경배하기 위한 감사의 예물이 있습니다. 적고 많음을 따지지 않고 받아 주시는 그 은혜가 저희 가슴에 넘치게 하옵소서. **오**늘 성탄절을 맞이하여 희생의 제물이 되기 위해 세상에 오신 예수님의 마음으로 드린 이 헌금이 사랑의 징표가 되게 하옵소서. 이 헌금이 굶주린 자에게 한 끼의 식량이 되게 하시고, 병든 자에게 한 번의 약값이 되게 하고, 소외된 자에게 잠시의 위로가 되게 하시옵소서. 탈북자와 이주민에게 정신적 안위가 되게 하시옵소서. 가난한 과부의 엽전이 주님을 기쁘시게 한 것처럼 우리의 적은 '성탄 예물'이 하나님께 상달되어 하나님을 기쁘시게 하고, 쓰이는 곳마다 하나님의 영광이 나타나게 하옵소서. 오늘 탄생하신 예수님의 이름으로 축복하며 기도드립니다. 아멘
위탁의 말씀	"네게서 한 다스리는 자가 나와서 내 백성 이스라엘의 목자가 되리라 하였음이니이다" 하나님은 예언자 미가를 통해 베들레헴에서 이스라엘의 새로운 지도자가 탄생할 것이라고 예고하신 대로 메시아를 베들레헴에 탄생하신 예수를 경배하는 마음으로 한 주간을 살아야 합니다.
축도	독생자를 주신 아버지 하나님의 그 크신 은혜와 골고다 십자가 위에서 온몸이 찢김과 죽음에 내던지기까지 우리를 사랑하신 예수님의 사랑하심과 성령님의 감화 감동 역사하심이 성탄 예배를 드린 성도들 위에와 장래에 이 기쁜 소식을 듣게 될 모든 이들에게 늘 함께하시기를 축원하옵나이다. 아멘

오늘의 설교를 위한 복음적 조명 주제 : 구주의 나심

제목 : 메시아 마을 베들레헴 | 본문 : 마태복음 2:1-11

주제 : 하나님은 과거에 예언자 미가를 통해 베들레헴에서 이스라엘의 새로운 지도자가 탄생할 것이라고 예고하셨다. 그 예고를 후대의 사람들이 기억한다. 때가 되어 하나님이 메시아를 베들레헴에서 탄생하게 하실 때, 박사들이 베들레헴을 방문하고 메시아에게 절하였다.

논지 : 메시아 예수님은 과거의 예언대로 베들레헴에서 탄생하셨다.
   1. 탄생의 징표가 나타나는 메시아
   2. 예언의 내용대로 탄생한 메시아
   3. 임금조차 온순하게 하신 메시아
   4. 경배와 예물들을 받으신 메시아

전조증상이라는 개념이 있다. 어떤 현상이 일어나거나 사건이 발생하기 전에는 반드시 여러 번의 작은 증상이 일어난다는 의미이다. 예를 들어 큰 지진이 발생한다면 그 이전에 지진 발생의 징후들이 여러 번 나타난다고 한다. 짐승들이나 곤충들, 물고기들이 갑자기 떼를 지어 이동한다거나 작은 지진들이 여러 번 생긴다는 것이다. 이상 징후들을 보면서 커다란 재앙이 있을 거로 예측하기도 한다. 전 세계 사람들이 깜짝 놀랄만한 사고가 발생한다면 그 이전에 안전에 이상을 감지할 수 있는 작은 현상들이 나타난다고 한다. 큰 사고는 수많은 작은 사고들이 모여서 발생한다는 것이다. 그래서 작은 사고와 징후를 민감하게 생각하고 미리 대비한다면 큰 사고가 나도 인명과 재산의 피해를 최소화할 수 있다고 한다. 반대로 생각해 보자. 온 세상 사람들이 다 좋아하고 환호할만한 일이 나타나기 전에 그 일을 예측하게 하는 작은 일들이 나타난다면 사람들이 어떻게 생각할까? 작은 일들 하나가 나타날 때마다 희망이 쌓일 것이고, 사람들은 희망대로 이뤄지기를 바랄 것이다. 세상에는 희망보다 절망의 징조들이 더 많지만, 하나님이 우리에게 희망의 징조와 결과를 보여주셨다. 그것은 바로 메시아가 온다는 소식, 베들레헴에서 왕이신 예수가 탄생하여 구원한다는 소식이다.

1. 탄생의 징표가 나타나는 메시아

예수님이 오실 때가 되었다. 사도 바울은 갈 4:4에서 "때가 차매 하나님이 그 아들을 보내사 여자에게서 나게 하셨다"고 말한다. 예수님이 태어나시기 전에 수많은 예언이 있었다. 시편, 이사야, 예레미야, 미가, 스가랴와 말라기 등이다. 시편과 이사야 등에는 상당히 많은 예언이 있다. 이 예언이 예수님에게 모두 이루어졌다. 예수님이 탄생하시기 직전에는 탄생을 알리는 징표가 있었다. 그 징표는 동방에서 별을 연구하는 박사들에게 매우 밝은 빛이 보인 일이다. 박사들은 별을 보고 유대에 왕이 나실 징조라고 생각했다. 그리고 별의 움직임을 따라서 동방으로부터 예루살렘까지 멀리 있는 길을 이동해왔다. 예루살렘에 도착한 박사들의 차림새와 생김새가 조금을 다를 것이다. 예루살렘에 나타난 낯선 사람들이 유대인의 왕으로 태어나신 분이 어디 있느냐고 사람들에게 묻는다. 먼 곳으로부터 여기까지 온 이유는 유대인의 왕에게 경배하려는 목적이라고 말한다. 이 말을 들은 예루살렘 성 사람들이 깜짝 놀랐다. 소문을 전해 들은 헤롯 왕도 놀라고 온 성에 소동이 일어났다. 유대인의 왕은 메시아를 의미한다. 메시아가 오기 전에 별이 나타나는 징표가 있었다. 이 징표가 이방인들에게 먼저 나타났지만, 예루살렘과 유대뿐만 아니라 거쳐 전 세계에 알려질 것이고, 세계와 역사가 믿을 것이다.

2. 예언의 내용대로 탄생한 메시아

유대인의 왕 메시아가 탄생한다는 소식에 가장 놀란 사람은 유대의 분봉왕 헤롯이었다. 헤롯은 자기가 왕이고, 자기 궁전에 왕자가 태어나지 않았는데 누군가 왕이 태어났다니 갑자기 위기감이 들었다. 헤롯 왕은 권력욕이 매우 강한 사람이어서 누군가 자기 왕권을 노린다고 생각되면 어떻게든 누명을 씌워 제거하는 사람이었다. 자기 아들과 아내조차도 제거하는 악명이 높은 사람이었다. 하지만 왕이고 보니 말을 듣고 당황하는 모습을 보이면 안 된다. 일단은 침착한 척을 하고는 대제사장과 서기관들을 모아서 박사들의 말이 어떻게 된 연유인지를 묻는다. 유대인의 왕 메시아, 즉 그리스도가 태어난다면 어디일지를 묻는다. 대제사장과 서기관들은 왕에게 대답할 만한 지식을 갖고 있다. 그들은 구약을 알고 있는 사람들이므로 구약의 예언을 인용한다. 본문의 6절은 선지자 미가 5:2절의 말씀이다. "베들레헴에브라다야 너는 유다 족속 중에 작을지라도 이스라엘을 다스릴 자가 네게서 내게로 나올 것이라 그의 근본은 상고에 영원에 있느니라" 오늘 본문에는 미가서에 없는 문구가 첨가돼 있다. "내 백성 이스라엘 목자가 되리라" 예수님은 구약의 예언대로 베들레헴에서 탄생하셨다. 탄생하신 분은 이스라엘의 목자가 될 것이다. 작은 동네 베들레헴이 메시아 마을이 되었다.

3. 임금조차 온순하게 하신 메시아

헤롯 왕은 대제사장들과 서기관들이 예언을 인용하는 대답을 들었다. 유대인의 혈통이 아닌 에돔 혈통의 왕일지라도 구약의 예언을 무시하지 못한다. 야망과 야욕이 불타는 사람이라도 성경의 예언 자체를 거부할 수 없다. 헤롯은 메시아 예언이 어떻게든 허사로 돌아가게 하고 싶다. 그래야 자기 왕권이 유지되기 때문이다. 헤롯은 박사들을 불러서 별이 나타난 때를 자세히 질문했다. 또 박사들을 베들레헴으로 보냈다. 헤롯이 대제사장들과 서기관들의 베들레헴 대답에 동조하고 있다. 헤롯은 박사들에게 베들레헴으로 가서 아기에 대해 자세히 알아보고는 돌아가는 길에 자기에게도 이야기해달라고 부탁한다. 자기도 아기에게 가서 절하겠다는 그럴듯한 약속도 한다. 헤롯처럼 거친 사람도 메시아 예언을 부정하지 못한다. 메시아 예언은 임금조차도 일단은 온순하게 만든다. 하지만 헤롯의 온순함은 진심이 아니다. 헤롯은 거짓으로 온순한 척할 뿐이다. 거짓으로라도 온순하게 되는 일이 본인에게는 쉽지 않지만 억지로 해야 한다. 메시아의 비밀을 알기까지는 그렇게 한다. 메시아가 오시면 세상의 악한 사람도 잠깐은 잠잠해진다. 메시아의 완전한 승리 때 악한 권력자가 물러가고 멸망하며, 악인은 영원토록 잠잠하게 될 것이다. 영원한 승리의 조짐이 헤롯에게서 나타난다.

4. 경배와 예물들을 받으신 메시아

헤롯의 거짓 부탁을 곧이곧대로 믿은 박사들이 예루살렘 성을 나섰다. 동방에서 보던 별이 박사들 앞에 다시 나타나 머물러 있다. 박사들은 매우 기뻤다. 예루살렘에 들어가서 태어난 유대인의 왕은 어디 있느냐고 질문한 것이 잘한 일인지 아닌지 생각할 겨를도 없다. 별이 움직이자 박사들이 뒤를 따랐다. 별이 베들레헴까지 박사들을 인도하고 집 앞에 멈추었다. 박사들이 집에 들어가니 아기가 어머니 마리아와 함께 있다. 박사들은 아기를 보고 절하였다. 그리고 동방에서부터 갖고 온 보물함을 열어서 황금과 유향과 몰약을 예물로 드렸다. 박사들이 오면서 예물을 준비하여 왔다. 먼 여행길에 갖고 오느라고 힘들었을지도 모른다. 혹시라도 절도를 당하거나 강도를 만나 탈취될 염려를 했을지도 모른다. 그러나 태어날 왕을 만나는 일은 어떤 염려와 고생도 이겨내는 원동력이다. 메시아는 이방의 학자들로부터도 경배와 예물을 받았다. 유대인만을 위해서만 활동할 메시아가 아니다. 전 세계의 모든 사람에게 구원의 복음을 전할 메시아이다. 동방의 박사들이 경배하고 예물을 드림이 메시아의 위대함을 증명한다. 오늘 우리도 성탄절에 예수님을 만나 경배하고 예물을 드린다. 우리도 메시아의 위대함을 믿고 메시아의 구원사역이 우리에게 적용됨을 믿고 감사의 예배를 드린다.

성 경	사도행전 20:17-27	예전색상	흰색

예 배 의 부 름	"이르시되 때가 찼고 하나님의 나라가 가까이 왔으니 회개하고 복음을 믿으라 하시더라"(막 1:15) 2024년 저희에게 고통의 사슬을 끊고 광명의 삶을 살게 하신 하나님 아버지! 역사의 주인이신 하나님께서 지난 일 년 동안 저희의 영혼과 몸과 마음과 생활을 지켜주신 은혜를 감사드립니다. 괴롭고 힘들 때, 낙심하여 슬플 때, 우리를 지켜주시고 함께하셔서 넘어지지 않도록 인도해 주셨습니다. 오늘 한 해를 보내고 새해를 바라보면서 '예수 그리스도와 함께' 하고자 소망하오니, 성령님을 보내어 승리하며 사는 능력을 베풀어 주시옵소서. 우리 주 예수 그리스도의 이름으로 기원하옵나이다. 아멘
회개를 위하여	지난 일 년 동안 예수님께서 우리와 함께하셨으나, 우리는 자주 먹고사는 세상일에 빠져서 주님을 생각하지 않는 불신앙으로 살아왔습니다. 예수님은 우리의 주인이신데, 스스로 주인인 척하면서 행동한 죄악을 고백하며 회개의 기도를 계속합니다.
고 백 의 기 도	여러 가지로 부족한 우리에게 각자의 능력에 따라서 사역을 맡기신 하나님 아버지! 우리는 악하고 게으른 종과 같이 주님께서 맡기신 달란트를 땅에 묻어둔 죄악을 고백하게 하심을 감사드립니다. 지혜의 달란트, 지식의 달란트, 재물의 달란트, 건강의 달란트, 생명의 달란트, 복음의 달란트, 직분의 달란트, 사역의 달란트를 사용하지 않고 무시한 허물을 불쌍히 여겨 주옵소서. 여러 가지 일로 바쁘다는 이유로 거룩한 주일을 범하고, 또한 세상 친구를 만나기 위해서 하나님께 영과 진리도 예배를 드리지 않은 죄악을 고백하오니 용서하여 주시옵소서. 지난 한 해 동안 예수 그리스도께서 우리와 함께하셔서 먹을 음식과 입을 옷과 살 주택을 주셨는데, 우리는 자기의 욕심만을 채우기 위해 동분서주했습니다. 고통받는 이웃을 향해서 한 번도 따뜻한 마음으로 찾지 못했으며, 외로운 사람을 찾아가서 친구가 되어 주지 못한 허물을 용서하여 주옵소서. 병들고 고통을 당하는 이웃에게 아무런 도움을 주지 못했으며 낙심한 사람에게 희망을 주지 못한 죄를 고백하오니 사죄의 말씀으로 용서받고 깨끗한 영혼이 되어 첫날을 기다리게 하옵소서. 예수님의 이름으로 기도드립니다. 아멘
사함의 확 인	"그가 우리를 흑암의 권세에서 건져내사 그의 사랑의 아들의 나라로 옮기셨으니 그 아들 안에서 우리가 속량 곧 죄 사함을 얻었도다"(골 1:13-14)
성시교독	120. 성탄절(2)
설교 전 찬 송	15장 (하나님의 크신 사랑) 301장 (지금까지 지내온 것)
설교 후 찬 송	308장 (내 평생 살아온 길) 310장 (아 하나님의 은혜로)

12
29

금주의 성 가	오 놀라운 구세주 – Arr. by Krogstad 성탄찬송 – Arr. by Denman Thompson 주 안에서 기뻐해 – H. D. Dank
목 회 기 도	**때**가 차고 하나님의 나라가 가까이 왔다고 말씀하신 하나님 아버지! 잘못을 회개하는 영혼에 성별된 삶을 선물로 주심을 감사드립니다. 세상의 많은 사람처럼 저희도 세상에 썩어가는 물질과 양식과 쾌락을 즐기고 산 것을 불쌍히 여겨 주시옵소서. 더는 이 세상에서 방황하지 말고 삶의 방향을 바꾸어 오직 예수님만 바라보고 살아가게 하시옵소서. 2024년 한 해를 살면서 실족하고 때로는 낙심했습니다. 때때로 주님을 잊어버리고 세상에서 내 뜻대로 할 때도 많았음을 고백합니다. **처**음이요 마지막이시며 온 우주 만물의 주인 되시는 하나님 아버지! 우리 주변에는 육신의 고통뿐 아니라 마음의 상처로 인하여 밤잠을 이루지 못하는 성도들이 있습니다. 친히 그들에게 안수하여 주셔서 육신의 고통, 마음의 상처로부터 깨끗하게 치유함을 받아 희망찬 한 해를 맞이하게 하옵소서. 앞으로는 주님의 뜻대로 살기 위하여 몸부림치며 간구하는 저희의 기도를 들으시고 특별히 2025년 1년 365일 동안 주님과 동행하면서, 가난한 이웃을 찾아보고, 병든 사람을 문안하며 살아가게 하옵소서. 예수님의 이름으로 기도드립니다. 아멘
헌금을 위한 성 구	"너희가 전에 약속한 연보를 미리 준비하게 하도록 권면하는 것이 필요한 줄 생각하였노니 이렇게 준비하여야 참 연보답고 억지가 아니니라"(고후 9:5)
헌 금 기 도	**약**속한 헌금을 미리 준비하게 하시는 하나님 아버지! 지난 1년 동안 무성의한 예물을 드리지 않고 믿음으로 정직하게 예물을 드릴 수 있는 믿음 주심을 감사드립니다. 특히 한 해를 보내면서 지금까지 항상 우리를 지켜주시고 도와주신 하나님의 은혜에 감사하는 헌금을 정성껏 드리게 하옵소서. 어려운 환경 속에서도 지난 1년 동안 가정과 교회를 재정적으로 넉넉히 채워주심을 감사드립니다. 지난 1년간 어려움도 많았고 고통도 많았습니다. 감사하는 마음으로 드린 가정마다 필요를 채워주시고 물질 때문에 생기는 어려움이 없게 하시옵소서. **무**엇보다도 다가오는 2025년에는 물질의 쓰임에도 성숙한 모습으로 살게 하옵소서. 언제나 십일조는 하나님의 소유인 것을 알게 하옵소서. 내가 쓰면 하나님의 소유를 도둑질한 꼴이 된다는 사실을 잊지 말고 감사하는 저희가 되게 하옵소서. 지난 일 년, 365일 동안 때마다 일마다 우리를 보호하신 하나님의 은혜에 감사하는 헌금을 드리게 하옵소서. 생일 감사 헌금, 선교 헌금, 성전 건축 헌금, 사랑 헌금, 구제헌금을 받으시고 적절한 은혜와 축복을 내려주옵소서. 예수님의 이름으로 축복하며 기도드립니다. 아멘
위탁의 말 씀	"하나님의 은혜의 복음을 증언하는 일을 마치려 함에는 나의 생명조차 조금도 귀한 것으로 여기지 아니하노라" 사도 바울이 자신의 사역을 결산하며 예수 그리스도를 중심으로 진실하게 일하였음을 당당하게 고백한 것처럼 우리도 한 해를 믿음으로 결산하는 저와 여러분이 되어야 할 것입니다.
축 도	지금은 세상의 기쁨과 소망이 되어 죄인을 의인 되게 하시려고 이 땅에 오신 예수 그리스도의 은혜와 독생자라도 아낌없이 보내주신 하나님의 사랑하심과 늘 함께하시는 성령님의 교통하심이 지난 1년 동안 지켜주신 모든 것을 감사하는 마음으로 머리 숙인 모든 성도와 가정과 기업과 이 나라와 민족 위에 항상 함께하시기를 축원하옵나이다. 아멘

오늘의 설교를 위한 복음적 조명 주제 : 사역의 최고

제목 : 예수 그리스도와 함께 | 본문 : 사도행전 20:17-27

주제 : 예수님은 우리 삶의 주인이시다. 예수님은 우리가 살아가는 목적이고 일하는 내용의 중심이시다. 바울은 사역을 마칠 무렵 에베소 장로들에게 자신의 사역을 결산하며 예수 그리스도를 중심으로 진실하게 일하였음을 당당하게 고백한다. 송년주일에 적합한 고백이다.

논지 : 예수님은 우리 신앙의 궁극적인 목적이시다.
  1. 사역의 내용과 중심이신 예수 그리스도
  2. 사명의 이유와 결과이신 예수 그리스도
  3. 왕래와 작별의 기준이신 예수 그리스도
  4. 진실과 청결의 동력이신 예수 그리스도

  한 해가 지나고 마무리하는 시점에 한 해를 되돌아본다. 한 해를 후회 없이 보냈다고 생각하는 사람이 있는가 하면 한 해 동안 잘못한 게 많다고 아쉬워하는 사람, 열심히 살았지만 결과가 신통찮다고 서운한 사람, 별로 한 게 없다고 자책하는 사람도 있다. 사람으로서 당연한 일에도 여러 감정이 교차하고, 신앙생활에서도 여러 감정이 교차할 것이다. 후회 없는 시간을 보내려면 어떻게 해야 하는가? 무조건 열심히 한다고 후회가 없을까? 그렇지 않다. 기간마다 정확한 목표를 정하고, 목표를 성취해야 한다. 목표들이 지향하는 인생의 목적도 분명하게 정해야 한다. 또 무엇인가 일할 때는 게으르지 말고 성실해야 한다. 결과가 원하는 만큼 아니라도 과정이 좋았다면 그나마 후회를 하지 않을 것이다. 결과가 좋았지만, 그 과정이 부실했다면 다행이라 여기고 다음에는 과정에서도 성실하겠다고 다짐할 것이다. 신앙인의 인생 목적은 무엇인가? 예수 그리스도이다. 사도 바울이 전도 여행을 마치고 예루살렘으로 가는 도중에 그의 인생 목적을 말할 기회를 만들었다. 지난 세월 동안의 복음 사역이 목적에 적합한지 돌아보고, 자신에게나 사람들에게나 진실하였음을 고백한다. 바울의 회고와 고백을 보면서 우리도 한 해를 돌아볼 수 있다. 인생의 분기점과 전환점에서 회고의 방법이 된다.

1. 사역의 내용과 중심이신 예수 그리스도

  바울은 아시아를 거쳐서 유럽에서 복음을 전하였다. 아시아에서 복음을 전하려 하는 바울을 성령이 말렸다. 바울이 드로아에 있을 때 마게도냐 사람 하나가 바울을 초청하는 환상을 보았다. 건너와서 우리를 도와달라는 내용이었다. 바울이 유럽으로 건너가 복음을 전한 뒤에 아시아로 돌아왔다. 바울이 윗지방을 지나 에베소로 돌아와서 예수님 이름으로 세례를 주고, 성령의 임재를 체험하게 하였다. 바울은 아시아에서 처음부터 끝까지 예수님을 증언하였다. 비록 핍박과 유대인의 간교한 꾀가 있어도 바울은 참고 주님을 섬겼다. 바울이 생각하기에 유익한 것이라면 무엇이든지 에베소 사람들에게 전하여 가르쳤다. 유대인과 헬라인들에게 하나님을 향하여 회개하도록 외치고, 주 예수 그리스도께 대한 믿음을 증언하였다. 바울의 사역은 그 내용과 중심이 예수 그리스도였다. 바울은 예수를 그리스도로 증언하는 일을 신앙과 인생 그리고 사역의 핵심가치로 삼았다. 바울은 겸손하게 사역하고, 사람들의 회개와 믿음을 위해 눈물을 흘렸다. 에베소의 장로들이 바울의 이러한 사역을 모두 알고 있다. 바울은 자신의 가치와 목적 그리고 사역의 과정과 결과에 대해서 당당하다. 본인이 당당해도 사람들이 인정하지 않으면 아무 소용이 없지만, 바울은 그럴 가능성을 전혀 생각하지 않는다.

12
29

2. 사명의 이유와 결과이신 예수 그리스도

바울은 자신의 사역에 관하여 사람들이 인정할만하다는 자신감을 가졌다. 바울의 사역 결과는 하나님께서 인정하심이기도 하다. 이렇게 사역의 결과를 거두었다면 어떤 마음이 들까? 그동안 고생을 많이 했으니 이제는 조금 편하게 살고, 결과를 누려보자는 생각이 들지 않을까? 주변에서 그런 권고를 할 수도 있다. 그런데 바울은 결과를 누려보려는 생각이 전혀 없다. 바울은 예루살렘으로 올라가는 데 거기서 무슨 일을 당하는지 알지 못한다고 한다. 올해 우리가 많은 결과를 얻었다면 내년에 그 결과를 누려보고 싶다. 그런데 어떤 분들은 내년이 더 어려워질 거라고 예상하면서 대비하기도 한다. 경제를 아는 분들은 호황기보다는 불황기를 예측하는 분들이 더 많다. 사실 지도자는 위기를 예측하고 미리 대비하는 사람이기도 하다. 바울이 에베소에서 강조했던 성령께서 바울에게 말하였다. 성령께서 각 성에서 바울에게 알려주셨는데, 결박과 환란이 바울을 기다린다는 말이었다. 성령께서 희망과 기대감의 말씀을 하셔야 하는데 괴롭고 절망적인 말씀을 한다. 그래도 바울은 성령의 말씀을 담담하게 받아들인다. 왜 그럴까? 그는 사명의 이유와 결과이신 예수 그리스도로 정하였기 때문이다. 바울은 예수님으로부터 받은 사명을 감당하는 일에는 자기 목숨을 조금도 아끼지 않을 참이다.

3. 왕래와 작별의 기준이신 예수 그리스도

바울이 예수님으로부터 받은 사명이 무엇인가? 은혜의 복음을 증언하는 일이다. 예수님이 자기와 같은 죄인을 구원하신 은혜, 누구든지 예수님을 믿으면 구원을 얻는다는 은혜, 믿음으로 의롭다 함을 받는다는 은혜이다. 은혜가 복음의 핵심이다. 은혜를 알고 체험하면 복음의 내용을 인식한다. 복음을 알게 되면 자기에게 임한 하나님의 은혜에 감사한다. 바울은 아시아와 온 유럽을 다니면서 은혜의 복음을 전하였다. 은혜의 복음이 전파되는 곳에 하나님의 나라가 확장된다. 바울은 하나님의 나라를 전파한 셈이다. 바울은 예수 그리스도를 전하려고 부지런히 다녔다. 사람들을 만나려고 빠른 길을 놔두고 일부러 멀리 있는 길로 돌아가기도 했다. 배를 타고 가면 빠른데, 사람들을 만나려고 일부러 육지로 걸어 다닌 적도 있다. 바울의 왕래는 모두 예수 그리스도를 전파하는 목적에서였다. 바울이 예수님을 전파한 후 교회가 세워지지만, 그곳에만 머물지 않았다. 다른 곳에서 복음을 전하기 위해 동역자들에게 교회를 맡기고 또 다른 지역으로 옮겨간다. 이제 에베소 장로들에게 자신의 사역을 회고하는 바울은 작별의 인사를 한다. 에베소 장로들이 다시는 바울의 얼굴을 못 볼 것이라고 한다. 작별의 기준도 예수님을 전하려는 목적에서였다. 명확한 목적은 헤어짐조차 과감해진다.

4. 진실과 청결의 동력이신 예수 그리스도

올해를 보내고 새해를 맞이하는 일이 아쉽기도 하고 희망이기도 하다. 그러나 아쉬운 시간과는 분명하게 헤어져야 한다. 첫날이 우리를 기다리기 때문이다. 첫날에 어떤 어려움이 우리가 기다리는 지 우리는 잘 모른다. 하지만 과거에 우리가 했던 패턴을 기억하여 계속할 것은 계속하고, 바꿀 것은 바꿔야 한다. 예수 그리스도 중심으로 생각하고 말하고 행동했다면 어떤 어려움이 와도 계속해야 한다. 혹시라도 예수님 중심이 아닌 내 중심으로 말하고 행동했다면 예수님 중심으로 말하고 행동하겠다고 다짐하고 실천해야 한다. 바울은 에베소 교회의 장로들과 헤어지는 마당에 자신의 깨끗함을 강조한다. 바울이 누구에게 손해를 끼친 일이 없고, 누가 피를 흘릴만한 괴로움을 겪어도 바울에게 원인을 돌릴 수 없음을 말한다. 그 이유는 하나님의 뜻이라면 꺼리지 않고 다 전하였기 때문이다. 바울은 진실한 생각, 청결한 마음으로 예수 그리스도를 통한 하나님의 뜻을 전하였다. 바울의 내면의 진실과 청결도 예수님이 주시는 은혜였다. 진실과 청결 때문에 비록 핍박을 당해도 바울은 여전히 진실하고 청결하다. 새로운 한 해에 진실하고 청결하다면 어떤 어려움이 있다 해도 거리낌이 없어진다. 그리고 성령으로부터 어려움을 이기는 힘을 부여받는다. 하나님의 은혜가 지속된다.

1월의 예배와 설교를 위하여

일	요일		본문	설교제목	기타(예화, 참고자료)
1	수				
5	주일	낮			
		밤			
8	수				
12	주일	낮			
		밤			
15	수				
19	주일	낮			
		밤			
22	수				
26	주일	낮			
		밤			
29	수				

성 경	마가복음 1:14-22	예전색상	흰색

예배의 부름	"하나님이여 내 속에 정한 마음을 창조하시고 내 안에 정직한 영을 새롭게 하소서"(시 51:10) **묵**은 해를 가게 하시고 새해를 주신 하나님 아버지! 2025년 새해 첫 주일에 하나님의 성전에 나와서 영과 진리로 예배하도록 인도해주심을 감사드립니다. 주신 일 년 동안 주님과 함께, 성령님과 말씀과 기도와 찬송의 춤을 추면서 승전보만 알리는 한 해를 살게 도와주시옵소서. 어떤 어려움이 와도 예수님을 삶의 주인으로 모시고 오직 믿음으로 승리하는 성도가 되게 하여 주시옵소서. 우리 주 예수 그리스도의 이름으로 기원하옵나이다. 아멘
회개를 위하여	우리는 지금까지 살아오면서 항상 새해가 되면 깨끗하고 거룩하게 예수님을 마음속에 모시고 살겠다고 다짐했습니다. 하지만 며칠도 되지 않아서 옛 생활로 돌아간 허물을 회개하고, 심히 부끄럽지만, 다시 예수님을 중심에 모시고 살겠다고 결심하는 기도를 계속합니다.
고백의 기도	**인**류의 역사와 우리의 삶의 중심에 계시는 하나님 아버지! 시간은 유수와 같이 흐르고 인간의 삶은 끊임없이 변화한다는 생각으로 허무한 세월과 함께 살아온 삶을 고백합니다. 우리는 매일 늙어가고 세상의 가치는 자주 달라진다는 관념으로 하나님과 예수님도 믿지 않고 자신만 의지한 죄악을 불쌍히 여겨 주옵소서. 새로운 것은 없다는 허무주의에 빠져서 하나님의 나라까지 기다리지 않고 믿음을 지키지 않고 또한 기도하지 않은 죄를 용서하여 주옵소서. **우**리는 물에 뜬 부평초처럼 세상 풍조에 휩쓸려 이리저리 흔들리며 생활한 허물을 반복하지 않겠다고 결심합니다. 우리에게 주신 시간은 금보다 소중한데, 시간을 소중하게 사용하지 않고 게으름을 피우며 '내일 하자', '다음에 하자' 이렇게 소털 같이 많은 시간이라고 낭비하지 않겠다고 다짐합니다. 분명히 시간의 전환점이 있는데, 올해 2025년에는 무감각한 생각으로 전혀 변화되지 않은 삶으로 더러운 옛 모습을 반복하지 않을 것을 결심하오니 용서의 말씀으로 위로하여 주옵소서. 늘 죄인을 불쌍히 여기시는 예수님의 이름으로 기도합니다. 아멘
사함의 확인	"불법이 사함을 받고 죄가 가리어짐을 받는 사람들은 복이 있고 주께서 그 죄를 인정하지 아니하실 사람은 복이 있도다"(롬 4:7-8)
성시교독	93. 새해(1)
설교 전 찬 송	17장 (사랑의 하나님) 224장 (정한 물로 우리 죄를)
설교 후 찬 송	225장 (실로암 샘물가에 핀) 216장 (성자의 귀한 몸)

금주의 성 가	저 하늘은 말하네 주의 영광(천지창조 중) – 하이든 주님의 축복 – Evans 내 마음 주께 바치옵니다 – 김순세
목 회 기 도	인간의 생사화복과 시간의 여정을 지배하시는 하나님 아버지! 지난 일 년 동안 저희의 기도를 들어 주시고 실만한 물가로, 푸른 초장으로 인도하여 주심을 감사드립니다. 지난해의 365일을 회고하며 잘못된 생각과 말과 행동들뿐입니다. 용서하여 주옵소서. 앞으로 오는 새해를 주님 예수 그리스도와 함께하도록 인도하여 주시옵소서. 우리는 힘이 없고 믿음도 부족하니 성령의 능력을 주셔서 좌로나 우로나 치우치지 않게 하시고 오직 예수님과 함께하는 성도가 되도록 역사하여 주시옵소서. 생명의 말씀으로 묵은 사람을 벗고 새사람이 되게 하시는 하나님 아버지! 사도 바울이 자신의 사역에 관하여 사람들에게 인정을 받을만한 자신감을 가진 자세처럼, 우리도 구원의 복음에 관한 사명감을 가지고 가정과 마을, 지역과 직장에서 당당하게 복음을 전파하게 하시옵소서. 구원의 복음에 관한 사명감은 재물이 없고 지식이 부족해도 오직 믿음으로 가능하다는 사실을 믿고 누구에게나 전도자의 사명을 감당하게 하시옵소서. 우리 주 예수 그리스도의 이름으로 기도합니다. 아멘
헌금을 위 한 성 구	"이것이 곧 적게 심는 자는 적게 거두고 많이 심는 자는 많이 거둔다 하는 말이로다 각각 그 마음에 정한 대로 할 것이요 인색함으로나 억지로 하지 말지니 하나님은 즐겨 내는 자를 사랑하시느니라"(고후 9:6-7)
헌 금 기 도	새해 첫 주일에 드리는 헌금을 받으시는 하나님 아버지! 2025년 첫 주일에 저희가 지극정성으로 준비한 특별한 신년축복 예물이오니 하나님께서 기쁘게 받으시고 차고 넘치는 축복을 베풀어 주실 줄 믿고 감사드립니다. 땅에 적게 심는 사람은 적게 거두고, 많이 심는 사람은 많이 거둔다고 말씀하셨으니, 우리는 인색한 마음으로 억지로 헌금하지 말게 하시고 즐거운 마음으로 많이 헌금하게 하시옵소서. 하나님은 우리를 일 년, 365일 동안 하루도 빼지 않고 보살펴 주시는데, 우리도 한순간도 잊지 말고 하나님께 감사하는 삶을 살도록 하시옵소서. 일 년, 365일의 십일조는 숫자로 계산할 수 없으니, 항상 삶의 10분의 1을 하나님께 봉헌하는 마음으로 하나님과 동행하며 주님의 뜻과 말씀대로 생활하는 성도가 되도록 인도하여 주시옵소서. 감사, 감사, 감사가 일 년 내내 이어지게 하시고, 오늘 새해 첫 주일에 드리는 감사 헌금은 한 해 동안 잊지 못할 감격이 되게 하시옵소서. 생일 헌금을 받으시고 그에게 일 년 동안 건강한 삶의 축복을 주시옵소서. 건축 헌금, 선교 헌금, 봉사 헌금, 소원 헌금을 물론 저희가 드리는 마음을 받으시고 넘치게 응답하시옵소서. 예수님의 이름으로 축복하며 기도드립니다. 아멘
위탁의 말 씀	"때가 찼고 하나님의 나라가 가까이 왔으니 회개하고 복음을 믿으라 하시더라" 우리가 예수를 만난 것이 인생 최대의 분기점이었습니다. 인생 최대의 전환점은 예수님의 지상명령을 수행하는 제자가 된 것입니다. 제자답게 복음을 전하는 아름다운 발이 되는 2025년 한 해를 살아야 합니다.
축 도	지금은 우리를 보호하심으로 지켜 주시는 자비로우신 아버지 하나님의 은혜와 구세주 예수 그리스도의 사랑하심과 생명의 말씀 안에서 살도록 감화감동 역사하시는 성령님의 인도하심이 우리가 살아갈 2025년 새해에도 우리와 늘 함께하시기를 간절히 축원하옵나이다. 아멘

오늘의 설교를 위한 복음적 조명 주제 : 사역의 시작

제목 : 전환의 중심이신 예수님 l 본문 : 마가복음 1:14-22

**01
05**

주제 : 예수님은 우리 삶의 주인이고 중심이시다. 우리 삶에서의 분기점이 있다면 예수님을 만나고 헌신했을 때여야 한다. 예수님이 제자들을 부르셨는데, 예수님의 부름은 제자들에게 가치 있는 인생을 향한 전환점이었다. 예수님을 만난 시간이 제자들 인생의 전환점이었다.

논지 : 예수님은 제자를 부르심으로 제자들에게 시간과 인생의 전환점을 허락하셨다.
　1. 시대의 전환점을 제시하신 예수님
　2. 방향의 전환점을 제시하신 예수님
　3. 동행의 전환점을 알려주신 예수님
　4. 교훈의 전환점을 증명하신 예수님

　새해의 첫 주일이다. 송구영신 예배는 한 해를 보내고, 새해를 맞는 시간의 분기점이다. 시간의 분기점이 우리가 어떤 새로운 결단을 한다면, 그 결단이 멋진 결과로 이루어진다면 전환점이라 말할 수 있다. 첫날의 첫 주일, 새해에 공식적인 첫 예배를 드리는 시간이 새로운 믿음을 시작한다는 시간적인 분기점이라면, 지나간 해와 전혀 다른 새로운 삶으로 나가는 기점이라면 믿음의 전환점, 인생의 전환점이라 할 수 있다. 사실 시간보다 더 중요한 것은 그 시간에 무엇을 했느냐이다. 했던 일에 따라서 무의미한 시간일 수도 있고, 유의미한 시간일 수도 있다. 시간의 분기점이 주목받는 이유는 유의미한 전환점으로 짚을 가능성이 크기 때문이다. 유의미한 전환점이 되려면 누구를 만나서 무슨 이야기를 하고, 어떤 결단이 일어났느냐에 달려 있다. 그런 점에서 예수님을 만나, 예수님과 대화하고, 예수님을 따르는 결단이 일어나면 예수님을 만난 시간은 인생의 전환점이 된다. 예수님이 사역을 시작하는 시점에 갈릴리 바다로 가셨다. 예수님이 제자들을 부르셨다. 제자들이 예수님을 따랐는데, 제자들의 행동은 그들 인생의 전환점이었다. 오늘 새해 첫 주일에 우리 예수님과 함께하는 인생의 전환점을 만들어보자. 예수님은 우리 인생이 전환해야 하는 이유이고, 중심이시다.

1. 시대의 전환점을 제시하신 예수님

　예수님 이전에 세례 요한이 요단강에서 사람들에게 세례를 주며 회개를 외쳤었다. 그런데 세례 요한이 권력자들에게 밉보이고, 체포되었다. 세례 요한은 공개적으로 일하기 어려워졌다. 그러나 세례 요한이 사라졌다고 해서 하나님이 원하는 일이 중단되지 않는다. 하나님이 본격적인 사역을 준비하고 계셨다. 세례 요한은 준비하는 사람이었고, 세례 요한의 일은 준비과정에서의 전초전 역할을 한다. 이제 본 경기가 등장한다. 바로 예수님이 나타나시고, 복음을 전파한다. 예수님이 갈릴리에 오셔서 하나님의 복음을 전파하셨다. 예수님이 하나님 나라의 복음을 전파하시며 사람들에게 외치셨다. "때가 찼고 하나님의 나라가 가까이 왔으니 회개하고 복음을 믿어라" 마태복음을 보면 세례 요한도 하나님 나라가 가까이 왔으니 회개하라고 외쳤다. 마가복음과 누가복음에 의하면 세례 요한이 회개의 세례를 전했다. 지금 예수님은 하나님 나라의 복음을 전파하신다. 예수님은 복음을 믿으라고 강조하신다. 회개가 죄와 함께했던 지난 삶을 중단하는 의미라면, 복음을 믿는 것은 새로운 삶을 시작하는 의미이다. 즉, 회개와 믿음은 개인에게는 인생의 전환점이 된다. 공동체가 회개하고 복음을 믿는다면 회개와 믿음은 시대의 전환점이 된다. 공동체가 시대를 만들어 가는 주체이기도 하다.

2. 방향의 전환점을 제시하신 예수님

예수님은 갈릴리에서 불특정 다수에게 회개와 믿음을 요구하셨다. 공동체의 구성원인 불특정 다수가 회개하고 믿으면 시대가 바뀐다. 예수님은 공동체를 향한 사역에서 이제는 몇몇 개인에게 초점을 맞추신다. 소수를 위해 일하다가 다수를 대상으로 하는 게 일반적으로 일하는 방식일 텐데, 예수님은 다수에서 소수로 방향을 바꾸신다. 예수님이 왜 그러셨을까? 다수는 새처럼 날아갈 수 있다. 그러나 소수는 충성을 다한다. 사역이 지속되고, 바르게 진행되려면 소수를 선택하여 바르고 강한 훈련을 시켜야 한다. 예수님은 갈릴리 해변을 다니시다가 소수를 선택하셨다. 예수님이 시몬과 안드레 형제가 어부로서 바다에 그물 던지는 것을 보시고 말씀하셨다. "나를 따라오라 내가 너희로 사람 낚는 어부가 되게 하리라" 시몬과 베드로는 그동안 어부로서 물고기를 잡았다. 그런데 예수님은 어부들에게 이제부터 사람을 향한 일을 하게 만들어 줄 것이라고 약속하셨다. 예수님이 어부들에게 살아가는 방향의 전환점을 제시하셨다. 예수님은 다수에서 소수를 향한 사역의 전환을 하신 후에 소수의 사람에게 인생의 새로운 방향을 제시하셨다. 그 소수는 지금을 살아가는 우리 중에 누구일까? 예수님은 당신 앞에 있는 한 사람을 소중하게 여기시고 인생 방향의 전환점을 제시하신다.

3. 동행의 전환점을 알려주신 예수님

예수님 앞에 있는 한 사람은 바로 이 자리에 있는 나여야 한다. 시몬과 안드레가 곧 그물을 버려두고 예수님을 따랐다. 그들은 예수님을 만나고 인생 방향이 바뀌었다. 누구에게나 예수님과 만남은 인생의 전환점이다. 그리고 예수님은 또 다른 사람들에게 인생의 전환점을 제시하려고 찾아가신다. 시몬과 베드로를 제자로 부른 예수님이 조금 더 가시다가 세배대의 아들 야고보와 요한이 배에서 그물을 깁는 것을 보셨다. 예수님이 두 사람을 부르셨다. 본문에 '곧'이라고 하는 단어로 보건대, 예수님은 두 사람을 부르는 데 지체하거나 주저하지 않으셨다. 야고보와 요한이 예수님의 말씀을 듣고 아버지와 품꾼들과 배를 버려두고 예수님을 따랐다. 야고보와 요한이 따르는 상황에 '곧'이라는 단어가 들어가지는 않으나 정황상 두 사람은 시몬과 안드레처럼 곧장 예수님을 따랐다. 야고보와 요한은 그동안 아버지 품꾼 등과 함께 지냈었다. 동료 어부들과도 함께 지냈을 것이다. 그러나 이제부터는 예수님과 함께한다. 두 사람에게는 인생을 사는 데 있어서 동반자를 바꾸는 전환점이 일어났다. 예수님을 만나고, 예수님과 동행하는 것이야말로 인생에서 가장 먼저 선택해야 할 일이다. 예수님이 나를 찾아와 부르신다는 사실을 알았을 때, 나는 지체 말고 예수님과의 동행을 선택해야 한다.

4. 교훈의 전환점을 증명하신 예수님

이제 예수님 곁에 전직 어부 네 사람이 있다. 예수님은 네 사람과 함께 가버나움으로 들어가셨다. 예수님이 안식일에 회당으로 들어가셨다. 그리고 여러 사람에게 가르치신다. 소수를 선택하신 예수님이 다시 다수를 향해 말씀하신다. 소수를 선택하였다면 소수에게 집중하고 소수에게 가르칠 시간이 필요하다. 그런데 소수와만 함께 하다 다수를 외면하면 안 된다. 소수와 다수를 동시에 만족시킬 수 있어야 한다. 예수님은 소수를 데리고 다수를 만났다. 다수에게 복음을 전하는 장면을 소수에게 보이셨다. 즉, 예수님은 소수의 사람에게 다수를 향한 사역이 있음을 알려주셨다. 예수님이 안식일에 회당에서 가르치시는 데 많은 사람이 예수님의 교훈에 놀랐다. 예수님이 가르치시는 것이 권위 있는 사람과 같다. 예수님의 가르치심에 권위가 있다는 말이다. 예수님의 가르치심이 사람들이 아는바 서기관들과는 다르다. 사람들이 예수님의 말씀을 듣고 놀라며 서기관들과는 다르다는 반응을 소수의 제자도 보았을 터이다. 제자들은 예수님의 교훈을 듣고는 교훈의 전환점이 일어났음을 알았을 것이다. 예수님의 교훈은 하나님 나라의 복음이다. 올 한 해 우리가 가르칠 내용, 받아야 할 교훈이 하나님 나라 복음인지를 기억하자. 오늘을 하나님 나라 교훈의 전환점으로 삼아야 한다.

성 경	요한복음 1:29-34	예전색상	초록색

01 12

예배의부름	"하나님이여 내 속에 정한 마음을 창조하시고 내 안에 정직한 영을 새롭게 하소서"(시 51:10) **정**결한 마음을 창조하시고 우리 안에 정직한 영을 새롭게 하시는 하나님 아버지! 예수님께서 겸손히 세례를 받으신 날을 기념하는 날 아침 우리 안에 정직한 영혼을 새롭게 하심을 감사드립니다. 성령님의 능력이 우리를 변화시키시고 거듭나게 하심을 믿습니다. 한 주간을 살면서 죄 때문에 깨끗한 영혼이 더럽혀지지 않도록 예배드리는 성도 모두를 전신 갑주로 무장시켜 주옵소서. 오늘도 성삼위 하나님께만 영광과 존귀가 있게 하옵소서. 세례를 받으신 예수님의 이름으로 기원하옵나이다. 아멘
회개를 위하여	우리는 대부분 세례를 받았습니다. '세례'란 문자 그대로 죄를 씻는다는 뜻인데 우리는 아직도 죄를 완전히 씻지 못하고 살아왔습니다. 이제 주님께서도 세례를 받으셨듯이 우리도 성령의 세례를 받기 위해 지은 죄를 회개하는 기도를 계속합니다.
고백의기도	**영**혼이 성령의 세례로 거듭나기를 바라시는 하나님 아버지! 우리는 물로 세례는 받았지만, 성령으로 세례를 받지 못한 허물을 고백합니다. 육신의 정욕과 재물에 대한 욕망, 사치와 쾌락과 자랑과 교만의 죄악을 불쌍히 여겨 주옵소서. 예수님은 요한에게 세례를 받으시기 위하여 낮아져 물속에 들어갔는데, 우리는 높은 자리를 탐하고 높아지고자 교만을 부린 허물을 용서하여 주옵소서. 예수님은 공의를 세우시기 위해서 세례를 받으셨는데, 우리는 공의를 무시하고 불의와 부정을 즐기면서 못되게 살아온 죄악을 고백합니다. **이**제 한 주간을 살 때 주님을 닮아가는 하루가 되기를 약속드립니다. 주님처럼 말하는 은혜를 주옵소서. 주님처럼 행동하는 판단을 주옵소서. 주님처럼 섬기는 마음을 허락하여 주시옵소서. 영적으로 성장하고 믿음으로 성장하고 주님의 놀라운 체험이 날마다 날마다 더할 수 있도록 역사하여 주옵소서. 사랑의 모습이 더 커지며, 믿음의 나무가 더 자랄 수 있도록 축복해 주옵소서. 주님은 우리에게 세상 만물을 다스릴 권세를 주셨으니 하나님 보시기에 좋은 사람이 되어 성령 세례로 새 사람으로 거듭나게 하옵소서. 예수님의 이름으로 기도하나이다. 아멘
사함의확인	"불법이 사함을 받고 죄가 가리어짐을 받는 사람들은 복이 있고 주께서 그 죄를 인정하지 아니하실 사람은 복이 있도다"(롬 4:7-8)
성시교독	88. 세례(침례) (1)
설교 전 찬 송	226장 (성령으로 세례 받아) 43장 (즐겁게 안식할 날)
설교 후 찬 송	409장 (나의 기쁨은 사랑의 주님께) 593장 (아름다운 하늘과)

금주의 성가	다와서 주를 찬양하자 – Robert C. Clatterbuck 하늘영광 내 맘에 넘치네 – Arr. by Harold DeCou 구원의 주 예수 – John W. Peterson
목회기도	**죄**인이었던 우리를 천국 백성이 되게 하신 하나님 아버지! 하늘의 복된 말씀을 통하여 심령이 바뀌고 삶의 모습들이 바뀌어 갈 수 있게 인도해 주신 은혜를 감사드립니다. 세상이 주는 그 어떤 것도 저희 마음에 참 평안을 줄 수 없음을 믿습니다. 세상과 재물이 줄 수 없는 충만한 하늘 양식과 힘을 공급받고 싶어 주님 앞에 나왔습니다. 여러 가지 모습의 문제와 걱정을 가지고 왔습니다. 저희의 힘으로 해결해 보겠다는 어리석은 마음마저 가지고 나왔습니다. 받아 주옵시고 제한 없는 하늘 권능의 힘이 얼마나 강하고 좋은가를 깨달아 아는 하늘 잔치가 되게 하여 주옵소서. **어**제나 오늘도 진리 가운데 거하게 하시는 좋으신 하나님 아버지! 말씀을 듣고 입으로 시인할 때 믿음이 자라 그 믿음으로 바라는바 미래의 결실을 보고 해결되는 감동이 있게 하옵소서. 교회의 여러 기관을 축복하시고 능력으로 감싸 주옵소서. 병으로 고생하는 성도가 치유되게 하옵소서. 하나님의 나라에 상급이 많은 것처럼 교회에도 일들이 많습니다. 교사가 필요합니다. 성가 대원도 필요합니다. 청소와 부엌 정리, 전도하는 일, 어려운 이웃을 위하여 봉사하는 일 등 많은 일이 있습니다. 이제 그 일 중 하나를 선택하여, 한 주간 잠시의 시간을 내어 교회를 섬김이 넘치는 교회가 되게 하여 주옵소서. 예수님의 이름으로 기도합니다. 아멘
헌금을 위한 성구	"곧 너를 사랑하시고 복을 주사 너를 번성하게 하시되 네게 주리라고 네 조상들에게 맹세하신 땅에서 네 소생에게 은혜를 베푸시며 네 토지 소산과 곡식과 포도주와 기름을 풍성하게 하시고 네 소와 양을 번식하게 하시리니"(신 7:13)
헌금기도	**성**도들에게 헤아릴 수 없는 감동과 감화를 허락하신 하나님 아버지! 지난 한 주간에도 힘들고 지친 저희를 신령한 하늘 양식을 채워 주신 은혜를 감사드립니다. 하늘 능력을 더해 주신 은혜를 기억하여 이렇게 작은 정성을 드립니다. 이 물질이 하나님께 드리는 거룩한 산 제사를 만들어가는 작은 드림이 되게 하여 주옵소서. 이 물질이 쓰이는 곳마다 하나님의 거룩한 뜻이 이루어지는 촉진제가 되게 하여 주옵소서. 준비한 손길을 어루만져 주시사 그 손들고 기도할 때 하늘 문이 열리는 빛나는 천국 열쇠가 되게 하여 주옵소서. **십**의 일조를 드리는 손길들이 있습니다. 감사예물과 주일 헌금과 건축 헌금을 드리는 손길들이 있습니다. 먼 곳에 나가서 복음을 선포하는 하나님의 일꾼들을 위하여 드리는 선교 헌금이 있습니다. 성미를 드립니다. 몸으로 시간으로 헌신하는 종들이 많습니다. 저들의 수고를 기억하시고 저들의 일터와 가정의 자녀들이 금과 은보다도 하나님의 자녀가 되는 기쁨을 누리게 하옵소서. 우리 교회에 세워주신 기관들이 하나님 나라를 건설하는 일에 앞장서게 하시고 살아 역사하는 성령의 은혜가 충만한 조직들이 되게 하여 주옵소서. 우리 주 예수님의 이름으로 기도합니다. 아멘
위탁의 말씀	"물로 세례를 베풀라 하신 그이가 나에게 말씀하시되 성령이 내려서 누구 위에든지 머무는 것을 보거든 그가 곧 성령으로 세례를 베푸는 이인 줄 알라" 요한은 물로 예수님은 성령으로 세례를 베푸셨습니다. 성령 세례는 하나님이 믿음의 사람들을 향해 정하신 영원하고도 완전한 은혜의 복음임을 믿어야 합니다.
축도	넘치는 은혜로 저희를 채우시는 하나님 아버지의 은총과 지혜와 순종의 모범이 되신 예수님의 사랑과 방황하는 우리를 주님께 바로 향하도록 붙드시고 이끄시는 성령님의 인도함이 예수 우리 소망임을 깨닫고 예수와 함께 동행하는 삶을 살기로 다짐하고 돌아가는 성도들과 가정과 그 자녀들 머리 위에 영원토록 함께하옵시기를 간절히 축원하옵나이다. 아멘

오늘의 설교를 위한 복음적 조명 주제 : 세례의 복음

제목 : 성령 세례의 주님 | 본문 : 요한복음 1:29-34

주제 : 예수님이 오시기까지 수많은 예고가 있었다. 또 예수님이 하실 일에 관한 예고도 있다. 요한은 물로 세례를 주었지만, 예수님은 성령의 세례를 베푸실 것이다. 예수님이 주실 성령 세례는 하나님이 믿음의 사람들을 향해 정하신 영원하고도 완전한 은혜의 복음이다.

논지 : 예수님은 성령으로 세례를 주는 복음의 주체이시다.
　　1. 죄를 지고 가시는 예수님
　　2. 뒤에 오실 준비된 예수님
　　3. 성령 세례를 주실 예수님
　　4. 아들로 증언이 된 예수님

　사람이 살면서 반드시 해야 할 일이 있다. 윤리적이거나 법적인 일은 물론이고, 자격을 획득하는 일, 사람들로부터 인정을 받는 일이다. 반드시 해야 하는 일 때문에 부담을 많이 가질 필요는 없다. 그래도 본인의 삶에서 필요조건이라면 갖추는 것이 갖추지 못하는 것보다는 낫다. 세상은 필요조건을 갖춘 사람에게 호의적이기 때문이다. 아무리 세상이 불합리한 것 같고, 세상을 새롭게 바꾸고 싶어도 최소한의 필요조건이 있다. 최소한의 필요조건이라도 인정하지 않는다면 세상에서 할 수 있는 일이 없다. 필요조건을 갖추면 그다음부터는 충분조건을 갖추어야 한다. 충분조건을 더 많이 갖출수록 본인의 삶에서 풍부한 경험과 풍성한 결과를 얻을 것이다. 신앙생활에서 필요조건은 무엇이 있을까? 믿음의 사람들 대부분이 세례를 받는데, 세례는 필요조건일까? 충분조건일까? 목회자 대부분이 이구동성으로 필요조건이라고 이야기할 것이다. 세례를 받은 사람에게 성찬에 참여하고, 직분을 부여하기 때문이다. 물론 세례를 받지 않고 자유롭게 교회에 출석하고 헌금하고 전도할 수 있다. 그렇지만 세례를 받은 사람에게만 성찬에 참여하고 직분을 주어지는 것으로 보아 세례는 필요조건이다. 또 예수님이 성령으로 세례를 주시는데, 성령의 세례 역시 신앙의 필수조건이다.

1. 죄를 지고 가시는 예수님

　요한이 요단강에서 사람들에게 회개를 외치며 세례를 줄 때이다. 세례를 주는 사람이었으므로 '세례 요한'이라고 부른다. 세례 요한이 사람들에게 자기는 비록 세례를 주지만, 자기 뒤에 오실 분이 계시고 자기는 뒤에 오실 분의 신발 끈을 풀기도 감당할 수 없다고 말한다. 세례 요한은 자기를 매우 맞추고, 뒤에 오실 예수님을 높인다. 사역자는 자기를 높이지 말고, 사역의 내용이며 중심이신 예수님을 높여야 한다. 하루가 지난 뒤 세례 요한 앞에 말씀하던 그분이 나타났다. 세례 요한은 자기 앞에 오는 분이 바로 그분인 줄 알아챘다. 그리고 말한다. "보라 세상 죄를 지고 가는 하나님의 어린 양이로다" 당시에는 양에게 죄를 덮어씌우는 의식을 치른 뒤에 양을 죽게 함으로 죄가 사라졌다는 상징적 의식이 있었다. 그 상징이 현실로 나타났다. 세례 요한 앞에 나타난 분의 삶과 사역, 삶의 목적이 무엇인지 세례 요한이 말한다. 요한이 회개를 외치며 세례를 주었는데, 회개는 하나님 앞에 바로 서는 필요조건이다. 회개해야 죄를 용서받기 때문이다. 하지만 사람의 힘으로는 온전한 회개가 쉽지 않다. 회개의 힘을 주는 분이 나타나야 한다. 죄를 대신 지고 가는 어린 양이신 분이 회개와 죄 사함을 도와주어야 한다. 죄 사함이 필요조건이기 때문이다. 예수님은 필요조건을 채우신다.

2. 뒤에 오실 준비된 예수님

세례 요한은 예수님을 보았을 때, 자기가 어제 한 말을 기억했다. 요한은 자기 위에 오는 사람이 있는데, 자기보다 앞선 것은 그가 자기보다 먼저 계심이라 했는데, 바로 이 사람을 가리킨다고 한다. 어제 말한 사람이 오늘 내 앞에 나타났다고 생각해 보라. 이런 신비한 일이 또 있겠는가? 게다가 내 앞에 나타난 분이 나보다 훨씬 먼저 계신 분, 나와는 비교할 수 없을 정도로 높은 분이라고 생각해 보라. 이런 감격스러운 만남이 어디 있겠는가? 예수님을 만나는 일이야말로 신비하고도 감격스러운 일이다. 세례 요한은 어제까지만 해도 자기 뒤에 오는 분이 바로 예수님인지 단정할 수 없었다. 다만 사람들에게 세례를 줌으로써 자기 뒤에 오는 분임을 나타내려고 함이었다. 세례 요한은 예수님을 알지 못하였어도 뒤에 오실 분이 있다는 것만큼은 확신하였다. 그리고 뒤에 오실 분이 예수님인줄 오늘 확인하였다. 세례 요한이 외칠 때 예수님은 세례 요한의 뒤에 오실 준비를 하고 계셨다. 세례 요한보다 먼저 계셨기에 준비할 수 있다. 순서상 준비가 먼저이다. 하나님이 예수님을 세상에 보내실 계획을 하셨고, 그 계획 과정에서 세례 요한을 보내셨다. 그러므로 예수님을 보내실 계획이 먼저이다. 세례 요한의 뒤에 오실 예수님의 준비됨이 먼저였다. 하나님의 준비하심을 눈으로 확인하는 기쁨이다.

3. 성령 세례를 주실 예수님

세례 요한이 예수님을 만났을 때, 신비하고도 놀라운 은혜가 예수님에게 임함을 보았다. 요한은 자기가 본 것을 증언한다. 32절 말씀이다. "내가 보매 성령이 비둘기 같이 하늘로부터 내려와서 그의 위에 머물렀더라" 사실 이 말씀은 마태, 마가, 누가복음에서 예수님이 세례 요한으로부터 세례를 받을 때, 나타났던 현상이다. 그리고 하늘에서 음성이 들렸다. "너는 내 사랑하는 아들이라 내가 너를 기뻐하노라"(눅 3:22). 세례 요한이 처음에 예수님을 만났을 때는 예수님이 하나님의 아들임을 알지 못했다. 하지만 성령이 비둘기처럼 임하는 현상을 보고는 예수님의 정체성을 알아보았다. 세례 요한은 자기에게 물로 세례를 베풀라고 하시던 분, 즉 하나님께서 자기에게 임했던 말을 기억한다. 성령이 누구에게 임함을 보거든 바로 그가 성령으로 세례를 베푸는 분임을 알라는 말씀이었다. 요한은 물로 세례를 주었지만, 예수님은 성령으로 세례를 베푸실 것이다. 물세례가 회개와 죄 사함의 의식으로서 필요조건이라면, 성령의 세례는 믿음의 사람으로 하나님 앞에 자녀가 됨을 확인하는 필요조건이다. 성령 세례는 하나님의 자녀로 살아가는 힘과 지혜를 주는 필요조건이다. 우리가 믿는 예수님이 우리에게 성령의 세례를 주신다. 세례 요한이 말하였고, 예수님이 실행하여 증명하셨다. 우리는 믿는다.

4. 아들로 증언이 된 예수님

세례 요한은 자기 뒤에 오실 분이 자기와는 다른 분임을 알았다. 오실 분이 예수님이라는 사실을 몰랐지만, 예수님이 오셨을 때 하나님이 보내실 바로 그분임을 알았다. 세례 요한이 보았을 때 바로 그분이 하나님의 아들임을 확신하였다. 세례 요한은 자기가 확신한 바를 증언하였다. 예수님이 세례 요한의 뒤에 오셨지만, 세례 요한을 찾아오셨듯이 우리에게도 찾아오신다. 우리를 향하여 오시고 성령의 세례를 베푸는 예수님은 하나님의 아들이시다. 즉, 하나님의 아들이 우리를 찾아오신다. 아들의 찾아오심은 아버지의 찾아오심이다. 왜냐하면, 아버지와 아들은 하나이기 때문이다(요 10:30). 우리에게 하나님의 아들을 만나는 행운이 주어졌다. 우리가 하나님의 아들을 만날만한 자격이 없음에도 하나님의 아들이 우리를 찾아오셨으니 우리에게는 인생 최대의 행운이다. 이 행운이 누구에게나 제공되어 있다. 이 행운을 인식하는 일이 믿음의 사람에게 필요조건이다. 하나님의 아들로 증언된 예수님을 만나면 성령의 세례를 받는다. 예수님이 성령 세례를 주는 주체이시다. 예수님은 성령 세례의 주님이시다. 성령은 하나님의 영이고 예수 그리스도의 영이다. 하나님이 우리에게 성령 세례를 베푸심은 예수님의 간구를 듣고 허락하심으로 가능하다(요 14:16). 즉, 예수님이 성령 세례를 주신다.

2025년 1월 19일, 주현절 후 2번째 주일			
성 경	**에베소서 3:1-12**	**예전색상**	**초록색**

예 배 의 부 름	"부와 귀가 주께로 말미암고 또 주는 만물의 주재가 되사 손에 권세와 능력이 있사오니 모든 사람을 크게 하심과 강하게 하심이 주의 손에 있나이다 우리 하나님이여 이제 우리가 주께 감사하오며 주의 영화로운 이름을 찬양하나이다"(대상 29:12-13) 은혜의 주권자이신 예수 그리스도를 세상에 보내신 하나님 아버지! 거룩한 주일에 세상만사를 다 제쳐두고 하나님의 성전에 나와서 예배를 드리고 은혜와 축복을 받게 하심을 감사드립니다. 말씀을 통해서 주시는 성령의 능력이 저희 심령에 넘치게 하여 주옵소서. 오늘 은혜 주시는 하나님을 새롭게 발견하고 부족하지만, 저희 모두가 하늘 복을 받는 통로가 되는 새로운 변화를 체험하게 하옵소서. 우리 구주 예수 그리스도의 이름으로 간절히 기원하옵나이다. 아멘
회개를 위하여	우리가 십자가의 희생으로 새 생명을 얻었으면서도 세상의 부귀영화를 좇는 삶을 사는 것은 세상과 춤추는 어리석음 때문입니다. 먹고 마시고 즐기는 실속없는 생활을 뉘우치고 새로운 삶을 살고자 회개하는 기도를 계속합니다.
고 백 의 기 도	미련한 성도를 긍휼히 여기시는 하나님 아버지! 우리는 죽을 수밖에 없는 죄악을 범했지만, 하나님께서 불쌍히 여기시고 예수님을 믿게 하심을 감사드립니다. 그러나 그 엄청난 은혜를 망각하고 배은망덕한 삶을 산 죄악을 고백하나이다. '원수는 돌에 새기고 은혜는 물에 새긴다.'라는 속담처럼 우리는 무한한 예수님의 은혜를 입고도 모른 척하고 원수를 사랑하지 않고 미워한 허물을 불쌍히 여겨 주옵소서. 하나님의 사랑과 은혜는 머리털보다 많은데 마음속에 간직하지 않고 거짓말과 속임수와 미워하는 마음과 시기와 질투를 한 죄를 고백하오니 용서해 주시옵소서. 형제에게 선을 행한다고 하면서도 불의를 행하고 살았습니다. 순간적인 평안을 위해서 예수님의 은혜를 포기하고 세상 친구의 도움을 구한 잘못을 용서하여 주옵소서. 하나님께서 현현하시어 늘 우리의 곁에 계심에도 불구하고 하나님을 무시하는 갖가지 지은 죄를 고백하나이다. 이제 사람들이 보는 앞에서는 성도라고 거룩한 척하지 않겠습니다. 주여, 주님 앞에서 너무나 부끄러워 가슴을 두드리며 회개하오니 이 모든 죄를 용서하시고 새롭게 변화시켜 주시옵소서. 예수님의 이름으로 회개하며 기도드립니다. 아멘
사함의 확 인	"이 날에 너희를 위하여 속죄하여 너희를 정결하게 하리니 너희의 모든 죄에서 너희가 여호와 앞에 정결하리라"(레 16:30)
성시교독	121. 주현절(1)
설교 전 찬 송	18장 (성도들아 찬양하자) 197장 (은혜가 풍성한 하나님은)
설교 후 찬 송	441장 (은혜 구한 내게 은혜의 주님) 212장 (겸손히 주를 섬길 때)

금주의 성가	겸손히 찬양하라 – Sheldon Curry 빛나는 아침 – German Hymn 주님의 크신 은혜 – H. Lillenas
목회기도	우리가 믿는 기독교를 특별계시로 만들어주신 하나님 아버지! 우상을 섬기는 다른 종교와 다르게 오직 믿음 오직 말씀으로 신앙생활을 하게 하심을 감사드립니다. 특별히 우리는 사람의 노력이나 공로에 의지하지 않고, 예수님의 은혜와 하나님의 사랑이 기본이 되어서 우리도 하나님과 이웃을 사랑하고, 예수님의 은혜에 보답하고자 섬김과 봉사하도록 하셨으니 감사합니다. 이제부터 우리는 대접을 받는 사람이 아니라, 하나님과 이웃을 사랑하고 봉사하며 섬기는 성도가 되게 하시옵소서. 세상 모든 만물을 공평하게 지켜주시는 사랑의 하나님! 하나님께서 교회에 베푸시는 은혜를 따라 성장하며 부흥하는 교회가 되게 하옵소서. 우리 교회에 주신 복음적인 사명을 감당할 수 있도록 함께하여 주시고 또한 성도 개개인의 놀라운 믿음의 성숙함이 나타나는 기쁨을 주시옵소서. 마음이 갈급한 영혼에 하늘 만나를 먹여 주실 줄 믿습니다. 우리의 믿음을 예수님의 은혜로 하나님의 말씀으로 굳게 세워서 마귀의 유혹에 넘어가지 않고 하나님의 말씀으로 승리하게 하옵소서. 예수님의 이름으로 기도합니다. 아멘
헌금을 위한 성구	"네 모든 소제를 기억하시며 네 번제를 받아 주시기를 원하노라 네 마음의 소원대로 허락하시고 네 모든 계획을 이루어 주시기를 원하노라"(시 20:3-4)
헌금기도	성도들이 바라는 마음의 소원을 허락하시는 하나님 아버지! 오늘 거룩한 주님의 날 하나님께서 함께하시는 은혜를 깨달아 감사하는 마음으로 예물을 준비하게 하심을 감사드립니다. 오늘도 십일조 헌금과 감사 헌금과 선교 헌금과 소원 헌금과 건축헌금을 드립니다. 십일조 헌금이 믿음의 아름다운 증표가 되게 하시고 드린 가정마다 창고에 쌓을 곳이 없도록 복을 주시고, 감사 헌금으로 범사에 감사한 일이 생기게 하옵소서. 이 모든 헌금이 오직 하나님의 영광과 그의 나라를 위하여 사용되도록 하옵소서. 이 모든 헌금으로 하나님의 뜻이 이루어지게 하옵소서. 오늘도 변함없이 예물을 봉헌하는 손길이 억지로나 인색함으로 하지 말게 하옵소서. 하나님의 집에 성미로 마음의 중심을 심는 손길 위에 사르밧 여인이 그 어려움 속에서 하나님의 종을 영접하여 대접하므로 빈 통과 빈 병에 가루와 기름이 충만한 것처럼 봉사로 수고하신 모든 손길 위에 하나님 아버지 복을 주시옵소서, 건강을 주시옵소서. 아름다운 꽃꽂이로 성전을 장식하고 성가대로 봉사하고, 보이지 않는 곳에서 즐겁게 봉사하는 헌신자들의 믿음을 칭찬하여 주옵소서. 예수님의 이름으로 축복하며 기도하옵나이다. 아멘
위탁의 말씀	"하나님의 그 은혜의 경륜을 너희가 들었을 터이라" 하나님의 은혜는 하나님이 먼저 우리를 사랑하시고, 구원을 베푸셨다는 사실입니다. 하나님이 우리를 향해 먼저 시작하신 은혜입니다. 우리도 내가 먼저 손 내밀어 은혜받은 자처럼 살아가는 한 주간이 되어야 합니다.
축도	지금은 우리의 죄와 허물로 만든 십자가를 지시고 고통 속에 골고다 언덕을 오르신 예수 그리스도의 은혜와 위로와 새 힘의 근원이 되시는 하나님 아버지의 사랑하심과 하나님의 백성으로 살아가도록 이끄시는 성령의 역사하심이 구하면 주실 것이라는 확신하고 삶의 현장으로 나아가는 성도들과 가정 하는 일 위에 영원토록 함께 계시기를 축원하옵나이다. 아멘

오늘의 설교를 위한 복음적 조명 주제 : 드러난 은혜

제목 : 은혜의 주관자 그리스도 | 본문 : 에베소서 3:1-12

주제 : 세상의 종교는 사람이 무엇을 해서 신으로부터 보상을 받는다고 생각한다. 그러나 우리가 믿는 바는 하나님이 먼저 우리를 사랑하시고, 구원을 베푸셨다는 사실이다. 하나님이 우리를 향해 먼저 시작하신 은혜이다. 은혜의 주관자 그리스도를 통해 나타난 은혜이다.

논지 : 그리스도는 하나님의 비밀로서 우리를 하나님의 사람으로 만들려고 나타나신다.
　　 1. 은혜의 비밀이신 그리스도
　　 2. 약속에 초청하신 그리스도
　　 3. 일꾼으로 삼으신 그리스도
　　 4. 믿음을 강화하신 그리스도

　　우리가 믿는 믿음이 다른 종교와 가장 큰 차이를 보인다면 무엇이겠는가? 교리적인 차이라고 말할 수도 있고, 조직이나 역사 혹은 제도의 차이가 있다고도 말할 수 있다. 근원적으로 돌아가면 무엇의 차이가 있을까? 유일신론과 다신론의 차이가 있다고 말하는 이들도 있다. 다른 종교에서는 사용하지 않는 단어로서 우리는 많이 사용하는 단어라면 무엇이 있을까? 다른 종교와의 핵심적인 차이여야 한다. 예수 그리스도를 믿는 믿음이라고 대답하는 분도 있을 것이다. 또는 사람의 존재성이 다르다는 분도 있을 것이다. 우리는 근본적으로 다르게 하는 한 단어에 초점을 맞추려고 한다. 그 단어는 바로 은혜이다. 은혜야말로 우리가 믿는 믿음과 다른 종교에서 믿는 내용의 근본적인 차이를 가져온다. 타 종교는 본인의 노력, 공로와 공적에 의한 보상, 상선벌악을 매우 중요시한다. 물론 기독교에도 그런 내용이 없지는 않다. 하지만 사람으로부터 시작하는 것과 하나님이 행동하도록 지혜와 능력을 먼저 사람에게 주시는 것은 시작점부터 다르다고 할 수 있다. 은혜는 우리의 믿음과 행동이 하나님으로부터 시작한다는 사실을 알려주는 개념이다. 은혜는 개념에 머물지 않고 하나님과의 관계에서 근본적으로 다른 존재로 거듭나는 사람이 됨을 알려준다. 우리에게는 하나님의 은혜가 있다.

1. 은혜의 비밀이신 그리스도

　　사도 바울은 과거에 예수님을 믿는 사람들을 핍박하였었다. 그가 예수님의 부르심을 받고 새로운 사람으로 거듭났다. 나를 해코지하는 사람을 불러서 내 사람으로 만든다는 것이 쉽게 이해할 수 있는 일일까? 머릿속으로는 용서해야 한다고 생각하지만, 감정이 앞서면 용서가 쉽지 않다. 그런데 예수님은 바울을 불러서 이방의 빛으로 삼으셨다(행 13:47). 바울은 본문에서도 자신을 이방인을 위하여 갇힌 자 된 사람이라고 말한다. 즉, 예수님이 죄인이었던 자기를 부르셨다는 사실을 고백한다. 바울은 예수님의 부르심을 은혜로 믿는다. 그 은혜는 본인뿐만 아니라 이방인들에게도 적용된다. 하나님이 세계의 모든 사람에게 예수 그리스도를 믿고 구원받게 하려는 계획을 세우셨고, 그 계획을 이루셨다. 바울은 이를 하나님의 은혜로 믿는다. 하나님의 은혜가 사람들에게 감추어졌지만, 바울에게는 알려졌다. 즉, 은혜의 비밀스러운 계시가 있음을 바울이 깨달았다. 이제 바울은 자신이 깨달은 은혜의 비밀을 사람들에게 말과 글로써 알려준다. 하나님이 은혜의 비밀을 계획하셨고, 그리스도는 은혜의 비밀을 구성하는 중심이시다. 은혜의 비밀을 지속해서 강조하는 바울의 서신을 읽은 사람들은 바울이 깨달은 은혜의 비밀이 무엇인지를 짐작할 수 있을 것이다. 우리도 짐작하고 믿게 된다.

2. 약속에 초청하신 그리스도

우리는 모두 은혜의 비밀 예수 그리스도를 믿는다. 예수 그리스도가 은혜의 비밀을 구성하는 핵심임을 깨닫는다. 이 깨달음이 어떻게 생겨나는가? 바울은 성령으로 가능하다고 말한다. 과거에 살던 사람, 혹은 다른 세대에 살던 사람의 아들들에게는 알리지 않았던 하나님의 비밀이 거룩한 사도들과 선지자들에게는 성령으로 나타내셨다. 즉, 하나님께서 사도들과 선지자들에게 보내심으로 그리스도를 통한 구원, 그리스도를 통한 은혜, 그리스도를 믿음으로 받는 의로움이라는 은혜를 알려주셨다. 예수님을 그리스도로 믿는 믿음이야말로 성령의 역사이다. 바울은 "성령으로 아니 하고는 누구든지 예수를 주시라 할 수 없느니라"라고 강조한다(고전 12:3). 예수님을 구주로 믿는 사람들에게는 양자의 영이 주어졌다. 양자의 영은 곧 성령이며, 성령의 은혜로 하나님을 아버지라고 부르는 특권이 믿음의 사람들에게 주어졌다. 예수님이 하나님을 아버지로 불렀는데, 우리에게도 하나님을 아버지로 부르는 특권이 주어졌다니 이 얼마나 아름다운 은혜인가? 하나님이 우리를 자녀로 삼으셨다는 말씀이다. 하나님의 자녀가 된 우리는 예수 그리스도 안에서 하나님의 상속자요, 하나님의 약속에 참여하는 사람이 되었다. 그리스도께서 하나님의 자녀로서 받는 약속에 참여하도록 우리를 부르셨다.

3. 일꾼으로 삼으신 그리스도

그리스도께서 우리를 초청했다면 과연 우리가 무엇을 잘했기 때문일까? 우리의 노력이 가상하고, 우리가 한 일이 매우 선량하여서 예수님 마음에 딱 들어서일까? 과연 우리에게 예수님 마음에 딱 들만큼의 선량함과 완벽하게 선한 일을 할 만한 능력이 존재하기는 할까? 은혜를 모르는 사람은 자신이 하나님 마음에 들 만큼 행동한다고 생각할 것이다. 그러나 하나님 보시기에 선한 사람은 단 한 명도 없다. 바울은 '선을 행하는 자가 하나도 없다'는 시편의 말씀(시 14:3, 53:3)을 이렇게 인용한다. "기록된 바 의인은 없나니 하나도 없으며"(롬 3:10). 그러니까 선을 행할 줄 모르는 사람을 하나님께서 부르시고 의인으로 만들어주셨으니 이 얼마나 놀라운 은혜인가? 하나님이 나를 의인으로 인정하시는 선물을 주셨다. 은혜는 곧 하나님의 선물이다. 바울은 은혜의 선물을 따라 하나님의 일꾼이 되었다고 고백한다. 지극히 작은 사람이라고 자신을 스스로 인식하는 바울에게 은혜를 주신 이유가 있다. 측량할 수 없는 그리스도의 풍성함을 이방인에게 전하게 함이다. 그리고 영원 전부터 만물을 창조하신 하나님의 비밀 경륜이 어떠한지를 드러내게 함이다. 즉, 그리스도가 바울을 은혜의 일꾼으로 삼아주셨다. 그리스도께서는 우리에게도 하나님의 은혜를 주시고, 은혜의 일꾼으로 삼으신다.

4. 믿음을 강화하신 그리스도

본문은 우리의 믿음을 은혜, 하나님의 약속에의 초청, 하나님의 일꾼으로 삼으심 등을 그 내용으로 한다. 이 믿음을 우리에게 허락하는 분이 누구인가? 바로 예수 그리스도이시다. 이 믿음을 바르게 깨닫게 하는 일, 바르게 깨닫게 됨이 곧 지혜이다. 하나님은 이 지혜를 교회에 허락하셨고, 교회에 이 지혜를 사용하도록 허락하셨다. 교회를 통해 하나님의 지혜가 드러나게 되는 것은 하나님께서 영원 전부터 예수님 안에서 예정하신 뜻이었다. 즉, 하나님께서 예수님을 바르게 믿는 믿음을 강화하게 하는 은혜를 교회에 주셨다. 교회는 그리스도의 몸이며 그리스도는 교회의 머리이시다(골 1:18). 우리는 교회의 지체들이다(고전 12:27). 우리는 예수님을 그리스도로 믿는다. 그러므로 우리가 담대함과 확신으로 하나님 앞에 나아갈 수 있다. 그리스도께서 우리를 하나님 앞에 나가게 하는 믿음과 담대함을 선물로 주셨다. 이 선물 역시 하나님에게서 오는 은혜이다. 이러한 은혜와 믿음의 전 과정에 그리스도께서 일하신다. 그리스도는 우리에게 믿음을 선물로 주시고, 믿음이 자라도록 도우신다. 즉, 그리스도는 우리의 믿음을 강화하신다. 그리스도께서 우리의 믿음을 점점 더 자라게 하시며, 더 성숙하게 하시며, 점점 더 강하게 하신다. 그리스도께서 우리에게 은혜를 드러내셨다.

성 경	출애굽기 3:11-15	예전색상	초록색

예배의 부름	"주께서 행하신 일을 주의 종들에게 나타내시며 주의 영광을 그들의 자손에게 나타내소서 주 우리 하나님의 은총을 우리에게 내리게 하사 우리의 손이 행한 일을 우리에게 견고하게 하소서 우리의 손이 행한 일을 견고하게 하소서"(시 90:16-17)
예배의 부름	**말**씀이신 하나님께서 스스로 존재하시는 거룩한 이름의 하나님 아버지! 지난 한 주간에도 성령의 능력으로 변화되어 사람들에게 그리스도의 향기를 드러내며 살게 해 주심을 감사드립니다. 세상에 패한 후에 성공이 있고, 메마른 후에 채움이 있고, 가난한 후에 부유함이 있다는 사실을 알고 흔들리지 않는 견고한 믿음이 말씀을 통해서 얻어지게 하옵소서. 속되고 허망한 모든 것은 사라지고 처음 사랑의 감동만을 안고 돌아가는 저희가 되게 하여 주옵소서. 예수님의 이름으로 기원하옵나이다. 아멘
회개를 위하여	하나님은 스스로 존재하시면서 언제 어디서나 우리 곁에 계시는데, 우리는 하나님께서 안 보신다고 착각하고 무수한 죄악을 범하였습니다. 그렇게 살아가는 그가 나는 아닌지 성찰하고 죄를 뉘우치는 기도를 계속하여 드립니다.
고백의 기도	**시**간과 장소를 초월하여 존재하시는 하나님 아버지! 영원하신 하나님은 무소부재(無所不在) 하셔서 항상 우리를 지켜보시며 바른길로 인도해 주심을 감사드립니다. 하나님께서 우리에게 날마다 먹을 것을 주시고, 입을 옷을 주시고, 피곤한 몸을 쉴 수 있는 가정을 주셨는데 우리는 제가 잘나고 지혜가 많아서 먹을 음식과 입을 옷과 살 집을 샀다고 생각한 죄악을 불쌍히 여겨 주시옵소서. 특히 우리는 북한의 핵을 머리에 이고 있으나, 기도하지 않고 무시하고 평안하게 산 허물을 고백하오니 용서해 주시옵소서.

예수님께서 십자가를 지고 고난의 길을 가셨는데, 우리는 십자가 없이 안일하게 사회생활을 한 죄를 고백하나이다. 무늬만 그리스도인이요 속이 비어있는 거짓 그리스도인이 되었음을 용서하여 주옵소서. 이제 한 주간을 살면서 경건의 모양만 있고 성령의 능력은 상실된 위선적인 성도가 되지 않도록 노력하겠습니다. 모든 죄를 회개하고 성령으로 세례를 받아 몸과 마음이 깨끗한 성도가 되겠습니다. 항상 성령님께 온전히 순종하고 동행하면서 말씀대로 살 것을 다짐하오니 새롭게 변화시켜 주옵소서. 예수님의 이름으로 기도드립니다. 아멘 |
사함의 확인	"제사장은 여호와 앞에서 그를 위하여 속죄한즉 그는 무슨 허물이든지 사함을 받으리라"(레 6:7)
성시교독	122. 주현절(2)
설교 전 찬송	19장 (찬송하는 소리 있어) 68장 (오 하나님 우리의 창조주시니)
설교 후 찬송	69장 (온 천하 만물 우러러) 73장 (내 눈을 들어 두루 살피니)

금주의 성 가	주의 친절한 팔에 안기세 – Harold M. Best 매일 이끌어 주시네 – Louis Marris 놀라운 날 - Arr. by Harold DeCou
목 회 기 도	**새**롭게 결단하고 새로운 믿음으로 살 수 있도록 인도해 주시는 하나님 아버지! 믿음이 약하고 부족함 많은 저희에게 주님을 섬기는 직책을 주심을 감사드립니다. 하나님께서 주신 거룩한 직분을 가볍게 생각하지 말고 심사숙고하여 믿음으로 충성하게 하시옵소서. 세상의 대통령직이나 장관직보다 하나님께서 주신 직분이 더욱 소중하다는 걸 잊지 말고 다섯 달란트를 갑절로 남기고 종처럼 착하고 충성된 종이 되게 하시옵소서. 아브라함의 하나님, 야곱의 하나님, 이삭의 하나님께서 우리와 함께하신다는 영적 자부심으로 복음을 전파하는 성도가 되게 하옵소서. **세**상 모든 만물을 공평하게 지켜주시는 사랑의 하나님! 불타는 사명감으로 교회의 일에는 등한시하며, 나서려 하지 않으면서도 개인적인 문제 앞에는 밤과 낮을 가리지 않고 헛된 땀을 흘리면서 살아온 지난날들이 부끄럽습니다. 성령께서 이 교회가 나아갈 길을 인도하여 주시고, 이 안에서 저희에게 맡겨진 소임을 완수할 수 있도록 길잡이가 되어주시옵소서. 어려운 형편 속에서도 하나님의 교회를 위해서 헌신하며 봉사하신 주의 신실한 일꾼들에게 크신 은혜를 베풀어 주시옵소서. 예수님의 이름으로 기도드립니다. 아멘
헌금을 위한 성 구	"곤궁하고 빈한한 품꾼은 너희 형제든지 네 땅 성문 안에 우거하는 객이든지 그를 학대하지 말며 그 품삯을 당일에 주고 해 진 후까지 미루지 말라 이는 그가 가난하므로 그 품삯을 간절히 바람이라 그가 너를 여호와께 호소하지 않게 하라"(신 24:14-15)
헌 금 기 도	**가**난하고 빈궁한 영혼을 긍휼히 여기시는 하나님 아버지! 오늘도 거룩한 날 거룩한 성산에 가난한 마음으로 나오게 하심을 감사드립니다. 우리가 드리는 이 헌금이 가난하고 궁핍한 이웃에게 도움이 되게 하시고, 그들이 하나님의 사랑과 자비를 아는 사랑의 징검다리가 되게 하여 주옵소서. 온전한 십일조 헌금, 넘치는 감사의 헌금, 헌신적인 선교 헌금을 드려서 하나님께서 기뻐 받으시는 예물이 되게 하옵소서. 다른 사람에게 보이기 위한 가증한 헌금이 되지 않게 하시고 나의 정성을 가득히 담아드리는 향기로운 헌금이 되게 하시옵소서. **궁**핍한 생활에 드리고 싶어도 가진 것이 적어 충분히 예물을 드리지 못하는 성도가 있습니까? 물질의 가난으로 인하여 상처가 되지 않게 하시고 물질보다 그 사람의 믿음을 기뻐하시는 하나님께 자신을 헌신할 수 있는 축복을 허락하옵소서. 오늘도 주님이 주시는 응답의 기쁨을 한 아름 안고 돌아가서 하는 일마다 주의 권능이 임하게 하옵소서. 믿음과 물질이 칠 배나 더해지는 감격으로 다음 주일 주님께 드리는 날이 기다려지게 하여 주옵소서. 우리 주 예수 그리스도의 이름으로 축복하며 기도드립니다. 아멘
위탁의 말 씀	"너희가 이 산에서 하나님을 섬기리니 이것이 내가 너를 보낸 증거니라" 하나님이 모세에게 이집트로 가라 하신 것처럼 오늘도 가정으로, 직장으로, 세상으로 예수 이름을 들고 나아가 만나는 사람들의 인생에 영원히 기억될 예수를 전하는 한 주간을 살아야 합니다.
축 도	지금은 길이요, 우리 구주 예수 그리스도의 은혜와 하늘의 참 생명을 선물로 주신 하나님 아버지의 극진하신 사랑과 신앙을 따라 살 수 있도록 항상 새 힘을 주시고 함께하시는 성령님의 역사하심이 성도들과 교회 위에 이제로부터 영원토록 함께 계시기를 간절히 축원하옵나이다. 아멘

오늘의 설교를 위한 복음적 조명 주제 : 하나님 이름

제목 : 나는 스스로 있다 | 본문 : 출애굽기 3:11-15

주제 : 하나님이 모세에게 애굽으로 가라 하신다. 모세는 애굽 사람들에게 하나님의 이름을 어떻게 소개해야 할지 몰랐다. 이때 하나님은 모세에게 당신을 스스로 있는 존재로 표현하셨다. 하나님은 모세의 조상 적부터 계시고 모든 세대에 영원히 기억될 이름을 가지셨다.

논지 : 여호와 하나님은 스스로 계신 분으로서 영원히 기억될 이름을 가지셨다.
 1. 함께하여 섬기도록 하시는 하나님
 2. 애굽으로 보내시는 조상의 하나님
 3. 스스로 계신다고 말하라신 하나님
 4. 영원한 이름으로 기억되는 하나님

　세상에서 귀한 직책을 맡는 사람이 있다. 사람에게 귀한 직책을 맡기겠다는 제안이 들어가면 어떤 반응들이 나올까? 얼씨구나 좋다고 바로 받아들이면 좀 가벼워 보인다. 심사숙고하겠다고 반응하면 제안한 사람이 기다려줄 것이다. 어떤 사람은 본인에게 자격이 없다고 완곡하게 거절하면 제안한 사람이 어떻게든 제안을 받아들이라고 설득할 것이다. 혹은 본인은 그 직책을 맡으면 안 된다고 한사코 거절하는 사람도 있을 것이다. 그러면 제안한 쪽에서 포기하고 다른 사람을 찾아볼 것이다. 교회에서도 직분이 맡겨지는 경우가 있다. 목사님의 추천 때문에 혹은 성도들의 추천 때문에 직분자로 선정될 수가 있는가 하면 본인이 직분자로 나서는 경우가 있다. 직분자를 선택하기 위한 투표가 진행되면 선택되는 것을 부담스러워하면서도 탈락할 때는 실망하는 사람이 있다. 어떤 경우에는 교회를 떠나기까지 한다. 사실 직분자 선택은 하나님의 소관이다. 하나님이 사람을 통해 일하시고, 교회의 절차에 의해 직분자로 선택된다. 오늘 모세가 하나님의 선택을 받았다. 하나님이 모세를 민족의 지도자로 세우셨다. 우리가 직분을 맡고 감당하는 데는 모두 하나님의 도움이 있어야 한다.

1. 함께하여 섬기도록 하시는 하나님

　모세는 하나님의 선택을 받았을 때 자신의 부족함을 알았다. 젊었을 때는 자신만만해서 애굽사람들을 해친 적도 있었다. 그러나 광야에서 40여 년 목동으로 살면서 자신감이 꺾였다. 스스로 생각해도 민족을 위한 지도자는커녕 자신과 자기 가족조차도 건사하지 못할 정도이다. 그런데 하나님이 이런 모세를 선택하여 애굽의 종살이를 하는 민족의 구원을 위해 일하게 하셨다. 하나님이 좋은 환경과 조건에 있는 사람만 선택하지는 않으신다. 오히려 어려운 환경에 있는 사람을 선택하여 일하게 하신다. 그런데 사람은 자신의 환경과 조건을 내세워서 할 수 없다고 한다. 모세는 자기가 대체 누구기에 애굽 왕 바로에게 가며 이스라엘 사람들을 애굽에서 인도할 수 있느냐며 하나님께 질문한다. 그런데 하나님은 모세의 자격이나 능력을 말씀해주시지 않는다. 모세의 자격과 능력보다 더 중요한 것은 모세를 부르고 일을 시키시는 하나님이 책임져 주신다는 사실이다. 하나님이 모세에게 반드시 함께하시겠다고 말씀하신다. 하나님은 모세가 이스라엘 백성을 애굽에서 인도하여 낸 후의 일을 말씀하신다. 이스라엘이 자유를 얻은 후 하나님께서 모세를 부르신 산에서 백성들이 하나님을 섬기게 될 것이다. 이것은 하나님께서 모세를 보낸 증거이다. 하나님의 일을 할 때 우리의 능력, 자격, 환경, 조건이 중요할까? 사람의 입장에서는 그래도 하나님의 함께하심이 가장 중요하다.

2. 애굽으로 보내시는 조상의 하나님

하나님이 함께하시겠다는 대답에 모세가 선뜻 응하면 얼마나 좋을까? 모세는 하나님의 말씀을 듣고도 명령에 거절할 명분을 찾는다. 모세는 이스라엘 사람들에게 가서 만날 일에 대해 걱정을 한다. 이스라엘과 조상의 하나님이 모세를 이스라엘 자손에게 보냈다는 말을 하면, 이스라엘은 분명히 모세를 보낸 분의 이름이 무엇인지를 물을 것이다. 이 질문을 받으면 모세가 무엇이라고 말해야 할지를 잘 모른다. 일단 모세는 하나님이 자기들의 조상을 돌보시던 하나님임을 알고 있다. 하나님이 모세를 부르실 때 이렇게 말씀하셨다. 출애굽기 3장 6절의 말씀이다. "나는 네 조상의 하나님이니 아브라함의 하나님 이삭의 하나님 야곱의 하나님이니라" 모세는 자기를 보낸 하나님이 조상의 하나님임을 믿고 있다. 조상의 하나님이라면 그 후손들에게도 하나님이시다. 조상의 하나님께서 후손들의 고통을 보고 계신다. 후손들의 아픔과 괴로움을 덜어주시려고 스스로 자기를 비하하는 모세를 하나님이 부르셨다. 모세는 이스라엘 자손들에게 자기를 보낸 분이 조상의 하나님이라고 말할 참이다. 하지만 이스라엘은 모세가 진짜로 하나님의 보냄을 받았는지를 확인하려 들 것이고, 모세를 보낸 하나님의 이름이 무엇이냐고 물을 것이다. 모세는 이런 예상까지 하며 거절의 명분을 찾는다.

3. 스스로 계신다고 말하라신 하나님

모세를 부르신 하나님께서 모세에게 대답을 알려주셔야 한다. 모세의 예측과 질문은 사실 하나님을 불신하는 것이다. 하나님이 불신하는 모세를 나무라실 수도 있다. 하지만 하나님은 나무라시지 않는다. 나무라신다고 해서 모세가 쉽게 따를 수 있을까? 하나님은 나무라시기보다는 모세에게 대답부터 하신다. 나무란다고 해서 믿게 되지 않는다. 오히려 반감만 가질 뿐이다. 하나님이 모세에게 대답하셨다. "나는 스스로 있는 자이다" 스스로 있는 분이라는 말씀은 사실 철학이나 사상으로 쉽게 설명하기 어렵다. 세상의 모든 신은 사람이 만든 것이다. 사람의 필요 때문에 종교가 만들어지고 종교적 이념이 만들어진다. 하지만 하나님은 사람들이 만든 신과는 다르다. 하나님을 믿는 일은 사람이 만든 이념이 아니다. 하나님이 자신을 스스로 사람들에게 나타내시고, 믿기를 요구하신다. 이것이 우리가 가진 믿음이다. 하나님은 모세에게 이스라엘 자손에게 가서 스스로 있는 자가 모세를 이스라엘에 보내셨다고 대답하라고 말씀하셨다. 하나님이 모세를 통해 이스라엘에 당신의 존재성을 알리신다. 조상의 하나님은 스스로 계신 분이고, 그분이 이스라엘을 선택하고 도와주신다. 하나님은 이스라엘에 스스로 계신 분을 믿고 따르는 자부심을 허락하신다. 모세가 이 자부심을 고취한다.

4. 영원한 이름으로 기억되는 하나님

하나님이 모세를 부르셨다. 겉으로 보기에는 하나님께서 이스라엘을 애굽으로부터 구원하는 사명을 감당하기 위해 모세를 부르신 듯하다. 그러나 내면을 들여다보면 조금 다르다. 하나님이 이스라엘에 하나님을 신뢰하게 하려는 의도가 있다. 그리고 이스라엘을 도우시는 하나님이 스스로 계신 분이라는 믿음을 갖게 하고 싶으시다. 이스라엘에 스스로 계시는 하나님의 도움을 받는다는 영적 자부심을 고취시키고 싶으시다. 하나님은 모세에게 또 이스라엘 민족에게 조상의 하나님임을 한 번 더 확인시키신다. 15절 말씀이다. "아브라함의 하나님 이삭의 하나님 야곱의 하나님께서 나를 너희에게 보내셨다 하라" 모세를 보내신 분은 조상의 하나님이시다. 이스라엘은 조상의 하나님이 지금 다시 나타나셨음을 믿고 새로운 희망을 품는다. 조상의 하나님이 모세를 보내셨다면 이스라엘이 모세를 신뢰할 것이다. 하나님은 모세를 통해 하나님의 존재를 이스라엘에게 각인시키신다. 이스라엘에게는 하나님을 향한 경배와 강한 믿음이 생길 것이다. 하나님은 모세에게 영원한 이름, 대대로 기억할 칭호이며 당신을 확인시키신다. 이제 모세는 하나님을 신뢰하는 믿음을 이스라엘에게 지속해서 확인시켜 주어야 한다. 모세가 이스라엘 백성을 위해 헌신함으로 확인 작업이 증명된다.

2월의 예배와 설교를 위하여

일	요일		본문	설교제목	기타 (예화, 참고자료)
2	주일	낮			
		밤			
5	수				
9	주일	낮			
		밤			
12	수				
16	주일	낮			
		밤			
19	수				
23	주일	낮			
		밤			
26	수				

2025년 2월 2일, 주현절 후 4번째 주일

성 경	누가복음 4:22-30	예전색상	초록색

**02
02**

예배의 부름	"여호와여 주의 도를 내게 보이시고 주의 길을 내게 가르치소서 주의 진리로 나를 지도하시고 교훈하소서 주는 내 구원의 하나님이시니 내가 종일 주를 기다리나이다"(시 25:4-5) 믿음이 좋은 사람을 택하여 동역자로 사용하시는 하나님 아버지! 죄인에게 불꽃 같은 성령의 생기를 넣어 주시어 거룩한 하나님의 일을 하게 하심을 감사드립니다. 예배드리는 우리가 모두 오직 주님만 믿는 성도가 되게 하시고, 세상의 돈이나 지식 또는 명예를 추구하는 어리석은 사람이 되지 않게 하옵소서. 눈물과 이름도 빛도 없이 땀을 흘리며 충성하는 성도들을 살펴 주옵시며, 주님의 크신 뜻이 불같이 일어나게 하옵소서. 우리 주 예수 그리스도의 이름으로 기원하옵나이다. 아멘
회개를 위하여	교회에 출석하는 성도지만, 사실은 믿음이 없는 불신자들보다 더욱 악하게 살아가는 분들이 있습니다. 사기 치고, 거짓말하고, 하나님의 것을 도적질하고, 십계명을 거스르면서 사는 족속들입니다. 그런 이름만 그리스도인이 나는 아닌지 성찰하고 회개하는 기도를 계속합니다.
고백의 기도	예수님을 모르던 죄인들에게 믿음을 주신 하나님 아버지! 우리가 죄인이었을 때 마귀의 지배를 받고 우상을 섬겼지만, 보혈의 피로 새사람이 되게 하셨음을 감사드립니다. 교회 다니는 사람이라는 명찰을 가슴에 붙이고 다니면서도 거짓말과 속임수와 위선과 부정으로 자기 자신과 가족과 이웃을 속인 죄를 지었나이다. 아직도 육체적인 기쁨을 사모하는 몹쓸 과거의 응어리가 있습니다. 부끄럽기 한이 없는 이런 근성들이 오늘 말씀을 통하여 씻겨지고 도려내어 지게 하옵소서. 오늘 결심합니다. 하나님 품에 안기기 위해서 새벽 땀을 흘리겠습니다. 예배를 드리기 위해서 발걸음을 옮기는 땀을 흘리겠습니다. 세상 연락을 즐기기 위해서 무리 지어 다니기보다는 사랑의 구역(속회)예배를 위해서 발걸음을 옮기겠습니다. 믿는 성도로 구원의 확신으로 세상 사람과 구별된 삶을 살도록 하겠습니다. 다시는 하나님의 말씀을 도외시하고 이웃과 가족에게 상처를 주지 않겠다고 다짐하오니 모든 죄를 용서하여 주옵소서. 예수님의 이름으로 회개하며 기도합니다. 아멘
사함의 확인	"너는 마땅히 공의만을 따르라 그리하면 네가 살겠고 네 하나님 여호와께서 네게 주시는 땅을 차지하리라"(신 16:20)
성시교독	123. 주현절(3)
설교 전 찬 송	20장 (큰 영광 중에 계신 주) 542장 (구주 예수 의지함이)
설교 후 찬 송	545장 (이 눈에 아무 증거 아니 뵈어도) 218장 (네 맘과 정성을 다하여)

금주의 성 가	이 세상의 근심 걱정 벗어버리고 – Negro Spiritual 내 구주 예수를 더욱 사랑 – 이호준 온 땅이여 여호와께 즐거이 – William Boyce
목 회 기 도	죄인을 택하시어 하나님의 형상을 따라 재창조하신 하나님 아버지! 피부가 다르고 언어와 생활 습관이 달라도 하나님의 사랑을 실천하는 성도가 되게 하심을 감사드립니다. 특별히 믿음의 공동체인 같은 교회에서 가난한 성도를 무시하거나 학대하지 말게 하시고, 하나님께서 주신 믿음은 누구나 귀중하다는 걸 믿게 하시옵소서. 예수님께서 "새 계명을 너희에게 주노니 서로 사랑하라 내가 너희를 사랑한 것 같이 너희도 서로 사랑하라 너희가 서로 사랑하면 이로써 모든 사람이 너희가 내 제자인 줄 알리라"(요 13:34-35)고 하신 말씀대로 살게 하옵소서. 세상의 사람들을 다양하게 지으신 하나님 아버지! 우리가 예수님의 몸을 이루고 있는 지체라는 사실을 깨닫고 하나 되어 주님의 몸을 바로 세우게 하옵소서. 하나님께서 저희에게 주신 달란트와 은사를 잘 활용하여 하나님의 나라에 큰 유익을 끼치는 성도가 되게 하옵소서. 마음은 간절하지만, 몸의 질병으로 인하여 여기에 참석하지 못한 성도들도 있습니다. 주님의 피 묻은 손으로 안수하시어 이른 시간에 쾌유할 수 있게 하옵소서. 우리 교회가 이 지역을 변화시키는 교회, 나라를 품는 교회, 세계를 향하는 교회가 되게 하여 주시옵소서. 예수님의 이름으로 기도하나이다. 아멘
헌금을 위한 성 구	"감사로 하나님께 제사를 드리며 지존하신 이에게 네 서원을 갚으며 환난 날에 나를 부르라 내가 너를 건지리니 네가 나를 영화롭게 하리로다"(시 50:14-15)
헌 금 기 도	감사로 가득한 헌금을 즐겨 받으시는 하나님 아버지! 오늘도 지존하신 하나님께 서원의 헌금을 드릴 마음 주심을 감사드립니다. 드리는 예물이 하나님을 영화롭게 하며 아울러 하나님의 이름이 모든 사람에게 믿음의 근거가 되도록 역사하여 주시옵소서. 예물이 자기의 믿음을 저울질하는 방법이 되지 않게 하시고 겸손한 믿음과 소망의 믿음과 사랑의 믿음으로 하나님께 기쁨을 드려서 뿌린 대로 거두는 감동을 얻게 하여 주시옵소서. 아브라함이 소득의 십일조를 드린 것 같이 우리도 삶의 현장에서 얻은 재물 가운데에서 십일조를 드리나이다. 아브라함이 받는 축복을 우리에게 주시옵소서. 범사에 감사한 일이 있게 하옵소서. 범사에 감사하는 예물을 기쁘게 여기시고 용납하여 주시옵소서. 교회 학교 어린이들이 드리는 예물이 있습니다. 여러 가지 모양으로 드리는 다양한 예물을 받으시고 더 많고 더 다양한 하늘 복으로 채워주옵소서. 이 헌금들이 복음의 씨앗이 되게 하시고, 쓰이는 곳마다 생명이 살아나게 하소서. 이 헌금을 드리는 성도들에게 하늘의 신령한 복과 땅의 기름진 복이 임하게 하옵소서. 예수님의 이름으로 축복하며 기도드립니다. 아멘
위탁의 말 씀	"내가 진실로 너희에게 이르노니 선지자가 고향에서는 환영을 받는 자가 없느니라" 예수님도 사람들에게 환영받기도 거절도 당했습니다. 우리도 복음을 전할 때 거절을 당해도 예수님처럼 분노하거나 서운해하지 말고 그 영혼을 위해서 기도하는 그 한 사람이 되어야 합니다.
축 도	지금은 우리에게 말씀을 새롭게 주시고 각종 병든 사람들을 고쳐주신 예수님의 은혜와 우리를 죄와 죽음의 깊은 지옥 길에서 건져주시는 지극하신 하나님의 사랑하심과 날마다 새로운 마음과 자세로 세상을 살아가도록 인도하시는 성령님의 감동 감화 역사하심이 성도들의 가정과 삶의 현장에 지금부터 영원토록 함께하시기를 축원하옵나이다. 아멘

오늘의 설교를 위한 복음적 조명 주제 : 믿음의 유형

제목 : 믿음의 사람을 찾아 | 본문 : 누가복음 4:22-30

02
02

주제 : 예수님은 사람들에게 환영받기도 하셨고, 거절당하기도 하셨다. 예수님은 거절하는 사람들로부터 죽음의 위협까지 당하셨다. 그러나 예수님은 거절을 당하신다 해도 분노하거나 서운하게 생각하지 않으셨다. 예수님은 믿음의 사람을 찾아서 당신의 사역을 지속하신다.

논지 : 예수님은 믿음의 다양한 차원을 경험하셨다.
  1. 사람을 놀라게 하시는 예수님
  2. 속담을 사용해 답하신 예수님
  3. 믿음의 결과를 알려준 예수님
  4. 죽음의 위기를 지나신 예수님

　세상의 사람들이 다양하다. 피부색이 다양하고, 인종과 민족 그리고 문화가 다양하다. 같은 민족 안에서도 가치관이 다양하고, 성격도 다양하다. 다르다는 것을 이해하지 못하고 나는 옳고 남은 다르다고 생각할 수 있다. 그래서 갈등과 대립이 일어나기도 한다. 민족들끼리는 문화충돌이 일어나기도 하고, 세대 간에 문화충돌이 일어날 수 있다. 같은 세대에서도 가치관이 달라서 의견이 안 맞기도 하고, 가족 간에서 성격이 달라서 서로 오해할 수도 있다. 그러면 믿음은 어떠한가? 사실 믿음은 하나여야 한다. 사도 바울은 "주도 한 분이시요 믿음도 하나요 세례도 하나요"라고 말한다(엡 4:5). 그런데 예수님을 보고, 예수님의 말씀을 듣는 사람들이 많은 만큼 믿음의 유형도 다양하게 나타난다. 문화와 가치관은 상대적인 것이 있어도, 믿음은 상대적인 것이 없다. 믿음은 절대적이어야 한다. 그러니까 다양하게 나타나는 믿음 중에서 믿음처럼 보이기는 하지만 믿음이 아닌 것이 있다. 우리 예수님이 지상 사역을 하실 때 수많은 사람을 만나셨다. 예수님을 만나는 사람마다 어떤 반응을 보였다. 그런데 그 반응 중에는 결코 믿음이 아닌 것들이 있다. 믿음처럼 포장된 반응들이 매우 많았다. 예수님의 말씀을 듣고 그 말씀에 순종하는 믿음만이 옳고 바른 믿음이다. 예수님이 이를 원하신다.

1. 사람을 놀라게 하시는 예수님

　예수님이 하나님 나라의 복음을 전하셨다. 예수님은 광야에서 금식하셨고, 이후에 시험을 이기셨다. 예수님이 성령의 능력으로 갈릴리로 가셨는데, 예수님에 관한 소문이 퍼져나갔다. 예수님이 여러 회당에서 가르치시는데, 사람들로부터 칭찬을 받으셨다. 한번은 예수님이 나사렛 회당에서 이사야의 말씀을 읽으신 적도 있었다. 회당에 있는 사람들이 예수님을 쳐다보았다. 예수님은 이사야의 글이 사람들의 귀에 응답하였다고 말씀하셨다. 사람들이 예수님의 입에서 나오는 말씀을 듣고 매우 놀랐다. 예수님의 말씀은 사람을 놀라게 하는 힘이 있다. 예수님의 말씀은 하나님 아버지가 가르치신 말씀, 진리의 말씀이기 때문이다. 그런데 예수님의 말씀을 들은 사람들의 반응이 사뭇 차가워 보인다. 예수님의 말씀의 내용, 말씀의 핵심을 보는 것이 아니라 예수님의 고향과 출신을 먼저 따진다. 메시지가 싫으면 메신저를 공격하라는 말이 있는데, 예수님의 말씀에 어떻게 반응할지 모르고, 말씀이 맞기는 하는데 믿기 싫은 사람이 예수님의 출신과 배경을 따지며 예수님을 공격한다. 예수님이 나사렛에서 자라고 요셉의 아들인데 어찌 이렇게 놀라운 말을 하느냐고 의문을 제기한다. 의문 제기는 사실 믿기 싫어서 트집을 잡는 것이다. 놀라면 믿어야 한다. 놀랐다고 의문을 제기하면 안 된다.

2. 속담을 사용해 답하신 예수님

예수님은 의문을 제기하는 사람들을 향하여 대답하실 때 속담을 하나 인용한다. 의사가 환자를 고칠 때, 환자보다 의사가 더 아프다면 사람들이 의사를 향해 무엇이라고 말하겠는가? 환자를 고칠 생각보다는 의사 자신의 건강부터 챙기라고 말한다. 사실 이것은 의사를 살짝 무시하는 말이기도 하다. 의사의 사명은 환자를 고치는 것이다. 의사는 자기가 아파도 환자를 고치는 일에 최선을 다한다. 의사 자신의 병은 다른 의사가 고쳐줄 것이다. 만약 의사를 향해 네 병부터 고치라고 하는 말이 옳다면 하나님의 말씀을 전하는 사람이 어느 곳부터 먼저 전해야 할까? 예수님이 가버나움에서 하나님의 말씀을 전하셨는데, 가버나움뿐만 아니라 고향에서도 전해야 한다. 그런데 고향 사람들이 하나님의 말씀을 들으려 하지 않는다. 고향 사람들이 먼저 들어야 하고, 고향 사람들이 먼저 말씀에 순종해야 한다. 그런데 고향 사람들이 말씀을 전달하는 사람을 얕잡아보고는 말씀에 귀를 기울이지 않는다. 그래서 예수님은 선지자 중에 고향에서 환영을 받는 자가 없다고 말씀하신다. 지금도 그런 일이 있다. 국가와 세계에 영향력을 끼치는 전도자와 목사님이 고향에서는 크게 인정을 받지 못하는 예도 있다. 과거와 배경을 알기 때문이다. 하지만 그 영향력이 크다는 것을 알면 반응이 달라진다.

3. 믿음의 결과를 알려준 예수님

예수님이 이스라엘 역사 중에 있었던 일을 하나 말씀하신다. 엘리야가 사렙다 여인의 집에 기거하던 일을 말씀하신다. 또 엘리사 때에 믿는 사람이 누구인지를 말씀하신다. 예수님이 말씀하시는 내용을 당시 사람들이 다 알고 있다. 그런데 사람들이 다 알고 있는 내용을 적시에 적용하지 못할 뿐이다. 예수님은 시의적절하게 과거의 사례를 말씀하심으로 믿음의 결과가 무엇인지를 알려주신다. 엘리야 시대 때 3년 6개월 동안 흉년이 있었다. 이스라엘에 수많은 여인이 있었지만, 엘리야가 그 많은 여인으로부터 도움을 받지 않았다. 엘리야는 오직 시돈 땅 사렙다의 여인 한 사람에게만 도움을 받았다. 물론 사렙다 여인도 엘리야의 도움을 받아 흉년에 생존할 수 있었다. 엘리사 시대에도 수많은 나병 환자들이 있었지만, 이스라엘 사람 중에 단 한 사람도 나음을 받지 못하였다. 이방인 아람 사람 나아만 한 사람만 깨끗함을 받았다. 흉년에 생존해야 할 사람, 질병을 치료받아야 할 사람이 수없이 많았지만 딱 한 사람만이 생존하고 치료를 받았다. 이는 무엇을 의미하는가? 말씀이 전달될 때, 말씀을 듣기보다는 전달하는 사람을 향해 트집을 잡고 믿지 않는 사람들이 더 많았다. 전달자를 잘 모르더라도 전하는 말씀을 듣고 순종하는 사람은 은혜를 받았다. 믿음이 가장 중요하다.

4. 죽음의 위기를 지나신 예수님

예수님이 말씀을 들어도 순종하지 않는 다수와 듣고 순종하는 한 사람을 비교하셨다. 사람들이 말씀을 듣고 놀라워하더라도 놀람 자체로만 그칠 수 있다. 놀랍더라도 믿어야 한다. 믿지 않으려 하는 사람은 안 믿는 이유를 그럴듯하게 이야기한다. 아무리 이유가 많아도 믿어야 한다. 메신저의 과거와 배경, 메신저의 결격사유를 보면 안 된다. 메시지 자체에 집중하고 메시지 안에 담긴 하나님의 뜻과 섭리를 발견하고 순종해야 한다. 믿고 순종하면 죽지 않고 살아난다. 믿으면 구원을 받는다. 믿으면 질병에서 놓임을 받는다. 우리 예수님은 우리에게 믿음을 요구하신다. 그러나 귀가 닫히고 마음까지 닫힌 사람은 예수님이 아무리 바른 말씀을 하셔도 자기들의 자존심이 상하는 것부터 먼저 생각한다. 회당에서 예수님의 말씀을 듣는 사람들이 화를 내며 예수님을 동네 밖으로 쫓아낸다. 동네가 만들어질 때 산을 깎아 언덕이 만들어졌는데, 사람들이 예수님을 언덕으로 끌고 가서 밀어 넘어뜨리려 한다. 만약 언덕에서 떨어지기라도 하면 크게 다치거나 죽을 수 있다. 사람들이 예수님을 죽이려 든다. 진리의 말씀을 들어도 반발하는 사람이 있다. 예수님을 죽이려는 시도가 있었지만, 예수님은 사람 사이로 멀쩡하게 지나셨다. 그리고 예수님은 또 다른 믿음의 사람을 찾아가셨다.

2025년 2월 9일, 주현절 후 5번째 주일

성 경	시편 11:1-7	예전색상	초록색

예배의 부름

"하나님이여 주의 인자하심이 어찌 그리 보배로우신지요 사람들이 주의 날개 그늘 아래에 피하나이다 그들이 주의 집에 있는 살진 것으로 풍족할 것이라 주께서 주의 복락의 강물을 마시게 하시리이다"(시 36:7-8)

사랑과 은혜의 그늘로 지키시고 보호하시는 하나님 아버지! 현재의 고난을 이겨 장차 나타날 영광을 보며 헤쳐나갈 힘 주심을 감사드립니다. 오늘도 주시는 말씀으로 모두를 풍족하게 하시고 하늘 은혜의 생명수를 마시게 하옵소서. 살아갈 한 주간 동안 세상의 부귀영화를 구하지 않고 하나님의 백성으로 부족함이 없는 삶을 살게 인도하여 주옵소서. 지금도 역사하시는 성삼위 하나님께서 모든 영광과 존귀를 홀로 받아주옵시고 간구하는 저희 기도가 응답하는 벅찬 기쁨이 있게 하옵소서. 우리 주 예수 그리스도의 이름으로 기원하옵나이다. 아멘

회개를 위하여

들판의 나무들이 옷 걱정하지 않고, 공중의 새들이 먹을 걱정을 하지 않습니다. 혹시 더 크고 넓은 집에 대한 욕심과 함께 육신의 안일을 꾀하며 살면서 육신의 맛집들을 찾아다니면서 영혼이 맛집인 교회 예배는 등한시하는 그가 나는 아닌지 허물을 용서받는 기도를 계속합니다.

고백의 기도

주님을 통하여 평안을 너희에게 끼친다고 말씀하신 하나님 아버지! 주님께서 주시는 평안은 우리의 영혼을 강건하게 하시는데, 우리는 주님께서 주시는 평안을 기도하지 않고 세상의 명예와 재물로 육신의 안일을 추구한 죄악을 불쌍히 여겨 주옵소서. 세상의 친구나 육체의 건강으로 평안을 얻으려고 보약과 종합비타민을 즐기면서도 영혼의 보약을 먹는 예배에 참석하기를 게을리한 잘못을 용서하여 주옵소서. 하나님은 악인을 미워하시고 의인을 사랑하시는데, 우리는 의인을 멀리하고 악인을 친구로 삼은 죄를 용서하여 주옵소서.

오직 주님께만 참된 평화가 있고, 참된 기쁨이 있음을 고백하오니 주님과 더불어 승리하는 삶을 살게 하옵소서. 주님의 말씀을 받고 회개하는 심령들이 믿음의 힘을 잃지 않도록, 선을 행하다가 낙심하지 않도록 하나님께서 일일이 간섭하시고 돌보아 주시옵소서. 목사님의 말씀으로 우리의 불신앙과 잘못을 알게 하실 때 설교 말씀에 불만을 품고 비판한 허물을 용서하여 주옵소서. 예수님의 이름으로 회개하며 기도드립니다. 아멘

사함의 확인

"여호와께서 그의 앞으로 지나시며 선포하시되 여호와라 여호와라 자비롭고 은혜롭고 노하기를 더디하고 인자와 진실이 많은 하나님이라 인자를 천대까지 베풀며 악과 과실과 죄를 용서하리라 그러나 벌을 면제하지는 아니하고 아버지의 악행을 자손 삼사 대까지 보응하리라"(출 34:6-7)

성시교독	70. 이사야 42장
설교 전 찬 송	21장 (다 찬양하여라) 77장 (거룩하신 하나님)
설교 후 찬 송	79장 (주 하나님 지으신 모든 세계) 81장 (주는 귀한 보배)

81

금주의 성 가	주님의 영광 나타나셨네 – 김대권 태산을 넘어 험곡에 가도 – Mary McDonald 참 평화 내 것일세 – Arr. by Roger C. Willson
목 회 기 도	**예**수님을 믿는 성도들에게 피난처가 되시는 하나님 아버지! 지난 한 주간에도 악인이 그물을 치고 유혹하는 그물에 걸리지 않도록 말씀의 빛으로 인도하여 주심을 감사드립니다. 세상이 우리를 향하여 활을 당기고 화살을 시위에 먹이며 당기고자 하니, 하나님의 오른손으로 막아주시옵소서. 아무리 일상생활이 바쁘고 분주해도 새벽기도회와 주일 예배, 찬양 예배와 수요기도회에 빠지지 말게 하시고, 하나님의 말씀인 성경책을 매일 읽게 하시옵소서. **고**난과 역경을 이기고 승리의 기쁨을 누리게 하시는 하나님 아버지! 우리 교회 성도들이 서로 사랑하는 교회, 서로 이해하며 서로는 품어주게 하옵소서. 초대교회와 같이 아름다운 성도의 교제가 있게 하옵소서. 질병으로 인하여 고통스러워하며 기도하는 성도들이 있습니다. 치료하는 광선을 발하시는 하나님 아버지께서 그들을 치료하여 주시고 깨끗하게 하옵소서. 우리 교회에 주신 기관들이 많습니다. 직분을 감당할 힘이 충만케 하여 주옵소서. 우리 주 예수님의 이름으로 기도합니다. 아멘
헌금을 위 한 구 성	"아브람이 구십구 세 때에 여호와께서 아브람에게 나타나서 그에게 이르시되 나는 전능한 하나님이라 너는 내 앞에서 행하여 완전하라 내가 내 언약을 나와 너 사이에 두어 너를 크게 번성하게 하리라 하시니"(창 17:1-2)
헌 금 기 도	**생**명의 말씀과 함께 사는 자에게 번성의 기쁨을 주시는 하나님 아버지! 오늘도 저희가 드리는 헌금을 받으시고 은혜와 축복을 내려주시는 거룩한 주일 예배 되게 하심을 감사드립니다. 아브람이 하나님의 언약을 믿고 순종하여 그의 후손이 하늘의 별과 바닷가의 모래처럼 번성하였으니, 우리도 하나님의 언약대로 드리는 헌금을 받으시고 믿음의 후손이 하나님을 섬겨서 차고 넘치는 축복을 받게하여 주시옵소서. 세상에서 얻은 재물이 많지 않을지라도 주저앉지 않고 하나님께 감사하는 헌금입니다. 육신이 병들어 고달파도 아픈 몸을 이끌고 성전에 나오게 하셨으니 감사하는 예물을 드립니다. **가**진 물질이 적어 안타까운 마음으로 무거운 발걸음을 옮겨온 주님의 백성들도 있을 줄 압니다. 하늘 문을 여기사 하는 일마다 칠 배의 결실이 있게 하여 주옵소서. 우리 교회의 적은 기초 공동체인 구역원들이 드리는 예물과 어린이로부터 장년에 이르는 모든 주의 권속들이 드린 이 예물을 열납하여 주옵소서. 오늘도 하늘 문을 여시사 드린 가정과 심령에 하늘 복으로 채워지는 환상을 보게 하옵소서. 우리 주 예수 그리스도의 이름으로 축복하며 기도드립니다. 아멘
위탁의 말 씀	"여호와는 의로우사 의로운 일을 좋아하시나니 정직한 자는 그의 얼굴을 뵈오리로다" 하나님은 악인을 미워하시고 의로운 사람을 좋아하십니다. 하나님은 의인을 동역자로 부르시고, 의인의 기도를 들으시며 의인을 복의 통로가 되기 위해서 말씀 안에서 의를 실천하는 한 주간을 살아가야 합니다.
축 도	지금은 교회의 머리 되시는 예수 그리스도의 은혜와 주의 몸 된 교회를 통해 홀로 영광 받으시기에 합당하신 하나님 아버지의 극진하신 사랑과 성령님의 감화, 감동, 교통하심이 보혈의 피 흘려 사신 교회를 사랑하고 봉사하며 헌신하기를 원하는 사랑하는 성도들과 흩어진 모든 주의 권속들 위에 이제로부터 영원토록 함께하시기를 축원하옵나이다. 아멘

오늘의 설교를 위한 복음적 조명 주제 : 하나님 앞에

제목 : 하나님의 그늘 아래 | 본문 : 시편 11:1-7

**02
09**

주제 : 하나님은 사람의 생각을 초월하신다. 하나님이 사람의 마음을 알고 계시며, 사람의 행위를 판단하신다. 하나님은 악인을 미워하시고 의로운 사람을 좋아하신다. 하나님은 의인에게 나타나시고, 의인의 기도를 들으신다. 그러므로 의인은 하나님의 그늘에서 산다.

논지 : 하나님은 사람의 마음과 행위를 살피시고 믿음의 사람에게 나타나신다.
1. 믿는 사람의 피난처이신 하나님
2. 의로운 사람의 터전이신 하나님
3. 의로운 사람을 감찰하는 하나님
4. 의로운 일을 좋아하시는 하나님

사람이 살면서 여러 내용의 소리를 듣는다. 나를 칭찬하는 소리, 잘 해보자고 제안하는 소리, 미래의 희망을 말하는 소리 등을 들으면 기분이 참 좋다. 문제는 늘 좋은 소리만 듣지는 않는다는 것이다. 내 잘못을 콕 짚어서 정확하게 알려주는 쓴소리도 듣는다. 쓴소리만 들으면 그래도 나으련만 나를 모함하는 소리, 없는 잘못도 만들어내서 나를 깎아내리는 소리, 나의 자존심을 완전히 무너지게 하는 소리도 듣는다. 심지어 나의 미래의 희망을 무참히 짓밟는 소리 혹은 목숨을 위협하는 소리까지도 듣는다. 신앙생활을 할 때는 나의 신앙을 깎아내리는 소리, 내가 믿는 하나님을 모욕하는 소리까지도 듣는다. 이런 소리를 들을 때 우리의 심정이 어떨까? 내가 잘못한 거라 할지라도 속이 상할 판인데, 거짓으로 나를 깎아내리게 하는 소리를 들으면 화가 치밀 것이다. 하나님을 모욕하는 소리를 들으면 속상한 마음에 어찌할 바를 모를 수 있다. 이런 소리를 들으면 말하는 사람의 체면을 깎아내리고 싶은 마음도 들 터이다. 하지만 그러면 안 된다. 사람은 자기 잘못을 모르고 자기를 향해 싫은 소리를 하는 사람을 더 나쁜 사람으로 몰아가는 성향이 있었기 때문이다. 신앙인이 이런 시험에 넘어가면 안 된다. 나쁜 사람의 입술로 선한 사람을 향한 마귀의 시험에 넘어가면 안 된다.

1. 믿는 사람의 피난처이신 하나님

시편 기자는 하나님을 향하여 피난처라고 표현하는 경우가 많다. 시편 46편 7절과 11절에서 이렇게 말한다. "야곱의 하나님은 우리의 피난처시로다" 시편 기자는 위기를 당할 때, 힘들고 어려움이 있을 때 하나님께 피한다고 고백한다. 피난처는 안전해야 한다. 전쟁이 나면 다치지 않는 곳, 적이 발견하지 못하는 곳, 혹은 첨단무기로 공격해도 안전을 보장할 공간이라면 피난처로 제격이다. 하지만 하나님을 피난처로 말할 때 이해하지 못하는 사람들이 있다. 자기들이 생각하는 안전한 공간이 아니기 때문이다. 그들은 눈에 보이는 것, 피부로 체험하는 것만 받아들일 뿐이다. 하나님을 피난처라고 고백하고, 하나님께 피한다는 것을 이해하지 못하고 오히려 조롱할 뿐이다. 불신자들은 하나님께 피하였다고 하면 사냥꾼을 피하여 도망가는 새처럼 산속으로 피하라고 말한다. 시편 기자는 이러한 조롱 소리에 가슴이 아프다. 새는 산속으로 피난할 수 있지만, 사람은 산속으로 피난하기가 쉽지 않다. 산속으로 피한다 해도 마음은 여전히 불안할 수 있다. 신앙인은 내게 평안을 주시는 분, 나를 완전하게 지키시는 하나님이 계심을 믿는다. 이 믿음은 관념 때문에 생기지 않는다. 하나님을 피난처로 믿는 것은 살면서 체험한 신앙고백이다. 하나님은 신앙인의 피난처이시다.

2. 의로운 사람의 터전이신 하나님

우리가 하나님을 피난처로 믿고 하나님을 의지함으로 평안을 얻는다. 그러나 우리의 평안을 깨뜨리는 사람들이 많다. 그들은 우리의 평안함으로 눈으로 보려고 하지 않는다. 우리가 불안해하는 것을 좋아하고, 우리가 불안에 떠는 것을 즐긴다. 악한 사람들은 남이 잘 안되는 것에 쾌감을 느낀다. 악인들은 활을 쏘아서 의인의 가슴을 뚫으려 한다. 악인은 어두운 곳에 웅크리고 앉아서 화살을 시위에 얹어놓고는 마음이 바른 사람을 노리고 있다. 악인이 쏘는 화살은 화살에 독이 묻어있다. 이 독은 몸을 상하게 하는 것이기도 하지만, 악한 말로 마음을 찢어지게 하는 것이기도 하다. 악인이 말로서 의인의 마음에 깊은 상처를 주는데 여간해서는 회복되지 않는 상처를 남기려고 한다. 악인은 의인이 상처를 받으면 쾌재를 부르고, 상처가 낫지 않기를 바라고 있다. 하나님을 피난처로 믿는 사람은 악인의 활에 맞아도 회복된다. 하나님이 상처를 낫게 하시기 때문이다. 그런데 악인은 의인의 터까지 무너뜨리려 한다. 악인은 의인에게 더는 의로운 일을 못 하도록 터전을 파괴하려 든다. 터전이 무너졌다고 생각될 때 의인은 무엇을 할까? 어떤 생각이 들어도 의인은 하나님께서 의인의 터전임을 굳게 믿어야 한다. 의인의 터전이신 하나님이 의인에게 회복하는 힘을 주시기 때문이다.

3. 의로운 사람을 감찰하는 하나님

악인은 자기 기준에 의해서 사람을 판단하고 상황을 해석한다. 그러나 의인은 사람의 기준이나 자신의 욕망이 아닌 하나님을 판단의 기준이라고 믿는다. 사람은 땅에 살지만, 하나님은 하늘에 계신다. 여호와의 보좌는 하늘에 있다. 사람은 피조물이지만 하나님은 하늘과 땅과 사람을 지으신 창조주이시다. 창조주는 사람에게 경배를 받으신다. 사람에게 창조주를 찾으라고 성전을 짓게 하시며 성전에서 당신을 찾아오는 사람을 만나주신다. 그래서 시인은 여호와께서 성전에 계신다고 고백한다. 하나님은 사람의 삶을 속속들이 알고 계신다. 하나님의 눈은 사람들의 옳고 그름을 정확하게 바라보신다. 하나님은 의인을 알고 계시며 위로하신다. 의인이 받은 상처를 싸매주시고 회복시키신다. 그러나 하나님은 악인과 독한 말을 내는 사람, 싸우면 의인을 해코지하는 사람을 향해서는 미워하신다. 믿음의 사람이 악인으로부터 이상한 말을 듣고, 괴로움을 당할지라도 힘을 내는 이유가 무엇인가? 그것은 하나님께서 의인을 감찰하시고 옳다고 인정하시기 때문이다. 하나님이 악인을 판단하시고 악인의 길을 막으시기 때문에 믿음의 사람들은 의로움을 유지하는 데 힘을 얻는다. 악인은 사람과 땅의 일을 바라보고 살지만, 믿음의 사람 의인은 하나님과 하늘의 일을 바라보며 살아간다.

4. 의로운 일을 좋아하시는 하나님

하나님의 의인과 악인의 생각과 마음을 모두 아신다. 하나님은 의인과 악인의 말과 행실도 모두 알고 계시며 판단하신다. 하나님은 의인의 회복을 위해 직접 나서서 악인을 처리하실 때가 있다. 땅에 사는 사람이 의인이라고 악인을 처리한다 하지만 악인의 꾀에 빠지거나 악인의 방법을 그대로 따라 하는 실수를 범할 수 있다. 악인들은 자기들 잘못을 인정하지 않고 자기들을 나무라는 의인을 향해 나쁜 사람이라고 반발할 수도 있다. 하나님은 의인을 철저히 보호하시면서 악인들의 저항을 잠재우신다. 하나님이 악인에게 그물을 던지심으로 꼼짝 못 하게 하신다. 하나님이 불과 유황을 태우는 바람을 악인에게 내리신다. 악인의 소득은 그들의 안전과 재물이 아니라 불과 유황으로 타는 바람이 대신한다. 하나님이 악인들을 벌하실 때, 악인들이 깨닫지 못하여도 하나님을 원망하지는 않는다. 악인은 의로운 사람의 실수를 볼 때는 하나님의 존재를 부정하겠지만, 하나님으로부터 직접 제재와 진노를 받을 때는 아무 말도 못 한다. 하나님을 원망할 근거가 없기 때문이다. 하나님이 악인을 향해 진노로 벌하실 때, 의인은 과연 하나님이 살아계신다고 고백한다. 하나님은 의로우시고, 의로운 일을 좋아하신다. 정직한 사람이 하나님의 얼굴을 뵙고 피난처 하나님 안에서 안식을 누린다.

성 경	마태복음 3:13-17	예전색상	초록색

02 16

예 배 의 부 름	"땅에서 자기를 위하여 복을 구하는 자는 진리의 하나님을 향하여 복을 구할 것이요 땅에서 맹세하는 자는 진리의 하나님으로 맹세하리니 이는 이전 환난이 잊어졌고 내 눈 앞에 숨겨졌음이라"(사 65:16) **공**의와 진리로 세상을 다스리시는 하나님 아버지! 삶에 지치고 죄악의 멍이 든 딱한 죄인들을 은혜의 보좌로 인도해 주시어서 몸과 마음을 치유할 수 있는 예배에 초청해 주심을 감사드립니다. 한결같이 저희가 땅에서 맹세하는 사람이 되지 않고 하나님으로 맹세하며 살게 하옵소서. 세상에서 환난을 잊어버리고 하나님의 은혜와 복을 누리게 하시옵소서. 오늘도 주의 이름을 부르며 구원의 감격을 찬송하는 감사와 사랑의 천국 잔치가 되게 하여 주옵소서. 우리 주 예수 그리스도의 이름으로 기원하옵나이다. 아멘
회개를 위하여	교회는 예수를 구주로 고백하고 말씀대로 살겠다고 고백한 믿음이 있는 영혼들의 공동체입니다. 믿음은 말씀을 듣고 입으로 시인하고 가슴에 벅찬 감동 때문에 자신도 모르게 '아멘'을 외치게 됩니다. 혹 아멘에 인색한 그가 나는 아닌지 주님 앞에 회개하는 기도를 계속합니다.
고 백 의 기 도	**불**꽃 같은 눈동자로 저희의 허물과 죄악을 감찰하시는 하나님 아버지! 십자가 보혈의 공로를 저희가 지은 모든 죄악을 기억하지 않고 사랑으로 함께 해 주심을 감사드립니다. 날마다 기도하고 찬양해야 할 저희 입에서 불평과 불만과 짜증의 독극물만 내뱉은 잘못을 용서하여 주옵소서. 한 샘에서 단물과 쓴물이 나올 수 없듯이 한 입으로 찬송과 저주가 나오면 안 된다고 말씀하신 하나님 용서하여 주옵소서. 찬양한다고 말하면서도 형제를 저주하고 시기, 질투한 죄를 용서하여 주옵소서. **이**제 다음 한 주간을 살 때 말씀의 능력이 저희의 삶을 지배하게 하렵니다. 불의를 따라서 거짓말과 속임수로 불신자보다 못된 생활을 청산해 보려고 노력하겠습니다. 우리의 관절을 살피시고 뼛속까지 살펴보시는 하나님의 눈동자를 의식하고 살겠습니다. 이 시간 하나님 앞에서 머리털보다도 더 많은 죄를 고백하나이다. 쉬지 않고 기도한다고 하면서도 기도를 쉬는 죄를 멀리하겠습니다. 이 진솔한 고백을 보시고 사죄의 말씀으로 위로해 주옵소서. 허물을 용서해 주시는 예수님의 이름으로 회개하며 기도드립니다. 아멘
사함의 확 인	"그들이 부르기 전에 내가 응답하겠고 그들이 말을 마치기 전에 내가 들을 것이며 이리와 어린 양이 함께 먹을 것이며 사자가 소처럼 짚을 먹을 것이며 뱀은 흙을 양식으로 삼을 것이니 나의 성산에서는 해함도 없겠고 상함도 없으리라" (사 65:24-25)
성시교독	60. 시편 139편
설교 전 찬 송	22장 (만유의 주 앞에) 80장 (천지에 있는 이름 중)
설교 후 찬 송	84장 (온 세상이 캄캄하여서) 85장 (구주를 생각만 해도)

금주의 성가	흑암에 사는 백성들을 보라 – James McGranahan 다 찬양하여라 주님의 이름을 – W. Glen Darst 이 세상의 근심걱정 벗어버리고 – Negro Spiritural
목회기도	**절**망에 빠진 영혼을 일으키시고 힘과 소망을 주시는 하나님 아버지! 목마르고 상처받은 심령에 하늘 생수를 마시고 새 힘을 얻게 하심을 감사드립니다. 세례 요한이 요단강에서 세례를 베풀며 회개를 강조했는데, 우리도 하나님 앞에서 지금까지 지은 모든 죄악을 회개하게 하시옵소서. 또한 우리는 물로 세례를 받았다고 만족하지 말고 성령으로 세례를 받아서 완전히 거듭난 성도가 되게 하옵소서. 우리가 성령의 세례를 받아서 사랑과 희락과 화평과 자비와 충성, 온유 등의 열매를 맺게 하옵소서. **주**님을 의지하는 자를 품어 하나님 아버지! 예배를 통하여 보통 사람이 들을 수 없었던 하나님의 세미한 음성을 듣는 귀를 열어주시옵소서. 받은 은사를 따라 하나님의 일에 수종을 맡은 일꾼들이 충성을 다하여 교회가 맡겨 준 직분을 섬길 비전과 힘을 허락하여 주옵소서. 우리 교회가 올해도 하나님의 임재와 하나님의 영광으로 충만한 영광스러운 교회가 되게 하여 주시옵소서. 하늘 복으로 넘쳐 나서 이곳을 찾는 사람이 많아지게 하옵소서. 우리 주 예수 그리스도의 이름으로 기도합니다. 아멘
헌금을 위한 성구	"자기의 육체를 위하여 심는 자는 육체로부터 썩어질 것을 거두고 성령을 위하여 심는 자는 성령으로부터 영생을 거두리라"(갈 6:8)
헌금기도	**표**현할 수 없는 감격으로 주신 모든 것을 감사하게 하시는 하나님 아버지! 지난 한 주간도 저희와 함께하여 주신 것을 감사드립니다. 나그네와도 같은 세상이지만 은혜와 사랑으로 채워주심을 감사하는 마음으로 물질을 가지고 왔습니다. 저희가 드리는 이 예물을 준비함에 여러 가지 모습이 있습니다. 주님 보시기에는 적은 것이지만 저희의 정성과 눈물이 있사오니 받아 주시옵소서. 십일조의 예물이 있습니다. 양으로는 비록 적은 것이지만 주님 사랑의 권능으로 함께 할 때 큰 결실이 있게 하는 출발이 되게 하여 주옵소서. **주**일 헌금을 드립니다. 구역 헌금을 드립니다. 성미를 드립니다. 병마로 신음하는 자녀의 가족들이 치유를 간구하며 드리는 예물이 있습니다. 치료의 광선으로 단시일에 회복되는 기적을 베풀어 주옵소서. 어린 자녀들이 드리는 예물도 있습니다. 저들의 미래를 보장하여 주시고 주신 축복을 감당할 수 있는 믿음과 성품과 지혜를 주옵소서. 세심하게 보살펴 주시는 주님의 자상함이 밀려오는 환경의 어려움을 풀어가게 하옵소서. 여러 가지 헌금을 통해 하늘의 신령한 복과 땅의 기름진 복을 받아 우리의 가정과 생업이 아름다워지게 하옵소서. 예수님의 이름으로 축복하며 기도드립니다. 아멘
위탁의 말씀	"하늘로부터 소리가 있어 말씀하시되 이는 내 사랑하는 아들이요 내 기뻐하는 자라 하시니라" 요한에게 세례를 받으신 예수님은 아버지의 말씀으로 아들의 권위가 확인되었던 것처럼 우리도 하나님이 기뻐하는 자로 인정받는 한 주간을 살아가야 하지 않겠습니까?
축 도	주 예수 그리스도의 은혜와 하나님 아버지의 사랑하심과 성령의 교통하심이 예수님을 믿고 그가 주신 명령대로 서로 사랑하며 땅 끝까지 이르러 증인되기를 원하는 모든 성도에게 영원토록 함께하여 주시기를 간절히 축원하옵나이다. 아멘

오늘의 설교를 위한 복음적 조명 주제 : 권위의 확인

제목 : 세례와 예수님의 권위 | 본문 : 마태복음 3:13-17

주제 : 예수님은 하나님 아버지의 권위를 가지셨다. 그래서 세례를 받을 필요가 없으시다. 그러나 예수님은 세례를 받으러 요한에게 찾아가시고 거부하는 요한에게 허락을 요구하시고 세례를 받으셨다. 세례를 받으신 예수님은 아버지의 말씀으로 아들의 권위가 확인되었다.

논지 : 예수님은 세례를 받으시고 아버지로부터 권위를 인정받으셨다.
   1. 세례를 받으려 찾아오신 예수님
   2. 세례의 대상이 아니셨던 예수님
   3. 허락의 이유를 말씀하신 예수님
   4. 말씀으로 권위가 확인된 예수님

바느질하려면 먼저 실을 바늘에 꿰어야 한다. 바느질에 바쁘다고 바늘허리에 실을 매면 바느질 장인이라도 바느질이 제대로 안 된다. 그러니까 일을 하는 데는 바른 순서가 있다. 순서가 바뀌면 일이 제대로 안 된다. 일을 잘하려면 순서를 정확히 알아야 한다. 준비할 것이 무엇인지 알아야 하고, 마무리할 것도 무엇인지 알아야 한다. 준비과정에 필요한 것들이 많다. 마음의 준비, 사용되는 도구와 물건의 준비, 기술의 준비가 있어야 한다. 중요한 일을 하려면 자격의 준비도 있다. 이런 준비는 필요조건이다. 한편 일을 더 잘하는 데는 성품의 준비도 있어야 한다. 성품의 준비는 일을 장기적으로 지속하고 성과를 거두게 하는 충분조건이다. 일을 잘하려면 우선 필요조건부터 갖추어야 한다. 예수님이 사역을 시작하시기 전에 세례를 받으셨다. 예수님은 세례를 필요와 충분조건 중 어느 것으로 생각하셨을까? 세례 요한의 대답으로 보아 충분조건일 듯하다. 예수님은 세례를 받지 않아도 되실 분이지만 세례를 받으심으로 보아 충분조건임이 분명하다. 왜 예수님이 세례를 받으셔야 했을까? 하나님의 허락하심, 예수님의 준비하심, 또는 영적인 의미 등 다양한 관점들이 있을 것이다. 우리는 예수님의 세례 받음에서 예수님께서 사역의 권위를 확보하려는 의도를 살펴볼 것이다.

1. 세례를 받으려 찾아오신 예수님

세례 요한이 요단강에서 세례를 줄 때였다. 세례 요한은 사람들에게 회개를 외쳤다. 천국이 가까이 왔다고 외치는 세례 요한에게 사람들이 찾아왔다. 요한은 사람들에게 세례를 주면서 회개에 합당한 열매를 맺으라고 하였다. 요한은 자기를 찾아온 바리새인들과 사두개인들에게 하나님의 심판을 예고한다. 그리고 자기는 물로 세례를 주었지만 자기 뒤에 오실 분은 능력이 많으신 분이며 불과 성령으로 세례를 줄 것이라고 예고한다. 요한이 한창 일하고 있을 때, 예수님이 갈릴리로부터 요단강으로 오셨다. 예수님이 요한에게 세례를 받으러 오신 것이었다. 당시에 세례는 죄를 지은 사람이 회개하는 의미이고, 회개의 열매를 맺겠다는 다짐의 의미였다. 그러나 예수님은 회개할 죄가 없으신 분이시다. 당연히 회개의 열매를 맺을 필요도 없으시다. 그러므로 세례가 예수님의 사역을 위한 필요조건이 되지 않는다. 그러면 왜 예수님이 요한에게 세례를 받으러 갈릴리로부터 요단강까지 오셨을까? 세례 요한의 외침을 들은 많은 사람이 요한에게 와서 세례를 받았다. 이는 요한의 말에 귀를 기울이고, 요한의 권위를 인정한다는 것이다. 또 세례는 깨끗하여졌다는 영적 의미를 주기도 한다. 예수님은 흠이 없는 분이시지만, 기본적으로 흠이 없다는 인정을 사람들로부터 받으셔야 했다.

2. 세례의 대상이 아니셨던 예수님

세례 요한이 자기에게 예수님이 오시는 것을 보았다. 요한은 예수님이 자기에게로 오시는 것을 보고 세례주기를 꺼리는 말을 한다. 14절 말씀이다. "내가 당신에게서 세례를 받아야 할 터인데 당신이 내게로 오시나이까?" 세례 요한은 자신의 위치와 예수님의 권위를 알아보았다. 예수님은 자기로부터 세례를 받을만하신 분이 아니라는 사실을 세례 요한이 단번에 알아보았다. 오히려 자기가 예수님으로부터 세례를 받아야 할 사람임을 토로한다. 세례를 주고 회개를 외치면서 사람들로부터 권위를 인정받던 요한이라면 나름대로 권위를 갖고 있다. 그 요한이 지금은 예수님에게 권위를 부여한다. 요한은 예수님이 자기에게 세례를 주어야 할 권위가 있고 자기보다 훨씬 더 훌륭한 분이라는 존경을 예수님에게 부여한다. 예수님은 사람들에게 권위를 인정받기 이전에 사람들로부터 존경을 받는 세례 요한으로부터 먼저 권위를 인정받으셨다. 세례 요한이 예수님의 권위를 인정하면, 사람들도 자연스럽게 예수님의 권위를 인정하게 될 것이다. 사람들이 존경하던 세례 요한이 인정하는 분이라면 사람들도 따라가며 배워도 된다는 결론을 내릴 것이다. 세례의 대상이 아닌 예수님이지만, 세례받으러 오심으로 세례 요한에게서 권위를 인정받고 또 더 많은 사람에게서 인정받으실 것이다.

3. 허락의 이유를 말씀하신 예수님

세례주기를 거부하는 느낌을 주는듯한 말씀을 들은 예수님이 뭐라고 대답하실까? 예수님은 세례 요한에게 세례를 허락해야 할 이유를 말씀하신다. 15절 말씀이다. "이제 허락하라 우리가 이와 같이 하여 모든 의를 이루는 것이 합당하니라" 예수님은 요한에게 우리라고 표현하신다. 요한은 허락하고 세례를 베풀어야 하며, 예수님은 요한으로부터 세례를 받아야 한다. 예수님과 요한은 같은 목적을 갖고 동역을 해야 한다. 같은 목적이 곧 허락의 이유이다. 그 이유는 모든 의를 이루는 것이다. 하나님이 세우신 뜻, 하나님이 사람들을 향한 섭리이다. 요한이 하나님의 뜻을 이루려고 세상에 보냄을 받았다. 예수님 역시 하나님의 뜻을 이루시려고 세상으로 보냄을 받으셨다. 처음에 요한은 예수님에게 세례를 주는 것이 자신의 영역 밖의 일임을 알았다. 그러나 예수님은 하나님이 세우신 일을 이루려 함에 요한을 포함하셨다. 예수님에 의해 포함되었음을 알게 된 요한을 세례를 주는 것이 합당하다는 것을 깨닫고는 예수님에게 세례를 주는 일을 허락한다. 예수님은 세례의 권위보다, 요한으로부터 인정받는 권위보다 더 크고 중요한 권위를 말씀하신다. 즉, 모든 의를 이루는 권위이다. 예수님은 의를 이루기 위해 세상에 오신 당신의 목적과 허락의 이유를 분명히 말씀하신다.

4. 말씀으로 권위가 확인된 예수님

이제 예수님이 요한으로부터 세례를 받으셨다. 그리고 물에서 올라오시는 데 하늘이 열리고 신비한 일이 벌어진다. 성령이 비둘기 같이 내려 예수님 위에 임하심이 보였다. 세례를 준 요한도 보고, 세례를 받으신 예수님도 보았다. 또 요한이 예수님에게 세례를 주는 장면을 본 수많은 사람이 예수님이 위에 비둘기 같이 임하는 성령을 보았다. 성령이 예수님 위에 임하므로 예수님이 하나님의 특별한 사명을 부여받은 분임이 확인되었다. 예수님의 권위가 사람으로부터만 인정받는 것으로 끝나지 않고 하나님으로부터 인정을 받는다. 그리고 하늘의 음성이 들렸다. "이는 내 사랑하는 아들이요 내 기뻐하는 자라" 하나님이 예수님의 권위를 인정하시는데, 아들로서의 권위를 인정하셨다. 또 하나님이 아들을 기뻐한다는 하늘의 음성이 들리므로 하나님의 권위가 아들이신 예수님에게 있음을 확인한다. 하나님의 권위는 예수님이 모든 의를 이루자고 말씀하신 배경이기도 하다. 예수님은 하나님의 일을 감당하기 위해, 하나님이 맡기신 사명을 감당하는 데 필요한 권위를 먼저 확보하셨다. 세례를 받으심으로 죄가 없는 분, 세례 요한으로부터 인정을 받고 또 하나님의 아들로서 기쁨의 대상임을 확인하셨다. 예수님은 이미 권위를 가지신 분임에도 권위를 인정받는 여러 과정을 거치셨다.

성 경	느헤미야 2:11~20	예전색상	초록색

02 23

예배의 부름	"그러므로 형제들아 내가 하나님의 모든 자비하심으로 너희를 권하노니 너희 몸을 하나님이 기뻐하시는 거룩한 산 제물로 드리라 이는 너희가 드릴 영적 예배니라"(롬 12:1)
	자비하심으로 우리 민족을 지키시고 살펴 주신 하나님 아버지! 과거에 우리 민족이 일제의 탄압으로 신음할 때 민족자결의 정신으로 만세를 불러 독립을 추구하게 하셨음을 감사드립니다. 이제 3·1절을 앞두고 하나님께 예배를 드리오니 다시 한번 민족을 위한 사명을 갖도록 하시고, 하나님께서 우리 민족에게 바라시는 대로 살아서 남북이 하나가 되어 온 민족이 하나님을 경외하는 경배와 찬양이 넘치는 삼천리 금수강산 한반도가 되게 하옵소서. 예수님의 이름으로 기원하옵나이다. 아멘
회개를 위하여	성도가 변하면 교회가 변하고 교회가 변해야 세상이 변한다는 것을 알면서도 변하지 않고 있는 자신의 모습을 보면서 변하지 않고 있는 자신의 문제가 무엇인지를 성찰하고 회개하는 마음으로 기도를 계속합니다.
고백의 기도	역사 속에 오셔서 세상만사를 주관하시는 만왕의 왕이신 하나님! 지난날 일제의 압박과 서러움에서 구원받기 위하여 독립 만세를 불렀던 민족의 선각자들을 주신 것을 감사드립니다. 저들은 나라와 민족의 자유를 위하여 일어섰습니다. 저들은 온 인류에게 내리시는 하나님의 공평한 은혜를 일찍이 깨달았습니다. 그들의 선각적인 사고방식으로 기도하게 하옵소서. 우리나라와 민족이 참 자유와 평화를 위하여 바르고 진실하게 살도록 도와주시옵소서.
	이 나라 이 민족, 특히 북한의 동포들이 겪고 있는 아픔과 난관과 수고와 슬픔을 위하여 기도하지 못한 잘못을 용서하여 주옵소서. 나라와 민족의 독립을 위해서 목숨을 아까워하지 않고 믿음 안에서 용맹을 떨쳤던 선현들을 닮지 못한 저희를 불쌍히 여겨 주옵소서. 우리와 교회가 깨어있을 때 교회가 살고, 이 나라와 민족이 변한다는 것을 압니다. 그 변화의 주역이 바로 오늘 회개하는 저희가 되게 하여 주옵소서. 예수님의 이름으로 회개하며 기도드립니다. 아멘
사함의 확인	"무릎을 꿇고 크게 불러 이르되 주여 이 죄를 그들에게 돌리지 마옵소서" (행 7:60)
성시교독	99. 나라 사랑(1)
설교 전 찬 송	23장 (만 입이 내게 있으면) 336장 (환난과 핍박 중에도)
설교 후 찬 송	337장 (내 모든 시험 무거운 짐을) 50장 (내게 있는 모든 것을)

금주의 성 가	오 신실하신 주 – William M. Runyan 예수님의 선물 – Ronn Haff 하늘이여 노래하라 – William Baiens
목 회 기 도	**황**무지와 같았던 대한민국에 복음의 단비를 내려 주신 하나님 아버지! 믿음의 선배들을 통해서 일제 식민지배를 규탄하면서 민족혼을 불 지르게 하시고 나라 사랑의 기쁨을 되새겨 주신 은혜를 감사드립니다. 과거에 일제의 탄압에 저항하여 '독립 만세'를 부른 일처럼, 지금 우리도 자유 대한민국을 위하여 기도로 만세를 불러 승리하는 나라가 되게 하옵소서. 식민지배를 하면서 저지른 악행을 회개하는 일본 정치 지도자들이 되게 하옵소서. 아직도 이 땅에는 많은 사람이 불신과 죄악의 허망한 길을 걷고 있습니다. 이 민족을 복음화시키는 사명을 일깨움 받는 은혜의 시간이 되게 하여 주옵소서. **나**라와 민족을 위하여 할 일을 말씀하시는 하나님 아버지! 느헤미야 선지자에게 예루살렘의 회복을 말씀하신 일처럼 우리에게도 우리 민족이 회개하고 다시 살 수 있는 복음을 말씀해주시옵소서. 무엇보다 북한이 핵무기를 포기하고 평화롭게 대화하여 민족이 통일되도록 성령으로 역사하여 주시옵소서. 지금은 우리나라도 선진국으로 발전했으니, 아프리카나 비문명국에 나가서 선교하고 학교와 병원을 세우게 하시옵소서. 만족을 사랑하고 지키는 일이 약간은 힘들고 어려워도 최선을 다하게 하시기를 예수님의 이름으로 기도합니다. 아멘
헌금을 위한 성 구	"이스라엘 자손에게 말하여 이르라 너희 중에 누구든지 여호와께 예물을 드리려거든 가축 중에서 소나 양으로 예물을 드릴지니라 그 예물이 소의 번제이면 흠 없는 수컷으로 회막 문에서 여호와 앞에 기쁘게 받으시도록 드릴지니라"(레 1:2-3)
헌 금 기 도	**세**상에서 아무 흠이 없이 아름다운 헌금을 받으시는 하나님 아버지! 옛날 이스라엘 백성들은 가축 가운데서 소나 양으로 예물을 드렸는데, 지금 우리는 일터에서 얻은 것으로 예물을 드리게 하심을 감사드립니다. 예수님께서 돈이 있는 데 마음도 있다고 말씀하셨으니, 우리는 천국에 보물을 쌓도록 하나님께 헌금을 드려서 믿음으로 하늘나라를 바라보면서 살아가는 성도가 되게 하시옵소서. 의인의 간구는 역사하는 힘이 크다고 하신 말씀 따라 십일조 헌금과 여러 종목의 감사 헌금을 드립니다. 받아주시옵소서. **주**님께 드린 예물 중에 선교 헌금, 건축헌금, 구역 헌금, 장학 헌금 등 물질의 예물들이 있습니다. 또한, 성미를 뜬 아름다운 손길들, 강단을 아름답게 장식하고자 헌화한 손길, 아름다운 목소리를 가지고 나온 성가대, 시간과 봉사의 예물로 바쳐진 교사들의 땀방울까지도 아름다운 예물로 받아주옵소서. 하나님께서 주신 물질을 사용할 때 인색한 마음이 들게 하지 마옵시고, 나누는 감격이 받는 기쁨보다도 더 큰 감동으로 살 수 있는 마음을 허락하여 주시옵소서. 이 헌금이 하나님께서 보시기에 의롭게 사용되게 하옵소서. 드리는 성도에게 더 많이 주시는 예수님의 이름으로 축복하며 기도드립니다. 아멘
위탁의 말 씀	"하늘의 하나님이 우리를 형통하게 하시리니" 그런 복은 아무에게나 주시지 않습니다. 생명의 말씀대로 살려고 노력하면서 기도하고 찬송을 부르면서 믿음의 품위를 지키려고 노력하는 자에게 주십니다. 그 복을 받는 저와 여러분이 되셔야 하지 않겠습니까?
축 도	지금은 이 땅에 다시 오실 주 예수 그리스도의 사랑과 아들의 죽음을 감당하시면서까지 인간을 사랑하신 하나님 아버지의 은혜와 재림의 역사가 있기까지 인간을 도우시는 성령님의 역사가 고개 숙인 성도들과 집이 없고 먹을 것이 없어서 외로움과 고통에 떨고 있는 사랑하는 주님의 자녀들 위에 지금부터 영원까지 함께하시옵기를 간절히 축원하옵나이다. 아멘

오늘의 설교를 위하여

오늘의 설교를 위한 복음적 조명 주제 : 회복의 시도

제목 : 민족을 위한 사명 | 본문 : 느헤미야 2:11-20

주제 : 하나님은 황폐해진 예루살렘의 회복을 원하는 마음을 느헤미야에게 주셨다. 느헤미야는 예루살렘의 회복을 사명으로 알고 사람들을 설득한다. 하나님의 선한 손이 느헤미야를 도우셨으므로 앞으로 느헤미야가 예루살렘 성을 다시 세우는 일에도 형통하게 하실 것이다.

02 23

논지 : 하나님은 사람의 마음에 사명을 주시고, 도우시며, 형통하게 하신다.
1. 할 일을 마음에 넣으신 하나님
2. 할 일을 제시하게 하신 하나님
3. 도움을 주신 선한 손의 하나님
4. 일의 형통을 믿게 하신 하나님

  사람이 살면서 안타까운 일을 여러 번 만난다. 어떤 경우에는 내 살을 도려내는 것처럼 아프고 안타까운 일도 있다. 내 가족에게 어려움이 생기거나, 내 나라와 민족에게 고난이 닥칠 때는 아프고 안타까운 정도라고 말하기도 쉽지 않다. 이런 경우에는 내 목숨을 내어 주더라도 가족과 민족의 회복을 원할 수도 있다. 자기 안위만을 생각하지 않고, 가족과 민족, 즉 공동체를 향한 사명감이 있다면 공동체의 아픔이 곧 자기의 아픔이 된다. 느헤미야는 포로 생활 중인 민족 구성원 중에서도 아주 편하게 살 수 있는 사람이었다. 그는 왕의 술 관원이었다. 그런데 관원이 왕 앞에서 수심이 가득한 얼굴을 보인다. 왕의 신뢰를 받는 사람이 수심 가득하면 왕이 궁금해 한다. 왕이 사랑하지 않는 사람이라면 왕이 자기 앞에서 얼굴색이 안 좋은 사람을 보면 바로 절할 터이다. 그러나 신뢰하는 관원에게는 얼굴색이 왜 그러느냐고 묻는다. 느헤미야는 왕에게 자기 민족의 어려움을 이야기하고 자기가 왕의 은혜를 입어 민족에게로 돌아가 무너진 성읍을 다시 세우게 해 달라고 부탁한다. 왕은 언제 돌아올 수 있느냐고 묻는데, 느헤미야는 기한을 정하여 일을 마치고 돌아오겠다고 대답한다. 느헤미야는 왕의 지원을 얻어 순탄하게 예루살렘으로 돌아온다. 이제 느헤미야의 할 일이 존재한다.

1. 할 일을 마음에 넣으신 하나님

  느헤미야가 돌아온다는 말을 듣고 기분이 안 좋은 사람이 있다. 자기 욕심을 채우고 자기 안위만을 생각하는 산발랏과 도비야이다. 그들은 자기 욕심이 채워지지 않는다고 생각하고는 고민에 빠졌다. 느헤미야는 예루살렘의 회복을 위해 무엇을 해야 할지 일의 내용과 순서를 생각해본다. 예루살렘으로 돌아온 지 삼 일이 되어 느헤미야는 하나님의 응답을 받았다. 하나님께서 느헤미야에게 예루살렘을 위해 무엇을 할지 알려주셨다. 그런데 느헤미야는 하나님으로부터 받은 응답을 아무에게도 말하지 않았다. 지도자는 비록 하나님의 뜻이라 할지라도 쉽게 발설하지 않는다. 다만 밤에 일어나 몇몇 사람과 함께 다닐 뿐이다. 말이나 당나귀를 타고 다닐 텐데, 느헤미야가 탄 짐승만 있다. 느헤미야가 예루살렘을 돌아보는데, 예루살렘 성벽이 죄다 무너졌고 성문은 불에 탔다. 얼마나 폐허가 됐는지, 짐승들이 다닐만한 길조차도 없다. 이처럼 폐허가 된 것을 보았다면 어떤 감정이 들겠는가? 폐허가 되도록 원인을 제공한 정치가나 침략자들을 원망할 수 있다. 폐허를 방치한 사람들에게 비난을 퍼부을 수도 있다. 나도 모르겠다며 될 대로 되라고 폐허를 내버려 둘 수도 있다. 그러나 느헤미야는 예루살렘 성의 중건을 위해 할 일을 찾았다. 하나님이 느헤미야에게 할 일을 알려주셨다.

2. 할 일을 제시하게 하신 하나님

느헤미야가 몇몇 사람들과만 함께 밤중에 예루살렘 성을 돌아보았다. 예루살렘 성에서 느헤미야를 도와야 할 사람들은 느헤미야가 어디를 갔다 왔는지조차도 알지 못한다. 느헤미야 역시 시치미를 떼고는 제사장이나 귀족들에게나 자신의 행적을 말하지 않는다. 시간이 지난 후 느헤미야가 제사장과 귀족들과 방백들에게 입을 연다. 느헤미야는 민족공동체가 당하는 어려움을 이야기한다. "예루살렘이 황폐하고 성문이 불탔다. 이제 예루살렘 성을 다시 건축하는 것이 좋겠다. 그동안 예루살렘 성이 당했던 수치를 다시 당하지 않아야겠다" 민족공동체의 수치, 신앙의 고향 예루살렘의 무너짐은 느헤미야 개인의 아픔이지만 동시에 하나님의 영광을 가리는 일이기도 하다. 느헤미야는 민족의 수치를 회복하고, 하나님의 영광을 위해 예루살렘 성을 다시 세우기로 했다. 그래서 하나님은 느헤미야에게 예루살렘 성을 다시 세울 마음을 주시고, 성을 다시 세우자고 사람들을 설득하게 하셨다. 느헤미야의 사명과 일에 대한 열정, 일해보자고 사람들을 권고하는 모습은 하나님의 원하심이었다. 하나님이 느헤미야에게 바른 마음을 넣어주셨고, 일을 계획하고 합리적으로 실천할 수 있는 지혜를 주셨다. 하나님이 선한 일을 하도록 마음을 주시고, 후원받게 하시며 일의 계획까지도 도우신다.

3. 도움을 주신 선한 손의 하나님

느헤미야가 하나님의 도움을 받아 사람을 설득할 때, 사람들이 쉽게 수긍할 수 있을까? 사람들도 하나님의 도우심을 인정해야 수긍할 것이다. 느헤미야는 사람들에게 하나님의 선한 손이 어떻게 도우셨는지를 구체적으로 이야기한다. 페르시아의 왕이 느헤미야를 지원한 일이야말로 하나님의 도우심이었다. 이방의 왕이 예루살렘 성의 재건을 돕는다는 것을 쉽게 납득할 수 있을까? 하나님이 이방의 왕마저도 사용하시고, 예루살렘 성의 재건을 지원하셨다면 어느 누가 하나님의 도우심을 믿지 않겠는가? 느헤미야의 설득은 들은 사람들이 일어나 예루살렘 성을 건축하자고 호응한다. 호응만으로 끝나지 않는다. 느헤미야의 말을 들은 사람들 모두가 힘은 내어서 일한다. 본문에는 예루살렘 성을 재건하는 일을 선한 일이라고 말한다. 공동체를 위한 일, 공동체의 유익을 주고, 공동체의 명예를 세우는 일은 분명 선한 일이다. 공동체를 지키는 하나님의 선하심과 도우심을 확인하는 일이기 때문이다. 그런데 느헤미야에게 호응하며 힘을 내어 돕는 사람들을 폄훼하는 사람들이 있다. 느헤미야의 귀환을 고민하던 산발랏과 도비야뿐만 아니라 게셈이라는 사람까지 가세하여 느헤미야와 선한 일을 하는 사람들을 업신여긴다. 호사다마라고 선한 일에는 방해하는 사람들이 반드시 나타난다.

4. 일의 형통을 믿게 하신 하나님

산발랏과 도비야 그리고 게셈이 합세하여 비웃음을 발산한다. "대체 뭐하는 짓이냐 페르시아 왕을 배반하는 것 아니냐?"고 말한다. 이들은 유대인이 아니다. 산발랏은 사마리아 지역 호론 사람, 도비야는 암몬 사람, 게셈은 아라비아 사람이다. 그들은 유대인의 수치를 아랑곳하지 않는다. 어떻게든 왕에게 잘 보여 자기들의 출세를 도모하는 사람들이다. 그래서 예루살렘 성의 재건이 왕에게 대항하는 일이라고 몰아세운다. 이때 느헤미야가 나선다. 지도자는 훼방을 받을 때 적극적으로 나서서 대응하는 역할을 한다. 느헤미야가 대답한다. 본문 20절 말씀이다. "하늘의 하나님이 우리를 형통하게 하시리니 그의 종들인 우리가 일어나 건축하려니와 오직 너희에게는 예루살렘에서 아무 기업도 없고 권리도 없고 기억되는 바도 없다" 예루살렘과 아무런 상관이 없는 사람들이 예루살렘이 무너지든 세워지든 알바가 아니어야 한다. 그러나 세 사람은 예루살렘이 고통당하는 것을 즐기고, 예루살렘의 회복에는 자기들의 유익이 사라질 것이므로 페르시아 왕에게 대항하는 것이라고 억지 논리를 편다. 그러나 느헤미야는 세 사람의 훼방이 있어도 하나님의 선한 손이 예루살렘 성의 건축을 형통하게 하실 것을 믿는다. 믿음을 가지면 민족을 위한 사명을 감당하는 데 주저함이 없다.

3월의 예배와 설교를 위하여

일	요일		본문	설교제목	기타 (예화, 참고자료)
2	주일	낮			
		밤			
5	수				
9	주일	낮			
		밤			
12	수				
16	주일	낮			
		밤			
19	수				
23	주일	낮			
		밤			
26	수				
30	주일	낮			
		밤			

2025년 3월 2일, 주현절 후 8번째 주일 / 주님의 산상변모주일

성 경	마가복음 9:2-13	예전색상	초록색

2025년 3월 2일, 주현절 후 8번째 주일 / 주님의 산상변모주일

예배의 부름	"말할 때에 홀연히 빛난 구름이 그들을 덮으며 구름 속에서 소리가 나서 이르시되 이는 내 사랑하는 아들이요 내 기뻐하는 자니 너희는 그의 말을 들으라 하시는지라"(마 17:5)
	빛나는 구름 가운데서 삼위일체 신비로움을 보여주신 하나님 아버지! 주님이 산상에서 변모하신 주일에 하나님의 성전에 나와서 예배를 드리게 하심을 감사드립니다. 예수님께서 세 제자와 함께 높은 산에 올라가셔서 모습이 변모하실 때 하나님께서 구름 가운데서 주님의 말씀을 들으라고 하신 것처럼 오늘 예배에서 선포되는 주님의 말씀을 듣게 하시고 변화를 받아 거룩한 삶을 살아가는 주의 백성들이 되게 하옵소서. 우리 주 예수 그리스도의 이름으로 기원하옵나이다. 아멘
회개를 위하여	우리는 자주 변화된 삶을 살고자 하면서도 번번이 옛 모습으로 되돌아가기 일쑤입니다. 이런 위선적인 모습으로는 하나님을 만날 수 없습니다. 새롭게 변한 자신이 되겠다고 결심한 것들을 실천하지 못하는 원인을 성찰하고 회개하는 기도를 계속합니다.
고백의 기도	**진**실한 말과 깨끗한 삶으로 변화되기를 바라시는 하나님 아버지! 우리가 알량한 자존심 때문에 사실이 아닌 것을 사실이라고 거짓말을 하고 엉뚱한 행동을 한 잘못을 용서하여 주옵소서. 잠시의 어려움을 참지 못하고 혈기와 욕심을 부린 때도 많았습니다. 세상의 헛된 교만과 낡은 구습을 따라 행동한 것을 고치지 못하고 살아가는 어리석음을 불쌍히 여겨 주옵소서. 오늘 주님의 산상변모 주일에 성도다운 성도로 살지 않고 무늬만 하나님을 섬기는 성도에서 탈피할 결심을 합니다.
	베드로가 주님과 산에서 사는 게 좋겠다고 말한 것처럼 우리도 세상을 등지고 교회 중심의 신앙생활을 하게 하옵소서. 이제 하나님이 주님의 말씀을 들으라고 충고하신 대로 말씀에 순종할 것을 다짐합니다. 하루를 산 저녁 시간에는 날마다 하루를 반성하면서 말씀대로 살지 못한 것들을 성찰하고 회개하는 시간을 가질 것을 약속드립니다. 회개하는 마음과 약속을 보시고 성령을 주시고 주님과 동행하게 하옵소서. 예수님의 이름으로 회개하며 기도드립니다. 아멘
사함의 확인	"인자가 세상에서 죄를 사하는 권능이 있는 줄을 너희로 알게 하려 하노라"(마 9:6)
성시교독	50. 시편 116편
설교 전 찬 송	24장 (왕 되신 주) 428장 (내 영혼에 햇빛 비치니)
설교 후 찬 송	430장 (주와 같이 길 가는 것) 49장 (하나님이 언약하신 그대로)

95

금주의 성가	주의 친절한 팔에 안기세 – Harold M. Best 주 영광 선포하라 – F. G. Haydn 주님과 함께 있게 되었네 – Cleavant Derricks
목회기도	**성**령으로 변화되어 예수님의 마음을 품기를 바라시는 하나님 아버지! 오늘, 거룩한 주님의 날에 하늘나라를 바라보고 예배하게 하시니 감사와 찬송을 드립니다. 우리는 성령으로 변화되어 세상 사람을 닮지 않고 예수님을 닮게 하옵소서. 성도들이 예수님의 마음을 품고 하나님과 모든 사람을 사랑하는 사람으로 변화되게 하옵소서. 주님께서 높은 산에 오르시어 변화되시어 그 얼굴이 해와 같이 빛나며 옷이 빛과 같이 희게 된 것처럼 저희의 삶도 깨끗하게 변화되어 하나님께 영광을 돌리고, 사람들에게는 세상의 빛이 되게 하시옵소서. **사**랑하는 교회를 통하여 구원과 치유의 능력이 강물처럼 흐르게 하시는 하나님 아버지! 구원의 능력을 등불같이 불신자들에게 증거하여 비치는 우리 교회 성도들이 되게 하여 주옵소서. 이 증거가 도전이 되어 무디었던 마음이 녹아지고 예수님을 영접하는 구원의 계절이 왕성하게 하옵소서. 우리가 하나님의 말씀에 순종하여 거룩한 삶을 살게 하시고, 세상의 빛으로 어두움을 물리치고 깨끗한 삶을 살게 하시옵소서. 예수님의 이름으로 기도합니다. 아멘
헌금을 위한 성구	"너희가 우리 안에서 좁아진 것이 아니라 오직 너희 심정에서 좁아진 것이니라 내가 자녀에게 말하듯 하노니 보답하는 것으로 너희도 마음을 넓히라" (고후 6:12-13)
헌금기도	**너**른 마음으로 드리는 예물을 즐겨 받으시는 하나님 아버지! 세상에 살면서 돈 자체가 우리는 변화시킬 수는 없어도 하나님께 드리는 적은 헌금으로 우리의 믿음 생활이 변화되게 하심을 감사드립니다. 세상에서 자녀들을 기르고 가르치며, 일상생활에 필요한 모든 걸 구매하기 위하여 돈을 지출하는 것처럼 우리의 소유 가운데 가장 중요한 돈을 헌금으로 드릴 믿음으로 살게 하옵소서. 드리는 헌금의 액수가 작아도 정직한 마음과 최선을 다한 예물이오니 받아주시고 우리에게는 더욱 풍족한 삶이 되어서 가난한 이웃을 구제하는 성도가 되게 하옵소서. **정**성을 다한 온전한 십일조 헌금이 되게 하시고 온전한 헌금을 드리지 못하는 성도가 기죽지 말게 하시고, 언젠가는 온전한 십일조 헌금을 드릴 수 있는 은혜와 재력을 주시옵소서. 조건이 있는 감사 헌금이 되지 않게 하시고 조건이 없는 감사의 헌금을 드릴 수 있는 성숙한 믿음을 주시옵소서. 가난과 기아에 허덕이는 이웃과 최빈국의 형제와 자매를 위하여 드리는 헌금에 축복하시고 그들에게 힘과 용기가 되게 하옵소서. 이 헌금이 쓰이는 곳마다 하나님의 사랑이 나타나게 하시기를 예수님의 이름으로 축복하며 기도드립니다. 아멘
위탁의 말씀	"내 사랑하는 아들이니 너희는 그의 말을 들으라 하는지라" 한 주간 세상에서 살면서 새 생각대로, 육신이 원하는 그림자를 따라 살 것이 아니라 하나님 말씀의 등불이 비춰주는 길을 당당하게 걸어가는 믿음의 용사답게 살아가야 할 것입니다.
축도	지금은 우리 주 예수 그리스도의 크신 은혜와 하나님 아버지의 넓으신 사랑하심과 성령님의 인도 교통하시는 은총이 주님의 말씀으로 위로받고 주님께 드리는 기도로 능력 받고 찬양으로 결단하여 세상에 나가 구원받은 자녀로서 변화의 삶을 살고자 마음 깊이 다짐하는 머리 숙인 주의 자녀들 위에 지금부터 영원토록 함께하시기를 간절히 축원하옵나이다. 아멘

오늘의 설교를 위한 복음적 조명 주제 : 주님의 변화

제목 : 영광의 변화가 완성될 때까지 | 본문 : 마가복음 9:2-13

주제 : 예수님은 하나님의 아들로서 하나님의 영광을 가지셨다. 그러나 영광을 사람들에게 보이시고 증명하시기까지 수많은 고난을 겪으실 것이다. 엘리야가 사람들로부터 무시를 당했듯이 예수님도 무시를 당하실 터이다. 그러나 마지막엔 예수님이 영광을 받으실 것이다.

논지 : 예수님은 산 위에서 영광의 모습으로 변형되셨지만 고난과 부활을 말씀하셨다.
    1. 변형되어 신비함을 보이신 예수님
    2. 사랑하는 아들로 인정되신 예수님
    3. 부활의 때까지 침묵하라신 예수님
    4. 엘리야의 사례를 말씀하신 예수님

**03
02**

   우리는 예수님을 하나님의 아들 그리스도로 믿는다. 예수님은 하나님의 보냄을 받아 세상에 육신으로 오셨다. 예수님은 하늘로부터 하나님의 아들이라는 음성을 들으신 적도 있었다. 예수님이 요단강에서 세례를 받고 올라오실 때 하늘에서 음성이 들렸다. "이는 내 사랑하는 아들이요 내 기뻐하는 자라"(마 3:17). 예수님은 하나님의 아들이라는 당신의 존재성을 분명히 알고 계셨다. 예수님은 하나님을 아버지라고 부르셨다. 이 때문에 유대인들로부터 신성모독이라는 공격을 받았고, 죽음의 위협을 당하신 적도 있었다. 우리는 유대인의 신앙이 아닌 예수님의 생각, 예수님의 말씀을 그대로 받아들이고 믿는다. 예수님은 하나님의 아들이므로 세상에 오신 후에도 아들로서 아버지의 명령을 따라 일하셨다. 아버지는 아들에게 할 일을 가르치셨을 뿐만 아니라 종종 아들의 존재성을 확인하고 말씀하신 적도 있었다. 예수님이 산 위에서 변형되는 사건 역시 아버지께서 아들의 존재성을 확인하는 것이었다. 육신으로 오신 예수님이 완전한 신성을 가지신 분, 구약의 예언자들이 우러러보는 분, 즉 하나님의 아들임이 확인되었다. 우리는 예수님이 변형되는 산 위의 사건을 보려고 한다. 이 사건을 예수님의 산상변모라고 말한다. 오늘 예수님의 산상변모주일 이후 사순절이 시작된다.

1. 변형되어 신비함을 보이신 예수님

   예수님이 가이사랴 빌립보에서 제자들에게 당신을 누구라고 하느냐고 질문하신 적이 있다. 베드로가 예수님을 그리스도요, 하나님의 아들이라고 대답했다. 예수님이 베드로를 크게 칭찬하셨다. 예수님은 제자들에게 당신의 죽음과 부활 그리고 자기를 부인하고 십자가를 지고 예수님을 따를 것을 촉구하셨다. 그리고 엿새 후에 예수님이 베드로, 야고보, 요한을 데리시고 따로 높은 산으로 올라가셨다. 예수님이 제자들 앞에서 갑자기 변화하셨다. 예수님의 변화된 모습을 본문 3절에서는 이렇게 말한다. "그 옷이 광채가 나며 세상에서 빨래하는 자가 그렇게 희게 할 수 없을 만큼 매우 희어졌더라" 예수님의 입은 옷은 세상에 어떤 사람이 어느 세제를 써도 불가능하도록 희고 빛이 났다. 그리고 유대인들이 존경하는 예언자 엘리야 모세가 나타나서 예수님과 대화를 나누고 있다. 흰옷에 광채가 나도록 변형됨도 신비한 일인데, 유대인들이 존경하는 예언자들과 대화를 나누고 있으니 예수님이 더 신비하게 보인다. 모세는 하나님의 명령을 받아 민족을 구한 지도자이다. 엘리야는 신앙을 회복시킨 예언자이다. 이런 사람들과 이야기를 나누는 모습은 최소한 예수님이 그들과 동격이라는 의미이다. 동격으로 보이는 것이 신비이지만, 사실 예수님은 예언자들에게도 믿음의 대상이시다.

97

2. 사랑하는 아들로 인정되신 예수님

　제자 중에서 적극적인 성격을 가진 사람 베드로가 있다. 그는 예수님을 하나님의 아들 그리스도로 고백했을 뿐만 아니라, 예수님께 무엇을 하자고, 무엇을 해보겠다고 적극적으로 제안한 적도 있다. 예수님의 신비한 변화 모습을 본 베드로가 예수님께 제안한다. "선생님, 우리가 여기 있는 것이 좋습니다. 우리가 초막 셋을 지을 텐데 하나는 주님이 사용하시고, 하나는 모세가 사용하고, 하나는 엘리야가 사용하면 좋겠습니다." 사람이 좋은 일을 만나면 지속하기를 원한다. 신비한 경험을 하면 신비 속에서 살고 싶다. 하지만 신비 속에서 살면서 의식이 또렷하지 않을 수 있다. 베드로와 제자들이 너무 무서워서 예수님께 무슨 말을 하는지도 모른다. 이때 하나님은 제자들에게 분명히 인식해야 할 말씀을 하신다. 그 말씀은 예수님의 존재성, 예수님과의 관계성, 예수님을 향한 하나님의 마음이다. 구름이 와서 제자들을 덮고 구름 속에서 소리가 난다. "이는 내 사랑하는 아들이니 너희는 그의 말을 들으라" 구름 속에서 들리는 소리는 하나님께서 제자들에게 아들의 존재와 권위를 분명히 확인하는 말씀이었다. 소리를 들은 제자들이 정신이 번쩍 나서 주변을 둘러보았는데, 모세와 엘리야가 없고 예수님과 자기들만 남았다. 그래도 예수님의 존재와 권위에 관한 기억만큼은 남았다.

3. 부활의 때까지 침묵하라신 예수님

　산 위에서 신비한 변화를 보이신 예수님이 제자들과 함께 산 아래로 내려오신다. 제자들은 산 위에서의 신비함 속에 사는 것이 좋겠지만, 예수님께는 신비함을 유지하는 것보다 더 중요한 일이 있다. 그것은 산 아래에 살아가는 사람들을 찾아가서 하나님의 아버지의 뜻을 전하고 실행하는 일이었다. 예수님은 산 위에서 살려고 오시지 않았고, 산 아래에서 사람들을 구원하기 위해 세상에 오셨다. 예수님이 산 아래로 내려오는 도중에 제자들에게 경고의 말씀을 하신다. 산 위에서 본 사건을 부활 이전까지는 아무에게도 말하지 말라. 예수님은 세상에서 하실 일을 위해 방해되는 일을 차단하셔야 했다. 산 위에서 권위와 존재를 인정받았지만, 제자들의 입 때문에 예수님의 권위와 존재의 훼손은 물론 예수님의 목적을 이루는 데 예기치 못한 사건들이 발생할 수 있기 때문이다. 이미 구름 속에서 제자들에게 예수님의 말을 들으라는 강력한 소리가 있었다. 제자들도 예수님의 말씀을 듣고 예수님의 부활 이전까지는 산 위의 사건에 대해 침묵해야 했다. 그러나 제자들은 예수님의 부활이 무슨 의미인지를 모르고 있다. 사실 무엇을 알고 순종하면 좋으련만 무엇인지 잘 모를 때는 말씀대로 순종하는 것이 좋다. 무슨 뜻인지 알려고 노력하다가 순종의 기회를 놓칠 수 있기 때문이다.

4. 엘리야의 사례를 말씀하신 예수님

　제자들은 예수님의 말씀이 무슨 뜻인지 모르겠으니 엉뚱한 질문을 한다. 그들이 들은 바가 있는데, 서기관들이 엘리야가 먼저 올 것이라고 말하는 이유가 무엇인지를 질문한다. 제자들에게는 엉뚱한 질문이지만 예수님에게는 매우 적절한 질문이다. 왜냐하면 예수님과 엘리야 사이에 대조되는 점이 있기 때문이다. 엘리야는 먼저 와서 신앙을 회복하였다. 그러나 예수님은 고난을 많이 받고 멸시를 당할 것이다. 존경을 받는 것과 고난과 멸시를 받는 것은 양상이 완전히 다르다. 하지만 공통점도 존재한다. 회복의 과정에서 어려움을 많이 당할 것이다. 그 어려움은 예수님이 당하는 고난과 멸시와 비슷할 수 있다. 게다가 예수님의 오심 이전에 엘리야가 먼저 왔다. 시대적으로도 엘리야가 먼저 왔지만, 예수님이 오시기 직전에 엘리야의 심정을 가진 사람이 왔다. 예수님이 오시기 전 제사장 사가랴에게 아들을 낳을 것인데 엘리야의 심정을 갖고 주님을 위해 백성을 준비할 것이라는 말씀이 들렸다. 바로 세례 요한이다. 요한이 세례를 베풀며 사람들을 회개시켰지만 헤롯에 의해 죽임을 당했다. 옛적 엘리야, 엘리야의 심정을 가진 사람 그리고 예수님까지 모두 사람에 의해 함부로 대우를 받았다. 부활은 예수님께서 십자가에서의 함부로 대우받는 사건 이후에 나타날 것이다.

2025년 3월 9일, 사순절 1번째 주일			
성 경	창세기 31:11-20	예전색상	보라색
예 배 의 부 름	"그는 멸시를 받아 사람들에게 버림 받았으며 간고를 많이 겪었으며 질고를 아는 자라 마치 사람들이 그에게서 얼굴을 가리는 것 같이 멸시를 당하였고 우리도 그를 귀히 여기지 아니하였도다"(사 53:3)		
	질고를 지고 가는 백성들을 아시고 독생자에게 십자가를 허락하신 하나님 아버지! 예수님께서 사람들에게 버림을 받고 고난을 받으신 이유는 우리의 죄악을 대신하시고 구원하시려는 뜻이었기에 감사드립니다. 오늘부터 시작되는 사순절에 주시는 말씀으로 경건하게 생활하며 모든 죄악을 멀리하게 하옵소서. 그리스도의 남은 고난에 동참하는 마음으로 세상 유희나 쾌락을 멀리하고 고치려고 노력한 한 가지라도 실천하게 하옵소서. 우리 주 예수 그리스도의 이름으로 기원하옵나이다. 아멘		
회개를 위하여	우리 교인들 가운데 '사순절'의 의미를 모르는 사람도 있습니다. 혹시 그중의 하나가 나라는 생각이 든다면 2025년 사순절에는 주님의 고난에 참여하는 마음으로 뭔가 잘못된 신앙생활의 고질병 하나라도 고쳐보겠다는 결심을 하고 주님 도우심을 간구하는 기도를 계속합니다.		
고 백 의 기 도	사순절에 자기를 돌아보고 주님의 고난에 참여하기를 바라시는 하나님 아버지! 2025년 사순절이 시작되는 거룩한 주님의 날 예배를 드리기에 앞서 세상에서 지은 죄를 고백하게 하심을 감사드립니다. 지난 주일에 하나님의 말씀을 듣고 교회의 문을 나가면서 곧바로 말씀을 잊어버렸으며, 하나님께 구했던 기도의 제목조차도 망각하고 산 죄를 용서하여 주시옵소서. 매년 사순절이 시작될 때마다 '올해는 주님의 고난에 동참하는 마음으로 이것 한 가지만이라도 고쳐보겠다.'라는 결심을 하고도 실천하지 못한 것을 용서하여 주옵소서.		
	죄인을 위해 생명을 바치신 주님! 올해 사순절에는 주님의 교훈을 잊어버리고 정욕과 쾌락에 빠져 방탕하지 않게 하옵소서. 주님의 십자가는 나와 아무 상관이 없다고 생각하지 않게 하옵소서. 주님의 십자가를 외면하지 않고 오늘 결심한 한 가지라도 고칠 힘을 주옵소서. 이제 주님께서 나의 죄를 위하여 고통을 당하신 십자가를 외면하지 않겠습니다. 우리의 죄를 지시고 고난의 길을 가신 예수님을 본받는 사순절이 될 것을 다짐하오니 용서하여 주시옵소서. 예수님의 이름으로 회개하며 기도드립니다. 아멘		
사함의 확 인	"주와 같은 신이 어디 있으리이까 주께서는 죄악과 그 기업에 남은 자의 허물을 사유하시며 인애를 기뻐하시므로 진노를 오래 품지 아니하시나이다 다시 우리를 불쌍히 여기셔서 우리의 죄악을 발로 밟으시고 우리의 모든 죄를 깊은 바다에 던지시리이다"(미 7:18-19)		
성시교독	124. 사순절(1)		
설교 전 찬 송	25장 (면류관 벗어서) 143장 (웬말인가 날 위하여)		
설교 후 찬 송	144장 (예수 나를 위하여) 28장 (복의 근원 강림하사)		

금주의 성가	큰 죄에 빠진 날 위해 – John Carter 예수의 보혈로 씻겼네 – Warren M. Angell 일어나라 찬양하라 – Dennis Allen
목회 기도	우리를 선택하시고 믿음을 주신 하나님 아버지! 우리에게 육신의 고향과 함께 믿음의 고향을 주셨음을 감사드립니다. 육신의 고향에서 태어나 어린 시절을 살았으며 이제는 육신의 고향보다 영혼의 본향인 하늘나라를 바라보고 살게 하옵소서. 야곱은 수단과 방법을 이용하여 하나님의 축복을 가로챘지만, 형의 위험에 피신하여 도망자가 되었고, 또한 많은 가족을 거느리는 부자가 되었는데 고향으로 돌아가다가 생명의 위험을 받았을 때 하나님께 엎드려 간절히 기도하여 구원의 복을 받은 일처럼 우리도 영혼의 본향을 향하여 가다가 위험하면 하나님께 기도하여 생명과 가족이 구원을 받게 하시옵소서. 생명의 빛으로 인도하여 주신 하나님 아버지! 주님을 의지하고 간구하는 기도마다 응답을 받는 귀한 복을 더하여 주시옵소서. 주님의 품 안에 늘 살아가며 거룩하심을 따라 살아가기에 부족함이 없는 자녀들이 되게 하옵소서. 나의 앞날을 책임져 주실 하나님을 믿고 의지합니다. 성도들의 가정과 사업에 문제들이 있을 때 해결하여 주시고 아름다운 일들이 가득하게 하옵소서. 교회 기관들이 은혜로 하는 일마다 큰 역사를 이루게 하옵소서. 예수님의 이름으로 기도합니다. 아멘
헌금을 위 한 성 구	"너희가 어찌하여 양식이 아닌 것을 위하여 은을 달아 주며 배부르게 하지 못할 것을 위하여 수고하느냐 내게 듣고 들을지어다 그리하면 너희가 좋은 것을 먹을 것이며 너희 자신들이 기름진 것으로 즐거움을 얻으리라"(사 55:2)
헌금 기도	날마다 때를 따라서 좋은 음식을 먹게 하시는 하나님 아버지! 우리가 양식이 아닌 것을 위하여 돈을 쓰지 말게 하시고 배부르지 못할 것을 위하여 수고하지 않는 올곧은 믿음 주심을 감사드립니다. "사람이 떡으로만 살 것이 아니요 하나님의 입으로부터 나오는 모든 말씀으로 살 것이라"라는 예수님의 말씀을 기억하게 하시옵소서. 우리가 하나님께 드릴 헌금으로 맛있는 음식을 사 먹지 않게 하시고 세상의 유흥비로 사용하지 말게 하시옵소서. 지금 하나님께 드리는 헌금은 거룩한 돈이오니 오직 하나님의 뜻과 사업을 위하여 사용되게 하옵소서. 십일조 헌금을 드리는 성도들에게는 하늘 문을 여시고 복을 채워주시고, 각 종의 감사 헌금을 드리는 성도들에게는 더욱 감사한 일들이 생기게 하옵소서. 생일 헌금을 드리는 성도에게 내년 생일을 맞을 때까지 건강으로 지켜주소서. 선교 헌금을 드리는 성도로 복음이 땅끝까지 전파되게 하시고, 소원의 헌금을 드리는 성도들에게 그들의 소원을 이루어 주옵소서. 양식 아닌 것을 위하여 재물을 쓰지 말게 하시고, 하늘나라의 신령한 양식을 위하여 헌금을 바치게 하시옵소서. 만복의 근원이 되신 예수님의 이름으로 축복하며 기도를 드립니다. 아멘
위탁의 말 씀	"이제 하나님이 당신에게 이르신 일을 다 준행하라" 하나님은 말씀대로 살려고 노력하는 자를 택하여 반드시 도우시고, 고난을 받을 때 희망을 알려주시고, 어려운 상황을 만났을 때는 피할 길을 열어주십니다. 한 주간 동안 오늘 주신 말씀의 나침판대로 2025년 사순절 첫 주간을 살아가야 할 것입니다.
축 도	지금은 십자가의 고통을 거절하지 않으시고 골고다를 오르셔서 구원의 역사를 이루신 우리 주 예수 그리스도의 은혜와 불꽃 같은 눈동자로 성도들을 살피시는 하나님 아버지의 극진하신 사랑하심과 말할 수 없는 탄식으로 늘 성도들을 위하여 기도하시며 인도하시는 성령님의 역사하심이 사순절 첫 주일에 교회에 나와 말씀을 듣고 결단하여 나아가는 성도들 가운데 이제로부터 영원토록 함께하옵시기를 간절히 축원하옵나이다. 아멘

오늘의 설교를 위한 복음적 조명 주제 : 고난의 세월

제목 : 고향으로 돌아가는 길 I 본문 : 창세기 31:11-20

주제 : 하나님은 당신이 선택한 사람을 반드시 도우신다. 선택된 사람이 고난을 받을 때 희망을 알려주시고, 어려운 상황을 만났을 때는 피할 길을 열어주신다. 그리고 바른 선택을 하도록 지혜를 주신다. 하나님이 야곱을 챙기시고 고향으로 돌아가는 과정을 도와주셨다.

논지 : 하나님은 사랑하는 사람 야곱의 상황을 챙기시고, 야곱의 선택을 도우셨다.
1. 벧엘의 사건을 기억시킨 하나님
2. 사람에게 복을 허락하신 하나님
3. 아버지 집으로 가게하신 하나님
4. 야곱의 침묵을 주도하신 하나님

　사람이 살면서 잘 될 때가 있는가 하면 잘 안 될 때도 있다. 내가 정직하고 바르게 생각하는 데도 잘 안 될 때가 있고, 어떤 사람이 고약한 수단을 사용하는데도 잘 되는 경우를 볼 수도 있다. 내가 잘못해서 잘 안 된다면 자업자득이라고 생각하고 잘못한 일에 대한 후회라도 할 텐데, 남들에게는 잘못했다고 지적하기도 쉽지 않다. 자기 잘못에 대한 지적을 쉽게 받아들이는 사람이 많지 않기 때문이다. 내가 잘못했다 하더라도 그때는 그럴 수밖에 없었노라고 합리화하는 경우가 많다. 사람은 잘못이라고 생각해도 잘못이 아니라고 강변할 이유를 대는 머리를 가졌다. 믿음의 사람이라고 해서 언제나 바르게 결정하고, 바르게 결정한 것이 늘 좋은 결과를 얻을까? 만약 그렇다면 얼마나 좋을까? 그렇게만 된다면 신앙생활이 그야말로 재미가 있다. 불신자들도 곧 신앙생활을 하려고 교회로 찾아올 것이다. 그러나 신앙인이라 해도 불완전하다. 세상에서 사는 동안 여전히 갈고닦아야 할 것이 많다. 나이가 어리거나 신앙의 초보일 때는 당장 눈앞의 유익을 위해 변칙적인 방법을 사용하다가 고난이 닥칠 수도 있다. 그러나 신앙인은 그 과정에서 하나님의 깨우치심과 도우심을 경험한다. 하나님이 신앙인의 실수를 원치 않으시고 꾸중하신다 해도 버리시기까지는 않는다.

1. 벧엘의 사건을 기억시킨 하나님

　목적을 위해서 수단이야 어쨌든 상관없이 사는 사람도 있다. 신앙인도 선한 목적을 위해 변칙적인 방법을 사용하고 싶은 유혹을 많이 받는다. 유혹인 줄 알고 사용하기도 하지만, 유혹인지도 모르고 무의식적으로 변칙적인 방법을 선택하기도 한다. 이삭의 아들 야곱도 그랬다. 장자의 명분을 사는 데 형의 배고픔을 이용하여 팥죽 한 그릇으로 거래를 하고, 아버지로부터 장자권의 복을 받으려고 아버지를 속이기까지 했다. 속임수가 탄로 나고 형의 분노를 피해 야곱은 외삼촌 집으로 피신까지 했다. 야곱은 피신하는 도중에 하나님을 만났다. 야곱은 외삼촌 집에서 성실하게 일했지만 외삼촌과 외사촌들의 속임수에 시달리기까지 했다. 결국 외삼촌 집에서 더 이상 살 수 없는 상태에 이르렀다. 이때 하나님이 야곱에게 나타나셔서 말씀하셨다. 오래전 하나님이 벧엘에서 야곱을 만나주셨는데, 하나님이 지금 벧엘의 사건을 야곱에게 상기시키신다. 하나님이 야곱을 부르시고, 외삼촌 집에서 야곱이 행한 일, 외삼촌의 홀대와 속임수를 하나님이 다 보고 계셨다고 말씀하셨다. 야곱은 들에서 아내를 불러 하나님에게서 들은 말씀을 이야기한다. 야곱은 벧엘에서 하나님을 만났을 때 서원한 일이 있었고 지금 서원한 것을 갚을 때가 되었다고 이야기한다. 야곱에게 벧엘의 하나님이시다.

2. 사람에게 복을 허락하신 하나님

야곱의 이야기를 들은 아내 레아가 야곱에게 질문한다. 친정아버지 집에서 받을 유산과 분깃이 있겠느냐는 한탄이다. 친정아버지가 딸과 사위의 재산을 다 가져가고, 딸과 사위를 외국에서 온 나그네 정도로 여기고 있는 것 같다. 야곱이 처가에서 일하고 처가를 부자로 만들었는데 돌아오는 것이 하나도 없으니 레아로서는 분통이 터질 일이다. 그래서 야곱에게 하나님의 말에 순종하라고 한다. 야곱이 처갓집에서 열심히 일하고 하나님으로부터 복을 받았다. 하나님이 주신 복이 외삼촌 집에도 그대로 복이 되었다. 외삼촌 라반도 그 사실을 알고 있다. 창세기 30장 27절을 보면 라반이 야곱에게 이렇게 말한다. "여호와께서 너로 말미암아 내게 복 주신 줄을 내가 깨달았노니" 야곱이 외삼촌을 향해 대답한다. 30절이다. "내가 오기 전에는 외삼촌의 소유가 적더니 번성하여 떼를 이루었으니 내 발이 이르는 곳마다 여호와께서 외삼촌에게 복을 주셨나이다" 하나님으로부터 복을 받는 사람이 있으면, 그 주변에 있는 사람도 복을 받는다. 하나님은 비록 한 번 실수한 야곱일지라도 하나님의 권능과 복 주심을 사람에게 알게 하시려고 야곱에게 복을 주신다. 야곱을 받아들이고, 딸까지 야곱의 아내로 허락한 외삼촌 라반도 덩달아 복을 받았다. 우리가 받는 복도 하나님으로부터 온다.

3. 아버지 집으로 가게하신 하나님

그런데 복을 받았다고 해서 그 복을 다 누리는 것은 아니다. 하나님이 복을 누리게 해 주셔야만 누릴 뿐이다. 지금 야곱은 하나님이 주신 복을 다 누릴 수 없다. 야곱이 복을 누리는 것을 시기하고 훼방하는 사람들이 있기 때문이다. 사실 야곱은 외삼촌 집에 나그네로 온 것이나 마찬가지다. 원래 집주인들은 야곱에 큰 복을 받는 걸 달가워하지 않는다. 할 수만 있다면 야곱의 복을 뺏고 싶다. 야곱이 복을 누리려면 어떻게 해야 하는가? 하나님이 명령하신대로 고향 아버지 집으로 돌아가야 한다. 아버지 집은 하나님이 야곱의 할아버지 아브라함 때부터 복을 약속하신 땅이다. 하나님이 야곱에게 출생지로 돌아가라고 하셨다. 야곱의 말을 전해 들은 아내도 야곱에게 하나님의 말씀대로 순종하여 야곱의 아버지 집으로 가자고 한다. 아버지의 집까지 가는 길이 쉽지는 않을 것이다. 그러나 아버지 집으로 돌아가는 것만이 하나님이 주신 복을 영원히 누리는 길이다. 고난의 길을 극복하고 돌파해야 지속해서 복을 누릴 수 있다. 야곱은 아내들과 자녀들을 낙타에 태우고 그동안 모은 가축과 소유를 챙겨서 아버지 집을 향해 떠날 채비를 한다. 떠나야만 하는 상황을 만나고, 복을 누리기 위한 환경이 필요한 야곱에게 하나님이 말씀하시고 아내도 인정했으니 이제 실행해야 한다.

4. 야곱의 침묵을 주도하신 하나님

야곱이 외삼촌 집을 떠나 고향으로 가려고 채비를 했다면 외삼촌에게 작별인사를 하는 게 마땅하다. 그동안 잘 지냈고, 어려울 때 보살펴 주어서 감사하고, 딸들을 아내로 주어서 감사하고 자녀들까지 얻었으니 모두가 외삼촌 덕분이라고 인사를 해야 한다. 그런데 야곱은 외삼촌에게 아무 말도 하지 않는다. 그동안 외삼촌이 야곱을 속인 일과, 야곱의 재산을 뺏어간 일에 대해 서운함도 있을 것이다. 혹시 떠난다고 하면 외삼촌이 붙잡아두고 야곱의 재산을 다 뺏을지도 모른다는 불안감도 있을 것이다. 야곱이 왜 외삼촌에게 아무 말을 하지 않았을까? 고향 아버지 집으로 가는 것은 하나님의 명령이다. 함께 가야 할 가족들에게는 고향으로 돌아갈 명분과 채비를 하자고 말할 수도 있다. 그러나 하나님의 말을 아무에게나 다 전달할 수는 없다. 하나님의 말을 제대로 알아들을 준비가 된 사람에게만 하나님의 말씀과 나의 계획을 말할 수 있다. 내 일을 방해하는 사람에게 섣불리 이야기하면 오히려 하나님의 명령을 지키는 일에만 늦어질 뿐이다. 하나님은 야곱에게 침묵이 필요한 상황도 만드신다. 하나님이 사람과 말씀하신 때와 복을 주실 때 사람들이 모르게 조용하게 진행하실 수 있다. 복이 이뤄진 후에 사람들은 하나님의 섭리와 계획에 감동하고 하나님을 믿을 것이다.

성 경	요한복음 8:23-30	예전색상	보라색

예배의부름

"내가 주께 대하여 귀로 듣기만 하였사오나 이제는 눈으로 주를 뵈옵나이다" (욥 42:5)

독생자 보혈의 피로 저희를 정결케 하신 하나님 아버지! 세상에서 시달린 영혼을 이끌고 거룩한 주의 전에 나와 산 제사를 지낼 수 있도록 부르심을 입게 하시니 무한감사 드립니다. 사순절 두 번째 주일에 욥의 고난을 교훈 삼아 신령한 눈으로 하나님을 바라보게 하옵소서. 오늘도 슬픈 마음과 고통의 늪에서 헤매는 심령을 위로하시고 주님 주시는 능력 안에서 새로운 피조물이 된 기쁨을 확인하고 주의 사명을 감당하기에 부족함이 없게 한 주간을 살게 하옵소서. 이 예배가 하나님께 영광이요 이 세상에서 빛과 소금의 역할을 감당할 결심이 봉헌되는 축제의 예배가 되게 하여 주옵소서. 예수님의 이름으로 기원하옵나이다. 아멘

회개를 위하여

우리는 지난 주일에도 주님의 고난을 배우고 현실에 감사하며 살겠다고 다짐하고 세상에 나갔지만 지난 한 주간 동안 세상에 살면서 주님의 고난을 잊고 살았습니다. 사순절 둘째 주일에 다시 성전에서 자신을 돌아보고 부끄럽게 산 한 주간을 회개하는 기도를 드리겠습니다.

고백의기도

우리가 고난 가운데도 인내하는 삶을 살아가게 하시는 하나님 아버지! 세상에 살면서 작은 고난도 회피하고 육신의 안일과 평안을 추구한 허물을 고백합니다. 예수님께서 여우도 굴이 있고 참새도 둥지가 있으나 주님은 거처할 데가 없다고 말씀하셨는데, 우리는 살 주택이 있으면서도 원망과 불평을 한 죄를 용서하옵소서. 주님의 십자가에 동참하고 어떤 고통을 당할지라도 감당하겠다고 맹세하였지만 우리는 욥과 엘리야 선지자가 보여준 믿음과 용기를 따라 살지 못했고 현실과 타협하면서 산 어리석음을 불쌍히 여겨 주시옵소서.

이제 한 주간을 살아갈 때 고난을 회피하지 않겠습니다. 즐거운 일이 있을 때마다 주님께 찬송하고 감사하며 살 것을 다짐합니다. 영혼이 허기질 때 말씀을 보면서 새 힘을 얻겠습니다. 고난이 오고 감당하기 힘든 문제들이 우리를 힘들게 해도 성령님과 함께 믿음의 단검으로 물리치겠습니다. 하나님의 은혜로 하루가 무사하게 지나가는 즐거운 일만 한 주간 내내 있게 하렵니다. 십자가로 승리하시고 만병의 의사가 되시는 예수님의 이름으로 회개하며 기도드립니다. 아멘

사함의 확인

"내가 너희에게 이르노니 이와 같이 죄인 한 사람이 회개하면 하늘에서는 회개할 것 없는 의인 아흔아홉으로 말미암아 기뻐하는 것보다 더하리라"(눅 15:7)

성시교독

125. 사순절(2)

설교 전 찬 송

26장 (구세주를 아는 이들)
451장 (예수 영광 버리사)

설교 후 찬 송

453장 (예수 더 알기 원하네)
66장 (다 감사드리세)

금주의 성 가	십자가의 길 따라가리 – 홍지열 주를 섬기는 기쁨 – William J. Gaither 이 사람을 보라 – Jimmy Owens
목 회 기 도	**성**도들에게 아버지의 뜻을 알게 하시는 하나님 아버지! 우리가 하나님의 뜻을 알게 하시고 세상에 속하지 않고 하늘나라에 속하게 하심을 감사드립니다. 성령님의 인도하심으로 말씀과 기도가 항상 저와 동행하는 한 주간을 살겠습니다. 그동안 알게 모르게 하나님을 슬프게만 해 드렸습니다. 괴롭게만 해드렸습니다. 아프게만 해드렸습니다. 이제 저희도 오늘 말씀을 통하여 변화되어 가정과 교회와 세상을 아름답게 변혁시키는 주인공이 되게 하옵소서. 죄 가운데 허송세월하지 않고 성령님과 날마다 기쁨의 춤을 추면서 살게 하옵소서. **주**님밖에는 나의 복이 없다고 약속하신 하나님 아버지! 우리 교회에 속한 여러 단체가 있습니다. 교회 발전을 위한 공동체가 되게 하시옵소서. 여러 가지 이름으로 주신 직분을 잘 지켜 갈 지혜를 더해 주시고, 교회를 위해서 여러 가지 모양으로 헌신하는 손과 발과 마음들을 기억하여 주실 줄 믿습니다. 육신의 병마에 시달리는 고통 때문에 어려움을 겪는 성도들이 있습니다. 주님께서 안수하여 주시고 감당할 힘을 주시어서 어려움 속에서 오히려 낙심하는 것이 아니라 하나님과 가까워지는 기회로 삼게 하옵소서. 예수님의 이름으로 기도합니다. 아멘
헌금을 위한 성 구	"내가 여호와께 아뢰되 주는 나의 주님이시오니 주 밖에는 나의 복이 없다 하였나이다 땅에 있는 성도들은 존귀한 자들이니 나의 모든 즐거움이 그들에게 있도다" (시 16:2-3)
헌 금 기 도	**풍**성한 길로 저희의 삶을 인도해 주시는 하나님 아버지! 사고 건수도 많고, 병도 많고, 싸움이 끊이지 않는 세파 속에서 허덕이던 성도들이 그대로의 모습으로 제단 앞에 나와 예물을 드리게 하심을 감사드립니다. 지금 드리는 헌금은 자신을 기쁘게 하는 물질이 되지 않도록 하시고, 오직 하나님 아버지를 기쁘시게 하는 헌금이 되게 하시옵소서. 이 헌금을 드려서 우리의 마음에 천국이 있게 하시고 오직 하늘나라를 바라보게 하시옵소서. 십일조 헌금과 각종 감사 헌금과 선교 헌금과 건축헌금을 드리는 성도의 이름이 하늘나라의 생명책에 기록되게 하시고, 하나님께서 약속하신 축복을 베풀어 주소서. **우**리 교회가 물질적인 어려움으로 인하여 하나님의 복음 사역에 방해받지 않게 하옵소서. 예물을 드리는 손길마다 하늘의 복을 내려주시고 범사에 감사할 줄 아는 믿음으로 자라가게 하여 주시옵소서. 교회의 사역자들과 재정을 사용하는 모든 일꾼이 한 푼이라도 헛되이 사용하지 않게 하옵소서. 물질의 풍성함뿐 아니라 사용하는 모든 분에게 지혜를 주셔서 하나님의 것이 하나님께서 원하시지 않는 곳에는 사용되지 않도록 기도하며 사용할 수 있게 하여 주시옵소서. 우리 주 예수님의 이름으로 축복하며 기도드립니다. 아멘
위탁의 말 씀	"오직 아버지께서 가르치신 대로 이런 것을 말하는 줄도 알리라" 예수님은 우리를 구원하시려는 아버지의 뜻에 따라 세상으로 보냄을 받아 아버지의 말씀을 전하고 아버지의 뜻을 행하셨습니다. 우리도 내 계획대로가 아니라 오늘 주신 말씀대로 한 주간을 사는 사명자가 되어야 합니다.
축 도	지금은 목숨을 버려 자신을 희생하심을 구원의 축복을 주신 예수 그리스도의 크신 은혜와 구원받은 자녀들에게 어제나 오늘이나 영원토록 같은 모습으로 안아주시는 하나님의 사랑과 우리의 삶에 방향을 선하게 인도해 가시는 성령님의 역사하심이 믿음의 신비를 가슴에 품고 세상 가운데 나타내며 살기를 다짐하는 성도들에게 지금부터 영원토록 함께하시기를 간절히 축원하옵나이다. 아멘

오늘의 설교를 위한 복음적 조명 주제 : 사명의 확인

제목 : 아버지의 보냄을 받아 | 본문 : 요한복음 8:23-30

주제 : 예수님은 우리의 구주이시다. 예수님은 우리를 구원하시려는 아버지의 뜻에 따라 세상으로 보냄을 받아 아버지의 말씀을 전하고 아버지의 뜻을 행하셨다. 예수님은 아버지와 함께 계셨고, 우리의 구원자로 일하셨다. 예수님은 아버지로부터 받은 사명을 감당하셨다.

논지 : 예수님은 아버지의 보냄을 받아 세상에 오셔서 아버지의 뜻을 말씀하신다.
  1. 세상에 속하지 아니한 예수님
  2. 처음부터 말하러 오신 예수님
  3. 아버지의 뜻대로 하신 예수님
  4. 아버지와 함께 계시는 예수님

**03
16**

사람이 하나님 아버지의 뜻을 정확하게 알고 완전하게 행할 수 있을까? 신학자는 하나님이 말씀하신 뜻을 정확하게 알고 있을까? 그리고 성직자는 하나님의 섭리와 뜻을 완전하게 행할 수 있을까? 그렇다면 얼마나 좋을까? 아담이 타락한 이후 인간에게 죄가 들어왔다. 인간에게는 죄성이 들어있고, 그 죄성은 비록 구원받은 사람이라 할지라도 죄에 빠지도록 유혹한다. 사람은 죄를 선택할 수밖에 없는 환경에 놓일 때가 있다. 처음엔 고민하다가 딱 한 번만 죄를 선택하면 그다음부터는 양심이 무뎌진다. 사람 안에 있는 죄성을 깨닫지 못하고, 욕망을 채우고자 하다가는 점점 더 큰 죄를 짓는다. 사소한 잘못이 쌓여서 사람들에게 손해를 끼치는 일까지 한다. 그러므로 사람은 자신이 하나님의 뜻을 완전하게 이해하지 못하고, 하나님의 뜻을 완벽하게 수행할 수 없다는 자기 제한성을 인식해야 한다. 그렇다면 하나님의 말씀을 정확하게 알고, 하나님의 뜻을 완벽하게 수행한 분이 없다는 말인가? 아니, 딱 한 분 있다. 그분은 바로 하나님의 아들 예수님이시다. 예수님은 아버지의 보냄을 받아 세상에 오셨음을 알고 계셨다. 사람들에게 아버지로부터 보냄을 받았다는 사실, 아버지의 뜻을 가르치고 아버지가 가르치신 대로 말한다고 알려주셨다. 우리는 예수님 말씀대로 예수님을 믿는다.

1. 세상에 속하지 아니한 예수님

우리는 모두 세상에 태어난 과정이 있다. 부모님이 계시고, 어린 시절 부모님으로부터 보호를 받고 사회화 과정을 거쳤다. 우리는 사람으로 태어나 사람의 성품을 가졌다. 즉, 세상에 태어난 우리는 아래로부터 왔다. 세상에 속했기 때문에 죄의 유혹을 이기지 못하는 경우가 많다. 죄의 유혹에 노출되고, 죄를 짓는 사람들은 결국 죄 가운데서 죽는 운명에 처해 있다. 그러나 우리 예수님은 세상에 속하지 아니하셨다. 예수님은 위로부터 오셨다. 예수님은 아버지의 보냄을 받아 세상에 오셨다. 예수님은 죄의 유혹을 받으셨을 때 결코 죄를 선택하지 않으셨다. 마귀가 예수님을 교묘하게 유혹해도 예수님은 넘어가지 않으셨다. 예수님은 아버지를 향한 믿음을 선택하셨고, 마귀에게도 오직 아버지 하나님만 섬겨야 한다고 말씀하셨다.

세상에 오신 예수님은 아버지의 뜻을 따라 우리를 구원하셨다. 이 예수님을 믿는 것이 신앙이고 의로움이다. 예수님을 믿지 않는 것이 바로 죄이다(요 16:9). 예수님은 당신을 믿지 않는 사람들을 향하여 죄 가운데서 죽을 것이라는 무서운 말씀을 하셨다. 세상에 속하지 않으신 예수님이기에 세상에 속한 사람들에게 무서운 책망을 하실 수 있었다. 세상에 속하지 말라는 말씀은 하나님 아버지께 속해야 한다는 의미이다. 이것이 의로움이고 살아날 길이다.

2. 처음부터 말하러 오신 예수님

예수님의 말씀을 들은 사람들이 들은 대로 수용하면 얼마나 좋을까? 세상에서는 바른말을 들어도 그대로 따르지 않는 사람들이 많다. 사람이 가진 죄성은 옳은 말을 들어도 거부하라는 음성을 사람의 내면에 명령한다. 사람은 옳은 말을 거절하고도 자기가 바르게 행했다고 착각한다. 예수님 당시의 사람들도 그랬다. 사람들이 예수님께 "네가 누구냐?"고 질문한다. 이 질문은 말씀을 거부할 이유를 찾기 위함이다. 질문에 대한 만족한 대답이 없다면 말의 내용을 거부하는 것은 물론이고 말하는 예수님마저도 해치려 들 것이다. 바른말을 듣기 싫으면 말하는 사람의 약점을 찾아 공격한다. 메시지를 공격하지 않고 메신저를 공격하는 행위이다. 예수님은 당신이 처음부터 사람들에게 말하러 온 존재임을 천명하신다. 예수님은 아버지의 지혜를 가지셨으므로 사람들을 바르게 판단하실 수 있다. 그러나 예수님은 사람들을 판단하는 것보다 우선하는 일을 선택하셨다. 예수님이 먼저 선택하신 일이 무엇인가? 그것은 예수님을 보내신 아버지의 참되심으로 아버지로부터 들은 것을 사람들에게 말하는 일이다. 판단보다 더 중요한 것은 말씀을 전하는 일이다. 신앙인들도 어떤 판단을 할 때가 오면 먼저 아버지로부터 들어야 한다. 그리고 판단보다 아버지 말씀을 먼저 말해야 한다.

3. 아버지의 뜻대로 하신 예수님

예수님은 당신을 보내신 분, 보내신 분이 참되다는 사실을 이야기한다. 그런데 예수님의 말씀을 들은 사람들은 예수님이 지칭하는 분이 아버지임을 깨닫지 못한다. 예수님은 본문 이전에 이미 아버지를 말씀하셨다. 18절과 19절 말씀이다. "나를 보내신 아버지도 나를 위하여 증언하시느니라 ― (중략) ― 너희는 나를 알지 못하고 내 아버지도 알지 못하는도다 나를 알았더라면 내 아버지도 알았으리라" 조금만 생각이 있다면, 아니 조금만 기억력을 갖고 있어도 예수님이 말씀하는 분이 아버지임을 떠올릴 것이다. 그런데 전혀 떠올리지도 않고 깨닫지도 못하는 일이 발생했다. 죄성에 사로잡히면 말씀을 들어도 깨닫지 못한다. 지독한 고정관념에 사로잡히면 말씀을 들어도 말씀의 진정한 의미를 이해하지 못한다. 사람들이 예수님의 말씀을 이해하지 못하는 상황에서 예수님은 당신의 들림을 예고하신다. 요한복음 3장 14절을 기억해보자. "모세가 광야에서 뱀을 든 것 같이 인자도 들려야 하리니" 여기 들려야 한다는 말은 십자가에 달리심을 의미한다. 예수님이 십자가에 달리신 후에 사람들이 아들이신 예수님의 존재와 아버지로부터 가르침을 받아 말하는 분이었음을 깨달을 것이다. 고난의 들림을 받는 일과 충실하게 말씀을 전하는 일에 예수님은 모두 아버지의 뜻대로 행하신다.

4. 아버지와 함께 계시는 예수님

세상에 오신 예수님은 혼자 계시지 않는다. 예수님을 보내신 아버지가 아들이신 예수님과 함께하신다. 아버지는 아들이 있는 곳에 계시고, 아들이 말씀하시는 곳에서 들으신다. 아버지는 아들에게 사람들의 구원을 위해 일하라고 사명을 부여하셨고, 아들의 하는 일을 보고 계신다. 제자들이 아들이신 예수님을 오해할 때, 아버지는 하늘의 음성을 들려주심으로 아들의 존재와 권위를 확인하셨다. 아들이신 예수님은 아버지와 함께함을 인식하셨다. 아버지가 세상에서 행할 사명을 아들에게 주셨으므로 아들 예수님은 아버지가 기뻐하는 일을 한다. 즉, 아버지로부터 받은 사명대로, 아버지가 원하는 일을 아들이 감당한다. 아버지는 아들을 혼자 두지 아니하신다. 아버지는 아들이 사명을 다하도록 지속해서 도우시고 지키신다. 아들이신 예수님이 육신을 입었으므로 육신적인 제한에 갇힐 수 있다. 예수님도 제자들의 무지와 사람들의 거부에 실망하실 수 있다. 그러나 아버지가 함께하시므로 실망하지 않으신다. 아들의 일을 후원하고 성공하게 하는 아버지가 함께 계심을 믿기 때문이다. 예수님의 말씀을 들은 사람 중에 믿는 사람이 생겼다. 우리 역시 예수님의 말씀을 듣는다. 안 믿으려는 이유를 말하지도 말고, 만들지도 말아야 한다. 우리는 믿음의 길을 선택해야 한다.

성 경	예레미야 5:14-29	예전색상	보라색

03 23

예 배 의 부 름	"여호와 만군의 하나님이여 주와 같이 능력 있는 이가 누구리이까 여호와여 주의 성실하심이 주를 둘렀나이다"(시 89:8) 아무런 죄도 없으신 독생자에게 인류의 죗값을 대신할 십자가를 짊어지게 하신 하나님 아버지! 자비롭고 은총 가득한 음성으로 저희 갈 길을 인도하시려고 거룩한 날 예배하게 하심을 감사드립니다. 이 시간 하나님께서 주시는 말씀을 따라서 은혜를 받고 주님의 고난에 동참하는 경건한 신앙생활을 하도록 성령으로 인도하여 주시옵소서. 오늘도 질병 때문에 나오지 못한 성도들을 기억하시고 눈물로 기도하는 문제들이 말씀 안에서 해결되는 기적을 베풀어 주옵소서. 우리 주 예수 그리스도의 이름으로 기원하옵나이다. 아멘
회개를 위하여	여호와 하나님의 말씀은 능력이 있고 성실하신데, 우리는 하나님의 말씀대로 생활하지 않고 불순종한 죄를 지었습니다. 또한 하나님의 말씀을 무시하고 내 마음대로 제멋대로 살았습니다. 이러한 불신앙과 죄를 뉘우치고 회개하는 기도를 계속합니다.
고 백 의 기 도	예수 그리스도께서 행하신 구속의 은총을 교회를 통하여 만백성들에게 선포하시는 하나님 아버지! 저희 안에 세우신 주님의 몸 된 교회는 주께서 십자가에 달려 물과 피를 쏟으신 그 희생으로 허락하신 것임을 믿고 감사를 드립니다. 하나님의 말씀은 활력이 있어서 좌우에 날이 선 어떤 검보다 예리한데, 우리는 무력한 지식인이나 멍텅구리 철학자의 말과 강론을 더 좋아한 허물을 용서하여 주옵소서. 성령의 감동으로 쓰였던 성경 말씀보다 소설책이나 작가의 글을 더욱 신뢰한 어리석음을 불쌍히 여겨 주시옵소서. 이제 결심합니다. 말씀을 들을 기회가 올 때 핑계를 대며 도망치지 않겠습니다. 나의 고통과 외로움을 하소연하기보다는 이웃의 고통을 들어주는 일에 인색하지 않겠습니다. 부족한 것이 많다고 원망하기보다는 주신 것을 감사하고 주의 사랑을 노래하며 밤을 지새우도록 하겠습니다. 내가 흥하기를 바라는 마음보다는 나는 망해도 나의 이웃이 나보다 잘되는 것을 간절히 소망하는 기도를 드리도록 하겠습니다. 이런 저희의 결심을 받아주시고 다시 한번 사죄의 말씀을 주시어 거듭나는 감격을 나누어주옵소서. 예수님의 이름으로 회개하며 기도드립니다. 아멘
사함의 확 인	"나 곧 나는 나를 위하여 네 허물을 도말하는 자니 네 죄를 기억하지 아니하리라 너는 나에게 기억이 나게 하라 우리가 함께 변론하자 너는 말하여 네가 의로움을 나타내라"(사 43:25-26)
성시교독	126. 사순절(3)
설교 전 찬 송	27장 (빛나고 높은 보좌와) 479장 (괴로운 인생길 가는 몸이)
설교 후 찬 송	481장 (때 저물어서 날이 어두니) 487장 (어두움 후에 빛이 오며)

금주의 성 가	하나님께 찬송을 드리세 - G. F. Handel 나의 생명 드리니 - W. H. Jude 주여, 내 죄를 사하소서 - A. S. Sullivan
목 회 기 도	**불**이 되는 무서운 말씀으로 경고하시는 하나님 아버지! 우리는 온 세상이 불 나 산의 나무와 사람들까지 태우는 하나님의 말씀 앞에서 두려워 떠는 마음 주심을 감사드립니다. 기후 온난화로 태양이 뜨겁고 산불로 지구가 떨고 있는 이때, 우리는 역사의 종말과 주님께서 재림하실 징조로 알고 항상 깨어서 기도하고 주님을 영접할 마음의 준비하도록 역사하여 주시옵소서. 죄를 범하고도 회개를 더디 할 때 하나님의 칼로 파멸할 심판을 우리가 깨닫고, 하나님께 진멸하는 사람들이 되지 않도록 하나님 말씀의 전신 갑주를 입게 하소서. 우리는 이방인과 같이 우상을 섬기지 않게 하시고 세상의 재물이나 권력을 의존하지 않도록 하시옵소서. **세**상 모든 만물을 공평하게 지켜주시는 사랑의 하나님! 이 교회에 속한 성도들을 기억하여 주옵소서. 한순간이라도 죄악으로 이 대열에서 낙오되지 않게 붙잡아 주옵소서. 고개 숙인 성도 중에는 가정의 문제로 눈물 흘리는 분이 있습니다. 실직의 아픔을 안고 있는 가장들도 있습니다. 특히 원치 않는 병마로 고생하는 이들도 있습니다. 하던 사업이 원활히 돌아가지 못해 안타깝고 답답한 심령을 가진 분들이 있습니다. 사별의 아픔 속에 사는 성도들을 말씀의 품에 안아주시고 위로의 말씀을 주옵소서. 예수님의 이름으로 기도드립니다. 아멘
헌금을 위 한 성 구	"너희가 우리 안에서 좁아진 것이 아니라 오직 너희 심정에서 좁아진 것이니라 내가 자녀에게 말하듯 하노니 보답하는 것으로 너희도 마음을 넓히라" (고후 6:12-13)
헌 금 기 도	**여**호와의 말씀으로 우리의 마음을 넓히시는 하나님 아버지! 우리에게 넓은 마음을 주셔서 하나님의 은혜에 보답하는 헌금을 드리게 하심을 감사드립니다. 비록 가진 재물이 많지 않아도 바다와 같이 무한히 넓은 마음으로 드립니다. 하나님의 나라와 그의 의를 위해서 헌금을 봉헌합니다. 교회가 물질이 부족하여 복음 선교와 가난한 이웃을 구제하는 사역이 멈추지 않게 하옵소서. 믿음의 추수 때가 되었으니 우리가 영적으로 알곡이 되어 하나님의 창고에 가득히 차고 넘치게 하옵소서. **하**나님께서 주신 돈 가운데 십의 하나를 드리나이다. 정직한 십일조가 되게 하옵소서. 범사에 감사하는 헌금을 드리나이다. 조건 없는 감사의 헌금이 되게 하옵소서. 소원의 헌금을 드리나이다. 드린 성도의 소원을 이루어 주시옵소서. 생일 헌금을 드리나이다. 드린 성도의 영혼이 잘되고 범사에 형통하게 하옵소서. 드린 성도의 이름을 낱낱이 호명하지 않아도 주님께서 기억하시고 하늘의 신령한 복과 땅의 기름진 복으로 축복해 주시옵소서. 예수님의 이름으로 축복하며 기도드립니다. 아멘
위탁의 말 씀	"우리 하나님 여호와께서 어찌하여 이 모든 일을 우리에게 행하셨느냐" 우리가 고난을 겪을 때 하나님을 제대로 알아야 합니다. 고난이 올 때는 참을 수 있는 인내의 힘과 해결할 방법도 함께 온다는 것을 알아야 합니다. 그 힘과 방법을 아는 것은 오직 기도뿐임을 명심해야 합니다.
축 도	지금은 십자가에 달려서 물과 피를 쏟으사 우리의 죄와 허물을 다 용서해 주신 구주 예수 그리스도의 은혜와 독생자를 아끼지 아니하시고 내어주신 하나님 아버지의 사랑하심과 성령님의 교통하심이 사순절 세 번째 주일 교회에 나와 예배드리는 모든 성도와 가정과 기업과 이 나라와 민족 위에 항상 함께하시기를 축원하옵나이다. 아멘

오늘의 설교를 위한 복음적 조명 주제 : 마지막 소망

제목 : 여호와의 말씀이니라 | 본문 : 예레미야 5:14-29

**03
23**

주제 : 하나님은 백성들의 말과 행위를 다 보고 계신다. 하나님은 믿음과 정의를 잃은 백성들에게 이방인들에 의한 고난을 예고하셨다. 고난을 겪는 백성들이 하나님을 제대로 알아야 한다. 하나님은 예언자를 통해 백성들에게 자비하신 하나님께 돌아와 살기를 말씀하신다.

논지 : 하나님은 백성들을 향하여 고난 중에 바르게 깨닫는 소망을 말씀하신다.
 1. 심각한 고난을 예고하신 하나님
 2. 말씀을 들으라 요구하신 하나님
 3. 백성들의 섬김을 받으실 하나님
 4. 공정과 소망을 촉구하신 하나님

 남달리 직관력이 뛰어난 분들이 있다. 아이들로 말하면 눈치가 빠르고, 젊은이들로 말하면 눈썰미가 있는 것이다. 어른들에게는 직관력이라고 말해야 한다. 남들에게 없는 직관력을 가지면 좋다 상황을 보면 문제와 해법을 금방 알아낸다. 물론 어떤 특정 영역에서 오랜 경험을 쌓으면 해당 영역에서의 상황과 과정을 금방 이해한다. 그래서 초보자들의 실수를 전문가들이 예방할 수 있다. 그러나 인생의 직관력이 아무리 뛰어나다 해서 실수가 전혀 없는 사람은 없다. 사람은 누구나 인생을 처음 산다. 오늘과 내일이 누구에게나 처음 만나는 시간이다. 그러나 인생의 경험을 가진 사람은 다른 사람의 사례를 보고서 내일을 예측할 수 있다. 그래도 예외는 자주 나타난다. 그래서 전문가의 이야기를 들어야 하지만, 돌발상황도 대비해야 한다. 문제는 사람들이 자신의 인생에 대해 지나치게 긍정적이고 낙관적일 때가 있다. 고통과 고난의 때에 긍정과 낙관은 필요하다. 하지만 나쁜 짓을 하면서는 긍정과 낙관보다는 위기의식을 가져야 한다. 하나님은 당신의 뜻을 벗어난 백성들을 향해 위기를 예고하신다. 하나님은 직관이 뛰어난 사람보다 더 정확하게 사람의 문제를 살피시고, 현미경보다 사람의 마음을 더 세밀하게 살펴보시며, 사람의 미래를 시간의 망원경보다 더 멀리 보신다.

1. 심각한 고난을 예고하신 하나님

 백성들이 하나님의 마음을 모르고 죄를 짓고 사회를 혼란스럽게 만들 때, 하나님의 마음을 아는 사람들이 있다. 하나님의 부름을 받아 하나님의 말씀을 듣고, 하나님의 마음으로 사람들에게 하나님의 뜻을 전하는 사람들 곧 예언자들이다. 예언자들마다 공통점이 있지만 독특함도 있다. 예언자들의 삶과 메시지를 보면 그들의 독특함을 알 수 있다. 하나님은 사람의 개성을 사용하셔서 시대와 상황에 적절하게 말씀하신다. 예레미야 당시 백성들은 말할 수 없이 타락했다. 권력자들은 가난한 사람들을 무시하고 재물을 뺏는다. 가진 사람들이 타락하고 자기 욕망을 위해 우상을 받아들인다. 자기 안위를 지키려고 이방 나라와 협력이라는 명분으로 비굴한 외교를 한다. 이때 예레미야는 하나님의 엄중한 심판을 백성들에게 예고한다. 엄중한 심판은 나라와 백성들에게 심각한 고난으로 나타난다. 백성은 나무와 같고 하나님의 말씀은 불과 같아서 말씀이 백성들을 태울 것이다. 하나님이 외부에서 오래되고 강한 나라를 백성들에게 보내실 것인데, 백성들은 그 나라 말을 못 알아들을 것이다. 이방의 나라 사람들은 용사이고, 그들의 화살통은 백성들을 끌어들이는 열린 무덤이다. 이방의 군대가 이스라엘의 자녀들을 위해 남겨준 모든 식량을 약탈하고 견고한 성을 칼로 파멸할 것이다.

2. 말씀을 들으라 요구하신 하나님

예언자는 백성들에게 곧 닥칠 심각한 위기를 경고한다. 이 경고는 예언자의 말이 아니라 만군의 여호와 하나님께서 백성들에게 경고하시는 진노의 소리이다. 예레미야는 말 한 마디를 시작할 때마다 여호와의 말씀이라고 강조한다. 위기를 예고하면 사람들이 불안에 떨 수 있다. 권력자들은 혼란을 조성한다며 예레미야의 입을 다물도록 압력을 가할 수 있다. 학자라는 사람들은 예레미야의 말을 듣고 정신병자의 말로 치부할 수도 있다. 그래서 예레미야는 자기의 말이 곧 하나님으로부터 온 말씀임을 부단히 강조한다. 이 강조는 백성들이 말씀에 귀를 기울이고 순종해야 함을 의미한다. 말씀을 듣고 순종해야 위기가 종식되고, 혼란이 사라지고, 평화가 찾아오기 때문이다. 하나님은 백성들을 멸망하려는 뜻을 가지지 않으셨다. 하나님은 백성을 진멸하지 않으실 것이라 말씀하신다. 그런데도 백성들은 하나님이 왜 자기들에게 이렇게 가혹하게 대하시느냐고 항의할 것이다. 사실 백성들은 자신을 돌아보아야 한다. 백성들이 여호와 하나님을 버리고 이방 신들을 섬겼다. 백성들이 사는 곳은 하나님이 주신 땅이다. 그곳에서 하나님이 아닌 이방 신을 섬기는 백성들을 보는 하나님의 마음이 어땠을까? 백성들에게 눈, 귀, 지각이 없어 보인다. 이들을 향해 하나님은 말씀을 들으라 하신다.

3. 백성들의 섬김을 받으실 하나님

백성들이 하나님을 너무 가볍게 보았다. 하나님이 주신 땅에서 하나님을 은총을 입고 살다 보니 하나님은 무작정 사랑만 하시고 잘못이라도 용서하시며, 무엇을 보셔도 내버려 두는 줄로 백성들이 착각했다. 백성들에게는 하나님을 향한 두려움이 전혀 없었다. 백성들에게는 여호와 하나님을 경외해야 하는 것이 마땅하다. 경외한다는 말 안에는 두려움과 존경심이 포함되어 있다. 천지를 창조하신 하나님이 바다를 만들고 파도가 치게 하셨지만, 모래를 주어서 바다의 한계로 삼으셨고 파도가 쳐도 모래에 막혀 넘지 못하게 하셨다. 바다가 사람에게 자원의 보고이되, 사람을 해치지 못하도록 경계선이 만들어졌는데, 하나님이 백성들을 위해 그렇게 하셨다. 그런데 백성들은 하나님을 배반하였다. 하나님이 백성들에게 이른 비와 늦은 비를 주시므로 때를 따라 농사를 짓고 추수하게 하셨는데, 백성들은 하나님께 감사할 줄 모른다. 하나님을 경외하자고 제안하는 사람도 없었다. 백성들에게서 보이는 허물은 하나님으로부터 오는 복을 물리쳤고, 백성들의 죄가 좋은 것을 누릴 기회를 막았다. 하나님이 백성에게 이미 주신 은총을 기억하면 백성들은 당연히 하나님을 섬겨야 한다. 그런데 백성들이 섬김을 받으실 하나님을 배반하고 제 맘대로 살아간다. 이 시대에도 같은 일이 일어난다.

4. 공정과 소망을 촉구하신 하나님

하나님의 백성으로 선택을 받았으면 당연히 하나님의 말씀을 듣고 선한 양심을 갖고 선한 생활을 하여야 한다. 그런데 백성 중에 악인이 존재한다. 악인들의 행동이 새를 잡으려고 덫을 놓는 새 사냥꾼 같다. 악인들이 선한 사람을 해치고, 선한 사람의 재물을 약탈하려고 함정을 파놓았다. 새 사냥꾼이 새를 잡아 새장을 가득 채우듯이 악인들은 재물을 모아 쌓아두었다. 이는 악인들의 속임수가 많았고 속임수에 의해 고통을 받는 사람들이 많다는 의미이다. 속임수로 돈을 모아 부자가 된들 과연 좋은 일일까? 속임수에 의해 부자가 되어 잘 먹고 윤택하게 산다 한들 그것이 과연 복이라 말할 수 있는가? 그런데 사람들은 자기들의 재산을 지키려고 소송을 남발한다. 이 시대에도 악행으로 모은 재산을 법을 이용하여 의로운 사람을 괴롭게 하는 일이 많다. 변호사를 동원할 수 없도록 돈이 부족한 사람들에게 박탈감을 갖게 하고, 자기들에게 유리한 법리를 들이대어 의인을 괴롭힌다. 결국 자기들의 무죄 혹은 가벼운 죄라는 결론을 끌어낸다. 결국 악한 마음과 돈으로 사회의 공정을 파괴한다. 그러나 사회가 알고 있듯이 하나님이 알고 계신다. 사람과 법이 악인을 징계하지 못해도 하나님은 징계하신다. 하나님은 이 사회에 공정을 촉구하신다. 그것이 이 사회의 소망이다.

2025년 3월 30일, 사순절 4번째 주일

성 경	고린도후서 1:3-10	예전색상	보라색

예배의부름	"여호와여 멀리 하지 마옵소서 나의 힘이시여 속히 나를 도우소서 내 생명을 칼에서 건지시며 내 유일한 것을 개의 세력에서 구하소서"(시 22:19-20)
	고난 가운데 부르짖는 기도를 들으시고 응답하시는 하나님 아버지! 사순절 4번째 주일에 하나님의 성전에 나아와 고통을 당하신 주님을 생각하며 예배드리게 하심을 감사드립니다. 주님께서 고난의 길을 선택하신 것은 오로지 우리의 죄 때문임을 믿습니다. 고통 너머에 있는 인내의 기쁨과 성취의 감동을 볼 수 있는 믿음의 눈이 열어 주님의 고난을 외면하지 않고 동참하게 하시옵소서. 우리가 고난에 동참하기를 원하시는 우리 주 예수님의 이름으로 기원하옵나이다. 아멘

회개를 위하여	우리는 2025년 사순절 4번째 주일을 지나면서도 주님의 고난을 생각하지 않고 살았습니다. 혹시 한 주간을 살면서 육체의 정욕과 탐심을 만족시키기 위해서 몸부림친 어리석은 그가 나는 아닌지 성찰하고 자신도 모르게 지은 죄를 회개하는 기도를 계속합니다.

고백의기도	회개하는 기도를 드리면 외면하시지 않고 들으시는 하나님 아버지! 주님은 저희의 죄를 씻으시기 위하여 고난의 길을 가셨는데, 우리는 육신의 안일과 평안을 위해 산 죄를 용서하여 주옵소서. 주님은 십자가를 지시고 골고다로 올라가셨는데, 우리는 육신의 욕심을 채우기 위해 몸부림쳤으며, 저금통장의 저축금을 높이기 위해 많은 시간을 허비한 죄를 불쌍히 여겨 주옵소서. 잠시의 고난을 견디지 못하고 세상과 타협할 때가 많았으며 세상의 헛된 욕심을 따라 썩어져 가는 구습을 따랐던 어리석음을 꾸짖어 주옵소서.
	오늘 다시 결심합니다. 목자를 통해 주시는 말씀에 순종하면서 헌신하겠습니다. 기도하면서 주님의 뜻을 따라 살렵니다. 교회 생활 다르고, 가정생활 다르고, 사회생활이 다른 이중, 삼중 인격을 살지 않겠습니다. 높은 자리에서 섬김을 받기보다는 가정과 직장에서 섬길 자를 찾아 그들에게 좋은 자리를 권하고 섬기는 말로 주님의 사랑을 나타내는 한 주간이 될 것을 약속드립니다. 오늘의 결심을 보시사 지난날들의 죄악을 사하시는 또 한 번의 사죄 선포로 위로하여 주옵소서. 예수님의 이름으로 회개하며 기도드립니다. 아멘

사함의확인	"내가 잠시 너를 버렸으나 큰 긍휼로 너를 모을 것이요 내가 넘치는 진노로 내 얼굴을 네게서 잠시 가렸으나 영원한 자비로 너를 긍휼히 여기리라 네 구속자 여호와께서 말씀하셨느니라"(사 54:7-8)
성시교독	127. 사순절(4)
설교 전 찬 송	29장 (성도여 다 함께) 146장 (저 멀리 푸른 언덕에)
설교 후 찬 송	147장 (거기 너 있었는가) 82장 (성부의 어린 양이)

금주의 성 가	존귀하신 주 어린 양 – Grig Courtney 참 목자 그리스도 – Lloyd Pfautsch 너희는 마음에 근심하지 말라 – Gordon Young
목 회 기 도	**복**의 근원이 되셔서 성도들의 삶을 축복해 주시는 하나님 아버지! 지난 한 주간에도 세상에서 주신 은혜로 승리하게 하시고 거룩한 주님의 날 예배 드리게 하심을 감사드립니다. 사순절 4번째 주일입니다. 이번 사순절에는 주님 께서 고난에 고통을 당하셨으니, 우리도 주님의 고난에 동참하면서 예수 그리 스도의 이름으로 많은 사람과 기도와 마음과 섬김으로 고통을 나누며 살게 하 옵소서. 사도 바울이 아시아를 거쳐 유럽에서 복음을 전파한 것처럼 우리도 땅 끝까지 복음을 전파하게 하시옵소서. **자**유가 상실된 속박에서 죄인을 해방해 주신 하나님 아버지! 우리 교회에 속 한 여러 가지 기관을 축복하시어서 전도를 위한 충성된 종이 되는 감동이 있게 하옵소서. 땀 흘려 이름도 없이 봉사하는 영혼들의 이름을 생명록에 기록 하여 주시고 풍성한 상급으로 채워주시옵소서. 가정의 문제와 자녀들의 문제뿐 만 아니라 크고 작은 갈등 때문에 괴로운 눈물을 흘리면서 주님 앞에 무릎 꿇은 심령도 있습니다. 위로의 손길로 안아주시고 주님 안에서 참된 평화와 안식을 얻고 가벼운 발걸음으로 이 전을 떠나게 하옵소서. 예수님의 이름으로 기도드 리나이다. 아멘
헌금을 위 한 성 구	"너희가 어찌하여 양식이 아닌 것을 위하여 은을 달아 주며 배부르게 하지 못할 것을 위하여 수고하느냐 내게 듣고 들을지어다 그리하면 너희가 좋은 것을 먹을 것이며 너희 자신들이 기름진 것으로 즐거움을 얻으리라"(사 55:2)
헌 금 기 도	**항**상 좋은 것으로 주의 백성들을 보살펴 주시는 좋으신 하나님 아버지! 우리 가 양식 아닌 것을 위하여 돈을 쓰지 않고 배부르지 못할 것을 위하여 수 고하지 않게 하심을 감사드립니다. 가난한 이웃을 위해서 구제하면 하나님께서 보상해 주신다고 말씀하셨으니, 기꺼이 실천하여 천국에 가서 갑절의 축복을 받게 하옵소서. 오늘도 십일조 헌금을 드리는 성도에게 하늘 문을 여시고 복을 채우시고, 감사의 헌금을 드리는 성도에게는 더욱 감사한 일들이 생겨나게 하 시옵소서. 생일 헌금을 드리는 성도는 새해 생일을 맞을 때까지 건강으로 지켜 주시옵소서. **어**려움을 당한 성도들이 자신들이 처해 있는 환경을 탓하지 않고 하나님께 맡기고 믿음으로 나아갈 수 있는 용기를 주시옵소서. 어려움 중에서도 그 믿음의 분량대로 헌금하는 성도들도 있습니다. 약속하신 하늘의 신령한 복과 물질의 복을 주시기를 원합니다. 하나님의 주신 물질로 하나님의 복음을 위하 여 될 수 있게 하옵소서. 예물이 사용되는 곳곳마다 영혼들이 살아나며 하늘나 라의 신령한 양식을 위하여 몸과 마음과 제물을 바치게 하옵소서. 만복의 근원 이신 예수님의 이름으로 축복하며 기도드립니다. 아멘
위탁의 말 씀	"이 위로가 너희 속에 역사하여 우리가 받는 것 같은 고난을 너희도 견디게 하는 니라" 예수 그리스도는 우리가 어려움을 당할 때도 우리의 마음과 속사정을 아시 고 위로하시고 소망을 주십니다. 말씀 안에서 살아야 우리를 인도하시는 주님과 동행할 수 있습니다.
축 도	저희에게 측량할 수 없는 구속의 은총을 주신 우리 주 예수 그리스도의 한량없으 신 은혜와 하나님 아버지의 그 크신 사랑과 주님의 뜻대로 살 수 있도록 도와주시 는 성령님의 감화 · 감동 · 교통하심의 역사가 하나님이 사랑하는 자녀들과 이 나 라 이 민족, 이 교회 위에 지금부터 영원까지 함께하시기를 축원합니다. 아멘

오늘의 설교를 위한 복음적 조명 주제 : 고난의 결과

제목 : 그리스도와 함께 | 본문 : 고린도후서 1:3-10

주제 : 예수 그리스도는 우리의 마음과 속사정을 알고 계신다. 우리가 믿음 생활 중에 어려움을 당해도 그리스도는 우리를 위로하시고 소망을 주신다. 부활하신 그리스도는 죽은 사람을 살리신 하나님을 의지하도록 우리를 인도하신다. 우리는 그리스도에 의해 구원을 받았다.

논지 : 그리스도는 우리를 살리시고 어려움 중에 위로하시며 소망을 주신다.
  1. 환난 중에 위로하시는 그리스도
  2. 구원과 소망을 주시는 그리스도
  3. 오직 하나님이라 하신 그리스도
  4. 큰 사망에서 건지시는 그리스도

**03
30**

　사람이 살면서 기쁜 일, 즐거운 일만 만나면 얼마나 좋겠는가? 예수님을 믿고, 예수님이 나의 주인이시며, 예수님의 은혜가 충만하면 기쁘고 즐겁다. 무엇을 해도 잘 될 것 같은 생각이 든다. 실제로 맞는 말이다. 그런데 예수님을 믿어도 안 좋은 일이 생길 수 있다. 우리의 신앙을 의심하게 하고, 낙심하게 만드는 일이 수없이 많다. 세상에서는 불안하고 슬픈 일을 만났을 때 마음을 다잡고 챙기라고 심리 처방을 권하는 일이 많다. 예수님을 믿는 사람일지라도 불안하고 강박현상을 보이면 심리 처방을 받아야 할 때도 있다. 그런데 심리 처방을 받을 필요가 없을 만큼 정상적인 사람인데도 불안이나 슬픔이 찾아올 수 있다. 우리에게 믿음을 포기하게 하려는 유혹과 핍박이 많이 찾아오기 때문이다. 바르게 신앙생활을 하려면 세상에서는 육신의 쾌락으로 타협을 요구한다. 때로는 신앙을 조롱하기도 하고, 신앙을 버리면 더 좋은 것을 얻게 될 거라며 신앙 포기를 권하기도 한다. 신앙을 버리는 사람 중에는 자기와 맞지 않는다고, 신앙을 가진 후에는 왜 안 좋은 일이 생기냐면 종교 배반을 정당화한다. 이렇게 본다면 신앙이 쉽지 않다. 그러나 어렵지도 않다. 믿음의 주 예수님을 바라보는 믿음으로 유혹과 핍박을 능히 이길 수 있다. 예수님이 우리를 돕고, 함께하시므로 능히 이길 수 있다.

1. 환난 중에 위로하시는 그리스도

　사도 바울은 원래 예수님을 믿는 사람들을 핍박하는 사람이었다. 그러나 그가 예수님의 부름을 받아 회심을 경험하고 예수님의 그리스도이심을 전하는 사람이 되었다. 바울은 자신의 과거를 생각해보고 현재를 비교할 때 매우 큰 은혜를 받은 사람임을 깨달았다. 그가 받은 은혜는 아시아와 유럽을 다니면서 복음을 전하는 원동력이었다. 그는 예수님을 생각할 때마다 기쁨이 넘치며 찬송이 나온다. 바울은 교회에 편지할 때마다 하나님을 찬송한다. 교회의 성도들에게 하나님의 존재를 이야기하며 성도들의 삶에서 하나님의 도우심을 깨닫게 한다. 하나님은 예수 그리스도의 하나님, 자비의 아버지, 위로의 하나님이시다. 바울은 예수 그리스도를 보내 사람을 구원하신 하나님을 찬송한다. 그리고 하나님을 자비의 아버지이며 위로의 하나님이라고 이야기한다. 이는 교회의 성도들에게 위로받을 일이 있음을 의미한다. 믿음의 사람들이 어려움을 당할 때 교회와 성도들이 위로하지 않는다면 신앙이 약한 사람들은 교회를 떠날 수 있다. 또 위로한다 해도 아무런 느낌을 주지 못하거나 마음에 괴로움을 줄 수도 있다. 그래서 위로의 때를 아는 지각과 위로의 기술이 필요하다. 이때 하나님이 사람을 위로하시면 참 위로가 된다. 하나님의 위로가 그리스도 덕에 우리에게 넘쳐난다.

2. 구원과 소망을 주시는 그리스도

하나님은 어려움 중에 있는 사람을 위로하신다. 그리스도께서 넘치는 고난을 받으셨는데, 이는 우리에게 위로가 넘치게 하기 위함이었다. 바울은 자신이 환난을 겪고 있음을 알고 있다. 바울은 자신의 환난이 교회의 성도들에게 위로와 구원을 가져다준다고 믿는다. 바울 역시 환난을 당할 때 그리스도께서 자신을 위로한다고 믿는다. 바울의 믿음은 혼자만의 믿음으로 끝나지 않는다. 환난 때에 위로를 받는 믿음이 교회와 성도들의 믿음으로 확산되어야 한다. 그리스도께서 위로하심을 분명히 믿는다면, 고난을 견뎌낼 수 있다. 신앙생활 중에 무엇인가 잘 안 되고, 쾌락을 빌미로 삼아 유혹하는 것 역시 하나님의 위로를 힘입어서 능히 견뎌내고 이길 수 있다. 바울의 강한 믿음이 바울 혼자에게만 나타나지 않는다. 바울이 특별한 회심의 경험을 하고, 열심을 내어 복음을 전했다 해서 믿음이 바울 혼자에게만 특권으로 적용되지 않는다. 바울은 자신의 믿음이 성도들에게도 똑같아지기를 원한다. 그래서 모든 사람이 자신과 같기를 원한다고 말한다(고전 7:7). 바울은 성도들이 믿음을 굳게 지킨다는 바람을 갖고 있다. 바울은 성도들이 믿음의 고난에 참여한 것처럼 위로를 받을 것을 굳게 믿는다. 예수님은 우리에게 위로자이시다. 우리를 구원하시고 천국의 소망을 주신 분이시다.

3. 오직 하나님이라 하신 그리스도

바울은 아시아를 거쳐 유럽에서 복음을 전하였다. 복음을 전하는 과정에서 수많은 고난을 겪었다. 사람의 힘으로는 도저히 견딜 수 없는 고난이었다. 그런데 바울이 그동안의 고난을 이기며 여기까지 왔다. 그 역시 위로의 하나님을 믿었고, 하나님이 자기를 위로하신다고 확신했기 때문이다. 믿음의 확신이 그에게 힘을 주고 좌절을 이기게 한다. 믿음의 확신이 그가 가진 천국의 소망, 구원과 부활의 복음을 사람들에게 끊임없이 전하게 한다. 그리스도께서 바울에게 이런 힘을 주셨기 때문이다. 그동안의 고난에 단 한 번이라고 믿음의 의지와 사명이 꺾였다면 지금 고린도 성도들에게 편지를 쓸 수 없었을 것이다. 심지어 바울은 사형선고를 받은 것처럼 느낀 적도 있었다. 감옥에 갇히고 살아갈 소망이 끊어진 것처럼 느낄 때도 있었다. 이런 절망의 때를 어떻게 빠져나올 수 있었을까? 바로 죽은 자를 살리시는 하나님을 믿기 때문이다. 하나님께서 예수 그리스도를 죽음 가운데서 다시 살리셨다. 그리고 하나님은 믿음의 사람들이 죽었다 해도 다시 살리신다. 바울은 오직 하나님을 믿는다. 그리스도께서 고난 중에 있는 성도들에게 오직 하나님 한 분만을 의지하는 믿음을 주셨기 때문이다.

4. 큰 사망에서 건지시는 그리스도

바울은 자신이 죽음에서 살아난 것을 믿는다. 실제로 목숨이 끊어졌다가 살아났다는 말인가? 그렇지 않다. 실제로 목숨이 끊어졌다가 살아난 분은 예수님이시다. 예수님이 회당장 야이로의 딸, 나인성 과부의 아들, 그리고 베다니의 나사로를 살리셨다. 그 사람들은 실제로 죽었다가 살아났다. 그렇다면 큰 사망에서 건짐을 받았다는 바울의 말이 무슨 뜻일까? 바울은 복음을 전하는 중에 죽음의 위기를 수없이 겪었다. 매도 수없이 맞고 여러 번 죽을 뻔 했었다(고후 11:23). 바울은 자신이 죽음의 위기를 이겨낸 것을 사망에서 건짐을 받은 것이라 믿는다. 이 모든 일이 그리스도의 큰 은혜이다. 또 바울은 믿음이 없을 때는 하나님께 대하여 죽은 자였다. 그러나 예수 그리스도께서 바울을 부르고 하나님께 대하여 살아있는 믿음을 주셨다. 바울은 믿음으로 사망에서 권세로부터 자유로움을 얻었다. 죄에 매어 하나님의 버림을 받는 일이야말로 큰 사망이다. 큰 사망에 빠진 사람들은 하나님이 건지셨다. 하나님이 예수 그리스도를 세상에 보내시고 사망에 빠진 사람들에게 생명의 복음을 전하셨다. 그리스도께서 사망에 빠진 사람을 구원하시려고 십자가에서 희생하셨다. 그리스도의 건지심은 모든 세대에도 적용되어야 한다. 그리스도를 믿으면 사망에서 건짐을 받는다.

4월의 예배와 설교를 위하여

일	요일		본문	설교제목	기타(예화, 참고자료)
2	수				
6	주일	낮			
		밤			
9	수				
13	주일	낮			
		밤			
16	수				
20	주일	낮			
		밤			
23	수				
27	주일	낮			
		밤			
30	수				

2025년 4월 6일, 사순절 5번째 주일			
성 경	누가복음 9:51-56	예전색상	보라색

예 배 의 부 름	"내가 주의 권능과 영광을 보기 위하여 이와 같이 성소에서 주를 바라보았나이다 주의 인자하심이 생명보다 나으므로 내 입술이 주를 찬양할 것이라" (시 63:2-3) 십자가의 보혈로 모든 죄와 눌림에서 자유를 주신 하나님 아버지! 만사형통의 복을 주셔서 하나님의 사랑을 알게 하심을 감사드립니다. 예수님은 세상에 계실 때 가난한 사람과 병자에게는 환영을 받으셨지만, 바리새인과 사두개인에게는 거절을 당하셨습니다. 비록 죄악으로 심히 굳어져 강퍅해진 저희이지만 오늘 말씀의 은혜로 부드럽고 순한 양이 되어 선택된 백성답게 살아갈 수 있는 새 활력이 넘치는 예배가 되게 하옵소서. 저희의 몸과 마음이 산 제사에 필요한 다오르는 제물이 되어 향기로운 제사가 되게 하옵소서. 예수님의 이름으로 기원하옵나이다. 아멘
회개를 위하여	아무리 깨끗하게 청소를 했어도 시간이 지나면 먼지가 다시 점령합니다. 기도와 찬송과 말씀이 우리 심령을 파수꾼처럼 지키지 않으면 죄의 먼지가 가득합니다. 지난 일주일의 우리의 삶을 돌이켜 보고 먼지가 가득한 나는 아닌지 곰곰이 돌이켜 보며 회개하는 기도를 계속합니다.
고 백 의 기 도	욕망과 탐욕의 진흙탕을 구르며 산 죄인의 허물과 죄를 씻겨 주신 하나님 아버지! 예수님께서 우리에게 "너희는 뱀 같이 지혜롭고 비둘기 같이 순결하라"(마 10:16)고 말씀하셨지만, 우리는 뱀 같이 지혜롭지 못하였고 비둘기 같이 순결하지 못한 허물을 용서하여 주옵소서. 지난 주간에도 세상에서 사람들을 속이고 거짓말을 많이 했으며, 자신의 이익을 위하여 부정한 말과 행동을 한 죄를 불쌍히 여겨 주옵소서. 성도답게 구별된 삶을 살지 않고 세상 사람들과 같이 욕하고 시기하고 분을 품은 허물을 고백합니다. 오늘 이 자리에서 다시 결심합니다. 적대심을 성령의 은혜로 불태우겠습니다. 절제하지 못한 분노 때문에 감정의 노예가 되지 않겠습니다. 저희가 지칠 때 주님 사랑의 십자가를 바라보면서 할 수 없다는 원망 대신에 할 수 있다는 능력을 보여주고 증거가 되는 주님의 보냄 받은 사자가 되기를 이렇게 결심합니다. 주님, 오늘 다시 한번 용서와 함께 은혜 넘치는 새 역사가 저희 가슴에 넘치는 예배가 되게 하여 주시옵소서. 우리를 구원해 주신 예수 그리스도의 이름으로 회개하며 기도드립니다. 아멘
사함의 확 인	"내가 너희에게 이르노니 이와 같이 죄인 한 사람이 회개하면 하늘에서는 회개할 것 없는 의인 아흔아홉으로 말미암아 기뻐하는 것보다 더하리라"(눅 15:7)
성시교독	128. 사순절(5)
설교 전 찬 송	31장 (찬양하라 복되신 구세주 예수) 150장 (갈보리산 위에)
설교 후 찬 송	155장 (십자가 지고) 152장 (귀하신 예수)

금주의 성가	주를 찬양하라 – Melody Schlittenhard 하늘마차 타라 – 흑인 영가 나 주의 길 따르리 – Arr. by Charles F. Brown
목회기도	갈급하고 주린 영혼들에 하늘 은혜의 생명수를 주신 하나님 아버지! 뿌린 씨를 거두는 지혜로운 농부의 심정으로 은혜를 사모할 때마다 응답 주심을 감사드립니다. 예수님께서 복음을 전하시다가 거절을 당하셨을 때 지혜롭게 대응하셨듯이 복음 제시를 거부해도 그들을 이해하는 마음을 주시옵소서. 예수님을 믿는 성도는 세상에서 당연히 환란과 핍박과 모욕을 당할 수 있다는 사실을 잊지 말고 뱀 같이 지혜롭게 대응하여 성도다운 삶을 살아가게 하시옵소서. 예수님께서도 당시에 유대인들이 싫어하는 사마리아 지역에서 사역하신 것처럼 우리도 복음의 사각지대를 전도의 놀이터로 알고 가게 하옵소서. 상한 심령을 싸매시고 낙심한 자에게 용기를 주시는 하나님 아버지! 우리 교회 주변에 계시는 분 중에는 아직도 주님을 모르는 분이 많습니다. 우리 교회 건물만 보아도 그들의 마음에 믿음의 호기심이 생기게 하옵소서. 오늘도 마음은 간절하지만, 몸의 질병으로 인하여 여기에 참석하지 못한 성도들도 있습니다. 직장과 사업의 문제로 고민하는 성도들이 있습니다. 어떤 경우에라도 낙심하지 않고 십자가를 외면하지 말고 신앙의 길을 가도록 인도하여 주시옵소서. 예수님의 이름으로 기도드립니다. 아멘
헌금을 위한 성구	"그들은 다 그 풍족한 중에서 넣었거니와 이 과부는 그 가난한 중에서 자기의 모든 소유 곧 생활비 전부를 넣었느니라 하시니라"(막 12:44)
헌금기도	가난한 가운데 드리는 헌금을 즐겨 받으시는 하나님 아버지! 우리가 풍족한 가운데 드리는 헌금이 아닐지라도 하나님께서 받으시고 은혜와 축복을 베풀어 주심을 감사드립니다. 재산이 많거나 적거나 다 하나님께서 주신 선물로 아오니, 많이 하나님께 드렸다고 뽐내지 말게 하시고, 적게 하나님께 드렸다고 위축되지 않게 하옵소서. 사랑하는 성도들이 한 알의 밀알처럼 희생하는 헌금을 드리게 하시고, 하나님의 축복으로 많은 열매를 맺게 하옵소서. 십자가의 죽음을 바라보고 고통을 당하신 예수님의 교훈으로 헌신하는 헌금으로 많은 생명이 살아나게 하옵소서. 주님께서 주실 행복을 소망하며 십일조와 감사 헌금을 드립니다. 자자손손 나가도 복을 받고 들어가도 복을 받게 하옵소서. 주일 헌금, 구역 헌금, 성미를 드립니다. 사업장의 번성을 위해 기도하며 예물을 드리는 자녀들도 있습니다. 이곳저곳에서 땀을 흘리면서 헌신하는 종들이 있습니다. 아름다운 꽃으로 하나님의 제단을 장식하는 분들도 있습니다. 헌신자들을 위하여 부엌에서 수고하는 정성도 있습니다. 성도들의 수고와 드림이 모였을 때 천하보다도 귀한 한 영혼을 살리는 징검다리가 될 수 있다는 믿음의 꽃이 이 강단에 피어나게 하여 주옵소서. 우리 주 예수님의 이름으로 축복하며 기도드립니다. 아멘
위탁의 말씀	"그들이 받아들이지 아니 하는지라" 예수님도 세상에서 거절을 당한 적이 더 많았습니다. 그럴 때 예수님은 그들을 꾸짖으시고 다른 마을로 가졌듯이 우리도 복음 전도할 때 거부를 당해도 말씀 안에서 예수님의 대응책을 배우고 실천하는 그 한 제자가 되어야 합니다.
축도	지금은 우리의 죄와 허물을 담당하사 아낌없이 그 몸을 주신 우리 주 예수 그리스도의 은혜와 우리를 사랑하시기를 세상 끝날까지 하시는 아버지 하나님의 은혜와 오늘도 우리 곁에 계셔서 믿음으로 승리케 하시는 성령님의 그 크신 능력이 우리 모두 위에 영원토록 함께하시기를 간절히 축원하옵나이다. 아멘

오늘의 설교를 위한 복음적 조명 주제 : 대응의 지혜

제목 : 거절을 당할 때 | 본문 : 누가복음 9:51-56

주제 : 예수님은 세상에서 환영을 받으셨지만, 거절을 당한 적이 더 많았다. 거절을 당했을 때 제자들은 화를 내고 거절하는 사람들이 망하기를 바랐다. 그러나 예수님은 제자들을 꾸짖으시고 다른 마을로 가셨다. 예수님에게서 거절을 당할 때 대응하는 지혜를 배울 수 있다.

논지 : 예수님은 사람들로부터 거절을 당해도 침착하게 대응하셨다.
1. 사마리아 마을로 가시려는 예수님
2. 사람들에게 거절을 당하신 예수님
3. 과격한 제자들을 알고 계신 예수님
4. 돌아보아 꾸짖고 비켜가신 예수님

04
06

전도하다가 보면 매정하게 거절당하는 경우가 많다. 매정하게 거절하다 못해 심지어 전도하는 사람을 향해 짜증을 내는 사람도 있다. 이때 전도인이 실망할 수 있고, 때로는 짜증을 내는 사람과 언쟁할 수 있다. 언쟁이라도 했다가는 전도는 더 어려워진다. 짜증을 내는 사람은 자기가 잘했다고 생각하기 때문에 전도인을 향해 믿는 사람이 더 나쁘다고 생각하기도 한다. 전도하지만 거절을 받을 수 있다. 예수님도 12명의 제자를 전도하러 보낼 때, 거절당할 수 있음을 알고 계셨다. 어느 동네든지 전도자를 받아들이지 않거든 발에 먼지를 떨어버리고 다른 곳으로 가라고 하셨다(눅 9:5). 사람이 살면서 거절당할 때가 많다. 거절당하는 것이 두려워서 아예 시작조차 못 하는 사람도 있다. 세일즈와 마케팅을 하는 사람을 훈련할 때도 거절에 익숙해야 한다고 가르친다. 거절당할 줄 알면서도 두려워하지 말고 상품을 알려야 하고 판매를 시도해야 한다. 전도도 마찬가지이다. 복음이 거절당할 줄 알지만 전해야 한다. 다만 상대방에게 호감이 가도록 전해야 하고, 거절당할 때도 상대를 원망하지 말아야 한다. 문제는 이단들이 더 잘하고 있다는 데 있다. 바른 신앙을 가진 사람들이 예수님을 보고 예수님의 방법을 취해야 한다. 예수님 역시 세상에서 수많은 거절을 당하셨다.

1. 사마리아 마을로 가시려는 예수님

예수님은 거절당하실 때 지혜롭게 대응하셨다. 예수님으로부터 배우면 거절당할 때 대응하는 지혜가 생긴다. 예수님은 거절당하다 못해 핍박과 위협과 죽임을 당하기까지 하셨다. 언제나 예수님은 지혜롭게 대응하셨다. 오늘 본문에도 예수님이 거절당하시는 장면이 나타난다. 예수님은 자신의 때를 알고 계셨다. 나타나야 할 때, 잠시 숨어야 할 때를 알고 계셨다. 아버지로부터 왔다는 사실을 알고 계시는 예수님은 아버지께로 가야 할 때도 알고 계셨다. 본문은 승천하실 기약이 찼다고 말한다. 이는 십자가 고난을 의미한다. 예수님은 십자가 고난과 부활이 있고 난 뒤에 하나님께로 오르셨기 때문이다. 예수님은 예루살렘에서 고난을 당하였다. 그리하여 예수님은 예루살렘부터 올라가셔야 했다. 예루살렘으로 올라가는 길목에 사마리아가 있다. 사실 유대인들은 사마리아를 거치지 않고 예루살렘으로 올라가는 습관을 가졌지만 예수님은 먼저 사마리아를 거쳐서 가고 싶으셨다. 예수님이 준비할 사람들을 사마리아로 보내셨다. 이전에 사마리아에서 통과하면서 복음을 전하신(요 4:4) 예수님께서 또 사마리아 사람들을 만나고 싶으셨다. 유대인들은 사마리아를 싫어했지만, 예수님은 사마리아 사람들도 복음을 듣고 구원받아야 할 사람들로 생각하셨다. 그래서 사마리아로 가고 싶으셨다.

2. 사람들에게 거절을 당하신 예수님

예수님이 사마리아로 들어가시지만 사마리아가 최종목적지는 아니다. 예수님은 이미 예루살렘으로 올라가시려고 굳게 결심하셨다. 어찌 된 일인지 예수님의 최종목적지는 사마리아가 아닌 예루살렘임이 알려졌다. 제자들이 예수님의 최종목적지를 말했을 수도 있다. 아니면 사마리아 사람들이 예루살렘으로부터 갈릴리로 가신 예수님이므로 예수님의 최종목적지를 예루살렘이라고 추측할 수도 있다. 예수님의 최종목적지를 어떻게 알게 되었는지는 사실 중요하지 않다. 중요한 사실은 사마리아 사람들이 예수님의 목적지가 예루살렘인 줄로 알았다는 것이다. 사마리아 사람들은 예수님이 금방 떠나갈 바에야 아예 받아들이지도 말자고 생각했던 것 같다. 예수님의 거처를 준비하러 간 사람들조차도 받아들이지 않는다. 정말 반가운 분, 존경하는 분이라면 갈 때는 가시더라도 잠시라도 머물러 달라고 해야 할 것이다. 하지만 많은 시간을 보낼 수 없다면 아예 오지 말라고 거절하는 것은 예수님을 독점하려는 생각이다. 독점할 수 없다면 아예 만나지도 않겠다고 생각한다. 예수님이 사마리아 사람들에게 거절을 당하셨다. 이전에 은혜를 베풀었던 마을에서 거절을 당하였으니 황당하다고 생각할 수도 있다. 과거의 은혜를 잊은 거절이지만 예수님의 길에서 거절은 늘 있는 일이었다.

3. 과격한 제자들을 알고 계신 예수님

예수님의 거절당하심을 제자들이 알고 있다. 제자들은 예수님과 동행한 지 꽤 오래되므로 예수님이 이전에 사마리아에서 은혜를 베푸신 적이 있음을 알고 있다. 제자 중에 예수님과 더 많은 시간을 보낸 두 사람이 있다. 세배대의 아들 야고보와 요한 형제이다. 이들은 예수님이 산에 올라가 변화된 모습을 보일 때도 함께 했다. 예수님과 특별한 시간을 보낸 사람이다 보니 예수님을 향한 애착도 다른 제자들보다 더 강한 것 같다. 두 사람이 사마리아 사람들을 향하여 화를 내며 예수님께 말한다. "주여 우리가 불을 명하여 하늘로부터 내려 저들을 멸하라 하기를 원하시나이까"(:54). 야고보와 요한은 자기들이 할 수만 있다면 하늘로부터 불이라고 가져와서 사마리아 사람들을 멸하고 싶었다. 사마리아 사람들의 거절이 그만큼 괘씸하다는 뜻이다. 나의 선생님, 나를 아껴주는 분 예수님을 보호하고 싶은 마음은 누구에게나 있다. 그러나 두 사람이 예수님의 의도를 알아야 하는데, 두 사람은 예수님께 질문하는 내용에서 예수님의 의도와는 전혀 다르게 말한다. 예수님은 이들의 성격을 오래전부터 간파하고 계셨다. 그래서 이들을 부르실 때 '보아너게', 즉 우레의 아들이라는 이름을 덧붙여주셨다. 예수님은 두 형제를 비롯한 제자들의 성격과 행동, 특성까지 속속들이 알고 계셨다.

4. 돌아보아 꾸짖고 비켜가신 예수님

본문 바로 앞 49절을 보면 형제 중에 동생 요한은 예수님의 이름으로 귀신을 내쫓는 사람들이 예수님을 따르지 않는 것을 보았다. 요한은 예수님 이름을 사용하는 것을 제지하였다. 귀신을 내쫓는 일을 하지 말라는 의미이기도 하다. 요한이 이 일을 자랑스럽게 예수님께 말했다. 예수님은 요한에게 "금하지 말라 너희를 반대하지 않는 자는 너희를 위하는 자니라"(50절)고 하셨다. 예수님이 하늘에서 불을 내려 멸하고 싶다는 형제들의 제안에 응하셨을까? 과거 엘리야 시대 때 하늘에서 불이 내려 군사들을 불사른 적이 있었으니(왕하 1:14), 예수님이 응하실 수도 있었다. 하지만 그렇지 않다. 오히려 형제를 꾸짖으셨다. 예수님이 왜 꾸짖으셨을까? 예수님은 세상에 사람들을 구하러 오셨다. 예수님께는 세상을 심판할 권세가 있었지만 예수님에게는 심판보다 구원이 먼저였다. 하나님이 아들을 세상에 보내신 이유는 세상을 심판하려 하심이 아니라 구원을 받게 하려는 것이었다(요 3:17). 예수님은 사마리아 지역 사람들이 비록 당신을 거절하였다 할지라도 그들에게 심판이 내려지는 것을 원하지 않으셨다. 예수님은 사마리아가 아닌 다른 마을로 가셨다. 예수님은 분노하는 대응보다는 침착하고 차분하게 다른 마을로 가셨다. 사마리아 사람들을 심판하기보다는 하나님의 뜻을 준행하기 위함이다.

성 경	레위기 16:9-34	예전색상	빨간색

예 배 의 부 름	"앞에서 가고 뒤에서 따르는 자들이 소리 지르되 호산나 찬송하리로다 주의 이름으로 오시는 이여 찬송하리로다 오는 우리 조상 다윗의 나라여 가장 높은 곳에서 호산나 하더라"(막 11:9-10)
	십자가의 은혜로 구원해 주시고 십자가의 사랑으로 죄인을 속량해 주신 하나님 아버지! 저주받아 마땅한 죄인을 독생자 예수께서 흘리신 보혈의 피로 하나님의 백성이 되게 하신 은혜를 감사드립니다. 예수님께서 십자가를 지기 위해 예루살렘으로 입성하신 날, 백성들처럼 우리도 두 손 높이 들고 예수님께 찬미를 드립니다. 오늘도 성삼위 하나님의 크신 역사가 저희 가운데 임하시어 영광의 그 날이 저희 믿음으로 굳어지는 감격을 맛보는 예배가 되게 하옵소서. 우리 수 예수 그리스도의 이름으로 기원하옵나이다. 아멘
회개를 위하여	예수님께서 십자가의 고통을 당하셨습니다. 하지만 우리는 예수님의 고통을 모르고 지냈습니다. 우리의 불신앙과 자존심이 예수님을 버렸습니다. 고난주간을 당해 자신을 돌아보면서 그 많은 죄들을 회개하는 기도를 드리겠습니다.
고 백 의 기 도	**예**수님을 십자가에서 죽게 하여 죄인을 구원하신 하나님 아버지! 예수님은 어린 나귀 새끼를 타시고 예루살렘 성에 입성하셨으나 우리는 높은 자리를 탐하며 자리다툼을 한 죄를 용서하옵소서. 예수님께서 성전을 깨끗하게 청소하셨으나 우리의 마음은 아직도 거짓과 교만과 물욕을 버리지 못하고 머뭇거리고 있습니다. 예수님께서는 장차 망할 예루살렘 도성을 바라보시면서 눈물을 흘리셨는데 우리는 나라와 민족, 이웃과 교회, 그리고 사랑하는 내 가족을 위해서 울며 기도하지 못했습니다. 이런 우리의 이기심과 교만한 죄를 용서하여 주시옵소서.
	이제 거룩한 성 주간에 이렇게 약속합니다. 무엇을 계획하고 행동으로 옮기기 전에 내 뜻대로가 아니라 하나님의 뜻을 구할 것을 약속합니다. 교회에서는 하나님께 예배하며 찬송과 경배를 드리고도 세상에 나가서는 자신의 영광을 위하여 살지 않겠다는 결심을 십자가에 못 박고 살겠습니다. 지금까지 지은 죄와 그 길을 가지 않겠다는 결심을 십자가 밑에 내려놓으니 용서하여 주옵소서. 예수님의 이름으로 회개하며 기도드립니다. 아멘
사함의 확 인	"나 곧 나는 나를 위하여 네 허물을 도말하는 자니 네 죄를 기억하지 아니하리라 너는 나에게 기억이 나게 하라 우리가 함께 변론하자 너는 말하여 네가 의로움을 나타내라"(사 43:25-26)
성시교독	129. 종려주일
설교 전 찬 송	33장 (영광스런 주를 보라) 156장 (머리에 가시관 붉은 피 흐르는)
설교 후 찬 송	157장 (겟세마네 동산에서 최후 기도) 144장 (예수 나를 위하여)

금주의 성 가	주가 계시면 – Joseph Linn and T. F. 십자가를 질 수 있나 – Roger C. Wilson 주 은혜 받으러 – J. W. Harris
목 회 기 도	낙심하고 좌절할 때 일어날 힘을 주시는 자비로우신 하나님 아버지! 우리의 죄를 사하여 주시기 위하여 독생자에게 십자가 고난을 허락하심을 기억하는 성 주간이 시작되는 날 예배에 불러 주심을 감사드립니다. 고난주간에 주님의 남은 고난을 기억하면서 지은 죄를 회개하고 용서받아 정결한 영으로 거듭나게 하여 주시옵소서. 옛날에 제사장들이 한 사람, 가족, 민족공동체와 하나님의 거룩한 장소인 성전을 깨끗하게 하신 일처럼 우리도 예수님께서 십자가에서 흘리신 보혈로 죄 씻음을 받게 하여 주옵소서. 눈물을 흘리며 씨를 뿌리는 자는 기쁨으로 단을 거두게 하시는 하나님 아버지! 고난주간에 고통받으신 주님을 생각하면서 지은 죄를 회개하는 눈물을 흘리지 못한 것을 용서하여 주옵소서. 그리스도 예수님의 남은 고난에 동참하는 순교자의 심정으로 한 주간을 살면서 마음이 넓어지고 큰 믿음으로 승리하게 하옵소서. 우리 교회의 모든 기관이 맡겨진 일을 통해서 하늘 영광을 드높이게 하옵소서. 헌신하는 성도들을 위로하시고 그들의 수고가 하늘 축복이 임하는 징검다리가 되게 하여 주시옵소서. 예수님의 이름으로 기도하옵나이다. 아멘
헌금을 위한구 성	"주께서 주의 백성을 헐값으로 파심이여 그들을 판 값으로 이익을 얻지 못하셨나이다" (시 44:12)
헌 금 기 도	예수님이 헐값으로 팔려 십자가에서 죽게 하신 하나님 아버지! 죄인을 위해서 십자가를 지신 예수님의 사랑을 깊이 깨닫고 우리 마음을 담아 헌금을 드리게 하심을 감사드립니다. 그 엄청난 은혜에 보답할 길이 없어 저희 정성과 생명의 일부인 헌금이오니 받으시고 우리의 아픈 마음을 위로해 주시옵소서. 비록 적은 것이지만 예수님의 고난에 동참하는 헌금이 되게 하시고 하나님께 상달 되는 향기로운 예물이 되게 하시옵소서. 수고하고 노력한 결실의 십 분의 일을 바치는 자녀들의 믿음에 하늘 축복의 문이 열림을 보게 하여 주옵소서. 우리 성도들의 기업과 가정을 책임져 주옵소서. 범사에 감사하는 헌금을 드리나이다. 조건 없는 감사의 헌금이 되게 하옵소서. 소원의 헌금, 생일 헌금을 드리나이다. 그의 영혼이 잘됨 같이 범사에 형통하고 강건하게 하옵소서. 교회 학교에서 주방에서 헌신하고 빛도 없이 이름 없이 봉사하는 사람들이 있기에 몸 된 교회가 여기까지 왔습니다. 주님께서 모두 기억하여 주시고 하늘의 이슬 같은 은혜와 땅의 기름진 축복을 내려주시옵소서. 예수 그리스도의 이름으로 축복하오며 기도드립니다. 아멘
위탁의 말 씀	"너희의 모든 죄에서 너희가 여호와 앞에 정결하리라" 우리가 죄인으로 죽으면 하나님 곁으로 갈 수 없습니다. 하나님은 우리의 죄가 깨끗하게 사라지기를 원하셔서 속죄제를 명하심으로 죄가 사라지는 방법을 알려주셨습니다. 한 주간 속죄제에 함유하는 마음으로 사시기 바랍니다.
축 도	지금은 인류를 구원하시기 위하여 인간의 몸을 친히 입으시고 오셔서 고난당하신 우리 주 예수 그리스도의 은혜와 개인과 역사의 주관자 되시는 하나님 아버지의 지극하신 사랑과 날마다 은혜 안에 살도록 도우시는 성령님의 인도하심이 하나님의 병기로 쓰임 받기를 소원하며 나아가는 성도들 위에 이제로부터 영원토록 함께하옵시기를 간절히 축원하옵나이다. 아멘

오늘의 설교를 위한 복음적 조명 주제 : 속죄의 명령

제목 : 속죄제를 명하시다 | 본문 : 레위기 16:9-34

주제 : 하나님은 우리의 죄가 심각하고 죄의 결과로 죽는다는 것을 아셨다. 죄인으로 죽으면 하나님 곁으로 갈 수 없다. 하나님은 우리의 죄가 깨끗하게 사라지기를 원하신다. 하나님은 백성들에게 영원토록 지켜야 할 속죄제를 명하심으로 죄가 사라지는 방법을 알려주셨다.

논지 : 하나님은 백성들에게 속죄제 규례를 영원토록 지키기 원하셨다.
1. 아론의 주도로 속죄제를 드리라 하신 하나님
2. 속죄제를 드리는 방법을 알려주신 하나님
3. 속죄 제물의 처리방법을 제시하신 하나님
4. 영원토록 규례를 지키라고 명하신 하나님

성경은 모든 사람을 죄인이라고 말한다. 의인이 없는데 하나도 없다(롬 3:10). 하나님의 명령을 어긴 아담은 죄인이 되어 에덴에서 추방되었다. 이후 아담의 후예들은 모두 죄인으로 태어났다. 하나님은 사람들이 점점 더 큰 죄를 짓고 있음을 보셨다. 하나님이 사람들에게 죄를 그치고 하나님께로 돌아와 의를 행하기 원하셨다. 하나님이 죄인을 책망하고 벌하시기도 하셨다. 노아의 때에는 죄인들을 모두 세상에서 사라지게 하고, 의로운 가족들만 남기기도 하셨다. 그런데 이후에 사람들은 또 죄를 지었다. 하나님은 사람들이 의를 행하도록 부르기도 하셨고, 의인을 칭찬하기도 하셨다. 죄의 대가가 엄중함을 알려주시고, 의로움의 결과가 축복임을 알려주셨다. 그러나 죄인이 죄를 회개하는 데는 그만큼의 순종이 따라야 한다. 하나님은 율법을 받는 이스라엘 백성들에게 죄를 속량 받는 방법을 모세를 통해 알려주셨다. 하나님은 모세를 통해 속죄제의 규례를 알려주셨다. 율법을 받을 당시에는 속죄제의 규례대로 따라야 했는데, 속죄제의 규례는 하나님이 사람들의 죄를 속량하기 위한 은총의 방법이었다. 속죄제의 규례 내용 중에 하나님의 은총이 담겨 있고, 하나님의 은총은 오랜 세월이 지난 후에 예수 그리스도를 통해 완성되었다. 속죄가 은총이고, 방법과 완성이 은총이다.

1. 아론의 주도로 속죄제를 드리라 하신 하나님

하나님이 모세를 통해 이스라엘 백성에게 속죄제의 규례를 알려주실 때 제사장 아론을 지명하여 속죄제를 진행하게 하셨다. 속죄제의 제물로 염소를 드려야 했는데 아론이 제비뽑은 염소를 속죄제물로 드렸다. 또 아사셀을 위하여 제비뽑은 염소를 따로 두었다가 광야로 보내게 하셨다. 아사셀이란 '내어놓음, 가버리게 놔둠'이라는 뜻을 가진 단어로서, 유대의 랍비 중에는 황량한 광야로 해석하는 사람들이 있었다. 그러나 아사셀이란 양과 염소 중에 죄를 짊어지고 광야로 쫓겨나는 것을 의미한다. 하나님은 아론에게 수송아지를 잡아서 속죄제를 드리게 하되 속죄제를 드리는 사람 자신과 가족을 위하여 드리라고 하셨다. 한 사람만이 아닌 가족 공동체 전체의 죄를 용서받아야 하는 의미이다. 한 사람의 죄는 가족 공동체의 배경을 갖기도 하고, 한 사람의 죄가 가족에게 영향을 끼치기 때문이다. 하나님은 향로에 불을 피워 휘장 안에 들어가 향로의 연기로 속죄소를 가리게 하셨다. 휘장 안에 들어간 사람이 죄를 범하면 죽을 텐데 속죄제를 바르게 드리면 죽지 않을 것이다. 또 수송아지의 피를 속죄소 동쪽과 속죄소 앞에 뿌리게 하셨다. 이스라엘 자손의 범죄와 지성소를 위해 속죄하고 부정한 회막을 위해서도 속죄해야 한다. 이스라엘의 모든 죄를 피로서 속죄해야 한다.

2. 속죄제를 드리는 방법을 알려주신 하나님

피로서 속죄하는 것은 속죄제의 규례였지만 후에 예수님의 피로서 온 인류의 죄가 속죄되었다. 수송아지의 피로서 이스라엘의 범죄와 더럽혀진 회막과 지성소를 깨끗하게 한 것처럼 예수님의 피로서 온 인류의 죄가 깨끗하게 되었다. 아론은 제사장으로서 지성소에 들어가서 속죄제를 드려야 했다. 아론은 자기와 집안과 이스라엘 온 회중을 위해 속죄하고, 부정하게 된 회막을 위해서도 속죄해야 했다. 본인의 죄뿐만 아니라, 민족공동체와 하나님이 머무시는 거룩한 장소를 더럽힌 것까지 모두 속죄해야 한다. 예수님은 십자가에서 돌아가심으로 인류와 더럽혀진 성전, 즉 신앙의 오염과 훼손까지 속죄하셨다. 하나님은 아론에게 속죄제의 방법을 알려주셨다. 아론이 속죄소에서 나오기까지 이스라엘 백성들 누구도 회막에 머물지 못한다. 아론은 여호와의 전에서 수송아지와 염소의 피를 가져다가 제단 귀퉁이에 있는 뿔들에 바른다. 또 손가락으로 피를 뿌려서 이스라엘 사람들로부터 더럽혀진 제단을 정결하게 한다. 아론은 아사셀로 지정되어 아직 살아있는 염소의 머리에 안수를 한다. 그 안수는 사람들의 죄를 염소에게 모두 전가한다는 의미이다. 이후에 아사셀 염소는 사람들의 모든 불의를 짊어지고 광야로 내몰린다. 아론이 지정한 사람이 아사셀 염소를 광야로 끌고 가서 놓아버린다.

3. 속죄 제물의 처리방법을 제시하신 하나님

아론은 속죄제를 바르게 드려야 할 막중한 사명을 받았다. 속죄제를 바르게 드리면 본인은 물론이고, 이스라엘 전체가 속죄를 받는다. 그리고 백성들이 더럽힌 회막이 정결해진다. 즉, 하나님께서 속죄제를 드린 민족공동체와 신앙의 중심지 모두를 수용하신다. 이제는 드려진 속죄제물을 어떻게 처리해야 하는가? 하나님은 속죄제물을 처리하는 방법도 알려주셨다. 하나님이 속죄제를 드려야 할 이유와 목적, 드리는 방법을 알려주셨고 이후에는 속죄제물을 처리하는 방법도 알려주셨다. 하나님은 시작부터 끝까지 사람에게 필요한 모든 것을 꼼꼼하게 알려주신다. 아론은 회막의 지성소에 들어갈 때 입었던 세마포 옷을 벗는다. 몸을 씻고 다시 옷을 입은 후 백성을 위하여 번제를 드린다. 속제제물의 기름을 불사르고, 아사셀 염소를 광야로 끌고 갔던 사람은 돌아와서 옷을 빨고 몸을 씻은 후에 자기 집으로 돌아갈 수 있다. 속죄제물이 된 수송아지와 염소의 가죽, 고기와 배설물을 밖으로 가지고 나가서 불살라야 한다. 불사른 사람 역시 옷을 빨고 몸을 씻은 후에 집으로 돌아갈 수 있다. 아사셀 염소와 속죄제물을 다룬 사람 모두 죄를 뒤집어쓴 제물을 만졌으므로 목욕하고 옷을 빨아 깨끗하게 한 후 집으로 돌아가야 한다. 죄에 접촉했던 것을 전염시키지 않아야 하는 의미이다.

4. 영원토록 규례를 지키라고 명하신 하나님

하나님은 백성들이 죄를 용서받고 정결하게 되기를 원한다. 제사장 한 사람, 가족, 민족공동체, 그리고 하나님의 거룩한 장소, 죄를 뒤집어쓴 제물을 만진 사람 모두가 정결해야 한다. 또 죄가 전염되면 안 된다. 하나님은 죄의 확산을 원하지 않으신다. 죄는 가만히 내버려두어도 퍼진다. 사람은 죄의 확산을 막으려고 적극적으로 노력해야 한다. 사람의 지혜로는 죄의 확산을 막을 수 없으므로 하나님의 명령에 따라야 한다. 하나님이 제시하신 방법으로 죄의 확산을 막을 수 있기 때문이다. 하나님은 이스라엘에게 속죄제의 규례를 영원토록 지키라고 명하신다. 해마다 칠월 십일이 되면 백성들이 아무 일도 하지 말아야 하는데, 본토인이나 거류민이나 모두에게 해당된다. 속죄제를 드리면 모든 백성이 하나님 앞에서 정결하게 된다. 기름 부음을 받아 제사장의 직임을 감당하는 사람은 거룩한 세마포 옷을 입고 지성소와 회막의 제단, 제사장과 백성과 회중을 위하여 속죄하여야 한다. 이스라엘 백성들은 일 년에 한 번 속죄하되 하나님이 모세에게 명하신 대로 아론이 행하여야 한다. 이는 이스라엘이 영원토록 지킬 규례이다. 칠월 십일은 대속죄일이다. 하나님은 영원토록 지킬 속죄의 규례를 아들이신 예수님에게 십자가에서 피를 흘리게 하심으로 인류에게 실현하셨다.

2025년 4월 20일, 부활 주일

성 경	마가복음 16:1-8	예전색상	흰색

예 배 의 부 름	"그리스도께서 죽은 자 가운데서 다시 살아나사 잠자는 자들의 첫 열매가 되셨도다 사망이 한 사람으로 말미암았으니 죽은 자의 부활도 한 사람으로 말미암는도다"(고전 15:20-21) 할렐루야! 구원의 주 예수 그리스도를 사망 권세를 이기고 부활케 하신 하나님 아버지! 십자가에 돌아가신 예수께서 죽음을 이기고 부활하심으로 영원한 승리를 저희에게 보여주심을 감사드립니다. 오늘의 예배를 통해서 저희의 부활 신앙이 견고하게 되어 흔들리지 않고 주님의 사역에 더욱 힘쓰며 승리하게 하옵소서. 황폐한 영혼이 부활절을 통해서 하나님의 임재를 온 심령으로 체험하는 은총을 부어주옵소서. 우리 주 예수 그리스도의 이름으로 기원하옵나이다. 아멘
회개를 위하여	우리는 주님의 부활에 대하여 듣고도 믿지를 않았습니다. 부활 신앙이 없이 세속적인 생활을 했습니다. 마귀의 유혹에 믿음을 버렸습니다. 오늘, 부활 주일에 부활하신 예수님께 말할 수 없이 부끄러운 자신을 성찰하고 부활 신앙으로 재무장하는 기도를 계속합니다.
고 백 의 기 도	할렐루야! 십자가에 못 박혀 죽은 예수님을 다시 살리신 하나님 아버지! 무엇보다도 먼저 이 시간 우리의 불신앙을 고백하나이다. 우리는 예수님께서 부활하셨다는 말씀을 듣고도 부활과 영생에 대한 믿음이 부족했음을 솔직하게 고백하오니 용서하여 주옵소서. 현재의 행복이 내 생애의 전부라고 먹고 마시고 즐기며 하루하루를 살았습니다. 잎은 마르고 꽃은 떨어지듯 죽음이 금방 찾아올 것인데, 죽음은 나와 상관이 없다고 생각하며 오늘에 집착한 삶을 불쌍히 여겨 주옵소서. 예수님께서 부활하신 날 새벽에 여인들은 주님의 무덤에 갔으나 우리는 사람들에게 부활의 복음을 전하지 않았습니다. 여인들은 예수님을 만나기 위해 죽음을 겁내지 않았지만, 우리는 죽음을 무서워했습니다. 여인들은 예수님의 몸에 바를 향을 준비했으나 우리는 주님을 위해서 아무것도 준비하지 못했습니다. 여인들은 예수님의 부활을 제자들에게 알렸으나 우리는 예수님의 부활을 전하지 않았습니다. 불충한 우리의 죄를 용서하옵소서. 부활하신 예수님의 이름으로 회개하며 기도드립니다. 아멘
사함의 확 인	"내가 잠시 너를 버렸으나 큰 긍휼로 너를 모을 것이요 내가 넘치는 진노로 내 얼굴을 네게서 잠시 가렸으나 영원한 자비로 너를 긍휼히 여기리라 네 구속자 여호와께서 말씀하셨느니라"(사 54:7-8)
성시교독	133. 부활절(1)
설교 전 찬 송	34장 (참 놀랍도다 주 크신 이름) 161장 (할렐루야 우리 예수)
설교 후 찬 송	162장 (부활하신 구세주) 167장 (즐겁도다 이 날)

금주의 성가	부활주일 새벽에 – J. Brahams 예수 다시 사셨다 – Dale Peterson 예수 부활했으니 – Dick Bolks
목 회 기 도	**할**렐루야! 죽음에서 부활하시어 승리를 확증하신 하나님 아버지! 부활하신 예수님의 승리를 기념하여 감사로 찬양하고 경배하는 부활절 예배에 거룩한 성산으로 불러 주심을 감사드립니다. 빈 무덤으로 실망하지 않고 부활을 확신하는 소망으로 어떤 시련이 와도 이겨내게 하옵소서. 예수님께서 부활하신 사실을 많은 사람에게 증언할 수 있는 용기를 주시옵소서. 만일에 우리가 부활하신 예수님을 믿지 않으면 교회를 헛다닌다는 걸 깨닫게 하시옵소서. 예수님의 부활을 믿지 않는 신앙은 알맹이가 없는 쭉정이에 불과하다는 걸 알게 하시옵소서. **예**수님의 부활로 흑암의 어두움에 밝은 세상으로 만드신 하나님 아버지! 이제 저희가 이 기쁜 소식을 전하기 위해서 일어나 부활의 감격을 모르는 사람들에게 전하게 하옵소서. 내가 가진 작은 것으로 나누고 저들의 눈물을 닦아 주고 함께 울게 하옵소서. 버림받고 상처받은 영혼들에게 부활의 기쁨을 알리면서 회복하는 소망을 갖게 하렵니다. 힘없고 약한 자들을 돕는 귀한 일에 헌신하기를 소원합니다. 오늘도 교회 여기저기에서 충성하는 성도들의 아름다운 헌신을 받아 주옵소서. 예수님의 이름으로 기도하옵나이다. 아멘
헌금을 위한 성구	"여기 무슨 먹을 것이 있느냐 하시니 이에 구운 생선 한 토막을 드리니 받으사 그 앞에서 잡수시더라"(눅 24:41-43)
헌 금 기 도	**부**활 신앙으로 헌금을 드리게 하시는 하나님 아버지! 예수님께서 부활하신 날 새벽에 예수님의 무덤을 찾아간 여인들처럼 교회에 나와 부활절 헌금을 드리게 하시니 감사드립니다. 우리가 드리는 헌금이 주님에게 기쁨이 되게 하옵소서. 부활하신 예수님에게 구운 생선 한 토막을 드린 제자들처럼 마음을 다하여 부활절 감사 예물을 봉헌합니다. 가진 자는 가진 것으로 감사하는 헌금을 봉헌하게 하시고 못 가진 자는 마음을 드리는 봉헌으로 감사하게 하옵소서. **하**나님이 약속하신 바를 믿고 십일조를 드렸습니다. 저희가 가진 모든 것이 하나님의 것임을 인정하는 심령들의 마음속에 더욱 큰 감사가 넘치게 하옵소서. 주와 언약한 작정 헌금이 있습니다. 주의 이름 들고 나간 선교사를 위해서 드리는 눈물 어린 선교 헌금이 있습니다. 바치는 손길 위에 함께 하사 반드시 복 주고 복 주며 번성케 하리라는 말씀이 저희에게도 이루어지게 하옵소서. 오늘 드리는 심정으로 부활의 능력을 만천하에 전하는 증거가 되게 하옵소서. 부활의 주인 되시는 예수 그리스도의 이름으로 축복하며 기도드립니다. 아멘
위탁의 말씀	"놀라지 말라 너희가 십자가에 못 박히신 나사렛 예수를 찾는구나 그가 살아나셨고 여기 계시지 아니하니라" 부활하신 예수님은 제자들보다 먼저 갈릴리로 가시어 제자들을 만나신 것처럼 부활의 감동을 이웃과 나누는 한 주간을 살도록 합시다.
축 도	할렐루야! 사망의 권세를 이기시고 부활하신 우리 주 예수 그리스도의 은혜와 하나님 아버지의 넓고 크신 사랑과 늘 생명의 힘을 공급하시는 성령의 역사 하심이 부활의 소망을 안고 살아가는 성도들과 가정과 그들이 경영하는 모든 일 위에 영원히 함께하시옵기를 간절히 축원하옵나이다. 아멘

오늘의 설교를 위한 복음적 조명 주제 : 부활의 기적

제목 : 부활의 증거 | 본문 : 마가복음 16:1-8

주제 : 예수님은 인류의 죄를 위하여 십자가에서 돌아가셨다. 그러나 죽음이 끝이 아니다. 예수님은 무덤에서 나오심으로 부활의 증거를 여인들에게 보이셨다. 부활하신 예수님은 제자들보다 먼저 갈릴리로 가시고, 제자들을 만나실 것이다. 여인들은 이런 과정을 모두 들었다.

논지 : 예수님은 안식 후 첫날 무덤에서 나오심으로 부활하신 증거를 보이셨다.
1. 여인들의 애 타는 마음과 예수님
2. 무덤 가운데 앉는 청년과 예수님
3. 무덤 안에서 들린 말씀과 예수님
4. 몹시 놀라 떠는 여인들과 예수님

04 20

　우리가 가진 믿음이 진리이고 소망임을 어떻게 확인할 수 있을까? 우리가 가진 믿음이 다른 종교나 이단 사이비와 다른 점은 무엇인가? 무엇을 보고 우리가 진리라고 장담할 수 있겠는가? 우리가 믿는 예수님이 우리의 구주이시고, 영원히 살아계신 분이라고 믿는데, 우리가 핍박자들 앞에서도 이 말을 할 수 있을까? 교회 역사상 수많은 사람이 순교하면서도 절대 놓지 않았던 진리가 무엇일까? 그것은 바로 예수님의 부활이다. 예수님의 부활은 학설이나 전승 혹은 전설이 아니다. 예수님의 부활은 사실이다. 우리는 예수님의 부활을 사실로 믿는다. 바울은 예수님의 부활을 믿지 않는다면 하나님 앞에서 자기가 거짓 증인으로 발견될 것이라 한다(고전 15:15). 만약 우리가 예수님의 부활을 믿지 않고 신앙생활을 한다면 우리의 신앙은 알맹이 없는 쭉정이에 불과하다. 부활은 다른 어느 종교에도 없다. 인생이 한 번 살다가 죽으면 끝이다. 천국이나 지옥을 말하며 착하게 살라고 강조를 하지만, 부활이라는 소망을 전하는 종교는 없다. 부활은 우리의 신앙고백이고, 우리 믿음의 핵심적인 내용이다. 오늘 우리는 예수님이 부활하신 사건을 증명하는 성경의 본문을 본다. 이 본문에는 실제로 일어나고 눈으로 보고 귀로 들은 사건이 기록되었다. 그러므로 예수님의 부활은 사실이다.

1. 여인들의 애 타는 마음과 예수님

　예수님이 십자가에서 돌아가셨다. 예수님이 돌아가신 날은 예비일 곧 안식일의 바로 전날이었다. 예수님이 돌아가신 후에도 안식일은 예전과 같은 분위기였을까? 예수님을 죽인 유대인들은 자기들이 승리했다고 목에 힘을 주었을 것이다. 예수님을 잃은 제자들과 신자들은 하늘이 무너질 것 같은 절망감에 사로잡혔을 것이다. 그러나 자만심도 절망도 단 며칠 만에 뒤바뀐다. 안식일이 지난 후 첫날 새벽이었다. 세 여인이 예수님의 시신에 향료를 바르려고 무덤을 찾아간다. 여인들은 예수님의 시신에 바르려고 미리 향품을 준비해두었다. 아마도 안식일의 전날 준비해두었을지 모른다. 그리고 안식일이 지난 후 첫날 새벽에 예수님의 무덤을 향해 달려간다. 문제는 향품을 바르려고 해도 무덤의 문을 열 수 없다는 것이다. 여인들 셋이 힘을 합해도 무덤을 가로막은 돌문을 열 수 없을 것이다. 여인들은 해 돋을 무렵 무덤을 향해 가면서도 애타는 마음이 있다. 향품을 발라야 할 터인데, 누가 무덤 문을 열어줄 수 있을까를 걱정한다. 여인들의 애타는 마음이 매우 안타깝다. 그러나 무덤을 가로막던 돌이 굴려있을 거라는 생각을 했다면 애가 탈 리가 없다. 여인들은 예수님의 부활하실 것이라는 예언을 기억하지 못하는 것 같다. 무엇인가 애가 탄다고 해서 그것이 믿음이 아님을 알고 있는가?

2. 무덤 가운데 앉는 청년과 예수님

여인들이 무덤에 도착하였다. 그런데 여인들 앞에 놀라운 광경이 벌어졌다. 무덤을 가로막은 돌이 굴려져 있는데, 그 돌이 매우 컸다. 사람의 힘으로는 여간해서 열 수 있는 크기가 아니다. 그러면 예수님이 무덤에 안치되었을 때 어떻게 무거운 돌로 무덤을 막을 수 있었을까 그때는 군인들 여럿이 명령을 받아서 돌문을 닫는 작업을 했을 것이다. 지렛대 같은 도구도 사용했을 것이다. 그러나 무덤 문을 여는 것은 누군가 명령해야 하는데 명령의 분위기가 아니다. 예수님의 무덤에 얼씬거리는 것조차 막을 분위기이다. 이런 환경에서 누가 무덤 문을 열어주겠는가? 그러나 무덤의 문을 여는 분이 계시다. 하나님이 아들 예수님을 부활시키시고 천사를 시켜서 무덤의 문을 여셨다. 여인들이 문이 열린 무덤 안으로 들어갔다. 무덤 안에는 흰옷을 입은 찬 청년이 오른편에 앉아있다. 여인들이 보고 놀랐다. 청년을 보건대 예수님은 아니다. 그러면 대체 누구란 말인가? 하나님은 무덤을 찾은 여인들에게 부활의 소식을 전하게 하시려고 무덤 안에 한 청년을 놓으셨다. 마태복음에 의하면 주의 천사가 무덤에서 굴려낸 돌 위에 앉아있다. 이로 보건대 무덤 안에 주의 천사가 앉아있다. 주의 천사는 찬란하고 흰옷을 입었으며 여인들에게 예수님의 부활 소식을 전하려고 기다리고 있었다.

3. 무덤 안에서 들린 말씀과 예수님

여인들은 무덤이 열리고 청년이 앉아있는 것을 보고 소스라치게 놀랐다. 말이 놀란 것이지 몸이 거반 굳고 입이 얼어붙을 것이다. 어안이 벙벙하여 무엇을 보았는지 분간이 안 되고 혼란스러울 것이다. 예상치 못한 놀라운 일을 보면 누구든지 이렇게 될 수 있다. 무섭고 절망적인 일을 보아도 그럴 것이고, 매우 희망적인 일을 만나도 그럴 수 있다. 여인들이 본 것은 매우 희망적인 일이다. 그러나 당장에는 희망적이라고 생각하지 않는다. 무덤에 있던 예수님이 어디로 갔는지만 궁금하고, 예수님을 잃어버렸다는 절망감만 들 것이다. 부활의 소식을 듣기 전에는 누구나 이처럼 절망적일 수 있다. 그러나 부활의 소식은 절망을 단숨에 소망으로 바꾼다. 무덤 안의 청년이 여인들에게 말한다. 6절과 7절의 말씀이다. "놀라지 말라 너희가 십자가에 못 박히신 나사렛 예수를 찾는구나 그가 살아나셨고 여기 계시지 아니하니라 보라 그를 두었던 곳이니라 가서 그의 제자들과 베드로에게 이르기를 예수께서 너희보다 먼저 갈릴리로 가시나니 전에 너희에게 말씀하신 대로 너희가 거기서 뵈오리라 하라" 무덤 안에서는 예수님의 부활 소식이 들린다. 예수님이 말씀하시던 대로 살아나시고, 또 말씀하시던 대로 제자들을 만날 것이라는 소리가 들린다. 부활의 사실과 희망을 전하는 소리이다.

4. 몹시 놀라 떠는 여인들과 예수님

여인들이 무덤 안에서 나오는 소리를 듣기는 했지만 그 소리가 바로 희망의 소리로 인식되지 않았다. 사람이 놀라고, 처음 보는 일을 접하면 아무리 좋은 소식이라고 희망의 소리로 인지되지 않는다. 오히려 두려워하고 무서워서 떨다가 급하게 발걸음을 옮겨 도망할 것이다. 예수님의 부활 소식은 쉽게 믿어지지 않는 진리와 희망의 소식이다. 사람의 이성으로 안 믿어지고, 무서운 감정에 사로잡혀서도 안 믿어진다. 그런데도 나중에 생각해보면 부활은 반드시 믿어야 할 내용이다. 사람의 이성과 감정으로 믿어지지 않는 내용을 믿게 된다는 것이 사실은 하나님의 은혜이고 성령의 감동이다. 하나님의 은혜와 성령의 감동이 밀물처럼 밀려들어도 우리는 은혜를 다 받아들이고 누리기 힘들다. 우리의 생각이 짧기 때문이다. 그러나 예수님은 생각이 짧고 두려워한다고 해서 버리시지 않는다. 믿음이 없음을 책망하실 수는 있어도 끝까지 붙들어주시고 우리에게 믿음을 허락하신다. 여인들은 무서워 도망해도 나중에 예수님을 만났다. 예수님으로부터 위로의 말씀을 듣고 예수님의 부활을 눈으로 확인할 수 있었다. 예수님은 당신의 부활을 믿게 하시려고 우리에게 찾아오신다. 그리고 말씀하시며 우리에게 부활을 확인해주신다. 오늘 우리를 찾아와 부활을 확인해주시는 예수님을 만나자.

성 경	사도행전 5:33-43	예전색상	흰색

예배의 부름	"이스라엘아 들으라 우리 하나님 여호와는 오직 유일한 여호와이시니 너는 마음을 다하고 뜻을 다하고 힘을 다하여 네 하나님 여호와를 사랑하라"(신 6:4-5) 마음을 다하고 뜻을 다하고 힘을 다하여 믿음 생활을 하게 하시는 하나님 아버지! 절망뿐인 세상에서 참된 소망이 되어 주시고 삶의 목적이 되어 주심을 감사드립니다. 오늘도 예배 가운데 임재하신 성령의 은혜로 새 힘과 새 소망을 얻고 마음에 간직한 저마다의 소원들이 이루어지게 하옵소서. 저희 속사람이 날마다 새롭게 갱신되어 죽음을 이기고 부활하신 예수 그리스도를 전하는 복음 전도자로 살게 하옵소서. 우리 주 예수 그리스도의 이름으로 기원하옵나이다. 아멘

04
27

회개를 위하여	우리는 하나님의 무한한 사랑으로 구원을 받았다고 말하면서도 하나님을 사랑하지 못했습니다. 예수님을 믿고 구원을 받았으면서도 다른 사람에게 복음을 전도하지 못했습니다. 이러한 불신앙과 죄를 뉘우치고 회개하는 기도를 드리겠습니다.

고백의 기도	독생자 예수 그리스도를 우리에게 주시기까지 사랑이 많으신 하나님 아버지! 예수님께서 "네 마음을 다하고 목숨을 다하고 뜻을 다하여 주 너의 하나님을 사랑하라"(마 22:37)라고 말씀하셨지만, 우리는 마음을 다하고 목숨을 다하고 뜻을 다하여 하나님을 사랑하지 않은 죄를 용서하여 주옵소서. "네 이웃을 네 자신 같이 사랑하라"(마 22:39)라고 말씀하셨으나 우리는 이웃이나 형제자매를 우리 자신 같이 사랑하지 않은 허물을 고백합니다. 사도 바울을 비롯하여 예수님의 제자들은 목숨을 걸고 순교하며 예수님의 복음을 전도했으나, 우리는 욕심을 채우기 위해서 그렇게 동분서주하면서도 복음을 전도하지 않은 허물을 용서하여 주옵소서. 예수님께서 "모든 민족을 제자로 삼아 아버지와 아들과 성령의 이름으로 세례를 베풀고"(마 28:19)라는 말씀을 실천하지 못했습니다. 저희의 연약함으로 인하여 다시금 주님 앞에 범죄한 몸이 되지 않고 결심한 것을 실천하게 하옵소서. 예수님의 이름으로 회개하며 기도드립니다. 아멘

사함의 확인	"내게 대한 어떤 자의 말에 공의와 힘은 여호와께만 있나니 사람들이 그에게로 나아갈 것이라 무릇 그에게 노하는 자는 부끄러움을 당하리라 그러나 이스라엘 자손은 다 여호와로 말미암아 의롭다 함을 얻고 자랑하리라 하느니라"(사 45:24-25)

성시교독	134. 부활절(2)

설교 전 찬 송	35장 (큰 영화로신 주) 520장 (듣는 사람마다 복음 전하여)

설교 후 찬 송	518장 (기쁜 소리 들리니) 517장 (가난한 자 돌봐주며)

금주의 성 가	그리스도 주 오늘 사셨네 – Arr. by Buryl Red 알렐루야 호산나 – Jack Litten 무덤에서 나오신 분 – Jim Ailor
목 회 기 도	언제 어디서나 항상 깨어서 역사하시는 하나님 아버지! 하나님은 우주 만물을 창조하셨고 지금도 살아계셔서 인간의 생사화복과 국가의 흥망성쇠를 주관하심을 감사드립니다. 우리가 예수님의 복음을 전도하기 위해 거리로 나갈 때 누구에게 전도할지 모를지라도 하나님께서 만날 사람을 미리 준비하셨다가 그에게 복음을 전도하게 하옵소서. 말주변이 좋지 않아서 능숙하게 전도하지 못해도 하나님께서 성령으로 역사하여 그 사람이 예수님을 믿도록 인도하여 주옵소서. 고난 중에도 승리에 대한 믿음으로 살게 하시는 하나님 아버지! 힘들고 고통속에 있더라도 말씀 안에서 기도 안에서 찬양 안에서 넉넉히 이기는 힘을 얻게 하옵소서. 교회에 속한 기관들이 오직 복음만을 위해서 땀을 흘리게 하옵소서. 기도를 앞세워 가게 하옵소서. 육신의 질병을 안고 기도하는 성도에게 신유의 능력을 갖춘 주님의 말씀을 들을 때 치유되는 시간이 되게 하여 주옵소서. 기업의 흥망성쇠도 오직 주님의 장중에 붙들림 되어 있다는 것을 깨닫고 먼저 하나님의 거룩한 뜻이 무엇인가를 아는 믿음을 주옵소서. 예수님의 이름으로 기도드립니다. 아멘
헌금을 위 한 성 구	"하늘이여 위로부터 공의를 뿌리며 구름이여 의를 부을지어다 땅이여 열려서 구원을 싹트게 하고 공의도 함께 움돋게 할지어다 나 여호와가 이 일을 창조하였느니라" (사 45:8)
헌 금 기 도	하늘과 땅에서 공의로 구원의 씨를 뿌리시는 하나님 아버지! 씨가 싹이 터서 자라 꽃이 피고 열매를 맺는 것처럼 우리가 하나님의 창조와 섭리로 일터에서 노력한 결과 돈을 벌어서 생활하게 하심을 감사드립니다. 저희의 소득은 순전히 하나님의 은혜와 축복이오니 아낌없이 하나님께 헌금을 드리게 하시고, 가진 물질도 하나님의 영광을 위하여 지혜롭게 지출하게 하옵소서. 특히 예수님의 복음을 전도하기 위해서 돈을 아끼지 말게 하시고 온 마음과 뜻과 정성을 다하여 땅끝까지 복음을 전하는 데 이 헌금이 사용되게 하시옵소서. 십일조 헌금으로 하나님의 나라와 복음 전도를 위하여 일할 때 기업의 그물이 찢어지지 않게 하시고 때마다 부활하신 예수님께서 153마리의 물고기의 기적이 축복으로 나타나게 하시옵소서. 범사에 감사한 감사 헌금과 생일 헌금과 선교 헌금과 소원 헌금과 건축 헌금들이 복음 전도와 하나님의 뜻과 영광을 위하여 사용되게 하시옵소서. 이 헌금을 하나님께서 기뻐 받으시는 예물이 되게 하시옵소서. 예물을 드리는 성도에게 하늘의 신령한 복과 땅의 기름진 복으로 채워주시옵소서. 우리 주 예수 그리스도의 이름으로 축복하며 기도드립니다. 아멘
위탁의 말 씀	"그들이 날마다 성전에 있든지 집에 있든지 예수는 그리스도라고 가르치기와 전도하기를 그치지 아니하니라" 제자들이 비록 핍박과 훼방을 받았어도 신비한 방법으로 전도를 도우신 것처럼 우리도 전도할 마음만 먹으면 도와주심을 믿고 전도할 대상을 찾아 발걸음을 옮기는 한 주간을 살도록 합시다.
축 도	지금은 부활의 주체가 되시는 예수 그리스도의 은혜와 부활의 소망이 되시는 하나님의 사랑과 부활의 확신을 주시는 성령님의 교통하심이 반목과 질시, 절망과 좌절 가운데 살아가는 불쌍한 영혼들에게 부활의 참된 증인 되어 살고자 마음 깊이 결단하며 세상을 향해 나가는 여기에 모인 부활의 증인들에게 지금부터 영원토록 함께하시기를 간절히 축원하옵나이다. 아멘

오늘의 설교를 위한 복음적 조명 주제 : 증언하는 삶

제목 : 전도하는 생활에는? | 본문 : 사도행전 5:33-43

주제 : 하나님은 예수님의 제자들이 전도하는 과정에 신비한 방법으로 도우셨다. 제자들이 비록 핍박과 훼방을 받았어도 하나님은 유대인들로부터 존경받는 사람의 합리적이고 개연성 있는 말을 통해 핍박이 중단되게 하셨다. 하나님이 전도를 이어가게 하시는 방법이다.

논지 : 하나님은 전도의 훼방과 핍박을 받는 사도들을 신비한 방법으로 구하신다.
1. 개연성을 말하게 하신 하나님
2. 사례를 기억하게 하신 하나님
3. 급한 상황을 무마하신 하나님
4. 전도를 이어가게 하신 하나님

우리가 신앙생활을 하면서 우연인지 행운인지 신기하게 문제가 해결되고 어려움이 멈추는 경우가 있다. 어려움을 당하면서 해결하려는 노력도 안 했고, 노력한다고 해도 해결될 기미가 없는 일이었는데 갑자기 문제가 조용해졌다. 심지어는 어려움 중에 힘들다고 하나님께 도와달라고 기도한 적도 없는데 말이다. 사실 우리가 아무 일도 안 한다고 해도 하나님도 아무 일을 안 하시는 것은 아니다. 우리가 어려움을 당할 때 하나님은 우리의 상황을 보고 계신다. 사도들이 핍박을 받을 때였다. 성령을 받은 사도들이 열정적으로 복음을 전하는데, 기득권자들은 사도들을 향해 분노하고 사도들을 죽이려 하였다. 상황이 이대로 진행되다가는 사도들이 기득권자들에 의해 죽을 수도 있다. 지금은 하나님이 긴급하게 개입하셔야 하는 시기이다. 그런데 하나님은 긴급하게 개입하심처럼 보이지 않게 개입하셨다. 우연인 것처럼 보이게 하시고, 사도들에게는 행운처럼 보이게 하셨다. 하나님은 매우 신비한 방법으로 사랑의 일에 개입하신다. 신앙인들이 쉽게 경험할 수 있다. 그래서 신앙인들은 어려움을 당해도 너무 걱정하거나 염려하지 말아야 한다. 하나님은 조금이라도 합리적인 사람, 나름대로 권위를 가진 사람을 사용하시고, 사람들에게 순응하게 하심으로 문제를 해결하신다.

1. 개연성을 말하게 하신 하나님

사도들이 복음을 전하다가 권력자들에 의해 감옥에 갇혔다. 그런데 주님의 사자가 사도들을 구하셨다. 하나님이 사도들을 구하는 일이 신비한 방법으로 직접 개입하셨다. 이후에 사도들은 여전히 성전에서 사람들에게 복음을 전한다. 한번 체포된 적이 있었으면 두려워서 복음전파를 중단할 만도 한데, 사도들은 전혀 아랑곳하지 않는다. 오히려 사도들을 향해 예수의 이름으로 말하지 말라는 엄포를 왜 안 듣느냐고 압박을 가한다. 사도들은 하나님의 말씀을 듣는 일이 마땅하다고 한다. 하나님의 뜻을 생각한다면 상황이 어려워도 극복하려는 의지를 갖는다. 사도들의 말을 들은 대제사장이 분노하여 사도들을 죽이려고 한다. 이때 바리새인이고 율법교사인 가말리엘이 나서서 말린다. 사도들을 공회에서 잠시 내보낸 뒤에 어떤 행동을 하라고 조심하라고 말한다. 만약 예수의 제자들이 잘못하는 것이라면 스스로 소멸하리라 생각하기 때문이다. 혹시라도 하나님이 뜻하신 바가 있어서 예수의 제자들을 세웠다면 바리새인들의 행동이 하나님을 거스르는 일이 되기 때문이다. 하나님의 뜻을 정확하게 확인도 하지 않은 채 감정과 욕망 때문에 성급하게 결정하는 일은 잘못된 개연성을 갖고 있다. 하나님은 신중하게 생각하는 사람들을 사용하여 감정과 욕망에 의한 결정을 막으신다.

2. 사례를 기억하게 하신 하나님

율법교사 가말리엘은 대제사장들에게 과거의 사례 하나를 상기시킨다. 과거에 '드다'라는 사람이 나타나 자기를 선전하고 다녔는데 약 사백 명 정도가 따라다녔다. '드다'가 죽었을 때 따르던 모든 사람이 흩어졌다. '드다'만 그랬던 것은 아니다. '유다'라는 사람도 있었다. 유대인들 모두에게 호적을 시행할 때 '유다'라는 사람이 백성들을 꾀어서 자기를 따르게 했다. 그런데 '유다'가 망하고 '유다'를 따르던 모든 사람이 흩어졌다. 이런 사례로 보아 과거에도 사람들을 미혹하는 이단자들이나 자기를 높이고 사람을 유혹하는 경우가 있었던 것 같다. 지금도 자기 욕망을 채우려고 자기를 앞세우고 이상한 논리를 만들어 혹세무민하는 경우가 많다. 혹세무민을 막을 수는 없지만 넘어가지 않도록 경계할 수는 있다. 바른 신앙을 가진 교회들이 경각심을 가져야 할 일이다. 교회들이 바른 신앙을 지키지 못하면 이단자들의 미혹이 심해진다. 그런데도 여전히 이단자들이 많아지고 미혹하는 방법도 교묘해진다. 이단자들이 사회를 혼란스럽게 하고 사람을 피폐하게 했던 사례를 이야기해도 듣지 않는 사람이 있다. 그런데 이런 사례가 핍박을 받는 사도들을 구하는 데 사용되었다니 아이러니하다. 하나님은 사람들에게 과거의 사례를 기억시키시고 바르게 적용하는 지혜를 주기도 하신다.

3. 급한 상황을 무마하신 하나님

율법교사 가말리엘이 '드다'와 '유다'의 사례를 이야기한 후 사도들을 내버려 두자고 제안한다. 만약 사도들이 하는 일이 사람들로부터 나왔다면 결국 무너질 것이다. 언제 무너지느냐가 관건일 뿐, 반드시 무너진다. 율법교사 가말리엘은 결국은 무너질 사람의 일에 괜히 나서서 깨끗한 손을 더럽히지 말자는 의도로 말한다. 하지만 하나님이 뜻하신 바가 있어서 사도들이 말하는 것이라면 사람이 압박을 가한다고 해서 멈춰지지 않을 것이다. 가말리엘은 혹시 하나님이 하신 일에 대제사장이 끼어들면 그 자체가 하나님을 대적하는 일이 된다. 가말리엘이 하나님의 뜻을 깊이 생각한 것 같지는 않다. 가말리엘은 대제사장들에게 귀찮게 손을 더럽히지 말고 자연스럽게 해결될 일에 피곤하게 끼어들지 말자는 의도로 말한다. 그러나 하나님이 가말리엘에게 말하게 하신 의도가 있으시다. 하나님이 사도들을 보호하시고 위급한 상황에서 해결하시고자 가말리엘을 사용하신다. 하나님은 사람의 욕망과 방관을 역이용하심으로 사도들을 보호하신다. 대제사장들은 가말리엘의 말이 합당하다고 생각하여 사도들에게 채찍질을 한 후 예수님 이름으로 말하지 말라는 엄포를 놓고 그대로 풀어준다. 사도들이 죽음의 위기를 넘겼다. 하나님은 사람이 생각할 수 없는 신기한 방법으로 사람을 보호하신다.

4. 전도를 이어가게 하신 하나님

사도들이 채찍질을 당했다. 말이 채찍질이지, 당하는 사람은 매우 고통스러웠을 것이다. 그런데 당하는 사람들의 생각은 고통을 당연하다고 여긴다. 세상에 고통을 당연하게 여기는 사람이 있다니 참으로 신비한 일이다. 예수님의 은혜를 받고, 성령의 능력을 경험하면 보통 사람들이 생각하는 것과는 전혀 다르게 생각한다. 사도들은 채찍질을 당할 뿐 아니라, 능욕까지 받았다. 능욕에는 조롱과 모욕이 동반된다. 사도들은 능욕을 받는 일을 당연하게 여겼다. 성령이 사도들의 생각과 신념을 바꾸어 놓으셨다. 예수님을 믿으면 이렇게 특별한 사람이 된다. 특별한 사람으로 사는 과정에 어려운 일도 당한다. 그러나 세상에서 소위 말해 성공했다는 사람 중에 고통을 겪지 않은 사람이 없다. 고통을 어떻게 대하고 얼마나 잘 감내해내느냐에 따라 성공의 정도가 좌우된다. 사도들은 능욕을 당해도 기쁘다. 그들 안에 예수님이 계시기 때문이다. 사도들이 공회를 떠난 후 날마다 성전에 있든지 집에 있든지 예수님을 그리스도라고 가르치고 전도하는 일을 계속한다. 예수님은 사도들에게 어려운 상황에 대처하는 방법을 바꾸게 하심으로 복음의 일을 지속하신다. 예수님은 사람의 일반적인 욕망과 의견을 역이용하시거나, 상상할 수 없는 생각하게 하심으로 우리의 전도 생활을 이끄신다.

5월의 예배와 설교를 위하여

일	요일		본문	설교제목	기타 (예화, 참고자료)
4	주일	낮			
		밤			
7	수				
11	주일	낮			
		밤			
14	수				
18	주일	낮			
		밤			
21	수				
25	주일	낮			
		밤			
28	수				

성 경	마태복음 18:1-10	예전색상	흰색

예 배 의 부 름	"실로 내가 내 영혼으로 고요하고 평온하게 하기를 젖 뗀 아이가 그의 어머니 품에 있음 같게 하였나니 내 영혼이 젖 뗀 아이와 같도다"(시 131:2)
	어린이를 존중하기를 바라시는 하나님 아버지! 오늘 어린이 주일에 어린아이의 마음으로 하나님께 예배드리게 하심을 감사드립니다. 우리에게 어린아이와 같이 순결한 마음을 주시고, 영혼을 위한 순전하고 신령한 하늘 양식을 사모하게 하시옵소서. 병으로 고통을 겪는 어린이를 치유하시고, 우리 주변에 있는 소년·소녀 가장을 돌보려는 마음을 실천에 옮기는 아름다운 발걸음이 되게 하옵소서. 우리 주 예수 그리스도의 이름으로 기원하옵나이다. 아멘
회개를 위하여	어린아이 같이 자기를 낮추는 자가 천국에서 큰 자라고 하신 말씀처럼 겸손하게 섬기는 사람인가? 섬김을 받고 사는 편인가? 특히 어린 자녀를 위해서 눈물로 기도하는 부모인가? 내 믿음이 하늘 복의 통로가 되기에 부족함이 없는지를 성찰하고 회개하는 기도를 계속합니다.
고 백 의 기 도	**돌**이켜 어린아이와 같지 아니하면 천국에 들어가지 못하리라고 말씀하신 하나님 아버지! 우리가 하나님의 말씀을 잘 알고 있으면서도 그동안 어린이처럼 순진하게 믿음 생활을 하지 못한 것을 고백합니다. 스스로 높아지려고 하고 다른 사람을 끌어내리고 비난하고 헐뜯는 죄를 고백합니다. 용서하여 주옵소서. 다른 사람에게 지지 않으려고 터무니없이 욕하고 깎아내리고 시기하고 질투했습니다. 어린이처럼 깨끗하고 순진한 마음을 갖지 못했기 때문인 것을 용서하여 주옵소서.
	지금부터라도 어린이의 생각을 무시하고 강압적으로 명령하는 버릇을 고쳐 보겠습니다. 가정에서 자녀들에게 자상하지 못했고, 교회에서 어린이처럼 순진한 성도를 사랑하지 않은 교만을 버리겠습니다. 어느 시인은 '어린이는 어른의 아버지'라고 했는데 우리는 어린이에게 배우려고 하지 않은 허물을 벗어버리겠습니다. 자비하신 하나님, 진심으로 회개하오니 우리의 교만하고 못된 마음을 용서하여 주시옵소서. 예수님의 이름으로 회개하며 기도드립니다. 아멘
사함의 확 인	"예수께서 이르시되 나도 너를 정죄하지 아니하노니 가서 다시는 죄를 범하지 말라 하시니라"(요 8:11)
성시교독	96. 어린이주일
설교 전 찬 송	36장 (주 예수 이름 높이어) 565장 (예수께로 가면)
설교 후 찬 송	562장 (예루살렘 아이들) 570장 (주는 나를 기르시는 목자)

05 04

금주의 성 가	어머님의 성경책 – Roger Warner 푯대를 향하여 – John W. Peterson 하늘나라 어린이 나라 – 황의구
목 회 기 도	**겸**손하게 어린아이를 존중하기를 바라시는 하나님 아버지! 우리가 비록 부모일지라도 어린 자식을 존중하고 높일 수 있는 마음 주심을 감사드립니다. 어린아이가 아직 사리 판단이 미숙하고 더딜지라도 일단 어린이의 생각을 이해하고 존중할 수 있는 아량을 주시옵소서. 어린 지식의 생각을 우격다짐으로 무시하지 않고 용납하며 찬찬히 세상의 이치와 성경의 말씀으로 가르치게 하옵소서. 무엇보다도 어린이 앞에서 어른이라고 높임을 받고자 하지 말게 하시고 더욱 낮아져서 겸손의 미덕을 보여서 예수님의 자세와 정신을 가르치게 하시옵소서. **가**정마다 섬김받을 예수인 자녀를 주신 하나님 아버지! 우리가 세상에서 자기를 어린이처럼 낮출 때 무시당할지라도 겁내지 말게 하시고 긍휼과 자비의 마음으로 어린아이의 마음을 보일 때 예수님의 겸손과 사랑을 공유할 수 있게 하시옵소서. 예수님께서 어린아이 하나를 실족하게 하거나 상처를 주면 화가 있을 것이라고 말씀하셨으니, 우리는 어떤 이유로도 어린아이를 실족하게 하지 않고 상처를 주지 않도록 하시옵소서. 어린 자식들에게 하나님 말씀과 기도와 찬송을 가르치는 영성 있는 부모가 되게 하옵소서. 예수님의 이름으로 기도합니다. 아멘
헌금을 위한 성 구	"주신 이도 여호와시요 거두신 이도 여호와시오니 여호와의 이름이 찬송을 받으실지니이다"(욥 1:21)
헌 금 기 도	**주**시기도 하시고 거두시기도 하시는 하나님 아버지! 오늘 어린이날 한 어린이가 보리 떡 5개와 물고기 2마리를 예수님께 드려 많은 사람을 배부르게 한 사실을 기억하면서 헌금하게 하심을 감사드립니다. 우리가 세상을 살면서 욕심을 부리지 않게 하시고 만일 욥처럼 모든 소유를 잃을지라도 하나님을 원망하거나 불신앙에 빠지지 않도록 하시옵소서. 우리에게 주신 하나님께서 거두실 때 오히려 감사하는 성도가 되게 하시옵소서. **십**일조 예물과 선교 예물을 드립니다. 감사하는 예물이 있습니다. 구역(속회) 모임에서 드리는 예물과 교회 학교 학생들이 드리는 작은 정성도 있습니다. 성미도 있습니다. 아름다운 교회 강단을 꾸민 손길과 교회 이곳저곳에서 알게 모르게 봉사하는 심령들의 수고가 향기로운 예물처럼 받아 주시옵소서. 오늘 드려진 예물이 쓰이는 곳마다 하나님의 나라가 확장되는 감격이 있게 하여 주옵소서. 물질이 없어 고통당하는 분들과 부모를 잃고 소년 소녀 가장이 되어서 생활의 어려움을 겪는 영혼들을 기억하시고 하늘 은혜와 물질 축복이 이슬처럼 가정과 영혼에 넘치게 하여 주옵소서. 우리 주 예수님의 이름으로 기도합니다. 아멘
위탁의 말 씀	"진실로 너희에게 이르노니 너희가 돌이켜 어린 아이들과 같이 되지 아니하면 결단코 천국에 들어가지 못하리라" 예수님은 어린이를 세우시고 천국에서 크다고 말씀하신 것처럼 우리도 언제 어디서나 어린이를 작은 예수로 대하는 삶을 살 마음을 가져야 합니다.
축 도	지금은 어린이를 사랑하시는 우리 구주 예수 그리스도의 무한하신 사랑과 어린아이를 양육케 하시기 위하여 저희에게 선물로 주신 하나님 아버지의 지극하신 사랑하심과 바른길로 인도하시는 성령의 인도하심이 교회에 속한 어린 영혼들과 그들을 양육하는 부모들과 교회 학교 위에 이제로부터 영원토록 함께 계시기를 축원하옵나이다. 아멘

오늘의 설교를 위한 복음적 조명 주제 : 어린이 존중

제목 : 어린이를 존중하기 ㅣ 본문 : 마태복음 18:1-10

주제 : 예수님은 사람들의 일반적인 생각과는 다르시다. 사람들은 약한 사람을 무시하지만, 예수님은 약한 사람을 존중하라 하셨다. 예수님은 어린이를 세우시고 천국에서 크다 말씀하셨다. 그리고 작은 자를 실족시킬 경우를 강하게 경계하시며 반대로 존중하라 하셨다.

논지 : 예수님은 어린이를 세워 존중의 원리를 가르치셨다.
1. 어린이를 세워 말씀하신 예수님
2. 영접의 원리를 말씀하신 예수님
3. 실족을 강하게 경계하신 예수님
4. 어린이를 존중하라 하신 예수님

10여 년 전에 어린이를 양육하는 문제로 고민하는 부모의 이야기를 방송에서 다룬 적이 있었다. 부모의 말에 거역하는 정도가 아니라, 떼를 쓰면서 자기 요구를 들어줄 때까지 부모를 괴롭게 하는 아이들이 있었다. 전문가들의 솔루션이 거의 비슷하다. 부모에게 아이를 존중하는 표시를 보여주라는 것이다. 부모가 아이의 말을 무조건 거절한다든지 반대로 아이의 말이라면 무조건 들어주고 어떤 행동이든지 허용하면 아이가 버릇없이 행동한다. 아이의 말을 무조건 거절하는 것이나 무조건 허용하는 것이나 아이를 존중하지 않는 것은 똑같다. 나타난 현상만 다를 뿐이지, 원인이 똑같다. 어떤 이들은 아이를 허용하는 것을 존중으로 생각하기도 한다. 그러나 존중이 아니다. 아이를 존중한다면 아이가 옳고 그름을 분별하고 자기를 절제하며, 부모와 어른들에게 예의를 갖추어 행동하도록 이끌어야 한다. 물론 아이가 자기 주관성을 갖추어야 한다. 아이에게 생각하게 하고, 생각한 바를 차분하게 이야기하도록 훈련시키고 기회를 주는 것이 아이를 존중하는 일이다. 무조건 허용은 아이에게 의견 개진의 기회마저도 박탈하는 것이므로 결코 존중되지 못한다. 아이에게 무조건 거절하는 것은 아이를 약하다고 무시하는 것이며, 반대로 무조건 허용은 자기를 아이의 노예로 만들고 만다.

1. 어린이를 세워 말씀하신 예수님

예수님을 따르는 제자들은 예수님 덕에 잘나고 성공하는 사람이 되기를 원한다. 제자들이 예수님께 천국에서 누가 크냐고 묻는 것을 보아 그렇다. 큰 사람은 존중받는 것이 일반적이니 제자들도 존중받고 싶은 모양이다. 제자들의 질문에 예수님은 어린아이 하나를 불러서 제자들 가운데 세우고 말씀하셨다. "너희가 돌이켜 어린아이와 같이 되지 아니하면 결단코 천국에 들어가지 못하리라"(3절) 천국에서 누가 크냐는 질문에 예수님은 오히려 어린아이, 즉 작은 사람을 예로 들으셨다. 예수님은 큰 사람을 묻는 질문에 작은 사람으로 대답하셨다. 또 누구를 짚을 때, 일단 천국에 들어가야 하는 것부터 말씀하셨다. 천국에서 크든 작든 천국에 들어가지 못한 사람에게는 아무런 의미가 없다. 예수님은 대답에서 제자들에게 천국에 들어갈 사람인지를 돌아보라는 암시를 주시는 것 같다. 예수님이 이어서 대답하신다. "누구든지 이 어린아이와 같이 자기를 낮추는 사람이 천국에서 큰 자니라"(4절) 예수님은 세상의 질서와 천국의 질서가 전혀 다름을 말씀하신다. 천국에서 크고자 해도 원하는 대로 되지 않는다. 어린아이처럼 본능적이고 자연스럽게 자기를 낮추는 사람이 천국에서 큰 자이다. 천국에서 큰 존재를 궁금해하기보다 세상에서 자기를 낮추는 것이 더 중요하다는 말씀이다.

2. 영접의 원리를 말씀하신 예수님

사람들은 자기를 낮추는 사람을 무시하는 경향이 있다. 그래서 사람들에게 무시를 당하지 않으려고 일부러 자기를 높이고, 자기의 강함을 뻐기려 하고 지식을 자랑하는 사람이 있다. 그런데 인격을 갖춘 사람은 약한 사람을 긍휼히 여기고 배려한다. 신앙을 가졌다 해도 약한 사람을 무시하고 도외시한다면 인격적으로 문제가 있다고 보아야 한다. 예수님은 당신의 이름으로 어린아이를 영접하면 곧 예수님을 영접하는 것이라고 말씀하신다. 예수님이 자기를 낮추는 약한 사람을 영접하시는 분이시다. 우리가 예수님의 성품을 본받으려 한다면 당연히 약한 사람을 수용해야 한다. 수용뿐만 아니라 존중도 해 주어야 한다. 약한 사람을 존중하는 것이 사회를 공정하게 가꾸는 일이기 때문이다. 예수님은 작은 자 하나라도 실족하게 한다면 차라리 연자 맷돌을 목에 달고 바다에 빠지는 것이 낫다고 말씀하신다. 어린아이를 존중하지 않는 것은 자기의 목숨을 가볍게 여기는 것과도 같다. 다른 이의 목숨과 인격이 내 목숨과 인격처럼 소중하다. 누구든지 기본적인 권리의 소중함에서 차별받으면 안 된다. 만약 다른 이의 인격을 존중하지 않는다면 나의 인격 역시 존중받지 못할 수 있다. 특히나 약한 이의 인격을 존중한다면 그것은 예수님이 기뻐하시는 일이다. 예수님이 존중받기 때문이다.

3. 실족을 강하게 경계하신 예수님

약한 사람의 마음에 상처를 주는 일이 세상에 너무 많다. 예수님은 당신을 믿는 작은 사람 하나라도 실족시키는 일을 경계하신다. 교회에 출석한 어린아이 하나라도 마음에 아픔을 주면 안 된다. 어린이들은 하나님 나라의 미래와 교회의 미래를 책임진 존재들이기 때문이다. 만약 작은 자를 실족시키는 일이 있다면 세상에 화가 있을 것이다. 작은 자라 할지라도 세상의 일원이다. 세상의 일원 한 사람의 마음에 상처를 남기면 세상 전체에 상처를 입는 것이나 마찬가지이다. 살다 보면 사람이나 어린아이를 실족시키는 일이 생길 수 있다. 그러나 실족시키는 그 사람에게는 화가 있을 것이다. 예수님은 사람을 실족시키는 일을 강하게 경계하신다. 실족시키는 일이 곧 실족하게 하는 사람 본인에게도 피해를 주는 일임을 강조하신다. 이 땅에서 힘을 가졌다고 자기보다 약한 사람의 자존심을 무너뜨리는 일이 많다. 가정에서 아이들의 자존심을 무너뜨리는 일도 한다. 아이의 자존심을 세운다고 하다가 아이의 인격을 무너뜨리기도 한다. 인격을 무너뜨리는 일 역시 실족하게 하는 일이다. 가정 밖으로 나간 아이가 다른 이를 존중하지 않다가 사회로부터 손가락질을 당하게 된다. 예수님은 죄를 범하는 신체 기관을 잘라내고 장애가 있는 채 천국에 들어가는 것이 훨씬 더 낫다고 하신다.

4. 어린이를 존중하라 하신 예수님

예수님은 실족시키는 사람에게 화가 있고, 실족시키는 사람은 신체 기관의 멀쩡함을 유지하다가 지옥에 갈 수도 있다고까지 말씀하신다. 예수님은 천국에서 큰 자가 누구냐는 질문에 아주 무서운 말씀까지 하신다. 눈이 죄를 범하면 눈을 빼라고까지 하신다. 한 눈으로 영생에 들어가는 것이 두 눈을 가지고 지옥 불에 던져지는 것보다 나을 것이라 말씀하신다. 예수님은 사람을 실족시키는 일을 범죄의 수준으로 취급하신다. 즉, 어린아이를 향한 무시나 무조건적 허용은 곧 아이를 향한 범죄가 될 수 있다. 부모와 어른들의 착각 혹은 욕심이 아이를 향해 죄를 지을 수도 있다는 말씀이다. 아이를 향한 죄는 곧 예수님을 향한 죄이다. 또 인류를 향한 죄, 사회를 향한 죄 그리고 실족케 하는 자기를 향한 죄가 된다. 예수님은 제자들의 질문에 결론적인 말씀을 하신다. "그러므로 이 작은 자 중에 하나라도 업신여기지 말라" 작은 자는 제자들 앞에 세웠던 어린아이와 같은 존재들이다. 예수님은 하나님 앞에서 어린이들이 매우 귀하다는 사실을 말씀하신다. "그들의 천사들이 하늘에 계신 내 아버지의 얼굴을 항상 뵈옵느니라" 매우 난해한 말씀이다. 천사가 누구를 보호하고 하나님께 아뢴다면 바로 작은 어린아이일 것이다. 그러므로 어린이를 향한 존중은 하나님이 기뻐하시는 뜻이다.

성 경	요한복음 19:25-27	예전색상	흰색

예 배 의 부 름	"그의 부모를 경홀히 여기는 자는 저주를 받을 것이라 할 것이요 모든 백성은 아멘 할지니라"(신 27:16) 우리에게 육신의 부모님을 주신 하나님 아버지! 오늘 복되고 거룩한 주일에 하나님의 자녀로 예배를 드리게 하심을 감사드립니다. 하나님께서 부모를 경홀히 여기면 저주를 받을 것이라는 두려운 말씀을 따라 진심으로 부모를 섬기는 자녀의 책임을 다하게 하옵소서. 건강 때문에 고통 속에 사시는 부모, 자녀들을 떠나 요양원에서 외롭게 사는 부모들이 있습니다. 말로가 아니라 발걸음으로 효도하는 자녀로 소문나게 하옵소서. 이 예배를 통해서 주시는 생명의 말씀으로 효도하며 사신 예수님을 본받아 효를 실천하는 자녀로 살게 하옵소서. 예수님의 이름으로 기원하옵나이다. 아멘
회개를 위하여	예수님은 성령으로 마리아의 육신을 통하여 세상에 탄생하셨지만, 육신의 어머니 마리아를 존중하시고 아들의 책임을 다하셨습니다. 그런데 우리는 어머니와 아버지, 즉 부모님을 제대로 모시지 않고 책임을 다하지 못한 허물을 뉘우치는 기도를 드리겠습니다.
고 백 의 기 도	우리에게 부모님을 주시고 공경하라고 말씀하신 하나님 아버지! 부모님이 계시기에 세상에 태어났고 자랐고 배웠고 가정을 이루어 자녀까지 두었으나 우리는 혼자 세상에 태어난 것처럼 교만하였고 부모님에게 감사하지 못한 허물을 고백하나이다. 부모님은 우리를 위해 진자리 마른자리 갈아 뉘시며 애지중지 키우시느라 얼굴에 주름살만 남으셨으나 우리는 부모님을 무시하는 죄를 고백하오니 용서하여 주시옵소서. 부모를 공경하는 것이 약속이 있는 첫 계명인 것을 잊고 산 지난날들을 회개합니다. 아픔을 안고 사시는 부모님들이 있습니다. 병든 자녀들 때문에 고통의 눈물을 닦고 계시는 어버이들도 있습니다. 남편이나 아내를 잃고 혼자서 자녀들을 돌보고 계시는 어버이들도 있습니다. 어려운 환경 속에서 힘있게 살 힘을 달라고 간구하는 저희의 기도가 응답의 시작이 되게 하여 주옵소서. 이제 걱정과 근심을 드린 이 몸이 기쁨과 감격을 드리는 자녀가 되기로 작정하오니 이 결심을 받아 주시옵소서. 우리 주 예수 그리스도의 이름으로 기도하옵나이다. 아멘
사함의 확 인	"내 율례를 깨뜨리며 내 계명을 지키지 아니하면 내가 회초리로 그들의 죄를 다스리며 채찍으로 그들의 죄악을 벌하리로다 그러나 나의 인자함을 그에게서 다 거두지는 아니하며 나의 성실함도 폐하지 아니하며 내 언약을 깨뜨리지 아니하고 내 입술에서 낸 것은 변하지 아니하리로다"(시 89:31-34)
성시교독	98. 어버이주일
설교 전 찬 송	37장 (주 예수 이름 높이어) 577장 (낳으시고 길러주신)
설교 후 찬 송	578장 (언제나 바라봐도) 50장 (내게 있는 모든 것을)

05
11

금주의 성가	어머님 노래 – 박재훈 부모님의 기도 – Boyd Bacon 어머님의 기도 – Arr. by Roger C. Wilson
목회기도	온 가족이 천국 사랑의 잔치에 모여 예배드리게 하신 하나님 아버지! 예수님의 희생과 따스한 보살핌으로 신령한 복이 충만한 가정이 되게 하신 은혜를 감사드립니다. 오늘 어버이 주일에 모든 부모의 수고를 주께서 아시오니 모든 가정에 행복과 기쁨을 더하여 주옵소서. 가족들이 모여 찬송하고 기도하고 예배드릴 때마다 주님의 사랑이 충만한 지상천국이 되게 하옵소서. 자녀들은 믿음의 부모를 주신 것을 눈물로 감사하게 하옵소서. 눈물로 자녀들을 위해서 기도의 곳감을 만드시는 부모를 주신 하나님 아버지! 부모님의 어려움과 고통은 아랑곳없이 자신의 안일을 위해 부모를 이용하고 부모님 마음에 못을 박는 언행 심사가 참으로 부끄러울 뿐입니다. 이제 회개하는 저희 눈물이 불효의 기록판에서 그 이름을 지워 버리게 하시고 효도록에 기록되게 하옵소서. 부모님의 가르침을 이해하지 못함을 용서하여 주옵소서. 부모가 저희를 보고 싶어할 때 시간이 없어서 못 간다고 핑계를 대기 바빴던 잘못을 용서하여 주옵소서. 그동안 불효한 잘못들을 다 묻어 버리고 이제는 새로운 마음으로 부모님을 공경할 약속을 받아 주시옵소서. 예수 그리스도의 이름으로 기도하옵나이다. 아멘
헌금을 위한 성구	"하나님이 능히 모든 은혜를 너희에게 넘치게 하시나니 이는 너희로 모든 일에 항상 모든 것이 넉넉하여 모든 착한 일을 넘치게 하게 하려 하심이라"(고후 9:8)
헌금기도	사랑과 자비로 성도들의 빈 마음을 사랑으로 채워주시는 하나님 아버지! 사망의 음침한 골짜기 같은 세상에서 실족지 않고 이겨내게 하신 은혜를 감사드립니다. 오늘 드리는 이 예물이 쓰이는 곳에 죄인을 구원하기 위해 희생하신 예수님의 향기가 가득하게 하옵소서. 주께서 주신 가정의 평화와 축복으로 배가되는 소득을 올리고 십일조를 드립니다. 물질 때문에 형제간의 마음이 상하지 않고 우애를 나누며 사는 가정이 되게 하옵소서. 부모님들이 건강하게 지내게 하심을 감사하며 예물을 드립니다. 자녀들이 바르게 자라게 해 주신 은혜를 감사하며 감사 예물을 드립니다. 믿음으로 예물들을 드린 그 심령과 그 손길 위에 다함이 없는 복을 내려주옵소서. 가족과 사업과 직장 그리고 건강 위에 크신 은혜를 부어주옵소서. 이 귀한 예물이 쓰이는 곳마다 하나님 나라가 세워지게 하시고 생명 구원의 놀라운 열매들이 맺어지게 하옵소서. 마음으로는 원이지만 예배에 참석할 수 없는 믿음의 형제자매들을 기억하시고 그들이 어떤 형편에 있던지 같은 복을 내려주시기를 기도합니다. 오늘도 예배를 도우며 교회 안팎에서 수고 헌신하신 심령들을 돌아보시고 믿음대로 축복하여 주옵소서. 예수님 이름으로 축복하며 기도드립니다. 아멘
위탁의 말씀	"내 이름을 위하여 집이나 형제나 자매나 부모나 자식이나 전토를 버린 자마다 여러 배를 받고 또 영생을 상속하리라" 부모를 공경하면 만사형통의 복을 누립니다. 부모를 공경하면 건강의 복을 받습니다. 이 말씀을 믿고 실천하는 자녀로 살겠다는 결심을 안고 한 주간을 살아 봅시다.
축도	하나님을 사랑하고 육신의 부모에게 효도하신 예수 그리스도의 은혜와 하나님의 망극하신 사랑하심과 효도하는 마음으로 살아가도록 도와주시는 성령님의 은혜가 어버이 주일을 맞이하여 하나님을 공경하며 동시에 부모님께 효도함으로 이 땅에서 주님의 나라를 만들어가고자 결단하며 출발하는 주의 백성들 머리 위에 지금부터 영원히 함께하시기를 간절히 축원하옵나이다. 아멘

오늘의 설교를 위한 복음적 조명 주제 : 자녀의 책임

제목 : 보라 네 어머니라 ∣ 본문 : 요한복음 19:25-27

주제 : 예수님은 육신을 입고 오셨다. 그러므로 육신의 어머니와 지냈던 이야기들이 있다. 예수님은 십자가에서 돌아가실 때, 곁에 선 사랑하는 제자에게 "보라 네 어머니라"라고 말씀하셨다. 예수님은 제자와 어머니를 향해 새로운 관계를 정하심으로 자녀의 책임을 감당하셨다.

논지 : 예수님은 육신의 어머니를 사랑하는 제자에게 부탁하셨다.
1. 여인들 옆 십자가의 예수님
2. 사랑하는 제자를 본 예수님
3. 아들을 보라 말하신 예수님
4. 새로운 관계를 정한 예수님

05
11

예수님은 하나님의 아들이시다. 예수님이 신성을 갖고 있으므로 어떤 사람들은 예수님의 인성을 인정하지 않는다. 초대교회 이단 중에 가현설이 있다. 신적 존재인 예수께서는 잠시 인간의 몸을 빌려 그 안에 거했을 뿐이라고 주장한다. 이들은 예수님께서 본질에서는 인간의 육신을 입지 않았고 따라서 죽지도 않았다고 주장한다. 그런데 성경은 예수님이 십자가에서 죽었다고 분명하게 기록한다. 예수님의 죽음을 본 사람들이 수없이 많다. 예수님은 하나님을 아버지로 부름으로 하나님의 아들이심을 스스로 말씀하셨고, 또 자기를 일컬어 인자(人子)라고 말함으로 육신을 가진 사람임을 천명하셨다. 어떤 이는 예수님이 신성과 인성을 함께 가지셨다는 것을 인정하지 않는다. 예수님의 신성이나 인성 하나만을 강조하는 생각들은 다 이단이다. 우리는 예수님이 완전한 하나님이요, 완전한 인간임을 믿는다. 예수님은 하나님의 아들이므로 아버지의 뜻대로 행하셨고, 육신을 가진 사람이므로 사람의 아들 역할도 감당하셨다. 의사 누가는 예수님의 어린 시절을 이렇게 묘사한다. "예수께서 함께 내려가사 나사렛에 이르러 순종하여 받드시더라"(눅 2:51). 가나의 혼인 잔치에서 어머니의 말을 듣고 처음엔 거절하는 듯한 반응을 보이시다가도 결국엔 물로 포도주를 만드셨다.

1. 여인들 옆 십자가의 예수님

예수님이 완전한 사람이고, 사람의 아들로서 자신을 증명하시는 장면이 본문에 등장한다. 예수님이 십자가에 달리고 돌아가실 때이다. 십자가에 달린다는 것은 사람의 모습을 보이심이었다. 예수님은 유대인들로부터 고소를 당하고, 로마 군인들에게 체포되어 군인들에 의해 골고다까지 끌려가셨다. 십자가에 달릴 때도 예수님은 거부하지 않으셨다. 예수님은 십자가를 떨쳐낼 만한 충분한 능력이 있는데도 예수님은 그렇게 하지 않으셨다. 예수님이 십자가에 달리실 때는 사람으로서의 제한성을 보이셔야 했다. 십자가에 달려서 고통을 느끼고, 군인들의 창에 옆구리를 찔렸을 때는 피를 흘리셨다. 육신을 가진 사람이기에 고통을 느끼고 피를 흘린다. 예수님이 십자가에서 돌아가셨다. 죽음은 사람이라는 존재성을 증명한다. 예수님에게는 육신의 관계가 있다. 예수님에게도 가족이 있었다. 예수님에게는 네 명의 형제가 있었다(마 13:55). 오늘 본문에 보면 예수님과 관련이 있는 여인들이 십자가 곁으로 찾아왔다. 어머니 마리아, 이모, 글로바의 아내 마리아 그리고 막달라 마리아이다. 예수님은 사람으로서의 관계성을 가지셨다. 여인들이 찾아온 현장에 예수님이 십자가에 달려 있었다. 예수님은 사람의 구원을 위해 희생제물로 십자가에 달리셨지만, 철저히 사람으로서의 모습을 보이셨다.

2. 사랑하는 제자를 본 예수님

십자가에 달리신 예수님이 자기 어머니와 사랑하는 제자가 곁에 선 것을 보셨다. 복음서에는 어머니와의 몇 가지 에피소드를 소개한다. 예수님이 열두 살 때 절기를 지키러 예루살렘 성전으로 올라가셨을 때의 일이다. 예수님은 절기를 지내고 나사렛으로 돌아가셔야 했는데 왠지 부모님을 따라가지 않으시고 예루살렘 성전에서 선생들과 대화하셨다. 예수님의 어머니 마리아가 고향으로 가다가 예루살렘으로 돌아와서 어찌하여 따라오지 않았느냐고 질문한다. 예수님이 대답하셨다. "어찌하여 나를 찾으셨나이까? 내가 내 아버지 집에 있어야 할 줄을 알지 못하셨나이까?"(눅 2:49) 어머니 마리아는 예수님의 이 말씀을 마음에 두었다. 앞에서 이야기했듯이 가나 혼인 잔치에서 포도주가 떨어졌을 때 어머니 마리아가 예수님에게 상황을 이야기한 적도 있었다. 지금 예수님이 십자가에 달려 죽을 위기이다. 어머니로서 가만히 있을 수 없다. 여자의 몸이라 유대인들이나 로마군인들 보다 힘이 세지 않으니 어쩔 도리가 없다. 그러나 아들을 향한 어머니의 사랑만큼은 어쩔 수 없다. 아무 힘도 없지만, 어머니는 아들의 아픔에 함께한다. 그 옆에 예수님의 사랑하시는 제자가 함께한다. 예수님은 십자가 위에서 죽음의 순간에도 당신을 찾아온 어머니와 제자를 보셨다. 어떤 생각이 드실까?

3. 아들을 보라 말하신 예수님

예수님은 어머니를 보셨을 때 아들로서 책임감을 생각하셨다. 예수님은 어머니의 안위를 생각하셨다. 십자가에서 고통을 당하다 보면 누가 찾아왔을 때, 자기 고통을 호소할 수 있다. 고통을 견딜 수 없으면 어떻게든 고통을 면하게 해 달라고 간절하게 요청할 수 있다. 요청을 받는 쪽에서 아무런 해결책이 없음을 알고 있다 해도 물에 빠진 사람이 지푸라기라도 붙잡는 심정으로 간청할 수 있다. 혹은 누가 죄 없는 나에게 이렇게 고통을 가져다주느냐며 유대인들이나 로마 군인들을 원망할 수도 있다. 사람이기에 고통을 멈추게 해달라는 호소와 원망이 동시에 나올 수도 있다. 그러나 예수님은 어머니에게 고통을 호소하지 않았다. 고통을 호소해봐야 마음 아픈 어머니를 더 아프게 할 뿐이다. 오히려 예수님은 마음 아픈 어머니의 미래를 걱정하셨다. 예수님은 사랑하시는 제자가 어머니 곁에 있음을 보시고는 어머니에게 제자를 소개하신다. 어머니는 예수님의 사랑하시는 제자를 이미 알고 있을 것이다. 아는 사이라도 남남의 관계이다. 예수님은 어머니께 사랑하는 제자를 아들로 소개하신다. "보소서 아들이니이다" 비록 당신은 십자가에 죽으심으로 아들 노릇을 다하지 못하지만, 이제 어머니께 아들 노릇을 할 수 있는 제자가 곁에 있음을 확인시키시고 어머니를 위로하신다.

4. 새로운 관계를 정한 예수님

예수님이 어머니께 사랑하는 제자를 새로운 아들로 소개하셨다. 그러면 이제는 사랑하는 제자에게 어머니를 부탁해야 할 차례이다. 예수님은 사랑하는 제자에게 말씀하셨다. "보라 네 어머니라" 새로운 관계성을 열 때나 무엇을 부탁할 때 한쪽에게만 말하고 지나친다면 결과가 어떻게 될까? 한쪽에서는 알아들었지만 다른 쪽에서는 못 알아들을 수 있다. 같은 자리에 있어서 말하는 것을 들었어도 직접 말을 듣지 않으면 자기에게 해당하는 말인지 모를 수 있다. 그래서 양쪽 모두에게 확인시켜야 한다. 양쪽 모두에게 확인하는 것이 아주 자연스러운 일이다. 그런데 고통을 당하다 보면 자연스러움마저도 표현되지 못할 수 있다. 예수님은 비록 고통을 당하시지만, 어머니와 제자에게 동시에 표현하는 자연스러움을 잊지 않으셨다. 예수님은 십자가에서 죽임을 당하면서도 자녀의 책임을 다하셨다. 부모가 자녀를 양육할 때 온 힘을 다하듯이 자녀 역시 부모를 향해 깊은 책임감을 보여야 한다. 예수님의 말씀을 들은 제자는 그때부터 마리아를 자기 집으로 모셨다. 사랑하는 제자가 예수님 대신 마리아의 아들이 되었다. 제자는 예수님의 부탁을 받고 아들 노릇이 아닌 아들의 책임을 다했다. 우리가 부모님을 향한 책임감을 확인하는 것은 예수님의 바람이기도 하다.

성 경	잠언 3:11-20	예전색상	흰색

예배의 부름

"여호와여 주께서 하신 일이 어찌 그리 많은지요 주께서 지혜로 그들을 다 지으셨으니 주께서 지으신 것들이 땅에 가득하니이다"(시 104:24)

성도들의 상처를 싸매어 주시고 영과 육을 살찌게 하시는 하나님 아버지! 하늘 복을 누리고 살아가는 성도들이 부활의 밝은 빛을 보고 살게 하심을 감사드립니다. 지혜가 부족하여 자신과 세상의 이치를 깨닫지 못할지라도 하나님께서 지혜를 주시어 올바르게 살아가게 하옵소서. 세상이 저희를 미혹할 때마다 어리석어 유혹에 빠질 때 이겨낼 힘을 말씀으로 얻게 하시고, 오늘 예배가 우리 인생을 향하신 하나님의 섭리를 경험하는 귀중한 순간이 되게 하옵소서. 예수님 이름으로 기원하옵나이다. 아멘

회개를 위하여

지혜의 근본은 하나님의 말씀임을 알면서도 우리는 하나님의 말씀보다 세상의 책이나 학자들의 주장에 부화뇌동하기도 합니다. 주일 기름 부음 받으신 주의 종을 통해서 주시는 말씀보다 때로는 자기의 생각을 따라 산 허물을 뉘우치고 회개하는 기도를 드리겠습니다.

고백의 기도

말씀을 통해서 믿음과 생활의 지혜를 주시는 하나님 아버지! 말씀을 들을 때 찔리고 나를 향해 주시는 말씀으로 수용하지 않고 스스로 지혜롭다고 생각하고 하나님의 징계를 가볍게 여긴 어리석음을 용서하여 주옵소서. 하나님께서 지혜를 얻은 사람과 명철을 얻은 사람이 복이 있다고 말씀하셨는데, 우리는 지혜를 얻으려고 하지 않았습니다. 자기의 꾀를 쫓고 무식으로 세상을 살아온 어리석음도 용서하여 주옵소서. 잠시의 이익을 위해서 다른 사람을 속이고 거짓말을 일삼기도 했습니다. 불쌍히 여겨 주시옵소서.

이제 결심합니다. 교회가 봉사의 손길을 요구할 때 주님의 손과 발이 되어 섬기겠습니다. 주님처럼 말하는 은혜를 주옵소서. 주님처럼 행동하는 판단을 주옵소서. 남의 허물과 부족함을 들춰내기보다는 보다 적극적인 말을 하는 아름다운 입이 되겠습니다. 지난날의 모습이 이제 새로운 믿음의 자녀로 소금이 되고 빛이 되는 길을 골라 가렵니다. 그 길이 주님께는 영광이요, 세상과 더불어 사는 모든 이에게 줄 수 있는 평화임을 고백합니다. 주님의 권능의 손을 잡고 일어서기를 원하오니 붙잡아 주시옵소서. 예수 그리스도의 이름으로 기도하옵나이다. 아멘

사함의 확인

"악인은 그의 길을, 불의한 자는 그의 생각을 버리고 여호와께로 돌아오라 그리하면 그가 긍휼히 여기시리라 우리 하나님께로 돌아오라 그가 너그럽게 용서하시리라"(사 55:7)

성시교독	95. 가정 주일
설교 전 찬 송	38장 (예수 우리 왕이여) 542장 (구주 예수 의지함이)
설교 후 찬 송	545장 (이 눈에 아무 증거 아니 뵈어도) 52장 (거룩하신 나의 하나님)

금주의 성 가	기쁨의 찬송 – S. Porterfield 할렐루야 그 때에 – Mary McDonald 편곡 주님께 영광 – J. E. Parks
목 회 기 도	**올**바른 신앙생활을 할 지혜를 주시는 하나님 아버지! 한 주간 동안 세상에서 사는 동안 사리를 바르게 판단하는 지혜를 주심을 감사드립니다. 우리가 신앙인일지라도 지혜가 부족하여 말이나 행동으로 이웃들에게 상처를 줄 순간마다 성령님이 주시는 지혜로 바른길을 가게 하여 주옵소서. 이삭이 하나님의 뜻대로 농사를 지어서 100배의 소출을 얻은 사실을 기억하게 하시고 우리도 믿음으로 심고 가꾸어서 100배의 열매를 얻게 하옵소서. 자본주의 사회에 사는 우리도 돈이 필요하지만, 그렇다고 돈에 얽매이지 않게 하시고, 하나님의 사업과 영광을 위해서 쓰게 하옵소서. **세**상에서 빛과 소금의 역할을 하기를 원하시는 하나님 아버지! 주님의 뜻을 바로 알고 주님의 사역에 앞장서게 하시며 주님께서 명령하신 전도의 사명을 잘 감당할 수 있는 열정을 허락하옵소서. 그리스도의 몸 된 교회를 위하여 수고하는 손길들과 사명을 감당하는 주님의 백성들이 있습니다. 그들에게 비전을 허락하셔서 낙심하지 않고 기쁨으로 주님의 일을 감당케 하시옵소서. 교회가 이 지역에서 칭찬받게 하시고 미래를 기쁨으로 맞을 수 있는 이상을 가진 교회로 세워 주옵소서. 우리 주 예수 그리스도의 이름으로 기도드립니다. 아멘
헌금을 위한 성 구	"믿는 무리가 한 마음과 한 뜻이 되어 모든 물건을 서로 통용하고 자기 재물을 조금이라도 자기 것이라 하는 이가 하나도 없더라"(행 4:32)
헌 금 기 도	**초**대교회처럼 한마음과 한뜻으로 물건과 재물을 서로 통용하기를 바라시는 하나님 아버지! 저희의 생사화복을 주관하시어 때를 따라 먹이시고 입혀 주신 은혜를 감사드립니다. 오늘도 독생자 예수를 저희에게 구원의 선물로 주신 것을 감사하는 마음으로 주님 앞에 예물을 드립니다. 보이는 물질의 액수보다는 드리는 저희 마음을 받아 주옵소서. 저희가 가진 소유와 시간까지도 주님의 것임을 고백합니다. 주님께서 주신 그 은혜를 생각하면 어찌 이 적은 것이 저희의 정성이라고 말하기조차 부끄러운 예물입니다. 받아 주시옵소서. **오**늘도 주님께서 약속하신 은혜를 사모하는 마음으로 십일조를 드립니다. 선교 예물과 몸과 마음으로 봉사하는 유형무형의 제물들을 받아 주옵소서. 지금도 보이지 않은 장소에서 봉사의 땀을 흘리는 성도들의 헌신이 있습니다. 헛된 봉사가 아니라 천국 생명록에 기록되는 아름다움을 보게 하옵소서. 그 봉사의 손을 들고 기도할 때 하늘의 보고가 열리는 감격과 함께 물질로 인한 시험이 없는 아름다운 가정과 사업장이 되게 하옵소서. 드릴 것 없는 가난한 영혼이 말씀 붙잡고 새 힘을 얻어가는 활기찬 발걸음으로 돌아가게 하옵소서. 예수님의 이름으로 축복하며 기도드립니다. 아멘
위탁의 말 씀	"지혜를 얻는 것이 은을 얻는 것보다 낫고 그 이익이 정금보다 나음이니라" 하나님은 사람에게 지혜의 소중함을 알려주시고, 지혜롭게 살기를 원하십니다. 지혜롭게 사는 방법은 간단합니다. 말씀을 읽고 말씀이 주시는 지혜대로 살면 됩니다.
축 도	지금은 죄와 허물로 죽은 저희로 인하여 십자가상에서 구원을 집행하신 예수 그리스도의 은혜와 저희의 구원을 계획하시고 이루신 하나님 아버지의 사랑하심과 지금도 성도 한 사람 한 사람에게 구원을 적용하시는 성령님의 역사하심이 믿음으로 담대히 나아가는 사랑하는 성도들과 가정과 교회 위에 이제로부터 영원토록 함께 계시기를 축원하옵나이다. 아멘

오늘의 설교를 위한 복음적 조명 주제 : 신앙의 계승

제목 : 지혜를 사랑하는가? | 본문 : 잠언 3:11-20

주제 : 하나님은 여러 방법으로 사람을 사랑하신다. 때로는 징계하심으로 사람에게 바른 생활로 돌아오기를 촉구하신다. 하나님은 사람에게 지혜의 소중함을 알려주시고, 지혜롭게 살기를 원하신다. 하나님이 지혜의 세계를 세우시고 지혜의 결과가 어떠한지를 알려주셨다.

논지 : 하나님은 사람을 사랑하심으로 지혜의 소중함을 알려주셨다.
1. 사랑으로 징계를 하시는 하나님
2. 지혜로움의 복을 주시는 하나님
3. 지혜의 결과를 알려주신 하나님
4. 지혜의 체계를 세우시는 하나님

　내일이 되면 분명하게 좋은 일이 있을 거라고 확신하던 사람이 다음 날에 아무 일도 안 일어난다면 어떤 생각이 들겠는가? 특정한 물건값이 수십 배 뛸 거로 생각해서 모든 재산을 끌어모아 구매하고 창고에 저장해 주었는데, 며칠 지나서 수십 분의 일 가격으로 내려갔다면 얼마나 참담하겠는가? 어떤 사람은 망했다고 생각하고 세상을 뜨려고 생각할 수도 있다. 어떤 사람은 수업료를 비싸게 치렀으므로 다시는 무모한 투자를 하지 않을 거라고 다짐할 수도 있다. 어떤 사람은 술로 아픔을 달래며 허송세월하기도 할 것이다. 어떤 사람은 그때 잘못 생각했다고 후회한다. 또 어떤 사람은 주변 사람에게 왜 자기를 말리지 않았느냐며 원망할 수도 있다. 왜 투자에 실패하는가? 시장의 상황이 변화무쌍하기도 하고, 시장에서의 특정 세력의 헛소문에 말려들었거나, 투자의 원칙에 대해 모르기 때문이거나 투자하기 전에 한 번 더 생각을 해야 했다. 즉, 투자하는 데도 지혜가 필요했을 텐데 말이다. 내일 일을 내가 모른다고 하지만 세상에는 예측할 수 있는 일들이 있다. 그런데 너무 낙관적인 생각만 하다가 위기를 예측하지 못해서 큰 낭패를 당할 수도 있다. 투자에만 지혜가 필요할까? 아니다. 인생살이에 지혜가 필요하다. 그 지혜를 누구로부터 받아야 하는가?

1. 사랑으로 징계를 하시는 하나님

　우리가 알다시피 잠언은 지혜의 책이다. 아버지가 아들에게 지혜를 알려주는 형식을 빌려서 하나님을 섬겨야 하는 신앙의 지혜, 인생을 살아가는 지혜, 바르게 판단하는 지혜, 이웃과의 관계와 말과 행동의 지혜 등 다양한 지혜를 가르친다. 신앙을 가진 사람일지라도 이웃과의 관계에서 지혜롭지 못할 수 있다. 신앙인일지라도 지혜가 부족함을 느낄 수 있다. 하나님한테서 오는 지혜를 받아 누려야 하는데, 세상으로부터 지혜를 얻으려고 잘못 찾을 수도 있다. 잠언을 읽으면 하나님한테서 오는 지혜가 사람이 사는 모든 영역을 포괄하고 있음을 알 수 있다. 우리가 가정 주일에 여러 주제를 강조할 수 있지만 무엇보다 우리 가정에 하나님께서 주시는 지혜가 충만해야 한다. 지혜는 칭찬과 책망에서도 필요하다. 칭찬할 때는 행동에 의해 인격을 높여야 하고, 책망할 때는 행동만을 언급해야 한다. 그런데 사람들은 대부분 반대로 한다. 아예 아무것도 칭찬하지 않는 사람도 가끔 있다. 그런 사람들은 다른 이들로부터 책망을 들으면 오히려 화를 낸다. 지혜자는 아들에게 하나님의 꾸지람을 가볍게 여기지 말라고 한다. 하나님은 사랑하는 사람을 징계하심으로 바른길로 가도록 이끌어주신다. 신앙인은 어떤 일에 실패했을 때, 하나님의 꾸지람인 줄로 깨닫는 지혜가 필요하다.

2. 지혜로움의 복을 주시는 하나님

세상에서 어떤 복을 받기 원하는가? 자본주의 시대에 대부분 사람들은 돈을 많이 갖기 원한다. 일단 돈이 많으면 하고 싶은 일을 할 수 있다. 사람들에게 무시당하지 않아도 된다. 그래서 젊은이들이 취업을 걱정한다. 취업하고 돈을 벌어야 안정적인 생활을 누린다고 생각하기 때문이다. 그러나 돈도 지혜를 가진 사람이 벌어야 한다. 돈만 버는 지혜가 아니라 정당한 방법으로 돈을 벌고, 사람들에게 선한 영향력을 끼치며, 돈을 바르게 사용하는 지혜가 필요하다. 지혜자는 아들에게 지혜를 얻는 사람, 명철을 얻은 사람은 복이 있다고 말한다. 그 어떤 복보다 지혜를 얻는 복이 최고이다. 지혜가 있으면 돈 문제뿐 아니라 사람과의 관계, 시대를 보는 눈, 말하고 행동하는 방법 등에서 실수가 별로 없다. 지혜자는 지혜를 얻는 것이 은을 얻는 것보다 낫고 그 유익은 정금보다 낫다고 말한다. 공부하는 데에 지혜가 필요하다. 가정생활에도 지혜가 필요하다. 직장생활을 하고, 사업을 하는 데에 지혜가 필요하다. 투자하는 데도 지혜가 필요하다. 자녀를 양육하는 일에도 지혜가 필요하다. 자녀에게 지혜로움이 곧 복임을 알려주어야 한다. 자녀에게 요구하는 바가 좋은 성적, 경쟁에서 이기는 것, 세상에서 성공하는 것인가? 무엇보다 하나님으로부터 받는 지혜를 강조해야 한다.

3. 지혜의 결과를 알려주신 하나님

지혜자는 세상에서 가장 귀한 것은 바로 지혜라고 말한다. 지혜는 진주보다 귀하다. 아무리 값진 진주를 갖고 있어도 지혜가 없다면 그 진주는 작은 알맹이에 불과하다. 진주를 가졌지만 진주의 가치를 몰라보는 사람은 짐승이나 다름없다. 세상에서 어떤 귀한 것이 있다 할지라도 지혜에 비교할 수 없다. 지혜는 사람에게서 가장 중요하고 가장 우선적이다. 세상에서 고귀하고 소중한 그 무엇이 있다 해도 지혜에 비교할 수 없다. 직접적 비교 혹은 일대일 비교로 한다면 사람의 목숨이나 생명이 가장 귀하다. 그러나 지혜를 갖지 못하면 생명을 잃을 수도 있다. 지혜를 가지면 위기를 만났을 때 본인의 목숨을 건지는 것은 물론 타인의 생명도 구할 수 있다. 지혜가 있으면 위기를 예측할 수 있다. 지혜를 가진 사람에게는 생명의 연장과 삶의 여유를 갖는다. 지혜자의 길은 즐겁고, 지름길로 간다 해도 평안함이 있다. 지혜를 가지면 세상에서의 좋은 것을 모두 갖게 된다. 즉, 지혜는 세상의 모든 복을 포괄한다. 지혜자는 지혜가 생명 나무의 역할을 한다고 말한다. 지혜를 가진 사람이 복되다. 우리가 세상에서 복을 받기 원하는가? 하나님이 지혜자를 통해 우리에게 지혜의 결과를 알려주신다. 신앙과 인생에서 좋은 결과를 원한다면 먼저 지혜를 가져야 한다. 지혜를 사모하자.

4. 지혜의 체계를 세우시는 하나님

하나님이 우리에게 지혜를 주신다. 그러므로 우리는 지혜를 사모할 수 있다. 사모하는 사람에게 하나님께서 필요한 것으로 채우신다. 하나님은 지혜의 원천이시다. 세상에서 하나님의 지혜를 따를 사람이 없다. 하나님이 사람에게 지혜를 보이셨다. 하나님이 지혜로 하늘을 견고하게 세우셨다. 하나님이 지혜로 땅의 터전을 놓으셨다. 즉, 하나님의 천지창조는 하나님이 가지신 지혜의 결과이다. 천지가 단 한 치의 빈틈도 없이 맞물려 돌아가는 것을 보고 신기하게 생각하는가? 온 우주가 신비하게 운행하는 것을 보고 경탄하는가? 천지와 지구를 보고 하나님의 창조 섭리를 깨달아야 한다. 천지 만물 안에 주관자로 운행하시는 하나님을 보아야 한다. 하나님이 지혜로 천지 만물을 다스리심을 느껴야 한다. 그런데 사람들이 하나님의 지혜를 구하지 않는다. 천지 만물을 위탁받은 사람이 얼마나 교만한지 마치 제 것인 양 천지 만물을 훼손한다. 하나님은 당신의 지식으로 깊은 바다를 갈라지게 하셨다. 또 지혜로 공중에서 이슬이 내리게 하셨다. 이스라엘 백성들이 출애굽하여 홍해의 갈라짐과 매일 만나를 내리는 것을 경험했다면 하나님의 지혜를 기뻐해야 마땅하다. 하나님이 세상의 모든 일을 지혜로 만드셨다. 하나님은 지혜의 체계를 세우시고, 사람들에게 지혜를 가지기를 원하신다.

	2025년 5월 25일, 부활절 6번째 주일 / 주님의 승천일(29일)		
성 경	히브리서 9:23-28	예전색상	흰색

예배의 부름	"내가 너희를 권하노니 너희가 부르심을 받은 일에 합당하게 행하여 모든 겸손과 온유로 하고 오래 참음으로 사랑 가운데서 서로 용납하고 평안의 매는 줄로 성령이 하나 되게 하신 것을 힘써 지키라"(엡 4:1-3)
	예수님의 승천으로 부활과 영생을 약속하신 하나님 아버지! 예수님께서 승천하셔서 우리에게 믿음과 구원, 부활과 영생의 은혜를 베풀어 주신 은혜를 감사드립니다. 신령과 진정으로 예배하는 우리를 괴롭히는 근심과 걱정이 해결받게 하옵소서. 슬픔의 원인 제공이 되는 문제들을 주의 제단 앞에 내려놓고 응답받아 홀가분한 마음으로 마음껏 찬송하고 경배를 드리게 하옵소서. 오늘도 저희에게 새 힘을 주사 계획하신 일들이 다 이루어질 때까지 항상 함께하여 주옵소서. 우리 주 예수님의 이름으로 기원하옵나이다. 아멘

회개를 위하여	예수님께서 죽음의 권세를 이기시고 부활하여 승천하셨는데, 우리는 이 사실이 과학적으로 맞지 않는다고 생각했습니다. 사람이 죽으면 화장하여 세상에서 사라지는데 우리가 어찌 믿을 수 없다는 불신앙을 고백하며 이를 뉘우치고 회개하는 기도를 드리겠습니다.

05 25

고백의 기도	과학을 초월하여 기적을 이루시는 하나님 아버지! 죽음을 이기시고 부활하신 예수님께서 오직 성령이 너희에게 임하시면 너희가 권능을 받겠다고 하셨습니다. 예루살렘과 온 유대와 사마리아와 땅끝까지 이르러 내 증인이 되리라고 말씀하셨습니다. 그러나 우리는 성령을 충만히 받지 못하고 가까운 곳이나 먼 데 가서 예수님의 복음을 전파하지 못한 죄를 용서하여 주옵소서. 예수님께서 구름을 타고 하늘로 승천하셨는데, 예수님의 승천을 믿지 않으려는 불신앙을 고백하오니 용서하옵소서.
	세상의 헛된 것을 구하고 가진 만큼 심령이 딱해짐을 깨닫게 하옵소서. 이제 그 깨달음으로 세상 것들을 탐하는 마음을 하나님 것을 바라는 믿음을 키워 가는 힘으로 사용하렵니다. 교회를 통해서 주신 그 많은 은혜와 사랑을 생각하면서 교회에 충성할 것을 다짐합니다. 세상의 소리에 귀를 기울이기 전에 주님의 음성을 듣고 삶을 시작하는 신앙을 살게 하옵소서. 오늘 다시 한번 주의 종을 통해서 주실 사죄의 선포로 용서받은 기쁨을 주옵소서. 우리 주 예수 그리스도의 이름으로 회개하며 기도드립니다. 아멘

사함의 확인	"그러나 이제는 너희가 죄로부터 해방되고 하나님께 종이 되어 거룩함에 이르는 열매를 맺었으니 그 마지막은 영생이라"(롬 6:22)
성시교독	87. 요한계시록 21장
설교 전 찬 송	39장 (주 은혜 받으려) 161장 (할렐루야 우리 예수)
설교 후 찬 송	181장 (부활 승천하신 주께서) 49장 (하나님이 언약하신 그대로)

금주의 성 가	부활 아침의 팡파르 – Gordon Young 부활하셨다 그리스도 – Melchior Vulpius 십자가 저편에 – Mosie Lister
목 회 기 도	생명의 말씀이 귀함을 알게 하시는 참 좋으신 하나님 아버지! 죄악의 깊은 잠에 곯아떨어진 영혼들이 말씀의 보좌에 나와 회개로 거듭나게 하심을 감사드립니다. 우리는 세상의 지식이나 철학에 마음을 빼앗기지 않게 하시고 오직 하나님의 말씀과 예수 그리스도의 복음에서 구원의 진리를 배우게 하시옵소서. 유대인들은 전통적인 율법에 따라서 짐승의 피를 제물로 바쳐서 죄 사함을 받는다고 여겼지만, 우리는 예수님께 십자가에서 못 박힐 때 흘리신 보혈로 모든 죄가 씻겨진다고 믿게 하옵소서. 성도들의 생명을 날마다 새롭게 하시는 하나님 아버지! 기도만이 가정에 주님의 나라가 새로워진다는 사실을 알고 실천하게 하옵소서. 기도만이 기업에 주님의 생기가 발한다는 것을 알고 실천하게 하옵소서. 우리 교회와 기관이 주님의 일에 우선순위를 두는 마음이 있게 하여 주옵소서. 성도들이 계획하는 모든 일마다 풍성한 열매를 얻게 하옵소서. 교회는 건축물이 아니라 눈에 보이지 않는 믿음의 공동체라는 걸 잊지 않고 사랑과 섬김의 봉사를 멈추지 않게 하시옵소서. 예수만이 구속의 유일한 제물로 우리의 구원을 이루신 것을 믿고 감사와 찬송을 드리는 성도가 되게 하시옵소서. 예수님의 이름으로 기도하나이다. 아멘
헌금을 위한 성 구	"하나님이 능히 모든 은혜를 너희에게 넘치게 하시나니 이는 너희로 모든 일에 항상 모든 것이 넉넉하여 모든 착한 일을 넘치게 하려 하심이라"(고후 9:8)
헌 금 기 도	하늘 은혜를 때를 따라 풍성하게 공급해 주시는 하나님 아버지! 거룩한 주님의 날 구원받은 감격과 돌보심에 대한 감사를 담아 헌금을 드리게 하심을 감사드립니다. 승천하신 예수님께서 하나님 보좌 우편에서 우리를 위해 기도하고 계시니 우리는 하나님께 드리는 것을 아까워하지 않게 하시고 넉넉하게 드려서 천국을 차지하게 하시옵소서. 하나님께 드리는 헌금을 통해서 믿음의 부자가 되게 하시고, 영적인 풍요로움을 누리고 사는 믿음의 성도가 되게 하옵소서. 눈물을 흘리면서 씨를 뿌리는 자들은 기쁨으로 단을 거두리라는 말씀에 따라 십일조를 드립니다. 그 가정들을 축복하여 주시고 기도의 제목들이 해결되는 응답을 더하여 주옵소서. 감사 예물을 드립니다. 한 배 가득 물고기를 잡은 베드로의 기쁨이 이들에게도 체험되기 원합니다. 구역 헌금과 성미를 드립니다. 작정 헌금을 드립니다. 믿음으로 심는 자에게 100배, 60배의 결실의 응답이 있게 하옵소서. 교회에서 봉사하는 손 들고 기도할 때 하늘의 응답이 쥐어지는 기쁨을 살게 하옵소서. 물질 없는 고통보다는 믿음 없음을 애태우는 저희가 되게 하옵소서. 우리 주 예수 그리스도의 이름으로 축복하며 기도드립니다. 아멘
위탁의 말 씀	"이제 자기를 단번에 제물로 드려 죄를 없이 하시려고 세상 끝에 나타나셨느니라 예수 그리스도께서는 우리의 죄를 대속하시려고 단번에 드려진 제물이 되셨습니다. 우리 가정에서 단체에서 예수님을 따라 헌신의 제물이 되겠다는 그 한 사람으로 살아갈 결심을 주님께 드리는 그 한 영혼이 되어야 합니다.
축 도	지금은 우리 구주 예수 그리스도의 은혜와 하나님 아버지의 끝없는 사랑하심과 성령님의 감화 · 감동 · 위로 · 충만 · 교통하심이 우리 각자의 삶을 통해 하나님의 위대하심을 나타내므로 아직도 주님을 모르는 자들이 주님을 알고 믿는 성도은 더욱 주를 사랑하기를 원하는 성도들 머리와 가정과 기업 위에 영원토록 함께하시기를 간절히 축원하옵나이다. 아멘

오늘의 설교를 위한 복음적 조명 주제 : 승천의 복음

제목 : 구원의 완성자 I 본문 : 히브리서 9:23-28

주제 : 예수 그리스도께서 우리의 구원을 이루셨다. 그리스도는 세상에 나타나시고 우리의 죄를 대속하시려고 단번에 드려진 제물이 되셨다. 그리스도께서는 죄의 대속함을 이루신 후에 하늘로 오르셨지만 다시 오신다. 우리에게 궁극적 구원을 이뤄주기 위해서 다시 오신다.

논지 : 우리의 구원을 이루신 그리스도는 하늘로 오르신 후 우리에게 다시 오신다.
1. 가장 좋은 제물이신 그리스도
2. 우리를 위해 나타난 그리스도
3. 단번에 드려진 제물 그리스도
4. 우리 구원을 이루는 그리스도

동물은 생존본능을 기억한다. 그러나 사람은 동물의 생존본능에 더해 역사를 기억한다. 역사는 구전을 통해 이야기로 남기기도 하고, 또는 기록하여 후대에 사실을 확인시켜준다. 사람은 역사를 기억하고 미래를 여는 지혜의 수단으로 삼는다. 사람이 역사를 해석하고 역사를 통해 배우기 때문이다. 역사를 해석하는 방향에 따라 배우는 것이 달라진다. 역사에서 무엇을 배우느냐에 따라 현실을 사는 방법이 달라지고, 미래를 향한 발걸음이 달라진다. 사람은 역사에서 배우는 것도 있지만 현대인에게 가장 쉽게 배우고 또 첨예한 해석의 차이를 보이는 사건들이 있다. 근현대사에 나타난 사건들과 이해관계자에 따라 역사를 보는 관점과 적용하는 방법이 달라지기도 한다. 이러한 대립은 몇 세대가 지나면 해결될지도 모르겠다. 예수님이 하나님 아버지께로 가신 후 복음이 점점 퍼져나간다. 그런데 복음을 훼방하는 사람들도 더 많이 나타난다. 처음엔 강압적으로 훼방하다가 후에는 기독교인들에게 교묘하게 갈라치기를 한다. 기독교인의 믿음을 향해, 헬라인의 지식이나 유대인의 율법보다 못한 반지성적이고 반율법적이라고 평가절하하는 사람도 생겨난다. 이때 복음이 헬라인의 지식보다 뛰어나고, 유대인의 율법을 완성했다는 응답이 나온다.

1. 가장 좋은 제물이신 그리스도

복음이 헬라인의 지식보다 뛰어난 사실임을 누가 알려주었을까? 헬라의 지식에 정통한 바울이었다. 그는 율법에도 정통하였으므로 복음이 율법보다 뛰어나다는 사실도 알려주었다. 복음서 중에 요한복음은 헬라의 지식을 가진 사람에게 예수님이 헬라의 어떤 사상가보다 뛰어난 분, 하나님의 아들임을 소개한다. 오늘 본문으로 소개한 히브리서는 구약의 제사와 율법을 고수하는 유대인들에게 예수님을 소개하는데, 유대인들이 전통적으로 자랑하는 것들의 마침이신 예수님을 소개한다. 유대인들의 자랑 중에 하나님께 죄를 용서받기 위해 제물을 드리는 제사 제도가 있다. 율법에는 죄를 용서받기 위해 해마다 정기적으로 깨끗하고 정결한 제물을 드려야 했다. 율법을 알고 충실하게 지키는 유대인들은 해마다 정결 예식을 갖고 제물을 드려야 했다. 제물을 드리는 것을 이용하여 성전에서 돈을 받고 장사하는 사람, 장사치의 뒷배를 봐주면서 돈을 받는 종교권력가들도 있었다. 그래서 예수님은 성전을 정화하시면서 '내 집은 만민이 기도하는 집'이라는 이사야의 말씀(사 56:7)을 인용하여 성전의 바른 기능을 강조하셨다(막 11:17). 그런데 예수님이 세상에 오셔서 사람들의 죄를 용서하는 제물이 되셨다. 예수님은 단번에 드린 제물이 되어, 사람에게 다시 정결하지 않아도 되게 하셨다.

2. 우리를 위해 나타난 그리스도

유대인들의 자랑거리 중에는 성전이 있었다. 유대인들은 포로 생활을 하면서도 예루살렘 성전을 바라보고 기도했다. 성전에 하나님이 계시다고 믿었기 때문이다. 포로에서 돌아온 후 성전을 재건할 때 성전의 이전 영광보다 나중 영광이 클 것이라고 학개 선지자가 외쳤다(학 2:9). 또 중간기 시대에 무너진 성전을 에돔 사람 헤롯이 유대의 분봉왕이 되어 성전을 재건했다. 유대인들은 에돔 사람 헤롯을 싫어했지만, 성전을 재건하는 것에 약간의 호의를 보이고 어쩔 수 없이 헤롯이 분봉왕 노릇을 하는 것에 동조하였다. 성전 안에는 제사장들이 하나님을 만나고 하나님의 뜻을 깨닫는 성소가 있다. 유대인들은 제물을 드릴 때마다 성소에 들어가야 했다. 그런데 예수님은 사람의 손으로 만들어진 성전의 성소가 아닌 하늘에 들어가셨다. 대제사장은 짐승의 피를 가지고 성소에 들어갔지만, 예수님은 하늘의 성소에 오르셨다. 대제사장이 성소에서 하나님께 보이고 하나님의 뜻을 알게 된 후 사람들에게 나타난다. 예수님은 하늘로부터 아버지의 뜻을 받아 세상에 오셨고, 우리에게 나타나셨다. 예수님은 유대인의 성소를 뛰어넘는 분이시다. 또 유대인들의 존경하는 대제사장보다 뛰어난 멜기세덱의 반차를 따르는 대제사장이시다. 그런 예수님이 우리의 구원을 위해 우리에게 나타나셨다.

3. 단번에 드려진 제물 그리스도

과거에는 일 년에 몇 차례 대제사장들이 성소에 들어가서 제물을 드려야 했다. 한 해에 세 차례 절기를 지킬 때 성소에서 제물을 드렸다. 또 대속죄일에도 제물을 드렸다. 율법에는 하나님 앞에 드리는 각종 제물을 소개한다. 제물 중에 다수가 소, 양, 비둘기 같은 짐승이었다. 하나님 앞에 제물을 드릴 때는 초태생이고 흠 없는 것들로 드려야 했다. 때로는 짐승 중에 아사셀을 정하여 그 위에 안수하고 사람의 죄를 전가시키는 적도 있었다. 사람이 받아야 할 죄의 대가와 고난을 짐승이 받게 함으로 사람의 죄를 용서받는 일종의 상징적 행위였다. 하지만 그다음 해에 또 제물을 드려야 한다면 사람의 죄가 용서되어도 단기간의 효력만 가질 뿐이었다. 사람은 에덴동산의 타락 이후로 피조물로 사는 동안 고난이 끊이지 않는다. 율법에 따르면 사람이 죄의 대가로 고난을 받으니 죄를 용서받는 일을 해마다 해야 했다. 이것이 유대인들의 그토록 자랑하는 율법의 한계이다. 사실 유대인들은 죄를 용서받는 감격보다는 제물을 드리고 죄가 용서받았다는 심정적 만족에 머물렀다. 하나님은 율법의 한계에 갇힌 사람들에게 영원한 구원의 복음을 선물로 주고 싶으시다. 그래서 독생자 예수님을 보내시고 단번에 드려진 제물이 되게 하셨고 예수님을 믿는 사람에게 영생을 선물로 주셨다.

4. 우리 구원을 이루는 그리스도

사람은 하나님의 형상을 따라 지음을 받은 존재, 즉 피조물이다. 그런데 사람이 에덴동산에서 범죄하고 타락함으로 언젠가는 죽음이라는 형벌을 받아야 했다. 아담의 후손은 반드시 죽는다. 예수님이 죽으셨으나 부활하심은 아담의 후손이 아닌 둘째 아담이시기 때문이다. 본문에서는 "한 번 죽는 것이 사람에게 정하신 것이요 그 후에는 심판이 있을 것"이라 말한다. 율법을 잘 지키는 유대인도 죽는다. 지식을 숭상하는 헬라인도 죽는다. 죽음 이후에는 하나님 앞에서 심판을 받는다. 영생 아니면 영벌이 사람을 기다리고 있다(마 25:46). 사람은 영벌이 아닌 영생에 들어가려고 율법과 지식을 찾았다. 그러나 율법이나 지식이나 영생을 주지 못한다. 영생은 오직 예수님에게만 있다. 예수님이 세상에 오셔서 세상에 생명을 주는 생명의 떡이 되셨다(요 6:33). 사람들에게 다시는 제물을 바치는 제사를 드리지 않도록 단번에 제물이 되신 예수님께서 우리에게 영생을 허락하셨다. 예수님을 그리스도로 믿는 사람에게는 영생이 있다(요 3:16). 예수님이 십자가에서 죽으심으로 우리의 구원을 이루셨다. 예수님은 부활하신 후 하늘에 오르셨지만 우리에게 다시 오실 것이다. 예수님의 재림으로 믿의 사람들에게는 영생의 확증을 갖고 예수님 오른편에서 영원한 은혜를 누리게 될 것이다.

6월의 예배와 설교를 위하여

일	요일		본문	설교제목	기타 (예화, 참고자료)
1	주일	낮			
		밤			
4	수				
8	주일	낮			
		밤			
11	수				
15	주일	낮			
		밤			
18	수				
22	주일	낮			
		밤			
25	수				
29	주일	낮			
		밤			

성 경	마태복음 18:16-20	예전색상	흰색

예 배 의 부 름	"나는 선한 목자라 나는 내 양을 알고 양도 나를 아는 것이 아버지께서 나를 아시고 내가 아버지를 아는 것 같으니 나는 양을 위하여 목숨을 버리노라"(요 10:14-15) 우리를 푸른 풀밭에 누이시며 쉴만한 물가로 인도하시는 하나님 아버지! 선한 목자이신 예수님을 닮은 주의 종을 따르며 영혼의 푸른 풀밭과 쉴만한 물가로 인도함을 받게 하심을 감사드립니다. 병으로 고생하시는 목사님들, 은퇴한 후 생활에 어려움을 겪는 주의 종들이 많습니다. 치유해 주옵소서. 이 예배를 통하여 저희가 가지고 나온 문제들이 응답받고 저희를 향한 하나님의 계획대로 살기를 결단하는 은혜의 시간이 되게 하여 주옵소서. 예수님의 이름으로 기원하옵나이다. 아멘
회개를 위하여	우리의 선한 목자이신 예수님의 말씀에 순종하지 않고 곁길로 가거나 도망한 허물이 있습니다. 선한 목자이신 예수님은 우리를 위해 목숨을 버리셨는데 우리는 희생하지 않은 죄를 뉘우치고 회개하는 기도를 드리겠습니다.
고 백 의 기 도	선한 목자이신 예수님을 세상에 보내신 하나님 아버지! 선한 목자이신 예수님은 하늘 높은 자리를 버리고 낮고 천한 인간의 모습으로 세상에 오셨는데, 우리는 낮은 자리가 싫다고 하며 높은 자리는 탐한 허물을 고백하나이다. 예수님은 가난한 사람들과 함께하시며 음식을 잡수셨는데, 우리는 부자들과 교제하며 맛집에서 고급 음식을 먹은 잘못을 용서하여 주옵소서. 예수님은 입을 옷이 없어서 헐벗고 생활하셨는데, 우리는 많은 돈을 주고 고급의복이나 명품 옷을 사서 입고 뽐내며 생활한 위선을 용서하옵소서. 예수님께서 자신을 비유하여 "한 알의 밀이 땅에 떨어져 죽지 아니하면 한 알 그대로 있고 죽으면 많은 열매를 맺느니라"(요 12:24)라고 말씀하시며 십자가의 희생을 예고하셨는데, 우리는 땅에 떨어지려고 하지 않고 죽지 않으려고 몸부림친 죄를 지으며 살아갑니다. 목회자는 성도들을 생명의 길로 인도하고 하나님의 말씀을 설교하는데, 우리는 목회자의 설교를 농담이나 만담으로 듣고 그대로 따르지 않고 내 멋대로 판단하고 행동한 허물을 용서하여 주옵소서. 예수님의 이름으로 회개하며 기도드립니다. 아멘
사함의 확 인	"그러므로 이제 그리스도 예수 안에 있는 자에게는 결코 정죄함이 없나니 이는 그리스도 예수 안에 있는 생명의 성령의 법이 죄와 사망의 법에서 너를 해방하였음이라"(롬 8:1-2)
성시교독	13. 시편 23편
설교 전 찬 송	40장 (찬송으로 보답할 수 없는) 569장 (선한 목자 되신 우리 주)
설교 후 찬 송	570장 (주는 나를 기르시는 목자) 50장 (내게 있는 모든 것을)

06 01

153

금주의 성 가	선한 목자 – Arr. by David Williams 그리스도를 더욱 사랑 – J. E. Roberts 주 예수의 은혜로 구원받아 – J. W. Peterson
목 회 기 도	**땅**에서 풀면 하늘에서도 풀리리라 말씀하신 하나님 아버지! 교회를 세우시고 기름 좋은 목자를 보내 주시어 푸른 초장과 생명수가 흐르는 쉴만한 물가로 인도함을 받게 하심을 감사드립니다. 오늘 목회자 주일에 한국 교회 목회자들이 뱀 같이 지혜롭고 비둘기 같이 순결하게 하옵소서. 악한 마귀가 갖가지 악한 수단으로 목회자를 유혹할 때에 넘어가지 않게 하옵소서. 우리 목회자님들이 성령이 충만하여 말씀을 전하게 하셔서 우리 교회가 평안하며 든든히 서 가게 하시옵소서. 병으로 고생하는 목사님들과 선교사들에게 하늘 소망의 감동을 부어주시옵소서. **합**심하여 선을 이루시기를 바라는 하나님 아버지! 교회에서 직분을 맡고 열심히 헌신한 일꾼들의 수고가 풍성한 결실을 보게 하옵소서. 항상 모든 것이 합력하여 선을 이루심을 확신하고 이해와 양보와 사랑으로 함께 가는 거룩한 교회가 되게 하옵소서. 누군가가 실수를 할 때 나쁜 말로 탓하지 않고 좋게 포용하게 하옵소서. 두세 사람이 모여서 함께 한마음으로 기도하면 하나님께서 응답하신다고 말씀하셨으니, 우리는 새벽기도회나 수요기도회 또는 금요기도회에 빠지지 않고 함께 모여 기도하게 하옵소서. 예수님의 이름으로 기도합니다. 아멘
헌금을 위한 성 구	"우리가 너희를 위하여 기도할 때마다 하나님 곧 우리 주 예수 그리스도의 아버지께 감사하노라 이는 그리스도 예수 안에 너희의 믿음과 모든 성도에 대한 사랑을 들었음이요 너희를 위하여 하늘에 쌓아 둔 소망으로 말미암음이니 곧 너희가 전에 복음 진리의 말씀을 들은 것이라"(골 1:3-5)
헌 금 기 도	**하**늘에 쌓아 둔 소망으로 말미암아 축복을 주시는 하나님 아버지! 헌금을 드릴 때마다 한 알의 씨앗처럼 작을지라도 장차 큰 나무가 되어 수많은 열매를 맺을 것이라는 믿음으로 드리게 하심을 감사드립니다. 성도들 각자가 드리는 헌금이 합심하여 선을 이루고 함께 기도하는 공동체의 놀라운 선물이 되게 하시옵소서. 하나님께서 주신 돈 가운데에 십일조를 구별하여 드리나이다. 받으시고 하나님의 창고에 양식이 있게 하시고 주님의 목회자들과 하나님의 사역에 아름답게 사용되게 하소서. 십일조를 드리는 성도에게는 복을 쌓을 곳이 없도록 채워 주시옵소서. **십**일조를 드리지 못하는 성도를 위로하시고 시간의 십일조, 마음의 십일조, 봉사의 십일조를 드리게 하옵소서. 감사 헌금, 생일 헌금, 선교 헌금, 봉사 헌금, 소원 헌금, 건축 헌금을 받으시고 축복하시옵소서. 오늘도 가진 것 없고, 하는 일마다 실패의 늪에서 괴로움 당하는 분들이 있습니다. 고통에는 언제나 끝이 있음을 믿게 하옵소서. 저희 성도들이 경영하는 기업을 축복하시고 자녀들에게 한없는 지혜와 총명으로 가득 채워 주옵소서. 우리 주 예수 그리스도의 이름으로 축복하오며 기도합니다. 아멘
위탁의 말 씀	"너희 중의 두 사람이 땅에서 합심하여 무엇이든지 구하면 하늘에 계신 내 아버지께서 그들을 위하여 이루게 하시리라" 사람들과 화해는 혼자만의 힘으로 되지 않습니다. 함께 양보하고 서로 사랑해야 합니다. 그 일을 내가 먼저 손을 내밀어 실천하는 한 주간을 사는 저와 여러분이 되시기 바랍니다.
축 도	지금은 인류를 구원하시기 위하여 인간의 몸을 친히 입으시고 오셔서 고난당하신 우리 주 예수 그리스도의 은혜와 개인과 역사의 주관자 되시는 하나님 아버지의 지극하신 사랑과 날마다 은혜 안에 살도록 도우시는 성령님의 인도하심이 이 땅에 계신 수많은 목회자와 하나님의 병기로 쓰임 받기를 소원하며 나아가는 성도들 위에 이제로부터 영원토록 함께하옵시기를 간절히 축원하옵나이다. 아멘

오늘의 설교를 위한 복음적 조명 주제 : 목회의 사명

제목 : 함께 하는 목회 l 본문 : 마태복음 18:16-20

주제 : 예수님은 제자들에게 사람들과의 관계에서 회개와 화해의 사역을 하도록 가르치셨다. 죄인의 회개와 사람들과 화해는 혼자만의 힘으로 되지 않고 함께 양보하고 사랑함으로 된다. 예수님은 회개와 화해의 사역이 하늘의 일이며, 이 사역 안에 함께 하신다고 강조하셨다.

논지 : 예수님은 사람들의 관계에서 하나님의 은혜가 필요함을 말씀하셨다.
1. 사람의 관계를 말씀하신 예수님
2. 소외의 결말을 제시하신 예수님
3. 하늘의 연결을 말씀하신 예수님
4. 합심의 기도를 강조하신 예수님

　사람이 사는 일이 매우 복잡하다. 사람은 살면서 수많은 일을 만나고, 경험한다. 사람의 성격에 따라 활동지역의 차이도 있다. 과거처럼 세계에 대한 뉴스가 많지 않고 제한되어도 대륙을 넘나들며 여행을 하고, 문명의 매개자 역할을 했던 사람들이 있다. 이런 사람들은 수많은 사람을 만났을 것이다. 이들은 언어와 문화가 다른 지역에서도 사람들과 만나고 친근해지는 특별한 친화력을 가진 듯하다. 한편 자기가 사는 지역을 평생 근거지로 삼고 경계선을 넘지 않은 사람들도 있다. 유목 생활이나 장사를 하는 사람들은 여러 곳을 다니겠지만, 농경 생활을 하는 사람들은 근거지를 벗어나기에 쉽지 않다. 사람의 관계도 마찬가지이다. 많은 사람을 다양하게 만나는 경우가 있고, 소수의 사람과만 깊이 대화하는 사람들이 있다. 또 모임과 만남에서 다른 이를 배려하며 들어주는 사람이 있고, 자기의 주장만 끝까지 고집하는 사람들이 있다. 정의와 평화를 위해 잠거나 과감하게 행동하는 사람이 있는가 하면 자기 이익을 위해서 분열과 다툼을 조장하는 사람들도 있다. 신앙생활에서도 다양한 사람을 만날 수 있다. 신앙인이라도 자기 욕심을 위해 이웃에게 엉뚱한 일을 벌이는 사람이 있다. 심지어는 가족이나 친구 간에도 자기 유익을 위해 꼼수를 쓰거나 잘못을 저지르기도 한다.

1. 사람의 관계를 말씀하신 예수님

　인간관계의 어려움이 예수님께는 없었을까? 아니다. 예수님의 제자 중에서 특별히 예수님으로부터 더 많은 보상을 원하는 사람이 있었다. 세대배의 아들 야고보와 요한의 어머니가 예수님께 주의 나라가 임할 때 자기 아들들을 주의 좌우편에 앉게 해 달라고 부탁했다. 이 때문에 다른 제자들이 화를 냈다. 예수님의 제자 가룟 유다는 예수님을 배신하고 은 30에 예수님을 팔기까지 했다. 예수님도 우리처럼 어려운 인간관계를 겪었다. 예수님은 형제로부터 어려운 일을 당하는 사람에게 어떻게 대하실지를 말씀하셨다. 처음에는 직면하는 것이다. 15절 말씀이다. "가서 너와 그 사람과만 상대하여 권고하라. 만일 들으면 네가 네 형제를 얻은 것이요" 상대의 잘못을 직면하고 서운하다고 말하는 것은 용기가 필요하다. 상대가 어떻게 생각할지 모르기 때문이다. 인정하고 받아들일지 혹은 자기가 잘한 거라고 우겨댈지 알 수 없는 노릇이다. 하지만 다른 사람의 잘못을 소문내기 전에 당사자에게 먼저 사실을 제시하는 것이 좋다. 상대가 받아들인다면 그와 친구가 될 수 있기 때문이다. 그런데 사람들이 자기 잘못을 쉽게 인정하지 않는다. 이때는 몇 사람을 데리고 가서 권해야 한다. 두세 사람의 증인이 있으면 그의 잘못이 확증되기 때문이다. 관계의 잘못을 지적할 때도 단계가 있다.

2. 소외의 결말을 제시하신 예수님

요즘은 개인정보를 소중하게 여긴다. 심지어 흉악한 죄를 지은 사람이라 할지라도 처음부터 신상 공개를 하지 않는다. 법적인 절차를 거쳐서 신상을 공개한다. 예수님은 사람의 잘못을 처음부터 공개하는 것을 경계하신다. 먼저 직면하고, 그 다음에는 사실을 정확하게 하는 증인들을 대동하여 죄를 깨닫도록 한다. 사람의 잘못을 지적하고, 관계를 회복하는 것도 단계를 거쳐야 한다. 이처럼 단계를 거치는 것이 지혜이다. 첫 번째 혹은 두 번째 단계에서 잘못을 깨우치는 사람이 있다면 그의 잘못을 감싸줄 수 있다. 뉘우치는 사람에게 새로운 생활의 기회를 제공한다. 예수님은 사람의 범죄를 드러내어 사회적으로 매장당하기보다는 깨닫고 돌이켜 새로운 생활의 기회가 제공되는 것을 원하신다. 죄인이 새로운 기회를 얻는다면 감사할 일이다. 그런데 한두 단계에서 자기 죄를 깨닫지 못하는 사람이 있다. 어떻게 해야 할까? 예수님은 바로 이때 공동체에 알릴 것을 말씀하신다. 교회에 말하여 권면하되 권면을 듣지 않는다면 아예 상대하지 말라고 하신다. 이방인이나 세리처럼 보아도 아는 척하지 말고, 없는 사람처럼 여기라는 말씀이다. 관계 안에서 살아야 하는 사람에게 소외와 무관심은 가장 매서운 징계이다. 소외와 무관심을 당하면 본인의 잘못에 대해 깨달을 수 있을 것이다.

3. 하늘의 연결을 말씀하신 예수님

예수님의 말씀 중에 독특한 해결책이 있다. 사람들이 잘못하면 형벌을 받아야 한다. 혹은 사회로부터 격리되기도 한다. 그런데 예수님은 형벌과 격리를 말씀하지 않으셨다. 15절에 의하면 개인적인 관계이기 때문이다. 예수님은 개인이 개인에게 벌을 주는 일을 경계하신다. 개인에게 잘못한 것이라도 공동체의 규칙과 법에 따라서 벌을 주어야 한다. 개인의 생각과 의견대로 마음껏 행동한다면 공동체의 질서가 무너진다. 건강한 사람은 공동체를 자기가 억울하고 피해를 보았다 할지라도 공동체의 이해관계를 먼저 생각한다. 예수님은 공동체를 생각하는 정신이 곧 하나님과의 관계임을 말씀하신다. 사람이 비록 땅에 발을 붙이고 살지만 땅에서 묶인 것이 있다면 하늘에서도 묶일 것이다. 또 땅에서 풀린다면 하늘에서도 풀릴 것이다. 예수님은 땅의 생활, 즉 사람과의 관계가 결코 땅에서만 끝나지 않는다고 말씀하신다. 하늘을 바라보는 사람은 땅에서 살면서 하늘을 생각한다. 헬라어에 사람이라는 뜻의 단어 '안드로포스'는 하늘을 바라보는 존재라는 뜻이다. 즉, 예수님은 사람과의 관계에서 하나님의 뜻을 생각하신다. 사람은 하나님의 형상을 따라 지음을 받은 존재이기 때문이다. 예수님은 진실로 이른다는 말씀을 서두에 꺼내심으로 땅에서 관계가 하늘로 연결됨을 강조하신다.

4. 합심의 기도를 강조하신 예수님

예수님은 사람들에게 땅에서 관계를 바르게 하고, 하나님의 복을 받기를 강조하신다. 땅에서의 바른 관계는 어떤 형태일까? 두세 사람이 모여도 예수님의 이름으로 모이는 것이다. 사람이 모일 때는 어떤 목적이 있다. 대단한 일을 계획할 수도 있지만, 가볍게 만나서 안부를 전할 수도 있다. 그런데 신앙인은 사람이 만날 때 예수님을 초점으로 만난다. 예수님의 이름으로 모일 때는 예수님을 이야기하고, 예수님의 사랑을 경험하며, 예수님의 말씀을 되새긴다. 예수님의 뜻대로 행하는지를 서로 묻고 격려하며 살아가면서 예수님이 원하는 대로 행하겠다고 다짐하기도 한다. 특별히 예수님의 이름으로 기도한다. 예수님은 당신의 이름으로 모이는 곳에 함께하신다. 또 당신의 이름으로 기도하는 소리를 기억하신다. 예수님의 이름으로 기도하는 소리와 내용을 하나님 아버지가 들으신다. 사람들이 예수님의 이름으로 모여 한마음으로 기도하는 소리를 하나님이 들으시고 이뤄주신다. 두세 사람이 예수님의 이름으로 모였을 때는 형제의 잘못을 깨우치는 방법, 형제를 바르게 살도록 이끄는 방법을 말할 수 있다. 또 형제가 깨우치고 바르게 살도록 하나님의 도우심을 구할 수 있다. 하나님은 예수님 이름으로 모인 모임에 복을 주신다.

성 경	이사야 32:14-20	예전색상	빨간색

예배의 부름	"진리의 성령이 오시면 그가 너희를 모든 진리 가운데로 인도하시리니 그가 스스로 말하지 않고 오직 들은 것을 말하며 장래 일을 너희에게 알리시리라" (요 16:13)
	진리의 성령님을 보내셔서 성도들을 바른길로 가게 하시는 하나님 아버지! 오늘 성령강림 주일에 저희 안에 오셔서 새로운 변화와 혁신을 이루어서 새 사람으로 거듭나게 하시옵소서. 비둘기 같은 성령님이 오셔서 저희를 겸손하게 하시고, 바람 같은 성령님이 오셔서 능력 있는 삶을 살게 하옵소서. 성도들이 성령을 받아 주님의 사랑을 깊이 깨닫게 하시고 하나님의 은총을 느끼게 하옵소서. 우리 주 예수 그리스도의 이름으로 기원하옵나이다. 아멘

회개를 위하여	성령님께서 강림하셔서 역사하시는데 우리는 지금까지 모는 일을 사신의 힘으로 되는 줄 알고 성령님께 대해서는 너무나 무관심해서 실패에 실패를 거듭하였습니다. 이제는 성령강림의 역사를 알고 뉘우치며 하나님께 회개하는 기도를 드리겠습니다.

고백의 기도	보혜사 성령님을 세상에 보내신 하나님 아버지! 예수님께서 세상을 떠나시면서 너희는 마음에 근심하지 말라 말씀하셨는데, 우리는 세상에서 무엇을 먹고, 무엇을 입고 어디에서 살까를 걱정하고 산 잘못을 용서하여 주옵소서. 보혜사 성령님이 오시면 모든 것을 가르치고 우리에게 하신 말씀이 다시 생각나게 하리라 말씀하셨는데, 우리는 보혜사 성령님을 따르지도 않고 제멋대로 말하고 행동한 불신앙을 불쌍히 여겨 주옵소서.
	우리 안에 계시면서 우리를 바른길로 인도하시는 성령님의 역사하심을 무시하고 탕자처럼 저희 뜻대로 생각하고 말하고 행동한 저희를 불쌍히 여겨 주시옵소서. 성령께서 쉬지 않고 저희를 위하여 말할 수 없는 탄식으로 하나님께 간구하시건만 저희는 나태하여 그 기도 소리를 듣지 못했습니다. 이제 결심합니다. 성령님이 음성을 듣지 못하게 하는 죄의 장막을 걷어 내겠습니다. 그리고 기도와 찬송과 말씀의 장단에 맞추어 성령님과 춤을 추는 성도로 살 것을 결심하오니 용서하시기를 예수님의 이름으로 기도합니다. 아멘

사함의 확인	"악인은 그의 길을 불의한 자는 그의 생각을 버리고 여호와께로 돌아오라 그리하면 그가 긍휼히 여기시리라 우리 하나님께로 돌아오라 그가 너그럽게 용서하시리라"(사 55:7)
성시교독	135. 성령 강림(1)
설교 전 찬 송	41장 (내 영혼아 주 찬양하여라) 182장 (강물 같이 흐르는 기쁨)
설교 후 찬 송	190장 (성령이여 강림하사) 196장 (성령의 은사를)

06 08

금주의 성가	성령이여 내게 오소서 – William Garther 주 성령이여 내려오사 – Dwight Gustafson 성령이여 임하소서 – C. Simper
목 회 기 도	보혜사 성령을 보내주신 하나님 아버지! 성령의 은혜로 저희 심령을 뜨겁게 격려하시고 주님의 능력을 보여 주심을 감사드립니다. 오늘 성령강림 주일에 지친 몸과 마음을 이끌고 하나님 아버지 집에 온 성도들이 성령을 영접하고 성령의 능력을 갑절로 받아 새 힘을 얻게 하옵소서. 세상에서 방황할 때 길이요 진리요 생명 되시는 주님을 의지하고 살게 하옵소서. 이제 성령을 받은 우리는 가정에서 주님의 역사를 증거하겠습니다. 교회에서는 힘 있는 일꾼으로 주님의 나라를 위해 헌신하겠습니다. 맡겨진 직분을 주님 뜻대로 순종하면서 아멘의 성도가 될 것을 다짐합니다. 보혜사 성령을 주사 저희를 가르치시고 지켜주시는 하나님 아버지! 성령의 아홉 가지 은사를 골고루 넘치게 받은 우리입니다. 늙은이들은 꿈을 꾸게 하시고, 젊은이들은 하늘의 이상을 바라보게 하시며 장래 일을 말하고, 방언으로 사랑을 말하게 하옵소서. 하나님께서 성령으로 옥토를 만드시는 줄 믿으니 우리는 마음의 밭에 복음의 씨를 심어서 잘 자라게 하사 추수 때에 30배 60배 100배의 열매를 추수하게 하시옵소서. 험한 세상에서 죄를 지었을 때 죄를 깨닫고 회개할 기회를 주시고 신앙과 인생의 전환점에서 하나님을 만나게 하옵소서. 예수님의 이름으로 기도합니다. 아멘
헌금을 위한 성구	"믿는 무리가 한 마음과 한 뜻이 되어 모든 물건을 서로 통용하고 자기 재물을 조금이라도 자기 것이라 하는 이가 하나도 없더라"(행 4:32)
헌 금 기 도	성령을 충만하게 받은 초대교회를 본받을 마음을 주시는 하나님 아버지! 성령강림 주일에 감사의 향기로운 열매를 성삼위 하나님께 봉헌할 수 있는 믿음 주심을 감사드립니다. 지난 한 주간 세상에서 살면서 숨 쉬는 생명과 모든 것이 주님의 은혜이지만 은혜를 망각하고 내 공로를 내세울 때가 있었음을 용서하옵소서. 십일조를 드립니다. 감사 예물로 드립니다. 예물을 드리는 자녀들을 축복하사 그의 자손들은 이 세상에서 하나님의 능력으로 살게 하시며 모든 일을 공의로 처리하는 자 하나님의 뜻에 합당한 삶을 살게 하옵소서. 주일 헌금, 구역 헌금, 성미를 드립니다. 이들에게 주님을 향한 믿음이 세상 어떠한 바람에도 흔들리지 않는 견고한 믿음이 되게 하옵소서. 어린 자녀들이 드리는 예물도 있습니다. 주님께서 주신 재능을 잘 계발하고 지식을 연마하며 영성을 훈련해서 주님의 아름다운 일꾼들이 되게 하옵소서. 물질이 부족해서 어려움을 당하고 있는 성도들의 필요로 공급하여 주옵소서. 성도들이 운영하는 기업체마다 부족함 없는 일거리가 밀려들게 하옵시고 안전사고를 막아주옵소서. 오늘도 헌신하는 일손들이 있습니다. 축복하시고 자자손손 부족함 없는 하늘 은혜로 채워 주옵소서. 예수님 이름으로 축복하며 기도드립니다. 아멘
위탁의 말 씀	"공의의 열매는 화평이요 공의의 결과는 영원한 평안과 안전이라" 폐허가 된 가정, 폐허가 된 사업, 폐허가 된 인간관계를 회복시키는 은혜는 오직 오시는 성령을 받는 길입니다. 성령님과 함께 회복의 춤을 추는 한 주간을 살아 사람들에게 정의와 평화 그리고 안식의 복을 보여 주어야 합니다.
축 도	이제는 살리는 일을 우리에게 위탁하신 우리 주 예수 그리스도의 무한하신 은혜와 외아들까지 보내주신 하나님의 놀라우신 사랑과 우리의 생각을 지배하시는 성령의 감화, 역사하시는 도우심이 오순절 성령을 사모하며 성령의 능력으로 복음의 군병된 삶을 살고자 애쓰는 사랑하는 성도의 머리 위에 영원토록 함께하시기를 축원하옵나이다. 아멘

오늘의 설교를 위한 복음적 조명 주제 : 성령의 오심

제목 : 성령을 보내십니다 | 본문 : 이사야 32:14-20

주제 : 하나님은 사람들을 향하여 관심을 두고 계신다. 하나님은 사람의 범죄로 폐허가 된 땅을 회복하는 은혜를 주신다. 회복하는 은혜의 방법을 곧 성령을 보내시는 일이다. 성령을 보내신 하나님은 성령을 받은 사람들에게 정의와 평화 그리고 안식의 복을 허락하신다.

논지 : 하나님은 당신의 백성에게 성령을 보내심으로 복되게 하신다.
  1. 성읍을 폐허로 바꾸시는 하나님
  2. 성령으로 옥토를 만드실 하나님
  3. 정의와 평화를 성취하실 하나님
  4. 백성에게 복을 허락하실 하나님

　사람이 살면서 전환점이 되는 사건을 경험한다. 전쟁을 겪은 사람은 전쟁의 참상을 보고 트라우마에 걸릴 수 있다. 트라우마가 그로 하여금 누군가를 혐오하게 만들기도 한다. 그런데 어떤 사람은 전쟁의 아픔을 보고 전쟁 피해자를 구해야겠다는 생각을 한다. 우리나라가 전쟁을 겪을 때 전쟁고아가 매우 많았는데 이 고아들을 돌보아야겠다고 생각한 미국인이 있었다. 정찰병으로 한국전에 참가한 미국인 드레이크 씨는 전쟁고아를 돕겠다는 생각을 하고 약 천여 통의 편지를 미국으로 보내 미국의 각 사회 봉사단체와 지역 주민들에게 도움을 요청하였다. 편지에 응답한 사람들의 도움으로 만여 명이 넘는 전쟁고아들의 생명을 살리고 오만 사천여 명의 어린이들에게 자금과 물품이 지원되었다. 한편 선교사이자 한국전쟁 종군기자였던 밥 피어스 목사는 전쟁고아와 남편 잃은 부인들을 돕고자 구호 활동을 시작했다. 그는 '하나님의 마음을 아프게 하는 것들로 나의 마음도 아프게 하소서'라는 마음을 가졌다. 그의 구호 활동이 점차 커져서 전 세계 어린이들을 구호하는 지금의 월드비전이 되었다. 전쟁은 한 사람의 인생 전환점이었고 또 모든 사람의 인생 전환점이었다. 하나님은 사람에게 전환점을 만드신다. 예수님을 믿게 하시고 또 성령을 보내신다. 성령의 강림이 전환점이 된다.

1. 성읍을 폐허로 바꾸시는 하나님

　사람이 평온하게 살면 자기가 잘 나고 자기 노력으로 얻은 결과라고 생각한다. 평온하게 살다 보면 하나님을 잊기도 한다. 자기 노력으로 살려고 발버둥치지만 그 역시 하나님을 생각하지 못하는 행위이다. 우리가 사는 것은 사실 예수님이 우리 안에서 사는 것이다. 어떤 의사는 하루에 네 시간만 자면서 중증에 걸린 환자들을 수술했다. 그는 수술할 때마다 하나님께 자기 손을 움직여달라고 기도했다. 수술이 성공적으로 마치면 하나님이 자기 안에서 일하셨다고 간증했다. 기독교인이라 하지만 이런 믿음을 못 가진 사람이 너무 많다. 하나님의 살아계심을 느끼지 못하는 심령은 황무지와도 같다. 오늘 본문에 하나님을 모르는 백성들이 살아가는 터전이 황무지로 변함을 보여 준다. 궁전은 무너지고, 사람들이 오가며 떠들썩했던 성읍들은 적막해졌다. 망대는 구덩이로 변했다. 사람들이 살던 곳에는 들나귀가 뛰어놀고 양떼가 풀을 뜯는 초원으로 변하고 말았다. 하나님은 당신을 떠난 사람들이 살던 성읍을 폐허로 바꾸셨다. 이방의 군대가 쳐들어올 때 하나님을 떠난 사람은 힘을 쓰지 못한다. 앉아서 그냥 당할 뿐이다. 사람이 사는 환경만 이렇게 변하겠는가? 하나님을 떠난 마음이 이렇게 황폐해진다. 사막이나 바다 한가운데 있는 것 같은 외로움과 쓸쓸함이 사람을 엄습한다.

2. 성령으로 옥토를 만드실 하나님

사람의 고난이 전환점이 될 수 있다. 고난 중에 죄를 깨닫고 회개하며 하나님께로 돌아온 다면 전환점이라 할 것이다. 그러나 사람이 그 전환점을 만든다고 생각하는가? 아니다. 하나님이 죄를 깨닫는 마음을 주시고 회개할 기회를 주신다. 그러니까 신앙과 인생의 전환점을 주시는 분은 곧 하나님이시다. 하나님이 어떤 방법으로 사람들에게 전환점을 허락하실까? 곧 성령을 보내 주시는 일이다. 본문 15절에 마침내 위에서부터 영을 우리에게 부어주신다고 한다. 하나님이 성령을 보내시면 어려움이 닥칠 때 그 이유를 사람에게서 찾는다. 성령은 사람에게 죄를 깨닫고 회개하도록 일하신다. 사람이 죄를 깨달으면 눈물 흘리며 하나님의 은혜를 사모한다. 눈물을 흘리는 심령은 하나님이 옥토로 갈아엎으심을 의미할 수 있다. 감정이 메마른 사람, 은혜를 모르는 사람은 눈물조차도 나오지 않는다. 하지만 은혜의 감격으로 눈물을 흘리는 사람의 마음 안에는 하나님을 향한 사랑, 사람을 향한 연민으로 가득차게 된다. 하나님이 성령을 부어주시면 황폐해진 땅이 회복된다. 광야가 아름다운 밭으로 변하고, 아름다운 밭을 보는 사람이 울창한 숲이라고 생각하게 된다. 밭에서 자라는 곡식과 열매를 보고 울창한 숲을 보는 것만큼 평안함을 얻는다. 곧 우리의 심령이 밭이고 숲이 된다.

3. 정의와 평화를 성취하실 하나님

사람이 살면서 먹을 것으로만 만족하는가? 그렇지 않다. 좋은 집이 있으면 다른 것은 필요치 않을까? 그렇지 않다. 사람은 어느 한 가지로만 만족하지 못한다. 사람이 사는 사회에는 경제가 중요하다. 동시에 정의와 평화도 중요하다. 정의와 평화가 동반된 경제여야 한다. 정의가 사라진 경제적 부강은 누군가를 희생하게 한다. 평화가 사라진 부유함은 누군가에게는 불안과 아픔이다. 하나님이 성령을 우리에게 주시면 정의와 평화를 동반한 부유함이 나타난다. 균형이 잡힌 복이다. 아무리 복을 받았다 해도 균형이 무너졌다면 그것은 복이 아니다. 아무리 돈을 벌어서 복 받았다고 해도 몸이 아프면 복이 아니다. 몸이 건강하지만 성격이 나쁘면 복이 아니다. 성격이 좋은 데 구걸할 정도이면 복이 아니다. 넉넉하지만 욕심쟁이라면 복이 아니다. 국가 경제가 잘 돌아간다고 하고, 사람들이 부유하다고 하는데 한쪽에 부정부패가 있다면 복이 아니다. 사실 부정부패는 국가경제까지 무너뜨리는 일이 된다. 본문은 정의가 광야에 거하고 공의가 아름다운 밭에 거한다고 한다. 사회 환경이 정의롭게 된다. 정의의 열매로 평화가 이뤄지고, 그 결과로 사람들에게 안전과 평안이 있다. 성령이 오시면 사회적인 정화작업이 이뤄진다. 성령은 개인을 각성시키고, 국가와 사회를 바르게 변화시킨다.

4. 백성에게 복을 허락하실 하나님

개인이 각성한 사회, 정의와 평화가 세워진 사회는 복을 받는다. 사람들의 눈에 보기에도 복을 받고, 하나님이 보시기에도 복되다고 인정을 받는다. 하나님이 성령을 받은 백성들에게 복을 주신다. 백성들이 화평한 집과 안전한 거처에 머무른다. 백성들의 가정이 화목하다. 그들의 집은 자연재해와 적군의 위협에서 안전하다. 집에 머무르면 편안한 느낌을 받는다. 사회가 혼란하지 않으므로 사람들은 조용하게 쉴 수도 있다. 이때 하나님을 떠난 사람들의 착각은 무너진다. 사람이 숨으려던 숲은 우박에 상하고, 사람이 세워서 영광을 누리려던 성읍은 파괴된다. 하나님이 백성에게 주시는 복은 이전에 나쁜 질서를 무너뜨리고 공의와 평화의 새로운 질서를 주시는 일이다. 그리고 파괴된 곳에 새로운 환경을 세우신다. 하나님은 이 모든 일을 성령을 통해 일하신다. 성령이 오시면 우리가 옛사람은 죽고 새사람이 된다. 옛사람의 행실은 사라지고 새 사람으로 행한다. 하나님이 백성들에게 물가에 씨를 뿌리고 소와 나귀를 물가로 모으는 사람들에게 복이 있을 것이라 하신다. 새로운 환경에 적응하여 새로운 생활을 하는 것이 힘들 수 있으나 사실은 복이다. 하나님이 주도하시는 일이기 때문이다. 하나님이 주도하는 일은 사람의 생각을 초월하여 하나님이 복되다고 인정하신다.

성 경	고린도전서 12:4-13	예전색상	흰색

예배의 부름	"이는 물과 피로 임하신 이시니 곧 예수 그리스도시라 물로만 아니요 물과 피로 임하셨고 증언하는 이는 성령이시니 성령은 진리니라 증언하는 이가 셋이니 성령과 물과 피라 또한 이 셋은 합하여 하나이니라"(요일 5:6-8)
	성부, 성자, 성령으로 한 몸을 이루신 성삼위 하나님 아버지! 우리를 죄에서 구원하시기 위하여 은혜를 베풀어주신 삼위일체 하나님께 영광과 존귀와 찬양을 드리나이다. 이 시간에 세상의 모든 잡념을 버리고 경건한 마음으로 삼위일체 하나님께 예배드립니다. 참석한 성도들이 하늘 은혜와 축복과 그동안 눈물로 간구한 기도 응답을 받게 하옵소서. 세세한 부분까지라도 주님의 손길을 깨닫는 은혜를 베풀어주시옵소서. 우리 주 예수 그리스도의 이름으로 간절히 기원하옵나이다. 아멘

회개를 위하여	우리는 오직 한 분이신 유일신 여호와 하나님을 믿는데 성부, 성자, 성령이 한 하나님이라는 말에 고민한 적이 있습니다. 이는 '다함에도 일치하는 은혜'를 주시는 하나님을 모르기 때문이었습니다. 우리의 무지를 뉘우치고 회개하는 기도를 계속합니다.

고백의 기도	'다함에도 일치하는 은혜'를 주시는 하나님 아버지! 영원부터 영원까지 살아 계시며 무한한 능력이 있으신 성부, 성자, 성령 하나님을 마음껏 부를 수 있는 감동 주심을 감사드립니다. 성부, 성자, 성령의 삼위일체 하나님은 우리의 눈에 보이지 않는데, 우리는 눈에 보이는 사람이나 재물을 좋아한 죄를 용서하옵소서. 삼위일체 하나님은 언제 어디서나 우리를 지켜보시는데, 우리는 하나님 없이 또는 다른 사람이 보지 않는다고 부끄러운 행동을 범한 죄악을 용서하옵소서.
	하나님께서 우리를 변함없이 사랑하시고, 예수님은 날마다 우리를 위하여 기도하시고, 보혜사 성령님은 우리를 지켜주시지만 우리는 삼위일체 하나님 없이 세상을 사는 죄를 범하였습니다. 사랑이 없는 말을 했고, 믿음이 없는 행동을 했고 성령님의 가르치심과 감화를 멀리하고 내 의욕대로 생활한 불신앙을 불쌍히 여겨 주옵소서. 어리석게도 모든 죄를 알고 계시는 성령님을 속이려 한 엄청난 죄를 고백하오니 사죄의 말씀으로 회복시켜 주옵소서. 예수님의 이름으로 회개하며 기도드립니다. 아멘

사함의 확인	"이제는 너희가 죄로부터 해방되고 하나님께 종이 되어 거룩함에 이르는 열매를 맺었으니 그 마지막은 영생이라"(롬 6:22)

성시교독	137. 삼위일체

설교 전 찬 송	42장 (거룩한 주님께) 184장 (불길 같은 주 성령)

설교 후 찬 송	189장 (진실하신 주 성령) 197장 (은혜가 풍성한 하나님은)

06 15

금주의 성가	천사들의 영광노래 – Harry Rowe Shelly 하나님을 찬양하라 – Everett Titcomb 여호와는 위대하다 – Joseph Haydn
목 회 기 도	**성**부, 성자, 성령 삼위일체의 하나님 아버지! 저희에게 성삼위일체 주일을 주시어서 하늘의 오묘한 신비를 깨달아 알게 하신 것을 감사드립니다. 천지를 창조하심으로 질서를 회복하신 성부 하나님, 십자가를 진심으로 구속자 되시어서 고난을 기쁨으로 바꾸어 주신 성자 하나님, 역사하심과 교통하심으로 저희를 하나 되게 하시는 성령 하나님의 신비로운 삼위일체 주일에 성삼위 하나님의 위대한 사역을 깨달아 믿음의 성장으로 승화시키는 귀한 절기가 되게 하옵소서. **예**수님의 보혈로 세우신 교회를 통해 구속사역을 완성하시는 하나님 아버지! 교회 공동체에는 여러 사람이 모이는데 우리는 그 가운데서 모든 성도를 사랑하고 존귀하게 섬기게 하옵소서. 사람의 지위나 권세 또는 재산이 많고 적음에 따라 구별하여 대하지 않게 하옵소서. 우리가 빛과 소금으로 역할을 하여 건강한 교회, 사랑이 넘치는 교회, 행복한 교회, 복음을 전파하는 교회가 되게 하시옵소서. 성령의 능력을 받은 성도들이 각 부서, 기관에서 하나 되게 하옵소서. 질병 때문에 고민하는 심령이 치유되는 감격을 안고 찬송하게 하옵소서. 예수님의 이름으로 기도합니다. 아멘
헌금을 위 한 성 구	"이스라엘 자손의 수가 바닷가의 모래 같이 되어서 헤아릴 수도 없고 셀 수도 없을 것이며 전에 그들에게 이르기를 너희는 내 백성이 아니라 한 그 곳에서 그들에게 이르기를 너희는 살아 계신 하나님의 아들들이라 할 것이라"(호 1:10)
헌 금 기 도	**믿**음의 자손이 바닷가의 모래 같이 많게 하시는 하나님 아버지! 지난 한 주간의 세상 삶에서 복음의 감격을 안고 살아갈 수 있는 은혜 감사드립니다. 오늘 주님의 날 우리가 적은 헌금을 드릴지라도 우리의 믿음이 헤아릴 수도 없고 셀 수도 없이 많게 하시옵소서. 오늘도 하늘나라에 계시는 성부, 성자, 성령 삼위일체 하나님께 헌금을 봉헌하오니, 성도들이 모자람이 없는 하늘 백성이 되게 하시옵소서. 우리가 각자 다른 삶을 살지라도 다양성에 일치를 주시는 하나님의 은혜에 보답하는 헌금이 되도록 성령님께서 인도하옵소서. **하**루하루의 삶을 주님께 맡기는 심정으로 십일조를 드립니다. 구하는 것들이 응답 되게 하옵소서. 감사 예물과 주일 헌금을 드립니다. 구역 헌금, 성미를 드립니다. 복음 전파의 지상 명령을 기억하며 선교 헌금을 드립니다. 이 예물이 생명의 씨앗이 되어 풍성한 영적인 열매를 맺게 하옵소서. 사업에 실패하고 실의에 처한 자녀들도 있습니다. 주님께서 재기의 길을 열어주옵소서. 이 주간도 교회 안에서, 교회 밖에서 충성스럽게 봉사의 예물로 몸으로 충성하는 자녀들의 삶에 축복의 통로를 활짝 열어주옵소서. 예수님의 이름으로 축복하오며 기도드립니다. 아멘
위탁의 말 씀	"이 모든 일은 같은 한 성령이 행하사 그의 뜻대로 각 사람에게 나누어 주시는 것이니라" 성령의 은사가 다양하지만, 성령이 하나이고, 직분이 다양해도 주는 같으며, 사역이 여러 가지이지만 하나님은 한 분이십니다. 바로 그 성령님이 삼위일체를 믿게 합니다. 성령을 사모하는 마음으로 한 주간을 살아야 합니다.
축 도	이제는 우리의 길과 진리와 생명이 되시는 예수 그리스도의 은혜와 그의 독생자를 보내어 우리의 죄를 속량하여 영생으로 옮겨 주신 하나님 아버지의 사랑과 약속하신 대로 보내주신 성령의 감동과 감화를 주시는 성삼위 일체 되신 거룩한 역사가 성호를 찬양하고 예배하고 돌아가는 하나님의 백성들 위에 함께해 주시기를 간절히 축원하옵나이다. 아멘

오늘의 설교를 위한 복음적 조명 주제 : 제삼위 성령

제목 : 다양함에도 일치하는 은혜 | 본문 : 고린도전서 12:4-13

주제 : 성령은 하나님의 영이시다. 또 성령은 그리스도의 영이시다. 성령의 은사가 다양하지만, 성령이 하나이고, 직분이 다양해도 주는 같으며, 사역이 여러 가지이지만 하나님은 한 분이시다. 성령은 삼위일체를 믿게 하며, 민족과 은사의 다양성 속에서 일치를 이루어 가신다.

논지 : 성령은 주 안에서 다양한 은사에 하나의 목적을 이루시는 하나님의 영이시다.
- 1. 동일한 은혜를 알려주시는 성령
- 2. 다양한 은사를 허락하시는 성령
- 3. 은사의 목적대로 일하시는 성령
- 4. 다양성에 일치를 이루시는 성령

세상 사람들의 사는 모습이 다양하다. 성격이 다양하고, 사는 모양이 다양하고, 직업이 다양하다. 고대에는 손에 꼽을만한 직업의 숫자가 시대의 발전에 따라 셀 수 없을 정도로 많아졌다. 그러나 사람 사는 게 거기서 거기라고 말하는 이들도 있다. 의식주의 차이가 있지만 먹고 입고 거주하는 데는 누구나 비슷하다. 아기로 태어나 청소년기 성인기를 거쳐 노년기에 이르는 과정이 사람마다 약간의 편차가 있어도 과정만큼은 똑같다. 교회 안에도 다양한 사람들이 모인다. 관심과 재능이 다른 사람들이 모인다. 그러나 고백하는 믿음을 똑같아야 한다. 창조주 하나님을 믿는 믿음, 예수님을 구세주 그리스도로 고백하는 믿음, 성령의 도우심과 인도를 믿는 믿음이 같아야 한다. 곧 삼위일체를 믿는 믿음이다. 성부, 성자, 성령은 위격의 구분이 있으나 본성이 같다. 세 분이 동시에 일하시되 사람이 생각하는 개념상 순서가 있을 뿐이다. 이 믿음은 모든 교회에 똑같이 적용되어야 한다. 사람이 많이 모인 교회나 적게 모이는 교회나 대도시에 있는 교회나 농어촌에 있는 교회나 똑같은 믿음을 가져야 한다. 다양성이 있으나 그 안에 일치를 이루는 핵심이 있다. 믿음의 내용이 같아야 한다. 전 세계에 흩어진 교회, 다른 시대에 존재했던 교회가 모두 삼위일체 믿음을 고백한다.

1. 동일한 은혜를 알려주시는 성령

교회 안에는 사람이 모인다. 교회 안에 아무리 많은 사람이 모인다 해도 건강한 교회, 빛과 소금으로 역할을 하는 교회를 이루려는 마음이 같아야 한다. 교회 안에서 자기 이득을 취하려는 욕심이 있다면 그 교회는 건강하지 못하게 된다. 자신의 재능과 은사를 자랑하고 자기를 높이려는 사람이 있다면 교회가 건강하지 못하다. 건강해지려면 자기를 낮추어야 한다. 성령님은 우리에게 자신을 낮추기 원하신다. 왜냐하면 우리가 받은 은사가 나로부터 생성된 것이 아니고 성령의 선물이기 때문이다. 그래서 바울은 은사가 여러 가지라도 성령은 같다고 말한다. 교회 안에서 맡은 직분이 여럿이라도 직분을 맡기신 주님은 한 분이시다. 교회 안팎에서 일하는 모양은 사람마다 다르지만, 그 일을 사람 중에 이루시는 하나님은 한 분이시다. 이처럼 다양성 안에서 일치가 나타난다. 사람은 다름을 구분하려 하고, 각각의 중요성에 차이를 두고 서열을 매기려 한다. 그러나 성령은 우리에게 같음에 집중하기를 원하신다. 성령은 우리에게 같은 은혜를 알려주신다. 이는 삼위일체의 원리와도 맥이 통한다. 세 분 하나님이 같은 하나님이시다. 한 분 하나님이 세 위격으로 계셨다. 사람이 받은 은사와 사람이 맡은 직분과 사람이 하는 일이 모두 다르지만 그 일을 주장하시는 분은 하나님이시다.

06
15

2. 다양한 은사를 허락하시는 성령

사도 바울은 본문에서 성령의 다양한 은사를 열거한다. 교회 안에 모여서 일할 때 은사대로 일한다. 또 교회 밖으로 나가 세상에서 빛과 소금의 역할을 할 때도 은사대로 일한다. 성령은 한 분이신데, 사람에게 나타나는 은사는 매우 다양하다. 본문에는 지혜의 말씀, 지식의 말씀, 믿음, 병 고침, 능력 행함, 예언, 영분별, 방언, 통역 등의 은사가 열거된다. 왜 이처럼 다양한 은사가 나타날까? 그것은 성령께서 사람을 사용하시기 때문이다. 성령께서는 한 사람에게 은사를 집중해서 주시지 않는다. 물론 은사를 사용하다 보면 복합적인 은사를 갖추는 사역자들이 더러 있기는 하다. 그러나 그런 사역자도 초기에는 한두 개의 은사를 갖고 일한다. 성령께서 사람의 성격과 특성에 따라 더 많은 사람을 사용하시기 위해 믿음의 사람 각자에게 적절한 은사를 주신다. 은사는 모두에게 유익이 되어야 한다. 은사를 사용하는 사람이나 은사가 사용되는 곳에 참여한 사람이나 은사의 대상자에게나 모두에게 유익이어야 한다. 그래서 바울은 "각 사람에게 성령의 나타내심은 유익하게 하려 하심이라"라고 선언한다. 성령은 사람들에게 다른 은사를 주신다. 사람이 어떤 은사를 받든지 그 은사는 자기에게 유익이 된다. 은사를 사용하면 타인에게도 유익이 된다. 성령이 은사를 이렇게 사용하신다.

3. 은사의 목적대로 일하시는 성령

은사는 목적이 있다. 그 목적은 위에서 언급한 바처럼 믿음의 사람들을 유익하게 하려는 것이다. 그러면 은사를 주시는 성령은 어떤 분인가? 성령은 사람에게 은사만 주고 가만히 있는 분일까? 전혀 그렇지 않다. 성령은 사람에게 은사를 주시고, 은사를 바르게 사용하는 지혜도 함께 주신다. 은사를 바르게 사용하는지 스스로 돌아보는 마음도 주신다. 은사를 바르지 않게 사용한다면 그 마음에 깨달음을 주신다. 사람들에게 수많은 은사가 나타나도 또 사람들이 놀랄만한 강한 은사가 나타나도 성령께서 영광을 받으셔야 한다. 왜냐하면 사람에게 은사를 주시는 분이 성령이기 때문이다. 그런데 사람들은 은사를 사용하는 사람을 추앙하는 경우가 있다. 은사를 사용하는 사람은 자기를 높이는 경우가 있다. 이는 성령의 의도에 거스르는 일이다. 우리가 은사를 사용하는 어떤 일이든지 성령께서 행하신다. 은사를 받은 우리는 행하시는 성령의 도구 역할을 할 뿐이다. 성령은 당신의 뜻대로 각 사람에게 은사를 나눠주신다. 그러므로 내가 받은 은사는 삼위일체 하나님의 뜻이다. 다른 이의 은사를 부러워하지 말고 내가 받은 은사에 감사해야 한다. 삼위의 세 위격이 한 분이지만 각각의 독특성을 갖고 계시듯, 각각 은사의 특성이 있어도 은사를 주시고 목적대로 일하시는 성령은 같다.

4. 다양성에 일치를 이루시는 성령

사도 바울은 교회 안에서의 은사의 다양성이 같은 목적을 가졌다는 사실을 하나의 비유로 보다 알기 쉽게 설명한다. 그 비유는 우리 몸이다. 사람의 몸이 하나이지만 여러 지체가 있다. 사람의 몸 안에 각각의 장기가 있다. 우리 신체는 하나이지만 여러 기관이 있다. 그러나 지체, 장기, 기관이 모두 한 몸을 이룬다. 사람의 몸이 다양성의 일치를 이루고 있다. 이처럼 사람의 은사, 직분, 사역 역시 다양하다 해도 성령의 목적대로 사용됨에 일치를 이룬다. 삼위일체의 세 위격은 각각 독특한 일을 하시고 순서상의 차이가 있지만 한 분 하나님이시다. 성부, 성자, 성령으로 일하시지만 같은 하나님이시다. 하나님 안에 사람을 향한 목적이 있고, 성부, 성자, 성령은 그 목적을 이루려고 함께 일하신다. 함께 일하지만 분리된 존재가 아니고 같은 본성을 가지신 하나님이시다. 삼위일체는 이처럼 매우 신비하다. 사람의 이해를 초월한 믿음의 내용이다. 전능하신 하나님이시기에 가능하다. 하나님의 형상대로 창조된 사람도 한 몸 안에 지체가 있고, 여러 지체가 곧 한 몸을 이룬다. 하나님이 그리스도의 몸으로 세우신 교회도 마찬가지이다. 유대인, 헬라인, 종, 자유인 모두 한 성령으로 세례를 받아 한 몸이 되었다. 인종과 신분이 달라도 한 성령을 마시고, 성령에 의해 똑같이 쓰임 받는다.

2025년 6월 22일, 오순절 후 2번째 주일

성 경	골로새서 2:16–23	예전색상	초록색

예배의 부름

"내가 하나님 여호와께서 하실 말씀을 들으리니 무릇 그의 백성 그의 성도들에게 화평을 말씀하실 것이라 그들은 다시 어리석은 데로 돌아가지 말지로다 진실로 그의 구원이 그를 경외하는 자에게 가까우니 영광이 우리 땅에 머무르리이다"(시 85:8–9)

화평을 말씀하시며 믿음의 본질을 살피게 하시는 하나님 아버지! 미움과 싸움, 원망과 저주가 가득한 세상에서 우리를 불러내시어 경배와 찬송으로 신령한 예배를 드리게 하심을 감사드립니다. 예수님의 십자가로 구원받는 자녀의 기쁨으로 하나님께 예배하오니 받으시고 무한한 은혜를 내려주옵소서. 하나님께 정성껏 예배하는 성도에게 예비하신 하늘 은혜로 채워 주시고, 눈물로 호소하는 기도 제목들이 말씀으로 응답받는 감동이 있게 하옵소서. 예수님의 이름으로 기원하나이다. 아멘

회개를 위하여

우리가 교회에 다니지만 때로는 믿지 않는 사람들보다 못하게 살아가는 성도가 있습니다. 그분들은 기도와 찬송과 말씀을 잊고 살아갑니다. 혹 그중에 내가 끼어 있는지 불신앙을 성찰하고 회개하는 기도를 드리겠습니다.

고백의 기도

너희가 세상에서 믿음이 있는 사람을 보겠느냐 말씀하시는 하나님 아버지! 정부도 정치인도 사업가도 믿을 수 없는 세상에서 하나님께 충성하며 살게 해 주신 은혜를 감사드립니다. 그러나 우리는 주일날 교회에 나와서 신앙고백을 하고도 세상에 나가면 믿음과 반대되는 삶을 산 불신앙을 살 때도 있었음을 용서하여 주옵소서. 주님을 아버지라 부를 수 있는 위대한 그 축복을 축복인 줄도 모르고 살았던 잘못을 불쌍히 여겨 주옵소서.

봉사하고 구제하라고 주셨던 물질들을 내 욕심을 위해서 사용했습니다. 주님 것을 마치 내 것인 양 착각하고 살아왔습니다. 주님 한 분만으로 감사하지 못하고 세상의 것에 대하여 질투하고 시기하였습니다. 이제 결심합니다. 세상의 헛된 부귀영화라는 욕망보다는 성령님의 열매가 온통 저희 몸에 주렁주렁 열리는 성도의 삶을 살도록 노력하겠습니다. 영혼이 다시 한번 하나님의 모습으로 복원되는 감격을 맛보게 하여 주옵소서. 흉하게 일그러진 죄악의 찌꺼기와 허물을 믿음의 상자에 넣어 이 제단 앞에 묻어 버릴 것을 고백하오니 들으시고 사죄의 말씀으로 거듭나는 감격을 허락하여 주옵소서. 예수님의 이름으로 회개하며 기도드립니다. 아멘

사함의 확인

"지극히 존귀하며 영원히 거하시며 거룩하다 이름하는 이가 이와 같이 말씀하시되 내가 높고 거룩한 곳에 있으며 또한 통회하고 마음이 겸손한 자와 함께 있나니 이는 겸손한 자의 영을 소생시키며 통회하는 자의 마음을 소생시키려 함이라"(사 57:15)

성시교독	3. 시편 4편
설교 전 찬 송	43장 (즐겁게 안식할 날) 543장 (어려운 일 당할 때)
설교 후 찬 송	544장 (울어도 못하네) 54장 (주여 복을 구하오니)

06
22

금주의 성 가	물이 바다 덮음 같이 – 고형원 여호와를 찬양하라 – E. L.Tussing 진리의 순례자 – G. F. Handel
목 회 기 도	**성**도가 약해질 때 강한 힘으로 붙들어 주는 강건함의 보루가 되시는 하나님 아버지! 죄악이 넘치는 세상에서 실족하지 않고 거룩한 날 사랑하는 성도들이 모든 것 제쳐두고 하나님을 가장 기쁘시게 하는 예배를 드리게 하심을 감사드립니다. 요즘은 적그리스도가 주님의 몸 된 교회를 비판하고 훼손하며 온갖 꾀를 이용하여 성도들을 유혹하고 있습니다. 우리는 정신을 차리고 항상 깨어서 하나님께 기도하게 하시옵소서. 항상 겸손하게 사리를 분별하며 지혜로 살게 하옵소서. **보**혈의 피로 세우신 교회에 생명수가 넘치게 하시는 하나님 아버지! 우리 교회를 향하신 주님의 뜻과 계획을 알고 교회 생활이 빗나가지 않게 막아주옵소서. 길이 되시고 빛이 되신 주님의 발자국을 그대로 따라가는 믿음의 생활을 할 수 있게 하옵소서. 한 주간 세상에서 살 때 돈이나 명예나 권세, 또는 사람을 우상으로 섬기지 않게 하시옵소서. 우리에게 성령을 충만히 채워 주시어 하나님의 섭리대로 살아서 기쁨과 감사가 떠나지 않게 하시고, 세상의 빛과 소금이 되어서 아름다운 성도의 삶을 살게 하시옵소서. 예수님의 이름으로 기도드립니다. 아멘
헌금을 위 한 성 구	"여호와께서 내 의를 따라 상 주시며 내 손의 깨끗함을 따라 내게 갚으셨으니 이는 내가 여호와의 도를 지키고 악하게 내 하나님을 떠나지 아니하였으며 그의 모든 규례가 내 앞에 있고 내게서 그의 율례를 버리지 아니하였음이로다"(시 18:20-22)
헌 금 기 도	**정**직한 마음으로 돈을 벌어 깨끗한 마음으로 헌금하게 하시는 하나님 아버지! 지난 한 주간에도 우리가 여호와 하나님의 말씀을 지키고 죄 때문에 하나님을 떠나지 않게 하심을 감사드립니다. 십일조 헌금을 드리는 성도에게 하늘 문을 여시고 복을 채우시고, 감사의 헌금을 드리는 성도에게는 더욱 감사한 일들이 생겨나게 하옵소서. 생일 헌금을 드리는 성도는 새해 생일을 맞을 때까지 건강으로 지켜주시옵소서. 선교 헌금을 드리오니 복음이 땅끝까지 전파되게 하시고, 소원의 헌금을 드리는 성도들에게는 그들의 소원을 이루어 주시옵소서. **하**나님의 말씀대로 생활하여 얻은 소득에서 거룩하게 구별된 헌금을 하나님께 바치게 하시옵소서. 수입이 많다고 많이 드리고 수입이 적다고 드리지 않는 어리석은 인간이 되지 않게 하옵소서. 적은 것 중에서도 많이 드릴 수 있는 믿음을 주시옵소서. 주신이도 하나님이시오, 취하는 자도 하나님이신 것을 알게 하시옵소서. 우리는 적신으로 왔다가 적신으로 돌아가오니 물질에 집착하지 말게 하시고 항상 넉넉한 마음으로 베풀며 사는 성도가 되게 하옵소서. 예수님의 이름으로 축복하며 기도드립니다. 아멘
위탁의 말 씀	"누구든지 너희를 비판하지 못하게 하라" 주님은 우리가 무엇을 하는지 모두 알고 계십니다. 사람들은 서로 생각이 다르면 비판하고 살지만 우리는 예수 안에서 서로 하나가 된 믿음의 공동체로 그리스도와 연합하여 풍성한 분량이 이르도록 믿음이 자라는 한 주간을 살아 가야 합니다.
축 도	우리를 보호하심으로 지켜주시고 사랑으로 돌보시는 지극히 자비로우신 아버지 하나님의 은총과 용서하시고 사랑으로 감싸주시고 붙잡아 주시는 좋으신 예수 그리스도의 은혜와 예수님의 말씀을 기억나게 하시고 말하게 하시는 성령의 감화 · 감동 · 교제 · 역사하심이 말씀에 순종하는 우리와 늘 함께하시길 간절히 축원하옵니다. 아멘

오늘의 설교를 위한 복음적 조명 주제 : 지체의 생활

제목 : 믿음의 본질을 살피라 | 본문 : 골로새서 2:16-23

주제 : 예수 그리스도는 믿음의 사람들이 무엇을 하는지 모두 알고 계신다. 사람들이 믿음이라고 생각하며 서로 비판하는 내용이 있지만 그것들은 그림자일 뿐이고 몸은 그리스도이시다. 그리스도께서 신자들을 연합하게 하시고 풍성한 분량이 이르도록 자라게 하신다.

논지 : 예수 그리스도는 교회의 몸으로서 서로 연합하여 자라게 하신다.
   1. 모든 것의 몸이신 그리스도
   2. 합하여 자라게 하신 그리스도
   3. 세상 것을 죽이신 그리스도
   4. 육의 일을 이기신 그리스도

대한민국 사람은 대한민국의 성장을 원한다. 대한민국에 즐거운 일이 생기기를 원한다. 대한민국 축구 대표 팀이 국제경기에 나서면 열심히 응원하고 승리하면 펄쩍펄쩍 뛰면서 기뻐한다. 왜 그럴까? 대한민국 국민이기 때문이다. 대한민국은 나의 나라, 곧 나고 나는 대한민국의 일원, 곧 대한민국이라고 생각하기 때문이다. 심지어 대한민국에서 태어나 자랐지만 외국에 나가 살고 그 나라 시민권을 얻는 사람이라 할지라도 축구 국가대표팀을 응원하고 승리하면 즐거워한다. 그들의 국적은 외국이지만 심정적으로는 한국 국민이라고 생각하기 때문이다. 대한민국의 승리를 염원하는 일과 즐거운 일이 있을 때는 온 국민이 모두 하나가 된다. 그런데 축구경기가 없는 날에는 저마다 자기 이익이 되는 일을 추구하다가 서로 간에 반목하기도 하고 상대를 비난하기도 한다. 즐거운 일이 있는 날이 아니라면 일상생활에서는 즐거운 날의 감정을 유지하지 못한다. 반대로 국가적 슬픔이 있을 때 온 국민이 하나 된 마음으로 애도를 한다. 그러다가 조금 정신을 차리면 책임소재를 두고 정당이나 사람들 간에 비난하는 일이 생긴다. 즐거운 일이 생기면 자기 혹은 자기편이 잘해서 그런 것이고 안 좋은 일이 생기면 상대방의 책임으로 떠넘기는 경우가 많다. 이럴 때 국가와 개인은 분리된다.

1. 모든 것의 몸이신 그리스도

선진 시민이라면 즐거운 일이 있을 때 함께 즐거워하지만 조금 지나면 상대를 칭찬하고 즐거움에 참여시키려 한다. 선진 시민이라면 슬픈 일이 있을 때 함께 슬퍼하고, 정신을 차린 후에는 자신의 잘못이 무엇인지 반성하며 상대에게도 잘못함에 대해 반성하자고 제안한다. 반대로 시민의식이 너무 결여되면 함께 즐거워하지도 않고, 함께 슬퍼하지도 않는다. 겉으로 즐거워하는 척하면서 자기 공을 자랑하려고 하며, 겉으로 슬퍼하는 척하면서 남의 탓을 하기에 바쁘다. 이런 나라는 발전하기 어렵다. 교회는 어떤가? 교회 안에도 하나 됨보다는 자기를 내세우고 남을 공격하는 현상이 나타난다. 골로새 교회에 그런 일이 있었던 것 같다. 사도 바울은 골로새 교회에 편지하면서 먹고 마시는 일, 절기와 시기를 기억하고 지키는 일에 대해서 비판받음을 알고 있다고 피력한다. 골로새 교회에 먹고 마시는 것과 절기를 지키는 일에 대해 비판받지 말라고 한다. 먹고 마시는 것이 사는 일에 기본이고, 절기는 지키는 것이 신앙의 중요한 일인데 여기에 비판받지 말라고 말하는 이유가 무엇인가? 그것이 신앙의 본질이 아니라 그림자이기 때문이다. 신앙의 본질은 예수 그리스도의 소유된 영적 정체성이다. 신자는 몸 된 교회의 지체이다. 그러므로 교회에서는 그리스도가 높아져야 한다.

2. 합하여 자라게 하신 그리스도

살면서 본질이 아닌 것 때문에 본질이 훼손되는 경우가 있다. 국가를 사랑한다면 본질은 국민이 서로 마음을 합하고 국민으로서 자기 책임을 다하는 것이다. 그런데 개인적인 욕심을 부려서 자기를 위해 부당이익을 취하면 다른 국민에게 아픔이 생기고, 국가적으로도 구석진 곳이 곪게 된다. 교회에서도 머리이신 그리스도가 높아져야 하는데 먹고 마시거나 절기를 지키는 일에만 천착하거나 너무 무시해버리면 그 때문에 교회의 정체성이 훼손된다. 교회를 훼손하려는 사람은 온갖 꾀를 내어서 신자들을 유혹한다. 꾸며낸 겸손, 천사숭배 등의 이론으로 자기들을 따르지 않는다고 정죄하는 사람이 있다. 교회의 분별력이 사라지면 이런 현상이 생긴다. 교회의 분별력을 약화시키는 사람들은 자기가 본 것이나 생각한 것만 주장하고, 자기 욕망을 채우기 위해 헛된 과장을 늘어놓는다. 그들은 머리이신 예수 그리스도를 붙들지 않는다. 그리스도께서 교회를 합하여 하나님에게까지 자라게 하는데 그리스도의 은혜를 거절하는 사람이 있다. 하나님이 우리 몸의 각 지체와 마디와 힘줄이 서로 연결되어 연합하여 자라게 하시는데, 교회의 구성원이면서도 제각각 욕심을 차리다가 연합을 깨지고 다시는 자라지 못하게 한다. 그리스도의 뜻과 전혀 반대되는 행동을 하는 사람들이다.

3. 세상 것을 죽이신 그리스도

예수님이 우리의 죄를 용서하기 위해 십자가에서 돌아가셨다. 우리의 죄는 대부분 초등학문에서 나온다. 초등학교에서 배우는 학문이 아니라, 본질을 제쳐두고 정체성을 훼손하는 지엽적인 것들에 천착하는 것을 말한다. 우리가 예수님을 믿는다 함은 세상의 초등학문에서 죽는 것이다. 즉, 세상의 초등학문에서 단절하는 것이다. 우리가 예수님을 믿는 일은 예수님과 함께 살고, 예수님과 함께 죽겠다고 결심하는 것이다. 믿음의 사람들은 초등학문에서 이미 벗어난 사람이다. 그런데 여전히 초등학문에 붙들린 사람이 있다. 초등학문을 죽이신 그리스도의 능력을 거부하는 셈이다. 바울은 그리스도와 함께 초등학문에서 죽은 사람들이 어찌하여 세상에서 사는 것과 규례에 얽매였느냐고 강하게 경고한다. 붙잡아도 안 되고, 맛보아도 안 되고, 만져도 안 되고 멀리해야 할 것인데 오히려 붙잡고 맛보고 만지고 가까이한다. 초등학문이 마약처럼 강한 유혹으로 신자들을 괴롭힌다. 마약은 의약품 진통제로 제한적으로 잠시 쓰일 수는 있으나 건강하면 멀리해야 한다. 신자들은 한 때 쓰이고 없어지는 초등학문에 붙들리면 안 된다. 사람들의 명령과 가르침 안에 초등학문이 있다. 그리스도는 당신의 돌아가심으로 우리 안에 있는 세상 것을 죽이셨다. 우리는 새롭게 살게 되어 있다.

4. 육의 일을 이기신 그리스도

믿음의 사람들이라도 육신을 입고 살아간다. 사는 날 동안에는 바르게 먹고 바르게 말하고 행동해야 한다. 그런데 바르게 말하고 행동하라면서 이상한 규정을 들이대어 믿음을 약화시키거나 왜곡시키는 유혹이 매우 많다. 잠시 즐거워보라면서 쾌락으로 유혹하지만 긴 고통에 빠지게 하는 일들이 많다. 에덴동산의 뱀이 하와에게 유혹하듯 신자들의 신앙을 나락으로 떨어뜨리는 유혹이 매우 많다. 육신을 갖고 살아야 하니까 육신의 즐거움을 누려라는 유혹이다. 반대로 지나친 금욕으로 육신에 괴로움을 갖고 죄 된 육신을 학대하여 정결해지라는 의견도 제시한다. 이러나저러나 극단에 치우친 것은 육신을 위한 일이다. 쾌락을 누리라는 것도 육신적인 일이고 지나침 금욕도 육신을 자랑하라는 육신적 일이다. 자기 나름대로는 지혜가 있는 것처럼 보이지만 바울이 보기에는 사실 조금의 유익도 없는 일이다. 육신은 세상에 사는 우리에게 잘 관리하라고 주신 하나님의 선물이다. 하나님의 일을 잘 하라고 허락하신 도구이다. 육신은 목적이 아니라 하나님의 영광을 향한 도구이다. 감각을 갖고 생각하고 말하는 매우 뛰어나고 유용한 도구이다. 이 도구를 하나님의 영광을 위해 사용해야 한다. 그리스도는 우리처럼 육으로 오셨지만 육의 일을 이기고 하나님께 영광을 돌리셨다.

성 경	마가복음 2:15-22	예전색상	초록색

예배의 부름	"여호와가 우리 하나님이신 줄 너희는 알지어다 그는 우리를 지으신 이요 우리는 그의 것이니 그의 백성이요 그의 기르시는 양이로다 감사함으로 그의 문에 들어가며 찬송함으로 그의 궁정에 들어가서 그에게 감사하며 그의 이름을 송축할지어다"(시 100:3-4)
	생명의 원천이 되시고 은혜로 만사를 형통케 하시는 하나님 아버지! 하나님께 예배드릴 수 있는 선민의 특권을 부여해 주심을 감사드립니다. 우리의 영혼이 건강하게 하시고 올바른 신앙생활로 하나님을 섬기게 하시옵소서. 예수님께서 세상에 계실 때 복음 전파의 사역에 성공하셨으니, 우리도 예수님을 본받아 몸과 마음과 정신, 영혼까지 건강으로 복음을 전하는 사명을 감당하게 하옵소서. 저희가 드리는 기도를 들으시고 하늘 응답을 가슴에 새기고 돌아가게 하옵소서. 우리 주 예수 그리스도의 이름으로 기원하옵나이다. 아멘
회개를 위하여	하나님은 우리의 몸과 마음과 정신과 영혼까지 건강하기를 바라시는데, 많은 사람이, 특히 이 나라 미래의 주역이 될 청소년들이 자기의 건강을 돌보지 않고 술이나 담배 또는 마약까지 챙기며 타락해 가는 현실을 생각하며 뉘우치고 회개하는 기도를 드리겠습니다.
고백의 기도	새로운 능력과 사랑으로 소외된 영혼을 위로해 주시는 하나님 아버지! 우리에게 입혀 주신 말씀의 전신 갑주와 날선 검이 있으면서도 세상의 유혹에 빠져 살아온 잘못을 고백합니다. 하나님께서는 우리가 정결하고 깨끗한 생활을 바라시지만 몸에 해로운 술을 마시고 담배를 즐겼고 정신이 혼미하여 쾌락을 느끼고자 마약까지 손댄 죄악을 용서하여 주옵소서. 이 모든 것이 하늘에 소망을 둔 것이 아니라 세상이 주는 부귀영화를 탐했기 때문에 생긴 것은 아닌지 반성하고 회개합니다.
	세상이 주는 유혹들을 성령의 불로 막아주시고 진리이신 예수 그리스도 안에서 살게 하여 주시옵소서. 사랑의 주님! 내 영혼이 주님 앞에서 깨끗해지기를 원합니다. 내 영혼이 주님 앞에서 칭찬받기를 원합니다. 눈으로 보이는 것에 목적을 두지 않게 하옵소서. 외적인 모습에 마음을 두지 않게 하옵소서. 사탄이 우리를 침몰시키거나 세상의 물결이 우리의 믿음을 덮지 못하게 주님께서 함께하여 주시옵소서. 주님 만날 그날까지 주님의 사랑을 실천하며 살게 하옵소서. 예수님 이름으로 회개하며 기도드립니다. 아멘
사함의 확인	"유다와 그 모든 성읍의 농부와 양 떼를 인도하는 자가 거기에 함께 살리니 이는 내가 그 피곤한 심령을 상쾌하게 하며 모든 연약한 심령을 만족하게 하였음이라"(렘 31:24-25)
성시교독	5. 시편 8편
설교 전 찬 송	44장 (지난 이레 동안에) 405장 (주의 친절한 팔에 안기세)
설교 후 찬 송	406장 (곤한 내 영혼 편히 쉴 곳과) 430장 (주와 같이 길 가는 것)

06
29

금주의 성가	주님께 영광 – J. E. Parks 능하신 주의 손 – J. W. Frank 세상에 매인 자들아 – V. D. Thompson
목회 기도	예수님을 통하여 우리에게 진리의 말씀을 주시는 하나님 아버지! 모든 사람을 구별하지 않고 사랑해 주심을 감사드립니다. 사람은 외모로 차별하지 말고 모든 사람을 공평하게 대하게 하시옵소서. 우리는 예수님의 말씀을 진리로 알아듣고 그대로 생활에 적용하도록 인도하시옵소서. 우리는 하나님 앞에서 죄인들이오니 예수님의 인자하심과 사랑하심을 마음속에 품고 언제 어디서나 주님과 동행하는 삶을 살게 하시옵소서. 세상에는 거짓 진리가 많아 우리를 유혹해도 넘어가지 않고 참 진리이신 예수님의 말씀을 듣고 순종하게 하옵소서. 환난 중에서 소망을 주시는 하나님 아버지! 우리가 하나님을 섬기듯 교회와 성도들을 섬기며 헌신할 수 있도록 직분을 허락하신 줄 믿습니다. 맡은 모든 주의 사랑하는 종들에게 더 큰 은혜를 주시어서 주어진 사명을 감당할 수 있도록 도와주옵소서. 교회의 여러 기관이 온전하신 하나님의 뜻을 밝히 알고 실천하고 충성하게 하옵소서. 병든 자를 치유하여 주시고, 물질적인 어려움을 극복할 수 있는 슬기로운 마음을 허락하여 주옵소서. 우리 주 예수 그리스도의 이름으로 기도하옵나이다. 아멘
헌금을 위한 성구	"너희 성도들아 여호와를 경외하라 그를 경외하는 자에게는 부족함이 없도다 젊은 사자는 궁핍하여 주릴지라도 여호와를 찾는 자는 모든 좋은 것에 부족함이 없으리로다"(시 34:9-10)
헌금 기도	건강한 영혼의 헌금을 받으시는 하나님 아버지! 하나님께 감사를 드리나이다. 우리는 그동안 무엇인가를 얻기 위하여 노력하였나이다. 돈을 많이 모으면 부자가 되는 줄 알고 안 먹고 안 쓰고 안 바쳤나이다. 자신의 경제생활을 위해 하나님과 사람에게 너무나 인색하게 살았음을 용서하여 주옵소서. 때로는 하나님께 드리는 헌금마저도 아까워했던 못난 저희였습니다. 이제는 우리가 주님의 말씀에 순종하여 건강하고 넉넉한 마음으로 드리게 하시고 부족하지 않게 채워 주시는 하나님의 은혜와 축복을 체험하게 하시옵소서. 감사가 있는 헌금에 축복이 있고, 축복이 있는 헌금에 하나님의 은총이 있는 줄을 믿나이다. 우리의 신앙생활에서 기적은 평범하게 나타나는데 우리에게 믿음이 없어서 체험하지 못하는 줄 알게 하옵소서. 우리의 주변에서 자주 일어나는 기적의 축복에 감사하게 하시고, 그 감사가 헌금으로 봉헌되게 하옵소서. 십일조 헌금에 기적을 베풀어주시고, 각종 감사의 헌금에도 응답의 선물을 주시옵소서. 이 헌금이 사용되는 곳에 많은 축복의 열매가 맺게 하옵소서. 우리 주 예수 그리스도의 이름으로 축복하며 기도드립니다. 아멘
위탁의 말씀	"나는 의인을 부르러 온 것이 아니요 죄인을 부르러 왔노라 하시니라" 예수님은 사람들의 생각을 뛰어넘는 하나님의 뜻인 진리를 전하시는 분이셨습니다. 예수님과 함께 한 주간 동안 하나님의 뜻에 따라 새로운 영적 질서를 세워가는 의인이 되시기 바랍니다.
축 도	이제는 우리를 죄와 사망과 사탄의 올무와 음부의 권세에서 구원하시기 위해 이 땅에 오시고 십자가에서 고난받으시고 장사한 지 사흘 만에 부활 승천하시어 영원한 구원을 이루신 예수 그리스도의 대속의 은혜와 하나님의 영원하신 사랑과 성령님의 교통하심이 세상 끝날까지 항상 함께하시기를 축원하옵나이다. 아멘

오늘의 설교를 위한 복음적 조명 주제 : 내면의 건강

제목 : 건강하신 예수님 | 본문 : 마가복음 2:15-22

주제 : 예수님은 세상의 사람들이 생각하는 것과 다르시다. 세상의 관습과 전통만 고수하지 않으셨다. 예수님은 사람들의 생각을 뛰어넘는 하나님의 뜻을 전하셨다. 하나님의 뜻은 진리였다. 예수님은 하나님의 뜻에 따라 새로운 영적 질서를 세우시고 영적 체계를 확인하셨다.

논지 : 예수님은 우리에게 오셔서 새로운 진리를 전하시고, 새로운 영적 체계를 세우셨다.
  1. 사람들이 따르는 예수님
  2. 죄인들을 부르신 예수님
  3. 진정한 신랑이신 예수님
  4. 새로운 진리이신 예수님

장사하는 사람들에게 손님이 많으면 얼마나 좋을까? 손님이 많은 이유가 몇 가지 있을 것이다. 주인의 인상이 좋아서, 주인이 손님들에게 친절하게 대해서, 물건이 싸고 좋아서, 사람이 많이 지나는 곳에 자리를 잡아서, 홍보를 잘 하는 데다가 입소문이 잘 나서 등등 여러 이유가 있을 것이다. 사실 사람이 돈을 벌어준다. 사람이 찾아와야 장사가 잘되고, 기분이 좋다. 사람이 올 때도 무례한 손님은 별로 없고 신사적인 손님들이 많으면 훨씬 좋다. 그래서 장사하는 사람일수록 손님들에게 잘해야 한다. 주인은 예의가 없는 손님 때문에 스트레스를 받을 때가 있기는 하지만 적절하게 소화하고 예의 없는 손님이 예의를 갖춘 손님으로 변하도록 머리를 써야 한다. 주인에게는 손님이 왕인 셈이다. 오랫동안 장사하고 손님이 너무 많은 데다가 딱 정한 시간에만 장사하는 분들일지라도 손님이 중요하다. 기본적으로 사람이 중요하기 때문이다. 그런데 사람을 차별하는 주인도 있다. 아이들이나 노인들의 입장을 금하는 주인들이 있다. 낭패를 당한 경험이 있기 때문이겠지만 기본적으로는 사람을 차별하면 안 된다. 급식카드로 음식을 사는 아이들에게 남몰래 더 많이 주고, 배려해주는 주인들의 이야기가 사람들을 흐뭇하게 한다. 미담을 아는 사람들은 일부러 그 집에서 물건을 주문한다.

1. 사람들이 따르는 예수님

우리 예수님이 세상에 사람을 만나려고 오셨다. 예수님 주변에 사람들이 많이 모였다. 예수님의 말씀을 들은 사람들에게 깨달음이 있었고, 예수님의 소문이 급속도로 퍼졌다. 예수님의 말씀을 들으려는 사람들이 매우 많았다. 개중에는 부자들, 지식인들, 세리와 죄인들, 여성들과 아이들 등을 망라했다. 예수님은 그들 모두를 환영했다. 죄를 지은 여인에게는 정죄하지 않았고, 아이들에게는 천국에서 크다고 인정하셨다. 예수님이 율법주의자들, 지식인들에게는 약간 까칠하게 대하는 듯하셨지만, 세리와 죄인들에게는 따뜻하게 대하셨다. 예수님 곁에 사람들이 많았다. 특히 세리와 죄인들이 더 많았다. 본문에는 그런 사람들이 예수님을 따랐기 때문이라고 한다. 예수님이 진리의 말씀을 하지만 사람들이 따르지 않는다면 진리는 공허한 메아리가 될 수도 있다. 그런데 사람들이 예수님을 많이 따르는 것으로 보아 예수님께는 진리의 말씀을 말할 기회가 많아졌다. 진리의 말씀을 꼭 들어야 할 사람, 위로받아야 할 사람, 새로운 생활이 필요한 사람들이 예수님을 찾아왔다. 예수님이 사람의 영적, 정신적, 관계의 필요를 해결해주신다고 믿기 때문이다. 예수님은 죄인이라고 존중해주시고, 그들의 마음을 알아주셨다. 사람을 모으는 방법이다. 예수님을 따르는 사람들이 많아지는 게 당연하다.

2. 죄인들을 부르신 예수님

예수님이 세리, 죄인들 그리고 제자들과 함께 식사 자리에 앉으셨다. 함께 식사한다는 것은 그만큼 친근하다는 의미이다. 어떤 거래 관계를 위해 사무적으로 만나 식사를 하면 불편하겠지만 친근한 사람들끼리 만나서 식사하면 편안함을 느낀다. 그런데 예수님의 행동을 보고는 떨떠름하게 생각하는 사람들이 있다. 바리새인들과 서기관들이다. 그들은 자기들을 의롭다고 생각한다. 다른 사람들과는 구별된 사람으로서 깨끗하게 행동한다고 생각한다. 그들은 자기들끼리 모이는 것을 좋아한다. 의인은 의인끼리 모여야 한다는 의미이다. 그들이 배운 것은 죄인들에게 인자함을 베푸는 것인데 인자함보다는 배제시키는 일을 더 많이 한다. 그들이 예수님을 보고는 어찌하여 세리 및 죄인들과 함께 식사하느냐고 제자들에게 시비를 건다. 예수님이 이 말을 들으셨다. 예수님이 무엇이라고 대답하셨을까? "건강한 자에게는 의사가 필요하지 않고, 병든 자에게 필요하다." 그러므로 예수님 자신은 의인을 부르러 온 것이 아니라 죄인을 부르러 세상에 왔다. 의로우신 예수님이 만나야 할 사람은 죄인들이다. 죄인을 의롭게 해야 하기 때문이다. 깨끗한 예수님이 만나야 할 사람은 더럽다고 손가락질 받는 사람들이다. 깨끗하게 하고 싶으셔서이다. 그래서 예수님은 죄인들을 부르신다.

3. 진정한 신랑이신 예수님

예수님이 세리, 죄인, 제자들과 함께 식사하는 것을 보고 의문을 품은 사람들이 있다. 세례 요한의 제자들이다. 예수님이 식사하는 때는 금식 기간이다. 바리새인들이 금식을 하고 요한의 제자들도 금식하고 있다. 사람들이 예수님에게 다른 사람들은 금식을 하는 데, 당신의 제자들은 왜 금식을 하지 않느냐고 질문한다. 전통적으로 내려온 금식 기간이라면 모두 금식에 동참해야 하는데, 예수님의 제자들은 식사를 한다. 보기에 따라서는 전통을 무시하는 일, 율법을 무시하는 사례로 보일 수 있다. 왜 이런 질문을 할까? 사회적으로 합의된 전통에는 따라야 한다는 보수적 사고를 했기 때문이다. 남의 이목이나 비난이 두려워서 남이 하면 속마음으로는 하기 싫지만 나도 해야 한다는 생각을 가졌기 때문이다. 금식의 의미를 생각하지는 않고 금식하는 행위 자체를 중요시하는 생각이다. 오늘날 중동지역에 금식 기간 라마단을 지킨다고 하면서 자기 마음과 행동의 절제보다는 금식행위만 내세우고 사람들끼리의 질서는 지키지 않는 것과 비슷하다. 예수님이 대답하신다. 결혼식에 가면 식사를 한다. 신랑이 함께 있으면 금식하지 않는데, 신랑을 뺏기는 날에는 금식을 해야 한다. 즉, 금식의 규례보다 금식의 이유가 더 중요하다. 예수님은 자신이 신랑이라고 가르치신다.

4. 새로운 진리이신 예수님

혼인 집 손님들이 신랑과 함께 있을 때 즐거워하고 음식을 먹는데, 예수님과 함께 있는 제자들이 금식 기간에도 음식을 먹는다. 그러면 예수님은 누구인가? 사람들을 즐겁게 하는 진정한 신랑이시다. 세리와 죄인들을 혼인집으로 초청한 주인공 신랑이다. 금식의 규례만 생각하고 지키자는 것은 사실 낡은 사고방식이다. 낡은 사고방식만 고수하다가는 사회가 고착된다. 지식인들이 자기 안위만 생각할 뿐 사회를 향한 책임감이 나오지 않는다. 지식인일수록 새로운 사고방식, 즉 발상의 전환을 해야 한다. 예수님은 발상 전환의 수준을 넘어 아예 새로운 진리를 제시한 분이시다. 생베 조각을 헌 옷에 붙이지 않는다. 그러면 생베 조각이 헌 옷을 잡아당기어서 옷이 더 많이 찢어진다. 새 포도주를 낡은 가죽 부대에 넣지 않는다. 만약 새 포도주를 낡은 가죽 부대에 넣는다면 새 포도주가 발효하는 과정에서 낡은 가죽 부대를 터트리고 포도주가 모두 쏟아진다. 새 포도주는 새 가죽 부대에 담아야 한다. 예수님은 낡은 사고방식을 가진 사람들에게 새로운 진리를 가르치셨다. 율법에서 벗어나 은혜를 가르치시고, 죄인들을 의롭게 하려는 믿음을 주려고 오셨다. 그렇다면 예수님으로부터 새로운 진리를 듣고 수용할만한 마음가짐을 갖추어야 한다. 그 마음은 죄인들을 향한 진정한 사랑이다.

7월의 예배와 설교를 위하여

일	요일		본문	설교제목	기타 (예화, 참고자료)
2	수				
6	주일	낮			
		밤			
9	수				
13	주일	낮			
		밤			
16	수				
20	주일	낮			
		밤			
23	수				
27	주일	낮			
		밤			
30	수				

	2025년 7월 6일, 오순절 후 4번째 주일 / 맥추감사주일		
성 경	창세기 9:1-17	예전색상	초록색

예배의부름	"여호와께 감사하라 그는 선하시며 그 인자하심이 영원함이로다 신들 중에 뛰어난 하나님께 감사하라 그 인자하심이 영원함이로다"(시 136:1-2) **때**를 따라서 새로운 연약을 주시는 살아 계신 하나님 아버지! 지난 반년 동안에도 우리의 영혼과 육신의 양식을 주신 것을 감사드립니다. 오늘 맥추감사주일 예배가 감사의 축제가 되어 하나님께 영광이 되게 하시고 우리에게는 축복의 기회가 되게 하시옵소서. 절기에 따른 형식적이고 맹목적인 예배가 되지 않게 하시고 하나님의 크신 은혜에 영혼으로 감사하는 아벨의 제사가 되게 하옵소서. 이 예배를 돕는 모든 손길을 기억하여 주옵소서. 우리 주 예수 그리스도의 이름으로 기원하옵나이다. 아멘
회개를 위하여	하나님은 우리에게 항상 새로운 언약을 수시는네, 우리는 낡고 부패한 생각으로 세상을 살아왔습니다. 옛것을 버리지 못하고 낡고 고루한 습관에 얽매여 내일이나 미래가 없는 불쌍한 삶을 산 어리석음을 뉘우치고 회개하는 기도를 계속합니다.
고백의기도	**과**거부터 현재 그리고 미래까지 지배하시는 하나님 아버지! 맥추감사주일인 오늘 지난 반년을 돌아볼 때 아버지의 은혜가 너무 컸습니다. 그런데도 저희는 은혜에 보답하기는커녕 받는 것을 당연하게 생각하면서도 적게 받음에 분노하고 원망했던 잘못을 불쌍히 여겨 주옵소서. 교회의 절기가 돌아올 때면 절기의 의미와 주시는 은혜에 집중하기보다 드리는 헌금이 부담스럽게 느껴져 짜증을 내었습니다. 정한 예물을 온전히 드리지도 못했습니다. 정성을 다해 드려야 함에도 아무런 생각 없이 마지못해 드렸습니다. 저희의 불충을 용서하여 주옵소서. '**온**고지신(溫故知新)'이란 말은 '옛것을 익히 미루어 알고 새것을 추구한다'는 말인데, 우리는 옛것에 매몰되어 새로운 미래와 하나님의 새로운 언약을 무시한 죄를 범했습니다. 노아 시대의 사람들처럼 먹고 마시고 노래하고 춤추며 시집가고 장가가는 일에 빠진 죄악을 고백하나이다. 그동안 하나님께서는 이모저모로 상당한 물질의 복을 주셨지만, 그 재물을 육신의 즐거움과 재미를 위해서 돈을 쓰고 하나님께는 감사의 헌금이나 이웃을 위한 구제는 모른 척한 것을 불쌍히 여겨 주옵소서. 이 모든 죄를 용서하시기를 회개하며 예수님의 이름으로 기도드립니다. 아멘
사함의확인	"그가 네 모든 죄악을 사하시며 네 모든 병을 고치시며 네 생명을 파멸에서 속량하시고 인자와 긍휼로 관을 씌우시며 좋은 것으로 네 소원을 만족하게 하사 네 청춘을 독수리 같이 새롭게 하시는도다"(시 103:3-5)
성시교독	106. 감사절(2)
설교 전 찬 송	46장 (이 날은 주님이 정하신) 482장 (참 즐거운 노래를)
설교 후 찬 송	484장 (내 맘의 주여 소망되소서) 485장 (세월이 흘러가는데)

07
06

금주의 성 가	추수 찬송 – F. C. Maker 감사절 축제의 찬송 – Netherlords P. Sjolundtod 추수 감사 찬송 – 김주영 편곡
목 회 기 도	새벽부터 저녁까지 수고한 농부에게 풍성함을 주시는 하나님 아버지! 2025년 추수감사주일에 베풀어주신 은혜를 감사는 예배를 드립니다. 이른 봄부터 밭 갈고 씨 뿌리며 수고하여 풍년의 즐거움을 누리는 농부처럼 은혜 안에서 살게 하옵소서. 주님의 복음에 수고하여 주님의 뜻에 합당한 순종으로 다가오는 아름다운 결실을 풍성히 거두게 하여 주옵소서. 한 해를 사는 동안 헤아릴 수 없는 사랑과 추수의 풍성함을 주신 것처럼 오늘 하늘 문을 여시고 영혼에 필요한 하늘 은총이 넘치게 하옵소서. 날마다 번성하는 새로운 미래를 언약하신 하나님 아버지! 지상의 생물들이 하나님의 언약을 따라서 자연의 질서를 이루고 있으니, 우리도 신앙생활을 질서 있게 하여 진리의 말씀에서 어그러지지 않게 하옵소서. 우리 교회가 초대교회 성도들처럼 충성하겠다고 다짐하면서 막상 시간과 물질을 드려야 할 때 뒷걸음질 치지 않게 하옵소서. 모든 성도가 하늘나라에 갈 때까지 믿음과 소망과 사랑으로 신앙생활을 하도록 인도해 주옵소서. 예수님의 이름으로 기도드립니다. 아멘
헌금을 위한 성 구	"한 아이가 있어 보리떡 다섯 개와 물고기 두 마리를 가지고 … 사람들이 앉으니 수가 오천 명쯤 되더라 예수께서 떡을 가져 축사하신 후에 앉아 있는 자들에게 나눠 주시고 물고기도 그렇게 그들의 원대로 주시니라"(요 6:9, 10-11)
헌 금 기 도	감사하는 헌금으로 번영을 언약하신 하나님 아버지! 오늘을 맥추절 감사 주일로 지키게 하셨으니 감사하나이다. 우리가 지금까지 받은 은혜를 잊지 않고 감사하게 하신 하나님의 무한한 은총인 줄 믿습니다. 어린아이가 바친 보리 떡 다섯 개와 물고기 두 마리를 주님께서 축사하시고 무려 5천 명 이상을 배부르게 먹이셨듯이 우리의 적은 헌금으로 수많은 사람이 생명을 얻고 영생하게 하시옵소서. 예수님께서는 먹고 남은 조각을 버리지 말고 모으라고 하셨듯이 우리의 부스러기까지 정성껏 모아 필요한 이웃에게 나눌 수 있게 하옵소서. 우리가 가진 돈과 재물을 하나님의 나라와 복음 전도 사업을 위하여, 가난하고 병든 이웃을 위하여, 독거노인과 다문화 민족과 탈북자들과 나누게 하옵소서. 지난 반년 동안 하나님의 은혜에 감사하는 맥추절 감사 헌금을 받으시고 남은 반년도 만사형통하게 하시며 하는 일이 잘 되고 복된 열매를 맺게 하시옵소서. 십일조 헌금과 각종 감사 헌금과 선교 헌금과 소원의 헌금을 받으시고 축복하시옵소서. 이 모든 헌금을 통하여 영광을 받으시기를 우리는 구원하신 예수님의 이름으로 축복하며 기도드립니다. 아멘
위탁의 말 씀	"생육하고 번성하여 땅에 충만하라" 죄가 만연하여 노여움이 크신 하나님께서 죄인들을 세상에서 쓸어버리는 심판을 내리셨습니다. 그리고 살아남은 사람들에게 새로운 환경과 축복의 새 언약을 허락하셨습니다. 감사하는 마음으로 날마다 더함의 기쁨을 드리는 한 주간을 살아갑시다.
축 도	지금은 우리들의 무지함으로 인하여 눈물을 흘리신 예수 그리스도의 은혜와 지극히 작은 자 하나라도 사랑하여 주시는 하나님 아버지의 사랑하심과 항상 기뻐하며 감사하도록 도우시는 성령의 역사하심이 오늘 맥추감사절을 맞이하여 하나님께 감사함으로 영광을 돌린 백성들의 머리 위에 그리고 저들의 가정과 사업장과 교회 위에 영원토록 함께 계시기를 축원하옵나이다. 아멘

오늘의 설교를 위한 복음적 조명 주제 : 번영의 언약

제목 : 새로운 시대를 여는 언약 | 본문 : 창세기 9:1-17

주제 : 하나님은 인류에게 나타난 죄를 싫어하셨다. 하나님이 새로운 질서를 세우시고자 죄인들을 세상에서 쓸어버리는 심판을 내리셨다. 심판에서 살아남은 사람들에게는 새로운 환경이 필요하다. 하나님은 살아남은 사람들에게 새로운 환경과 축복의 새 언약을 허락하셨다.

요지 : 하나님은 심판 후에 남은 자들에게 회복과 번영의 새 언약을 세우신다.
  1. 노아와 가족을 축복하신 하나님
  2. 먹거리의 절제를 제시하신 하나님
  3. 피조물들과 언약을 세우신 하나님
  4. 무지개로 언약을 기억시킨 하나님

청개구리 이야기를 잘 알고 있을 것이다. 어머니의 말을 반대로 하는 개구리 아들의 이야기이다. 겉으로 보기에는 부모의 말을 잘 들으라는 의미인데, 신앙에서도 적용할 수 있다. 사람은 하나님의 피조물이다. 피조물은 창조주의 말을 들어야 한다. 도공이 도자기를 빚는데, 만약 도자기가 자기를 왜 그렇게 만드냐고 따질 수 있는가? 도자기는 무생물이라 항의할 수 없다. 그런데 사람은 생명을 가진 존재이기 때문에 생각할 수 있다. 그런데 사람의 생각이 언제나 올바른 것은 아니다. 사람의 생각은 삐딱할 때가 많다. 피조물인 사람이 창조주 하나님을 향해 항의하기도 하고, 거역하기도 한다. 하나님을 모른다고 하거나, 하나님을 알아도 하나님으로부터 도망하려고 한다. 노아 시대에 사람들이 하나님의 뜻을 어겼다. 하나님을 섬기지 않고, 자기들 마음대로 했다. 창세기 6:5-6절을 보면 "여호와께서 사람의 죄악이 세상에 가득함과 그의 마음으로 생각하는 모든 계획이 항상 악할 뿐임을 보시고 땅 위에 사람 지으셨음을 한탄하사 마음에 근심"하셨다고 한다. 하나님은 사람을 비롯한 피조물들을 청소하시고 새로운 질서를 세우고 싶으셨다. 그리고 노아와 그의 가족들을 선택하시고, 새로운 질서를 세우도록 남겨두셨다. 하나님이 노아와 가족에게 새로운 시대를 여는 언약을 맺으셨다.

1. 노아와 가족을 축복하신 하나님

하나님이 지으신 피조물들을 쓸어버리셨다. 하나님 왜 그러셔야 했을까? 도공이 최선을 다해 도자기를 빚었지만, 왠지 마음에 들지 않았다. 도공이 자기 마음에 들지 않는 도자기 작품을 부순다. 최선을 다한 작품을 만드는 것이 고객을 향한 책임이고 사명이기 때문이다. 하나님이 심판하셨다고 해서 사랑이 없으신 것은 아니다. 고쳐서 써야 할 것이 있고, 완전히 새롭게 다시 시작해야 할 일이 있다. 하나님은 노아와 그의 가족을 통해 새로운 세계를 열어가셨다. 우리가 예수님을 믿고 사는 것은 하나님이 우리를 새로운 세계의 사람으로 만드심이다. 하나님이 세상을 홍수로 심판하실 때 노아와 그의 가족들을 남기셨다. 노아와 그의 가족들에게 하나님은 새로운 세계의 질서를 세우는 역할을 맡기셨다. 믿음의 사람은 모두 새로운 세계를 여는 역할을 맡았다. 하나님이 노아와 그의 가족들에게 복을 주시며, 생육하고 번성하여 땅에 충만하라고 하셨다. 하나님이 처음 사람 아담을 창조하신 후 했던 축복과 같은 수준의 말씀이다. 노아와 그의 가족들은 땅의 짐승, 조류, 곤충, 물고기 등 모든 생물의 두려움 대상이다. 또 노아 가족들은 살아있는 동물들을 채소처럼 먹을 수 있다. 하나님이 창조 때의 말씀을 반복하심으로 노아 가족들에게 복을 주시고 새로운 질서를 세우신다.

2. 먹거리의 절제를 제시하신 하나님

하나님이 아담을 창조하셨을 때 모든 것을 다 먹을 수 있다고 하셨다. 그러나 선악을 알게 하는 나무의 열매만큼은 먹으면 안 된다고 하셨다. 그 열매를 먹으면 반드시 죽을 것이다. 그러나 사람이 하나님의 명령을 어겼다. 그 결과 사람은 에덴동산에서 쫓겨나고 힘들게 일하여서 양식을 얻어야 한다. 하나님은 지금 노아에게도 무엇이든 먹을 수 있겠지만, 고기를 피째 먹지 말라고 하신다. 왜냐하면, 피에 생명이 있기 때문이다. 하나님이 사람들에게 먹거리의 절제를 명하신다. 왜 그러셨을까? 사람의 건강을 위함일까? 그렇지 않다. 하나님은 생명에 대한 소중함을 알리시고, 생명을 사랑하는 마음이 사람들에게 있길 원하신다. 만약 사람들이 피째 먹는다면 생명의 피를 찾을 것이라 하신다. 생명을 소중하게 여기지 않는다면 자기 생명을 잃게 된다. 이 말씀은 아담에게 했던 말씀과도 연결된다. 사람이 선악과를 먹으면 반드시 죽는다고 하셨는데, 죽는 것 역시 생명을 잃는 행위이다. 사람이 생명을 소중하게 여기면 생명을 가진 모든 존재가 무수히 많아진다. 생명을 소중히 여기는 사람도 생육하고 번성하게 된다. 하나님은 먹거리의 절제를 제시함으로 생명에 대한 사랑을 말씀하셨고, 순종하는 사람들에게 아담에게 하신 말씀처럼 생육과 번성하며 땅에 가득할 것이라 축복하셨다.

3. 피조물들과 언약을 세우신 하나님

하나님이 새로운 시대를 여시고, 새로운 질서를 세우실 때는 새로운 언약을 맺으셔야 했다. 새로운 시대와 질서에 걸맞은 언약이다. 그런데 그 언약은 하나님이 심판하지 않으시겠다는 약속이다. 하나님이 사람 지으신 것을 비록 한탄하셨지만, 사람들을 심판하시면서 매우 마음이 아프셨을 것이다. 피조물들이 새로워질 가능성이 없어서 하나님이 강제로 피조세계를 새롭게 하셨지만, 피조세계는 엄청난 희생을 치렀다. 하나님은 피조세계의 희생을 다시는 치르고 싶지 않으시다. 그래서 노아 가족의 후손들을 비롯하여 노아와 함께 했던 모든 생물과도 언약을 세우신다. 하나님이 피조세계 모두를 사랑하시고 유지하고 싶으시다. 하나님이 다시는 모든 생물을 홍수로 멸하지 아니하실 것이라 약속하셨다. 땅을 모두 쓸어버리고, 새로운 질서가 세워지는 홍수의 심판이 있지 않을 것이다. 하나님이 사람과만 언약하신 것이 아니다. 새로운 세계를 이루어가는 생물들과도 언약하셨다. 생물들이 하나님의 언약을 믿고 자기 역할을 한다. 우리가 맥추감사주일을 지낼 수 있는 것도 생물들이 제 역할을 하기 때문이다. 그런데 유독 사람들만이 하나님의 언약을 망각하고, 자기의 역할을 감당하지 못한다. 하나님은 사람들에게 언약을 상기시키신다. 맥추감사주일 역시 언약의 상기이다.

4. 무지개로 언약을 기억시킨 하나님

하나님의 언약은 어느 시대에만 국한되지 않는다. 하나님은 영원한 언약을 세우셨다. 세상이 끝날 때까지 유효한 언약이다. 또 하나님은 언약의 표시를 정하셨다. 그것은 무지개이다. 햇볕이 쨍쨍 내리쬐는 날 폭포수 위로 나타나는 무지개가 얼마나 아름다운가? 비가 많이 온 후 갑자기 햇볕이 나오는데, 비구름이 약화하면서 구름 속에서 나타나는 무지개를 보면 얼마나 아름다운가? 사람이 무지개를 보면 하나님께서 인류와 생태계를 사랑하시고, 보존하시겠다고 약속하신 언약을 기억해야 한다. 언약의 내용뿐만 아니라 언약의 특성도 기억해야 한다. 무시간성, 영원하고 무한한 사랑의 언약을 기억해야 한다. 하나님이 무지개 언약을 말씀하시고 한 번 더 확인해주셨다. 하나님의 말씀은 변함이 없다. 하나님의 언약은 변하지 않는다. 한번 말씀하신 것도 잊지 않으시는 하나님인데, 두 번이나 강조하셨다면 언약을 들은 사람은 확실히 믿어야 한다. 자연은 구름이 생기고 비가 오고 햇빛이 나오는 과정에서 식물을 키우고, 동물들은 식물을 양식으로 삼아 생육한다. 사람은 동식물을 음식물로 삼아 생존하고 번성한다. 무지개는 하나님이 사람의 생존과 번성을 기억하게 하는 언약이다. 하나님이 우리를 향해 정하여 복을 주신 맥추감사주일에 우리는 생존하고 번성함에 감사한다.

2025년 7월 13일, 오순절 후 5번째 주일

성 경	요한복음 5:39–47	예전색상	초록색

예 배 의 부 름	"하나님이 이르시되 빛이 있으라 하시니 빛이 있었고 빛이 하나님이 보시기에 좋았더라 하나님이 빛과 어둠을 나누사 하나님이 빛을 낮이라 부르시고 어둠을 밤이라 부르시니라"(창 1:3-5) 빛을 창조하시고 빛과 어두움을 나누신 하나님 아버지! 오늘도 거룩한 주님의 성소를 찾아오게 하셔서 무릎을 꿇고 주님을 찬양하는 믿음과 순종으로 예배를 드리게 하심을 감사드립니다. 이 예배가 영과 진리로 하나님을 기쁘시게 하는 예배가 되게 하옵소서. 이 예배를 통하여 심령에 빛을 받아 어둠을 물리치는 생활을 하게 하시옵소서. 주시는 말씀으로 상처 입은 모든 관계가 치유되고 구원의 감격이 심령들에게 골고루 내려지는 은혜의 시간이 되게 하옵소서. 우리 주 예수 그리스도의 이름으로 기원하옵나이다. 아멘
회개를 위하여	우리는 예수님께서 가지신 영광을 바라보고 세상의 빛으로 생활하여 하나님께 영광을 돌려야 하는데, 오히려 예수님의 영광을 가리고 어둠으로 생활하는 사람이 되었습니다. 이 시간에 우리의 어두움과 불신앙을 뉘우치고 회개하는 기도를 계속합니다.
고 백 의 기 도	태초에 빛을 창조하신 하나님 아버지! 하나님께서 우주의 빛을 창조하시고 예수님께서 너희는 세상의 빛이 되라 말씀하셨는데, 우리는 세상의 빛이 되지 못하고 오히려 어두움의 자식으로 살아온 죄를 용서하여 주옵소서. 생명의 빛을 얻었지만, 마귀와 함께 어두움의 세상에서 먹고 마시고 춤추고 여러 잡기를 즐긴 잘못을 용서하옵소서. 주일마다 말씀을 듣고 깨닫고 결심한 바를 믿음으로 실천하지 못했습니다. 이제 저희의 썩어빠진 사고방식을 훼파하고 싶습니다. 저희의 고집을 내려놓게 하옵소서. 썩어질 육체를 위해 살면서 신령하고 영원한 하나님의 세계를 외면하지 않겠습니다. 어려운 일을 당한 이웃을 돕지 못했고 고통당한 자들을 위로하지 못했던 것을 반복하지 않겠습니다. 육신의 만족을 위해서 헛되게 흘린 땀을 주님께 충성하고 헌신하는 현장에서 흘리는 값진 땀이 되도록 하겠습니다. 주님께서는 회개하는 죄인 하나를 회개할 것 없는 천국의 의인 99명보다 더 귀하게 여기심을 기억하오니 사죄의 말씀으로 위로하여 주옵소서. 예수님의 이름으로 회개하며 기도드립니다. 아멘
사함의 확 인	"여호와는 긍휼이 많으시고 은혜로우시며 노하기를 더디 하시고 인자하심이 풍부하시도다 자주 경책하지 아니하시며 노를 영원히 품지 아니하시리로다" (시 103:8-9)
성시교독	84. 히브리서 11장
설교 전 찬 송	47장 (하늘이 푸르고) 234장 (구주 예수 그리스도)
설교 후 찬 송	237장 (저 건너편 강 언덕에) 239장 (저 뵈는 본향 집)

07 13

금주의 성 가	온 교회여 주 찬양 – Joseph M. Martin 주께서 나를 온전하게 하시니 – M. Sullivan Lacour 주 이름 높고 크도다 – Arr. by Elizabeth
목 회 기 도	**불**모지 같이 황폐해진 심령을 성령으로 옥토가 되게 하신 하나님 아버지! 지난 한 주간에도 사랑과 자비와 은혜로 죄인을 품어주시고 주 앞에 나와 예배드리게 하심을 감사드립니다. 불신과 몽매하게 저지른 죄를 하나님 사랑과 긍휼로 씻어주시옵소서. 우리가 세상에서 오랫동안 살려는 마음보다는 올바른 믿음의 생활로 구원을 받은 성도답게 이웃들에게 복음을 전하며 하나님께 영광을 돌리게 하시옵소서. 이 예배를 통해서 큰 은혜를 받아 한 주간 살아갈 때 온전한 신앙생활을 하도록 인도하여 주시옵소서. **미**명의 어둠을 뚫고 새벽을 깨우는 신앙을 기뻐하시는 하나님 아버지! 말씀을 통하여 하나님께서 예비하신 것을 귀로 듣는 것으로 그치지 아니하고 성령 안에서 보고 실천하게 하옵소서. 병으로 고통받던 사람들이 우리 교회에서 주님을 만나 질병이 치유되게 하옵소서. 어려움을 겪으면서 슬픈 눈물로 기도하는 사람들이 우리 교회에서 새 사람으로 거듭난 후 위로받기보다는 위로하는 사람이 되고 사랑받기보다는 사랑하는 거룩한 주님의 자녀가 되게 하옵소서. 낡은 것을 새로운 것으로 바꾸어 주시는 예수님 이름으로 기도드리옵나이다. 아멘
헌금을 위 한 성 구	"이스라엘아 듣고 삼가 그것을 행하라 그리하면 네가 복을 받고 네 조상들의 하나님 여호와께서 네게 허락하심 같이 젖과 꿀이 흐르는 땅에서 네가 크게 번성하리라" (신 6:3)
헌 금 기 도	**주**의 백성들을 젖과 꿀이 흐르는 땅에 들어가게 하시는 하나님 아버지! 저희에게 땀을 흘려 일할 수 있는 일터를 허락하시고 수고한 대가로 의식주를 해결하고 살게 하심을 감사드리며 예물을 준비하였습니다. 오늘 저희가 하나님께 드리는 헌금이 비록 적을지라도 드리는 정성을 보시고 기뻐하여 주시옵소서. 저희가 예물을 드릴 때마다 모세의 율법에 따라서 헌금을 드리지 않고 오직 하나님의 은혜에 감사로 드리오니 이 헌금이 쓰이는 곳마다 하나님의 사랑과 기적이 나타나게 하시옵소서. **십**일조를 드리는 가정마다 더불어 살아가는 행복과 지켜주심과 보호가 있게 하옵소서. 감사하는 예물, 교회 여러 곳에서 봉사하는 성도들의 손길에도 기름진 축복으로 채워 주옵소서. 저희에게 허락하신 일터와 사업장이 영혼을 살리고 사람들에게 유익을 주고 행복한 삶을 도와주는 기업이 되게 하옵소서. 주신 물질을 정당하고 올바른 곳에 사용하며 성령의 인도하심 따라 나눠 주는 청지기의 삶을 살아가게 하옵소서. 예수님 이름으로 축복하며 기도드립니다. 아멘
위탁의 말 씀	"하나님을 사랑하는 것이 너희 속에 없음을 알았노라" 이 무서운 말씀이 오늘 예배를 마치고 성전을 떠나는 우리에게 해당하지 않아야 합니다. 예수께서 하나님 아버지의 뜻을 따라 사람들에게 믿음과 영생을 얻게 하셨더니 우리도 주변에 하나님 뜻을 전하는 배달부처럼 살아야 합니다.
축 도	지금은 우리에게 영원한 생명을 주신 예수 그리스도의 은혜와 우리를 지으시고 자녀로 삼아 주신 하나님 아버지의 사랑하심과 예배를 통하여 하나 되게 하시는 성령의 교통하심이 하나님을 왕으로 모시고 살아가기로 작정하는 백성들 머리 위와 저들의 가정과 주님의 몸 된 교회 위에 이제부터 영원토록 함께하옵시기를 원하옵나이다. 아멘

오늘의 설교를 위한 복음적 조명 주제 : 추구할 영광

제목 : 예수님이 가지신 영광 | 본문 : 요한복음 5:39-47

주제 : 예수님은 아버지의 권위를 받아 세상에 오셨다. 아버지의 이름으로 오셨고, 아버지께 영광을 돌리셨다. 예수님은 아버지의 뜻을 따라 사람들에게 믿음을 주시고, 영생을 얻게 하시려고 세상에 오셨다. 예수님의 오심은 오래 전부터 아버지 계획하심의 성취였다.

논지 : 예수님은 아버지의 뜻을 따라 믿음과 영생을 주려고 세상에 오셨다.
  1. 영생을 주시려고 오신 예수님
  2. 아버지 이름으로 오신 예수님
  3. 믿음의 대상으로 오신 예수님
  4. 모세의 글에 기록되신 예수님

사람이 하는 일은 제각각 목적을 가진다. 뚜렷한 목적을 말하지는 않더라도 나름의 목적은 있다. 그 목적이 사회를 향한 커다란 울림을 주는 내용일 수도 있고, 자기만의 소소한 행복을 누리는 내용일 수도 있다. 사람의 행동은 나름의 긍정성을 갖고 있다. 다른 사람이 보기에는 부정적인데, 그 사람에게만 국한하면 긍정적일 수도 있다. 그래서 인간관계를 잘하려면 다른 사람의 행동이나 말에서 긍정적인 것을 찾아서 칭찬해야 한다. 물론 긍정성 뒤에 숨겨진 부정적인 내용까지 이해하고 용납하라는 말은 아니다. 일단 긍정적인 것이 있다는 것을 직관적으로 인정하지만, 그것에 동의하는 것은 또 다른 문제이다. 사람이 하는 일과 목적이 언제나 옳은 일은 아니기 때문이다. 그러나 사람을 지으신 하나님의 일은 언제나 선하다. 하나님의 섭리와 경륜, 하나님의 계획과 성취는 언제나 의롭다. 하나님이 사람을 향하여 세우신 모든 일이 선하다. 하나님이 세상에 보내신 아들 예수님이 세상에서 하는 일도 모두 선하다. 그러므로 사람은 예수님을 믿고 바라보아야 한다. 예수님은 세상에서 사역하실 때 당신이 세상에 오신 목적을 분명하게 알리셨다. 아버지가 당신을 세상에 보내신 목적을 명확하게 말씀하셨고, 아버지의 뜻을 따라 순종함으로 일하셨다.

1. 영생을 주시려고 오신 예수님

예수님이 세상에 왜 오셨을까? 요한복음은 3장 16절에서 분명하게 선언한다. 그것은 하나님이 세상을 사랑하시고 믿는 사람에게 영생을 주시기 위함이다. 사람들은 영생에 대해 관심이 많다. 관심을 두는 이유도 다양하다. 현실 생활의 어려움을 해결하고자 현실의 대안인 영생에 관심을 두거나 현실에서 얻을 수 없는 초월적인 지식을 얻고자 영생에 관심을 둔다. 사람들이 영생에 관한 관심을 두지만 그것은 모두 자신의 만족을 위함이다. 영생을 주시는 하나님을 찾는다고 해도 자신의 만족이라는 내적 목적을 갖는 사람이 대다수이다. 예수님 당시의 사람들은 영생을 얻는 방법을 구약성경에서 찾으려 했다. 사람들이 열심히 성경을 연구했지만, 성경 안에서 하나님의 사랑과 은혜를 찾지 못하고 사람의 행위로 얻는 율법적 내용만 발견했다. 율법을 잘 지키면 영생을 얻었을 것이라고 자기만족에 취할 뿐이었다. 예수님은 성경의 핵심과 지향점이 곧 당신임을 천명하셨다. 율법서, 예언서 그리고 성문서 등에서 예고한 구원자가 세상에 오셨는데, 바로 하나님의 아들 독생자 예수님이시다. 사람들은 독생자를 환영하고 따라야 한다. 그런데 사람들이 예수님을 따르지 않는다. 예수님은 영생을 주시려고 세상에 오셨다. 그러므로 영생을 얻으려면 예수님을 믿고 따라야 한다.

2. 아버지 이름으로 오신 예수님

예수님이 사람들에게 영생을 주시려고 세상에 오셨지만, 당신만의 영광이나 당신만의 이름을 내세우려는 목적일까? 절대 그렇지 않다. 예수님은 당신을 보내신 아버지의 이름을 높인다. 당신에게 인류를 향한 구원의 사명을 주신 아버지의 이름을 높이는 것이 아들의 목적이기도 하다. 예수님에게 사명을 주신 아버지는 아들에게 사역의 권위를 위임하셨다. 예수님은 아버지의 이름으로 세상에 오셔서 일하신다. 그러므로 예수님은 사람들로부터 영광을 취하지 않는다. 예수님을 따르고 억지로 왕으로 삼으려 하여도 예수님은 사람들의 요구에 응하지 않으셨다. 예수님을 왕으로 삼으려는 사람들의 의도는 하나님을 향한 경배도 예수님을 향한 섬김도 아니었다. 사람들이 자기들 의도대로 되면 만족하는 사람들의 이기심이 바탕이었기 때문이다. 예수님은 사람들의 마음속에 하나님을 사랑하는 믿음이 없다는 것을 이미 알고 계셨다. 예수님은 사람들의 목적에 따라 나지 않으셨다. 사람들은 예수님이 행하시는 기적을 보고 말씀을 듣고 예수님에게서 무엇인가 얻으려 한다. 그런데 정작 예수님이 주시는 영생에는 관심이 없다. 예수님이 아버지의 이름으로 왔는데도 사람들은 예수님을 영접하지 않는다. 만약 자기 이름으로 오는 사람이 있다면 군중들이 열렬히 환영했을 터이다.

3. 믿음의 대상으로 오신 예수님

아버지의 명령을 따라 아버지의 이름으로 오신 예수님은 우리에게 영생을 주려고 오셨다. 그러므로 예수님은 믿음의 대상이시다. 만약 영생을 얻으려고 성경을 열심히 연구한다면 성령의 핵심인 예수님을 발견하게 될 것이다. 성령께서 예수님을 발견하도록 조명하신다. 성령의 조명이 곧 은혜이다. 만약 예수님을 발견했다면 어떻게 해야 하는가? 당연히 예수님을 믿어야 한다. 예수님이 영생을 주시는 분임을 믿어야 한다. 예수님을 믿어야 성경을 제대로 본 것이다. 성경을 보며 성령의 감동한 결과가 예수님을 믿는 믿음으로 나타난다. 만약 예수님을 향한 믿음이 아니라면 성경을 제대로 안 본 것이고, 성령의 조명도 받지 못한 것이다. 왜냐하면, 성령께서 우리에게 예수님을 깨닫게 하시기 때문이다. "성령으로 아니하고는 누구든지 예수를 주시라 할 수 없느니라"(고전 12:3) 그런데 사람의 영광을 취하려는 사람은 목적부터가 하나님의 의도와는 반대이다. 사람의 영광에 정신을 쏟다가 하나님한테서 오는 영광을 구하지 않는다. 결국, 사람의 영광을 구하는 사람들이 하나님으로부터 보냄을 받아 오신 분, 하나님의 아들이신 예수님을 믿지 않는다. 예수님이 사람들의 이런 행태를 아파하고 탄식하며 꾸짖으신다. 예수님이 당신의 목적을 알리실 때 우리는 즉시 믿어야 한다.

4. 모세의 글에 기록되신 예수님

사람들이 영생을 얻고자 성경을 연구했다면 당연히 모세의 책도 연구했을 터이다. 모세의 책이란 곧 율법서를 의미한다. 모세가 예수님의 오심을 예고하였다. "네 하나님 여호와께서 너희 가운데 네 형제 중에서 너를 위하여 나와 같은 선지자 하나를 일으키시리니 너희는 그의 말을 들을지니라"(신 18:15) 모세를 연구하면서도 모세의 말을 듣지 않는 사람이 있다면 모세가 어떻게 하겠는가? 모세가 당연히 믿지 않는 사람을 질책할 것이다. 모세가 하나님을 믿지 않는 사람이 있다고 아뢸 터이다. 모세가 불신자를 하나님께 고발한다면 예수님까지 나서서 사람들을 고발할 필요가 없다. 예수님은 모세의 글이 지향하는 믿음의 대상이다. 만약 사람들이 모세를 믿는다면 당연히 예수님을 믿어야 한다. 그런데 당시의 사람 중에 모세의 글도 인정하지 않는 사람들이 있다. 겉으로는 율법을 존중한다면서 율법의 핵심인 하나님을 향한 사랑, 이웃을 향한 사랑을 외면하는 사람이 많다. 모세가 순종한 하나님의 위대한 관심에 무감각한 사람이 많다. 예수님은 당신이 모세의 글에 기록되었음을 강조하시며 당신의 오심이 이미 오래전부터 예고된 하나님의 섭리임을 증명하신다. 예수님이 사람들을 책망하신다. "그의 글도 믿지 아니하거든 어찌 내 말을 믿겠느냐" 이 말씀이 들리는가?

2025년 7월 20일, 오순절 후 6번째 주일

성 경	사사기 2:16-23	예전색상	초록색

예 배 의 부 름	"여호와여 내 기도를 들으시고 나의 부르짖음을 주께 상달하게 하소서 나의 괴로운 날에 주의 얼굴을 내게서 숨기지 마소서 주의 귀를 내게 기울이사 내가 부르짖는 날에 속히 내게 응답하소서"(시 102:1-2) **권**능 있는 말씀으로 천지 만물을 창조하신 하나님 아버지! 인생의 어두움을 걸어가는 우리에게 말씀의 등불을 주시어서 밝은 하늘길을 가게 하심을 감사드립니다. 세상에서 가지고 있던 모든 잡념을 버리고 오직 하나님만 바라보고 정성을 다해 하나님을 기쁘시게 하는 예배가 되게 하옵소서. 오늘 사사 시대에 주신 하나님의 말씀을 깨닫고 하나님께 영광을 돌리는 성도가 되게 하옵소서. 우리 주 예수 그리스도의 이름으로 기원하옵나이다. 아멘
회개를 위하여	하나님은 우리가 세상을 살아가는 모습을 지켜보고 계시며 우리의 숨은 의도마저도 알고 계시는데, 우리는 세상에서 하나님과 사람들을 속이고 악한 마음을 숨긴 걸 고백하지 않을 수 없습니다. 이러한 못된 생각과 마음을 뉘우치고 회개하는 기도를 계속하겠습니다.
고 백 의 기 도	**인**간의 생각과 마음과 뼛속까지 지켜보시는 하나님 아버지! 지난 한 주간에 거짓말과 속임수로 하나님과 사람들을 속였으며 심지어 자기 자신까지 속인 죄를 고백하나이다. 교회에서 믿는 척했으나 세상에서는 안 믿는 사람처럼 산 허물을 불쌍히 여겨 주옵소서. 교회에서는 의로운 척했으나 세상에서는 이익을 챙긴 탐욕을 품었습니다. 고통과 근심으로 슬퍼하는 형제와 자매를 보고도 모른척하며 같이 나누지 않고 외면해 버린 죄를 용서하여 주옵소서. 무늬만 그리스도인이요 속이 비어있는 거짓 그리스도인이 되지 말게 하옵소서. **찬**송을 부를 때도 건성으로 불렀으며 주신 재물 중에 온전한 십일조를 드리지 못했습니다. 때를 얻든지 못 얻든지 복음을 전파하지 못했습니다. 생명은 죄와 죽음과 함께 할 수 없음을 깨닫사오니 이제 이 깨달음으로 얻은 새 힘이 저희를 이끌어 가는 구름기둥과 불기둥이 되게 하옵소서. 다시 구하옵나니 병든 것, 괴로운 것, 잘못된 것, 약한 것들은 치료하셔서 온전케 하여 주옵시고, 죄를 짓기 위해서 부렸던 그 힘으로 하나님을 사랑하고 교회를 사랑하며 이웃을 위해서 봉사하게 하옵소서. 예수님의 이름으로 회개하며 기도드립니다. 아멘
사함의 확 인	"여호와께서 말씀하시되 오라 우리가 서로 변론하자 너희의 죄가 주홍 같을지라도 눈과 같이 희어질 것이요 진홍 같이 붉을지라도 양털 같이 희게 되리라"(사 1:18)
성시교독	14. 시편 24편
설교 전 찬 송	48장 (거룩하신 주 하나님) 576장 (하나님의 뜻을 따라)
설교 후 찬 송	601장 (하나님이 정하시고) 602장 (성부님께 빕니다)

07 20

금주의 성가	어린양 앞에 조용히 나갑니다 - J. H. Maunder 주는 반석 - Michael Barrett 의로운 자여 즐거워하라 - F. B. Holton
목 회 기 도	**죄**악의 험한 길에서 서성일 때마다 구해주시기를 반복하시는 하나님 아버지! 길을 잃고 헤매면서 헐고 추해진 죄인에게도 거룩한 날 교회에 나와 예수 그리스도께 감사와 찬양의 예배를 드릴 기회 주심을 감사드립니다. 경제적인 어려움의 찬바람 속에서도 주의 백성들을 소망과 자비의 은혜 가운데 보호해주옵소서. 주님께서 채찍에 맞는 고통을 겪으신 것은 저희가 저지른 죄 때문임을 고백합니다. 다시 죄를 범하는 것은 주님을 십자가에 다시 못 박는 것인 줄 알게 하옵소서. **성**령님과 함께 성도다운 삶과 신앙생활을 하게 하시는 하나님 아버지! 우리 교회가 하나님의 백성들로 가득 차게 하시고 평안하며 든든히 서가는 교회, 주를 경외하며 성령의 위로가 있는 교회가 되게 하여 주시옵소서. 영적으로 바로 서지 못한 성도들을 하나님이 붙드셔서 하루하루의 삶 안에서 하나님을 느끼며 살 수 있게 하옵소서. 다음 한 주간에도 오늘 주시는 말씀을 따라서 믿음을 지키며 세상 사람과 구별된 성결한 삶을 살아가게 하시옵소서. 예수님의 이름으로 기도드립니다. 아멘
헌금을 위한 성구	"복 있는 사람은 시냇가에 심은 나무가 철을 따라 열매를 맺으며 그 잎사귀가 마르지 아니함 같으니 그가 하는 모든 일이 다 형통하리로다"(시 1:1,3)
헌 금 기 도	**능**력과 위엄으로 택하신 백성들을 은혜 안에 살게 하시는 하나님 아버지! 우리가 복 있는 사람이 되어 철을 따라 열매를 맺게 하시고 말씀을 받아먹고 삶의 잎사귀가 마르지 않게 하심을 감사드립니다. 하나님의 말씀 따라 십일조 예물을 드립니다. 감사의 헌금이 있습니다. 선교하는 일을 돕고자 드리는 선교헌금이 있습니다. 하늘 문이 열리기를 소원하는 소원 예물이 있습니다. 드린 손들을 기억하여 주시고, 여러 가지 은혜가 차고 넘치게 하옵소서. **하**나님께 헌금을 드리는 믿음은 미래에 받을 축복을 쌓는다는 것을 가르쳐주옵소서. 믿음은 바라는 것들의 실상이라 말씀하셨으니 믿음으로 드리면 우리의 소원이 이루어질 줄을 믿나이다. 하나님께 헌금을 드리는 우리에게는 각자의 소망이 있나이다. 하나님께서 소망으로 구원을 이룬다고 하셨으니 비록 적은 헌금이지만 구원을 이룰 때까지 봉헌할 수 있는 여건과 환경을 만들어주옵소서. 사랑은 섬김과 희생인 걸 알고 교회에서 실천하는 그 한 사람이 되게 하옵소서. 예수님의 이름으로 축복하며 기도드립니다. 아멘
위탁의 말 씀	"이 백성이 내가 그들의 조상들에게 명령한 언약을 어기고 나의 목소리를 순종하지 아니하였은즉" 하나님은 백성을 사랑하시지만, 백성의 죄를 무한정 용납하는 분은 아니십니다. 하나님의 징계와 방관이 얼마나 무서운지를 알고 오늘 주신 말씀과 함께 승리하는 한 주간을 살아가야 할 것입니다.
축 도	지금은 일생을 순종으로 살아가신 예수 그리스도의 은혜와 순종하는 자녀에게 축복을 예비하시는 하나님 아버지의 사랑과 순종의 기쁨을 누리게 하시는 성령님의 교통 인도하심이 어제나 오늘이나 영원토록 같으신 주님께 순종의 열매로 보답해드리고자 결단하며 출발하는 주의 백성들 머리 위에 지금부터 영원까지 함께하시기를 간절히 축원하옵나이다. 아멘

오늘의 설교를 위한 복음적 조명 주제 : 사사 시대에

제목 : 하나님이 보시기에 | 본문 : 사사기 2:16-23

주제 : 하나님은 사람들의 생각과 마음을 알고 계신다. 하나님은 사람들의 살아가는 모습을 보고 계시며 사람들의 숨은 의도마저도 알고 계신다. 하나님은 백성을 사랑하시지만, 백성의 죄를 무한정 용납하는 분은 아니시다. 하나님의 징계와 방관이 매우 무서운지 알아야 한다.

논지 : 하나님은 사람들을 살피시며 사람들에게 믿게 하려는 뜻을 보이신다.
   1. 구원하신 하나님
   2. 돌이키신 하나님
   3. 진노하신 하나님
   4. 방관하신 하나님

하나님이 사람을 창조하셨다. 하나님은 사람에게 생육하고 번성하며 땅에 충만하고 땅을 다스리라고 하셨다. 사람이 땅을 다스리되 사람의 마음대로 하라는 뜻이 아니다. 사람이 하나님의 뜻을 알아서 하나님의 의도대로 땅을 다스리라는 의미이다. 하나님의 의도대로 다스린다고 함은 사람이 살아가는 모든 과정에서 하나님의 의도를 알고 실행해야 한다는 깨달음을 준다. 그런데 사람들은 땅을 다르시다는 말만을 알아듣고 하나님이 안 계신 것처럼 자기 마음대로 행동한다. 심지어는 하나님이 살아계심을 알면서도 하나님이 자기 삶에 아무런 상관을 하지 않을 것이라고 착각하고는 하나님의 뜻을 거스른다. 하나님의 의도를 알고도 일부러 하나님이 싫어하는 일을 골라서 하는 사람도 있다. 하나님 앞에 청개구리 심보를 보이는 사람들이 매우 많다. 이런 일이 성경과 역사에 매우 많다. 가장 크게 드러나는 시대가 바로 사사 시대이다. 사사 시대에 사람들은 자기들을 다스리는 왕이 없다는 핑계로 사람마다 자기 생각과 견해를 따라 행했다. 사실은 하나님이 왕이신데, 사람들은 보이지 않는 하나님을 왕으로 생각하지 못하고 보이는 사람만이 왕이라 착각한다. 사람마다 자기 생각대로 하면 필연코 죄를 짓고, 공동체가 약화한다. 공동체의 약화는 필연코 침략과 약탈을 당하게 된다.

1. 구원하신 하나님

하나님이 사랑하시고 선택하신 백성들이 하나님을 섬기지 않고, 공동체가 분열되며 힘이 약해지고 주변 나라로부터 침략과 약탈을 당하였다. 하나님이 그 백성을 어떻게 하셔야 할까? 하나님이 백성들의 고통을 영원토록 모르는 체하실까? 그렇지 않다. 하나님이 백성들을 구원한 사사를 세우셨다. 사사가 지도력을 발휘하여 노략자들의 손에서 백성들을 구해내었다. 사사가 능력을 발휘한 것이지만 사실은 하나님께서 사사에게 능력을 주신 것이었다. 백성들이 노략자의 손에서 벗어남은 하나님이 백성을 구원하심이었다. 하나님이 사람을 세워서 공동체의 고통을 멈추게 하신다. 그런데 사람들이 사사들의 말조차도 듣지 않는다. 힘들고 어려울 때는 사사를 의지하다가도 조금 편안해지면 사사의 말을 외면하고 자기들 마음대로 산다. 사사들이 하나님을 섬기라고 권하는데도 사람들은 이방의 우상을 따라간다. 백성들의 조상은 하나님의 명령을 듣고 순종하던 사람들이었는데, 후손들은 조상의 길을 외면하고 다른 길로 간다. 이는 사사의 말을 안 듣는 정도가 아니라 하나님의 명령을 듣지 않는 것이다. 한번 구원을 받았음에도 불구하고 구원에 대한 감격과 감사를 망각하는 행위이다. 구원하시는 하나님이 지켜보고 계심에도 불구하고 하나님을 떠나 살고 있으니 얼마나 안타까운 일인가?

2. 돌이키신 하나님

하나님이 사사를 세우실 때는 사사와 함께하신다. 비록 백성들이 사사의 말을 듣지 않고 제 맘대로 행하며 하나님을 배반하며 살지만 그래도 하나님은 사사들과 함께하셨다. 사사만큼은 하나님을 제대로 섬겼기 때문이다. 비록 공동체 구성원 전체가 하나님을 외면한다 해도 단 한 사람이 하나님을 찾으면 하나님은 그 한 사람 때문에 공동체를 보호하신다. 하나님은 예레미야 선지자에게 예루살렘 성읍에서 공의를 행하며 진리를 구하는 사람을 한 사람이라도 찾으면 성읍을 용서하시겠다고 말씀하셨다(렘 5:1). 하나님은 공동체가 위기에 처했을 때 한 사람을 세워서 공동체를 구하신다. 백성들이 이방의 침략자들에게 노략질을 당했을 때 슬퍼하여 부르짖었다. 자기 물건을 뺏기고 억울한 죽임을 당하면 울 수밖에 없다. 사실은 하나님을 외면하고 죄를 저지른 것에 대한 회개의 슬픔과 부르짖음이어야 하는데 말이다. 하나님은 백성의 슬픔과 부르짖음을 들으셨다. 비록 백성들이 잘못했지만, 하나님은 백성들의 눈물과 탄식을 외면하지 않으셨다. 백성을 사랑하시는 하나님이시기 때문이다. 하나님은 백성들을 향해 진노하셨지만 뜻을 돌이키심으로 사사를 통해 백성을 구하시고 사사가 사는 날 동안 백성들의 삶을 보호해 주셨다. 사사가 하나님과 백성 사이의 중간 역할을 한다.

3. 진노하신 하나님

사사 시대에는 사사가 하나님과 백성 사이의 중간 역할을 했고, 구약 시대에는 족장이나 예언자들이 하나님과 백성 사이의 중간 역할을 했다. 궁극적으로는 하나님의 아들 예수 그리스도께서 하나님과 사람 사이의 중간 역할을 하셨다. 하나님이 사람 사이에 예수 그리스도를 중보자로 세우셨다. "하나님과 사람 사이에 중보자도 한 분이시니 곧 사람이신 그리스도 예수라"(딤전 2:5). 예수님은 자신도 당신이 길이라고 말씀하시고 당신을 통해서만이 하나님께 갈 수 있다고 선언하셨다(요 14:6). 문제는 사사가 없을 때이다. 눈에 보이는 지도자가 사라지면 백성들은 또다시 사분오열하고 제 맘대로 살며 갈팡질팡한다. 사사가 죽은 후에 백성들은 과거 조상들이 행하던 믿음에서 벗어나는데, 더 나쁘게 행하고 타락한다. 이방의 신을 섬기고 우상에게 절하며 악한 일을 그치지 않는다. 공동체 안에는 매일 타락한 생활과 악한 행위가 끊이지 않는다. 하나님이 그 백성을 보고 어떻게 하셔야 하는가? 하나님이 진노하셨다. 백성들이 조상들의 길에서 떠나고 하나님의 목소리를 듣지 않았다. 과거에 구원받은 은혜를 잊은 사람들에게 하나님이 진노하셨다. 예수님을 믿으면서도 구원의 은혜를 잊고 자기들 마음대로 행하며 세상의 길로 가는 사람을 향해 하나님이 어떻게 하실까?

4. 방관하신 하나님

하나님은 이전에 백성들을 애굽에서 끌어내실 때 젖과 꿀이 흐르는 땅에서 살 것을 약속하셨다. 지금 백성들은 하나님이 약속하신 땅으로 왔다. 그 땅에서 살려면 하나님 앞에서 정결함을 유지해야 한다. 정결함을 유지하는 방법은 그 땅 원주민들의 문화와 우상을 배격하는 것이다. 원주민들을 땅에서 몰아내어 원주민들과 섞여 살지 않아야 한다. 백성들이 먼저 믿음으로 강하게 무장한 후에 원주민들이 와서 굴복하도록 해야 한다. 그런데 백성들이 원주민의 문화와 우상을 따라가고 있다. 백성들에게는 원주민을 몰아낼 힘이 사라지고 원주민을 몰아낼 마음도 사라진다. 하나님은 타락한 백성을 그대로 보고만 계신다. 하나님의 힘이 약해서 그럴까? 아니다. 백성들을 방관하시는 것이 하나님의 심판이었다. 하나님은 원주민들을 하나도 쫓아내지 아니하시겠다고 말씀하셨다. 백성들이 하나님을 시험하고 있으므로 하나님도 잠시 백성들을 방관하신다. 하나님이 사람들을 향해 진노하시고 가장 크게 심판하시는 방법이 무엇인 줄 아는가? 아예 모른척하시는 것이다. 하나님이 주시려던 복을 멈추고, 하시려던 선한 일을 멈추고 잠자코 지켜만 보시는 일이다. 그 결과가 무엇일까? 참혹한 고난이다. 이스라엘 백성에게 이런 흑역사가 있다. 이를 보고 우리는 무엇을 배워야 하는가?

2025년 7월 27일, 오순절 후 7번째 주일

성 경	마태복음 5:3-10	예전색상	초록색

예배의 부름	"하나님께 아뢰기를 주의 일이 어찌 그리 엄위하신지요 주의 큰 권능으로 말미암아 주의 원수가 주께 복종할 것이며 온 땅이 주께 경배하고 주를 노래하며 주의 이름을 노래하리이다 할지어다"(시 66:3-4)

예배의 부름

죄악의 깊은 잠에서 깨워 말씀의 생명수를 마시게 하시는 하나님 아버지! 이 복되고 거룩한 주님의 날에 세상에 취하여 죽어가던 영혼들을 일깨우시어 주님의 전에 나와 예배드리게 하심을 감사드립니다. 세상은 불신과 배반, 거짓과 죄악으로 가득하여 불법이 판을 치고 있어도 우리는 오직 하나님만 바라고 나아왔나이다. 이 시간, 우리를 용납하시고 드리는 예배를 통하여 복된 말씀으로 소멸한 영성과 경건한 믿음을 회복하게 하옵소서. 우리 주 예수 그리스도의 이름으로 기원하옵나이다. 아멘

회개를 위하여

교회는 살아있는 생명체입니다. 작은 하나님의 나라입니다. 내가 발전하고 변할 때 교회가 융성해집니다. 지난날들의 나의 기도 생활, 헌금 생활, 봉사 생활, 전도 생활을 반성해 보고 나 때문에 교회가 발전하고 있는지 아니면 상처받고 있지나 않은지를 성찰하고 회개하는 기도를 계속합니다.

고백의 기도

인간의 생각과 마음과 말을 주관하시는 하나님 아버지! 예수님처럼 살겠다고 다짐했으면서도 교인 누군가에 말로 상처만 주기도 하고 비난하고, 모이면 남의 험담을 말한 어리석음을 용서하여 주옵소서. 남의 불행을 나의 불행으로 알고 기도하면서 위로하기보다는 오히려 그들이 불의를 심판하고 탓했던 일들이 많았음도 고백합니다. 저희는 일하지 않으면서 헌신하고 봉사하는 사람을 보면서 빈정거리는 말투로 대꾸한, 참으로 볼썽사나운 짓을 하기도 했습니다. 불쌍히 여겨 주옵소서.

나보다 나은 자들을 보며 축복하지 못하고 경쟁상대로 여겼으며 질투하며 시기하였습니다. 사랑해야 할 이웃들을 적으로 생각했으며 미워했습니다. 하나님 아버지! 저희를 용서하여 주시고 이웃을 바라보는 눈을 고쳐 주시옵소서. 이제 결심합니다. 쓸데없는 자존심 하나 붙잡고 하나님의 영광을 가리는 일도 앞장서 행치 않겠습니다. 안다고 생각할 때 겸손을 기억하겠습니다. 오늘 다시 한번 회개하오니 사죄의 말씀을 선포하여 주옵소서. 예수님의 이름으로 회개하며 기도드립니다. 아멘

사함의 확인	"이스라엘이여 너는 행복한 사람이로다 여호와의 구원을 너 같이 얻은 백성이 누구냐 그는 너를 돕는 방패시요 네 영광의 칼이시로다 네 대적이 네게 복종하리니 네가 그들의 높은 곳을 밟으리로다"(신 33:29)
성시교독	83. 빌립보서 4장
설교 전 찬 송	1장 (만복의 근원 하나님) 28장 (복의 근원 강림하사)
설교 후 찬 송	31장 (찬양하라 복되신 구세주 예수) 39장 (주 은혜를 받으려)

07 27

금주의 성가	우리 모두 주 찬양 – Don Besig 교회의 참된 터 – Arr. by J. Althouse 주께로 가까이 이끄소서 – Ada Bruce Sexton
목 회 기 도	우리 교회가 피난처가 되시고 구원의 방주가 되게 하시는 하나님 아버지! 힘들고 피곤한 삶 속에서도 주님으로 인하여 위로받게 하시고 영원한 천국의 소망으로 채워 주심을 감사드립니다. 세상 사람들은 건강의 복과 재물의 복과 행복의 복과 장수의 복 받기 바리지만, 우리는 예수님을 믿고 하나님의 자녀로 사는 것이 최고의 행복임을 알게 하여 주옵소서. 우리는 마음의 욕심을 버리고 비워서 청결한 심령으로 천국 백성이 되게 하시옵소서. 교회가 푸른 초장이며, 쉴만한 물가인 것을 알게 하시는 하나님 아버지! 생존경쟁이 심한 세상에서 자족할 수 있는 은혜도 주시옵소서. 한 주간의 삶이 주님과 동행하여 죄를 이기고 영적 전쟁에서 항상 승리하게 하옵소서. 성경을 읽을 때, 찬송을 부를 때 세미한 주님의 음성을 듣게 하시고, 십자가를 볼 수 있는 영안을 열어주시옵소서. 우리 교회를 통하여 하나님의 복음이 심어지게 하시며 예루살렘 교회와 같이 온 백성들에게 칭송을 들으며 빛과 소금의 사명을 다하는 교회가 되게 하여 주옵소서. 예수님의 이름으로 기도드립니다. 아멘
헌금을 위 한 성 구	"이에 히스기야가 말하여 이르되 너희가 이제 스스로 몸을 깨끗하게 하여 여호와께 드렸으니 마땅히 나아와 제물과 감사제물을 여호와의 전으로 가져오라" (대하 29:31)
헌 금 기 도	깨끗한 몸과 마음으로 드리는 헌금을 받으시는 하나님 아버지! 하나님의 거룩한 주일에 우리를 성전에 불러 모아 예배를 드리게 하시고 헌금까지 드리게 하시니 감사하나이다. 이 시간 예수님께서 산 위에서 베풀어주신 말씀에 감사하여 정성을 다한 헌금을 하나님께 봉헌하오니 받아 주시옵소서. 형식적으로 드리는 헌금이 아니라 마음과 정성으로 드리는 헌금이 되게 하시옵소서. 하나님께서 정성을 다하여 드리는 헌금을 기뻐 받아 주시옵소서. 하나님께 헌금을 바칠 때 우리의 몸과 마음도 바치오니 크신 축복을 내려주시옵소서. 각자의 처지와 형편에 따라 드리는 십일조 헌금, 감사 헌금, 선교 헌금, 건축 헌금, 생일 헌금을 드리오니 드린 손길 위에 축복하셔서 우리의 가정과 사업이 날로 더욱 번창할 수 있도록 하시고. 마음은 있으나 물질이 없어서 바치지 못한 성도에게는 마음을 바치게 허락하소서. 믿음이 약하여 인색한 마음으로 바치지 못한 사람에게는 바칠 수 있는 담대한 믿음을 허락해 주옵소서. 이 헌금이 쓰이는 곳곳마다 하나님의 역사가 나타나게 하시고, 영광만이 온전히 드러나게 하시옵소서. 거룩하신 예수님의 이름으로 축복하며 기도드립니다. 아멘
위탁의 말 씀	"의를 위하여 박해를 받은 자는 복이 있나니 천국이 그들의 것임이라" 예수님은 우리가 하늘 복을 받고 살기를 원하셨기 때문에 제자들에게 복된 사람의 모습을 알려주셨습니다. 비록 세상의 상식과는 사뭇 달라도 주님께서 주신 말씀으로 받고 복을 누리며 사는 저와 여러분이 되시기 바랍니다.
축 도	지금은 영원한 생명으로 인도하시는 구주 예수 그리스도의 은혜와 흐르는 눈물을 닦아주시는 하나님 아버지의 그 크신 사랑이 기억나게 하시고 가르치게 하시는 성령님의 위로하심이 예배의 산 제물이 되어 막힘없는 승리를 확신하고 열심히 선을 행하러 나가는 성도들 위에 이제로부터 영원히 함께 계시기를 간절히 축원하옵나이다. 아멘

오늘의 설교를 위한 복음적 조명 주제 : 복된 사람은

제목 : 산 위에서 들리는 복된 말씀 l 본문 : 마태복음 5:3-10

주제 : 예수님은 우리에게 복을 주신다. 예수님은 우리가 하나님으로부터 복을 받고 살기를 원하신다. 예수님은 하나님의 뜻을 따라 제자들에게 복된 사람의 모습을 알려주셨다. 세상의 상식과는 사뭇 다른 모습이다. 예수님의 말씀은 이 시대 우리에게도 복된 말씀이다.

논지 : 예수님은 산 위에서 복이 있다는 말씀으로 제자들을 가르치셨다.
1. 가난하고 슬피 우는 사람에게 복 주시는 예수님
2. 온유하고 의를 찾는 사람에게 복 주시는 예수님
3. 긍휼과 청결을 가진 사람에게 복 주시는 예수님
4. 화평과 의를 위하는 사람에게 복 주시는 예수님

세상 사람 모두 복을 받기 원한다. 예수님을 믿는 사람 역시 복을 받기 원한다. 다만 사람들과 예수님을 믿는 사람들에게서 복의 내용이나 복을 받는 방법의 차이가 있다. 물론 공통점도 있다. 그러나 중요한 차이점이 존재한다. 세상의 사람에게 복이란 기본적으로 건강, 재물, 행복, 건강한 관계 등이다. 좀 배웠다고 하면 유교에서처럼 정신적 건강, 남에게 선행하는 것 정도가 더해진다. 이런 복들이 대부분 사람의 노력으로 얻어진다. 그러나 신앙을 가진 사람들에게서 복은 하나님의 자녀가 되는 것, 하나님 나라의 시민으로 사는 것이다. 신앙인에게서 복은 믿음으로서 구원받고 영원한 천국을 알고 소망하는 것이다. 우리는 이런 복을 영적인 복이라고 일컫는다. 이런 복은 사람의 노력으로만 얻어지지 않는다. 사람이 아무리 노력해도 안 되는 것이 하나님의 일이다. 하나님의 일은 하나님의 섭리에 달려있다. 하나님이 복의 기준을 세우시고, 복의 내용을 사람에게 알려주시며 복 받는 사람의 특성까지 알려주신다. 시편에서 "복 있는 사람은 악인들의 꾀를 따르지 아니하며 죄인들의 길에 서지 아니하며 오만한 자들의 자리에 앉지 아니하고 오직 여호와의 율법을 즐거워하여 그의 율법을 주야로 묵상하는도다"라고 이야기한다(시 1:1,2). 사실 이런 복은 하나님이 주셔야 한다.

1. 가난하고 슬피 우는 사람에게 복 주시는 예수님

사람의 행동을 선택하고 마음가짐을 잘하면 하나님의 마음에 들고, 하나님이 복을 주신다고 하면 복의 선택권이 사람에게 있는 것 같다. 그러나 기준을 세우시고 그 기준에 맞게 행동하도록 이끄시며, 복을 주시는 분이 하나님이시다. 즉, 하나님이 우리에게 복을 주신다. 우리 예수님도 복이 무엇인지, 어떤 사람이 복된 사람인지를 알려주었다. 산상수훈의 팔복이라 불리는 구절에 있다. 예수님은 심령이 가난한 사람이 복되다고 하며 하나님 나라가 그들의 것이라고 한다. 하나님 나라를 소유한 사람이 곧 복된 사람이다. 부자로 살기 원하는 세상에서 가난한 사람이 복되다고 하신 예수님 말씀이 쉽게 이해되지 않는다. 또 예수님은 애통해하는 사람이 복되다고 하시는데 어떻게 우는 사람이 복 될까? 기뻐서 웃고 살아야 하는 세상에서 우는 사람이 복되다고 할 수 있을까? 예수님의 말씀의 의미가 무엇일까? 자신을 낮추는 마음, 하나님의 은혜에 배고프고 목마른 사람이라면 하나님이 어떻게 생각하실까? 하나님이 그에게 천국 백성이라고 인정하신다면 그야말로 복이 아닌가? 하나님의 뜻을 어기는 세상을 보고 안타까워 울며 세상의 회복을 위해 간구하는 사람을 하나님이 어떻게 보실까? 하나님이 안타까이 우는 사람을 위로하신다. 하나님의 위로를 받으면 그야말로 복이 아닌가?

2. 온유하고 의를 찾는 사람에게 복 주시는 예수님

예수님이 말씀하시는 복은 사람의 일반적인 생각과는 다르다. 대부분 자기를 중심으로 복을 생각하는 세상에서 예수님이 원하시는 복은 차원이 넓고 크다. 사람에게 우주와 환경을 생각하고, 인류를 생각하며 하나님의 뜻을 구하는 일이 곧 예수님이 생각하시는 복이다. 예수님은 온유한 사람이 복되다고 하신다. 저마다 자기를 주장하는 세상에서 잠자코 침묵하는 것처럼 보이면 복이라고 할 수 있을까? 그러나 남의 주장을 경청하고 때가 되었을 때 부드럽고 단호하게 의견을 주장한다면 사람들이 인격자라고 인정하지 않을까? 예수님은 온유한 사람이 땅을 가업으로 받을 것이라고 한다. 전쟁으로 땅을 정복하거나, 조상으로부터 많이 물려받거나, 부동산 부자가 되었다고 복이 아니라 사람들의 인정을 받을 만큼 온유한 것이 복이다. 예수님은 의에 주리고 목마른 사람에게 복이 있다고 말씀하셨다. 배고프고 목마르면 잠시도 견디기 어렵다. 당장에 무엇을 먹어야 살 수 있다. 장시간 배고프고 목마르면 목숨조차 부지하기 어렵다. 그런데 의에 주리고 목마른 상태는 무엇인가? 세상에 하나님의 의가 부족함을 알고 하나님의 의가 세상에 드러나기를 원하는 것이다. 예수님은 이런 사람에게 배가 부를 것이라고 말씀하신다. 즉, 하나님의 의가 땅에 편만함을 보고 만족함을 느낄 것이다.

3. 긍휼과 청결을 가진 사람에게 복 주시는 예수님

예수님이 말씀하시는 복은 무엇인가 부족함을 느낄 때를 지칭한다. 사람들은 넉넉하게 가져야 하고, 풍족하여 넘칠 때 복을 받았다고 생각한다. 그러나 예수님은 가난하여 울고 배고픔, 즉 부족함을 복이라고 하신다. 사실 사람은 무엇인가 부족하면 겸손해진다. 너무 많이 가지면 기고만장해진다. 남에게 베풀지 못하고 인색하게 된다. 예수님은 남에게 베푸는 것을 복되다고 하신다. 예수님은 긍휼히 여기는 사람에게 복이 있다고 하셨다. 힘들고 어려운 사람의 마음에 공감하고 지지해주는 사람이 복되다. 이런 사람은 존경을 받는다. 본인이 가진 것이 없어서 줄 수 없다면 마음이라도 주어야 한다. 이웃의 괴로움을 알아주고 위로해줄 수 있어야 한다. 그러면 본인이 어려움을 당할 때 사람들이 위로해준다. 재물이 부족해도 넉넉한 마음은 얼마든지 가질 수 있다. 재물이 부족하다고 해서 마음마저 인색하다면 인격은 재물의 종속되고 만다. 예수님은 마음이 청결한 사람에게 복이 있다고 하셨다. 무엇을 하든 순수한 마음, 사람들을 세우려는 마음, 하나님의 뜻에 순종하려는 마음을 가진 사람이다. 자기를 드러내려 하며, 욕망을 채우려 한다면 청결한 것이 아니다. 예수님은 마음이 청결한 사람에게 하나님을 볼 것이라 하셨다. 하나님은 마음이 청결한 사람에게 나타나시고 말씀하신다.

4. 화평과 의를 위하는 사람에게 복 주시는 예수님

예수님이 팔복을 말씀하실 때는 독특한 문장구조가 있다. 우리말 성경은 어떤 상태가 행동을 보고 복이 있으며, 복의 결과가 따라오는 것으로 보인다. 그러나 원문 성경은 뒷부분의 복의 결과를 예측하고 복이 있다고 말한다. 즉, 심령이 가난한 사람들에게는 천국이 그들의 것이기 때문에 복이 있다. 심령의 가난함에 복을 연결시키지 않고 천국을 소유함에 복을 귀결시킨다. 여덟 가지의 복을 말하는 모든 문장의 구조가 같다. 예수님은 화평하게 하는 사람에게 복이 있다고 하신다. 갈등과 대립과 다툼이 끊이지 않는 세상에서 사람들을 화평케 하기는 쉽지 않다. 그러나 화해와 평화를 위해 노력하는 사람들이 있다. 이들을 향해 예수님은 복이 있다고 말씀하신다. 왜냐하면, 그들이 하나님의 아들이라고 인정을 받기 때문이다. 예수님은 또 의를 위하여 박해를 받는 사람에게 복이 있다고 말씀하신다. 악한 사람들은 의를 행하는 사람을 싫어하고 어떻게든지 의인의 의로운 행동을 방해한다. 심지어는 의를 행한다며 생존을 위협하기도 한다. 그런데 이런 사람들에게 천국이 그들의 것이라는 복된 말씀이 주어졌다. 왜냐하면, 천국이 의인에게 허락되었기 때문이다. 천국은 의의 나라이고, 의로운 사람에게 허락된 영원한 특권이다. 예수님이 말씀하신 복은 크고 넓은 차원이다.

8월의 예배와 설교를 위하여

일	요일		본문	설교제목	기타 (예화, 참고자료)
3	주일	낮			
		밤			
6	수				
10	주일	낮			
		밤			
13	수				
17	주일	낮			
		밤			
20	수				
24	주일	낮			
		밤			
27	수				
31	주일	낮			
		밤			

성 경	사도행전 10:1-8	예전색상	초록색

예배의 부름

"상전의 손을 바라보는 종들의 눈 같이 여주인의 손을 바라보는 여종의 눈 같이 우리의 눈이 여호와 우리 하나님을 바라보며 우리에게 은혜 베풀어 주시기를 기다리나이다"(시 123:2)

주님의 손을 바라보고 기도하는 성도에게 응답하시는 하나님 아버지! 예수를 믿고 예수님의 이름으로 구할 때마다 응답해주심을 감사드립니다. 우리가 모두 본래 고넬료와 같이 이방인이지만 예수님을 믿어 구원을 받았으니, 성도다운 신앙생활을 하도록 성령으로 역사하시고 오직 하나님의 영광을 위하여 일하게 하옵소서. 삶의 어려움으로 힘들어하는 영혼들이 쉼을 얻으며 새 힘을 얻게 하시고 슬픔에 잠긴 영혼들이 감사와 기쁨과 찬송의 옷을 입고 돌아가게 하여 주시옵소서. 예수님의 이름으로 기원하옵나이다. 아멘

회개를 위하여

주님은 우리가 항상 쉬지 말고 하나님께 기도하기를 바라십니다. 그러나 이런저런 이유로 기도하지 않고 막상 기도할 때에도 엉뚱한 생각을 하거나 졸기도 했던 잘못이 있었다면 회개하고 뉘우치는 기도를 계속하겠습니다.

고백의 기도

항상 깨어서 기도하기를 바라시는 하나님 아버지! 예수님은 한적한 새벽에 산에 올라가셔서 기도하셨는데, 우리는 새벽에 잠을 자느라 새벽기도를 하지 못한 허물을 용서하여 주옵소서. 때로는 예배를 드리면서 대표자가 기도할 때 친구나 애인을 만날 생각, 저금통장의 돈 생각, 먹고 마실 상상, 가족의 건강 생각 등 다른 잡념으로 시간을 보낸 적이 많았음을 용서하여 주옵소서. 참으로 기가 막힌 것은 남이 기도할 때 기도의 말이 옳은지 옳지 않은지 트집을 잡고 비판하며, 자기만 옳은 기도를 한다고 생각한 허물을 불쌍히 여겨 주옵소서.

기도는 하나님께 향한 소원의 간구인 줄 믿습니다. 믿고 기도하면 하나님 아버지께서 반드시 응답하신다고 말씀하셨는데, 우리는 믿지 않고 그냥 생각나는 대로 기도한 불신앙을 용서하여 주옵소서. 우리는 믿음의 주요 온전하게 하시는 예수님을 믿고 기도해야 하는데, 세상을 바라보는 생활을 하면서 기도하지 않았습니다. 이렇게 교회에 다닌다는 이름을 가지고 위선적인 기도 생활을 한 모든 죄를 용서하여 주옵소서. 예수님의 이름으로 회개하며 기도드립니다. 아멘

사함의 확인

"보소서 주께서는 중심이 진실함을 원하시오니 내게 지혜를 은밀히 가르치시리이다 우슬초로 나를 정결하게 하소서 내가 정하리이다 나의 죄를 씻어 주소서 내가 눈보다 희리이다"(시 51:6-7)

성시교독

16. 시편 28편

설교 전 찬 송

8장 (거룩 거룩 거룩 전능하신 주님)
361장 (기도하는 이 시간)

설교 후 찬 송

364장 (내 기도하는 그 시간)
366장 (어두운 내 눈 밝히사)

08
03

금주의 성 가	나의 기도 – Ed Rush & Stan Pethel 찬양해 주님을 – Clive A. Sansom 확실한 나의 간증 – J. F. Knapp
목 회 기 도	**경**건한 신앙생활이 날마다 이어지기를 바라시는 하나님 아버지! 우리가 세상에 젖어서 타락하거나 나쁜 죄악을 범하지 않고 경건하게 살도록 인도해 주심을 감사드립니다. 우리 주변이나 일가친척 중에 가진 것이 없어 가난에 시달리거나 병들어 고통을 당하는 사람들을 찾아가 위로하며 주신 물질을 나누어 쓰는 베풂의 도를 실천할 마음을 허락하여 주옵소서. 자기 혼자만 하나님을 잘 믿는 척하지 말고 교회에서 믿음이 좋은 성도나 장로님을 본받아 기도하는 방법이나 이웃을 구제하는 비결을 배우게 하시옵소서. **기**도하는 자에게 응답의 선물을 주시는 하나님 아버지! 하나님의 말씀을 통하여 주님의 뜻을 발견하게 하고 감사하는 생활이 이어지기를 소망합니다. 우리 교회를 통하여 십자가의 은혜가 강물처럼 흘러나가는 믿음의 수원지가 되게 하옵소서. 주님께서 역사하시는 교회이기에 이 교회 오는 자마다 젊은 사람은 꿈을 꾸고 노인이라도 환상을 보게 하여 주옵소서. 교회의 모든 공동체가 이웃을 돌보며 봉사하고 섬기고 헌신하는 가운데 교회가 부흥되고 성장하게 하옵소서. 예수님 이름으로 기도드리옵나이다. 아멘
헌금을 위 한 성 구	"주의 은택으로 시온에 선을 행하시고 예루살렘 성을 쌓으소서 그 때에 주께서 의로운 제사와 번제와 온전한 번제를 기뻐하시리니 그 때에 그들이 수소를 주의 저단에 드리리이다"(시 51:18-19)
헌 금 기 도	**주**님의 성전에서 온전한 헌금을 드리게 하시는 하나님 아버지! 지금 우리가 하나님께 봉헌하는 헌금이 비록 적을지라도 용납하시고 받아 주심을 감사드립니다. 돈이나 재산이 많은 사람은 많이 드리고, 돈이나 재산이 적은 사람은 적게 드렸지만, 그 액수의 많고 적음보다는 각자의 처지에 따라서 드리는 믿음과 마음가짐을 기쁘게 받아 주시옵소서. 우리는 일상생활에서 정직하게 일하여 돈을 벌게 하시고 거짓된 생활로 돈을 벌어서 하나님께 헌금하지 않게 하시옵소서. 이 헌금을 통하여 우리의 기도가 응답받게 하시옵소서. **우**리가 하나님께 헌금을 드릴 때 혹 인색함으로나 억지로 드리는 손길이 되지 않게 하시고, 하나님의 은혜에 즐거운 마음으로 드릴 수 있도록 이끌어 주시옵소서. 우리의 한 주간의 삶을 돌이켜 보면 알게 모르게 하나님께서 베풀어주신 축복이 많이 있나이다. 우리가 단지 깨닫지 못할 뿐이고, 알지 못할 뿐입니다. 십일조 헌금과 각종의 감사 헌금과 소원 헌금과 선교 헌금과 건축 헌금을 받으시고 하늘의 문을 여시고 복을 쌓을 곳이 없도록 채워 주시기를 예수님의 이름으로 축복하며 기도드립니다. 아멘
위탁의 말 씀	"온 집안과 더불어 하나님을 경외하며 백성을 많이 구제하고 하나님께 항상 기도하더니" 하나님은 믿음으로 무장된 사람들을 불러 전도의 사명을 주셨습니다. 믿음은 말씀을 듣고 입으로 시인하고 가슴에 새겨 실천할 때 주시는 선물입니다. 이 선물을 받고 사는 한 주간이 되시기 바랍니다.
축 도	지금은 십자가의 사랑을 친히 담당하신 예수 그리스도의 크신 은혜와 십자가의 희생을 명령하신 하나님 아버지의 놀라우신 사랑과 십자가의 능력을 나타내게 하시는 성령님의 위대한 역사가 복음을 받고 세상에 나가 복 있는 사람, 복 있는 삶으로 살고자 결단하는 주의 백성들 심령 깊은 곳에 지금부터 영원까지 함께하시기를 간절히 축원하옵나이다. 아멘

오늘의 설교를 위한 복음적 조명 주제 : 기도의 응답

제목 : 이방을 향한 전도 계획 | 본문 : 사도행전 10:1-8

주제 : 하나님은 믿음의 사람들을 불러 전도의 일을 맡기신다. 하나님은 유대인이 아니라도 특별한 계획에 의해 이방인을 부르신다. 이방인 중에서 신실한 순종의 사람을 찾으시고 불러서 온 집안이 믿음을 갖게 하신다. 그리고 하나님은 그 집을 사용하여 전도를 확장하신다.

논지 : 하나님은 전도의 확대를 위해 사람을 찾아가 말씀하신다.
   1. 고넬료의 믿음을 보신 하나님
   2. 고넬료를 찾아 부르신 하나님
   3. 시몬을 초청하라 하신 하나님
   4. 고넬료의 책임을 보신 하나님

사람에게는 더욱 더 좋은 환경에 대한 소망이 있다. 작은 가게를 운영하는 사람은 좀 더 큰 가게를 운영하고 싶어한다. 자녀들이 공부를 좀 더 잘한다고 하고 싶으면 성공한 사람으로 만들고 싶어서 아낌없이 후원한다. 옛적에 우리 부모님들은 자신들이 잘 못 배운 것에 대한 아픔이 있어서 자녀들을 공부시키기 위해 시골의 논과 밭을 팔기까지 했다. 어른들의 희생 덕에 지금 대한민국이 잘살게 되었다. 나쁜 방법으로 더 많이 갖고 더 높아지려 한다면 그것은 죄이다. 그러나 바른 방법으로 더 잘 되고, 더 잘하려는 마음은 권장해야 할 일이다. 지나친 것이 문제이지 바람과 희망 자체를 문제시할 수는 없다. 지나침은 모자람만 못하다고 사람은 지나침으로 문제를 만들어내기까지 한다. 자녀에게 공부에 대한 지나친 부담감을 주어서 자녀가 일탈하는 현상이 생긴다. 교회에서도 충성이라는 지나침 때문에 성도들에게 낙심하게 하는 경향도 있다. 우리 하나님은 어떠하실까? 하나님이 가끔 강제로 사람을 부르기도 하신다. 그러나 하나님은 신실한 사람을 부르셔서 당신의 일을 맡기신다. 하려고 하는 사람, 잘할만한 믿음과 성품을 가진 사람을 하나님이 부르신다. 오늘 본문에 그런 사례가 있다. 그것도 유대인이 아닌 이방인 중에서 아름다운 믿음과 성품을 가진 이가 있다. 매우 특별하다.

1. 고넬료의 믿음을 보신 하나님

가이사랴에 고넬료라는 사람이 있다. 이 사람은 로마 군대의 백부장이다. 즉, 군대의 장교이다. 장교라면 부하가 있으니 일정한 권위를 가졌다. 부하들을 지휘할 수 있는 위치이므로 주변 사람들에게 자기를 삐길 수도 있다. 그런데 고넬료는 그렇지 않다. 본문은 고넬료를 경건한 사람이라고 한다. 고넬료는 자신을 낮추고 주변 사람들에게도 선하게 대한다. 게다가 고넬료는 온 집안과 더불어 하나님을 경외한다. 고넬료의 인격이 훌륭하여 온 가족이 함께 하나님을 섬긴다. 고넬료는 백성을 많이 구제하고 하나님께 항상 기도하는 사람이다. 고넬료는 어려운 이웃을 돕고 가족에게도 존경을 받는다. 가장의 믿음이 좋아도 인격적으로 성숙하지 못하면 가족들이 믿음은 가졌다 해도 온전하게 하나님을 섬기지 못한다. 자녀들이 어릴 때는 부모를 따라 교회에 다녔지만, 성인이 되면 믿음에서 벗어나는 경우가 생기기도 한다. 그래서 바울은 디모데에게 이렇게 권면한다. "각처에서 남자들이 분노와 다툼이 없이 거룩한 손을 들어 기도하기를 원하노라"(딤전 2:8). 하나님이 고넬료를 알고 계셨다. 고넬료는 누구에게 잘 보이려고 믿는 것이 아니었지만 하나님이 고넬료의 믿음과 행동을 아름답게 보셨다. 하나님은 당신의 백성뿐만 아니라 온 인류 안에서 신실한 사람을 찾으시고 살피신다.

2. 고넬료를 찾아 부르신 하나님

고넬료는 항상 기도하는 사람이었다. 틈만 나면 기도하고, 혼자 있는 시간이면 기도했다. 하나님을 만나고 하나님께 아뢰며, 하나님과 대화하는 것을 즐기는 사람이었다. 유대인도 아닌 이방인에게 또 어지간한 자리에 올라 지위를 갖춘 사람에게 이런 믿음을 찾기는 쉽지 않다. 물론, 이 시대에서 고넬료같은 사람이 있기는 하다. 그들이 자신을 드러내지 않아서 사람들이 잘 모를 뿐이다. 하지만 시간이 되면 하나님이 그들을 세상에 드러내시며, 사람들이 알아줄 것이다. 하루는 아홉 시쯤 되어 고넬료가 환상 중에 무엇인가를 분명히 보았다. 아홉 시면 오후 해가 내리쬘 때이다. 약간 나른하고 졸린 시간이다. 고넬료는 이때도 기도했고, 기도하는 중에 환상을 보았다. 하나님의 사자가 고넬료를 찾아와서 불렀다. "고넬료야!" 고넬료는 음성을 듣고 하나님의 사자를 쳐다보았다. 고넬료는 두려웠다. 비록 군인이지만 환상 중에 나타난 하나님의 사자를 보고 두려웠다. 하나님 앞에서는 누구나 두려워한다. 천사가 고넬료에게 말한다. "네 기도와 구제가 하나님 앞에 상달되어 기억하신 바가 되었으니". 하나님은 고넬료의 믿음과 행동을 보고 계셨다. 그리고 고넬료가 하나님을 향해 아뢰는 바를 하나님은 들으셨다. 하나님이 고넬료의 믿음과 행동을 기억하시며, 고넬료를 찾아와서 말씀하신다.

3. 시몬을 초청하라 하신 하나님

고넬료의 믿음을 보신 하나님이 고넬료를 찾으셨다. 무슨 이유일까? 하나님이 사람에게 나타나심은 반드시 목적을 가졌기 때문이다. 슬픈 사람에게는 위로를, 낙심하여 시무룩한 사람에게는 용기를 주시고 격려하시려고 찾아오신다. 모세에게는 히브리 민족을 구원하라는 사명을 주려고 찾아오셨다. 아브라함에게는 열국의 아비가 될 것이라는 축복과 소돔과 고모라 성의 멸망을 예고하려고 찾아오셨다. 오늘 하나님이 고넬료를 찾아오신 이유가 무엇일까? 하나님의 사자가 고넬료에게 누군가를 초청하라고 말한다. 욥바에 베르로라 불리는 시몬이라는 사람이 있다. 베드로는 무두장이 시몬의 집에 머물고 있다. 무두장이란 가죽 제조 기술자를 의미한다. 무두장이 시몬의 집은 바닷가에 있다. 하나님의 사자는 고넬료에게 시몬 베드로를 초청하라고 말하였다. 베드로가 머무는 곳에 대해서도 상세하게 알려주신다. 하나님의 사자는 고넬료에게 베드로를 초청하는 데 필요한 정보를 제공하신다. 베드로의 신상과 위치를 정확하게 알려주신다. 하나님은 사람에게 그냥 두루뭉술하게 말씀하시지 않는다. 가능하면 정확하게 말씀하시므로 사람의 실수와 실수의 반복을 방지하신다. 선한 일일수록 실수하지 말아야 한다. 한 번은 실수해도 두 번은 실수하지 않는 효율성을 가져야 한다.

4. 고넬료의 책임을 보신 하나님

고넬료가 하나님의 사람으로부터 말씀을 들었다. 고넬료는 천사가 떠나자마자 집안의 하인 둘과 부하 중에서 경건한 사람 하나를 불렀다. 고넬료는 시몬 베드로를 왜 부르라는지 이유를 묻지 않았다. 하나님의 말씀을 들을 때 묻지 않고 따르는 것이 미덕이다. 예수님의 제자들이 예수님의 부르심을 듣고 이유와 미래를 묻지 않고 따랐다. 아버지와 배를 버려두고 따르기까지 했다. 특히 고넬료는 경건한 부하를 선택해서 베드로에게 보낸다. 고넬료의 말을 정확하게 알아듣는 것은 물론이고, 말하지 않아도 마음을 알아주는 부하이다. 마음을 알아주고, 한마디만 하면 처음부터 끝까지 완벽하게 임무를 수행하는 부하를 두었다면 얼마나 좋을까? 고넬료도 그의 수하에 신실하고 경건한 부하가 있다. 그 상사에 그 부하이다. 윗물이 맑으므로 아랫물도 맑다. 고넬료는 하인과 부하에게 자기가 본 환상에 대하여 말하고 바로 보내었다. 하나님의 사자가 고넬료에게 베드로를 초청하라고 말씀하신 후에 떠나지만 그냥 모른 척하지는 않으실 것이다. 하나님의 계획이 있으므로 고넬료의 후속 행동까지도 알고 계신다. 하나님은 고넬료의 책임감, 행동하는 실행력을 보고 계신다. 경건하다는 것은 그냥 온순한 성품만을 의미하지 않고 분명한 책임감과 실행력을 포함한다.

성 경	다니엘 9:1-17	예전색상	초록색

예 배 의 부 름	"여호와는 나의 힘과 나의 방패이시니 내 마음이 그를 의지하여 도움을 얻었도다 그러므로 내 마음이 크게 기뻐하며 내 노래로 그를 찬송하리로다"(시 28:7) 나라와 민족을 위해 회개하는 기도를 들으시는 하나님 아버지! 우리 믿음의 선배들이 우리나라를 위하여 드린 기도 응답으로 해방의 기쁨을 허락해 주심을 감사드립니다. 우리 대한민국의 연약하고 미련한 백성들을 은혜의 손길로 붙잡아주시고 하나님의 영광을 바라보는 행복한 나라가 되게 하옵소서. 오늘 베풀어 주시는 말씀을 통해 거듭나게 하시고 천국 백성으로 살기에 모자람이 없게 하시옵소서. 하나님께 무한히 영광스러운 예배가 되기를 예수님의 이름으로 기원하옵나이다. 아멘
회개를 위하여	주님께서 재림하실 때, 우리가 하나님의 나라인 천국에 갈 수 있을지 알 수 없습니다. 전적으로 주님의 심판에 따를 것이지만 두렵고 떨리는 마음으로 자신을 돌아보지 않을 수 없습니다. 이 시간, 우리 자신을 돌아보며 뉘우치며 회개하는 기도를 드리겠습니다.
고 백 의 기 도	우리나라와 민족을 지켜주시는 하나님 아버지! 하나님께서 우리 민족을 불쌍히 여기사 일제에서 해방되는 광복을 주셨는데, 우리는 나라와 민족을 위하여 기도하지 않은 허물을 고백하나이다. 대한민국이 경제적으로 선진국이 되고 자유민주주의 국가로 발전하여 모든 국민이 행복하게 되도록 하나님께 기도를 게으르게 한 잘못을 고백하오니 용서하소서. 믿음의 성현들은 나라와 민족을 위해서 기도하면서 섬기고 봉사한 것을 닮지 못한 것을 용서하여 주옵소서. 믿음의 선진은 하늘나라를 위하여 순교적인 각오로 복음을 전하였는데, 우리는 믿음을 재물보다 귀하게 여기지 않은 불신앙을 살아온 죄를 용서하여 주옵소서. 간구하옵나니 온 겨레가 주님을 믿어 이 땅에 주님의 나라가 확장되게 하시고 분단의 깊은 상처가 아물게 하여 주옵소서. 아직도 이기주의와 지역주의의 옹졸한 고집에 사로잡힌 사람들과 불복하여 서로를 헐뜯고 입으로 비방만을 일삼는 분열의 현상이 사라지게 하옵소서. 예수님의 이름으로 회개하오며 기도드립니다. 아멘
사함의 확 인	"네가 그 의인을 깨우쳐 범죄하지 아니하게 함으로 그가 범죄하지 아니하면 정녕 살리니 이는 깨우침을 받음이며 너도 네 영혼을 보존하리라"(겔 3:21)
성시교독	103. 나라 사랑(5)
설교 전 찬 송	9장 (하늘에 가득 찬 영광의 하나님) 361장 (기도하는 이 시간)
설교 후 찬 송	363장 (내가 깊은 곳에서) 369장 (죄짐 맡은 우리 구주)

08
10

금주의 성가	어린 양 앞에 조용히 나갑니다 – J. H. Maunder 주를 믿으라 – Bernard Hamblen 주 날개 밑 – D. Sankey
목 회 기 도	**삼**천리 금수강산 한반도에 대한민국 우리나라를 세우신 하나님 아버지! 우리 나라가 동북아시아 한반도에 존재하면서 외국의 침략은 받았을지라도 다른 나라를 침공하지 않은 역사를 가짐에 감사드립니다. 오늘 광복절을 기념하는 감사 예배에 일찍이 예수 그리스도의 복음을 받아들여 하나님의 구원을 받고 기독교인이 많은 나라가 되게 하셨음을 감사드립니다. 우리는 나라와 민족을 위하여 기도하게 하시옵소서. 유대 나라가 멸망하여 포로로 잡혀간 다니엘의 기도를 본받아 우리도 나라를 위하여 기도하게 하시옵소서. 우리나라가 말씀에 영적으로 부자가 되어 영적으로 빈궁한 나라를 돕게 하옵소서. **힘**들 때 낙심하거나 포기 않고 꾸준히 기도할 마음을 주시는 하나님 아버지! 저희 모두가 머리로 하나님의 말씀을 이해하는 것이 아니라 온몸으로 체험하게 하옵소서. 참 제자가 되어 하늘의 비밀을 깨닫고 기쁜 소식을 전하는 귀한 하나님의 일꾼들로 삼아 주옵소서. 우리가 하나님께 귀히 쓰임을 받는 능력의 일꾼이 되게 하옵소서. 쓴 물과 단물이 한 곳에서 나올 수 없음을 고백합니다. 성도들이 오로지 주님만을 바라보게 하시며, 저희 입술이 주님만을 찬양하게 하시며, 저희 마음이 주님만을 사모하게 하옵소서. 예수님의 이름으로 기도합니다. 아멘
헌금을 위한 성구	"내가 기둥으로 세운 이 돌이 하나님의 집이 될 것이요 하나님께서 내게 주신 모든 것에서 십분의 일을 내가 반드시 하나님께 드리겠나이다 하였더라"(창 28:22)
헌 금 기 도	**춘**하추동이 있고 삼천리 금수강산이 있는 대한민국의 백성으로 태어나게 하신 하나님 아버지! 오늘 거룩한 주님의 날에 하나님의 성전에 나아와 몸과 마음을 드리고 헌금까지 드리게 하시니 감사하나이다. 하나님께서 우리 일본의 무자비한 식민지배로부터 해방해 주시고 선진국 대열에 합류시켜 주심을 감사드립니다. 이와 같은 하나님의 은혜를 받은 우리가 소유하고 있는 돈 가운데서 일부를 드리니 긍휼히 여기시옵소서. **우**리가 하나님께서 주신 물질로 범죄하지 않게 하옵소서. 깨끗한 돈을 벌어서 하나님께서 거룩하게 쓰시는 헌금이 되게 하시옵소서. 하나님께 드린 이 헌금이 사용되는 곳에 하나님의 영광이 나타나게 하시고, 주님의 사업과 교회와 복음 전파하는 일에 귀하게 사용되는 예물이 되게 하여 주시옵소서. 빈손으로 나온 손길이 있으면 중심을 보시는 하나님께서 그 심령을 위로하여 주옵소서. 우리가 드리는 십일조 헌금과 각종의 감사 헌금과 선교 헌금, 소원 헌금을 받으시고 영광받으시옵소서. 예수님의 이름으로 축복하며 기도드립니다. 아멘
위탁의 말씀	"우리 하나님이여 지금 주의 종의 기도와 간구를 들으시고 주를 위하여 주의 얼굴빛을 주의 황폐한 성소에 비추시옵소서" 하나님은 반복해서 죄를 지었을 때 진노하시지만, 진심으로 회개하는 기도를 드릴 때 들으시고 마음을 돌이키시며. 황폐한 땅과 백성의 삶을 회복해 주십니다.
축 도	지금은 우리 주 예수 그리스도의 무한하신 은혜와 외아들까지 보내주신 하나님의 놀라우신 사랑과 성령의 감화, 역사하시는 도우심이 일제의 간악한 침략 때문에 고통받다가 해방의 기쁨을 이루도록 독립운동에 수고한 많은 선구자의 후손들과 성령의 능력으로 복음의 군병 된 삶을 살고자 애쓰는 사랑하는 성도의 머리 위에 영원토록 함께하시기를 축원하옵나이다. 아멘

오늘의 설교를 위한 복음적 조명 주제 : 회개의 기도

제목 : 아픔 중에 회개하는 기도 | 본문 : 다니엘 9:1-17

주제 : 하나님은 당신의 백성이 행하는 바를 알고 계신다. 하나님은 백성들이 지속해서 죄를 지었을 때 진노하시고, 백성의 주권을 잃게 만드셨다. 그러나 때가 되었을 때 슬픔 중에 회개하는 기도를 들으시고 마음을 돌이키시며. 황폐한 땅과 백성의 삶을 회복하신다.

요지 : 하나님은 당신의 백성들에게 공의를 행하시고 사랑으로 회복시키신다.
1. 기도할 상황을 알려주신 하나님
2. 진노와 회복을 계획하신 하나님
3. 율법의 기록대로 이루신 하나님
4. 기도를 듣고 돌이키시는 하나님

사람은 혼자만으로 살지 않는다. 가족을 이루고 공동체로 모여서 산다. 작은 공동체로서는 지키기 어려워서 더욱 강하고 큰 공동체를 만들려고 한다. 그리고 사람은 공동체에 대한 애정이 생긴다. 때로는 공동체와 자신을 동일시하기도 한다. 이 공동체가 씨족이나 부족이 아니라 국가였을 때는 공동체의 운명이 개인의 삶에 지대한 영향을 끼친다. 국가가 흥할 때는 개인도 잘살고, 국가에 위기가 있으면 개인도 위기를 겪는다. 한편 국가와 개인이 따로 존재하는 것처럼 보일 수 있다. 사람이 개인적으로는 바르게 행하는 것 같으나 국가가 위기를 당하면 자기만 살자고 도망할 수도 있다. 때로는 사람들이 나쁜 것을 하는 줄 알면서도 공동체의 일원으로 살자고 나쁜 짓에 동의할 수도 있다. 이런 개인이 국가를 어렵게 한다. 바른 사람은 자신이 바르게 살려는 의지와 행동을 보일 뿐만 아니라 공동체가 바르게 가도록 힘써야 한다. 공동체 구성원, 국가의 지도자와 사람들이 잘못했을 때는 과감하게 아니라고 말할 수 있어야 한다. 아니라고 말하다가 조롱이나 박해를 당할 수 있지만 말이다. 국가와 사람들의 잘못에 과감하게 말하는 사람들이 많을수록 국가가 건강해진다. 오늘 본문의 다니엘은 국가와 자신을 동일시한다. 국가의 고통을 보고 슬픈 눈물로 하나님께 기도한다.

1. 기도할 상황을 알려주신 하나님

사람이 하나님의 명령을 어기는 때가 매우 많다. 하나님은 순종하는 사람에게 복을 주겠다고 약속하셨고, 불순종하는 사람을 징계하겠다고 하셨다. 하나님께서 말씀하셨음에도 불구하고 사람들은 하나님을 외면하고 제 맘대로 살았다. 그 결과는 국가의 멸망이었다. 남왕국 유다가 바벨론에 의해 멸망하고, 포로로 잡혀간 사람들이 70년 동안 돌아오지 못했다. 70년이 지나야 비로소 포로들이 돌아올 것이다. 이는 예레미야를 통해 약속하신 것이었다. 바벨론이 멸망하고 페르시아가 새로이 등장할 때 70년의 연한을 깨달은 사람이 있다. 본문의 주인공인 다니엘이다. 70년이 지나면 포로들이 자동으로 돌아오게 될까? 그렇지 않다. 포로들도 돌아오기 위해 나름의 노력을 해야 한다. 노력하기 전에 가장 먼저 회개하는 기도를 드려야 한다. 다니엘은 70년의 기간이 찼다는 것을 알고는 하나님께 기도하기로 했다. 하나님이 다니엘에게 기도할 상황을 알려주셨다. 하나님이 알려주실 때 바로 기도해야 한다. 다니엘은 기도를 시작하면서 하나님이 어떤 분인지를 고백한다. 하나님은 언약을 지키시고 인자를 베푸시는 분이다. 다니엘은 자기 민족이 죄를 범하고 패역하여 하나님을 떠나고 국가의 지도자들부터 하나님의 말씀에 불순종했음을 고백한다. 하나님이 회개의 상황을 알려주셨다.

2. 진노와 회복을 계획하신 하나님

다니엘은 세계역사와 국가의 흥망성쇠가 하나님께 달려있음을 고백한다. 사람들이 어떻게 하느냐 혹은 지도자가 어떻게 하느냐에 따라 국가의 운명이 달라지기도 한다. 역사적으로 한 국가의 부패를 청산하고 부강하게 만든 사람이 많다. 그런 지도자는 정세판단이 빠르고 정확하며, 국가의 미래에 대한 비전이 확실하며 그 비전에 따라 자기를 절제하고 국민을 설득하며 법과 질서를 바르게 세운다. 하나님은 이런 지도자를 통해 일하신다. 그런데 하나님의 백성이라는 유다 사람들이 정세를 판단할 때 오류를 범하고, 국가의 미래가 어떻게 되든 자기 안위에만 신경 쓰고 법과 질서를 어그러뜨렸다. 하나님의 공의에는 아랑곳하지 않았다. 하나님이 이런 사람들을 어떻게 대하셨을까? 하나님이 공의를 세우셨다. 유다 사람들이 수치를 당했다. 그것도 이방 사람들에게 조리돌림을 당하듯이 수치를 당하였다. 그 이유는 유다 사람들이 하나님께 범죄하였기 때문이다. 다니엘은 범죄의 결과가 민족의 수치임을 고백한다. 하나님이 주신 율법을 준행하지 않고, 하나님의 목소리와 선지자의 강력한 경고를 외면한 결과가 곧 70년 동안 민족의 수치였다. 그러나 하나님은 70년이 찼을 때 유다 사람들이 고향으로 돌아올 것을 알려주셨다. 하나님은 진노하셨지만 동시에 회복도 계획하셨다.

3. 율법의 기록대로 이루신 하나님

율법은 유다 사람들이 살아가는 기준이었다. 하나님이 백성들에게 살아가는 기준을 제시하셨다. 기준을 지키면 하나님의 은총을 입지만 기준을 어겼을 때는 하나님이 책망하고 진노하신다. 기준을 어겼을 때 진노하시는 하나님이 과연 사랑이 없으신 분일까? 그렇지 않다. 기준을 제시하는 것 자체가 사랑의 은혜였다. 백성들에게 사랑받고 은혜받을 조건을 제시하고 그 조건대로 살아가라는 하나님의 호의이다. 그런데 사람들은 하나님의 은혜를 무시하고 율법이라는 기준을 무시했다. 하나님이 율법에서 불순종하는 사람들을 향한 저주를 말씀하신 적이 있었는데, 다니엘은 민족의 고통이 하나님의 말씀대로 된 것임을 알았다. 어떤 사람들은 고통을 당했을 때 자기 잘못을 모른다. 공동체의 집단적 타락이 있었던 것도 모른다. 그러나 의식이 있는 사람, 깨인 사람은 자신의 잘못도 알고 공동체의 잘못도 깨닫는다. 깨달으면 돌이킬 수 있다. 기준으로 돌아가 기준대로 행할 수 있다. 다니엘은 하나님이 말씀하신 재앙이 이미 민족에게 내렸으므로 이제는 죄악에서 떠나 하나님이 말씀하신 진리를 깨달아야 함을 피력한다. 율법을 이루신 하나님이 앞으로도 율법대로 백성들에게 행하실 것이다. 과거에는 불순종으로 민족이 재앙을 당하였지만, 앞으로는 순종함으로 복을 받을 것이다.

4. 기도를 듣고 돌이키시는 하나님

다니엘은 하나님의 돌이킴과 미래에 이루어질 복을 알고 있다. 그러면서도 지속해서 민족의 죄를 회개한다. 70년 동안 참혹한 고통과 수치를 당했는데, 그 과정에서 과거의 잘못을 뼈저리게 깨달았다. 과거는 배움의 요소이다. 현재의 고통이 과거의 행동에 관한 결과라면 과거의 사건과 사실에 대해 반성하고 배워야 한다. 한 번만 깨닫고 잊는 것이 아니라 자녀들에게까지 역사를 가르쳐야 한다. 비록 흑역사이지만 자녀들에게 가르침으로 자녀들이 똑같은 죄를 저지르지 않을 것이다. 다니엘은 하나님의 분노가 예루살렘에서 떠나기를 간구한다. 유대 백성들이 자랑스러워하고 동경하던 수도 예루살렘이 하나님의 책망을 받아 폐허가 되었다. 예루살렘의 폐허는 유다 민족의 수치이기도 했다. 이제 70년이 지나 하나님이 민족과 예루살렘 성을 회복하실 때가 되었다. 비록 때가 되었다 해도 다니엘은 하나님께 자신의 기도를 들으시고 민족을 향해 얼굴빛을 비춰달라고 부탁한다. 하나님이 민족과 성읍을 회복하심으로 하나님의 영광이 드러난다. 하나님이 은혜를 주심으로 사람이 좋아지지만, 사실은 은혜를 주시는 하나님의 이름이 더 높아진다. 다니엘은 하나님의 이름과 영광을 위해 기도한다. 하나님이 다니엘의 기도를 들으시고 돌이키심으로 민족과 성읍을 회복하실 것이다.

성 경	누가복음 22:14-27	예전색상	초록색

예배의 부름	"예수께서 대답하여 이르시되 기록되었으되 사람이 떡으로만 살 것이 아니요 하나님의 입으로부터 나오는 모든 말씀으로 살 것이라 하였느니라 하시니"(마 4:4)
	생명의 말씀으로 거룩한 예배에 불러주신 하나님 아버지! 말씀으로 우리의 영혼을 강건하게 하시고 구원의 길로 인도하심을 감사드립니다. 오늘 우리가 하나님의 성전에 나온 이유는 육신의 배가 고파서가 아니라, 영혼이 굶주려 나왔으니 이 시간에 생명의 말씀으로 영혼이 배부르게 하시옵소서. 낙심한 영혼들이 소망 중에 일어나게 하시고 주린 영혼들이 하늘의 양식으로 배를 불리게 하여 주시옵소서. 주님께서 정하신 이날 안식의 복을 허락하여 주시옵소서. 우리 예수 그리스도의 이름으로 기원하옵나이다. 아멘

회개를 위하여	우리는 세상의 맛집에 있는 식탁에서 식사를 즐기면서도 주님의 몸 된 교회에서 성도들과 모이는 영혼을 위한 밥인 생명의 말씀을 먹는 식사에는 무관심하고 참여하지 않았습니다. 이는 세상의 즐거움에만 빠지고 성도들과 거룩한 식사에는 외면한 까닭임을 알고 뉘우치며 회개하는 기도를 드리겠습니다.

고백의 기도	**먹**든지 마시든지 오직 주의 영광을 위하여서 하라고 말씀하신 하나님 아버지! 썩어질 육체를 위해 인생을 허망하게 사는 죄인을 불러 영원한 생명의 길로 인도하신 은혜를 감사드립니다. 그러나 저희는 지난 한 주간에도 영혼의 양식보다는 육체가 좋아하는 비싼 음식을 골라 먹은 것을 용서하여 주옵소서. 굶주린 영혼이 마땅히 먹어야 할 영혼의 밥인 말씀을 먹기 위해서 영혼의 식당인 교회를 멀리한 것을 불쌍히 여겨 주옵소서.
	말씀을 듣는 시간에도 말씀을 듣지 않고 스마트폰으로 친구와 문자를 주고받은 죄를 고백하나이다. 예수님께서 우리에게 사람이 떡으로만 살 것이 아니라 하나님의 입으로부터 나오는 모든 말씀으로 살 것이라고 말씀하셨는데, 우리는 하나님의 말씀을 듣지 않고 친구들과 쓸데없는 말을 주고받은 허물을 용서하여 주옵소서. 다음 한 주간 세상에서 굶주림으로 빈사 상태로 살지 않도록 풍성한 영혼의 양식을 먹게 하옵소서. 예수님의 이름으로 회개하며 기도합니다. 아멘

08 17

사함의 확인	"네가 그 의인을 깨우쳐 범죄하지 아니하게 함으로 그가 범죄하지 아니하면 정녕 살리니 이는 깨우침을 받음이며 너도 네 영혼을 보존하리라"(겔 3:21)
성시교독	81. 예배소서 4장
설교 전 찬 송	10장 (전능왕 오셔서) 200장 (달고 오묘한 그 말씀)
설교 후 찬 송	203장 (하나님의 말씀은) 206장 (주님의 귀한 말씀은)

금주의 성가	여호와를 찾으라 – J. Varley Rober 주님은 나의 곁에 – Eula Naerck Kogler 오 존귀하신 주님 – Pauline M. Mills
목회기도	**주**신 말씀을 따라 행위가 온전한 자가 복이 있다고 말씀하신 하나님 아버지! 지난 한 주간에도 세상에서 불의를 행하지 않게 하시고 주님의 말씀으로 생명의 양식을 먹게 하셨음을 감사드립니다. 진리의 말씀이 우리 가슴에서 날마다 밝게 빛나 우리 발의 등불이 되게 하여 주옵소서. 영혼이 흉년을 만나 힘이 없어 휘청거릴 때 하나님 말씀의 거룩한 식사로 영혼이 배부르게 하시옵소서. 하나님의 말씀을 사랑하면 큰 평안함이 있음을 믿고 말씀의 거룩한 식탁에서 생명의 말씀과 성령의 음료수로 살아가게 하시옵소서. **충**성스럽게 주신 사명을 감당하는 성도가 많게 하시는 하나님 아버지! 우리 교회가 날마다 마음을 같이 하여 성전에 모이기를 힘쓰며 집에서 떡을 떼며 기쁨과 순전한 마음으로 음식을 먹고 하나님을 찬미하였던 초대 예루살렘 교회와 같은 교회가 되게 하여 주시옵소서. 온 성도들이 마음을 같이 하는 교회, 성전에 모이기를 힘쓰는 교회, 모든 것을 함께 나누는 교회가 되게 하여 주시옵소서. 건강을 주시어 몸으로 봉사하게 하시고 물질을 풍족하게 주시어 물질로 봉사하게 하옵소서. 날마다 성도들과 가정과 사업장에서 감사의 조건들이 많게 하옵소서. 예수님의 이름으로 기도합니다. 아멘
헌금을 위한 성구	"너희를 위하여 보물을 땅에 쌓아 두지 말라 거기는 좀과 동록이 해하며 도둑이 구멍을 뚫고 도둑질하느니라 오직 너희를 위하여 보물을 하늘에 쌓아 두라 거기는 좀이나 동록이 해하지 못하며 도둑이 구멍을 뚫지도 못하고 도둑질도 못하느니라" (마 6:19-20)
헌금기도	**하**루하루 신앙생활에서 선한 열매를 맺게 하시는 하나님 아버지! 일마다 때마다 섭리로 인도하여 주신 사랑을 생각하면서 주신 물질 일부를 헌금하게 하심을 감사드립니다. 예수님께서 천국은 마치 밭에 감추어둔 보화와 같다고 말씀하셨으니 천국에 보화를 쌓을 수 있는 믿음이 될 수 있도록 축복하시옵소서. 우리 가운데 물질 때문에 고통당하는 성도가 없게 하시고, 헌금 때문에 시험에 드는 성도가 없게 하옵소서. 물질을 초월하여 몸과 마음이 헌금이 되어 천국에 쌓는 보화가 되게 하시옵소서. **십**일조를 드립니다. 하루하루 살아가는 동안 베풀어주신 사랑과 섭리를 기억하면서 감사 예물을 드립니다. 성미와 구역 헌금을 드립니다. 드리는 손길들 위에 축복하여 주시고 기업과 직장에서 수고가 헛되지 않고 열매를 맺어 남에게도 나눠 줄 수 있는 넉넉한 대가를 얻는 복된 삶이 되게 하옵소서. 어린 자녀들이 드린 헌금, 학생과 청소년들이 드리는 예물도 있습니다. 어린 자녀들의 여린 믿음이 반석 같게 하옵시고 걸어가는 발걸음을 주의 지팡이와 막대기로 인도하여 주옵소서. 병마의 어둠 속에 울고 있는 자녀들에게 치유의 밝은 햇살을 비추어 회복하여 주시옵소서. 예수님 이름으로 축복하며 기도드립니다. 아멘
위탁의 말 씀	"너희 중에 큰 자는 젊은 자와 같고 다스리는 자는 섬기는 자와 같을지니라" 유월절을 앞에 예수님은 제자들과 함께 식사하시면서 떡과 잔을 갖고 당신의 몸과 피로서 새 언약의 상징임을 가르치셨습니다. 섬김의 예수님처럼 우리도 섬기는 한 주간을 살아 보아야 합니다.
축 도	지금은 죄악의 어둠에서 우리에게 구원의 선물을 주시기 위하여 십자가에 못 박혀 돌아가신 우리 주 예수 그리스도의 은혜와 항상 함께하시면서 지상에서 천국을 맛보게 하시는 하나님 아버지의 극진하신 사랑과 보혜사 성령님의 역사하심이 모든 성도와 자녀들 위에 지금부터 영원토록 함께하옵시기를 간절히 축원하옵나이다. 아멘

오늘의 설교를 위한 복음적 조명 주제 : 거룩한 식사

제목 : 예수님과 함께 하는 식탁 ‖ 본문 : 누가복음 22:14-27

주제 : 예수님은 유월절을 앞에 두고 제자들과 함께 식사하셨다. 예수님은 떡과 잔을 갖고 당신의 몸과 피로서 새 언약의 상징임을 가르치셨다. 예수님은 비록 제자에 의해 팔려갈 것이지만 섬김의 사역을 위해 오셨으므로 제자들에게도 섬김의 모범을 보여주실 것이다.

논지 : 예수님은 제자들과 함께 식사하시며 당신의 존재와 사역을 가르치셨다.
    1. 유월절 식사 자리에 앉으신 예수님
    2. 떡과 잔의 상징을 말씀하신 예수님
    3. 제자에 의해 팔릴지를 아신 예수님
    4. 섬김의 자리에 낮게 앉으신 예수님

예수님은 가르침에 능한 분이셨다. 예수님은 언제 어떤 상황에서든지 제자들이나 사람들을 가르치실 수 있었다. 예수님은 가르쳐야 할 때를 정확히 알고 계시고, 언제든지 가르칠 준비를 하고 계셨다. 마태복음 5장을 보면 예수님이 산 위에 올라앉으셨다. 이는 가르칠 준비를 하고 있음을 제자들에게 알리신 것이었다. 제자들은 가르칠 준비가 된 예수님을 보고 예수님 앞에 나아왔다. 예수님은 산 위에서 여덟 가지 복을 가르치셨다. 후대의 신앙인들은 예수님께서 말씀하신 산 위에서의 위대한 가르침을 묵상하며 그 말씀의 의미를 곱씹고 실천한다. 예수님은 당신이 비난을 받을 때도 사람들을 가르치셨다. 예수님이 베데스다 연못에서 38년 된 병자를 고치셨다. 그날이 안식일이었는데, 유대인들이 안식일 규정을 들어서 예수님을 박해하기 시작하였다. 이때 예수님은 "내 아버지께서 이제까지 일하시니 나도 일한다"라고 말씀하셨다(요 5:17). 이 말씀은 예수님이 아버지와의 일체성을 가르치신 것이었다. 오늘 본문은 제자들과 함께 식사하시는 장면이다. 예수님은 식사 자리에서도 당신의 사역 목적과 정체성을 가르치셨다. 사실 예수님은 고난을 앞에 두고 제자들에게 희생의 사역과 하나님의 목적을 가르치려고 일부러 식사 자리를 만드셨다. 예수님은 가르칠 기회를 만드셨다.

1. 유월절 식사 자리에 앉으신 예수님

예수님은 당신의 때가 이름을 아시고, 제자들과 함께 식사하기 위해 앉으셨다. 예수님의 때는 고난을 받을 때였다. 아버지가 예정하신 구원을 위해 희생하기 전이었다. 예수님은 당신이 고난 겪을 것을 아셨으므로, 제자들에게 당신의 고난과 희생의 목적이 무엇인지를 가르치셔야 했다. 예수님이 어떤 분인지, 예수님이 떠난 뒤에 제자들이 무엇을 어떻게 해야 하는지를 가르치셔야 했다. 예수님은 제자들에게 함께 식사하기를 원하고 또 원하셨다. 예수님은 지금 제자들과 함께 식사하시지만, 앞으로는 함께 식사할 기회가 없음을 아셨다. 먹는 일에도 목적이 있다. 먹거리가 부족한 지역에서는 단순히 배가 고프므로 먹을 수 있다. 그러나 원시 부족이 사냥한 뒤 부족 전체와 함께 식사하면서 부족의 유대감과 공동체성을 확인하기도 한다. 세상 사람 중에는 함께 식사하는 목적을 다양하게 만든다. 친구가 좋아서 친구와 함께 친분을 확인하기 위해 먹기도 한다. 혹은 사업을 확장하고 계약을 따내기 위해 음식을 대접할 수도 있다. 때로는 중요한 돈벌이 정보를 얻고자 돈을 내고 투자자와 식사를 하기도 한다. 우리 예수님의 식사 목적은 이런 세속적인 내용이 아니라, 당신을 제자들에게 바르게 알려주시려는 것이었다. 예수님을 바로 알아야 바르게 믿기 때문이다.

2. 떡과 잔의 상징을 말씀하신 예수님

예수님이 먼저 잔을 받고 감사기도를 하신 후 제자들에게 말씀하셨다. "이것을 갖다가 너희끼리 나누라" 식사에서 가장 먼저 할 일은 감사기도이다. 그런데 제자들이 나눌 때 예수님이 무엇인가 이상한 말씀을 하신다. 예수님은 하나님의 나라에서 이루기까지 포도나무에서 난 것을 다시 마시지 않겠다고 하신다. 아마도 곧 십자가에 달리실 것이므로 지금의 식사가 잔을 받을 마지막임을 언급하시는 듯하다. 예수님은 제자들에게 당신의 사역이 막바지에 이르렀음을 암시하신다. 예수님은 떡을 가져다가 감사기도를 하시고 제자들에게 떼어주며 말씀하셨다. "이것은 너희를 위하여 주는 내 몸이라" 예수님은 나눠주시는 떡이 당신의 몸을 상징함을 알려주셨다. 제자들은 단순히 떡을 먹는 것이 아니라 예수님의 살을 먹는 것이다. 이것은 매우 상징적인 행위이다. 제자들은 예수님의 삶에서 매우 중요한 사랑의 대상이고, 동역자이다. 예수님은 제자들에게 이를 행하여 당신을 기념하라고 하신다. 또 저녁을 잡수신 후에는 잔을 갖고 감사기도를 하시고는 제자들에게 나누어주며 말씀하셨다. "이 잔은 내 피로 세우는 새 언약이니 곧 너희를 위하여 붓는 것이라" 예수님은 잔을 가리켜 당신의 피로 세우는 언약이라 하셨다. 그 피는 사람의 구원을 위한 희생과 언약을 성취하는 피이다.

3. 제자에 의해 팔릴지를 아신 예수님

예수님은 세상에서의 영광보다는 희생을 위해 오셨다. 무엇을 할 때 희생이 뻔히 보이면 실행하기를 꺼린다. 희생의 대가가 눈에 보인다 해도 희생이 너무 크면 나서기 어렵다. 그러나 남이 꺼리는 희생을 아름답게 보는 눈이 있다. 희생하는 사람을 칭찬하고 영광스럽게 한다. 예수님의 십자가 희생은 인류를 구원하는 영광이었다. 그래서 예수님은 영광과 희생을 동일시하셨다. 하지만 제자 중에는 영광과 희생을 분리하여 생각하는 사람이 있다. 예수님도 자기와 똑같이 희생을 싫어할 것이라고 추측하는 사람이다. 예수님이 당신의 존재와 목적을 가르치는 식사 자리에서 딴생각하는 제자가 있다. 바로 그 제자가 예수님을 팔 것이다. 예수님을 팔 제자의 손이 예수님의 손과 함께 상 위에 있다. 예수님은 하나님이 원하시는 바대로 행하고 이미 작정한 대로 길을 갈 것이다. 그러나 예수님을 파는 제자에게는 화가 있을 것이다. 제자들은 예수님의 말씀을 듣고 자기 중에서 예수님을 팔 사람이 누구인지 궁금해했다. 누가 예수님을 팔 것인지 아는 것보다 예수님이 팔린다는 사실이 더 중요하다. 예수님은 당신의 목적을 이루시는데, 그 목적에 가속을 붙이는 제자가 있다. 예수님의 사역에 도움을 주는 것 같으나 사실은 사람의 욕망으로 예수님의 뜻을 거스르는 악한 일이었다.

4. 섬김의 자리에 낮게 앉으신 예수님

예수님이 식사 자리에서 당신의 정체성을 알려주셨다. 떡과 잔이 당신의 몸과 피의 상징임을 알려주셨다. 그리고 이를 행하여 기념하라고 하셨다. 지금도 우리는 성찬식을 행하며 예수님의 고난을 기억하고, 희생의 결과로 얻어진 구원에 감사한다. 예수님은 식사 자리에서 당신이 세상에 왜 오셨는지, 제자들 곁에 혹은 제자들과 함께하면서 어떤 역할을 하시는지도 가르치셨다. 예수님은 인류를 구원하기 위해 오셨다. 세상의 임금은 사람들을 다스리거나 억압하고 또 사람들로부터 칭송을 받으려 한다. 그러나 예수님은 세상의 임금과 반대의 일을 하신다. 제자들도 예수님을 따른다면 세상의 임금과 반대여야 하고, 세상의 상식과도 달라야 한다. 예수님은 제자들에게 만약 큰 사람은 어린 사람처럼 행해야 하고, 다스리려 하는 사람은 섬기는 자리로 가야 한다고 말씀하신다. 목적과는 반대의 방향으로 가라는 말씀이다. 식사 자리에 앉아서 먹는 사람과 식사에서 시중을 드는 사람 중에 어떤 사람이 더 귀하다고 여김을 받는가? 당연히 앉아서 시중을 받으면 먹는 사람이다. 그런데 예수님은 제자 중에서 섬기는 자로 계신다. 예수님은 섬김을 받으려 함이 아니라 섬기려 하고 목숨을 많은 사람의 대속물로 주려고(막 10:45) 세상에 오셨다. 예수님의 귀한 가르침이다.

성 경	로마서 3:1-8	예전색상	초록색

예 배 의 부 름	"나의 영혼이 잠잠히 하나님만 바람이여 나의 구원이 그에게서 나오는도다 오직 그만이 나의 반석이시요 나의 구원이시요 나의 요새이시니 내가 크게 흔들리지 아니하리로다"(시 62:1-2)
	고난을 생명으로, 약한 것을 선한 것으로 바꾸어 주시는 하나님 아버지! 마땅히 져야 할 십자가를 부인하고 외면하면서 살아온 저희를 은혜의 성소에 불러주심을 감사드립니다. 구원의 요새가 되시는 하나님께서 쉬지 않고 일하시어 때마다 순간마다 승리하게 하시옵소서. 믿음으로 살려고 애쓰다가 낙심한 성도들, 고통과 환란 때문에 애통해하는 심령들을 위로하시며 그들의 눈물을 씻어주옵소서. 이 예배를 통하여 새로운 용기와 소망을 갖게 하옵소서. 우리 주 예수 그리스도의 이름으로 기원하옵나이다. 아멘
회개를 위하여	우리는 주님의 몸 된 교회에서 각자 직분을 받았는데, 세상에서 바쁜 일이 많다는 이유로 자기의 직분을 소홀히 여기고 전혀 충성하지 않을 경우가 많습니다. 이처럼 하나님께서 주신 거룩한 사역을 감당하지 않은 허물을 뉘우치며 회개하는 기도를 드리겠습니다.
고 백 의 기 도	우리에게 믿음과 건강과 직분을 주신 하나님 아버지! 하나님께서 믿음과 육신의 건강을 주시고 세례를 받은 후에 직분을 주셨는데, 우리는 믿음대로 신앙생활을 하지 않고, 육신은 건강해도 영혼의 장애인으로 하나님으로부터 받은 직분에 충성하지 않은 죄를 용서하여 주옵소서. 우선 중직을 맡은 우리가 기도와 예배에 소홀히 하고 전도는 물론 가난하고 병든 성도들을 사랑으로 섬기지 않은 허물을 고백하오니 용서하여 주옵소서.
	주님을, 때로는 교회를 자신의 이익 수단으로 생각했던 무지몽매함도 용서하여 주시옵소서. 이제 결심합니다. 주님의 능력 안에서 주님께 모든 것을 맡기옵나이다. 교회에서도 먼저 나타내려는 교만을 버리겠습니다. 하나님과 오손도손 대화를 나누면서 봉사하는 작은 손이 되겠습니다. 제가 먼저 마음을 고쳐먹는 놀라운 변화를 구하며 살겠다고 다짐하오니 회개하는 저희에게 사죄의 말씀을 주시옵소서. 우리 주 예수 그리스도의 이름으로 기도하옵나이다. 아멘
사함의 확 인	"네가 그 의인을 깨우쳐 범죄하지 아니하게 함으로 그가 범죄하지 아니하면 정녕 살리니 이는 깨우침을 받음이며 너도 네 영혼을 보존하리라"(겔 3:21)
성시교독	23. 시편 43편
설교 전 찬 송	12장 (다 함께 주를 경배하세) 311장 (내 너를 위하여)
설교 후 찬 송	319장 (말씀으로 이 세상을) 317장 (내 주 예수 주신 은혜)

08 24

금주의 성 가	기도로 뿌린 씨앗 - 김규현 주 예수 믿는자여 - Arr. by B. Harlan 위에 계신 주를 찬양 - V. D. Thompson
목 회 기 도	**살**아있는 생명의 말씀을 위탁하신 하나님 아버지! 부족한 우리를 택하시고 능력의 옷을 입혀 하나님의 말씀을 전파할 말씀과 구원의 길잡이로 살게 하심을 감사드립니다. 우리의 말과 행동이 하나님의 말씀으로 거룩하게 변화되어 누구든지 우리를 보고 예수님을 믿게 하옵소서. 우리가 지은 죄 때문에 가끔씩 마음이 천국이었다가 갑자기 어느 순간에 지옥으로 바뀌는 경험을 하오니 천국과 지옥은 가장 가까운 데 있음을 깨닫게 하시옵소서. 죄를 지어 가끔 지옥으로 향하는 발걸음을 옮길 때 시시때때로 말씀의 회초리로 일깨워 주옵소서. **연**단 중에서 인내, 소망 중에 기쁨을 주시는 하나님 아버지! 가정, 자녀, 그리고 뭐로 다 할 수 없는 여러 가지 문제를 주님이 아시오니 일일이 간섭하시어 잃었던 마음의 평정을 회복하게 하옵소서. 성도들이 경영하는 사업장에 불경기를 없애 주실 줄 믿습니다. 가정마다 문제를 만날 때 먼저 무릎 꿇게 하시고 기도할 때 하나님의 분명한 음성을 듣고 말씀을 따라 선을 행하는 가정들이 되게 하여 주옵소서. 직분에 충성을 다하는 중직자들에게 필요한 은혜와 성령의 역사가 함께 임하는 예배가 되게 하옵소서. 우리 주 예수 그리스도의 이름으로 기도하옵나이다. 아멘
헌금을 위한 위성 한 구	"너희가 여호와께 감사제물을 드리려거든 너희가 기쁘게 받으심이 되도록 드릴지며 … 너희는 내 계명을 지키며 행하라 나는 여호와이니라"(레 22:29,31)
헌 금 기 도	**환**난과 풍파와 유혹 속에서 믿음으로 승리하게 하시는 하나님 아버지! 오늘도 신령과 진정으로 드리는 헌금이 있는 예배를 드리게 하심을 감사드립니다. 하나님께서 우리를 세상의 많은 사람 가운데서 하나님의 자녀로 선택하여 주시고, 하나님 앞에 나아 올 때에 빈손으로 나오지 아니하고, 하나님의 말씀을 따라서 우리의 힘과 정성과 뜻을 모아서 바치는 헌금을 받아 주시옵소서. 이 헌금을 통하여 하나님의 거룩한 사역을 위해서 쓰시는 오병이어의 역사가 나타나게 하시옵소서. **하**나님은 만복의 근원이 되시니 우리가 하나님의 영광을 위해서 살기에 부족함이 없도록 각양의 은혜와 사역을 더 주시기를 기도하나이다. 우리가 하는 사역이 날마다 번영하고 발전하게 하여 주시옵소서. 우리의 사역이 잘 되어 하나님을 기쁘시게 하도록 인도하시옵소서. 우리의 수입이 늘어날 때마다 많은 이웃에게 베풀고 나눔의 삶을 살게 하옵소서. 우리의 가정에 근심 걱정이 없어지게 하여 주시고, 범사에 감사하는 가정을 이루고 살게 하여 주시옵소서. 예수님의 이름으로 축복하며 기도드립니다. 아멘
위탁의 말 씀	"사람은 다 거짓되되 오직 하나님은 참되시다 할지어다" 하나님은 우리 각자에게 맞는 책임을 맡기시고, 지켜보십니다. 하나님의 판단은 언제나 옳음을 믿고 사람의 판단을 멀리하고 주님 뜻대로 살아가는 감동을 사시기 바랍니다.
축 도	지금은 우리를 대속하기 위하여 하늘 영광을 버리고 이 땅 위에 오셔서 고난 중에 죽으신 우리 주 예수 그리스도의 은혜와 초로와 같고 분토와 같은 인생을 구원하시기 위하여 독생자를 아낌없이 내어 주신 하나님의 지극 망극하신 사랑과 성령의 감화 · 감동 · 내재 역사하심이 항상 우리와 함께하시기를 축원하나이다. 아멘

오늘의 설교를 위한 복음적 조명 주제 : 사역의 진실

제목 : 말씀을 맡기신 하나님은? | 본문 : 로마서 3:1-8

주제 : 하나님은 당신의 형상을 따라 지은 사람을 향해 하나님의 일을 하기 원하신다. 하나님은 사람에게 각자에게 맞는 책임을 맡기시고, 지켜보신다. 하나님은 당신의 영광을 위하여 사람을 판단하신다. 하나님의 판단은 언제나 옳다. 사람은 하나님의 판단에 따라야 한다.

논지 : 하나님은 모든 사람에게 책임을 부여하시고 확인하신다.
　　1. 말씀을 맡기신 하나님
　　2. 미쁘고 참되신 하나님
　　3. 진노와 심판의 하나님
　　4. 풍성한 영광의 하나님

　　젊은이들은 결혼한 후 자녀를 갖는다. 요즘에는 결혼을 포기하거나 결혼해도 자녀 낳기를 주저하는 젊은 부부들이 많다. 자녀들을 양육할만한 경제적, 사회적 여유가 안 된다고 생각하기 때문이다. 국가와 사회가 자녀의 양육 환경이 좋아지게 하기 위해 여러 정책을 펼치지만, 젊은이들의 생각에 실제로 도움이 안 된다고 생각할 수 있다. 그 결과가 저출산과 인구감소라는 위기로 다가온다. 우리나라가 세계적으로 잘 사는 나라가 되었지만, 나라 안에서의 경쟁과 환경이 자녀들을 나름 만족하게 키울 만큼 젊은이들에게 자신감을 주지 못한다. 사실 결혼하기 싫은 젊은이가 어디 있겠으며, 자녀를 낳기 싫은 부부가 어디 있겠는가? 그런데도 안 되는 것은 본인의 책임감만큼 환경이 따라주지 못하기 때문이다. 어른이 되면 어른으로서의 책임감이 있고, 부모가 되면 부모의 책임감이 있다. 기성세대들은 자녀들에게 책임감을 가르치는 만큼 책임감을 감당할 수 있는 사회적 환경을 마련하는 데도 힘을 써야 한다. 기성세대는 기성세대의 책임감을 느끼고 있다. 교회에서도 직분자로서의 책임감을 느껴야 한다. 또 은혜를 알고 복음을 받았으면 그에 걸맞은 책임감을 느껴야 한다. 하나님은 사람의 책임감을 활용하셔서 은혜의 복음을 확장하신다. 바울은 영적 책임감을 강조한다.

1. 말씀을 맡기신 하나님

　　바울은 유대인이었고 율법에 충실한 사람이었다. 그는 기독교인들을 박해하다가 예수님의 부르심을 받고 이방인을 위한 사역자가 되었다. 바울은 복음을 전할 때 당시 시대의 정치적 중심지인 로마에까지 복음이 전달되기를 원했다. 바울은 복음을 맡은 사람으로서 전 세계에 복음이 전달되어야 한다는 책임감을 느꼈다. 그리고 유대인으로서 태어난 사람들에게도 영적 책임감이 있다는 사실을 강조한다. 유대인들은 하나님의 부름을 받은 사람들이다. 하나님이 그들을 왜 부르셨을까? 하나님이 먼저 은혜를 주신 것은 분명하다. 하지만 먼저 은혜를 받은 사람들로서 다른 민족에게 하나님의 은혜를 알리는 책임감도 느껴야 한다. 그런데 유대인들은 자기들이 하나님의 부름을 받았고, 율법을 받았으며 할례를 받은 민족이라는 자랑만 할 뿐, 하나님의 은혜를 다른 민족에게 전하려는 생각하고 있지 않다. 하나님의 은혜를 자기들만 독점하려는 영적 이기심을 갖고 있다. 하나님의 생각과는 다르게 생각하는 유대인들을 보는 바울이 유대인들을 강하게 책망한다. 유대인이 나은 것이 무엇인가? 할례는 무엇이 유익한가? 하나님이 유대인들에게 하나님의 말씀을 먼저 맡기셨으므로 범사에 유익한 일이 많다. 하나님은 말씀을 맡기시며 범사에 유익한 일까지 덤으로 복을 주셨다.

2. 미쁘고 참되신 하나님

　하나님이 사람들을 사랑하시고 말씀을 맡기셨다. 그 말씀을 믿고 말씀에 대한 책임감을 느끼고 책임을 다하는 사람들이 있다. 개인적으로 경건하고 하나님을 섬기는 것뿐만 아니라, 이웃과 공동체 그리고 민족에게까지 하나님을 바르게 섬기고 이웃과 더불어 기쁘게 살도록 힘쓰는 이들이 있다. 이렇게 믿는 이가 있는 반면에 믿지 않는 사람들도 있다. 자신이 누리는 행복은 모두 자기가 잘해서 만들어진 결과라고 생각하는 사람이 있다. 때로는 자기가 노력한 것도 없이 부모를 잘 만나서 누리는 일임에도 마치 자기가 잘 나서 복을 누리는 것이라고 착각하고 교만하기까지 한다. 유대인들이 믿지 않는다. 하나님의 섭리보다는 자기들의 잘난 점만을 주장한다. 지금 로마의 속국으로 살고 자유가 없음에도 불구하고 그들의 착각이 깨지지 않는다. 유대인들의 불신앙이 하나님의 영광을 가린다. 그렇다고 해서 하나님의 성실하심이 사라지지 않고 약화하지도 않는다. 사람과 민족의 문화나 세상의 이념과 주장은 거짓될 수 있지만, 오직 하나님은 참되시다. 하나님의 말씀을 맡은 유대인들이 어리석게 산다고 해서 하나님의 이름까지도 훼손하면 안 된다. 교인 한 사람이 잘못하는 것을 보고 예수님을 믿지 않는 사람이 있다. 그들의 생각이 옳지 않다는 것을 바울이 분명하게 강조한다.

3. 진노와 심판의 하나님

　바울은 참되신 하나님을 강조하려고 시편 51편 4절의 말씀을 인용한다. "내가 주께만 범죄하여 주의 목전에 악을 행하였사오니 주께서 말씀하실 때에 의로우시다 하고 주께서 심판하실 때에 순전하시다 하리이다" 비록 하나님의 사람이 실수할 수 있고 죄를 범한다 할지라도 그의 입술에서는 하나님의 말씀은 의롭고 심판은 공정하다고 말해야 한다. 최소한 유대인들이 이런 말을 한다. 중요한 것은 그들이 말씀을 왜곡하여서 자기들의 유익을 위해서 말씀을 오용하거나 남용하고 있다. 하나님은 이런 사람들을 향하여 진노하시고 심판하신다. 사람의 불의가 하나님의 의를 드러낸다고 하지만 그렇다고 해서 하나님이 사람의 불의를 눈감아 주시지는 않는다. 이방 나라 앗수르가 하나님에 의해 쓰임을 받아 북왕국 이스라엘을 멸망시켰지만, 앗수르는 그들의 악함 때문에 심판을 받는 이치와 같다(사 10:12). 이스라엘의 패역함을 보시고 진노하신 하나님, 앗수르의 포악함을 향하여 심판하신 하나님은 의로우시다. 만약 하나님이 불의와 포악함을 용납하시기만 한다면 하나님의 공의가 세워지지 못한다. 하나님은 공의로 세상을 심판하신다. 하나님이 말씀을 주시고 맡기신 이유는 하나님의 공의를 알고 실천하게 하려 함이다. 하나님의 공의와 심판이 있으므로 사람은 책임을 다한다.

4. 풍성한 영광의 하나님

　어떤 사람들은 책임을 다하기 위해서 과정이야 어떻든 결과만 좋으면 된다고 생각하고 그대로 실행하기도 한다. 부모의 책임을 다한다면서 자녀가 좋은 성적을 거두게 하려고 자녀를 위해 불법을 한 부모가 있다고 하자. 그것이 과연 자녀를 위한 길인가? 자녀에게 유익이 되었으므로 자녀가 부모를 존경할 수 있을까? 자녀가 어릴 때는 판단력이 약해서 부모를 좋아할 수 있겠으나 자녀가 성인이 된 후에는 부모 때문에 얼굴을 제대로 못 들 수 있다. 부모의 책임은 자녀에게 좋은 환경을 만들어주고 양질의 교육을 하는 것도 있겠으나 자녀의 자존감을 세워 주는 일이 훨씬 더 중요하다. 사람의 불의한 일을 하여서 하나님의 의를 드러냈으므로 자기는 심판을 받지 않는다고 말하는 사람도 있다. 그래서 선을 이루려고 악을 행한다는 사람이 있다. 악을 행하면 악이 더 심해질 뿐 결코 선을 이룰 수 없다. 유대인들이 말씀의 책임을 맡았으면 말씀을 따라 선을 행해야 한다. 악을 행하는 것은 합리화하거나 장려하면 결코 안 된다. 선을 행하는 사람을 향해 비방하면서 자기들의 악한 일에 동참하지 않는다고 과정이야 어떻든 결과만 좋으면 주장하는 사람이 있다. 바울은 이런 사람들을 거절한다. 선을 행하며 말씀의 책임을 다하는 곳에 하나님의 풍성한 영광이 나타난다.

2025년 8월 31일, 오순절 후 12번째 주일		
성 경	**마가복음 11:20-25**	**예전색상** **초록색**
예 배 의 부 름	"나의 하나님 여호와여 주의 종의 기도와 간구를 돌아보시며 주의 종이 주 앞에서 부르짖는 것과 비는 기도를 들으시옵소서"(대하 6:19)	
	육체의 얽매임에서 믿음으로 승리의 자유로움을 주시는 하나님 아버지! 지난 한 주간 우리 교회 공동체와 가정을 주의 품 안에 지켜주시고 보호해 주심을 감사드립니다. 우리는 세상의 재물이나 명예나 권세를 바라지 않고, 영혼이 잘되고 강건하며 믿음을 더 얻고자 간구하는 소원을 이루어주시옵소서. 오늘도 힘들어 지칠 때 위로와 시원한 생명수를 허락하시며 갈급한 심령에 영원히 마르지 않은 생수를 공급하여 주옵소서. 우리 주 예수 그리스도의 이름으로 기원하옵나이다. 아멘	
회개를 위하여	성도의 영성은 기도로 판가름납니다. 기도는 우리의 생명이고 목숨을 이어주는 숨통입니다. 숨통이 막히면 죽듯이 기도가 사라지면 죽은 송장이나 마찬가지입니다. 죽은 송장이 있는 곳에서는 고약한 냄새가 납니다. 그런 냄새나는 교인은 아닌지 성찰하고 회개하는 기도를 계속합니다.	
고 백 의 기 도	우리의 부르짖는 기도를 들으시는 하나님 아버지! 믿음의 기도는 불가능이 없다는 사실을 알고 있으면서도 하나님을 믿고 기도하지 않은 불신앙을 용서하여 주옵소서. 성도는 기도하는 사람이라는 것을 알면서도 기도를 게을리 한 저희입니다. 불쌍히 여겨 주옵소서. 내가 나서서 기도해야 할 때 다른 사람에게 부탁하는 얼빠진 성도가 아닌지 부끄럽습니다. 먹고 살기에 바쁘다는 핑계로 기도를 멀리하고 영혼이 허기지게 만든 잘못을 용서하옵소서.	
	이제라도 주변에 있는 분들을 위해서 기도하겠습니다. 천사의 노래가 무엇인 줄 알고 있으니 실천을 다짐합니다. "고맙습니다", "감사합니다", "사랑합니다", "주의 이름으로 사랑합니다" 미워하는 사람보다는 사랑하는 사람이 많아지게 하겠습니다. 침묵하는 시간보다는 기도하고 찬송하는 시간이 많아지는 저희 생활이 되게 하겠습니다. 이 시간 진솔한 저희 고백의 기도를 들으시어 회개하는 저희의 영을 맑게 하여 주옵소서. 예수님의 이름으로 회개하며 기도드립니다. 아멘	
사함의 확 인	"새 영을 너희 속에 두고 새 마음을 너희에게 주되 너희 육신에서 굳은 마음을 제거하고 부드러운 마음을 줄 것이며 또 내 영을 너희 속에 두어 너희로 내 율례를 행하게 하리니 너희가 내 규례를 지켜 행할지라"(겔 36:26-27)	
교독	28. 시편 63편	
설교 전 찬 송	13장 (영원한 하늘나라) 542장 (구주 예수 의지함이)	
설교 후 찬 송	546장 (주님 약속하신 말씀 위에서) 547장 (나같은 죄인까지도)	

08 31

209

금주의 성가	승리는 우리의 것 - M. Dunlop 전능하고 영원하신 주여 - Gibbons 일어나라 찬양하라 - Dennis Allen
목회기도	인간의 생사화복과 흥망성쇠를 주관하시는 하나님 아버지! 지난 한 주간에도 우리에게 믿음과 소망과 사랑을 주시고, 건강과 재물을 주시고, 가정의 행복과 화평을 주셨음을 감사드립니다. 사랑하는 성도들이 세상에서 누구와 불화한 일이 있으면 먼저 찾아가서 용서하고 와서 하나님께 예배드리게 하시옵소서. 하나님의 오묘한 섭리를 깨닫는 지혜를 주사 순종하고 그 넓고 크신 주님을 본받아 진심으로 의지하고 사는 자 되게 하시옵소서. 마음속에 그리스도의 사랑을 품고, 입으로는 예수를 증거하는 성도가 되게 하여 주옵소서. 사랑과 은혜가 많으시고 참 좋으신 하나님! 교회에 나와 여기저기에서 충성하는 성도들이 보냄을 받은 선교사라고 생각하게 하옵소서. 하나님 앞에 설 때 잘했다 칭찬받는 귀한 성도님들이 되게 하옵소서. 자신을 드러내고 자랑하기보다는 성도님들이 입을 열어 기도할 때 겸손하여 예수를 전하는 하나님의 일꾼들이 되게 하옵소서. 이제 다음 한 주간 동안 악한 마귀와의 전쟁에서 승리할 수 있는 말씀의 무기를 주옵소서. 주님을 잊어버리고 세상에서 내 뜻대로 살다가 실패하고 좌절할 때 주신 말씀을 기억하고 깨닫고 주님께 새 힘을 얻는 성도들이 되게 하옵소서. 예수님의 이름으로 기도하나이다. 아멘
헌금을 위한 성구	"많은 재물보다 명예를 택할 것이요 은이나 금보다 은총을 더욱 택할 것이니라" (잠 22:1)
헌금기도	은이나 금보다 은총을 택하라고 말씀하신 하나님 아버지! 우리가 세상을 살아갈 때 명예나, 은이나 금인 물질보다는 하나님의 사랑과 은총을 택하며 살게 하심을 감사드립니다. 세상의 사업가나 정치인은 재물과 명예가 좋아서 목을 맬지라도 주신 물질로 하나님과 이웃을 사랑하고 구제하기에 최선을 다하게 하시옵소서. 더 소유하려는 욕심, 다른 사람의 소유를 부러워하는 마음을 버리고 없는 자에게 주시고 섬기는 자로 살겠다고 다짐하는 성도들이 가진 것을 가득히 채워 누르고 흔들어 축복해 주시옵소서. 지난 한 주 동안 주신 것 구별해서 십일조를 드립니다. 용기 주시고 새 힘 주신 은혜에 감사 예물도 드립니다. 주일 헌금, 구역 헌금, 성미를 드립니다. 성도들이 일하는 곳에 마른 땅에도 샘물이 나게 하시고 황무지에서도 풍성한 소출이 있게 하옵소서. 기업과 직장에 사건 사고가 없게 하옵소서. 이 물질이 사용되는 곳에 오직 우리의 믿음이 나타나게 하옵소서. 더 많은 것을 헌금하지 못하는 영혼에도 풍성한 예물을 드릴 수 있는 물질의 복을 주시옵소서. 예수 그리스도의 이름으로 축복하오며 기도드립니다. 아멘
위탁의 말씀	"무엇이든지 기도하고 구하는 것은 받은 줄로 믿으라 그리하면 너희에게 그대로 되리라" 얼마나 감격스러운 말씀입니까? 예수님이 가르쳐 주신 기도의 마음가짐을 의심하지 말고 예수님이 가르쳐 주신 '주기도문'으로 열심히 기도하는 한 주간을 시기기 바랍니다.
축도	지금은 우리의 연약함을 붙드시는 우리 주 예수 그리스도의 은혜와 거룩한 자녀도 살게 하시며 도우시는 하나님의 무한하신 사랑하심과 우리를 내버려 두지 아니하시고 우리 속에 들어오셔서 역사하시는 성령의 충만한 위로와 감동하심이 신앙으로서 그리스도의 날에 자랑할 것이 있어야 하는 우리 가운데 항상 함께하시기를 축원하옵나이다. 아멘

오늘의 설교를 위한 복음적 조명 주제 : 믿음의 기도

제목 : 믿음의 기도여야 한다. ㅣ 본문 : 마가복음 11:20-25

주제 : 예수님은 제자들에게 기도를 가르치셨다. 예수님은 기도의 내용을 가르치기도 하셨지만, 기도의 자세와 태도에 대해서도 가르치셨다. 예수님이 가르치신 기도의 마음가짐은 의심하지 않고 믿는 기도여야 한다. 또 자기를 억울하게 만든 사람을 용서하는 기도여야 한다.

논지 : 예수님은 마른 무화과를 보시고 기도에 대하여 가르치셨다.
 1. 마른 무화과를 바라보신 예수님
 2. 믿음의 선언을 강조하신 예수님
 3. 믿음의 기도를 확인하신 예수님
 4. 용서의 기도를 가르치신 예수님

　요즘을 신용사회라고 한다. 은행거래와 신용카드 거래 실적이 좋고, 어느 정도 재산이 있으면 신용이 좋다고 한다. 이런 사람에게는 은행에서 저리로 대출해준다고, 돈을 쓰라고 연락이 온다. 사실 현금만 쓰고 은행거래가 없으면 실적이 없어서 은행권에서는 신용점수 자체가 없다. 이런 사람은 급전이 필요해서 은행 문을 두드려도 점수가 없다 보니 은행에서는 대출에 난색을 보인다. 살다 보면 신용점수도 쌓아 두어야 하는 세상이 되었다. 은행뿐만 아니라 사람 관계에서도 신용이 좋아야 한다. 금전거래뿐만 아니라 말한 것을 지키는 신뢰가 있어야 한다. 그래야 사람들이 함께하려 하고, 사업상 필요한 거래도 할 수 있다. 신앙생활은 어떨까? 사실 교회에서는 금전거래를 하면 안 된다. 그것은 교회에 혼란을 일으키는 일이기 때문이다. 같은 교회 소속이면 금전을 빌려주는 행위를 하지 말아야 한다. 교인이 운영하는 가게에서 물건 사주는 정도야 무방하겠지만, 금전을 빌려주려면 아예 받을 생각을 하지 말고 주는 것이 더 좋다. 힘들고 어려운 지경에 처한 교우들에게 구제하는 것이어야 한다. 창세 이후 온 우주에서 가장 신용이 좋은 분은 하나님이시다. 하나님은 약속하신 말씀을 반드시 지키신다. 우리는 하나님을 신용 차원을 넘어서 생명을 주시는 인생의 주인임을 믿는다.

1. 마른 무화과를 바라보신 예수님

　예수님께서 베다니에서 나와 예루살렘 성으로 들어가실 때 마침 시장하셨다. 무화과나무에 열매가 있을까 하여 다가갔는데, 잎사귀만 무성하였다. 예수님이 나무에게 이제부터 영원토록 사람이 네게서 열매를 따 먹지 못하리라고 말씀하셨고 제자들이 들었다. 그리고 저녁때 성 밖으로 나와 지나가시는 데 아침에 보았던 무화과나무가 뿌리째 말라 있었다. 베드로는 아침에 있었던 일을 생각하고 예수님께 이야기한다. "랍비여 보소서 저주하신 무화과나무가 말랐나이다" 아마도 베드로는 예수님이 무화과나무에 말씀하신 대로 된 것이 신기했는지도 모른다. 그동안 예수님을 따라다니면서 말씀의 능력이 있는 분임을 알기는 했지만, 이처럼 나무까지 뿌리째 마르게 할 정도로 말씀의 위력이 있는 것에 놀랄 수 있다. 요즘처럼 과학이 발달한 시대에 아무리 강한 제초제를 뿌린다 해도 나무가 하루 만에 뿌리째 마르지는 않을 것이다. 그런데 예수님의 말씀에 무화과나무가 한나절 만에 뿌리째 말랐다. 예수님의 말씀은 자연도 잠잠하게 하고 식물도 마르게 할 수 있다. 사람은 개발하여 가꾸어야만 하는 것을 예수님은 말씀만으로 이루신다. 예수님은 우리에게도 말씀하신다. 예수님의 말씀이 우리에게도 이어진다. 우리의 생명이 달린 말씀이다. 우리는 예수님을 반드시 믿어야 한다.

2. 믿음의 선언을 강조하신 예수님

베드로의 대답을 들은 예수님이 제자들을 바라보시고 말씀하셨다. "하나님을 믿으라" 무화과나무가 마른 것과 하나님을 믿는 일 사이에 상관성이 있다. 예수님이 무화과나무에 하신 말씀은 허투루 하신 말씀이 아니었다. 사람은 살면서 실없는 농담도 하고, 우스갯소리도 하며 때로는 사람을 놀리는 소리도 한다. 그리고 지키지 못할 약속을 남발하기도 한다. 한국 사람은 만나서 밥 한번 먹자는 말이 으레 하는 인사치레이다. 그런데 외국인은 그 말을 진짜로 알아듣고 밥 먹자고 연락이 오기를 기다린다고 한다. 사실 한국 사람이 한국인에게도 밥 먹자고 하면 기억하고 이른 시일 내에 연락해서 시간과 장소를 정하는 것이 좋다. 그렇지 못하면 식사를 못 하게 되어 미안하다는 사과의 표시라도 해야 한다. 예수님은 인자한 눈빛과 다정한 목소리로 말씀하셔도 단호하실 때가 있다. 무화과나무에 단호하게 말씀하심은 예수님 안에 열매를 찾고자 하는 바람이 있기 때문이었다. 예수님의 말씀은 진지하고 또 사람을 살리는 말씀이다. 예수님의 말씀에는 매서운 풍랑도 잠잠해졌다. 예수님은 산을 옮겨지라고 말하는 사람이 이루어질 줄 믿고 의심하지 않으면 그대로 된다고 하셨다. 사람이 말할 때 마음속에 그의 생각과 믿음이 담긴다. 그리고 말은 믿음의 선언이 될 수 있다.

3. 믿음의 기도를 확인하신 예수님

사람의 말 속에 사람의 가치관이 담겨있다. 가치관이 담긴 말 안에 하나님을 향한 바른 믿음인지 왜곡된 믿음인지가 담겨있다. 통찰력을 가진 사람은 사람의 말 속에 담긴 가치관과 믿음의 정도를 파악할 수 있다. 다만 본인이 파악한 것을 쉽게 이야기하지 않을 뿐이다. 신앙인들이 말조심하는 이유도 이와 같다. 불신자라도 자신의 말 속에 담긴 가치관을 잘 모를 뿐이지 신앙인이 말하는 것에 담긴 가치관의 수준을 금방 파악한다. 물론 자기의 기준에 의한 판단이다. 하지만 한번 판단한 것을 여간해서는 바꾸려 하지 않기에, 한번 말한 후에 변명하고 해명해야하는 것은 시간 낭비가 될 수 있다. 신앙인이 사람에게만 말하는가? 하나님께도 말한다. 하나님께 기도하는 시간이 곧 하나님께 말하는 시간이다. 기도는 하나님과의 대화이기 때문이다. 예수님은 하나님께 기도할 때 믿음으로 기도할 것을 강조하신다. "무엇이든지 기도하고 구하는 것은 받은 줄로 믿으라 그리하면 너희에게 그대로 되리라" 기도 중에는 사람의 소망을 하나님께 아뢰는 내용도 있다. 사람이 해결할 수 없는 문제를 하나님께서 해결해주시기를 부탁할 수 있다. 이때 사람은 하나님께서 해결해주신다는 믿음을 가져야 한다. 하나님은 기도의 내용을 들으시지만 동시에 기도 속에 담긴 마음을 아시기 때문이다.

4. 용서의 기도를 가르치신 예수님

사람이 기도할 때 여러 상황과 여러 감정을 갖는다. 기쁠 때 기도하지만 슬프고 낙심할 때 기도한다. 마음의 기대가 있을 때 기도하지만 의기소침할 때도 기도한다. 좋은 소식을 듣고 감사의 마음으로 기도하지만, 날벼락 같은 소식을 듣고 절망적일 때 기도할 수 있다. 친구로부터 칭찬을 듣고 즐겁다가 기도할 수 있지만, 이웃과 다투고 마음에 화가 담긴 채 기도할 수도 있다. 이웃과 즐거운 대화를 나눈 후 기도할 수 있지만, 이웃으로부터 모함을 당하고 기도할 수도 있다. 시편 기자도 믿음을 비난하는 소리를 많이 들었지만, 여전히 기도했다. 심지어 구원을 받을 수 없다는 말까지 들었다. "여호와여 나의 대적이 어찌 그리 많은지요 일어나 나를 치는 자가 많으니이다 많은 사람이 나를 대적하여 말하기를 그는 하나님께 구원을 받지 못한다 하나이다"(시 3:1,2) 그러나 시편 기자는 "천만인이 나를 에워싸 진 친다 하여도 나는 두려워하지 아니하리이다"며 고백했다(시 3:6). 예수님은 기도할 때 누군가에게 혐의를 주고 있다면 그 사람을 용서하라고 말씀하신다. 나를 비난하거나, 내 것을 뺏으려 하거나, 나 모르게 나쁜 일을 꾸미는 사람을 알고도 용서하기는 쉽지 않다. 그러나 우리가 그 사람을 용서하면 하나님도 우리를 용서하신다. 예수님은 기도 속에 용서를 담으려 하셨다.

9월의 예배와 설교를 위하여

일	요일		본문	설교제목	기타 (예화, 참고자료)
3	수				
7	주일	낮			
		밤			
10	수				
14	주일	낮			
		밤			
17	수				
21	주일	낮			
		밤			
24	수				
28	주일	낮			
		밤			

2025년 9월 7일, 오순절 후 13번째 주일

성 경	전도서 1:12-18	예전색상	초록색

예배의 부름

"오직 너희의 심령이 새롭게 되어 하나님을 따라 의와 진리의 거룩함으로 지으심을 받은 새 사람을 입으라"(엡 4:23-24)

우리에게 의와 진리의 거룩함으로 새사람을 입으라고 말씀하신 하나님 아버지! 죄인을 성령으로 새롭게 하시고 주신 말씀 따라 지혜로움으로 살게 하심을 감사드립니다. 힘들고 고된 한 주간을 보내고 나온 성도가 있다면 하늘의 은혜와 성령으로 위로해 주옵소서. 주시는 생명의 말씀으로 새 힘을 얻고 나아가 복음의 빛을 발할 수 있게 하여 주시고, 주의 도를 행하여 사람들에게 하나님을 전하며 살게 하옵소서. 우리 주 예수 그리스도 예수님의 이름으로 기원하옵나이다. 아멘

회개를 위하여

우리가 가까이하지 말고 등져야 할 것은 세상이고 마귀의 유혹인데도 지난 한 주간 교회와 예배를 등지고 살지는 않았는지 성찰하고 그렇게 살게 만드는 원인이 무엇인가를 성찰하고 회개하는 기도를 계속합니다.

고백의 기도

사람들에게 삶의 지혜를 주시는 하나님 아버지! 삶의 지혜를 주시어서 어리석은 말과 행동에 대한 분별력을 가지고 살게 하심을 감사드립니다. 지혜의 근본은 하나님을 아는 일인데, 우리는 하나님을 알고자 하지 않고 세상의 지식과 철학, 또는 학문을 알고자 노력한 허물을 고백하나이다. 세상의 과학자가 만든 AI가 초월적인 지식으로 하나님의 지혜에 버금간다고 믿지 않게 하시옵소서. 지난 한 주간도 작은 실수를 보면서 저희가 저지르는 엄청난 죄악을 보지 못하는 영혼의 사팔뜨기 같은 삶을 산 것을 불쌍히 여겨 주옵소서.

저희 마음속에 버리지 못한 못된 습관들이 소용돌이치고 있습니다. 곪아 터진 흉측한 모습입니다. 끊어버리지 못하고 가슴 태우는 저희를 사랑의 손길로 붙잡아 주옵소서. 이제 결심합니다. 남의 잘못을 보면서 나의 잘못을 회개하는 기회로 삼겠습니다. 선을 베풀어 주님이 이웃을 사랑하라고 하신 말씀의 증거자가 되겠습니다. 반복되는 잘못 속에 빠질 때 주님께서 저희를 인도하시사 주님의 증인으로 부족함이 없는 주의 백성이 되게 하옵소서. 예수님의 이름으로 회개하며 기도드립니다. 아멘

09 07

사함의 확인	"무릎을 꿇고 크게 불러 이르되 주여 이 죄를 그들에게 돌리지 마옵소서" (행 7:60)
성시교독	39. 시편 95편
설교 전 찬 송	14장 (주 우리 하나님) 541장 (꽃이 피는 봄날에만)
설교 후 찬 송	542장 (구주 예수 의지함이) 549장 (내 주여 뜻대로)

금주의 성가	나의 기도 – Ed Rush & Stan Pethel 약속의 땅에 가리라 – Mark Patterson 깊은 지혜와 사랑 – C. D. Jone
목 회 기 도	**예**수 그리스도를 믿는 성도들에게 믿음의 지혜를 주시는 하나님 아버지! 우리에게 솔로몬과 같은 지혜를 주셔서 헛된 인생을 살지 않게 하심을 감사드립니다. 솔로몬이 이스라엘의 왕이 된 후에 하나님께 백성을 다스릴 권력과 세상의 부귀영화를 구하지 않고 하나님을 믿는 지혜와 백성을 제대로 통치할 지혜를 간구한 사실처럼 우리에게도 하나님을 믿고 섬길 수 있는 지혜를 주시옵소서. 우리는 세상에서 철학이나 과학으로 지혜를 얻기보다, 하나님의 말씀이 기록된 성경에서 참다운 지혜를 얻게 하시옵소서. **교**회를 통해 구원 성업의 위대한 일을 이루어 가시는 하나님 아버지! 우리 교회와 가정과 기업에 생기를 주시는 제공자 되심을 고백합니다. 세상에 살면서 고개를 들고 교만의 정상을 누비던 저희입니다. 이제 이렇게 겸손히 주님 앞에 허리를 굽히고 믿음으로 우뚝 선 주의 백성들을 굽어살펴 주실 줄 믿습니다. 오늘도 가지고 온 기도의 제목들이 응답받게 하옵소서. 이 교회가 말씀의 기적이 있는 교회로 소문나게 하여 주옵소서. 저희가 돌보는 사업장이 날마다 더해지는 감격의 찬송이 불리는 기업이 되게 하여 주옵소서. 우리 주 예수님의 이름으로 기도합니다. 아멘
헌금을 위 한 성 구	"마음을 다하고 지혜를 다하고 힘을 다하여 하나님을 사랑하는 것과 또 이웃을 자기 자신과 같이 사랑하는 것이 전체로 드리는 모든 번제물과 기타 제물보다 나으니이다"(막 12:33)
헌 금 기 도	**심**령이 가난한 자는 복이 있다고 말씀하신 하나님 아버지! 지난 한 주간에도 궁핍하거나 생활비가 모자라 꾸러 다니지 않고 남의 소유를 탐내며 살지 않게 하심을 감사드립니다. 이웃을 사랑하는 마음으로 하나님께 헌금을 드립니다. 이 헌금이 가난하고 병든 사람에게 하늘 복이 임하는 징검다리가 되게 하옵소서. 행여 가진 것 많음의 교만이 믿음을 약화하거나 정직한 헌금 생활에 걸림돌이 되지 않게 하시옵소서. **오**늘 크고 작은 액수의 십일조가 있습니다. 많고 적음이 문제가 되지 않는 월정 헌금과 주정 헌금, 그리고 생일과 건강을 지켜주시고 감사할 일들이 많기를 바라는 소원이 담긴 예물이 있습니다. 드리는 가정마다 넘치는 하늘 복으로 채워 주시옵소서. 연로한 성도님들에게는 건강을 주시고, 물질이 없어서 고통당하는 성도의 가정에도 풍성함의 기쁨을 주옵소서. 이 예물이 쓰일 때 주님의 능력이 나타나게 하옵소서. 예수님의 이름으로 축복하며 기도드립니다. 아멘
위탁의 말 씀	"지혜가 많으면 번뇌도 많으니 지식을 더하는 자는 근심을 더하느니라" 우리가 아무리 지혜롭다고 해도 하나님의 지혜에 다다를 수 없습니다. 지식으로 세상이 주는 성공을 바라지 말고 하나님의 말씀을 듣고 깨닫는 지식을 구하는 성도가 되어야 할 것입니다.
축 도	지금은 선한 목자 되시는 예수 그리스도의 은혜와 목자의 음성을 들을 수 있는 귀를 허락하신 하나님 아버지의 사랑하심과 목자의 부르심에 응답할 수 있는 영적 분별력을 허락하시는 성령님의 역사하심이 주님이 부르실 때 바로 대답하고 명대로 순종하며 살고자 다짐하는 주의 백성들 머리 위에 지금부터 영원토록 함께 하시기를 간절히 축원하옵나이다. 아멘

오늘의 설교를 위한 복음적 조명 주제 : 믿음의 지혜

제목 : 자기와 인생을 아는 지혜 ｜ 본문 : 전도서 1:12-18

주제 : 하나님은 지혜의 지식의 근원이시다. 사람이 아무리 지혜롭다고 하지만 하나님의 지혜에 다다를 수 없다. 하나님이 우리에게 지혜를 주시는 방법이 있다. 하나님의 말씀을 듣고 깨닫게 하시는 방법이다. 또 다른 이로부터 지식을 배우고, 자신을 돌아보아 깨닫게 하신다.

논지 : 하나님은 세상에서 괴로워하는 사람에게 필요한 지혜를 주신다.
　　1. 인생에 괴로움을 주신 하나님
　　2. 왜곡을 바로 잡으시는 하나님
　　3. 자기를 돌아보게 하신 하나님
　　4. 지혜의 깨달음을 주신 하나님

　학문이 발달하고 교육의 수준이 높아졌다. 게다가 미디어와 SNS의 발달로 사람들의 지식 수준이 높아졌다. 고대에만 해도 글을 눈으로만 읽고 이해하는 수준이면 엄청난 지식인이었다. 지금은 초등학생만 해도 글을 눈으로 읽고 이해할 수 있다. 지식의 양도 많아졌다. 과학 기술의 발전과 컴퓨터 기술의 발달은 확장되는 지식을 거의 무한대로 저장하고 확산시킬 수 있다. 그런데 사람들에게 지혜는 점점 약화되는 것 같다. 과거에는 힘든 일을 잘 견디고, 정서적으로 질병 증세가 많지 않았는데, 지금은 대수롭지 않은 어려움도 견디지 못하고 분노를 폭발하는 경우가 많다. 물론 견디지 못했을지라도 어려움을 겪는 사람들을 비난하거나 무시하면 안 된다. 본인의 선택이 아니라 사회적인 시스템이 잘못됐을 수도 있기 때문이다. 사회는 어려움을 당한 사람을 극복할 수 있도록 지원해 주어야 하고, 지원하는 시스템을 갖추어야 한다. 이런 일도 지혜이다. 그리고 어려움을 당한 본인도 어려움을 극복하려고 시도해야 한다. 본인도 노력하고, 사회도 지원하면 어려움을 극복하기 쉽다. 어느 한쪽만 노력하거나, 어느 한쪽이 포기하면 안 된다. 지혜는 협력과 자기 책임감을 동시에 갖추어야 한다. 전도자는 인생에서 괴로움이 무엇인지 알았다. 그래서 인생을 아는 지혜를 기록하여 후대에 알려준다.

1. 인생에 괴로움을 주신 하나님

　본문을 기록한 전도자는 예루살렘에서 왕이 된 사람이다. 전도서의 저자는 일반적으로 지혜의 왕 솔로몬이라고 알려져 있다. 솔로몬은 왕이 된 후 하나님께 지혜를 구하였다. 하나님은 솔로몬에게 부귀영화가 아닌 지혜를 구하는 것에 대하여 칭찬하셨다. 그리고 솔로몬에게 전무후무한 지혜와 총명을 주시겠다고 약속하셨다(왕상 3:12). 지혜를 갖고 있다면 그 지혜를 더 깊고 넓게 하려고 천지만물과 세상 돌아가는 일을 궁리한다. 지혜를 가진 사람의 책임은 남이 깨닫지 못하는 것을 깨달아서 사람들에게 알려주어서 편리하게 살도록 도와야 한다. 깨닫기 위해서는 나름대로 열심히 공부하고 숙고해야 한다. 그런데 전도자는 연구하고 살피는 일을 괴로운 것이라고 말한다. 누가 압력을 넣는 것도 아닌데, 스스로 좋아서 연구에 밤을 새우는 사람이 있다. 남이 보기에는 스스로 괴로운 일을 선택하고 그 괴로움을 즐긴다고 말할 수 있다. 그런데 괴로움이 자기의 몫이라고 생각하는 사람이 있다. 하나님이 주신 사명으로 깨닫는다. 모든 인생살이가 사실 괴롭기는 하지만 그 괴로움이 지혜라고 해도 비켜 가지 않는다. 지혜를 가진 사람일수록 특별한 일에 더 수고할 수 있다. 하나님이 지혜를 가진 사람에게 걸맞은 책임과 수고를 주신다. 하나님이 사람에게 괴로움을 주기도 하신다.

09
07

2. 왜곡을 바로 잡으시는 하나님

전도자는 지혜자로서 세상에서 사람들이 행하는 일을 일일이 연구했다. 요즘 말로 하면 사례중심 연구라 말할 수 있겠다. 사람의 성격과 태도, 행동 양식, 사회적인 혼란과 대립, 개인의 이기심과 양보심 등 수많은 사례를 연구했다고 말할 수 있다. 세상의 사람들이 천년 만년을 산다고 생각하고 욕망을 채우려 한다. 욕망을 달성하려고 비상식적인 일, 악한 일, 속임수까지 사용한다. 젊었을 때는 욕망을 채우고 남들에게 큰소리를 치고 살았어도 나이가 들면 생각이 바뀐다. 건강이 약해지고 죽을 날이 가까웠다고 생각하면 젊은 시절에 모질게 살았던 것에 대해 후회한다. 전도자는 "모두 다 헛되어 바람을 잡으려는 것"이라고 실토한다. 욕망을 채우고 또 욕망을 채우려고 무엇인가를 살피고 연구하지만 한계가 있다. 아무리 노력을 해도 세상에서의 어그러진 것을 바로 잡을 수 없다. 또 지혜가 범위가 매우 큰 것 같으나 모자란 것을 제대로 헤아릴 수 없었다. 지혜자는 자신이 가진 지혜의 한계를 토로한다. 이는 자신의 한계를 정하신 하나님의 무한하심을 경외하는 의미로 해석한 수 있다. 하나님은 왜곡된 것을 바로 잡으실 수 있고, 모자람이 없으시다. 그리고 하나님은 세상의 한계를 정하셨다(욥 38:10). 하나님을 섬기고 경외하고 순종하는 것만이 참된 인생을 사는 것이다.

3. 자기를 돌아보게 하신 하나님

사람이 젊어서 무엇을 남보다 많이 알고, 남보다 더 많이 가졌다고 생각하면 기고만장할 가능성이 있다. 영화를 보면 싸움을 잘하는 젊은이가 자기의 싸움 실력이 최고임을 증명하려고 여기저기 도전장을 내고 결투를 신청한다. 소위 말하여 도장깨기이다. 그런데 승승장구하던 사람도 언젠가는 자기보다 더 강한 상대를 만난다. 본인의 체력이 약해지고, 상대의 실력이 향상되면 결투에서 패배하고 만다. 젊은 시절 지혜를 가졌다고 생각하면 다른 사람보다 더 지혜롭다는 것을 증명하려고 한다. 지혜롭다는 사람을 많이 만나보고 지혜를 얻으며, 또 남과 비교해서 자신의 우월함을 스스로 증명해보고 싶었다. 지혜자는 자신의 지혜를 과신하고, 예루살렘에서 지혜롭다고 하는 사람을 모두 만나보았다. 아마도 지혜롭다는 대화를 하며 자신의 지혜가 남보다 훨씬 뛰어나다고 생각했을 것이다. 젊었을 때는 야욕을 갖는다. 그러나 나이가 들면 야욕이 허사였음을 깨닫는다. 젊었을 적에 왜 그랬는지에 대해 회한이 들기도 한다. 인생의 후회가 없는 참 지혜를 가지려면 하나님 앞에서 자신을 돌아보아야 한다. 자신의 야욕과 오만을 알고 자기를 절제하며, 다른 사람들을 높이는 일이 참 지혜이다.

4. 지혜의 깨달음을 주신 하나님

사람의 욕망은 끝이 없다. 스스로 지혜롭다고 생각하는 사람도 자기를 알기는 어렵다. 자신의 욕망이 자신을 망친다는 사실을 깨닫지 못한다. 더 많이 알고 더 많이 가지며 더 많은 사람들보다 위대한 지혜를 가졌다는 평판을 듣고 싶어 한다. "내가 다시 지혜를 알고자 하여 미친 것들과 미련한 것들을 알고자 하여" 세상에 지혜를 얻는다면서 왜 미친 것들과 미련한 것들을 알고자 할까? 지혜가 있다면서 알고자 하는 대상을 잘못 정하였다. 미친 것을 알면 바른 것이 무엇인지를 분별하고, 미련한 것을 알면 지혜가 무엇인지를 구별할 수 있다고 합리화할 수도 있다. 그런데 전도자는 이 모든 것이 바람을 잡으려는 일이었음을 깨달았다. 사람은 세차게 부는 바람을 멈추게 할 수 없고 잡을 수도 없다. 그 어떤 장벽을 세워도 바람을 막을 수 없다. 자신은 지혜가 있다고 생각하지만 결국 자기 지혜가 자연의 현상에 따라갈 수 없음을 깨닫는다. 자신이 더 지혜롭기 원했으나 그것은 번뇌였다. 또 더 다양한 지식을 갖고자 했는데 그것은 근심만 더했을 뿐이다. 하나님을 생각하지 못하고 자기 생각을 앞세우고 결정하면 번뇌와 근심만 더 할 뿐이다. 하나님이 지혜자의 자기 고백을 통해 우리에게 무엇을 알려주시는가? 하나님 앞에 또 자연과 사람 앞에서 겸손해야 한다.

2025년 9월 14일, 오순절 후 14번째 주일			
성 경	요한복음 7:43-52	예전색상	초록색

예배의 부름

"하나님의 사랑하심을 받고 성도로 부르심을 받은 모든 자에게 하나님 우리 아버지와 주 예수 그리스도로부터 은혜와 평강이 있기를 원하노라"(롬 1:7)

주님의 법도를 따라 영생의 길을 걸으며 살게 하시는 하나님 아버지! 지난 한 주간에도 선한 목자가 되셔서 저희 무리를 지켜 주시고 오늘 주님의 날 예배하게 하심을 감사드립니다. 예배만이 하나님께 나아가는 최선의 길임을 알게 하옵소서. 말씀을 들을 때 아버지의 뜻을 발견하게 하시고 말씀이 영원한 저희의 목자 되심을 새롭게 각인하고 돌아가는 귀한 은혜의 시간이 되게 하여 주시옵소서. 우리 주 예수 그리스도의 이름으로 기원하옵나이다. 아멘

회개를 위하여

길이요, 신리요, 생명이신 예수님을 닮아가는 공식이 있습니다. 기쁨을 나누고, 슬픔을 나누고, 고통도 나누어야 합니다. 지금 우리는 무엇을 닮아가려고 노력했는지 우리 자신이 잘 알고 있습니다. 행여 잘못된 닮음을 위해 수고하는 나는 아닌지 회개하는 기도를 계속합니다.

고백의 기도

긍휼과 사랑으로 회개하는 영혼을 용서하시는 하나님 아버지! 지난 한 주간 풍성하게 주신 물질과 시간을 세상이 주는 쾌락과 육신의 만족을 위해서 사용한 저희의 무능함을 용서하여 주시옵소서. 하나님을 찬양한다고 말하면서도 많은 사람을 저주하고 시기, 질투하였습니다. 누군가를 닮아 헛고생하고 물질을 낭비한 잘못도 고백합니다. 고개 숙인 저희의 심령을 붙잡아 주옵시고 눈물로 얼룩진 저희 회개가 아름다운 하늘이 주는 용서의 화답으로 되돌아오는 감격의 시간이 되게 하여 주옵소서.

세상에 살면서 먹고 마시는 일에 집중하고 하나님의 의와 평화와 희락에 대해서는 무관심한 허물을 고백하나이다. 그러나 주님! 변하고 싶습니다. 거듭난 감격과 기쁨을 회복하고 싶습니다. 깨어 살면서 하늘의 기쁨과 평화가 세상 것보다 천 배나 만 배나 더 크고 놀라운 것임을 느끼는 삶을 살겠습니다. 이웃의 아픔을 저희 자신의 아픔으로 알고 기도하겠습니다. 세상과 부화뇌동하여 덩달아 춤추는 추한 모습이 저희의 몫이 되지 않게 살겠습니다. 하늘 은혜로 채워 주옵소서. 우리 주 예수님의 이름으로 회개하며 기도하옵나이다. 아멘

09 14

사함의 확인	"내가 여호와인 줄 아는 마음을 그들에게 주어서 그들이 전심으로 내게 돌아오게 하리니 그들은 내 백성이 되겠고 나는 그들의 하나님이 되리라"(렘 24:7)
성시교독	77. 요한복음 3장
설교 전 찬 송	15장 (하나님의 크신 사랑) 336장 (환난과 핍박 중에도)
설교 후 찬 송	337장 (내 모든 시험 무거운 짐을) 347장 (허락하신 새 땅에)

금주의 성가	그리스도를 더욱 사랑 – J. E. Roberts 나 거듭났네 – Larry Shackler 주의 음성을 내가 들으니 – Roy E. Nolte
목 회 기 도	**바**리새인들의 위선과 논쟁을 싫어하시는 하나님 아버지! 우리가 구약의 율법에 얽매이지 않고 예수님의 복음에 전심전력으로 매달리어 살게 하심을 감사드립니다. 율법을 모르는 사람은 저주를 받는다는 논쟁에 빠지지 않게 하시고 성령으로 세례를 받아서 영혼이 거듭난 성도의 삶을 살게 하옵소서. 쓸데없는 논쟁은 우리의 정신과 건강과 영혼까지 좀 먹는 짓이니, 이를 피하고 대화의 화목과 화해로 아름다운 삶의 공동체를 만들어가게 하옵소서. **진**심으로 구할 때 더 많은 것으로 채워 주시기를 기뻐하시는 하나님 아버지! 우리 교회가 해야 할 일들이 많이 있습니다. 성도들에게 주신 각양의 은사들이 하나로 합하여져 그리스도의 온전하신 몸을 이루게 하시고 이로써 하나님의 교회에 부흥이 있게 하시옵소서. 저희의 질병을 고쳐 주시고 아픔을 치료하여 주시며 가난을 면케 하여 주옵소서. 우리 교회가 이 지역에서 어렵고 힘든 사람들을 적극적으로 돌보는 일을 하길 원합니다. 교회 안에서나 밖에서나 모두가 팔을 걷고 주님의 일을 할 때 하나님의 평안과 한없는 하늘 복으로 부어 주옵소서. 예수 그리스도 이름으로 기도합니다. 아멘
헌금을 위한 성구	"그들로 이스라엘 자손이 내게 드리는 그 성물에 대하여 스스로 구별하여 내 성호를 욕되게 함이 없게 하라 나는 여호와이니라"(레 22:2)
헌 금 기 도	**여**호와를 진솔한 마음으로 경외하는 자에게 복을 주시는 하나님 아버지! 가끔은 세상 풍조의 파도에 휩쓸려 분수없는 생활을 하고, 방황할 때마다 말씀의 구름 기동으로 인도해 주심을 감사드립니다. 우리가 먹고 마시는 음식과 살아가는 모든 것은 하나님의 은총인줄 믿습니다. 오늘도 성전에 나와 예배드리며 헌금까지 드리는 것은 하나님의 축복인 줄 믿습니다. 교회 밖에서 부정한 일에는 추호도 손대지 말게 하시고 정직한 소득을 하나님께 드리게 하옵소서. **매**년 매월 매일 생명을 구원해 주신 은혜를 감사드리며 십일조를 드립니다. 이 예물을 드리는 가정에 행복의 꽃이 만발하고 수고의 열매가 풍성하게 하옵소서. 감사 예물을 봉헌하는 가정과 꽃꽂이로 성전을 아름답게 장식하며 봉헌하는 가정, 성미를 드리며 이웃과 나누겠다는 마음으로 드리는 예물도 있습니다. 구역 헌금을 드리고 주일 헌금과 여러 가지 모양으로 드리는 두 손 모아 기도하는 손이 천국 보물의 문을 여는 열쇠가 되게 하옵소서. 오늘도 몸이 아파 이 자리에 참석하지 못한 자녀들을 치유하여 하루빨리 함께 예배드리게 하옵소서. 예수님 이름으로 축복하며 기도드립니다. 아멘
위탁의 말씀	"율법을 알지 못하는 이 무리는 저주를 받은 자로다" 예수님 당시 주변에 많은 사람이 있었지만, 예수님의 정체성과 말씀의 능력 때문에 논쟁의 대상이 되었을 때 흩어지는 어리석은 자들이 많았습니다. 복음 증거 현장에서 뒤꽁무니를 빼지 말고 당당하게 예수를 증거하는 한 주간을 사시기 바랍니다.
축 도	지금은 모든 생명을 귀히 여기시고 구원하시기 위해서 십자가 위에 달리신 예수 그리스도의 은혜와 온 세상을 무한히 사랑하시는 하나님의 사랑하심과 성결의 삶을 이루어 본분을 다하게 하시는 성령님의 충만하심이 성도들의 심령과 삶의 터전 위에 영원히 함께하시기를 간절히 축원하옵나이다. 아멘

오늘의 설교를 위한 복음적 조명 주제 : 논쟁의 주제

제목 : 예수님 주변에는? | 본문 : 요한복음 7:43-52

예수님 주변에 사람이 많았다. 예수님을 믿고 따르는 제자들과 믿는 사람이 있었지만, 한편 예수님을 대적하고 체포하려는 사람들도 있었다. 그리고 예수님을 변호하는 사람도 있었다. 예수님은 당신의 정체성과 말씀의 능력으로 인하여 논쟁의 대상이 되기도 하셨다.

논지 : 예수님은 말씀의 능력으로 논쟁과 두려움 그리고 변호의 대상이 되셨다.
　　1. 논쟁과 체포의 대상 예수님
　　2. 말씀 권위가 확인된 예수님
　　3. 미혹이라 오해받는 예수님
　　4. 갈릴리 출신 선지자 예수님

　사람이 태어난 후 스스로 자라지 않는다. 부모와 가족의 보살핌을 받고 자란다. 사실 아이들은 사회가 키운다. 사회 환경이 아이들의 건강한 성장을 지원하고, 바른 인격을 갖춘 사람으로 사회화가 되도록 살다 보면 분위기를 조성한다. 경제적으로 극심한 어려움을 겪고 일자리가 부족한 나라에서 자라나는 청소년들이 범죄 집단에 흡수되는 경우가 많다. 어른들이 청소년들의 사회화 책임을 소홀히 하기 때문이다. 선진국일수록 자라는 세대를 향한 환경을 조성하고 미래지향적인 정책을 펼친다. 기업에서도 ESG 경영이라는 말이 회자되고 있는데, 기업의 비재무적 요소인 환경(Environment), 사회(Social), 지배구조(Governance)를 뜻하는 것으로, 'ESG 경영'이란 장기적인 관점에서 친환경 및 사회적 책임경영과 투명경영을 통해 지속 가능한 발전을 추구하는 것이라 한다. 이윤을 주목적으로 하는 기업도 이윤이 아닌 환경을 생각하므로 사회적 역할을 하고 동시에 미래를 열어감으로 지속할 수 있는 이윤을 창출하려고 한다. 신앙인들은 어린이가 자라는 환경에서 신앙이 매우 중요함을 알고 있다. 교회는 어린이들에게 신앙을 갖고 사회적 책임을 진 어른으로 자라도록 지원해야 한다. 신앙지도자가 사회적으로 정의와 평화가 이뤄지는 사회를 위해 헌신하도록 구성해야 한다.

1. 논쟁과 체포의 대상 예수님

09
14

　신앙지도자가 일하는 데 탄탄대로만 있는 것은 아니다. 바른 일을 하려고 할수록 방해가 되는 일이 많다. 바른 일을 제시하고 추진하다 보면 사회적으로 논쟁의 주제를 제시할 수도 있다. 신앙지도자의 존재 자체가 사회적인 갈등의 요소가 될 수 있다. 이런 갈등은 신앙지도자 때문이라고 할 수 없다. 미래지향적인 변화를 거부하고 퇴행하려는 사람은 바른 일을 제시하는 사람을 거절하고 배격한다. 거절하고 배격하는 데 그럴듯한 이유를 만들어내기도 한다. 그리고 정의와 평화를 위해 일하는 사람의 존재가 사회적 갈등의 유발 요인이라고 몰아간다. 신앙지도자가 사라져야 자기들의 기득권을 지킬 수 있고, 이익을 지속할 수 있을 것이라 생각한다. 우리 예수님도 사람들 사이에 논쟁 대상이 되었다. 예수님은 사람들에게 하나님의 뜻을 말하고, 사람들의 구원을 위해 일하셨다. 힘들고 어려운 사람의 친구가 되시고 슬픔을 당한 사람들을 위로하셨다. 예수님의 말씀을 듣고 따르는 사람이 있었는가 하면, 예수님을 눈엣가시처럼 싫어하는 사람도 있다. 그래서 예수님을 향해 옳다 그르다며 사람들 사이에 논쟁이 되었다. 논쟁의 대상이 되었다고 해서 예수님이 사라지면 안 된다. 대상이 되는 예수님의 목적이 사회를 변화시키도록 해야 한다. 한편 반대자들은 예수님을 체포하려고 한다.

2. 말씀 권위가 확인된 예수님

예수님을 체포하려는 사람들이 막상 예수님께 손을 대지는 못했다. 그 이유는 예수님을 따르는 사람들이 혹시라도 소요를 일으키고, 체포대들을 향해 거세게 항의를 할까 봐 두려웠기 때문이다. 게다가 체포대원들이 보기에도 예수님이 보통 분이 아니었다. 예수님의 말씀에 무엇인가 특별한 권위가 있음을 알았다. 나쁜 사람들도 상황을 바르게 보는 눈을 갖고 있다. 그리고 가끔은 나쁜 일에 대해 주저할 때도 있다. 그러나 나쁜 일을 버리고 포기하는 일은 쉽지 않다. 자신들의 나쁜 환경을 바르게 돌리는 일이 쉽지 않기 때문이다. 체포대가 빈손으로 돌아갔다. 체포대를 보낸 사람들은 대제사장 바리새인들이다. 그들이 체포대를 향해 빈손으로 돌아온 이유를 묻는다. 체포대원들이 대답한다. "그 사람이 말하는 것처럼 말한 사람은 이 때까지 없었나이다" 체포대원들도 예수님의 말씀이 이전의 사람들과 다름을 알고 있었다. 예수님을 체포하는 일이 쉽지 않음을 알았다. 예수님을 반대하는 사람일지라도 예수님이 하시는 말씀의 권위를 인정한다. 다만 지금 자기들을 움직이는 사람들에게 저항하지 못할 뿐이다. 체포대에게 잘못을 돌릴 일이 아니다. 예수님의 말씀이 특별한 줄 알면서도 예수님을 체포하여 사라지게 하려는 기득권자들이 문제이다. 그들은 말씀의 권위를 거부한다.

3. 미혹이라 오해받는 예수님

체포대원들의 대답을 들은 대제사장과 바리새인들이 짜증을 낸다. 자기들의 명령이 제대로 수행되지 않은 것도 짜증나는 일인데, 예수님의 말씀이 특별하다는 대답까지 듣고 보니 은근히 부아가 치밀어 오른다. 그래서 빈손으로 돌아온 체포대원들을 향해 "너희도 미혹되었느냐"고 묻는다. 그들은 예수님의 특별한 말씀을 미혹이라고 평가절하한다. 바리새인들과 대제사장들은 예수님의 말씀의 권위를 알면서도 일부러 거절한다. 거절하는 정도가 아니라 자기들이 옳다고 주장하기 위해 예수님의 말씀을 미혹이라고 몰아간다. 세상에서는 바른 일을 해도 모함을 받는 일이 많다. 예수님도 그런 일을 당하셨다. 미혹이라는 모함을 받아도 바른 일을 중단하면 안 된다. 진리와 생명의 일에 관한 확신했다면 인내심을 갖고 바르게 진행해야 한다. 기득권자들은 자기들의 생각이 옳다고 주장한다. 그래서 당국자들과 바리새인들 중에 "예수님을 믿는 사람이 있느냐"라고 묻는다. 일반 사람들에게 자기들의 생각대로 따라야 한다는 주장이다. 기득권자가 자기 이념만을 주장하면 사회적 평화를 저해할 수 있다. 그들은 예수님을 따르는 무리들, 빈손으로 돌아온 체포대를 향해 율법을 모르는 사람들이고 저주를 받았다고 심한 말을 한다. 그들은 율법의 바른 적용을 생각하지 않는다.

4. 갈릴리 출신 선지자 예수님

바리새인들은 자기들만 율법을 알고, 하나님의 뜻대로 행한다는 영적 오만을 갖고 있다. 그들은 율법을 바르게 해석하지 않고 또 바르게 적용하지 않는다. 오직 자기들의 생각을 합리화하고 자기들의 기득권을 유지하는 방향으로 율법을 해석하고 적용한다. 이때 산헤드린 공회원 니고데모가 나타나 한마디 거든다. 예전에 니고데모는 밤에 예수님을 찾아와서 거듭남의 진리에 관해 들었던 적이 있다. 니고데모가 말한다. "우리 율법은 사람의 말을 듣고 그 행한 것을 알기 전에 심판하느냐" 니고데모는 예수님의 말씀을 들었다면 말의 내용만으로 판단하지 말고 말한 것을 제대로 실행하는지를 보고 판단해야 한다고 제안한다. 니고데모의 말은 율법을 말하지만, 구체적으로 명시된 것을 행동하지 않는 바리새인들을 향한 질타의 성격이 담겨있다. 그런데 바리새인들은 예수님의 말과 행동을 고려할 필요가 없다고 대답한다. 왜냐하면, 예수님이 갈릴리 출신이기 때문이다. 나사렛에서 무슨 선한 것이 날 수 있겠느냐고 질문한 나다나엘처럼(요 1:46), 바리새인들은 갈릴리에서는 말씀을 바르게 할 만한 사람이 나올 수 없다고 생각한다. 그래서 니고데모에게 갈릴리 출신이냐고 공격한다. 세상에서는 출신이 중요하지만, 하나님은 말씀을 바르게 말하고 바르게 실천하느냐를 더 중요시한다.

성 경	요한계시록 2:12-17	예전색상	초록색

예배의 부름

"내 이름을 경외하는 너희에게는 공의로운 해가 떠올라서 치료하는 광선을 비추리니 너희가 나가서 외양간에서 나온 송아지 같이 뛰리라"(말 4:2)

치료하는 광선으로 저희 몸과 영혼의 상처를 치유하시는 하나님 아버지! 세상의 음침한 골짜기를 다닐 때도 주님의 지팡이와 막대기로 안위해 주심을 감사드립니다. 하나님의 영원한 언약을 기억하는 사랑하는 성도들이 하나님의 선하심과 아름다우심을 찬양하오니 영육의 질병에서 벗어나게 하시고 삶의 기쁨을 누리게 하옵소서. 오늘도 문제 해결을 바라고 눈물로 애원하는 성도들의 기도를 응답해 주시고 해결의 실마리를 안고 돌아가게 하옵소서. 우리 주 예수님의 이름으로 기원하옵나이다. 아멘

회개를 위하여

예배드리는 순간은 하나님과 사람이 인격적으로 하나가 되는 만남의 장소입니다. 고통이 변하여 기쁨이 되고, 영원한 죽음이 영원한 생명으로 재창조되는 곳입니다. 이와 같은 믿음만 있다면 예배드리는 순간이 경건해질 수밖에 없습니다. 그런 성도인지 성찰하고 회개하는 기도를 계속합니다.

고백의 기도

온전한 예배를 기쁘게 받아 주시는 하나님 아버지! 교회는 예배드리는 거룩한 성소로 알고 찬양과 기도와 말씀과 감사로 온전한 예배를 드리게 하심을 감사드립니다. 예배는 신앙생활을 하는 모든 사람에게 가장 중심 부분에 해당하는 일인 줄 알면서도 예배를 등한시했던 잘못을 용서하여 주옵소서. 인정받는 교인은 예배를 통해서 하늘 축복과 은사도 함께 역사 됨을 알면서도 예배를 드릴 때 참석하지 못한 잘못을 불쌍히 여겨 주옵소서.

"하나님은 영이시니 예배하는 자가 영과 진리로 예배할지니라"(요 4:24)를 마음으로 그리면서 진심으로 예배드리지 못한 저희입니다. 이것은 분명 우리가 평소 모든 일을 신령과 진정으로 살지 못했던 것임을 용서하여 주옵소서. 이제 결심합니다. 찬송, 기도, 말씀, 감사, 헌신, 봉사, 축복을 삶 속에서 표현하며 살겠습니다. 다른 사람을 만날 때에도 신령과 진정으로 예배하는 마음을 품어보겠습니다. 용서하시고 결심대로 살게 도와주옵소서. 예수님의 이름으로 회개하며 기도드립니다. 아멘

09 21

사함의 확인

"보소서 주께서는 중심이 진실함을 원하시오니 내게 지혜를 은밀히 가르치시리이다 우슬초로 나를 정결하게 하소서 내가 정하리이다 나의 죄를 씻어 주소서 내가 눈보다 희리이다"(시 51:6-7)

성시교독	75. 마태복음 6장
설교 전 찬 송	16장 (은혜로신 하나님 우리 주 하나님) 252장 (나의 죄를 씻기는)
설교 후 찬 송	254장 (내 주의 보혈은) 262장 (날 구원하신 예수님)

금주의 성 가	나를 새롭게 하소서 – Arthur Sullivan 나 구원 받았네 – James MaGranahan 여호와 내 구원의 하나님이여 – Franz Schubert
목 회 기 도	믿음이 없는 교회를 책망하시는 하나님 아버지! 우리 교회의 모든 성도가 진실한 믿음을 지키어 악하고 음흉한 사탄을 따르거나 섬기지 않게 하심을 감사드립니다. 성도 사이에는 신뢰와 진실이 있게 하시고 서로 아끼며 존중하는 마음을 주시옵소서. 우리 교회에 믿음이 없는 죄인이 있으면 치유의 은혜를 베풀어 주시옵소서. 과거에 죄의 노예가 된 우리에게 마음의 근심과 걱정이 찾아오지 않게 하시고 사탄의 마음으로 미움과 원망, 시기와 질투, 불평과 불만의 올무에 걸리지 않고 진리의 말씀에 순종하게 하옵소서. 하나님의 말씀을 믿고 따라 치유를 누리게 하시는 하나님 아버지! 저희의 생각과 지혜로 이 교회를 이끌어 가지 않게 늘 경계하여 주옵소서. 자칫 인간의 교만으로 주님의 몸 된 교회를 더럽힐까 두렵습니다. 늘 믿는 성도들이 서로서로 대할 때 주님 대하듯 하게 하시고 하는 모든 일이 주님 뜻 가운데 행하게 하옵소서. 이제 우리 교회도 하나님의 나라 확장을 위해서 수고하는 선교사들을 위한 도움의 손길이 되게 하옵소서. 저희 결심을 실천할 수 있는 은혜를 말씀으로 덧입혀 주옵소서. 예수님의 이름으로 기도합니다. 아멘
헌금을 위한 성 구	"두려워하지 말라 내가 너와 함께 함이라 놀라지 말라 나는 네 하나님이 됨이라 내가 너를 굳세게 하리라 참으로 너를 도와 주리라 참으로 나의 의로운 오른손으로 너를 붙들리라"(사 41:10)
헌 금 기 도	쉴새 없이 변화하는 세상에 대처할 수 있는 지혜를 주시는 하나님 아버지! 저희가 살아가는 형편이 열악하지만, 성령께서 주신 힘을 통해 문제를 해결하고 열두 광주리에 넘치는 물질의 복을 안겨 주심을 감사드립니다. 하나님께서 권능으로 우리를 도와주시지 않으면 우리는 잠시도 안전할 수 없으니 성령으로 우리를 지켜주시옵소서. 우리가 지금 하나님께 헌금을 드리는 이유는 안전하게 살기를 바라는 기복신앙이 아니라 그저 하나님의 은혜에 감사는 뜻이오니 기쁘게 받아 주시옵소서. 뜻밖의 사고를 당해 고통받는 가정도 있습니다. 건강을 잃고 병상에서 신음하고 고통받는 성도도 있습니다. 그들의 고통을 분담하려는 마음도 예물로 받아 주시옵소서. 세상에서 살아가는 동안 부정한 일에는 추호도 손대지 말게 하옵소서. 정직한 소득으로 하나님께 헌금을 드려서 하나님의 축복을 받게 하옵소서. 이 예물이 주님의 몸 된 교회를 위하여 심는 사랑의 씨앗이 되게 하옵소서. 교회 공동체의 희락을 위하여 우리의 소유를 드릴 수 있게 하옵소서. 십일조 헌금과 각종 감사의 헌금과 선교 헌금, 건축 헌금, 소원 헌금이 하나님의 의와 희락이 되게 하시옵소서. 예수님의 이름으로 축복하며 기도드립니다. 아멘
위탁의 말 씀	"너를 책망할 것이 있나니 너의 처음 사랑을 버렸느니라" 예수님은 교회와 성도들이 잘한 일에 대해서는 칭찬하시고, 잘못하는 일에 관하여는 강하게 질책하시는 분이십니다. 그러나 잘못을 시인하고 회개하면 매사 승리하는 힘을 주심을 믿고 처음 사랑을 회복하는 한 주간을 사시기 바랍니다.
축 도	지금은 우리를 구원하시기 위하여 십자가의 제물이 되어 주신 예수 그리스도의 은혜와 독생자를 아낌없이 이 세상에 보내주셔서 우리와 화목케 하시는 하나님 아버지의 그 크신 사랑하심과 우리와 동행하셔서 우리를 도우시고 천국으로 인도하시는 성령님의 역사하심이 예배의 은혜에 참석하고 나아가는 성도 여러분 위에 영원토록 함께하시기를 축원하옵나이다. 아멘

224

오늘의 설교를 위한 복음적 조명 주제 : 버가모 교회

제목 : 회개하고 승리하라 | 본문 : 요한계시록 2:12-17

주제 : 예수님은 교회의 환경과 형편을 모두 알고 계신다. 예수님은 교회와 성도들이 잘한 일에 대해서는 칭찬하시고, 잘못하는 일에 관하여는 강하게 질책하신다. 교회와 성도들이 잘못을 회개하고 바로잡으면 예수님은 승리하는 그들에게 말씀과 명예의 복을 약속하신다.

논지 : 예수님은 교회와 신앙인들의 환경을 아시고 믿음의 승리를 촉구하신다.
    1. 좌우에 날선 검을 가지신 예수님
    2. 사는 곳과 충성을 아시는 예수님
    3. 거짓 교훈에 관한 책망의 예수님
    4. 승리에 대해 약속을 하신 예수님

    예수님은 하나님의 아들로서 신성을 지니셨다. 예수님이 하나님과 함께 창조에 함께하셨으므로 예수님은 창조자이시다. 그러므로 예수님은 세상의 모든 것을 다 알고 계신다. 예수님은 사람뿐만 아니라 역사의 모든 사건과 경위를 모두 소상히 알고 계신다. 예수님은 세상의 미래와 종말에 대해서도 알고 계신다. 예수님은 세상이 제 맘대로 돌아가도록 버려두지 않으신다. 예수님은 세상에 대해서 관여하시는데, 세상에 필요한 일을 계획하시고 실행하신다. 때로는 사람을 세우시고 사람을 통해서 일하시며, 때로는 자연 만물을 움직이심으로 일하신다. 예수님은 사람의 속마음까지도 모두 아신다. 예수님은 거짓된 마음과 양심을 알고 계신다. 그럴듯한 이유를 들어서 하나님을 높이려 하는 사람이 가진 욕망도 모두 알고 계신다. 그리고 예수님은 믿음의 사람들이 모인 교회를 통해 일하신다. 그런데 지상의 교회가 완벽하지 못하다. 사람이 모인 교회이므로 사람의 악한 속성이 교회 안에 스며들 수 있다. 인간의 죄성과 마귀의 유혹이 교회를 어지럽힐 수도 있다. 그러나 예수님은 교회에 말씀하시고 교회를 개혁하신다. 개혁되는 교회를 통해 세상에 바른 믿음이 표현되도록 말씀하신다. 요한계시록에 기록된 소아시아의 일곱 교회를 보면 예수님의 교회를 향한 의도를 알 수 있다.

1. 좌우에 날선 검을 가지신 예수님

    예수님의 사랑하시는 제자 요한이 교회에 대한 환상을 보고 예수님의 말씀을 들었다. 그 교회들은 당시에 존재하는 교회였다. 예수님은 버가모 교회에 대해서 말씀하셨다. 버가모 지역은 지금의 튀르키예 도시 베르가마이다. 가죽제품으로 유명한 페르가모가 있는데, 이는 양피지를 발명한 도시 페르가몬의 이름을 따서 지는 것이다. 페르가모와 버가모가 사실은 같은 말이다. 현재 버가모 교회는 그 터만 남아있다. 고대에는 교회가 왕성할 당시에 이방의 신전을 접수하여 예배당으로 사용하였다. 이는 영적 승리를 상징한다. 그런데 교회가 쇠퇴하고 교회 건물은 다시 이집트나 이방의 신전으로 사용되었다. 이는 영적 쇠락을 의미한다. 버가모 교회당이라고 추측되는 건물이 매우 큰 것으로 보아 과거에 버가모 교회는 매우 큰 부흥을 이루었던 것 같다. 그런데 부흥하는 버가모 교회에 문제가 있었다. 예수님은 버가모 교회를 향해 말씀하시면서 당신의 정체성을 말씀하신다. 예수님은 좌우에 날선 검을 가지신 분이다. 예수님이 요한에게 보이실 때 "그의 입에서 좌우에 날선 검이 나오고" 있었다. 검은 전투에서 꼭 필요한 무기이다. 이는 예수님께서 버가모 교회의 영적 싸움을 지원하신다는 의미이다. 예수님은 교회의 사정을 아시고, 당신의 영적 능력으로 교회를 도우신다.

09
21

2. 사는 곳과 충성을 아시는 예수님

예수님은 버가모라는 도시를 알고 계신다. 교회가 위치한 도시의 문화와 흐름을 예수님이 알고 계신다. 버가모는 사탄의 위가 있는 곳이다. 즉, 버가모에는 사탄에게 제를 올리는 신전과 신상이 있다. 버가모는 양피지를 발명하기도 했지만, 최고의 종합병원과 의사들이 있어서 기적적인 치료법을 찾아 나선 사람들이 모여드는 번영의 도시였다. 버가모 도시 정상에는 제우스 제단과 뱀의 신전이 있다. 뱀의 신전은 치료의 신을 의미하였다. 그래서 지금의 군의관이나 의사들의 휘장에는 뱀 신이 그려져 있다. 당시의 사람들은 사람의 병을 뱀이 고치는 것으로 믿었고, 버가모 정상에 뱀 신을 섬기는 제단이 있었다. 예수님은 사람의 병을 고치시는 의사이신데, 당시 사람들은 뱀이 고치는 것이라 착각하고 있다. 버가모 교인들은 예수님이 만병의 치료자요 의사이심을 믿는다. 그래서 버가모 교회의 신자들은 그 도시에서 핍박을 받고 죽임을 당하기까지 했다. 그중에 한 사람이 충성된 증인 안디바이다. 안디바는 당시의 사람들이 술과 도박과 음란을 행하는데 대해 강하게 책망했다. 그런데 사람들이 안디바를 로마 정부에 고발했다. 안디바는 죽임을 당했다. 안디바는 죽임을 당하면서까지도 믿음을 버리지 않았다. 예수님은 교회에 안디바 같은 이들이 있음을 칭찬하신다.

3. 거짓 교훈에 관한 책망의 예수님

그런데 교회 안에 안디바 같은 충성된 사람만 있다면 얼마나 좋을까? 우상이 만연한 도시답게 교회 안에 우상을 섬기려는 사람들이 들어왔다. 우상을 믿던 사람들이 예수님을 믿지만, 우상을 완전히 버리지 못하고, 우상의 가르침과 기독교 신앙의 혼합을 시도한다. 그것은 발람의 교훈과 니골라 당의 교훈이었다. 버가모 교회에는 혼합주의이고 사실은 이방과 이단의 교훈을 받아 따르는 사람들이 있었다. 민수기에는 발람이 발락에게 교활한 꾀를 알려주는 장면이 등장한다. 그것은 일종의 미인계인데, 모압 여인들을 동원하여 잔치를 배설하고 이스라엘 남자들을 끌어들여 모압신 바알브올에게 숭배하게 하며 모압 여인들과 음행하게 하는 계략이었다. 이스라엘 백성들은 발람의 꾀에 걸려들었다. 지금 버가모 교회 안에도 우상의 제물을 먹고 행음하는 사람들이 있다. 게다가 버가모 교인 중에 니골라당의 교훈을 지키는 사람들도 있다. 예수님은 에베소 교회에 니골라당 사람들의 행위를 미워한다고 책망하셨는데, 버가모 교회에는 니골라당의 교훈을 따르는 사람이 있으므로 책망하셨다. 니골라당은 영혼이 선하고 육신이 악하므로 이미 구원받은 사람은 육신이 행음하고 죄를 지어도 죄가 아니라고 주장한다. 예수님은 버가모 교회에 이런 사실들을 말씀하시고 강하게 책망하신다.

4. 승리에 대해 약속을 하신 예수님

버가모 교회에는 혼합주의와 여러 이단 사상이 동시에 들어와 교회를 어지럽힌다. 우상은 우상대로 예수님은 예수님대로 믿고, 세상에서도 만족하고 천국에도 가겠다는 심산이다. 십자가와 희생, 섬김과 봉사는 아랑곳하지 않고 오직 이승의 쾌락과 이생의 영생을 추구하고 있다. 예수님이 이런 교회를 향해 회개를 촉구하신다. 만약 회개하지 않는다면 입에 검을 가지신 예수님께서 그들과 싸우실 것이다. 즉, 교회가 예수님의 대적자가 되면 예수님이 그 교회를 사라지게 할 것이다. 지금의 버가모 교회가 흔적만 남아있고, 이방의 신전으로 바뀐 이유가 무엇일까? 회개하지 못하고 예수님의 책망과 심판을 받은 결과이다. 이 시대 교회들이 물질주의와 이념에 사로잡혀 신앙과 혼동하며 세속적인 안정과 번영만을 추구한다. 깨닫고 회개해야 한다. 회개하지 못하면 예수님이 교회를 쇠퇴하게 하실 것이다. 한 지역의 교회가 쇠퇴해도 예수님은 다른 교회를 세워서 믿음이 전파되게 하실 것이다. 귀 있는 사람들은 성령이 교회들에 하시는 말씀을 들어야 한다. 회개하고 혼합의 교훈을 버리며 승리하는 교회를 향해 예수님이 복을 주실 것이다. 감추었던 만나와 이름을 기록한 흰 돌을 주시는데, 만나는 생명의 양식을 의미하고, 흰 돌은 무죄한 사람과 승리자에게 주는 영광의 표시이다.

성 경	마태복음 10:32-42	예전색상	초록색

예배의 부름	"할렐루야 그의 성소에서 하나님을 찬양하며 그의 권능의 궁창에서 그를 찬양할지어다 그의 능하신 행동을 찬양하며 그의 지극히 위대하심을 따라 찬양할지어다"(시 150:1-2)
	절망과 실패의 늪에 빠진 죄인에게 용기와 도전의 힘을 주시는 하나님 아버지! 사망의 골짜기를 방황할 때도 언제나 벗어날 길로 인도해 주심을 감사드립니다. 질그릇처럼 깨어지고 어긋난 초라한 심령이 오늘 말씀으로 하나님의 생명이 자라게 하여 주시고 믿음으로 세상의 유혹들을 이겨낼 힘을 얻게 하옵소서. 세상의 정욕과 세상 영광의 허망한 신기루를 꿰뚫어 보는 지혜를 주시고, 영이 어두워 주님을 보지 못하는 비늘이 벗겨지게 하옵소서. 예수님의 이름으로 기원하옵나이다. 아멘
회개를 위하여	우리는 살아 계시는 하나님과 예수님의 십자가와 부활을 믿는다고 생각하면서도 때로는 그게 과학적이 아니라고 갈등한 적이 있습니다. '신앙과 갈등', 이는 우리가 쉽게 벗어날 수 없는 숙제로 고민한 불신앙을 뉘우치며 회개하는 기도를 드리겠습니다.
고백의 기도	우주 만물을 창조하시고 영원부터 영원까지 살아 계시는 하나님 아버지! 하나님께서 빛과 궁창, 물과 뭍, 식물과 동물, 그리고 인간을 창조하셨는데, 우리는 우주와 지구 그리고 인간은 진화로 발생했다는 과학을 추종한 불신앙을 용서하여 주옵소서. 하나님은 세상의 어디에나 계셔서 우리를 지켜보시는데, 우리는 아무도 보지 않는다고 몰래 또는 자기만 알게 무수한 죄와 악을 행한 죄를 불쌍히 여겨 주옵소서.
	이제부터라도 그리스도를 닮아가는 작은 예수가 되어서 용서의 예수, 화해의 작은 예수가 되어 살겠다고 결심합니다. 언제 어디서나 다른 사람으로부터 마음이 깨끗한 사람으로 인정받는 사람이 되겠습니다. 평화를 그리워하는 사람이 되기를 원합니다. 정의를 목말라 하는 사람이 되겠습니다. 양순한 자가 되기를 원합니다. 이웃의 고통을 함께 질 힘을 주옵소서. 이 길이 주님의 마음에 기쁨을 드리는 일임을 고백하오니 용서하시고 새사람 되는 감격을 선언하여 주옵소서. 우리 주 예수 그리스도의 이름으로 기도하옵나이다. 아멘
사함의 확인	"여호와께서 그의 앞으로 지나시며 선포하시되 여호와라 여호와라 자비롭고 은혜롭고 노하기를 더디하고 인자와 진실이 많은 하나님이라 인자를 천대까지 베풀며 악과 과실과 죄를 용서하리라"(출 34:6-7)
성시교독	43. 시편 99편
설교 전 찬 송	17장 (사랑의 하나님) 521장 (구원으로 인도하는)
설교 후 찬 송	529장 (온유하신 주님의 음성) 547장 (나 같은 죄인까지도)

09
28

금주의 성 가	나의 생명 드리니 – W. A. Mozart 우리가 아니면 누군가 – Sheldon Curry 주 너를 지키시고 복 주시리니 – John Rutte
목 회 기 도	자비롭고 은혜롭고 노하기를 더디 하시는 하나님 아버지! 우리의 마음속에 진실한 믿음을 주시고 어떤 경우에도 신앙의 갈등을 느끼지 않도록 성령으로 역사하여 주심을 감사드립니다. 언제 어디서나 사람들 앞에서 예수님을 시인하고 부정하지 말게 하시고 담대하게 예수님의 복음을 증언하게 하시옵소서. 예수님을 믿는 우리 각자에게는 십자가가 있으니 자기 십자가를 지고 믿음에 합당한 신앙생활을 하도록 인도하시옵소서. 우리는 항상 예수님을 생명의 구주로 영접하게 하시고, 의인의 이름으로 의인을 영접하여 아름다운 신앙공동체를 이루게 하시옵소서. 세상을 살아갈 힘과 용맹으로 무장시켜 주시는 하나님 아버지! 육체의 연약함과 마음의 갈등과 환경으로 인하여 어려움을 겪는 자녀들이 있습니다. 주님께서 돌보시사 그들이 주님의 나라를 이루는 일에 한 부분을 감당할 수 있게 하옵소서. 각자의 가정과 직장 등 우리가 있는 모든 곳에서 성장과 부흥이 나타나는 기적을 보여주시옵소서. 교회에 속한 모든 모임을 축복해 주시고, 하나님의 교회를 위하여 여러 가지 이름으로 봉사하는 단체들에 주어진 목적 수행을 위한 은혜를 넘치게 내려주옵소서. 우리 주 예수님의 이름으로 기도합니다. 아멘
헌금을 위한 성 구	"주의 은택으로 시온에 선을 행하시고 예루살렘 성을 쌓으소서 그 때에 주께서 의로운 제사와 번제와 온전한 번제를 기뻐하시리니 그 때에 그들이 수소를 주의 제단에 드리리이다"(시 51:18-19)
헌 금 기 도	의로운 예배와 온전한 헌금을 기뻐하시는 하나님 아버지! 우리가 드리는 헌금으로 교회를 아름답게 세우게 하시고 믿음이 충만한 신앙공동체를 이루게 하심을 감사드립니다. 우리가 육신의 아버지와 어머니에게 드리는 용돈보다 하나님께 바치는 헌금이 더 귀하게 하시고, 아들이나 딸을 공부시키기 위해 학원에 내는 비용보다 하나님께 드리는 헌금이 몇 배나 많게 하시옵소서. 옛날에는 유대인들이 하나님의 제단에 짐승을 제물로 올렸으나 우리는 마음과 정성과 믿음으로 갈등이 없는 헌금을 봉헌하게 하시옵소서. 우리의 시간과 재물, 주어진 지혜와 경험의 달란트를 선한 일에만 사용하게 하옵소서. 이기적이거나 육신의 만족을 위해 돈을 쓰지 않고 선한 일을 위해서 돈을 사용하게 하옵소서. 우리가 새로운 것을 깨닫고 자신을 발전시키는 일을 위해 노력하게 하시며 배우는 것을 게을리하지 않게 하시고, 세상의 무익하고 썩어질 것들에 결코 마음을 두지 않게 하옵소서. 십일조 헌금과 각종 감사의 헌금, 선교 헌금과 건축 헌금, 소원 헌금과 사랑의 헌금이 하나님께 영광되게 하시기를 예수님의 이름으로 축복하여 기도드립니다. 아멘
위탁의 말 씀	"너희를 영접하는 자는 나를 영접하는 것이요 나를 영접하는 자는 나를 보내신 이를 영접하는 것이니라" 예수님은 사람들에게 당신이 영접하게 되기를 원하십니다. 바로 오늘 이 예배를 드린 저와 여러분이 영접의 징검다리 역할을 해야 합니다.
축 도	지금은 우리를 위하여 온갖 고난과 십자가를 지신 예수 그리스도의 은혜와 호흡이 있는 모든 것들의 생명이신 하나님 아버지의 사랑하심과 하나님의 나라를 위하여 하나 되게 하시는 성령의 교통과 역사하심이 오늘 예수 그리스도에게만 구원이 있음을 깨닫고 그분만을 섬기로 작정하고 돌아가는 백성들의 머리와 교회 위에 이제부터 영원토록 함께 계시기를 축원하옵나이다. 아멘

228

오늘의 설교를 위한 복음적 조명 주제 : 신앙의 갈등

제목 : 영접하는 사람은? | 본문 : 마태복음 10:32-42

주제 : 예수님은 사람들이 당신을 영접하기 원하신다. 그런데 사람의 어리석음이나 환경의 요인에 의해 예수님을 영접하지 않는 사람이 많다. 예수님은 당신을 영접하는 구조를 말씀하셨다. 예수님을 영접한 후, 예수님의 말씀대로 하는 사람에게는 보상이 있을 것이다.

논지 : 예수님은 당신을 영접하는 사람들에 대해 상을 받을 것이라 약속하셨다.

    1. 사람의 믿음대로 보응하시는 예수님
    2. 세상에서의 목적을 말씀하신 예수님
    3. 십자가와 영접을 강조하시는 예수님
    4. 실천하는 믿음에 보상하시는 예수님

본인이 가진 가치를 끝까지 지킨다면 얼마나 좋을까? 그런데 자신이 중요하게 여기는 핵심가치를 포기하라는 압력을 받기도 한다. 본인의 핵심가치를 조롱하거나, 핵심가치를 포기하도록 돈으로 유혹하거나, 핵심가치가 아무 쓸모없다고 부정하는 일이 있다. 핵심가치를 어떻게 지킬 것인가 고민하는 사람들에게 대충 넘기거나 좋은 게 좋은 거라고 슬쩍 포기하면 더 좋은 일이 생길 거라고 종용하는 사람들도 있다. 그런 면에서 나의 핵심가치를 소중하다고 인정하고, 격려하는 사람을 만난다면 그 자체가 행복이라 할 수 있다. 예수님을 믿는 사람에게는 어떤 일이 일어나겠는가? 예수님을 믿는 사람들에게 예수님을 부인하는 상황을 만난다. 예수님이 예루살렘 법정에서 재판을 받을 때였다. 베드로가 재판정 근처를 배회하였다. 베드로를 향하여 예수님과 함께 있었다고 지적하는 사람이 있었다. 베드로는 "나는 네가 무슨 말을 하는지 알지 못하겠노라"며 시치미를 뗀다. 두 번째는 "나는 그 사람을 알지 못하노라" 세 번째는 저주하여 맹세하면서 "나는 그 사람을 알지 못하노라"라고 했다. 베드로는 예수님으로부터 닭 울기 전에 세 번 부인할 것이라는 말을 들었는데, 예수님의 말씀대로 되었다. 베드로는 닭이 울자 예수님의 말씀이 생각나서 밖에 나가 크게 통곡하였다(마 26:74).

1. 사람의 믿음대로 보응하시는 예수님

09 28

교회 역사에는 예수님을 믿는다고 박해를 받았던 사례가 많다. 박해자들이 권력을 이용하여 목숨을 위협하는 때도 있다. 예수님을 모른다고 부인하거나, 예수님을 안 믿겠다고 하면 살려주겠다며 회유하는 사례이다. 이때 끝까지 예수님을 믿겠다고 하다가 순교를 당한 사람들도 있다. 한국교회 역사에도 그런 분들이 있다. 교회의 정착과 부흥에는 이런 순교자들의 희생이 있었다. 초대교회 교부 터툴리안은 "순교자의 피는 교회의 씨앗"이라고 말했다. 루마니아의 조셉 톤 목사는 공산정권을 두려워하지 않았다. 그는 자신의 신학을 순교의 신학, 신앙을 순교의 신앙이라고 고백하였다. 예수님은 신앙의 고백을 아름답게 여기셨다. 비록 위협을 당하더라도 믿음을 지키는 일이 쉽지 않다. 예수님을 시인하는 일이 그만큼 중요하다. 예수님이 말씀하셨다. "누구든지 사람 앞에서 나를 시인하면 나도 하늘에 계신 내 아버지 앞에서 그를 시인할 것이요" 반대로 사람 앞에서 나를 부인하면 나도 하늘에 계신 내 아버지 앞에서 그를 부인할 것이라 말씀하셨다. 목숨의 위협을 당할 만큼 어려울 때 예수님을 시인해야 진실한 믿음이다. 예수님은 진실한 믿음을 알고 계시며, 진실한 믿음에 대해 보응하신다. 어려울 때 사람 앞에서 예수님을 시인했는데 예수님이 과연 모른 척 하시겠는가?

2. 세상에서의 목적을 말씀하신 예수님

좋은 분위기, 무슨 말을 해도 다 수용되는 분위기라면 누구나 예수님을 믿는다고 말할 것이다. 그런데 예수님을 믿는다고 말하면 갑자기 분위기가 경직될 수도 있다. 나 때문에 분위기가 굳어지고 사람들의 얼굴빛이 달라지면 왠지 눈치를 보면서 예수님을 믿는다고 말해야 할지 갈등할 수도 있다. 내가 예수님을 믿는다고 말하면 소속감이 사라지거나, 친구들에게 소외를 당하고 혹은 나를 변호하는 사람과 싫어하는 사람들 사이에 대립이 일어날까 염려할 수도 있다. 예수님은 이런 상황을 모두 알고 계셨고 제자들에게 마음의 준비를 시키셨다. 예수님은 세상에 화평을 주러 오신 것이 아니라 검을 주러 왔다고 말씀하셨다. 예수님을 믿는다는 말 한마디로 가족 사이에도 불화가 일어나고 집안 식구들끼리 서로 원수라고 말할 수도 있다. 실제로 한 세대 전만 해도 한국에서는 예수님을 믿는다는 것 때문에 자식을 호적에서 파낸다는 말까지 회자하였다. 아버지로부터 쫓겨난 아들에게 몰래 밥을 주는 어머니와 누이들에게 아버지가 불호령을 내린 일도 있다. 한국교회가 부흥한 것은 그때 핍박을 받던 분들이 끝까지 믿음을 지켰기 때문이다. 핍박을 받으면서도 온유와 겸손으로 가족을 대하고 결국 부모님과 온 가족을 구원하는 믿음의 승리를 간증하는 신앙인이 지금도 있다.

3. 십자가와 영접을 강조하시는 예수님

예수님은 사람들에게 믿음을 주려고 세상에 오셨다. 믿음을 갖게 되는 것은 전적으로 하나님의 은혜이다. 예수님은 하나님의 은혜를 사람들에게 주시려고 세상에 오셨다. 은혜를 받은 사람은 가족들과의 갈등을 각오하고서라도 믿음을 지킨다. 예수님은 부모와 자녀보다 예수님을 더 사랑하라고 말씀하셨다. 예수님보다 부모와 자녀를 더 사랑하면 당신에게 합당하지 않다고 하셨다. 우리 선배 중에는 믿음 생활을 하면서 실제로 부모와 자녀들에게 소홀하게 대한 예도 있었다. 이 때문에 부모와 자녀들이 마음에 상처를 받기도 했다. 믿음 때문에 부모와 자녀를 버리라는 말일까? 그것은 아니다. 가족에 대한 책임을 다하되, 믿음이 가장 소중함을 일러주시는 말씀이다. 예수님은 자기 십자가를 지고 당신을 따르기 원하신다. 사람마다 힘든 일이 있고, 거절하기 어려운 일도 있는데 이 모든 일을 감수하고 예수님을 따라야 한다. 예수님을 믿는다며 목숨을 잃는 사람도 있다. 예수님은 자기 목숨을 얻는 자는 잃고, 자기 목숨을 잃는 자는 얻으리라는 역설적 말씀을 하셨다. 사람의 본능적 선택이 꼭 정확하게 들어맞지 않는다. 예수님의 말씀에 순종하려면 사람의 본능과는 반대로 선택해야 할 수도 있다. 또 당신을 영접하는 사람들에게 결국 하나님을 영접하는 것임을 알려주셨다.

4. 실천하는 믿음에 보상하시는 예수님

예수님은 영접에 관한 연쇄적인 상승을 말씀하셨다. 예수님은 세상에서 하는 일이 하늘에서 이뤄지며, 세상에서의 선함이 하늘에서 기억된다고 말씀하셨다. 힘들고 어려운 사람에게 선을 베풀고 착한 일을 하는 것이 사실은 예수님께 하는 것이라고 말씀하신 적도 있다. 이는 예수님이 우리 곁에 계시며 우리의 말과 행동을 보시며 우리의 속마음까지도 알고 계신다는 의미이다. 그러므로 겉치레로 선을 행하는 것이 아니라 진심을 선을 행해야 한다. 예수님은 선지자의 이름으로 선지자를 영접하면 선지자의 상을 받고, 의인의 이름으로 의인을 영접하면 의인의 상을 받을 것이라고 말씀하셨다. 즉, 누구의 이름으로 누구를 영접하느냐에 따라 받는 보상이 달라질 것이다. 예수님이 사람들의 행위 하나마다 각각의 보상을 정하신 것은 아니다. 그러나 이처럼 보상을 말씀하신 이유가 무엇일까? 예수님을 믿고 예수님의 이름으로 예수님을 영접하라는 의미이다. 그러면 예수님께서 하나님 앞에서 그를 향해 축복하실 것이다. 예수님을 믿으면서 어린이를 보면 물 한 그릇이라고 줄 수 있는가? 예수님의 제자로서 힘들고 소외된 사람들에게 친절을 베풀 수 있는가? 그렇다면 예수님께서 기억하시는 것이다. 예수님은 그에게 주어지는 상이 절대로 사라지지 않는다고 말씀하셨다. 아멘이다.

10월의 예배와 설교를 위하여

일	요일		본문	설교제목	기타 (예화, 참고자료)
1	수				
5	주일	낮			
		밤			
8	수				
12	주일	낮			
		밤			
15	수				
19	주일	낮			
		밤			
22	수				
26	주일	낮			
		밤			
29	수				

2025년 10월 5일, 오순절 후 17번째 주일 / 추석(6일)			
성 경	신명기 4:24-38	예전색상	초록색

예 배 의 부 름	"여호와여 주의 도를 내게 보이시고 주의 길을 내게 가르치소서 주의 진리로 나를 지도하시고 교훈하소서 주는 내 구원의 하나님이시니 내가 종일 주를 기다리나이다"(시 25:4-5)
	성도에게 말씀을 주시어서 살아가는 길을 보여주시는 하나님 아버지! 진리의 말씀으로 우리는 지도하시고 교훈하여 신앙의 기본을 알려주심을 감사드립니다. 이 예배를 통하여 오순절 마가 요한의 다락방에 임했던 성령님의 기름 부으시는 역사를 통해 가난한 자에게 하늘 창고가 열리는 부유함의 은혜가 충만하게 하시고, 모든 질병이 떠나가는 역사가 나타나게 하옵소서. 오늘도 지난날을 회개하며 하나님께서 보시기에 아름다운 성도가 되기를 바라는 소망이 이루어지게 하옵소서. 예수님의 이름으로 기원하옵나이다. 아멘
회개를 위하여	믿음의 기본은 매일 성경을 읽고 기도하며 올바르게 살면서 주일마다 교회에 출석하여 하나님께 예배를 드리는 일인데, 우리는 날마다 성경을 읽지 않았으며 기도하지 않고 모든 예배에 나가지 않았습니다. 이런 불신앙을 회개하는 기도를 드리겠습니다.
고 백 의 기 도	우리에게 올바른 신앙생활을 바라시는 하나님 아버지! 생명의 양식과 구원의 길과 우리가 올바른 신앙생활을 하는 구체적인 신앙생활로 인도하는 성경을 주심을 감사드립니다. 하오나 우리는 매일 밤은 먹고 일하고 돈은 벌고, 텔레비전을 보면서 시간을 보내면서도 성경을 읽지 않은 불신앙을 고백합니다. 예수님은 이른 새벽에 산에 올라가서서 기도하셨는데, 우리는 바쁘고 피곤하다는 핑계로 새벽기도에 가지 않는 허물을 용서하여 주시옵소서.
	신앙생활의 기본은 무엇보다 하나님을 찬양하고 경배하는 예배인데 우리는 정해진 교회의 예배에 출석하지 못하고 사는 것이 너무 부끄럽습니다. 주일예배에는 출석했지만, 성도의 기본이 되는 찬양 예배와 구역 예배 등에는 등한시한 잘못을 용서하여 주옵소서. 예수님께서 십자가에서 죽은 후에 3일 만에 부활하신 날을 기념하여 교회에서 수요기도회로 모이는데, 시간이 없다는 핑계로 참석하지 않고 사는 버릇이 고쳐지게 하옵소서. 용서하여 주옵소서. 예수님의 이름으로 기도드립니다. 아멘
사함의 확 인	"너는 마땅히 공의만을 따르라 그리하면 네가 살겠고 네 하나님 여호와께서 네게 주시는 땅을 차지하리라"(신 16:20)
성시교독	47. 시편 105편
설교 전 찬 송	18장 (성도들아 찬양하자) 479장 (괴로운 인생길 가는 몸이)
설교 후 찬 송	482장 (참 즐거운 노래를) 481장 (때 저물어 날이 어두니)

10
05

233

금주의 성 가	거친 세파에서 실패했거든 – B. B. Mckinnet 우리의 믿음을 나누며 – Joseph M. Martin 내 영혼을 살리소서 – Mosie Lister
목 회 기 도	**우**상을 멀리하고 오직 하나님 한 분만 섬기게 하시는 하나님 아버지! 하나님은 질투하시는 분임을 알고 하나님보다 우상을 섬기지 않고 한 주간을 살게 하심을 감사드립니다. 험하고 악한 세상에서 실패하고 낙심했을 때 믿음의 힘으로 용기를 주셔서 극복할 수 있게 하심을 감사드립니다. 우리는 때로 운이 없다고 운명론에 빠지지 않게 하시고, 우리의 잘못이나 무능을 정확히 알고 새로운 믿음의 기본을 지켜서 승리하는 성도가 되게 하시옵소서. **풍**요로운 복 주시기를 기뻐하시는 하나님 아버지! 여러 가지 사정으로 집을 떠나 타향에서 삶을 이어가는 성도, 군대에 가 있거나 직장 때문에 떨어져 살아야 하는 성도들에게 위로와 섭리가 있게 하옵소서. 오늘 예배를 통하여 고민하는 문제가 해결될 수 있다는 확신의 응답이 말씀으로 가슴마다 파도칠 줄 믿습니다. 우리 교회에 소속된 기관들을 기억하시고 그 기관의 책임을 맡아서 이름도 없이 수고하는 직분자들에게 감당할 수 없는 복을 내려주옵소서. 특히 우리 교회의 기초 공동체라고 할 수 있는 구역(속회)을 맡아서 헌신하는 분들이 원하는 열매를 맺게 하옵소서. 예수 그리스도의 이름으로 기도하옵나이다. 아멘
헌금을 위한 구 성	"곤궁하고 빈한한 품꾼은 너희 형제든지 네 땅 성문 안에 우거하는 객이든지 그를 학대하지 말며 그 품삯을 당일에 주고 해 진 후까지 미루지 말라 이는 그가 가난하므로 그 품삯을 간절히 바람이라 그가 너를 여호와께 호소하지 않게 하라" (신 24:14–15)
헌 금 기 도	**믿**음의 기본을 지키면 축복하시겠다고 약속하신 하나님 아버지! 감사하나이다. 하나님께 드리는 헌금은 우리에게 부여된 소중한 의무인 줄 믿고 드립니다. 주신 사랑과 은혜의 선물에 보답하는 약소한 헌금이지만 하나님의 뜻을 이루어드리는 쓰임이 있게 하옵소서. 눈을 뜨자마자 만나는 가족들, 자주 만나는 이웃들과 세상에 의지할 데가 없는 불행한 자들을 하나님의 사랑과 은혜로 섬기게 하시고, 기쁨뿐만 아니라 고통도 나누며 살게 하옵소서. **하**나님께서 우리에게 맡겨 주신 돈과 재물이 세상을 떠나면 쓸 수 없으니, 자기만을 위해 저축하지 않게 하시고, 하나님의 뜻에 따라서 작은 자, 낮은 자, 소외된 자들과 나누게 하시옵소서. 제 지식이나, 재능이나 육체의 건강함을 자랑하지 않게 하시옵소서. 게으름으로 이 모든 것들을 땅에 묻어두지 않고, 세상을 아름답게 하는 일에 사용하고, 연약한 사람들을 위해 나누게 하시옵소서. 이 모든 헌금이 주인 되시는 하나님을 경외하게 하시며, 하나님의 뜻을 이루는 도구로 쓰임 받게 하시옵소서. 예수님 이름으로 축복하며 기도드립니다. 아멘
위탁의 말 씀	"마음을 다하고 뜻을 다하여 그를 찾으면 만나리라" 하나님은 항상 하늘 백성들이 우리가 모두 믿음 안에서 살도록 은혜를 주시기를 원하십니다. 다만 한 가지 우리가 해야 할 일이 있다면 하나님의 말씀에 순종하며 살려고 하는 믿음임을 명심하고 살아가야 합니다.
축 도	지금은 우리를 위하여 지금도 간구하시는 중보자 예수 그리스도의 은혜와 부르짖을 때마다 응답하여 주시는 하나님 아버지의 사랑하심과 우리를 중생하게 하시는 성령의 역사하심이 오늘 추석 명절에 하나님께 예배하며 감사하는 백성들 머리 위에 그리고 각 가정과 교회 위에 영원토록 함께 계시기를 축원하옵나이다. 아멘

오늘의 설교를 위한 복음적 조명 주제 : 신앙의 기본

제목 : 과거부터 미래까지 | 본문 : 신명기 4:24-38

주제 : 하나님은 이스라엘을 선택하시고 구원하셨다. 하나님은 이스라엘에게 오직 하나님만 섬기기를 원하신다. 하나님은 백성들에게 믿음 안에서 살도록 과거의 은혜를 기억시키시고, 공의롭고 자비하신 분임을 알려주신다. 백성들은 하나님의 말씀에 순종하며 살아야 한다.

논지 : 하나님은 이스라엘에게 과거를 기억하시면서 미래를 위해 현재의 믿음을 강조하신다.
  1. 질투하시는 하나님
  2. 만나주시는 하나님
  3. 구원하셨던 하나님
  4. 교훈하시는 하나님

　역사학자 E. H. 카아는 "역사란 현재와 과거 사이의 끊임없는 대화"라고 했다. 역사는 과거의 사건들을 과거의 시각에서 해석하고 현재에 교훈을 받거나, 과거의 사건을 현재의 시각에서 재해석하고 현재를 개선하는 작업이라 할 수 있다. 과거로부터 배우고 현재를 개선하면 긍정적인 미래를 예측할 수 있다. 사실 말은 쉽지 과거로부터 배우는 일이 쉽지는 않다. 과거를 볼 때 객관적이고 교훈의 관점에서 보는 것이 아니라 아전인수와 곡학아세와 같은 해석을 할 수 있다. 많이 배운 사람들이 이런 함정에 빠질 수 있다. 과거로부터 배웠다고 할지라도 현재에 적용하는 것이 어렵다. 자신의 변화가 필요한데, 남에게는 변화를 요구하면서도 정작 자기는 변하려 하지 않는 사람의 고집 때문이다. 또 내가 배웠다 할지라도 남이 방해할 수가 있어서 배운 것을 제대로 적용하기 어려울 수 있다. 역사를 통해 배우는 것도 녹록지 않다. 우리 신앙도 역사를 통해 배울 수 있다. 이스라엘 민족의 역사를 보면 우리가 어떻게 신앙생활을 해야 하는지를 알 수 있다. 하나님은 모세를 통해 출애굽한 이스라엘 백성들에게 과거의 사건을 상기시키며, 민족과 신앙의 미래를 열도록 간곡히 부탁하신다. 신명기 말씀은 과거와 현재와 미래를 연결하여 신앙의 순수성을 유지하라는 기조를 유지한다.

1. 질투하시는 하나님

　하나님은 당신의 백성이 당하는 고통을 알고 계셨다. 하나님은 모세를 부르실 때 이렇게 말씀하셨다. "내가 애굽에 있는 내 백성의 고통을 분명히 보고 그들이 그들의 감독자로 말미암아 부르짖음을 듣고 그 근심을 알고"(출 3:7). 하나님이 고통당하는 백성을 애굽으로부터 구원해내셨다. 구원받은 백성들은 오직 하나님만을 섬겨야 한다. 그러나 광야에서 행진하던 백성들이 하나님의 은혜를 저버린 적이 많았다. 아마도 하나님이 약속하신 젖과 꿀이 흐르는 가나안 땅에 들어가서도 백성들은 하나님을 잊고 자기들 마음대로 행할지 모른다. 하나님은 백성들에게 당신을 소멸하는 불이며, 질투하시는 하나님이라고 알려주신다. 백성들이 가나안에서 자식 낳아 기르며 오래 살지만, 우상을 섬기고 악을 행하여 하나님의 진노를 할 수 있다. 하나님은 우상을 따르는 백성이 반드시 망하고 대적 때문에 멸망될 것이라고 천지를 두고 증거로 삼아 말씀하셨다. 민족은 이방 지역으로 뿔뿔이 흩어지고, 이방에서 본적도 들은 적도 없는 데다가 나무와 돌로 만든 우상을 섬기라고 강요를 받을 수도 모른다. 하나님이 백성들을 향해 왜 이렇게 무서운 미래를 예고하실까? 그런 괴로운 일이 결코 일어나기를 바라지 않는 마음에서이다. 또 반드시 갚으시고 질투하시는 하나님을 알려주기 위함이다.

10
05

2. 만나주시는 하나님

사람이 고통을 당하면 여러 반응을 나타낸다. 한숨짓고 울기만 하는 사람이 있다. 다른 사람들이 작용한 것이라며 남 탓을 하는 사람이 있다. 운이 없었다고 운명론적인 말을 하는 사람도 있다. 반대로 자기들의 잘못이 무엇인지를 정확하게 깨닫고 후회하며 돌이키는 사람이 있다. 신앙적으로 보면 하나님을 다시 찾는 회개이다. 사람들이 이방에 흩어져 우상을 섬기도록 강요를 받는다면 회개하고 하나님을 다시 찾아야 한다. 마음과 뜻을 다해 하나님을 찾아야 한다. 이때 하나님은 사람들을 만나주신다. 환란을 당하던 사람들이 종래에는 여호와 하나님께로 돌아와서 하나님의 말씀에 순종할 것이다. 하나님은 자비하시므로 이스라엘을 버리지 않으시고, 멸하지 않으실 것이다. 하나님께서 이스라엘의 조상들에게 맹세하셨던 언약을 잊지 않으신다. 비록 불순종과 우상 섬김 때문에 책망과 징계를 받은 백성들이지만 회개하고 돌이켜 진심으로 하나님을 찾으면 하나님이 백성들을 만나주시고 은혜를 베푸신다. 자비하신 하나님께서 마음을 돌이켜 백성들을 향해 과거의 언약을 기억하시고 백성들을 보호하신다. 하나님이 한 번 책망하시고 진노하셨다고 그것이 영원히 지속하지 않는다. 하나님은 백성들을 향하여 돌이키시고 만나주시며 자비하심을 보여주어 구원을 베풀기 원하신다.

3. 구원하셨던 하나님

사실 이스라엘은 과거에 하나님의 은혜로 구원을 경험하였다. 하나님의 구원을 이스라엘 민족으로서는 처음 듣고 경험하는 일이었다. 사람의 생각과 상상으로는 도저히 다다를 수 없는 놀라운 은혜의 사건이다. 하나님은 이스라엘이 있기 전에 세상이 창조된 이후로 지나간 세월을 기억하고 더듬어 보건대, 하늘 아래 이런 큰일이 어디 있었으며 이런 일을 들어본 적도 없다. 어느 민족이 불 가운데에서 말씀하시는 하나님의 음성을 듣고 생존한 적이 없는데 이스라엘은 생존하였다. 하나님이 이스라엘에게 특별한 은혜를 베푸셨다. 하나님이 이스라엘을 애굽에서 빼내어 해방하실 때는 시험과 이적과 기사와 전쟁을 애굽에 내리셨다. 그리고 강한 손과 편 팔로 애굽 사람들에게 두려운 일을 행하심으로 이스라엘을 구원하셨다. 하나님이 억압당하는 민족 이스라엘을 억압하는 애굽 민족으로부터 구해내셨는데, 이런 사건은 오직 하나님께서 이스라엘에게만 주신 은혜였다. 하나님께서 애굽에서 이스라엘이 보고 듣는 중에 애굽을 징계하시고 이스라엘에게 구원을 베푸셨다. 하나님께서 이스라엘에게 과거에 구원을 기억시키셨다. 하나님의 전능하심과 전무후무한 구원임을 알려주셨다. 그 이유는 여호와는 하나님이시고, 여호와 하나님 외에 다른 신이 없음을 알리시기 위함이다.

4. 교훈하시는 하나님

하나님은 모세를 통해 이스라엘에게 구원을 기억시키신다. 하나님의 교훈 방법이 신비하다. 하나님의 음성이 하늘로부터 들렸다. 하나님께서 땅에서는 큰불을 사람들에게 보이시고 불 가운데서 나오는 말씀을 듣게 하셨다. 하나님의 말씀은 사람이 감히 가까이할 수 없는 현상 중에 들려졌다. 사람의 접근 불가능한 현상 중에 하나님이 사람을 불러서 말씀을 들려주셨다. 하나님의 말씀이 들려질 때 사람들이 두려워한다. 베드로와 두 제자가 변화산에서 예수님의 변화를 보고 말했다. 우리가 여기 있는 것이 좋겠고 초막 셋을 지어 예수님과 선지자들을 머물게 하면 좋겠다고 말했다. 그런데 홀연히 빛난 구름이 그들을 덮으며 구름 속에서 소리가 났다. 제자들이 듣고 심히 두려워했다. 말씀의 내용도 있지만 구름 속에서 소리가 들렸기 때문이다. 이스라엘도 하늘로부터 불 가운데서 음성이 들렸다면 두려움을 가져야 한다. 두려움 중에서도 하나님의 사랑을 기억해야 한다. 하나님은 이스라엘 조상들을 사랑하셨고, 그 후손인 이스라엘을 선택하여 큰 권능을 베푸심으로 백성을 애굽에서 구해내셨다. 하나님께서 그들의 조상과 맺었던 언약을 기억하시고 후손들에게 은혜를 베푸셨다. 하나님이 이스라엘보다 강한 민족들을 땅에서 쫓아내시고 약속의 땅으로 인도하여 기업으로 주셨다.

성 경	누가복음 14:7-14	예전색상	초록색

예배의부름	"하나님이 자기의 백성을 판결하시려고 위 하늘과 아래 땅에 선포하여 이르시되 나의 성도들을 내 앞에 모으라 그들은 제사로 나와 언약한 이들이니라 하시도다"(시 50:4-5) 죄악의 어두움 속에서 방황하는 저희를 길이요, 진리요, 생명이신 예수를 만나게 하신 하나님 아버지! 십자가 사랑으로 잡초 같은 인생을 하늘 의인의 반열에 들게 하심을 감사드립니다. 그러나 저희는 지난 한 주간 세상에서 다시 방황하면서 교만과 냉담의 어리석음을 산 것을 용서하여 주옵소서. 하나님께서 우리는 자녀로 삼으셨으니, 성도의 본분을 다하여 하나님을 기쁘시게 하는 삶을 살게 하시옵소서. 이 예배로 하나님께 영광이 되기를 예수님의 이름으로 기원하옵나이다. 아멘
회개를위하여	예수님은 하늘 높은 보좌를 내려놓고 겸손한 사람으로 세상에 오셨는데, 우리는 내가 잘났다고 자랑하며 교만하게 살았습니다. 우리는 하나님 앞에서 '겸손의 자리'는 뒤로하고 '교만의 자리'에서 으스댄 못된 삶을 뉘우치고 회개하는 기도를 드리겠습니다.
고백의기도	불꽃 같은 눈으로 저희 마음의 중심을 보시는 하나님 아버지! 하나님은 창조주시고 국가의 흥망성쇠와 인간의 생사화복을 주관하십니다. 우리는 하나님의 능력과 권능을 무시하고 자기가 잘났다고 으스댄 죄악을 용서하여 주옵소서. 지난 한 주간 세상에서 살면서 더럽혀지고 찢긴 상처 난 참모습을 볼 때 부끄럽기 한이 없사옵나이다. 저희는 가난하고 힘없는 이웃과 섬겨야 할 이웃 앞에서 인간의 이기심으로 그들을 억눌렀습니다. 저보다 약한 사람들 위에 군림했으며 저보다 강한 자들 앞에서 비굴했던 잘못을 불쌍히 여겨 주옵소서. 작은 자와 겸손한 사람을 사랑하시는 하나님 아버지! 지금 결심합니다. 이웃을 섬기는 횟수가 많아지는 한 주간을 살 것을 다짐합니다. 불의를 꾀했던 입으로 찬송을 부르겠습니다. 남을 험담하고 비난할 때 맞장구를 치는 것보다는 그와 비난의 대상이 된 사람을 생각하면서 기도하겠습니다. 나의 말과 생각으로 상처받은 사람에게 내가 먼저 손을 내미는 마음으로 전화 한 통화라도 하면서 그리스도의 사랑 대화를 나눌 다짐을 드리오니 받아 주시옵소서. 우리 주 예수 그리스도의 이름으로 회개하며 기도하옵나이다. 아멘
사함의확인	"제사장은 여호와 앞에서 그를 위하여 속죄한즉 그는 무슨 허물이든지 사함을 받으리라"(레 6:7)
성시교독	73. 이사야 65장
설교 전찬 송	19장 (찬양하는 소리 있어) 212장 (겸손히 주를 섬길 때)
설교 후찬 송	213장 (나의 생명 드리니) 214장 (나 주의 도움받고자)

10
12

금주의 성 가	주여 내가 신자되고자 – Negro Spiritural 새날이 오리라 – Greg Gilpin 여호와가 다스리시니 – Kent A. Newbery
목 회 기 도	**우**리를 천국 잔치인 예배에 초대하신 하나님 아버지! 생명의 말씀으로 영혼이 배부르게 하시고 이웃을 섬기며 살 마음 주심을 감사드립니다. 무엇보다도 마음속에 있는 교만과 자만심과 우쭐거리는 생각과 말을 버리게 하시고, 겸손과 아량과 더 낮아지는 생각과 말을 사용하게 하옵소서. 세상에서는 오늘의 높은 사람이 내일의 낮은 사람이 되고, 지금의 부자가 미래의 가난한 사람이 되는 역전의 회전이 있습니다. 우리도 알 수 없는 사회적인 질서에 따라서 항상 낮은 자리와 겸손의 자리를 지혜롭게 선택하여 누구에게나 부끄럽지 않은 사람이 되게 하시옵소서. **풍**성한 감사의 제목이 매일 넘치게 하시는 하나님 아버지! 주님은 건축자들이 쓸모없다고 버린 돌처럼 십자가에 버려지셨으나 다시 사심으로 교회의 머릿돌이 되셨습니다. 이 영광의 주님을 바라보며 저희도 버린 돌처럼 여김을 받을지라도 낙심치 말고 소망 중에 기뻐하며 승리하게 하옵소서. 병마에 시달리거나 소망을 잃어버리고 허탈한 심령이 된 성도, 사람들 관계의 고통으로 괴로움을 당하는 자가 있습니다. 주님 말씀으로 치유하여 주시며, 어떻게 해야 할지 깨닫고 가는 시간이 되게 하여 주시옵소서. 예수님 이름으로 기도드립니다. 아멘
헌금을 위한 성 구	"네 모든 소제를 기억하시며 네 번제를 받아 주시기를 원하노라 네 마음의 소원대로 허락하시고 네 모든 계획을 이루어 주시기를 원하노라"(시 20:3-4)
헌 금 기 도	**우**리 마음의 소원대로 드리는 헌금을 받으시는 하나님 아버지! 우리가 겸손한 자리에서 하나님께 헌금을 드리게 하시고 교만한 자리에서 헌금을 드리지 않게 하심을 감사드립니다. 하나님은 교만한 헌금은 받지 않으시고 겸손한 헌금은 받으시는 줄 믿나이다. 오늘 있다가 내일 없어지는 돈에 마음을 빼앗기지 않게 하시고 천국에 보물을 쌓는 헌금이 되게 하옵소서. 스스로 부자라고 자랑하지 않게 하시고 겸손을 살게 하여 주옵소서. 예물을 준비할 때 시기심이나 억지로 내는 자가 되지 않게 하시옵소서. **온**맘과 정성을 다하여 십일조 헌금을 드립니다. 감사 헌금과 주일 헌금을 드립니다. 그리고 구역 헌금과 선교 헌금도 드립니다. 각양의 제목으로 드린 이 헌금들이 주님께 정성으로 받아 주시기를 간절히 소원합니다. 드린 물질이 감사를 담은 사랑의 꽃다발이 되어 하나님의 사랑의 향기가 넘치게 하여 주옵소서. 병상에서 고통받는 환우들을 기억하여 주셔서, 건강한 몸으로 쾌유하는 은혜를 주시며 멀리 해외에 나가신 분들이나 군에서 국가 방위의 의무를 다하는 자녀들에게도 크신 은혜를 베풀어 주옵소서. 예수님의 이름으로 축복하며 기도드립니다. 아멘
위탁의 말 씀	"자기를 높이는 자는 낮아지고 자기를 낮추는 자는 높아지리라" 예수님은 사람이 살면서 겪는 다양한 상황을 알고 계십니다. 언제 어디서 어떻게 하는 것이 하나님이 원하시는 내 모습인가를 먼저 하나님께 기도로 물어보는 자세를 가지고 살아야 할 것입니다.
축 도	지금은 모든 만물을 다스리시는 주 예수 그리스도의 은혜와 영원토록 우리의 출입을 지켜주시는 하나님 아버지의 사랑하심과 교훈하시고 깨닫게 하셔서 말씀대로 순종하도록 도우시는 성령님의 교통하심이 주님의 손과 발이 되어 평화를 이루며 살아가기를 원하는 머리 숙인 모든 성도와 가정과 기업과 이 나라와 민족 위에 항상 함께하시기를 축원하옵나이다. 아멘

오늘의 설교를 위한 복음적 조명 주제 : 겸손의 자리

제목 : 겸손한 나눔 | 본문 : 누가복음 14:7-14

주제 : 예수님은 사람이 살면서 겪는 다양한 상황을 알고 계셨다. 예수님은 잔치에 초대받아서 자리에 앉아야 할 때 어느 자리를 선택하는 것이 좋을지를 가르치셨다. 또 잔치를 열때, 어떤 사람들을 초대해야 하는지도 알려주셨다. 이로써 겸손과 나눔과 섬김을 가르치셨다.

요지 : 예수님은 잔치 자리에서의 겸손과 나눔의 초청을 가르치셨다.
  1. 초청의 자리를 알려주신 예수님
  2. 자리의 역전을 말씀하신 예수님
  3. 자비의 대상을 지정하신 예수님
  4. 미래의 축복을 예고하신 예수님

사람은 사회적 존재이다. 사람은 살면서 다른 사람들과 상호작용을 하면서 존재감을 느낀다. 다른 사람과 대화하고 교류하면서 행복하게 사는 방법을 배우고 즐거움을 누린다. 혹은 다른 사람들과 경쟁하면서 경쟁에서 이겼을 때 쾌감을 느낀다. 다른 사람으로부터 대우를 받았을 때 겉으로는 아닌 척하면서 속으로는 만족감을 느낀다. 높은 직책을 가졌거나, 돈을 많이 갖거나, 다양한 지식을 가졌을 때 사람들의 모임에서 자기의 경험과 성취에 적합한 대우를 받는 것을 당연하게 여긴다. 국가 정상들끼리 외교 모임을 가지면 의전(儀典)에 신경을 쓴다. 외국 정상이 우리나라를 방문하면 정상외교를 준비하는 사람들이 특별히 더 의전에 신경을 쓴다. 의전이 좋으면 대우를 잘하는 것이고, 의전이 어설프면 대우를 잘 못 하는 것이다. 대우를 잘 받으면 정상끼리의 의제도 합의가 잘 되겠지만, 의전이 소홀하면 의제 합의가 어려울 수도 있다. 상대에게 지위와 자격에 걸맞은 대우를 하는 것이 사실은 나에게도 유익이 된다. 단순한 대우가 아니라 격식을 갖춘 대우여야 한다. 어느 자리에 초대를 받았다면 좋은 대우를 받고 싶다. 만약 적절한 대우를 받지 못했다면 서운한 느낌이 들고, 다시는 안 가겠다는 마음을 갖는다. 어떤 경우에는 나를 왜 그렇게 홀대하느냐고 항의할 수도 있다.

1. 초청의 자리를 알려주신 예수님

예수님은 잔치에 초청하는 사람, 초대를 받는 사람의 마음과 태도에 대하여 말씀하신 적이 있다. 예수님의 말씀은 사람이 사는 데 사회적이고 실제적인 행동 양식이다. 사실 예수님이 행동의 방법을 알려주실 만큼 사람들이 어리석지는 않다. 그런데 사람들이 실수하거나 자기를 높이려고 일부러 행동하다가 자기 마음이 상하고 다른 사람들을 향해 섭섭한 감정을 가질 수 있다. 사람은 알면서도 실수하는 존재이다. 예수님은 사람들에게 알면서도 실수하는 존재임을 각성시키신다. 예수님은 누구든지 혼인 잔치에 초대를 받았거든 높은 자리에 앉지 말라고 말씀하신다. 만약 더 높은 지위에 있는 사람이 초대를 받았다면 그에게 자리를 양보해야 하기 때문이다. 내가 알아서 양보하면 그나마 나은 데, 주인이 와서 자리를 양보해달라고 말하면 듣고 양보하는 쪽의 마음이 떨떠름할 터이다. 자리를 옮기는 사람은 얼굴이 화끈해져서 제일 뒷자리 혹은 끝자리로 가게 될 것이다. 잔치가 끝날 때까지 앉아있는 게 사실 가시방석일 수 있다. 잔치만 그렇겠는가? 어떤 모임이나 대회에서도 마찬가지이다. 내가 구매하거나내게 배정된 좌석이 아니라면 뒷좌석에 있는 것도 괜찮다. 일부러 나를 드러내려고 하지 않아도 된다. 자존감이 낮은 사람은 자기를 높이려고 자기를 열심히 드러낸다.

10 12

2. 자리의 역전을 말씀하신 예수님

예수님은 끝자리에 앉았을 때 오히려 더 대우를 받게 되는 경우를 말씀하신다. 잔치에 초대를 받았는데, 누가 안내해주지 않는다면 차라리 끝자리에 앉은 것이 좋다. 그러면 초대한 사람이 당황하여 찾아온다. 친구여, 이처럼 누추한 자리에 앉았느냐고 더 좋은 자리로 가자고 말할 수 있다. 좋은 자리에 있다가 내려가는 것보다는 낮은 자리에 있다가 올라가는 것이 훨씬 보기 좋다. 내가 잔치에 초대를 받아 낮은 자리에 앉았는데 주인이 와서 부탁하며 높은 자리로 모시고 가면 보는 사람들이 나를 특별한 사람으로 인식할 터이다. 자기를 드러내지 않고, 자기를 높이지도 않는데 다른 사람이 드러내 주고, 높여준다면 얼마나 뿌듯하겠는가? 예수님은 여기에 작은 결론을 내리신다. "무릇 자기를 높이는 자는 낮아지고, 자기를 낮추는 자는 높아지리라" 지금의 상태가 언제나 똑같지 않다. 지금 내가 받는 대우가 영원하지도 않다. 반드시 바뀌는 날이 온다는 것을 기억해야 한다. 지금 내가 겸손하면 나중에는 칭찬과 대우를 받는다. 반대로 지금 내가 교만하면 나중에는 비난과 조롱을 받는다. 하나님은 교만한 자를 대적하시되 겸손한 자들에게는 은혜를 주신다(약 4:6) 베드로 사도가 권고한다. "그러므로 하나님의 능하신 손 아래에서 겸손하라 때가 되면 너희를 높이시리라"(벧전 5:6)

3. 자비의 대상을 지정하신 예수님

잔치 자리에 앉는 일은 사람이 살면서 누구나 겪을 수 있다. 귀한 사람은 어떤 자리에 앉아도 다른 사람이 알아보고 높은 자리로 올려준다. 내가 좋은 자리에 앉으려 하기보다는 나의 존재, 나의 성품, 나의 지식을 귀하게 만들어야 한다. 예수님을 믿고 예수님의 성품을 배우면 나의 귀함이 점점 상승한다. 한 번 앉는 자리보다 평소에 생활습관에서 자신의 귀함을 만들어가야 한다. 어제 예수님은 화제를 바꾸어서 대접에 관한 이야기를 하신다. 예수님이 식사 자리에 초대를 받았는데, 초대한 주인에게 대접하는 대상에 관하여 이야기해 주신다. 만약 누구를 초대해서 점심이나 저녁을 대접한다고 하면 형제, 친척, 부자를 초청하지 않는 것이 좋다. 나에게 대접을 받은 사람들이 나중에는 나를 초청해서 대접할 것이다. 사실 대접했으면 그와 비슷한 대접을 받고 싶어 하는 것이 사람의 본능이다. 그런데 내가 대접을 받으면 이전에 나의 대접함은 순수함이 떨어진다. 순수함을 유지하려면 내가 돌려받지 않아야 한다. 그래서 예수님은 가난한 사람들, 몸이 불편한 사람들, 잘 걷지 못하는 사람들과 앞을 못 보는 사람을 초청해서 대접하라고 하신다. 왜 그럴까? 대접하는 데 순수함을 가지면 대접하는 사람의 인품이 올라간다. 사회는 순수한 사람들에 의해서 점점 발전하기 때문이다.

4. 미래의 축복을 예고하신 예수님

가끔 위기를 당하는 사람에게 어딘가에서 나타나 구해주는 미담들이 있다. 구해준 사람에게 질문하면 누구라도 당연히 그런 상황이라면 구하러 나섰을 것이라고 한다. 위기를 당한 사람을 보아도 못 본척하고 지나가는 경우가 많은 데 말이다. 누군가를 대접하는 것도 사실은 당연함이어야 한다. 당연함에는 보상과 대가를 바라지 않는다. 당연한 일을 하고 보상과 대가를 바라면 당연함이 퇴색된다. 만약 대접받은 사람이 대접받음에 대해 갚을 것이 없을 때는 어떻게 하겠는가? 그냥 감사하다고만 말할까? 앞으로 복을 받으라는 축복의 말로 인사를 할 터이다. 요즘 같으면 인터넷에 올려서 미담을 소문낸다. 그러면 다른 사람들이 감동하여 칭찬한다. 작은 치킨집을 운영하는 사람이 배고픈 아이들에게 치킨 몇 조각 주었는데 그걸 알게 된 사람들이 치킨집에 찾아가서 주문한다. 주인은 겸손하게 당연한 일을 했을 뿐이라고 말한다. 보상이나 대가를 바라지 않는 대접, 구제를 사람들이 몰라주는 것 같다. 그러나 반드시 알아준다. 사실 하나님이 알아주신다. 예수님은 마지막에 받을 복을 말씀하신다. "네게 복이 되리니 이는 의인들의 부활 시에 네가 갚음을 받겠음이라" 이교도들도 보상과 대가를 바라지 않고 기꺼이 손님을 대접하는 사례가 있다. 하물며 기독교인들은?

240

2025년 10월 19일, 오순절 후 19번째 주일

성 경	사도행전 26:13-23	예전색상	초록색

예 배 의 부 름	"여호와의 산에 오를 자가 누구며 그의 거룩한 곳에 설 자가 누구인가 곧 손이 깨끗하며 마음이 청결하며 뜻을 허탄한 데에 두지 아니하며 거짓 맹세하지 아니하는 자로다"(시 24:3-4)
	죄인을 회복시켜 사람들에게 복음을 전파하게 하신 하나님 아버지! 어리석고 부족함 많은 저희가 감히 하나님께 예배를 드리는 감격의 주인공 되게 해 주신 은혜를 감사드립니다. 오늘도 두렵고 떨리는 마음으로 하나님 앞에 섰나이다. 거룩한 주님의 날 하나님을 섬겨 예배를 드립니다. 하늘 문을 여시고 저희가 소원하는 일들이 응답을 받게 하옵소서. 상한 몸과 마음이 치료되게 하시고 영혼과 몸이 건강하여 하나님에게 충성을 다하는 심령들이 되게 하옵소서. 예수 그리스도의 이름으로 기원하옵나이다. 아멘
회개를 위하여	우리는 하나님의 은혜로 예수님을 믿게 되어 구원을 받았습니다. 그러면서도 다른 사람에게는 복음을 간증하지 않았습니다. 따라서 혼자만 예수님을 믿는 일에 만족하고 전도하지 않은 불신앙을 고백합니다. 이따위의 잘못을 뉘우치고 회개하는 기도를 드리겠습니다.
고 백 의 기 도	땅끝까지 가서 복음을 간증하라고 하시는 하나님 아버지! 지은 죄 때문에 지옥에 갈 수밖에 없으나 하나님의 사랑과 은혜로 예수님을 믿어 천국 백성이 되게 하심을 감사드립니다. 지난 한 주간에도 가족이나 친척과 친구와 이웃에게 구원의 복음을 간증하지 않은 불신앙을 용서하여 주옵소서. 일터에서 복음을 전할 때 사람들에게 미움을 받거나 박해와 핍박을 받을까 겁이 나서 복음을 간증하지 않은 허물을 불쌍히 여겨 주옵소서.
	주님, 회개합니다. 세상에서 소금과 빛의 역할을 감당할 저희가 오히려 불이 꺼진 등불을 부둥켜안고 안절부절 못하는 잘못을 회개합니다. 이제 결심합니다. 나는 망해도 그는 흥하게 해달라는 간구의 기도를 해보겠습니다. 피곤하고 지친 영혼에 다가가 신앙의 확신을 주는 능력의 나눔을 실천해 보겠습니다. 예수님 말씀처럼 이웃을 자기 자신과 같이 사랑하는 복음 전도자의 모습으로 살겠다고 다짐하오니 실천할 용기를 주옵소서. 모든 죄를 용서하시기를 예수님의 이름으로 기도하나이다. 아멘
사함의 확 인	"이 날에 너희를 위하여 속죄하여 너희를 정결하게 하리니 너희의 모든 죄에서 너희가 여호와 앞에 정결하리라"(레 16:30)
성시교독	53. 시편 121편
설교 전 찬 송	20장 (큰 영광 중에 계신 주) 197장 (은혜가 풍성한 하나님은)
설교 후 찬 송	502장 (빛의 사자들이여) 51장 (주님 주신 거룩한 날)

금주의 성 가	정의와 진리 위하여 – R. M. Stuits 거룩한 이름 찬양하여라 – William E. Hewitt 내 마음 주께 바치옵니다 – 김순세
목 회 기 도	사랑과 자비가 차고 넘치는 하나님 아버지! 지난 한 주간에도 나를 미워하고 싫어하는 사람을 이해하고 만나서 대화를 나누며 사랑할 수 있게 하셨음을 감사드립니다. 항상 언제 어디서나 우리는 누구에게나 따뜻하게 대하여 예수님의 성품을 보여주고, 인정이 많은 사람으로 다가가게 하옵소서. 말이 둔하고 입술이 서툴러서 복음을 증언하지 못할 때 성령을 충만히 받게 하시고, 내 능력이 아니라 성령의 능력으로 복음을 증언하게 하옵소서. 하나님의 명령에 순종하여 복음의 증인으로 살게 하옵소서. 저희의 피할 바위이시며 방패가 되는 하나님! 우리 교회가 분쟁에 휘말리지 않고 사랑으로 섬기는 교회가 되게 하옵소서. 말씀을 듣고 순종하고 복음의 불길이 타오르는 교회가 되게 하옵소서. 특히 이 나라를 책임진 정치 지도자들에게 정의로움을 주옵소서. 공평함으로 나라를 다스려 나가기를 바라며 겸손함으로 백성들을 섬기게 하옵소서. 우리 교회를 향하신 주님의 뜻과 계획이 무엇인지, 우리의 교회 생활이 빗나가지 않게 막아주옵소서. 길이요, 빛 되신 주님의 발자국을 그대로 따라가는 믿음의 생활을 할 수 있도록 도와주시옵소서. 예수 그리스도의 이름으로 기도하옵나이다. 아멘
헌금을 위 한 성 구	"이에 히스기야가 말하여 이르되 너희가 이제 스스로 몸을 깨끗하게 하여 여호와께 드렸으니 마땅히 나아와 제물과 감사제물을 여호와의 전으로 가져오라" (대하 29:31)
헌 금 기 도	헌금을 드릴 때 스스로 몸을 깨끗하게 하기를 바라시는 하나님 아버지! 우리가 지금까지 살아온 것은 하나님의 은혜이오니 우리가 사나 죽으나 하나님만은 섬기고 사랑할 수 있게 하셨음을 감사드립니다. 하나님께서 주신 것 가운데 일부를 드린다고 책망하지 마옵소서. 말씀대로 살아 보려고 정직한 십일조를 드립니다. 먹고 입고 숨 쉬는 모든 것이 감사함으로 가슴이 벅차서 드리는 감사 예물이 있습니다. 작정한 헌금을 드리며 주일 헌금을 드립니다. 구역 예배를 드립니다. 성미를 바치는 아름다운 손길이 있습니다. 어린 영혼들이 바치는 헌금이 있습니다. 오늘 드려진 이 헌금이 죽을 수밖에 없는 영혼을 살리게 하옵소서. 한 알의 밀알이 땅에 떨어져 죽으면 수많은 열매를 맺는다고 하셨으니 비록 적은 것이지만 30배, 60배, 100배의 열매를 맺어서 무수한 생명이 살아나게 하옵소서. 우리의 헌금이 축복의 통로가 되게 하옵소서. 이 헌금이 쓰이는 곳마다 사랑이 꽃피고 믿음의 열매가 맺히게 하옵소서. 오늘의 고단한 한숨이 내일의 찬송이 됨을 믿습니다. 하늘 문을 열어 넉넉하게 필요를 공급해 주시고 힘들 때 흘리는 눈물이 지나고 보면 모두가 감사요, 은혜라고 고백할 수 있게 하옵소서. 예수님의 이름으로 축복하며 기도드립니다. 아멘
위탁의 말 씀	"사울아 사울아 네가 어찌하여 나를 박해하느냐" 예수님은 심지어 당신을 박해하는 사람을 부르시고 회개로 변화하게 하셔서 사랑과 은혜를 전하는 동역자로 만들어주십니다. 아직 내가 복음 전도자가 아니라면 뭔가 회개할 것이 있는지를 성찰해보는 한 주간을 살아야 할 것입니다.
축 도	지금은 우리에게 힘과 생명을 주신 예수 그리스도의 은혜와 풍성하심으로 복 주시는 하나님 아버지의 사랑하심과 믿음 위에 굳게 설 수 있도록 도우시는 성령의 역사하심이 오늘 전에 모여 예배드리고 하나님 앞에 자기의 부족을 고백하고 겸손하게 살아가기로 작정하고 돌아가는 종들의 머리 위에 그리고 저들의 가정과 교회 위에 영원토록 함께하시기를 축원하옵니다. 아멘

오늘의 설교를 위한 복음적 조명 주제 : 바울의 간증

제목 : 이방의 빛으로 세우시는 은혜 I 본문 : 사도행전 26:13-23

주제 : 예수님은 신비한 은혜를 베푸신다. 심지어 당신을 박해하는 사람을 부르시고 회개하며 변화되게 하셨다. 변화시킨 목적은 예수님의 사랑과 은혜를 전하게 하려는 것이다. 예수님은 회개한 사람의 전도와 행함을 지켜보신다. 위기에서 구하시고 전도의 목적을 이루신다.

논지 : 예수님은 박해자를 불러서 전도자로 삼으시고 전도하는 일을 도우셨다.
1. 박해자를 찾아가 부르신 예수님
2. 복음의 전파자로 보내신 예수님
3. 순종하여 전함을 보시는 예수님
4. 고난이 전도자를 도우신 예수님

나를 지독하게 미워하는 사람이 있다고 가정하자. 그 사람과 만나고 싶을까? 그 사람과 격의 없이 대화를 나누고 싶을까? 그 사람이 어려운 일을 당하면 내가 선뜻 나서서 도와줄 수 있을까? 쉽지 않은 일이다. 나의 호의로 그 사람이 변화될 것이라고 낙관적인 생각을 할 수 있을까? 그동안 내게 한 짓을 생각해보면 희망을 품지 않는 게 괴로움을 덜하는 방법일 것이다. 만약 그 사람이 변화되었다고 가정한다면 그가 과연 나에게 과연 따뜻하고 살갑게 대할 수 있을까? 그가 내게 미안해서 잘하게 될지, 미안하니까 나를 피하게 될지 모르는 일이다. 사람의 관계에서 미워하던 사람을 사랑하는 일이 이처럼 쉽지 않다. 그런데 역사에는 실제로 미워하던 사람을 용서하고 사랑하는 일도 있다. 노벨평화상을 수상한 사람이 있다. 남아프리카에서 인종차별을 없애자고 운동을 하다가 박해를 받던 넬슨 만델라는 감옥살이를 하면서 마음으로 가해자들을 용서했다. 출소한 후에 대통령에 당선된 만델라는 자기를 박해하던 사람들에게 보복하지 않았다. 만델라는 가해자가 진심으로 죄를 고백하고 뉘우친다면 사면하였고, 나중에는 경제적인 보상까지 해 주었다. 그리고 피해자 가족들의 요청에 따라 피해자 무덤에 비석을 세워주었고, 과거 국가폭력 피해자들이 잊히는 일이 없게 하였다.

1. 박해자를 찾아가 부르신 예수님

만델라는 위대한 용서자인가? 맞다. "용서하되 잊진 않는다"라는 슬로건으로 단 한 명도 과거사로 처벌하지 않았다. 오히려 당시 남아공의 위기를 함께 해결해야 한다고 강조했다. 그는 애칭이자 존칭으로 마디바(Madiba), 말 그대로 '어른'이라고 불렸다. '아버지'를 뜻하는 타타(Tata)로도 가끔 불리며, 혹은 '훌륭하다, 위대하다'는 뜻을 지닌 쿨루(Khulu)로 불리기도 한다. 그런데 그도 사람이다. 그의 후배들은 부정부패와 추문으로 그의 명예를 가렸다. 이런 모습을 보면서 우리 예수님을 생각하게 된다. 예수님이 용서하고 받아들인 사람이 있다. 사울이라고 하는 사람이다. 예수님이 사울에게 왜 핍박을 하느냐고 질문하셨다. 누구냐고 묻는 사울에게 예수님은 "나는 네가 박해하는 예수라고 대답하셨다" 예수님은 사울을 부르시고 사울에게 예수님을 만나는 체험을 하게 하셨다. 이후에 사울은 복음의 전파자로서 목숨을 다하여 예수님을 전했다. 다만 오늘날 예수님을 믿고 은혜를 받았다는 사람들이 세속화되고, 상식적으로도 용납할 수 없는 죄를 저지르고도 뻔뻔하여 사람들에게서 비난을 받는다. 신자가 비난받는 것으로 끝나지 않는다. 교회가 비난을 받고 쇠락한다. 예수님의 은혜를 거절하는 사람들이 생기므로 전도의 길이 막힌다. 우리 예수님이 안타까워하실 일이다.

2. 복음의 전파자로 보내신 예수님

예수님이 사울을 부르실 때 왜 사울을 부르셨는지 그 이유와 앞으로 사울이 어떤 일을 해야 할지 구체적으로 말씀하셨다. 사울은 예수님을 만난 일과 예수님이 앞으로 사울에게 나타날 일을 말하는 사람이 되어야 한다. 예수님은 사울을 예수님의 종과 증인으로 삼으실 것이다. 예수님은 사울을 이스라엘과 이방인에게로 보내실 것이다. 왜 보내시는가? 예수님의 증인 곧 복음의 전파자로 삼기 위함이다. 예수님은 이스라엘과 이방에 복음이 전파되기 위하여 먼저 사울을 구원하셨다. 예수님은 이전에 비방자요, 박해자요, 폭행자였던 사울에게 긍휼을 베푸셨다(딤전 1:13). 예수님은 사울의 눈을 뜨게 하여 어둠에서 빛으로, 사탄의 권세에서 하나님께로 돌아오게 하셨다. 예수님은 사울에게 죄 사함과 예수님을 믿게 하셨고 거룩한 무리 중에서도 기업을 얻게 하셨다. 예수님은 사울에게 단순히 용서하고 긍휼을 베푸는 정도만 하신 것이 아니다. 사울에게 할 일을 제시하시고, 예수님이 시키는 일을 열심히 감당하는 사울에게 거룩한 무리 중에서 기업을 얻게 될 것이라 말씀하셨다. 사울도 양심을 가진 사람이라 예수님의 부르심을 받고 종과 증인이 되기보다는 책망과 벌을 받아야 마땅함을 알고 있다. 그러나 예수님은 사울의 양심보다 당신의 구원계획을 훨씬 더 중요시하셨다.

3. 순종하여 전함을 보시는 예수님

사울은 나중에 바울이라는 이름으로 바꾸었다. 사울이었을 때는 박해자였지만 바울로 일할 때는 순종하며 박해를 받는 사람이었다. 사울이 복음을 전하다가 예루살렘에서 유대인들에 의해 체포되었다. 바울은 아그립바 왕 앞에서 재판을 받을 때 과거에 예수님의 부르심을 받았던 장면을 회상한다. 본문의 앞부분은 바울의 간증이다. 바울은 이제 아그립바 왕에게 자기가 했던 일을 설명한다. 유대인들이 바울을 체포하여 법정에 세우고, 죄를 물으려 한다. 그러나 바울이 한 일은 죄가 될 수 없다. 바울은 하늘에서 보이신 것을 거스르지 않고 그가 가는 곳마다 회개와 돌이킴을 전하였다. 바울은 예수님으로부터 받은바 은혜의 복음을 전하였다. 바울은 신자들을 체포하려던 곳 다메섹에서부터 예루살렘 사람과 유대의 온 땅에 복음을 전하였고 이방인에게까지 복음을 전하였다. 성령이 임하심으로 예루살렘과 온 유대와 사마리아와 땅끝까지 이르러 증인이 되라는 예수님의 말씀을 바울이 수행하였다. 바울의 말에 사마리아만 언급되지 않았을 뿐이다. 바울은 회개와 함께 회개에 합당한 일을 하라고 역설하였다. 바울은 예수님을 알게 된 이후로 순종의 사람이 되었다. 현대에 은혜받은 사람들이 순종하지 못함과는 대조된다. 예수님은 바울의 순종을 이미 아시고 그를 부르셨다.

4. 고난의 전도자를 도우신 예수님

바울이 아시아와 유럽 지역을 돌아다니며 복음을 전하였다. 한 번 갔던 지역을 다시 방문하기도 하였고, 안 갔던 곳이라면 일부러 가서 복음을 전하려 하였다. 바울의 일행들은 배를 타고 가는데, 바울은 약속장소까지 걸어서 갔다. 걸어가면서 방문하는 지역과 만나는 사람들에게 복음을 전하기 위함이었다. 이러한 바울을 유대인들이 눈엣가시처럼 여겼다. 바울이 예루살렘에 도착하자 유대인들이 바울을 체포하여 죽이고자 했다. 그런데 지금 바울이 살아서 아그립바 왕 앞에 서서 말한다. 바울은 하나님이 자기를 도우셨다고 말한다. 바울은 높은 사람이든 낮은 사람이든 상관하지 않고 예수님을 증언하였다. 바울의 증언은 유대인들이 존경하는 선지자들과 모세가 말한 것이 그대로 성취된다는 내용이었다. 그 내용은 예수 그리스도께서 세상에 오시고 믿는 사람을 구원하는 복음이다. 예수 그리스도께서 고난을 받으시고 돌아가셔도 부활하시고 이스라엘과 이방인들에게 생명의 빛을 전하실 것이다. 바울은 율법과 유대 역사 그리고 유대 사상에 정통한 사람으로서 율법과 선지자들의 예언이 예수님께서 성취되었음을 믿고 전하였다. 바울에게 임한 예수님의 은혜이다. 또 바울의 전도로 이방인 지역 전 세계에 예수님의 은혜가 전해지고 있다. 예수님이 바울을 도우실 수밖에 없다.

성 경	열왕기하 23:21-27	예전색상	초록색

예 배 의 부 름	"너희는 이 세대를 본받지 말고 오직 마음을 새롭게 함으로 변화를 받아 하나님의 선하시고 기뻐하시고 온전하신 뜻이 무엇인지 분별하도록 하라"(롬 12:2)
	세상을 본받지 말고 새롭게 개혁되기를 바라시는 하나님 아버지! 시험과 환란 중에도 예수 그리스도가 주신 생명의 말씀으로 견고하게 하시는 사랑에 감사드립니다. 종교개혁 주일을 맞이하여 매일의 삶에서 신앙의 새로운 변화와 개혁을 원하시는 하나님의 뜻대로 살지 못한 것을 용서하여 주옵소서. 이제 이 세대를 본받지 말게 하시며, 개혁의 말씀과 예배를 잃어버리지 않고 자신의 신앙을 개혁시켜 하나님의 거룩한 뜻을 이루어드리게 하시옵소서. 오늘 이 시간에 우리는 영과 진리로 예배드려서 하나님께 영광을 돌리게 하시옵소서. 우리를 개혁시키시는 예수님의 이름으로 기원하옵나이다. 아멘
회개를 위하여	우리는 가끔 자신이 하나님의 말씀으로 개혁되어 변화되기를 바라지만, 그때뿐 금방 잊어버리고 타락한 삶을 살았습니다. 이러한 구태의연한 삶은 하나님의 영광을 가리고 욕되게 한다는 사실을 깨닫고 회개하는 기도를 드리겠습니다.
고 백 의 기 도	타락하고 부패한 신앙을 책망하시는 하나님 아버지! 하나님께서 우리에게 믿음을 주셨지만, 우리는 믿음을 올바르게 지키지 못한 불신앙을 고백하나이다. 우리는 이해타산으로 성도들과 갈등을 빚기도 하고 주님의 몸 된 교회를 거짓과 속임수의 놀이터로 타락시킨 죄를 용서하여 주옵소서. 이스라엘 백성들이 광야에서 지도자 모세를 원망한 것처럼 때로는 하나님과 목회자, 그리고 교회 책임을 맡은 분들을 원망한 허물을 고백합니다.
	나의 이기심과 자존심 때문에 세운 지도자들을 돕기보다는 분열과 편을 가르는 분파심으로 교회를 발전시키기보다는 퇴보시킨 나는 아닌지 회개합니다. 오늘 종교개혁 주일에 이렇게 나 자신을 개혁시키겠다고 결심합니다. 절대로 세상 풍조보다 하나님 말씀을 우선순위에 두고 살기로 다짐합니다. 교회에서 지연과 혈연, 학연과 연고를 따라 가까이하거나 멀리하지도 않겠습니다. 성도를 섬기고 이웃에게 빛과 소금의 역할을 못 하여 손가락질을 당하지 않겠습니다. 용서해 주시기를 예수님의 이름으로 회개하며 기도드립니다. 아멘
사함의 확 인	"그가 우리를 흑암의 권세에서 건져내사 그의 사랑의 아들의 나라로 옮기셨으니 그 아들 안에서 우리가 속량 곧 죄 사함을 얻었도다"(골 1:13,14)
성시교독	104. 종교개혁주일
설교 전 찬 송	21장 (다 찬양하여라)
	585장 (내 주는 강한 성이요)
설교 후 찬 송	586장 (어느 민족 누구게나)
	50장 (네게 있는 모든 것을)

10 26

금주의 성가	확실한 나의 간증 – Arr. by G. Dunn 주 예수 승리하신 주 – Allen Pote 만물아 감사 찬송 부르자 – K. K. Davis
목회기도	신앙의 개혁과 올바른 신앙생활로 믿음을 강건하게 하시는 하나님 아버지! 오늘 종교개혁 주일을 맞아 개혁의 진정한 의미를 새기게 하실 줄 믿고 감사드립니다. 주님의 몸 된 교회를 제대로 지키지 못하고, 때로는 주님의 사역자를 원망하고 불평하여 주님을 욕보여 개혁을 방해한 죄를 고백하오니 불쌍히 여겨 주옵소서. 우리의 신앙이 개혁되어 초대 교회로 돌아가게 하시고, 날마다 모이기를 힘쓰게 하시고 교역자의 가르침을 받아 교제하고 음식을 나누며 기도하기에 힘쓰게 하옵소서. 저희의 신앙이 개혁되어 초대교회로 돌아갈 징검다리로 사용하시는 하나님 아버지! 우리 교회가 이 지역에서 복음의 방주가 되게 하여 주옵소서. 이 교회에 능력을 주시어 세상을 이기는 힘이 넘치게 하옵소서. 우리 교회에 속한 기관의 구성원들이 그리스도의 정신으로 개혁되어 하나님을 기쁘시게 하는 아름다운 신앙공동체로 발전하게 도와주시옵소서. 우리가 사람들에게 비난받지 않게 하시고, 하나님의 이름이 땅에 떨어지지 않게 하시며, 하나님의 사랑에 의존하는 기도를 드리게 하옵소서. 예수님의 이름으로 기도드립니다. 아멘
헌금을 위한 성구	"적게 심는 자는 적게 거두고 많이 심는 자는 많이 거둔다 하는 말이로다 각각 그 마음에 정한 대로 할 것이요 인색함으로나 억지로 하지 말지니 하나님은 즐겨 내는 자를 사랑하시느니라"(고후 9:6-7)
헌금기도	우리가 드리는 헌금보다 믿음의 고백과 정직한 삶을 바라시는 하나님 아버지! 오늘 종교개혁을 기념하는 주일에 우리의 구원을 위하여 주님의 몸 된 교회를 끊임없이 개혁하시는 하나님께 정성을 담아 헌금을 드리나이다. 드리는 헌금이 하나님의 사업에 아름답게 쓰이게 하시옵소서. 세계를 바라보면 아직도 헐벗고 굶주리며 비참한 생활을 하는 많은 사람이 있습니다. 드린 예물이 기아와 질병으로 고통받는 그곳에 복음과 함께 전해지고 저들의 생명을 구원하는 생명줄이 되게 하여 주옵소서. 믿음의 씨앗으로 주일 헌금과 십일조 헌금, 감사 헌금과 선교 헌금, 소원 헌금과 건축 헌금 등은 각자의 형편과 처지에 따라 자원하는 마음으로 드리는 헌금이오니 받아 주시옵소서. 오늘 드리는 이 헌금으로 주님의 몸 된 교회가 든든히 세워지고 부흥하여 땅끝까지 복음을 전하는 씨앗들이 되게 하시옵소서. 물질을 사용할 때마다 주님 일을 먼저 생각하며 물질의 하수인이 되지 않겠다는 결단하는 마음을 주님께 드리오니 저희의 결심이 하나님 보좌에 흠향하는 예물이 되게 하옵소서. 우리의 신앙을 개혁하시는 예수님의 이름으로 축복하며 기도 드리나이다. 아멘
위탁의 말씀	"이는 므낫세가 여호와를 격노하게 한 그 모든 격노 때문이라" 하나님은 한 국가나 단체나 가정에서 죄를 지으면 격노하시지만, 한 사람이라도 회개하면 심판을 잠시 유보하시는 분이심을 믿고 그 한 사람이 되려고 노력하는 저와 여러분이 되시기 바랍니다.
축도	지금은 이 교회의 머리가 되시며 길과 진리와 생명이 되신 예수 그리스도의 구속 은총과 하나님 아버지의 무한하신 사랑과 성령의 감화·감동·역사하심이 그리스도의 피로 값 주시고 세워주신 이 교회가 날마다 개혁되기를 소망하는 마음으로 예배를 마치고 돌아가며 기도와 찬양이 넘치는 교회가 되기를 원하는 모든 성도 위에 영원히 함께하시기를 간절히 축원하옵나이다. 아멘

오늘의 설교를 위한 복음적 조명 주제 : 회개의 선포

제목 : 멈추지 않는 개혁 I 본문 : 열왕기하 23:21~27

주제 : 하나님은 회개하는 사람을 용서하시고 내리려던 벌을 취소하신다. 하나님은 공동체가 죄를 짓고, 왕부터 백성까지 하나님께 거역하면 격노하신다. 이때 한 사람이 회개하면 하나님이 심판을 잠시 유보하시지만 회개하는 사람이 사라지면 유보했던 심판을 꼭 실행하신다.

논지 : 하나님은 회개하는 사람을 보시면 심판을 잠시 유보하신다.
    1. 유월절 지킴을 보시는 하나님
    2. 율법의 행함을 아시는 하나님
    3. 돌이키지 않는 진노의 하나님
    4. 성읍과 성전을 버리신 하나님

    미국의 리젠트대학 경영학과장을 역임한 지가렐리 교수가 언젠가 기독교인들의 생활 열매를 조사한 적이 있었다. 성령의 열매 아홉 가지와 용서를 합하여 열 가지 열매를 놓고 어느 열매를 가장 잘 맺고 어느 열매를 가장 못 맺는지에 대한 조사였다. 희락, 즉 기쁨과 절제는 일반적으로 많이 맺었다. 그런데 절제에서도 쾌락에 대한 절제가 높았다. 그리고 내적인 감정의 절제는 어렵고, 감정을 밖으로 표현하는 절제는 높았다. 반면에 가장 낮은 열매는 용서였다. 이 조사는 기독교인들일수록 가슴에 꽁하는 것이 많고, 오래간다는 증거였다. 사실 누군가 내게 잘못한 사람을 용서한다는 것이 쉽지 않다. 믿음을 가짐으로 나의 죄가 하나님의 사랑과 예수님의 희생 때문에 용서 받았음을 믿지만, 그 믿음이 다른 사람에게는 제대로 적용되지 않는 것이다. 나를 해코지한 사람에 대해 분노하는 마음이 있고, 그 분노가 오랫동안 내면에 잠재되어 가끔 생각나면 우울해지고 때로는 울컥해지기도 한다. 분노가 쌓여 마음에 갈피를 못 잡으면 분노를 쌓이게 한 사건은 트라우마가 된다. 만약 트라우마가 사라지지 않으면 우울증과 비슷한 신경성 질병을 갖기도 한다. 기독교인일수록 화가 나는 경험과 상황에서 자기 마음을 잘 지켜야 한다. 그러나 정의에 대한 단호함은 분명하게 가져야 한다.

1. 유월절 지킴을 보시는 하나님

    우리를 사랑하시고 구원하시는 하나님은 어떤 분이실까? 사랑하시는 분이기 때문에 절대 분노하지 않는 분이실까? 하나님이 분노하시지만 금방 잊으시고 화를 푸실까? 우리는 하나님이 죄를 용서하시고 기억하지 않으심을 잘 알고 있다(히 10:17). 그런데 오늘 본문을 보니 하나님이 격노하신 일을 오래 기억하신다고 기록하는 일도 있다. 하나님이 어떤 때 용서하시고, 어떤 때 진노를 거두지 않으실까? 남왕국 유다에 요시야 왕이 있었다. 여덟 살 때 왕위에 올랐는데, 왕위에 오르자 나라 안에 만연한 우상을 제거하고 조상 다윗처럼 하나님 앞에 정직하게 행하였다. 재위한 지 열여덟 해에는 성전을 수리하도록 지시했다. 성전 수리 중에 율법책이 발견되었다. 요시야 왕은 율법책에 기록된 대로 여호와 하나님께 유월절을 지키도록 명령했다. 그의 명령은 율법책에 기록된 것을 지키는 일이었다. 사실 이스라엘 백성이 가나안에 입성한 뒤 사사 시대부터 그때까지 유월절을 지키지 못했다. 율법책이 사라진 것이 이유이기도 했겠지만, 유월절을 지키라는 하나님의 명령을 소홀히 하기 때문이다. 부모가 믿음을 소홀히 하면 자녀들도 똑같이 소홀해진다. 그러나 요시야는 국가의 개혁을 위해 신앙을 개혁하였고, 율법을 발견하자 율법에 명시된 대로 유월절을 지켰다. 하나님이 요시야의 개혁을 보신다.

2. 율법의 행함을 아시는 하나님

요시야 왕은 할 것을 하고, 없애야 할 것을 없앴다. 당시 유다 땅 안에 이방의 종교문화가 만연하였다. 그의 조부 므낫세가 하나님이 보시기에 매우 타락하였다. 히스기야 왕이 개혁을 하고, 신앙의 질서를 바로잡았는데 히스기야의 아들 므낫세는 히스기야 이전보다 더 타락한 사회로 후퇴시켰다. 므낫세의 타락으로 유다 땅과 예루살렘에 신접한 사람, 점쟁이, 드라빔, 우상 등 가증한 것들이 매우 많았다. 요시야는 율법책을 발견하고 그 안에서 하나님 앞에 우상을 두면 안 됨을 찾았다. 요시야는 율법을 이루기 위해 예루살렘과 유다 땅의 우상과 이방의 종교적 관습을 모두 제거하였다. 므낫세 시절에 왕 한 사람이 타락하면 온 나라가 더러워지고, 요시야 시절에는 왕의 믿음이 깨이면 온 나라가 깨끗해진다. 한 사람의 영향력은 지도자일수록 더 강력하다. 요시야는 종교개혁에 진심이었다. 마음을 다하고 뜻을 다하고 힘을 다하여 율법에 따라 여호와 하나님께로 돌이켰다. 요시야는 신명기에서 제시한 하나님을 사랑하는 자세와 태도(신 6:5)를 가졌다. 오늘 본문에서는 요시야처럼 믿음에 진실한 사람은 전에도 없었고 후에도 없었다고 한다. 하나님은 요시야의 마음과 행함은 물론 우리의 믿음도 다 알고 계신다. 하나님은 사람의 마음을 꿰뚫어 보시며, 행동의 세밀함까지 알고 계신다.

3. 돌이키지 않는 진노의 하나님

요시야가 이 정도 하면 하나님께서 그의 나라가 얼마나 지속될까? 믿음으로 나라를 바르게 하고, 백성들이 바르게 사니까 국방력도 강화되고, 나라가 오랫동안 유지되어야 할 것이다. 그런데 요시야 한 사람의 개혁으로 나라 안에 우상숭배와 부조리가 사라지기는 했어도 씨가지 완전히 마른 것은 아니었다. 죄악은 선의 능력이 강할 때 잠시 억눌리고 활동하지 않을 수 있지만 선함이 약화되면 다시 고개를 든다. 어거스틴은 죄를 선의 결핍이라고 말했지만 선함이 강해도 인간의 죄성은 어딘가에 숨어서 존재한다. 하나님이 인간의 죄를 완전히 도말하시기 전에는 인간의 죄가 사라질 수 없다. 요시야의 종교개혁이 있었어도 유다의 죄가 완전히 사라진 것 같지 않다. 하나님은 므낫세 시절에 타락을 보시고 유다를 향하여 진노하셨는데, 그 진노가 타오르는 불처럼 꺼지지 않는다. 하나님이 므낫세의 행위를 보시고 격노하셨는데, 그 격노가 지금 손자인 요시야 왕의 개혁에도 불구하고 사라지지 않았다. 하나님이 왜 그러셨을까? 유다 백성들을 향해 하나님의 공의를 확실히 보여주고 싶으시다. 유다 백성들에게 믿음의 완전한 개혁과 변화를 원하시기 때문이다. 그렇다면 지금 요시야의 개혁이 허사로 돌아갈까? 그렇지 않다. 하나님은 요시야의 개혁에서 배워야 할 점을 알려주신다.

4. 성읍과 성전을 버리신 하나님

여호와 하나님께서 유다 백성들에게 말씀하셨다. "내가 이스라엘을 물리친 것 같이 유다도 내 앞에서 물리치며, 내가 택한 이 성 예루살렘과 내 이름을 거기에 두리라 한 이 성전을 버리리라" 하나님이 므낫세의 범죄 때문에 예루살렘 성과 성전을 버리셨다. 요시야가 죽고 이후에 왕이 유다를 다스릴 때 하나님이 진노와 심판하실 것이다. 그럼 요시야 왕의 개혁에서 무엇을 배워야 하는가? 만약 요시야의 개혁이 없었다면 하나님의 진노가 더 빨리 임하였을 것이다. 하나님은 요시야의 개혁을 보시고 진노를 잠시 유보하셨다. 하나님의 진노가 사라진다 해도 요시야 후대에 또 타락하는 왕이 나타날 것이다. 하나님은 그때 므낫세로 인해 진노하실 것이다. 사람은 감정에 의해 용서를 결정하지만, 하나님은 공의에 의해 용서를 결정하신다. 지금 요시야의 개혁으로 하나님은 진노를 잠시 멈추시고, 예루살렘 성과 성전이 파괴되는 심판을 유보하신다. 요시야 때에 진노와 심판의 유보를 기억하는 사람이 요시야의 마음을 본받고 하나님 앞에 정직하다면 하나님의 진노와 심판이 계속 유보될 것이다. 하나님의 진노와 심판을 피하려면 회개하고 신앙을 지속해서 개혁해야 한다. 혹시 어른과 선배세대로부터 잘못된 것을 물려받았다면 빨리 버려야 한다. 그것이 복의 길이다.

11월의 예배와 설교를 위하여

일	요일		본문	설교제목	기타 (예화, 참고자료)
2	주일	낮			
		밤			
5	수				
9	주일	낮			
		밤			
12	수				
16	주일	낮			
		밤			
19	수				
23	주일	낮			
		밤			
26	수				
30	주일	낮			
		밤			

성 경	마태복음 8:5-17	예전색상	초록색

예 배 의 부 름	"성령과 신부가 말씀하시기를 오라 하시는도다 듣는 자도 오라 할 것이요 목마른 자도 올 것이요 또 원하는 자는 값없이 생명수를 받으라 하시더라" (계 22:17)
	은한 치유의 향유를 공급하여 망가진 육신과 영혼을 회복시켜 주시는 하나님 아버지! 우리가 서로 비방하지 말고 치유의 사명을 살면서 마음이 병들지 않는 아름다운 삶을 살도록 인도하여 주심을 감사드립니다. 세상에서 지치고 피곤한 몸과 상하고 깨어진 영혼도 오늘 주시는 말씀으로 새롭게 변화되는 기적의 날이 되게 하옵소서. 하나님은 영이시니 예배하는 자가 영과 진리로 예배하게 하시어 하나님을 기쁘시게 하는 성도가 되게 하옵소서. 주 예수 그리스도의 이름으로 간절히 기원하옵나이다. 아멘
회개를 위하여	우리는 예수님의 사랑으로 병든 영혼이 치유받고 거룩하신 하나님의 자녀가 되었으나, 다른 사람을 비방하고 욕하여 그들의 마음과 정신을 병들게 했습니다. 혹 아직도 알량한 체면과 자존심 때문에 치유되지 않은 병든 영혼이라면 치유받기 위하여 회개하는 기도를 드리겠습니다.
고 백 의 기 도	우리의 몸과 마음과 정신과 영혼을 치유하시는 하나님 아버지! 하나님의 사랑과 예수님의 은혜로 영혼이 치유되고 영육 간에 강건한 생활을 할 수 있게 인도해 주심을 감사드립니다. 그러나 우리는 하나님의 은혜로 몸이 건강하지만, 육신이 병들어 고통을 당하는 이웃을 찾아가 위문하지 않은 허물을 고백하나이다. 사업의 문제, 자녀들의 문제, 가정의 문제로 고생하는 이웃을 위하여 마음과 물질로 섬기지 못한 것이 부끄럽기만 하옵나이다.
	주님 앞에 다시 한번 결심합니다. 무엇인가를 달라고 보채기보다는 고통당하는 성도들을 위하여 눈물을 흘리며 기도하고 섬기겠습니다. 가정에서도 내가 섬김을 받기보다 먼저 섬기고 양보하고 불평보다는 감사와 칭찬의 천국 방언을 하며 살겠습니다. 반복되는 잘못을 저지르는 강퍅함을 새롭게 살려는 결단을 위한 힘으로 사용하도록 노력하겠습니다. 주님께서 우리를 위해서 그 엄청난 능력으로 우리와 함께하심을 믿으면서도 그 능력의 힘을 전적으로 의지하지 못한 지난날을 반복하지 않겠습니다. 용서하여 주옵소서. 예수님의 이름으로 회개하며 기도드립니다. 아멘
사함의 확 인	"주께서는 용서하시는 하나님이시라 은혜로우시며 긍휼히 여기시며 더디 노하시며 인자가 풍부하시므로 그들을 버리지 아니하셨나이다"(느 9:17)
성시교독	68. 이사야 40장(1)
설교 전 찬 송	22장 (만유의 주 앞에) 471장 (주여 나의 병든 몸을)
설교 후 찬 송	474장 (의원 되신 예수님의) 470장 (나의 몸이 상하여)

11 02

금주의 성 가	오 사랑하는 주님이여 – Negro Spiritural 최후의 날 – G. A. Rossini 주께 네 염려 맡겨라 – Ralph Hanuel and Paul Williams
목 회 기 도	**말**씀에 순종하면 모든 질병을 치유하시는 하나님 아버지! 우리의 마음과 영혼이 병들어 쓴 물이 나올 때 예수님이 십자가에서 흘린 피로 단물이 나와 치유받도록 하심을 감사드립니다. 우리 가운데 병든 성도가 있으면 교회의 목사님과 장로님들을 초청하여 성령의 이름으로 기도하게 하시옵소서. 믿음의 기도는 병든 성도를 구원한다는 말씀을 확실히 믿게 하시옵소서. 질병에 걸리면 병원의 의사를 찾아가기 전에 먼저 교회의 성전에 가서 기도하거나 목사님의 안수기도를 받게 하시옵소서. **만**날만할 때 찾으면 가까이 다가오시는 하나님 아버지! 저희의 마음을 만져주시고 위로하여 주시어서 독수리가 날개 치며 올라감 같이 새 힘을 얻게 하옵소서. 상한 심령은 고침을 받고 마음이 뜨거운 자는 더욱 그 불길이 타오르게 되는 말씀을 전파하게 하옵소서. 육체와 영혼이 병든 성도들에게는 주께서 치료의 광선을 발하여 강건하게 하옵소서. 소생할 기미가 보이지 않는 암에 걸렸을지라도 기적적으로 치유하시는 전능하신 하나님의 능력을 믿게 하옵소서. 우리 주 예수 그리스도의 이름으로 기도하옵나이다. 아멘
헌금을 위한 성 구	"하나님이 능히 모든 은혜를 너희에게 넘치게 하시나니 이는 너희로 모든 일에 항상 모든 것이 넉넉하여 모든 착한 일을 넘치게 하게 하려 하심이라"(고후 9:8)
헌 금 기 도	**믿**음으로 간구하는 영혼의 기도를 풍성한 은혜로 응답하시는 하나님 아버지! 지난 한 주간에도 힘들고 어려운 이 시대에 주님을 알게 하시고 풍성한 영의 양식과 육의 양식으로 채워주심을 감사드립니다. 세상 많은 사람이 육신의 즐거움과 물질 때문에 죄를 저지르고, 사람들의 웃음거리가 되고 있습니다. 한순간이면 없어질 것들, 죽어서 가지고 가지도 못할 것들 때문에 너무도 많은 사람이 고통을 당하고 범죄를 저지르고 있습니다. 그런 세상에서 지켜주신 은혜를 감사는 마음 듬뿍이 담아 예물을 드립니다. **오**늘도 감사의 마음 정원에 여러 가지 모습의 헌금의 꽃들이 만발하였습니다. 십일조의 향기, 선교의 예물에서 나는 향기가 진동합니다. 교회의 기초이며 뿌리가 되는 구역(속회)에서 드리는 아름다운 향기가 섞여 있습니다. 교회 학교의 작은 영혼의 꽃들이 발하는 감사의 향기가 무럭무럭 뭉게구름처럼 하늘을 향해 그 믿음의 향내를 뿜내고 있습니다. 성미로 드리는 손길에서 발하는 사랑의 향기가 섞여 있습니다. 지금도 교회 이곳저곳에서 교사로, 찬양으로, 안내의 손과 발에서 나오는 향기도 함께 뒤범벅되어 있습니다. 받아 주옵시고 하늘 복이 가정마다 넘치게 하옵소서. 예수님의 이름으로 축복하며 기도하나이다. 아멘
위탁의 말 씀	"내가 진실로 너희에게 이르노니 이스라엘 중 아무에게서도 이만한 믿음을 보지 못하였노라" 예수님이 치유하실 때마다 사람의 믿음을 보셨습니다. 때로는 병든 사람이 아닌 주변 사람의 믿음을 보고도 치유하셨습니다. 그 주변인의 믿음의 주인공이 되어보는 한 주간을 살기 위해서 가정으로 세상으로 나아갑시다.
축 도	지금은 모든 생명을 귀히 여기시고 구원하시기 위해서 십자가 위에 달리신 예수 그리스도의 은혜와 온 세상을 사랑하시는 하나님의 사랑하심과 성결의 삶을 이루어 본분을 다하게 하시는 성령님의 충만하심이 성도들의 심령과 삶의 터전 위에 영원히 함께하시기를 간절히 축원하옵나이다. 아멘

오늘의 설교를 위한 복음적 조명 주제 : 치유의 사명

제목 : 믿음에 의한 치유 l 본문 : 마태복음 8:5-17

주제 : 예수님은 각종 병든 사람을 모두 치유하셨다. 예수님 앞에 온 사람은 어김없이 치료를 받았다. 예수님이 치유하실 때는 사람의 믿음을 보셨다. 때로는 병든 사람이 아닌 주변 사람의 믿음을 보고도 치유하셨다. 예수님은 주변인의 믿음 고백을 들으시고 칭찬하셨다.

논지 : 예수님은 사람의 믿음을 보시고 병든 사람을 치료하셨다.
1. 치유의 요청을 받으신 예수님
2. 겸손의 말씀을 들으신 예수님
3. 믿음의 고백을 칭찬한 예수님
4. 손을 만져서 치유하신 예수님

사람의 몸을 사람이 마음대로 할 수 있을까? 젊고 힘이 있을 때는 자기 몸을 자기 마음대로 할 수 있는 것처럼 보인다. 젊은 남성이 헬스장에 가서 몸을 가꾸며 단단한 근육과 균형 잡힌 몸을 만든다. 다이어트가 유행인 시대에 젊은 여성이 헬스장에 가서 운동하고 식이요법을 병행하면 남이 보기에 멋지다고 말할 몸매를 갖는다. 이런 점에서 건강한 것은 큰 복이다. 자기도 어찌 못할 정도로 몸이 아픈 사람도 있다. 젊어도 사고를 당하거나 갑작스러운 질병으로 힘들어하는 사람이 있다. 의술이 좋아진 시대라 의술의 도움을 얻어 부상을 극복하고 질병을 이겨내기도 한다. 그런데 환자가 의사의 진단과 처방을 믿지 않으면 어떻게 될까? 어떤 사람은 자기 몸은 자기가 잘 안다면서 의사의 진단과 처방을 거부한다. 이런 사람은 병이 낫기 어렵다. 어떤 환자는 고집이 더 심해져서 병을 더 악화시키기도 한다. 질병에 걸리면 의지가 강해지는 사람이 있다. 병을 낫게 하려고 이전보다 더 큰 노력을 하여 질병을 극복하는 사람도 있다. 일반적으로 사람은 질병에 걸린 후 겸손해진다. 자신의 약함을 인정하고, 병을 낫게 하려고 다른 사람의 말에 귀를 기울이기도 한다. 질병 중에 있고 치료방법이 없어 막막한 데 누군가가 나를 도와주어 치료를 받게 한다면 얼마나 좋은 일이겠는가?

1. 치유의 요청을 받으신 예수님

예수님의 치유 소문을 들은 사람들이 예수님을 찾아왔다. 그중에 이방인도 있었다. 예수님께서 가버나움에 들어가셨을 때 백부장 한 사람이 예수님을 찾아왔다. 그 이유는 자기의 하인 한 사람이 중풍에 걸려서 집에 누워있고 몹시 괴로워하기 때문이다. 중풍은 요즘으로 말하면 뇌출혈로 몸이 마비되는 현상이다. 요즘은 의학이 좋아서 뇌출혈 증상을 미리 진단하기도 하고, 뇌출혈이 왔을 때 빨리 손을 쓰면 정상적으로 생활할 수 있다. 과거에는 그렇지 못했을 것이다. 뇌출혈이 오면 건강하던 사람도 몸을 쓰지 못하고 누워만 있어야 한다. 생각은 멀쩡한데 몸이 따라주지 않으니 얼마나 괴롭겠는가? 백부장이 자기 하인의 상황을 예수님께 아뢴다. 백부장 정도 되면 하인도 많을 것이고, 병에 걸려 제 역할을 못 하는 하인을 외면할 수도 있다. 그러나 그는 자기 하인에 대해 애틋한 마음이 있었다. 예수님께 와서 하인의 병이 낫기를 원하는 마음을 말한다. 즉, 예수님께 치유의 요청을 한다. 고쳐달라는 말은 없어도 상황을 이야기하는 것만 보아도 고쳐주기를 바라는 마음이다. 백부장이 예수님께 와서 하인의 상황을 이야기하는 것으로 보아 예수님을 향한 신뢰의 마음이 있다. 예수님은 백부장에게 가서 고쳐주겠다고 말씀하셨다. 예수님은 백부장의 인품과 신뢰의 마음을 보셨다.

2. 겸손의 말씀을 들으신 예수님

보통 사람 같으면 예수님이 집으로 가겠다고 말씀하실 때 어떻게 반응하겠는가? 기분이 좋아서 얼른 함께 가자고 하며 앞장설 것이다. 예수님 앞에 가면서 예수님이 내 말을 듣고 뒤를 따라오시니 의기양양할 수도 있다. 그런데 백부장의 반응이 자못 의아하다. 백부장은 예수님의 자기 집에 들어오는 것을 감당하지 못하겠다고 한다. 다만 말씀으로만 해 달라고 부탁한다. 말씀만 하면 하인이 낫게 될 것이라고 자기의 믿음을 말한다. 백부장은 군인이기 때문에 상사가 있고 또 부하가 있다. 상사가 자기에게 명령하면 자기는 따라야 하고, 또 자기가 부하에게 명령하면 부하가 복종해야 한다. 백부장은 자신의 처지를 보건대 예수님의 명령 한 마디면 무엇이 이루어질 것으로 생각한다. 백부장은 예수님의 명령 한 마디면 중풍이라는 질병도 치유될 것으로 믿는다. 사람은 일반적으로 자기 입장만을 생각한다. 남의 처지를 생각하지 못하고 배려하지 않는 현상이 많다. 그런데 백부장은 자기 입장을 예수님을 모시는 일에 적용한다. 백부장은 자신의 요구보다는 예수님의 왕래가 더 중요하다. 그래서 예수님께 말씀만 하게 해 달라고 부탁한다. 믿음은 내 요구의 성취를 넘어 다른 사람의 상황을 이해하고 배려하는 것이다. 믿음은 예수님의 생각을 이해하고 예수님의 선택에 순종한다.

3. 믿음의 고백을 칭찬한 예수님

예수님이 백부장의 이야기를 듣고 놀라셨다. 백부장의 반응이 사려 깊고 성숙되었기 때문이다. 예수님을 곁에 있는 사람들, 당신을 따르는 사람들을 향해 이스라엘 사람 중에서 이만한 믿음을 가진 사람을 못 보았다고 말씀하신다. 믿음을 자부하는 바리새인들과 유대인들에게서도 예수님이 흡족할 만한 믿음을 찾지 못하셨는데, 이방인 장교에게서 놀라운 믿음의 소유자를 보셨다. 동서에 흩어진 수많은 사람이 아브라함, 이삭, 야곱과 함께 천국에 앉을 것이다. 그러나 그 나라를 보기만 하는 사람은 천국에 들어가지 못하고 바깥 어두운 데 버려져서 슬프게 울며 후회하게 될 것이다. 믿음을 가져야 하는데, 믿는 척만 하는 사람들을 향한 말씀이다. 믿음을 가졌다고 하지만 자기 욕심만 부리는 얕은 생각의 소유자들을 향한 말씀이다. 예수님이 백부장에게 말씀하셨다. "가라. 네 믿은 대로 될지어다" 예수님은 백부장에게 안심하고 집으로 가라고 하신다. 백부장이 집에 가면 하인이 멀쩡하게 되어 걷는 모습을 보게 될 것이다. 예수님이 말씀하시자마자 하인의 병이 즉시 나았다. 예수님의 말씀은 능력이 있다. 예수님은 거리를 초월하여 치유의 일을 행하신다. 긴급한 일이 발생할 때 예수님이 말씀하시면 지체하지 않고 성취된다. 하인의 몸을 괴롭히는 질병이 즉시 사라졌다.

4. 손을 만져서 치유하신 예수님

말씀만으로 치료하신 예수님 앞에 또 다른 환자가 나타났다. 예수님이 제자 베드로의 집으로 들어가셨는데 마침 베드로의 장모가 열병을 앓으며 누워있다. 예수님이 다가가서 손을 만지셨다. 그리고 베드로의 장모를 괴롭히던 열병이 떠나갔다. 여인이 일어나서 예수님을 대접하였다. 과거에 아이들이 배가 아프면 엄마가 아이의 배를 만져주었다. 아이의 배 아픔이 사르르 가라앉으면 엄마 손이 약손이라고 생각한다. 사실 엄마 손이 약손이다. 소화가 안 되어 배가 아플 때 배를 쓰다듬어주면 소화가 되고 트림을 하며 아픈 배가 낫는다. 예수님의 손은 약손의 차원이 아니다. 예수님의 손은 치유의 손이다. 누워서 움직이지 못하던 사람도 예수님의 손이 닿으면 깨끗이 낫고 일어나 움직인다. 예수님의 소문을 들은 사람들이 귀신들린 사람들을 예수님께 데리고 왔다. 한두 명이 아니라 많이 데리고 왔다. 예수님은 말씀으로 귀신을 쫓아내시며 병든 사람을 모두 고치셨다. 예수님은 이 땅에서 사람을 치유하는 일을 하셨다. 예수님의 치유는 선지자 이사야의 예언 성취였다. 예수님은 사람의 연약함을 친히 담당하시고 병을 짊어지셨다. 예수님은 우리가 질고를 지고 우리의 슬픔을 당하셨다(사 53:4). 예수님이 우리의 질병을 보시면 말씀하시거나 손을 대심으로 우리를 치유하신다.

성 경	데살로니가후서 2:13-17	예전색상	초록색

예배의부름	"믿음은 바라는 것들의 실상이요 보이지 않는 것들의 증거니 선진들이 이로써 증거를 얻었느니라"(히 11:1-2)
	죄악의 구렁텅이에 빠진 저희를 구해 왕 같은 제사장으로 세워주신 하나님 아버지! 거룩한 주님의 날 성령의 빛과 능력으로 성삼위 하나님께 예배드리게 하심을 감사드립니다. 언제나 육신의 열정이 아니라 영의 진실함으로 신앙생활을 하면서 하늘의 기쁨을 맛보게 하옵소서. 오늘 예배가 영과 진리도 드려지게 하시고 죄 사함과 병 고침을 얻는 기적의 날이 되게 하옵소서. 세상에서 가지고 온 모든 죄의 짐을 내려놓고 회개하게 하시고, 영혼의 귀를 여시어 하나님의 말씀을 듣게 하옵소서. 예수 그리스도의 이름으로 간절히 기원하옵나이다. 아멘
회개를 위하여	하나님께 속한 자는 하나님의 말씀을 듣고 삽니다. 세상에 속한 사람은 세상과 짝짜꿍하며 삽니다. 하나님과 세상을 왔다 갔다 하면서 양다리를 걸치고 곡예 하듯 살아가는 못난 그가 나는 아닌지 성찰하고 회개하는 기도를 계속합니다.
고백의기도	시간과 장소를 가리지 않고 항상 은혜를 주시는 하나님 아버지! 우리를 하나님의 백성삼아 주시고 하나님의 음성을 따라 살게 하심을 감사드립니다. 그러나 지난 한 주간을 성찰해보면 내 생각이나 친구의 조언이나 세상에서 들려오는 말에 부화뇌동했던 잘못을 용서하여 주옵소서. 그렇습니다. 하나님의 말씀은 듣지 않는 자는 하나님께 속한 자가 아닙니다. 내 일만 생각하고, 걱정하지 말아야 합니다. 다른 사람의 상처나 서글픔은 생각하지 못했습니다. 나만 잘 살면 그만이라는 생각을 했던 것을 용서하여 주시옵소서.

지금 결심합니다. 내 손에 움켜진 것만 생각하며 살지 않겠습니다. 내 가정, 내 직장만 잘되기를 바라기보다는 나는 망해도 다른 사람의 슬픔과 아픔은 걱정하는 마음으로 상대방이 먼저 흥하기를 기도하겠습니다. 가끔이라도 거짓말과 부정한 행동을 일삼지 않겠습니다. 이따금 시간을 내어 하루의 삶을 복기해보면서 회개하는 눈물 댐이 넘치게 하렵니다. 이 결심을 주님 받아 주옵소서. 우리 주 예수 그리스도의 이름으로 회개하며 기도하옵나이다. 아멘 |
사함의확인	"비판하지 말라 그리하면 너희가 비판을 받지 않을 것이요 정죄하지 말라 그리하면 너희가 정죄를 받지 않을 것이요 용서하라 그리하면 너희가 용서를 받을 것이요"(눅 6:37)
성시교독	65. 시편 149편
설교 전찬 송	25장 (면류관 벗어서) 292장 (주 없이 살 수 없네)
설교 후찬 송	293장 (주의 사랑 비칠 때에) 294장 (하나님은 외아들을)

금주의 성가	내 영혼아 충만하도다 - P. Ferrin 이 믿음 더욱 굳세라 - Don Besig 예수 품에 안겨서 - W. H. Doane
목회기도	예수 그리스도 안에서 우리를 부르신 하나님 아버지! 하나님께 부르심을 받은 우리가 예수님을 믿게 하시고 구원받게 하심을 감사하나이다. 하나님에게 구원을 받은 우리가 서로 사랑하게 하옵소서. 기도와 섬김과 물질로 믿음의 공동체인 교회를 위해 충성하는 그 한 성도가 되게 하옵소서. 우리 주변에 있는 어려움을 겪는 성도가 있다면 마음과 정성과 물질로 섬기며 위로하게 하옵소서. 하나님께서 우리를 복음으로 부르셨으니, 우리는 믿음의 길을 가게 하시고 죄악의 길로 가지 않게 하시옵소서. 세상에는 하나님과 예수님 또는 복음을 믿지 않은 사람들이 많으니, 우리는 때를 얻든지 못 얻든지 시간과 장소를 가리지 않고 예수님의 복음으로 전도하게 하옵소서. 죄악과 사탄의 유혹이 많은 세상에서 굳건한 믿음으로 오직 하나님만 바라보고 최선을 다하여 승리하는 성도가 되게 하시옵소서. 우리는 세상에서 불의를 선택하지 말고 오직 복음만을 선택하여 살게 하시기를 예수님의 이름으로 기도하나이다. 아멘
헌금을 위한 성구	"그가 흩어 가난한 자들에게 주었으니 그의 의가 영원토록 있느니라 함과 같으니라" (고후 9:9)
헌금기도	세파에 시달려 지키고 망가진 영혼을 다시 살리시는 하나님 아버지! 넘어지고 고달파도 생명의 말씀으로 소생하게 하시고 귀신을 몰아내며 풍랑을 잔잔케 해 주셨음을 감사드립니다. 지난 한 주간 일할 힘과 건강을 허락하여 주시고, 때마다 주리지 않도록 채워주신 하나님의 사랑과 은혜에 감사하여 십일조를 드립니다. 감사 예물을 드립니다. 여러 가지 다양한 목적으로 드리는 예물이 있습니다. 참으로 감사한 것은 이 세상 삶이 다할 때 썩어 냄새가 진동할 육체임을 깨달아 알고 주의 나라와 교회를 위해서 봉사하는 현장에서 저희 몸을 녹이고 불사르면서 헌신하는 예물도 받아 주옵소서. 저희가 소유하고 있는 물질이 세상에서 죄악과 환난에 대처하여 싸워가는 영과 육을 위한 힘이 되게 하옵소서. 물질의 올무에 걸려 신앙을 소멸시키는 어리석은 주역이 되지 않도록 인도하여 주옵소서. 하나님께 드려진 이 귀한 헌금이 사용되는 곳에 하나님의 영광이 나타나게 하시고, 하나님의 사업과 교회와 복음 전파하는 일에 귀하게 사용되는 헌금이 되게 하여 주시옵소서. 이 헌금을 향기로운 제물로 흠향하여 주시기를 예수님의 이름으로 축복하며 기도드립니다. 아멘
위탁의 말씀	"복음으로 너희를 부르사 우리 주 예수 그리스도의 영광을 얻게 하려 하심이니라 하나님은 예수 그리스도 안에서 우리를 부르시어 구원받을 사람에게 복음의 징검다리가 되게 하십니다. 하나님은 그런 역할을 하는 자에게 은혜를 주시고, 선한 말과 일에 굳건한 힘을 주심을 믿고 살아가시기 바랍니다.
축도	지금은 길과 진리와 생명이신 예수 그리스도의 은혜와 하나님 아버지의 무한하신 사랑하심과 늘 우리와 함께하시어 인도해 주시고 힘과 용기를 공급해 주시는 성령님의 은총이 예수 그리스도를 본받아 십자가의 길을 걸어가고자 결단하고 세상을 향해 나아가는 사랑하는 모든 성도 위에 영원히 함께하시기를 축원하옵나이다. 아멘

오늘의 설교를 위한 복음적 조명 주제 : 은혜의 지속

제목 : 은혜가 지속되는 신앙 | 본문 : 데살로니가후서 2:13~17

주제 : 하나님은 예수 그리스도 안에서 우리를 부르셨다. 부름을 받은 우리는 예수님을 믿고 구원을 받았다. 하나님은 구원받은 사람들을 사랑하시고 영원한 위로와 좋은 소망을 은혜로 주신다. 하나님은 믿음의 사람들에게 은혜를 주시고, 선한 말과 일에 굳건하게 하신다.

논지 : 우리를 구원하신 하나님은 감사와 영광을 받으신다.
   1. 감사의 대상이신 하나님
   2. 복음으로 부르신 하나님
   3. 굳건하게 세우는 하나님
   4. 은혜를 허락하신 하나님

사람이 살면서 다른 사람에게 칭찬을 받고 기쁨을 주는 경우가 있다. 자녀들이 건강하게 자라는데 운동도 잘하고 예술 감각도 있고, 공부도 잘하며 인간관계가 좋으며 리더십이 있다고 가정해보자. 하나만 잘해도 부모의 자랑일 텐데, 여러 가지를 다 잘하면 부모가 자랑할 일이 더 많아진다. 인간관계가 좋고 리더십이 있는데, 내면의 고민을 하는 친구들의 말을 잘 들어주어 고민을 해결하는 데 도움을 주고 또 옆 친구와 갈등하는 친구들을 위로하고 두 사이의 중재를 잘한다면 친구들로부터도 인기가 있을 것이다. 어른들에게 싹싹하게 인사를 잘하면 어른들이 칭찬한다. 후배들에게 다정하고 친절하면 후배들이 존경한다. 이 사람만 생각하면 기분이 좋아서 얼굴에 웃음기를 띤다. 이렇게 완벽한 사람이 있을까? 만 명 중에 한 사람 정도는 있을 수 있다. 기독교인은 누군가로부터 칭찬을 받는가? 사도 바울은 데살로니가 교회 교인들을 생각할 때마다 기뻤다. 교인들이 박해를 받는 와중에서도 믿음을 지켰기 때문이다. 박해를 받으면 살기에 바빠서 다른 사람들을 생각하거나 돌볼 겨를이 없다. 그런데 교인들이 다른 사람을 사랑하기까지 한다. 바울이 보기에 당연히 기쁠 수밖에 없다. 데살로니가전·후서를 읽다 보면 바울의 기쁨이 곳곳에서 읽힌다. 하나님이 기뻐하신다.

1. 감사의 대상이신 하나님

바울은 교인들에게 형제들이라고 칭한다. 바울과 동등한 위치에 있고, 서로 친밀한 관계에 있다는 표시이다. 한쪽은 사도이고 한쪽은 교인인데 신분의 구별이 없다. 똑같은 사람이고 형제이다. 바울은 하나님이 사랑하는 형제들이라고 부른다. 교인들이 하나님의 사랑받음을 사람에게 확인시켜주는 신앙생활을 하고 있다. 바울은 데살로니가 교인들을 생각할 때마다 하나님께 감사한다. 하나님은 감사의 대상이고, 감사의 이유는 교인이다. 목회자가 교인들을 생각할 때마다 하나님께 감사 기도와 찬양을 드린다면 그만큼 목회자와 교인들 간에 신앙의 일치와 신뢰 관계가 형성되었다는 증거이다. 특히 바울이 하나님께 감사하는 이유가 분명하다. 교인들이 하나님의 택함을 받았고 성령의 은혜로 거룩하게 되었고, 진리를 믿음으로 구원을 받았기 때문이다. 교인들에게 은혜가 임하였고, 교인이 은혜를 지속하며 은혜 안에서 생활을 한다. 어떤 목회자가 이런 교인들을 자랑스럽지 않겠는가? 여기서 우리는 바울의 감사가 하나님으로부터 시작되고 하나님께로 귀결됨을 본다. 하나님이 사람을 선택하여 구원하시고, 구원받은 사람에게 거룩한 생활을 영위하도록 인도하신다. 교인들에게 나타난 하나님의 은혜를 보는 사도가 하나님께 감사를 돌린다. 하나님은 감사의 시작이시고 마침이시다.

2. 복음으로 부르신 하나님

하나님이 사람을 믿음의 길로 부르셨다. 세상에 오신 예수님, 사람의 죄를 위해 돌아가신 예수님을 믿게 하시려고 부르셨다. 예수님은 부름을 받은 사람을 구원하셨다. 바울은 예수님의 부르심을 받고 예수님을 체험한 후 구원을 확신하였다. 그리고 구원의 복음을 전하려고 아시아와 유럽을 다녔다. 바울이 전하는 복음을 들은 사람들이 많았다. 복음을 듣는 사람은 곧 하나님의 부르심을 받은 사람이다. 하나님이 사람을 부르실 때 사도가 전하는 복음을 듣게 하셨다. 듣고 부름을 받는 사람이 믿음을 갖는다. 믿음으로 구원을 얻는다. 바울은 이처럼 믿고 구원을 받는 구조를 알고 있었다. "전파하는 자가 없이 어찌 들으리요 보내심을 받지 아니하였으면 어찌 전파하리요"(롬 10:14,15). 부름을 받고 구원을 얻는 일은 하나님의 은혜에 의함이다. "하나님이 우리를 구원하사 거룩하신 소명으로 부르심은 우리의 행위대로 하심이 아니요 오직 자기의 뜻과 영원 전부터 그리스도 예수 안에서 우리에게 주신 은혜대로 하심이라"(딤후 1:9) 이로써 우리를 구원하려고 돌아가신 예수 그리스도께서 영광을 받으신다. 우리의 부름과 구원은 예수님이 오신 목적을 이룬 것이므로 예수님이 영광을 받으셔야 한다. 하나님은 복음에 의해 부르셨는데, 하나님의 부르심과 믿음, 또 우리의 구원이 복음이다.

3. 굳건하게 세우는 하나님

부름을 받아 믿었고 구원받았다면 이후에는 어떻게 해야 하는가? 믿음을 가졌다면 그것으로 다 되는가? 믿음을 유지하지 못하도록, 믿음을 버리게 하는 수많은 유혹과 억압들이 믿음의 사람을 기다리고 있다. 믿기 시작한 이후로 생각하는 일마다 이뤄지고, 하는 일마다 잘 되고, 경제적으로도 넉넉해지고, 더 건강해지며 가족이 더 화목해진다면 얼마나 좋은 일이겠는가? 그런데 믿음의 생활이 녹록지 않다. 분명히 예수님을 믿는데, 일이 쉽게 풀리지 않는다. 풀리지 않는 나를 보고 예수님을 믿는 일이 인생의 잘못된 선택이라고 조롱하는 사람도 있다. 먼 데 있는 사람이나 나와 관련이 없는 사람이 말하면 그러려니 할 텐데, 내 가족들이 조롱하면 할 말이 없어진다. 게다가 믿음을 갖지 못하도록 상거래를 중단하거나 가진 재산을 뺏은 사람도 있다. 이런 말을 듣고, 이런 일을 당하면 믿음에 대해 의심이 든다. 과연 믿는 일이 바른 일인지, 예수님이 나를 구원하심이 맞는 것인지 의심할 수 있다. 이 모든 일이 은혜를 감소시키는 일이다. 이때 믿음의 사람들은 바울의 권고를 들어야 한다. 15절 말씀이다. "형제들아 굳건하게 서서 말로나 우리의 편지로 가르침을 받은 전통을 지키라" 바울은 성도들에게 이런 고통이 따름을 알고 있었다. 고통이 올 때 믿음을 굳건하게 세워야 한다.

4. 은혜를 허락하신 하나님

믿음을 굳건하게 세우는 일이 사람의 힘으로 가능할까? 아니다. 하나님의 은혜로 우리의 믿음이 굳건하게 세워진다. 하나님이 우리의 믿음을 굳건하게 세우시려고 괴로움을 당하는 사람을 위로하시고, 믿음의 승리가 있을 것이라는 소망을 허락하신다. 조롱하고 박해하는 사람은 현재의 어려움이 영원히 지속할 거로 생각한다. 그러나 하나님은 믿음의 사람에게 미래의 영광을 소망으로 주신다. "현재의 고난은 장차 우리에게 나타날 영광과 비교할 수 없도다"(롬 8:18) 하나님이 우리를 사랑하신다. 그리고 아들이신 예수 그리스도께서 우리를 사랑하신다. 현재만을 생각하는 사람들이 힘을 얻어서 믿음의 사람들을 조롱하고 박해한다고 할지라도 하나님은 믿음의 사람에게 영원한 미래의 승리와 아름다움을 소망으로 주신다. 소망을 받은 사람은 마음에 위로를 얻는다. 소망을 가진 사람은 박해하는 사람과 다르게 생각하고 다르게 말한다. 박해하고 조롱하는 사람은 악한 말, 비웃는 말을 하고 자기들의 말을 안 들으면 물건을 뺏거나 몸을 다치게 한다. 그러나 믿음의 사람은 말과 일에서 선하게 행한다. 선한 말과 일을 하는데 실망할 일이 생겨도 흔들리지 않고 중단하지 않는다. 이것이 굳건한 믿음이다. 하나님은 믿음의 사람들을 굳건하게 세우는 은혜를 주신다. 우리에게 허락되었다.

성 경	시편 147:7-20	예전색상	초록색

예배의 부름

"내가 주의 성전을 향하여 예배하며 주의 인자하심과 성실하심으로 말미암아 주의 이름에 감사하오리니 이는 주께서 주의 말씀을 주의 모든 이름보다 높게 하셨음이라"(시 138:2)

감사와 찬송을 받으시기에 합당하신 하나님 아버지! 추수감사절에 하나님께 감사와 영광을 돌리나이다. 하나님께서 지난 한 해 동안 우리를 사랑으로 영혼과 육신과 생활을 지켜주셨나이다. 오늘도 사랑하는 성도들이 균형 잡힌 감사의 예배를 드리게 하심을 진심으로 감사드립니다. 이 시간, 우리의 뜻과 정성을 모아 추수 감사의 예배를 드리오니 받아 주시옵고, 축복의 2026년을 기다리게 하옵소서. 예수님의 이름으로 기원하옵나이다. 아멘

회개를 위하여

우리가 지난 한 해를 돌이켜 볼 때 하나님께 감사가 너무나 적었습니다. 하나님께서는 주무시지도 않으시고 졸지도 않으시며 늘 우리와 함께하시지만 감사하기는커녕 오히려 불평과 불만을 토해낸 그 못난 사람이 나는 아닌지 성찰하고 회개하는 기도를 계속합니다.

고백의 기도

균형 잡힌 추수의 감사에 복을 주시는 하나님 아버지! 오늘 추수 감사 주일에 우리가 살아온 2025년 한 해를 돌아보면 헤아릴 수조차 없는 많은 은혜를 받아왔지만, 감사하지 않은 죄를 용서하여 주옵소서. 하나님께서 주신 모두를 하나님께 드려야 한다는 것을 알면서도 그대로 지키지 못한 죄를 고백합니다. 너무 자신만을 위하는 옹졸한 생활을 하였으며 많은 것을 누리고 살면서도 하나님께 감사하지 않고 부모님과 이웃에게 고마움을 표하지 못한 잘못을 불쌍히 여겨 주옵소서.

재물에 욕심을 많이 부렸습니다. 많은 것을 갖고도 선을 행하고 나누지 못했습니다. 섬김이 영성의 첫걸음인 줄 모르고 섬기기보다는 섬김을 받으려고 했습니다. 용서하여 주옵소서. 오늘 추수 감사 주일에 결심합니다. 받은 은혜를 계수하며 더 많이 드리는 감사 생활을 하겠습니다. 불평할 힘으로 감사하고 살겠습니다. 한 입으로 찬양하고 거짓 하는 위선의 삶을 살지 않겠습니다. 대접을 받기보다 대접하고, 나누는 삶을 실천하겠습니다. 결심을 보시고 용서의 말씀을 주시옵소서. 예수님의 이름으로 회개하며 기도드립니다. 아멘

사함의 확인

"내가 이르기를 내 허물을 여호와께 자복하리라 하고 주께 내 죄를 아뢰고 내 죄악을 숨기지 아니하였더니 곧 주께서 내 죄악을 사하셨나이다"(시 32:5)

송시교독	106. 감사절(2)
설교 전 찬 송	28장 (복의 근원 강림하사) 587장 (감사하는 성도여)
설교 후 찬 송	589장 (넓은 들에 익은 곡식) 590장 (논밭에 오곡백과)

11 16

금주의 성가	영광의 주께 감사하리라 – Allen Pote 감사와 찬송드리세 – Negro Spiritual 논밭에 오곡백과 – M. Nuernberg
목 회 기 도	우주 만물과 사람을 창조하신 하나님 아버지! 오늘 2025년 추수 감사 주일을 맞이하여 일 년 동안 생육하고 번성하는 축복을 주셨음을 감사드립니다. 하나님은 우리의 노래와 찬양을 받으시는 줄 믿으며, 우리의 몸과 마음과 영혼에서 나오는 감사를 받으시오니, 우리의 삶 전체가 하나님을 기쁘시게 하는 제물이 되게 하시옵소서. 하늘에서 비가 내려 초목이 자라는 일처럼, 성령의 이른 비와 늦은 비를 내려주셔서 우리의 영혼과 생활이 윤택하게 하시옵소서. 앞으로도 우리에게 환경의 복, 믿음의 복, 소망의 복, 사랑의 복, 자녀의 복, 자연의 복, 토지의 복, 국가의 복, 경제의 복을 주시옵소서. 죄에서 건져주시고 의롭다 칭함을 주신 하나님 아버지! 그동안 저희는 입으로만 감사했지 몸으로는 감사하지 못했습니다. 저희는 물질로는 감사했지 생활로는 감사하지 못했습니다. 저희는 체면상 감사했지 가슴으로는 감사하지 못했습니다. 오늘 하루만이라도 전인적인 감사가 되게 하옵소서. 이 감사의 예배로 무한한 영광을 받으시고, 감사하는 성도들에게 축복해 주시옵소서. 우리를 죄에서 구원하신 주님 예수 그리스도의 이름으로 감사하오며 간절히 기도드립니다. 아멘
헌금을 위 한 성 구	"심는 자에게 씨와 먹을 양식을 주시는 이가 너희 심을 것을 주사 풍성하게 하시고 너희 의의 열매를 더하게 하시리니 너희가 모든 일에 넉넉하여 너그럽게 연보를 함은 그들이 우리로 말미암아 하나님께 감사하게 하는 것이라"(고후 9:10-11)
헌 금 기 도	감사의 조건을 허락하시며 감사를 받으시기에 합당하신 하나님 아버지! 2025년 추수감사절에 온 성도가 몸과 마음으로 받은 은혜를 기억하면서 예배를 드리게 하심을 감사드립니다. 오늘 물질만 하나님 앞에 들려지지 않게 하시고 우리의 시간과 마음과 몸으로도 하나님을 기쁘시게 해드리는 성도가 되게 하옵소서. 믿음과 소망과 사랑의 씨를 심게 하시고 추수 때에 열매를 풍성하게 거두게 하옵소서. 육신을 위한 씨만 심지 말고 의와 진리를 위한 씨를 심어서 영혼이 풍성하게 하시고 거둔 열매를 이웃과 나눌 수 있게 하시옵소서. 이제 2025년을 마감하면서 감사하는 손길에 영원한 기쁨과 감사가 있게 하시고, 감사하는 심령에 신령한 축복으로 채워주소서. 우리의 감사가 형식적인 것이 되지 않게 하여 주시기 바라나이다. 하나님께서 우리에게 정말로 감사해야 할 은혜를 주셨나이다. 그런데 우리의 영혼이 어두워서 보지 못하였나이다. 우리의 영혼이 하나님의 축복을 보게 하여 주옵소서. 우리의 감사가 하나님의 영광이 되게 하시옵소서. 예수님의 이름으로 축복하며 기도드립니다. 아멘
위탁의 말 씀	"여호와는 자기를 경외하는 자들과 그의 인자하심을 바라는 자들을 기뻐하시는도다" 하나님은 우리에게 영육 간에 균형 잡힌 복을 주심으로 감사하게 하십니다. 감사가 인색해지면 주셨던 복도 거두어가시는 분이심을 믿고 간구하는 시간만큼 감사하는 신앙을 살아야 할 것입니다.
축 도	지금은 모든 백성이 기쁨으로 구원을 노래하게 하시는 예수 그리스도의 은혜와 귀와 영광을 받으시기에 합당하신 하나님 아버지의 사랑하심과 성령의 교통과 하나님의 자녀로 살아가기에 부족함이 없도록 역사하심이 오늘 추수감사주일에 하나님께 예배하고 하나님만을 잘 섬기며 말씀을 의지하면서 살아가기로 작정하고 돌아가는 백성들 위에 그리고 저들의 가정과 교회 위에 영원토록 함께하시기를 축원하옵나이다. 아멘

오늘의 설교를 위한 복음적 조명 주제 : 통전적 추수

제목 : 균형 잡힌 추수의 복 | 본문 : 시편 147:7-20

주제 : 하나님은 우리에게 복을 주신다. 하나님은 우리에게 영육 간에 균형 잡힌 복을 주심으로 감사하게 하신다. 우리가 사는 환경, 하나님의 인자함을 바라는 믿음, 우리가 사는 집의 풍요로움, 우리의 자녀들이 받는 복 등 모두 하나님께서 우리 삶에서 거두게 하신다.

논지 : 하나님은 우리에게 영과 육의 다양한 복을 거두게 하시어 감사하게 하신다.
  1. 노래와 찬양을 받아주시는 하나님
  2. 경외와 소망을 기뻐하시는 하나님
  3. 자녀와 토지를 다스리시는 하나님
  4. 말씀과 계율을 보여주시는 하나님

하나님은 사람을 창조하셨다. 하나님은 창조한 사람에게 복을 주셨다. 생육하고 번성하며 땅을 관리하라는 말씀으로 복을 허락하셨다. 하나님은 사람에게 복을 주시기 전에 이미 사람을 위한 복의 환경을 만들어주셨다. 하나님이 천지를 창조하셨는데, 천지는 곧 창조된 사람을 위해 살아갈 수 있는 복된 환경이었다. 사람은 하나님이 허락하신 복된 환경을 누리기만 하면 되었다. 하나님이 말씀하신 대로 선악을 알게 하는 나무의 열매를 먹지만 않으면 되었다. 그러나 사람은 그 한 가지를 지키지 못했다. 사람에게 하지 말라던 그 하나가 사람에게는 받은 복에 대해 만족하지 못하는 요소가 되었다. 사람에게 찾아와서 불만족을 부추기고 하나님의 명령을 어기게 하는 간교한 존재가 있었다. 사람은 간교한 존재의 꼬임에 빠져 불만족을 없애보려고 했다. 만족하지 못하면 감사가 없다. 불만족은 감사를 억누르고 감사의 감정을 잊게 한다. 우리가 비록 세상에서 살면서 죄의 관영함을 본다고 할지라도 하나님의 창조된 사람이라는 사실 하나만으로 감사해야 한다. 하나님이 우리를 세상에 보내시고 살아가게 하심이 복이다. 하나님은 누구에게나 살아가도록 복된 환경을 주셨기 때문이다. 비록 내 환경이 다른 이에 비해 안정적이지 못하다 할지라도 나의 존재만으로도 감사해야 한다.

1. 노래와 찬양을 받아주시는 하나님

시편 기자는 하나님을 찬양하라는 노래를 지었다. 자신을 향한 다짐이기도 하고 다른 이를 향한 권고이기도 하다. 그런데 찬양의 이유가 곧 감사이다. 본문에는 감사함으로 여호와께 노래하라는 명령형의 표현이 가장 먼저 등장한다. 무엇을 감사하기 때문에 찬양하라고 할까? 본문에는 하나님이 사람에게 주신 복들이 담겨 있다. 가장 먼저 환경적인 복이 담겨 있다. 하나님이 구름으로 하늘을 덮으셨다. 땅을 위하여 비를 준비하셨다. 하늘에 뜬 구름에서 비가 땅으로 내렸다. 비가 내리면 대지를 적신다. 온 땅에 각종 식물이 자라며 산에 풀도 자란다. 풀이 자라고 나무에 열매가 맺으면 각종 날짐승과 들짐승들에게 먹을 것이 공급된다. 초식동물이 풀을 먹고 살이 찌고 또 육식동물은 살찐 초식동물을 먹이로 삼는다. 약육강식의 세상이긴 하지만 먹이사슬과 생태계가 정상적으로 돌아가고 있다. 사람은 정상적으로 돌아가는 생태계 안에서 만족하며 살 수 있다. 죄를 지어 에덴동산에서 쫓겨난 사람이 농사를 짓거나 목축을 하고 살아야 한다. 사람이 사는 데 하늘의 구름과 땅에 내리는 비에 의해 식물이 자라고 동물의 먹거리가 제공되어야 한다. 하나님이 자연의 현상을 사람에게 복으로 허락하셨다. 아무리 산업화 시대라 해도 하늘, 구름, 비, 산천초목과 동물은 복된 환경이다.

2. 경외와 소망을 기뻐하시는 하나님

사람은 자연만물과 환경 안에서 살아가고 있다. 고대에는 사람들이 자연환경에 대한 두려움이 있었다. 그러나 산업화하고 과학기술이 발전하면서 사람은 자연을 다스릴 수 있다고 생각했다. 그 결과가 곧 무분별한 자연파괴와 개발이다. 화석연료를 사용하고 대체연료를 개발한다고 하지만 지구는 점점 오염되고 있다. 오염의 결과는 지구환경의 변화이다. 바닷물의 수온이 높아지고 극한 호우와 가뭄 그리고 극심한 더위와 추위가 부정기적으로 반복되어 사람을 어렵게 한다. 이 모두가 사람이 능력을 과신하여 지구를 쓰레기통으로 만들기 때문이다. 사람은 촌철살인으로 말을 잘하는 사람과 힘센 사람을 좋아한다. 그러나 말이나 힘이 센 사람을 기뻐하지 않으신다. 하나님은 당신을 경외하는 사람, 하나님의 인자하심을 따르는 사람을 기뻐하신다. 즉, 하나님은 믿음의 사람을 기뻐하신다. 하나님은 기뻐하시는 사람의 유형을 정하시고 사람에게 알려주셨다. 하나님이 기뻐하시는 사람이 곧 복된 사람이다. 하나님을 향한 믿음이 곧 복이다. 믿음의 복을 가진 사람은 하나님 앞에 자신의 나약함을 인정한다. 자연 만물을 자기 마음대로 할 수 있다고 생각하지 않는다. 자연 만물은 하나님이 주신 복이므로 하나님의 뜻대로 다스려야 한다고 믿고 행동한다. 이러한 믿음이 복이다.

3. 자녀와 토지를 다스리시는 하나님

시편 기자는 예루살렘을 향해 하나님을 찬송하라는 명령형을 표현한다. 예루살렘은 유대인들의 종교와 행정의 수도이지만 정신적이고 영적인 고향이다. 유대인들은 하나님이 예루살렘에서 민족에게 복을 주시고 예루살렘을 통해 나라에 복을 주신다고 믿는다. 예루살렘은 다른 말로 '시온'이라고 불린다. 시인은 "시온아 네 하나님을 찬양하라"고 표현한다. 하나님이 민족의 구심점을 주신 일이 민족에게는 복이다. 하나님이 복을 주시는 장소를 알려주심이 나라에는 복이다. 하나님이 예루살렘을 보호하신다. 문빗장을 견고하게 하시고 예루살렘에 사는 자녀들에게 복을 주신다. 예루살렘 경내를 평안하게 하시고, 복된 말씀으로 그 안에 사는 사람들을 배부르게 하신다. 하나님이 복을 명령하셨고, 그 복이 온 땅에 가득하다. 하나님이 자녀와 토지에 복을 주신다. 그리고 하나님은 계절이 변하고 자연의 쉼과 회복을 복으로 허락하셨다. 하나님이 눈과 서리를 내리시며 우박을 떡 부스러기처럼 뿌리신다. 추위가 닥치면 누구도 추위를 감당하지 못한다. 하나님은 우리가 사는 땅을 안전하게 하시고 자녀들에게 복을 주셨다. 그러나 이 복을 알지 못한다면 그것이 곧 영적인 감기 현상이다. 예루살렘이 복을 받았지만 하나님께 감사하지 못했을 때 매우 춥고 무서운 계절을 겪었다.

4. 말씀과 계율을 보여주시는 하나님

겨울이 깊어지고 매서운 추위가 닥치면 사람들이 몸을 움츠린다. 그리고 겨울이 빨리 지나고 봄이 오기를 바란다. 봄이 오면 만물이 움 돋고 몸도 활발하게 움직인다. 사람이 감당할 수 없는 추위가 있어도 하나님이 말씀을 보내심으로 추위를 녹이신다. 하나님이 바람을 불게 하심으로 물이 흐른다. 얼었던 대지가 녹고 물이 흐르는 회복의 복이다. 하나님이 말씀하심으로 자연을 회복하시고 또 사람을 회복하신다. 하나님이 우리에게 말씀의 복을 주셨다. 하나님이 말씀을 야곱에게 보이시고 율례와 규례를 이스라엘에 보이셨다. 야곱과 이스라엘은 같은 말이다. 야곱이 얍복 나루에서 이스라엘이라는 새로운 이름을 복으로 받았기 때문이다(창 32:28). 하나님은 선택하신 민족에게 하나님의 뜻대로 살며 복을 누리도록 말씀하셨다. 하나님은 세상의 어떤 민족에게도 이런 은혜와 복을 주신 적이 없다. 하나님으로부터 말씀을 들었다는 일이 커다란 복이다. 오늘 우리가 살면서 말씀을 듣고 행할 수 있음이 복이다. 우리에게 세상에서 하나님을 섬기고 영원한 천국으로 이끌어 들이신다는 약속의 말씀이 주어졌다. 얼마나 감사한가? 우리에게는 환경의 복, 믿음의 복, 자녀의 복, 토지의 복, 믿음의 복이 주어졌다. 다른 사람에게 있는 것 생각하지 말고 내게 주어진 복에 감사하자.

성 경	요한복음 10:31-42	예전색상	초록색

예배의부름	"행위가 온전하여 여호와의 율법을 따라 행하는 자들은 복이 있음이여 여호와의 증거들을 지키고 전심으로 여호와를 구하는 자는 복이 있도다"(시 119:1-2)
	자랑할 것 없는 믿음을 보시고도 산을 옮길 수 있는 권능을 주시는 하나님 아버지! 오늘도 예수님의 피로 세우신 교회에 불러 주시고 예배를 드리게 하심을 감사드립니다. 교회는 생명의 요람이며, 성도의 휴식처이고 삶의 출발점임을 믿습니다. 한 주간 동안 세상에서 지친 성도들이 무거운 죄지음을 내려놓게 하시고 신령한 길을 발견하게 하옵소서. 오늘도 눈물로 애원하는 소원들이 해결되는 기적의 강물이 흘러넘치게 하옵소서. 예수 그리스도의 이름으로 기원하옵나이다. 아멘

회개를 위하여	예수님은 삼위일체 하나님의 아들로 '성자'이신데 우리는 예수님을 하나님의 아들로 믿지 않고, 세상의 위대한 한 인물로 생각했습니다. 이는 분명히 성자이신 예수님의 신성을 부인하는 죄로 알고 뉘우치며 회개하는 기도를 드리겠습니다.

고백의기도	**독**생자 예수 그리스도를 세상에 보내신 하나님 아버지! 예수님은 성령으로 동정녀 마리아의 몸을 통하여 세상에 탄생하셨는데, 우리는 예수님의 동정녀 탄생은 과학으로 믿을 수 없다고 생각한 불신앙을 고백하나이다. 하나님께서 우리를 사랑하셔서 독생자 아들을 세상에 보내셨고, 우리의 죄를 대신하여 십자가에 못 박혀 죽었는데, 우리는 하나님의 사랑과 예수님의 희생을 거역하고 하나님을 사랑하지 않았으며 예수님의 희생에 보답하지 않은 죄를 용서하여 주옵소서.
	하나님의 사랑과 예수님의 희생에 보답하지 못한 죄를 용서하여 주시옵소서. 하나님의 아들이신 예수님의 말씀을 듣고 행하는 생활을 해야 하는데, 실제로는 행하지 않고 무관심하였으며 믿음이 있다는 허울 좋은 이름만 있고 실제로 행하지 않는 짝퉁 성도인 것을 불쌍히 여겨 주옵소서. 교회는 다녀도 형식적으로 교회에 나온 이름뿐인 성도가 아닌지 허물을 용서하여 주옵소서. 다시는 자신의 명예와 위신을 위해서 믿는 척하고 실제로는 살아 계신 하나님을 믿지 않은 불신앙의 모습이 우리에게서 사라지게 하옵소서. 예수님의 이름으로 회개하며 기도드립니다. 아멘

사함의 확인	"하나님이 그들이 행한 것 곧 그 악한 길에서 돌이켜 떠난 것을 보시고 하나님이 뜻을 돌이키사 그들에게 내리리라고 말씀하신 재앙을 내리지 아니하시니라"(욘 3:10)
성시교독	86. 요한계시록 14장
설교 전 찬 송	29장 (성도여 다 함께) 80장 (천지에 있는 이름 중)
설교 후 찬 송	82장 (성부의 어린 양이) 85장 (구주를 생각만 해도)

11 23

금주의 성가	주 하나님 크시도다 – Swedish Folk Tume 나는 하나님이시라 – Elceanor W. Collins 내가 산을 향하여 눈을 드니 – Allen Pote
목회기도	사랑과 자비가 풍성하신 하나님 아버지! 무수한 죄악으로 죽어서 지옥에 갈 수밖에 없는 우리가 예수님을 믿게 하시고 구원해 주셔서 감사하나이다. 하나님의 아들로 세상에 오신 예수님께서 내가 곧 길이요, 진리요, 생명이니 나로 말미암지 않고는 아버지께로 올 자가 없느니라 말씀하셨으니, 우리는 예수님을 믿어 생명의 길을 가게 하옵소서. 진리로 죄에서 자유롭게 하시고 생명을 얻어 구원을 받아서 천국에서 영원히 살게 하옵소서. 우리도 믿음으로 예수님처럼 하나님 아버지의 뜻을 이루게 하시옵소서. 허물과 죄악을 야단치 않으시고 긍휼히 여기시는 하나님 아버지! 오늘 우리는 교회력에 따라 마지막 예배를 드리고 다음 주일 때부터 대림절기를 시작합니다. 예배에 참석하여 몸과 마음을 드리고 싶으나 육신의 고통으로 인하여 이 자리에 참석하지 못한 성도와 직장 일로 멀리 나가 있는 성도, 나라의 의무를 다하기 위하여 군 복무에 임하고 있는 성도들이 한 공간에 있지는 못하지만, 시간과 공간을 초월하시는 주님 사랑으로 하나가 되어 예배할 수 있게 하옵소서. 다음 절기 시작부터 성령을 충만하게 받아서 신비한 삶을 살게 하시기를 예수님의 이름으로 기도드립니다. 아멘
헌금을 위한 성구	"감사로 하나님께 제사를 드리며 지존하신 이에게 네 서원을 갚으며 환난 날에 나를 부르라 내가 너를 건지리니 네가 나를 영화롭게 하리로다"(시 50:14-15)
헌금기도	독생자 외아들 예수님으로 영광을 받으시는 하나님 아버지! 감사하는 믿음으로 하나님께 예배를 드리면서 서원하는 마음을 담은 헌금을 드리게 하심을 감사드립니다. 독생자 외아들 예수님을 우리에게 보내셔서 우리를 구원하셨으니, 우리는 그 크신 하나님의 은혜에 감사하는 헌금을 드리나이다. 우리는 하나님의 아들답게 살게 하시고 지금 하나님께 드리는 헌금으로 하나님을 아버지로 믿지 않은 사람들에게 복음을 전파하는 비용으로 쓰게 하시옵소서. 우리가 수입이 많다고 많이 드리고 수입이 없다고 드리지 않는 어리석은 인간이 되지 않게 하소서. 수입이 없지만, 하나님께 헌금을 드릴 수 있는 믿음을 주시옵소서. 하나님께서 주시기도 하며 빼앗기도 하신 것을 알게 하시옵소서. 우리는 홀몸으로 왔다가 홀몸으로 돌아가오니 물질에 집착하지 말게 하시고 항상 넉넉한 마음으로 베풀며 사는 성도가 되게 하시옵소서. 한 해를 살면서 십일조 헌금과 감사 헌금, 선교 헌금과 소원의 헌금을 드리는 성도로 생명록에 기록되게 하심을 감사드리며 예수님의 이름으로 축복하며 기도드립니다. 아멘
위탁의 말씀	"너희가 아버지께서 내 안에 계시고 내가 아버지 안에 있음을 깨달아 알리라" 예수님은 하나님의 아들로서 아버지와의 신비한 연합을 우리에게 알려주셨습니다. 예수님이 하나님 안에서 역사하심처럼 우리도 말씀 안에서 살아갈 때 우리 삶이 역사되는다는 사실을 믿고 살아야 합니다.
축도	지금은 저희를 위해 십자가에 달려 그 큰 고통을 기꺼이 감당하신 주 예수 그리스도의 은혜와 날마다 새롭게 용서하시는 하나님 아버지의 넓으신 사랑과 보혜사 성령님의 감화 · 감동 · 교통케 하시는 은총의 역사가 사랑하는 모든 성도가 서로를 위해서 중보 기도할 결단을 새롭게 다짐하고 돌아가는 아름다운 결심 위에 영원히 함께하시기를 간절히 축원하옵나이다. 아멘

오늘의 설교를 위한 복음적 조명 주제 : 성자 예수님

제목 : 하나님의 아들 l 본문 : 요한복음 10:31-42

주제 : 예수님은 아버지의 보냄을 받아 세상에 오셨다. 예수님은 하나님의 아들로서 아버지와의 신비한 연합을 우리에게 알려주셨다. 예수님은 비록 신성모독이라 오해를 받으셨고 돌에 맞을 위기를 겪으셨지만, 여전히 아버지의 일을 행하심으로 믿음의 대상임을 증명하셨다.

논지 : 예수님은 하나님과의 신비한 연합을 우리에게 깨닫게 하셨다.
  1. 신성모독으로 몰린 위기의 예수님
  2. 아버지로부터 보냄을 받은 예수님
  3. 아버지와 신비한 연합이신 예수님
  4. 참되다고 인정을 받으시는 예수님

  옳은 일을 해도 비난을 받는 경우가 있다. 옳은 말을 해도 비웃음을 당하는 경우가 있다. 옳은 말과 일인데 너무 과하여서 다른 사람에게 부담을 주면 비웃음을 받을 수 있다. 사실 옳은 말과 일은 과하게 하고 싶어야 한다. 누가 비웃더라도 바른 일이라면 꾸준하게 진행해야 한다. 하지만 내 일이 옳을 수도 있고, 아닐 수도 있다면 다른 사람에게 부담이 갈 만큼 과하면 안 된다. 다른 사람에게 부담을 주어서 일을 그르칠 수도 있기 때문이다. 또 상대가 하는 일에 대한 나의 반응이 옳을 수도 있고 아닐 수도 있다면 상대를 심하게 몰아세우지 말아야 한다. 심하게 몰리는 사람은 자기가 틀린 줄 알면서도 자기를 몰아세우는 사람을 향한 서운함을 갖기 때문이다. 우리 예수님은 세상에서 옳은 말을 하시고 바른 일을 하셨다. 그런데 기득권을 가진 사람들이 예수님을 부담스러워한다. 자기들의 허점을 찌르고, 모순을 공격하는 예수님의 말씀이 부담스럽기 때문이다. 마음에 부담을 솔직하게 인정하자니 자존심이 상한다. 미안하다는 말을 죽기보다 싫어한다. 예수님이 자기들 눈앞에서 사라졌기를 바란다. 그러다 보니 예수님을 공격할 빌미를 찾는다. 자기들의 행위를 갖고 따지면 시시비비를 가리기 어렵다. 자기들의 옳음을 확실하게 증명하려면 제3의 주제, 즉 하나님을 말해야 한다.

1. 신성모독으로 몰린 위기의 예수님

  예수님은 당신을 양의 문, 선한 목자라고 하셨다. 그리고 예수님은 아버지와 하나라고 말씀하셨다. 유대인들이 돌을 들어서 예수님에게 던지려고 한다. 돌을 던지는 일이 이번이 처음은 아니다. 예수님이 성전에서 가르치시면서 아브라함이 있기 전부터 있었다고 말씀하심을 들은 유대인들이 예수님께 돌을 던지려 하였다. 이전에 돌이 날아올 때 예수님은 숨어서 성전에서 나가셨다. 이번에는 아버지의 뜻을 따라 선한 일을 여러 번 보였는데 어떤 일이 돌을 던질만한 일이냐고 질문하신다. 전에는 일단 위기를 피하셨지만, 이제는 당당하게 질문하신다. 옳은 말을 하고, 옳은 일을 행하여도 비난을 받을 때 때로는 맞닥뜨려야 할 때도 있다. 늘 피한다면 옳은 일을 증명하기 어렵기 때문이다. 때를 보아서 직면해야 한다. 상대가 불평하게 생각하고 분을 품는다고 할지라도 옳은 일을 이루기 위해서는 질문하고 상대의 마음을 알아보아야 한다. 유대인들은 예수님의 선한 일 때문이 아니고 신성모독 때문이라고 대답한다. 예수님은 분명 사람인데 하나님과 하나라고 하셨으니 유대인들이 보기에는 자칭 하나님이라고 말하는 신성모독에 해당한다고 보았다. 예수님이 아버지의 뜻에 맞게 행하고 일치함을 말씀하여도 사람들은 자기들 해석으로 예수님을 향해 돌을 들어 던지려 한다.

2. 아버지로부터 보냄을 받은 예수님

예수님은 하나님 아버지의 보내심을 받아 세상에 오셨다. 예수님이 행하는 일은 모두 아버지의 일이다. 예수님의 말씀은 모두 아버지의 말씀이다. 보냄을 받은 아들은 보내신 아버지의 뜻대로 행해야 한다. 아버지 하나님과 아들 예수님은 뜻이 일치하였다. 또 사람들을 가르치고 구원하려는 목적에서 일치하였다. 예수님이 아버지와 하나라는 말은 존재성의 일치가 아니라 뜻과 목적의 일치였다. 위격의 일치가 아닌 섭리와 경륜의 일치였다. 예수님은 과거에 기록된 말씀을 거론한다. 하나님은 모세를 애굽으로 보내실 때이다. 출애굽기 7장 1절의 말씀이다. "여호와께서 모세에게 이르시되 볼지어다 내가 너를 바로에게 신 같이 되게 하였은즉" 모세가 하나님의 말씀을 받았으므로 사람들이 볼 때에는 모세를 신으로 여길 수 있었다. 그렇다면 하나님 아버지께서 거룩하게 하시고, 세상에 보냄 받은 분이 세상에 와서 "나는 하나님의 아들"이라고 말할 수 있다. 하나님의 선지자가 신처럼 여김을 받았다면 아버지의 보냄을 받은 분이 하나님의 아들이라고 선언함이 당연하다. 예수님의 말씀은 결코 신성모독이 아니다. 예수님은 아버지와의 관계, 아버지와의 뜻의 일치, 아버지의 보냄을 받은 사명, 아버지 뜻의 성취를 말씀하셨다. 아버지로부터 보냄을 받은 예수님이기에 가능하다.

3. 아버지와 신비한 연합이신 예수님

예수님은 아버지의 보냄을 받아 세상에 오셔서 아버지의 뜻을 행하셨다. 예수님의 행하심은 아버지의 뜻을 증명하는 일이었다. 만약 예수님이 아버지의 뜻을 행하지 않는다면 사람들이 예수님을 믿지 않아야 한다. 그러나 예수님을 안 믿는다고 할지라도 예수님 이전부터 있었던 아버지의 일은 믿어야 한다. 세상에는 눈에 보이는 현상을 보고 하나님을 믿는 사람이 있다. 또는 눈에 보이는 현상이 바르지 못하다고 하나님을 믿지 않는 사람이 있다. 예를 든다면, 교회 다니는 사람이 교통위반을 한 번 했다고 교회를 욕하고 모든 교회를 싸잡아 비난하는 사람이 있다. 교통위반을 한 그 사람이 문제이지 교회를 욕할 일은 아니다. 예수님은 비록 당신의 말을 안 믿는다고 할지라도 당신을 보낸 하나님을 믿어야 함을 강조하신다. 하나님이 사람들을 구원하시려는 뜻을 믿는다면 예수님과 아버지의 관계도 자연스럽게 믿어질 것이다. 믿는 사람들이 아버지께서 예수님 안에 계시고 예수님이 아버지 안에 있음을 깨닫게 될 것이다. 신앙인은 아버지 하나님과 아들 예수님의 신비한 연합을 믿는다. 아버지가 창세 전부터 세운 구원의 계획을 아들이 세상에서 실현하기까지 뜻과 마음과 목적에서 일치를 이룬다. 마음과 마음이 완전히 통하는 하나, 존재의 하나 됨, 본성이 하나 되는 신비한 연합이다.

4. 참되다고 인정을 받으시는 예수님

예수님과 아버지의 신비한 일치, 아버지가 아들 안에 계시고 아들이 아버지 안에 계심을 사람의 글과 이론으로 증명하기 어렵다. 세상에는 말과 글로 증명하기 어려운 일들이 매우 많다. 증명이 안 되면 이해라도 해야 하는데, 이해조차 어려운 신비한 일들이 매우 많다. 증명이 안 된다고 또 이해가 안 된다고 신비함을 믿지 않는 이들도 있다. 이런 사람들은 세상의 모든 일을 다 증명하고 이해할 수 있다고 착각한다. 자기 일에 대해서도 증명하지 못하고, 자기 주변의 일도 제대로 이해하지 못하면서 말이다. 증명이 안 되고 이해를 못 해도 예수님과 하나님의 관계를 믿어야 한다. 믿음이 복이고 은혜이며, 구원의 길이기 때문이다. 예수님이 솔로몬의 행각에서 말씀하시는데, 유대인들이 예수님을 체포하려고 한다. 예수님이 그들의 손에서 벗어나 나가셨다. 그리고 예수님은 요단 강 건너편, 요한이 처음 세례를 베풀던 곳으로 가셔서 거기 머무르셨다. 사람들이 예수님께 와서 말한다. 요한은 표적을 행하지 않고 이 사람에 대하여 말한 것이 있는데, 요한의 말이 모두 참이라고 한다. 세례 요한을 기억하고 요한의 말을 참되게 여기는 사람들이 요한이 말한 오실 그분, 즉 예수님을 참되다고 인정한다. 요단에 온 많은 사람이 예수님을 믿었다. 우리도 예수님을 참되다고 말하며 믿는다.

특별절기 예배와 설교를 위하여

송구 영신	설교제목		본문	
	비고			
교회 설립	설교제목		본문	
	비고			
	설교제목		본문	
	비고			
	설교제목		본문	
	비고			
	설교제목		본문	
	비고			
	설교제목		본문	
	비고			
	설교제목		본문	
	비고			
	설교제목		본문	
	비고			
	설교제목		본문	
	비고			
	설교제목		본문	
	비고			

성 경	시편 102:18-28	예전색상	흰색

예배의 부름	"너희는 이 세대를 본받지 말고 오직 마음을 새롭게 함으로 변화를 받아 하나님의 선하시고 기뻐하시고 온전하신 뜻이 무엇인지 분별하도록 하라"(롬 12:2) **알**파와 오메가 되시고 상한 심령 속에도 광명의 햇빛을 비추어 주시는 하나님 아버지! 다사다난했던 2025년을 결산하고 은혜의 선물로 주신 새로운 한 해 온 가족과 함께 송구영신 예배를 드리게 하심을 감사드립니다. 새해인 2026년에는 하나님의 선하시고 기뻐하시는 뜻이 무엇인지 분별하여 새해 영광의 비전을 준비하게 하옵소서. 이 예배가 영과 진리로 드려져 하나님이 가장 기뻐 받으시는 예배가 되게 하옵소서. 예수 그리스도의 이름으로 간절히 기원하옵나이다. 아멘
회개를 위하여	우리는 지난 일 년 동안 하나님의 통치 아래 살면서도 하나님의 통치를 거부하고 세상의 풍조를 따라서 제멋대로 살았습니다. 이는 분명히 하나님의 존재를 무시하며 가기의 마음과 뜻대로 생활한 죄이니 이를 뉘우치는 회개의 기도를 드리겠습니다.
고백의 기도	**우**리의 행복한 삶을 주관하시고 통치하시는 하나님 아버지! 이 시간 우리를 통치하시는 하나님의 은총을 생각할 때 부끄러워서 머리를 들 수 없나이다. 하나님께서는 만세 전부터 우리의 구원을 언약하셨으며 지난 한 해 동안에 우리를 통치하셨는데, 우리는 하나님의 뜻에 합당한 삶을 살지 못한 죄를 용서하여 주옵소서. 하나님의 구원을 받은 백성으로 변화된 삶을 살아야 하는데, 우리는 구원의 확신을 갖지 못하고 불신앙적인 생활을 고백하나이다. 우리는 입으로만 '주여' 부르면서 성령으로 거듭난 삶을 살지 못한 죄를 용서하여 주옵소서. **지**난 한 해 동안 구원받은 성도의 도리를 다하지 못하였고 세상에서 유혹의 욕심으로 먹고 마시고 취하여 산 허물을 고백하나이다. 하나님께 구원을 받는 성도라는 것을 망각하고 세속적인 삶을 살았습니다. 자신의 유익을 위해서 거짓말을 했으며 잠시의 기쁨을 위하여 육체의 쾌락도 즐겼으며 가난한 이웃을 돌아보지 못했습니다. 어려움을 당한 친구를 외면한 허물을 고백하나이다. 우리가 하나님의 통치에 순종하지 않고 성도의 도리를 하지 못한 죄를 용서하여 주시기를 예수님의 이름으로 기도드립니다. 아멘
사함의 확인	"의인의 길은 정직함이여 정직하신 주께서 의인의 첩경을 평탄하게 하시도다"(사 26:7)
성시교독	94. 새해(2)
설교 전 찬 송	550장 (시온의 영광이 빛나는 아침) 551장 (오늘까지 복과 은혜)
설교 후 찬 송	552장 (아침 해가 돋을 때) 554장 (종소리 크게 울려라)

송구 영신

금주의 성 가	나는 알파 또 오메가 – John Stainer 주께 네 염려 맡겨라 – Ralph Hanuel and Paul Williams 나 주의 길 따르리 – Ken Medema, Arr. by Charles G. Brown
목 회 기 도	**천**지와 사람을 창조하신 하나님 아버지! 지난 한 해 동안 우리를 통치하시며 우리가 먹을 음식과 입을 옷과 생활할 주택을 주셔서 감사하나이다. 하나님은 우리에게 건강과 힘을 주셨고 일한 일터와 가족이 생활할 집과 믿음을 지킬 주님의 몸 된 교회를 허락하신 하나님의 통치를 따르게 하셨나이다. 우리는 앞으로도 하나님의 통치에 순종하고 올바른 신앙생활을 하도록 성령으로 인도하여 주시옵소서. 하나님께서 우리에게 사랑과 자비와 은혜를 주셨으니, 우리는 하나님을 통치자로 섬기게 하시고 안전한 삶을 살게 하시옵소서. **연**약할 때 긍휼을 베풀어 강하게 하시는 하나님 아버지! 지난 일 년 동안 잘못된 저희 습관들을 고치지 못했지만 새로운 결심으로 점점 진보가 나타나는 다음 해를 살겠다고 다짐합니다. 우리가 모두 하나님의 통치에 따르고 예수님의 말씀대로 생활하게 하시옵소서. 우리가 세상에서 죄와 마귀의 노예로 있을 때, 하나님께서 구원하셨으니 우리는 하나님의 백성으로 예배와 찬송과 기도와 헌금에 충성하게 하시옵소서. 새해에는 근심 걱정과 두려움이 없는 행복한 삶을 살게 하시기를 예수님의 이름으로 기도드리나이다. 아멘
헌금을 위한 성구	"더러는 좋은 땅에 떨어지매 나서 백 배의 결실을 하였느니라 이 말씀을 하시고 외치시되 들을 귀 있는 자는 들을지어다"(눅 8:8)
헌 금 기 도	**영**원부터 영원까지 인간을 통치하시는 하나님 아버지! 새해 첫 시간에 정성을 다하여 하나님께 첫 헌금을 봉헌하게 하시니 감사와 찬송을 드립니다. 하나님께서는 어느 해보다도 저희를 위해서 해 주신 일의 깊이와 넓이와 높음을 크게 깨달아 알게 하옵소서. 지난 일 년 동안 물질 때문에 헐벗고 굶주리지 않게 차고 넘치는 감격을 살게 해 주신 은혜를 감사하여 예물을 드립니다. 정직한 마음으로 하나님의 것을 드리지 못했던 지난날의 잘못을 회개하는 눈물까지 받아 주시옵소서. **우**리가 정성껏 드리는 새해 첫 헌금을 받으시고 우리의 믿음이 더욱 강건해지게 하시옵소서. 좌로나 우로나 치우치지 않는 믿음을 가지고 때마다 일마다 승리하게 하옵소서. 우리의 심령이 평안하게 하시옵소서. 슬플 때 한숨을 쉬지 않게 하시고, 어려울 때 낙심하지 말게 하옵소서. 실패했을 때 절망하지 말게 하시고, 시험당할 때 기도를 쉬지 말게 하옵소서. 우리가 일 년 내내 감사의 헌금을 멈추지 않게 하시기를 예수님의 이름으로 축복하며 기도드리옵나이다. 아멘
위탁의 말 씀	"주는 한결같으시고 주의 연대는 무궁하리이다" 천지를 창조하신 그 순간부터 지금까지 하나님은 우리를 살피시고 힘을 주시며 무궁한 은혜에 속하게 하십니다. 우리가 살 다음 해인 2026년에도 하나님은 우리를 믿고 섬기는 백성들을 안전하게 하시고, 당당하게 세워주실 것을 믿고 살아야 합니다.
축 도	지금은 우리를 만 가지 죄에서 구원하시기 위하여 십자가를 지신 예수 그리스도의 은혜와 구원의 역사를 계획하시고 섭리하시는 하나님 아버지의 사랑하심과 이를 믿고 전하도록 도우시는 성령의 역사와 교통하심이 한 해를 마무리하고 새로운 해를 시작하는 예배를 드리고 돌아가는 주의 백성들과 가정과 세워주신 기업 위에 영원히 함께 계시기를 축원하옵나이다. 아멘

오늘의 설교를 위한 복음적 조명 주제 : 무궁한 통치

제목 : 하나님의 통치로 사는 우리 | 본문 : 시편 102:18–28

주제 : 하나님은 천지를 지으셨다. 그리고 사람을 창조하셨다. 하나님은 창조하신 사람을 살피시고 위기에서 구하신다. 하나님은 사람에게 힘을 주시며 무궁한 은혜에 속하게 하신다. 하나님은 당신을 믿고 섬기는 백성들을 안전하게 하시고, 하나님 앞에 당당하게 세우신다.

논지 : 하나님은 지으신 백성들을 살피시며 굳건하게 세우신다.
1. 백성을 창조하신 하나님
2. 백성을 해방하신 하나님
3. 대대로 무궁하신 하나님
4. 안전을 책임지신 하나님

근대까지만 해도 세계는 왕이 다스리는 제국들이 많았다. 국가는 왕의 역량에 따라 국가가 부강하고 영토를 넓힐 수 있었다. 위대한 왕이 나타나면 제국의 영토를 급속도로 넓히고, 제국의 백성들은 잘 살 수 있었다. 이처럼 영토를 급속도로 넓히고 제국의 역사를 유지하도록 기초를 놓는 왕들을 대왕, 혹은 대제라고 부른다. 물론 그 와중에 침략을 당하는 나라 사람들은 목숨을 잃기도 했다. 근대 이후에는 제국보다는 국민에게 주권을 주는 민주공화국이 많이 발전했다. 그 와중에도 몇몇 나라에는 독재자가 나타나서 전제주의로 다스리는 통치자가 있었다. 자기를 왕처럼 여기고 국가를 제국처럼 운영하였다. 첨단 정보화 시대에도 세계 곳곳에는 쿠데타를 일으켜 독재자가 집권하는 일이 흔하다. 국가에 혼란이 있을 때 구원자로 나서는 사람이 있는데, 어떤 사람은 일부러 혼란을 만들고 자기를 구원자라고 칭하기도 한다. 집권자들은 배부르고 국민은 배고픈 상황에 나타나기도 한다. 하나님은 이런 정치제도와 집권자들을 좋아하시지 않는다. 비록 제국주의의 왕이라 할지라도 하나님 앞에 겸손하고, 백성들을 존중해야 한다. 하나님은 지으시고 사랑함으로 다스리셨다. 정치가뿐만 아니라 모든 사람은 하나님의 통치를 배워야 하고, 정치와 정책, 정치 참여에 반영해야 한다.

1. 백성을 창조하신 하나님

하나님은 믿고 섬긴다고 하면서도 사람의 욕심이 앞서거나 특정한 계층의 부귀만을 앞세워서 정치한다면 국가는 혼란을 경험한다. 자기 민족의 번영을 앞세우면 국민이 똘똘 뭉칠 수 있지만 세계와 인류가 혼란을 경험한다. 새해가 되어 지난 한 해를 돌아보면 국가와 세계에 여러 혼란이 있었는데 그것은 모두 인간의 욕망으로부터 기인된 것이었다. 하나님은 세계와 인류의 혼란을 좋아하시지 않는다. 물론 사람의 욕망도 좋아하시지 않는다. 우리가 첫날에 평화를 원한다면 먼저 우리를 창조하신 하나님을 바르게 알아야 한다. 우리는 하나님께서 천지와 세계 그리고 인류를 창조하셨음을 믿는다. 우리가 믿고 우리의 후손들도 믿어야 한다. 하나님의 창조를 믿는 사람들의 평화가 기록되어야 한다. 하나님의 창조를 믿는 우리는 하나님을 찬양한다. 창조주 하나님께서 높은 곳에서 낮은 곳에 사는 우리를 굽어보시며 하늘에서 땅을 살펴보신다. 즉, 하나님이 우리를 지켜보시고 필요한 것이 무엇인지 살피시고 필요할 때 필요한 은혜를 주신다. 우리가 힘들어서 탄식할 때 하나님께서 들으시고, 탄식 소리가 그치도록 도와주신다. 하나님이 우리를 창조하셨으므로 우리의 사는 모습까지도 책임지신다. 올해도 하나님이 우리를 책임지시니 우리는 하나님을 찬양함이 마땅하다.

2. 백성을 해방하신 하나님

이스라엘이 애굽에서 살 때 혹독한 노예살이를 했다. 하나님은 백성들의 부르짖음을 들으셨고 부르짖는 이유를 아셨다. 하나님이 백성들의 근심을 아시고 근심에서 해방하려는 계획을 세우셨다. 하나님은 모세를 부르셔서 애굽으로 보내 백성을 젖과 꿀이 흐르는 가나안 땅으로 끌어내게 하셨다. 하나님이 백성을 해방하셨다. 가나안 땅에 들어온 백성들이 하나님을 제대로 섬기지 않고 우상에게 절하였다. 가나안 토속문화에 물들어 믿음의 순수함을 버렸다. 그 결과 백성들의 힘이 약화하고, 이방으로부터 침략과 약탈을 당했다. 하나님의 통치에서 벗어나서 하나님을 버리면 힘이 약해지고 고통이 생긴다. 하나님은 사람의 고통을 원하지 않으신다. 어떻게든지 고통에서 해방해 평화를 누리기 원하신다. 하나님의 해방을 경험한 사람, 하나님의 은혜로 평화를 누리는 사람은 하나님의 위대한 통치를 선포한다. 한 사람이 아닌 여러 사람이 모여 하나님의 통치를 말하고, 여러 나라와 민족이 함께 하나님의 통치 아래로 모인다. 진정한 해방은 민족과 나라들이 함께 하나님을 섬기는 모습으로 나타난다. 우리는 단지 하나님을 믿는다고 생각하는 것에 만족하지 말고 진심으로 하나님을 섬겨야 한다. 하나님을 섬기는 우리의 순결한 믿음이 온 세계 곳곳에 퍼지고 평화로 나타나야 한다.

3. 대대로 무궁하신 하나님

하나님이 우리를 통치하신다. 우리는 하나님의 통치 아래 살아가고 있다. 하나님의 통치를 믿는 우리가 세계 곳곳에 하나님의 통치를 말해야 한다. 우리가 먼저 하나님을 섬기고 하나님 앞에 성결해야 한다. 우리가 먼저 인간적인 욕망을 내려놓고 하나님의 통지에 복종해야 한다. 하나님이 우리 안에 주시는 평화를 우리가 먼저 체험해야 한다. 하나님의 통치와 평화는 어느 특정한 시대에만 나타나거나 적용되지 않는다. 하나님이 천지를 창조하시고 영원토록 다스리신다. 그러므로 하나님의 통치를 믿는 사람도 하나님의 영원한 통치를 믿는다. 비록 하나님의 통치가 적용되지 않는 것처럼 힘든 시기가 있어도 하나님은 여전히 우리를 통치하신다. 비록 내가 어려움을 당하고 나의 힘이 쇠약하고 내 안에 있는 평화가 짧아도 하나님은 영원토록 세계를 통치하신다. 시편 기자는 하나님의 통치로부터 제외되는 것을 원하지 않는다. 그래서 자기를 중년에 데려가지 말아 달라고 부탁한다. 하나님의 통치는 영원 무궁하시므로 오래 살면서 하나님의 통치를 누리고 싶기 때문이다. 하나님의 통치 세계 구석구석에 적용되는 것을 보려면 우리가 건강해야 한다. 우리의 영적 건강, 정신적 건강, 정서적 건강, 신체적 건강이 균형 잡혀야 한다. 하나님은 올 한 해 우리를 건강함으로 통치하신다.

4. 안전을 책임지신 하나님

시편 기자는 하나님의 창조를 믿는다. 하나님이 창조하신 세계를 통치하신다. 하나님이 창조하신 사람을 통치하신다. 하나님의 창조를 믿는 사람은 하나님의 통치를 믿는다. 하나님의 통치 아래로 들어가고 하나님께 복종한다. 우리가 바로 하나님의 창조와 통치를 믿고 하나님을 섬기는 사람들이다. 시편 기자는 하나님의 창조하심을 구체적으로 묘사한다. 하나님이 땅의 기초를 놓으시고 하늘도 지으셨다. 세계는 유한하며 사라질 수 있다. 그러나 세계를 지으신 하나님은 영원하시다. 입던 옷이 닳고 낡아지듯이 세계가 부패해질 수 있다. 사람이 더럽고 해진 옷을 갈아입듯이 하나님은 부패한 세계를 바꾸실 수 있다. 사람이 깨끗한 옷을 입는 습성이 한결같듯이 하나님은 한결같은 은혜로 세계를 통치하신다. 하나님은 당신의 통치를 믿고 당신의 통치 아래 모인 사람들에게 복을 주신다. 하나님께서 당신의 종들과 종들의 자손을 안전하게 거두시기를 도우신다. 종들의 후손은 주님 앞에 굳건하게 설 것이다. 세계를 창조하시고 사람을 창조하신 하나님이 우리를 창조하셨다. 하나님이 우리를 창조하셨으므로 우리를 안전과 굳건함으로 책임지신다. 송구영신 예배를 드리는 우리는 하나님께서 우리를 책임지심을 믿는다. 믿기 때문에 하나님의 통치 아래 머물고 섬기는 일이 즐겁다.

[특별자료] 교회설립예배

성 경	에베소서 1:16-23		예전색상	빨간색

예 배 의 부 름	"아름다운 소식을 시온에 전하는 자여 너는 높은 산에 오르라 아름다운 소식을 예루살렘에 전하는 자여 너는 힘써 소리를 높이라 두려워하지 말고 소리를 높여 유다의 성읍들에게 이르기를 너희의 하나님을 보라 하라"(사 40:9)
	주님의 몸 된 교회를 세우신 하나님 아버지! 하나님께 찬송과 영광을 돌립니다. 우리를 죄에서 구원하시려고 주님의 몸 된 교회를 세우셨음을 감사드립니다. 우리가 힘써 하나님을 찬양하게 하시고, 두려워하지 말고 지역사회에 소리 높여 복음을 전파하게 하시옵소서. 우리 교회가 크게 성장하여 수많은 생명이 구원을 받고, 영혼이 치유되어 하늘나라에 가게 하시기를 우리를 구원하신 예수님의 이름으로 기원하옵나이다. 아멘
회개를 위하여	하나님께서 교회를 세우시고 복음을 전하여 구원의 길로 인도하라고 하셨는데, 우리는 여러 가지 핑계를 대면서 전도하지 않아 아직도 교회에 빈자리가 남아있습니다. 혹 그 빈자리를 붙들고 기도 한 번 못한 그가 나는 아닌지 뉘우치며 회개하는 기도를 계속합니다.
고 백 의 기 도	때를 얻든지 못 얻든지 복음을 전파하라고 하신 하나님 아버지! 자신의 안일과 평안을 추구하고 복음을 전파하지 않은 죄를 고백할 기회 주심을 감사드립니다. 하나님께서 예수님의 피로 값 주고 교회를 세우셨으나 우리는 주님의 피 값을 외면하고 사람을 만나는 장소로, 교양을 쌓는 장소로 삼은 허물을 고백하나이다. 우리는 교회에서 나만 은혜와 구원받고 천국에 가면 좋다고 생각하며 전도하지 않은 죄를 짓고 이웃 사람들에게 전도하지 않았고, 북한 동포들을 위해 기도하는 것보다 자신의 건강과 가족의 안녕을 위해 기도한 잘못을 용서하여 주옵소서.
	겨자씨가 작은 것이로되 자란 후에는 풀보다 커서 나무가 되매 공중의 새들이 그 가지에 깃들이는 것처럼 주님의 몸 된 교회도 작게 시작하였으니 크게 성장하게 하옵소서. 수많은 사람이 찾아와서 영혼의 안식을 누리고 구원을 받게 하옵소서. 그러나 그런 교회가 되기 위해서 내가 먼저 눈물로 기도하고 헌신하고 물질로 돕지 못한 것을 용서하여 주옵소서. 이런 잘못을 꾸짖어 주시고 긍휼히 여기시어 사죄의 말씀으로 위로하여 주옵소서. 예수님의 이름으로 회개하며 기도드립니다. 아멘
사함의 확 인	"오라 우리가 여호와께로 돌아가자 여호와께서 우리를 찢으셨으나 도로 낫게 하실 것이요 우리를 치셨으나 싸매어 주실 것임이라 여호와께서 이틀 후에 우리를 살리시며 셋째 날에 우리를 일으키시리니 우리가 그의 앞에서 살리라" (호 6:1-2)
성시교독	109. 헌당예배
설교 전 찬 송	210장 (시온성과 같은 교회) 207장 (귀하신 주님 계신 곳)
설교 후 찬 송	208장 (내 주의 나라와) 211장 (값비싼 향유를 주께 드린)

교회 설립

273

금주의 성가	주님께서 세운 교회 – 황의구 교회여 깨라 – Pepper Choplin 사슴이 시냇물 사모함 같이 – V. D. Thompson
목회기도	**주**님의 몸 된 교회를 세우신 하나님 아버지! 항상 하나님의 말씀과 예수님의 교훈에 따라서 신앙생활을 하도록 성령으로 인도하여 주심을 감사드립니다. 하나님께서 생육하고 번성하여 땅에 충만하라, 땅을 정복하라, 바다의 물고기와 하늘의 새와 땅에 움직이는 모든 생물을 다스리라 하시니라 말씀하셨으니, 우리 교회도 크게 번성하고 부흥하여 세상에 충만하게 하시고 모든 사람의 마음을 거룩하게 정복하여 복음을 전파하고 우리나라와 우리가 살아가고 있는 지역사회를 복음화하게 하시옵소서. **길**을 잃고 헤매던 저희를 바른길로 인도하신 하나님 아버지! 말씀 안에서 하나 된 저희 성도들이 움직이는 예수가 되어 이웃들에게 하나님 나라를 확장하는 복음 전도의 개척자가 되게 하여 주옵소서. 교회 중직자와 숨겨진 헌신자들을 기억하시고 자자손손 하늘 축복이 단절되지 않고 강물처럼 흘러넘치게 하옵소서. 지금도 교회 여러 부서에서 충성하는 주의 백성들이 많습니다. 이름과 빛이 없이 물질과 몸과 마음을 다하는 그들의 수고를 기억하여 주옵소서. 우리 교회는 구원받은 성도들의 신앙공동체로 세상에서 빛과 소금의 사명을 감당하게 하옵소서. 예수님의 이름으로 기도합니다. 아멘
헌금을 위한 성구	"마음이 감동된 모든 자와 자원하는 모든 자가 와서 회막을 짓기 위하여 그 속에서 쓸 모든 것을 위하여 거룩한 옷을 위하여 예물을 가져다가 여호와께 드렸으니" (출 35:21)
헌금기도	**주**님의 몸 된 교회를 설립하시고 아름답게 자라게 하신 하나님 아버지! 하나님의 섭리에 감사하며, 오늘도 생명의 말씀으로 우리 영혼의 윤택하게 하시오니 감사하나이다. 생명의 말씀이 우리에게만 들릴 것이 아니라 이웃들과 온 누리에도 울려 퍼지게 하여 주시옵소서. 오늘 우리 교회의 생일에 그동안 많은 은혜를 받게 하신 하나님 아버지께 구별하여 준비한 헌금을 봉헌하나이다. 액수보다 드리는 아름다운 마음을 보시고 받아 주옵소서. **구**원받은 은총에 감사하여 정성과 신앙의 헌신생활을 결단하며 드리오니 하늘 문을 열어 받아 주옵소서. 우리에게 허락하신 모든 것이 하나님 것이오니 모두 하나님의 사업을 위하여 바칠 수 있는 믿음을 주옵소서. 모여진 헌금들이 교회의 부흥을 위하여, 주님의 사업을 위하여, 죽어가는 영혼을 구원하시기 위하여 쓰이게 하시고, 쓰이는 곳곳마다 하나님의 영광이 나타나게 하옵소서. 헌금을 바친 손길들을 기억하시어 그 손길과 가정들이 생명력 있는 성도가 되게 하옵소서. 예수님의 이름으로 축복하며 기도드리옵나이다. 아멘
위탁의 말씀	"교회는 그의 몸이니 만물 안에서 만물을 충만하게 하시는 이의 충만함이니라" 하나님은 교회를 세우시려고 예수 그리스도를 세상에 보내셨습니다. 하나님은 교회를 머리 삼아 소망, 영광, 능력으로 충만하게 하시고 모든 이름 위에 가장 뛰어나게 하심을 믿고 살아야 합니다.
축도	지금은 교회의 머리가 되시며 길과 진리와 생명이 되신 예수 그리스도의 구속의 은총과 하나님 아버지의 무한하신 사랑과 성령의 감화 감동 역사하심이 그리스도의 피로 값 주시고 세워주신 ○○교회 설립을 기념하는 예배를 마치고 돌아가는 하나님을 기쁘시게 하는 교회가 되기를 원하는 모든 성도 위에 영원히 함께하시기를 간절히 축원하옵나이다. 아멘

오늘의 설교를 위한 복음적 조명 주제 : 교회의 목적

제목 : 교회의 머리 | 본문 : 에베소서 1:16-23

주제 : 하나님은 교회를 세우신다. 하나님이 교회를 세우시려고 예수 그리스도를 세상에 보내셨다. 하나님이 예수님에게 소망, 영광, 능력으로 충만하게 하시고 모든 이름 위에 가장 뛰어나게 하시고 당신의 오른편에 앉히셨다. 하나님은 아들 예수님을 교회의 머리로 삼으셨다.

논지 : 하나님은 예수님에게 영광과 능력을 허락하시어 교회의 머리로 삼으셨다.
  1. 지혜와 계시로 이끄시는 하나님
  2. 소망의 영광을 알려주신 하나님
  3. 뛰어난 이름을 가르치신 하나님
  4. 만물을 충만하게 하시는 하나님

하나님은 천지와 자연을 다스리신다. 하나님이 어떤 방법으로 천지와 자연을 다스리실까? 하나님이 사람을 창조하신 후, 사람에게 생육하고 번성하며 땅을 정복하라고 말씀하셨다. 하나님은 사람에게 다스리는 권위를 주셨다. "땅을 정복하라, 바다의 물고기와 하늘의 새와 땅에 움직이는 모든 생물을 다스리라"(창 1:28) 그런데 사람은 하나님이 부여하신 권위를 스스로 팽개치고 말았다. 하나님의 말씀에 불순종한 후 땅이 사람을 향해 가시덤불과 엉겅퀴를 내게 되었다. 사람들 스스로는 자연을 다스릴만한 자격과 권한을 상실하고 말았다. 하나님은 천지와 자연을 하나님의 뜻에 따라 움직이게 하셨다. 이제 하나님은 사람을 다스려야 하셨다. 사람은 하나님의 형상을 따라 지음 받은 존재이기 때문이다. 하나님이 사람을 어떤 방법으로 다스리실까? 그것은 특별하게 부르신 사람을 통해서이다. 하나님은 필요한 사람, 즉 하나님의 사람을 선택하시고, 다른 사람들에게 하나님의 뜻을 전하게 하셨다. 그러나 사람들은 하나님의 사람을 거절하였다. 하나님은 마지막에 아들이신 예수님을 보내심으로 사람을 구원하시고 사람을 다스리신다. 비록 아들을 거절하는 사람이 있어도 하나님은 아들의 이름과 권위를 확고히 하셨다. 그러므로 우리가 아들이신 예수님을 믿어야 함이 당연하다.

1. 지혜와 계시로 이끄시는 하나님

예수님이 십자가에서 사람을 구원하는 사역을 완성하셨다. 십자가에서 돌아가신 예수님이 부활하신 후 하늘로 오르셨다. 예수님은 공생애 사역 중에 제자들에게 성령이 임할 것을 가르치셨다. 그리고 하늘로 오르시면서 성령의 임재를 약속하셨다. 하나님이 성령을 보내심으로 우리를 다스리신다. 성령은 지혜와 계시의 영이다. 성령은 하나님의 뜻을 알게 하는 지혜의 영, 하나님의 비밀스럽고 숨은 뜻을 알려주는 계시의 영이다. 예수님의 제자들은 성령을 받음으로 교회를 이루었다. 성령을 받은 제자들이 예수님을 통해 이루신 하나님의 구원을 세상에 알린다. 구원받은 사람들이 모여 교회를 이루고, 교회는 예수님의 구원을 세상에 알린다. 하나님이 교회를 세우심으로 하나님의 뜻을 세상에 알리는 도구로 사용하셨다. 즉, 하나님은 교회를 통해 세상을 다스리신다. 사람은 교회를 통해 하나님을 알게 된다. 하나님은 교회를 하나님 나라의 모형으로 삼으셨다. 모형이란 본질 자체가 아니라, 본질을 이해하게 하는 통로이다. 교회가 세상에서 지혜와 계시를 드러내며 빛과 소금의 역할을 감당하면 그 모습이 곧 하나님 나라의 아름다움을 사람들에게 경험시키는 기능을 한다. 바울은 기도할 때, 에베소 교회가 지혜와 계시의 영으로 하나님을 알게 됨에 대하여 하나님께 감사한다.

2. 소망의 영광을 알려주신 하나님

교회가 세상에서 하나님의 뜻을 전하는 역할을 하므로 세상이 교회를 존중할까? 교회 역사에서 제도적 교회가 세상에서 최고의 권력을 누린 적도 있었다. 그러나 제도적 교회는 제도에 갇혀 하나님의 뜻을 잊은 적이 있었다. 오히려 교회는 하나님의 뜻을 행하다가 세상으로부터 배척을 받을 때가 있다. 지금도 어떤 나라에서는 교회가 박해를 받는다. 우리 교회가 설립될 때 지역주민들로부터 큰 환영을 받을까? 그렇다면 얼마나 좋을까? 환영은 커녕 거부당할 때도 있다. 초대 교회가 성령의 능력을 사람들에게 행하였지만, 성령의 능력을 알고도 교회를 배척하는 사례가 많았다. 하나님의 교회가 왜 거부를 당할까? 사람의 이성으로는 이해하기 어렵다. 바울은 하나님께서 우리의 마음을 밝히셔야 함을 알려준다. 하나님이 마음을 밝히시면 하나님이 교회를 부르신 이유, 하나님이 영광으로 풍성한 은혜를 주심을 깨닫는다. 지금 어려움을 당해도 하나님께서 위대한 능력으로 교회를 도우심을 깨닫는다. 교회는 박해를 받는 과정에서 하나님의 큰 능력을 경험한다. 우리 교회가 지역과 세상에 존재하는 목적은 하나님의 크고 위대한 능력을 사람들에게 경험시키기 위함이다. 성령이 함께하시면 가능하다. 교회의 기도 제목과 사명은 하나님의 능력을 사람들에게 알게 하는 일이어야 한다.

3. 뛰어난 이름을 가르치신 하나님

믿음의 사람들이 스스로 해결할 수 없는 어려운 일을 만날 때 하나님을 찾는다. 하나님께 어려운 사정을 아뢰고 해결해주시기를 기도한다. 예수님의 이름으로 모여서 기도하는 사람을 하나님이 살피시고 기도에 응답하신다. 하나님이 세상을 사랑하시고 다스리시는 방법은 아들이신 예수님을 통하여서이다. 예수님의 이름으로 모인 곳에 하나님이 계신다. 하나님은 예수님의 이름으로 간구하는 기도를 들으시고 응답하신다. 하나님이 예수님의 이름을 세상에서 가장 뛰어나게 하셨다. 하나님이 아들이신 예수님을 세상에 보내시고, 사람들의 구원을 위임하셨다. 예수님이 십자가에서 죽으심으로 하나님이 맡기신 일을 완성하셨다. 즉, 하나님의 능력이 그리스도 안에서 세상에 발현되었다. 예수님이 십자가에서 사람의 죄를 대신하여 돌아가셨지만 하나님 아버지는 아들을 다시 살리셨다. 그러므로 예수님은 죽음의 권세를 이기신 분임이 증명되었다. 하나님은 아들을 하늘로 올리시고 당신의 오른편에 앉게 하셨다. 하나님이 아들을 세상의 모든 통치자와 권위자, 능력자보다 뛰어나게 하셨다. 하나님은 현재 세상뿐만 아니라 앞으로 오는 세상에서 뛰어나다는 사람보다 예수님을 가장 뛰어난 이름으로 인치셨다. 우리가 섬기는 교회는 하나님의 아들 예수님의 뛰어난 이름을 세상에 전한다.

4. 만물을 충만하게 하시는 하나님

예수님의 이름이 가장 뛰어나므로 세상과 만물이 예수님의 발아래 엎드리어 복종한다. 교회는 예수님께 복종한다. 예수님께 복종하는 것은 곧 예수님을 뛰어난 이름으로 주신 하나님께 복종함이다. 하나님은 예수님을 교회의 머리로 삼으셨다. 교회가 발휘해야 할 지혜, 세상에 전하는 말씀, 정의와 공평이 가득한 사회를 이루기 위한 교회의 노력 등이 모두 예수님의 말씀과 행함 근거하여 통찰을 얻고 실행한다. 예수님이 교회의 머리이시므로 예수님이 교회를 향하여 무엇을 어떻게 해야 할지를 명령한다. 머리이신 예수님의 몸 된 교회는 보편적 교회, 즉 우주적 교회이다. 우리가 함께 섬길 지역 교회는 보편적 교회를 이루는 작은 요소이다. 작은 요소인 우리 교회가 예수님의 이름을 전하고, 예수님을 바르게 알며 건강해야 한다. 몸의 한 요소가 건강하면 몸 전체가 건강하듯이 우리 교회가 건강하면 보편적 교회가 세상으로부터 존중을 받는다. 몸 된 교회의 머리이신 예수님의 뛰어난 이름이 모든 사람에게 경외하는 이름이 된다. 교회의 머리이신 예수님은 몸 된 교회 안에 충만으로 임하시고 하신다. 세상 만물 안에 하나님의 통치하심이 적용되듯이 교회 안에 예수님의 통치가 적용된다. 하나님은 우리 교회를 예수님의 이름으로 충만하게 하시고, 부흥하게 하신다.

부록: 2025년 월삭새벽기도회 자료 (설교 및 예화)

2025년 1월 월삭새벽기도회 자료 (부르심)

제목 : 부르심의 상을 위하여 | 본문 : 빌립보서 3:12-16

새해의 월삭 기도회에 나오신 성도들에게 하나님의 은혜와 축복이 함께하시기를 바랍니다. 1월 월삭 기도회에서는 하나님의 부르심의 상을 위하여 말씀드리겠습니다. 우리 모두는 하나님의 부르심으로 성도가 되었고, 따라서 하나님의 부르심에 합당한 신앙생활을 해야 합니다. 이것은 우리가 자의적으로는 불가능하고 오직 성령님의 도우심으로 가능합니다.

새해가 밝아오는 새날의 문턱에서 우리는 두려움을 버려야 합니다. 내일 병마가 우리에게 덮칠지라도, 오래 견디기 힘든 사건이 휩쓸지라도, 이해의 경주가 눈물의 경주가 될지라도, 그때마다 힘을 주시는 주님의 사랑을 의지해야 합니다. 내일 험한 벼랑길을 걷게 될지라도, 모레 쓸쓸한 광야에 내던져질지라도, 날마다 양식을 주시고 헤치고 나갈 지혜를 그때마다 주실 주님의 사랑을 믿어야 합니다. 우리는 미래를 모르고 볼 수도 없습니다. 다만 아는 것은 그때 그날에 주님께서 필요한 걸 우리에게 주시리라는 믿음뿐입니다. 우리의 나그넷길에 그것만 있으면 충분합니다. 그러니 자기의 욕심을 채우지 마시고 주님의 뜻을 이루어 드리는 성도가 되시기를 바랍니다. 주님께서 주시는 복을 한꺼번에 듬뿍 받고 싶은 생각을 하지 마시기를 바랍니다. 날마다 필요한 만큼만 도와주고, 절망하지 않도록 다시 일어날 만큼의 힘과 낙심하지 않도록 다시 출발한 만큼의 희망을 떨어지지 않게 공급해 주시도록 기도하시기를 바랍니다.

세상일이나 이웃의 지저분한 화젯거리에 대응하지 않게 하시고, 남을 헐뜯는 이야깃거리에는 귀 기울이지 않게 하시며, 남의 실수에 대해서는 관용하게 하시고, 그 대신 바른말을 할 수 있는 용감한 입과 고통당하는 사람의 한숨과 신음을 들을 수 있는 밝은 귀와 거짓을 꿰뚫어 볼 수 있는 맑은 눈을 주시고, 바라는 것은 한 가지뿐 우리는 약하오니 손을 꼭잡아 주시고, 우리의 힘이 되시는 주님 예수 그리스도의 이름으로 간절히 기도하시기를 바랍니다.

1. 새로운 시선을 위한 기도

우리의 시선을 연필 머리에 붙은 지우개로 향해야 합니다. 우리가 초등학교나 중학교에 다닐 때만 해도 지우개와 연필은 따로따로였습니다. 그런데 지금은 연필 제작자의 아이디어가 발전하여 두 개가 하나로 붙은 연필이 나오게 되었습니다. 이렇듯 연필이 잘못을 범했을 때 남이 알기 전에 스스로 얼른 지워버릴 수 있는 사람이 되어야 합니다. 사실 사람

277

에게 잘못이 없다면 인간이 아닐 것입니다. 사람은 가끔 잘못이 있기에 오히려 인간미도 있고 친밀감도 가지게 됩니다. 그러기에 사람의 문제는 잘못 자체에 있지 않고 잘못을 범한 뒤의 행동에 있습니다. 사람은 잘못을 깨닫는 능력과 잘못 뒤에 되도록 빨리 고치는 '지우개'를 스스로 갖추는 것이 중요합니다. 그것이 수양이든 신앙이든 간에, 잘못에 대한 민감한 정신력과 고치고 새롭게 출발하는 과감한 결단력이 잘못 자체보다 몇 배 중요한 과제입니다.

자비하신 하나님 아버지는 우리가 지금 돌아갈 수 없는 2025년 다리에 또 섰습니다. 우리가 범한 묵은 날, 즉, 2024년의 실패를 용서하소서. 주님은 우리 곁에서 걸으셨으나, 우리는 혼자 내 멋대로 달렸고, 주님은 우리를 버린 순간이 없었지만, 우리는 주님을 자주 멀리했습니다. 그렇지만 하나님은 우리에게 새해 깨끗한 도화지를 또 주셨습니다. 주님의 말씀을 경청하게 하시고, 날마다 순종의 길을 배우게 하시며, 매사에 우리 자신보다 주님을 기쁘시게 하는 방법을 알게 하시게 기도해야 합니다. 우리가 내딛는 발자국마다 향기가 있게 하시고, 십자가가 우리의 삶 가운데에 재생되게 하시며, 주님의 눈물이 우리의 가슴속에 우러나게 기도해야 합니다. 새해, 하루하루를 살아갈 때 시간의 귀중함과 일의 고마움을 잠시도 잊지 않게 하시고, 사랑의 능력과 인내의 승리를 순간순간마다 되새기게 하시며, 가벼운 여장과 단순한 마음이 결국 행복의 길임을 기억하게 하시고, 폭풍이 불더라도, 막다른 골목에 설지라도, 예수님의 손만은 놓지 않게 해주시고. 우리의 새날들을 기쁨으로 채워 주도록 기도하시기를 바랍니다.

하나님께서 새해의 문을 또다시 열어 주심을 감사합니다. 지난해야 어쨌든 지금 시작되는 새날은 얼룩지지 않았사오니 이번만은 멋진 걸작을 그리게 해주시고, 오늘부터 하루하루를 만족스럽게 채우게 하시고 남에게 기쁨을 주는 날들이 되게 하시고, 물질을 모으는 일보다 인격을 닦는 것이 우리가 남기는 진짜 유산이오니 사랑의 본을 남기고 믿음의 증인이 되게 하시고, 우리의 기쁨을 보람 있는 일로 삼게 하시고 우리의 행복을 주께서 알아주시는 것만으로 만족하게 하시고, 하나님께서 부족한 대로 최선을 다해 사는 하루하루가 되게 하시고, 누가 뭐라고 하든지 결과적으로 주님만을 기쁘시게 하는 일들을 하게 하소서라고 기도하시기를 바랍니다.

하나님 아버지께서 주님의 그 능력 있는 날개로 나를 감싸 주셔서 화날 때 잘 참게 하시고, 미울 때도 남을 욕하지 않게 하시며, 거짓말, 과장, 선전 공해의 주범이 되지 않게 하시고, 하나님께서 사랑의 눈을 주셔서 역사와 인간을 긍정적으로 보게 하시고 신뢰와 소망으로 보게 하시고, 하나님의 자비로운 귀를 주셔서 이웃의 아픔의 소리를 듣게 하시고 고통으로 신음하는 소리를 듣게 하시고, 능력 있는 입을 주셔서 기쁜 소식을 전하고 희을 속삭이며 사랑을 전하게 하시도록 하나님께 간절히 기도하시기를 바랍니다.

2. 새로운 출발

이제 새로운 날들을 향해 출발합니다. 폭풍의 밤에도 주님이 한 가닥 빛을 던져 주실 것을 믿고 어려운 일이 닥쳐도 그것을 이길 만한 힘을 주실 걸 확신하며 담대하게 출발해야 합니다. 우리는 내일을 모르나 미래 가운데 하나님께서 계시니 실수해도 잘 봐주시고 혼란스러운 십자로에서 바른길을 가야 합니다. 염치없는 말씀이오나 계속해서 용서해 주시며 계속해서 기회를 주시고 넘어지면 내버려 두지 마시고 꼭 일으켜 주실 걸 믿어야 합니다. 그동안 하나님께서 주신 복을 소모한 걸 나무라지 마시고 새로운 축복으로 새해를 채워 주실 줄 믿습니다.

다음은 제8회 파리올림픽 육상 100m 종목에서 영국 대표로 출전했던 에릭 리델에 관한 이야기입니다. 그는 우승하기 위해서 피나는 노력을 하였을 뿐만 아니라, 가장 유력한 우승후보자였습니다. 그러나 정작 그 경기가 주일에 열린다는 것을 알게 되었습니다. 에릭은 많은 고민 끝에 경기에 출전하지 않기로 했습니다. 왜냐하면 주일성수를 생명 같이 여겼기 때문입니다. 이에 사람들은 매우 놀라며 그를 조롱하고 국가를 위한 일인데 왜 포기하느냐고 비난까지 했습니다. 그러나 에릭은 동요하지 않고 주일을 거룩하게 지켰습니다.

그런데 평일에 거행된 400m 경기에 자기 나라 선수가 갑자기 사정이 생겨서 출전하지 못하게 되었습니다. 그래서 감독은 에릭을 대신 출전하게 했습니다. 에릭은 자신의 출전 종목이 아니지만, 최선을 다하여 당당히 우승해서 황금 메달까지 목에 걸었습니다. 훗날 그는 아버지의 뒤를 이어 중국의 선교사가 되었고, 20여 년 동안 천진과 산둥반도에서 곳곳을 누비며 복음을 전파했습니다. 끝까지 선한 싸움을 다 싸운 그는 많은 사람에게 희망과 복음을 심어주고 마지막에 승리의 면류관을 쓰고 주님 앞에 서게 되었습니다.

우리는 지금 하나님이 주시는 부르심의 상급을 바라보고 새해 첫 월삭 기도회 시간에 성전에서 하나님과 주님의 십자가를 바라보고 있습니다. 우리는 천국을 향해 달리는 경주자들입니다. 경주자는 자세가 중요합니다. 달리는 선수가 허리를 교만하게 뒤로 젖히고 달리면 지는 것은 뻔합니다. 인생의 경주에서 이기려면, 아니 믿음이 경주에서 승리하고 생명의 면류관을 얻으려면 어떻게 해야 할까요?

사도 바울은 "형제들아 나는 아직 내가 잡은 줄로 여기지 아니하고 오직 한 일 즉 뒤에 있는 것은 잊어버리고 앞에 있는 것을 잡으려고 푯대를 향하여 그리스도 예수 안에서 하나님이 위에서 부르신 부름의 상을 위하여 달려가노라"(:13-14)라고 말씀했습니다. 앞으로 나아가기를 원한다면 뒤엣것을 잊어버려야 합니다. 신경쇠약증세로 고생하는 사람들은 대부분 과거를 잊지 못해서 그렇다고 합니다. 그러므로 지나간 아픔과 실패는 교훈으로만 삼고 모두 깡그리 잊어버려야 합니다. 뒤엣것을 완전히 잊어야 새로운 목표를 달성할 수 있습니다.

롯의 아내의 행동은 우리에게 많은 교훈을 줍니다. 창세기 19장에 나온 롯의 아내는 소돔과 고모라가 하나님의 심판으로 불에 탈 때 뒤를 돌아보다가 소금기둥이 되었습니다. 아마 집에 두고 온 금은보석과 재물을 잊을 수 없어서 뒤를 돌아보다가 소금기둥이 된 것 같습니다. 과거를 돌아보면 과거와 함께 굳어버립니다. 과거에 묻혀 죽는다는 말입니다. 손에 쟁기를 잡고 뒤돌아보면 안 됩니다. 뒤엣것을 돌아보면 믿음의 경주에서 질 수밖에 없습니다.

이사야 선지자는 "너희는 이전 일을 기억하지 말며 옛날 일을 생각하지 말라"(사 43:18) 말씀했습니다. 그리고 "보라 내가 새 일을 행하리니 이제 나타낼 것이라"(사 43:19) 말씀했습니다. '새 일'이 나타나기 위해서는 "이전 일을 기억하지 말"아야 합니다. 하나님은 착한 일을 행하시는 하나님이십니다. 사도 바울은 "너희 안에서 착한 일을 시작하신 이가 그리스도 예수의 날까지 이루실 줄을 우리는 확신하노라"(빌 1:6)라고 말씀했습니다. 하나님께서 새해에 성도 여러분에게 새 일을, "착한 일을 행하시기를" 원한다면 지난 과거의 못된 일을 깨끗이 잊어버리는 성도가 되도록 기도하시기를 간절히 바랍니다.

3. 부르심의 상

부르심의 상은 아무나 받을 수 없습니다. 인생의 경주에서, 아니 믿음의 경주에서 이기려면 분명한 목표가 있어야 합니다. 사도 바울은 "앞에 있는 것을 잡으려고 푯대를 향하여 그리스도 예수 안에서 하나님이 위에서 부르신 부름의 상을 위하여 달려가노라"(:13-14) 말씀했습니다. 2025년에는 주님께서 주실 부르심의 상을 위하여 달려가는 성도가 됩시다.

의학계에서 환자들을 상대로 의식조사를 했습니다. 그런데 질병을 앓는 환자의 대부분이 '분명한 목표'가 없었다는 것입니다. '살든지 죽든지 될 대로 되어라' 식으로 생각하고 사는 사람들이 질병에 많이 걸린다는 연구 결과입니다. 반면에 뚜렷한 목표를 가지고 사는 사람들은 우선 마음이 건강합니다. 그리고 자신의 건강관리도 잘해서 몸과 마음이 건강하게 산다는 통계가 나왔습니다. 불치의 암에 걸린 환자도 뚜렷한 목표를 가지고 치유하면 살게 됩니다.

우리가 혹시 실패했습니까? 믿음의 실패를 했고, 기도에 실패했고, 사랑에도 실패했고 전도에 실패했고, 섬김에도 실패를 했다면 다시 목표를 세워야 합니다. 오직 주님 안에서 주님께서 상 주실 만한 목표를 세워야 합니다. 예를 들어 '나는 진실한 믿음의 소유자가 되겠다.', '나는 새벽기도회에 반드시 출석하겠다.', '나는 하나님과 성도들을 그리고 이웃을 내 몸처럼 사랑하겠다.', '나는 새롭게 주님과 교회와 성도들을 섬기겠다.', '화장실 청소는 내가 하겠다.', '교회의 쓰레기는 내가 치우겠다.', '성전봉사는 내가 전담하겠다.' 뭐 이런 것들입니다. 아주 사소한 것에 목표를 세워도 좋습니다. 무엇에든 주님이 상을 주실 것입니다.

이사야 선지자의 예언입니다. "주 여호와의 영이 내게 내리셨으니 이는 여호와께서 내게 기름을 부으사 가난한 자에게 아름다운 소식을 전하게 하려 하심이라 나를 보내사 마음이 상한 자를 고치며 포로된 자에게 자유를, 갇힌 자에게 놓임을 선포하며 여호와의 은혜의 해와 우리 하나님의 보복의 날을 선포하여 모든 슬픈 자를 위로하되 무릇 시온에서 슬퍼하는 자에게 화관을 주어 그 재를 대신하며 기쁨의 기름으로 그 슬픔을 대신하며 찬송의 옷으로 그 근심을 대신하시고 그들이 의의 나무 곧 여호와께서 심으신 그 영광을 나타낼 자라 일컬음을 받게 하려 하심이라"(사 61:1-3). 새해에 우리는 성령을 충만히 받고 영혼이 가난한 사람에게 복음을 전해야 합니다. 마음이 상한 사람을 위로하고, 죄악에 포로된 사람에게 자유를 주어야 합니다.

부르심의 상은 세속적인 재물이나 명예 또는 권세 따위가 아닙니다. 부르심의 거룩한 것, 즉 성직으로 목사, 장로, 집사, 권사, 찬양대, 교사, 구역장 등으로 하나님의 사역입니다. 우리가 부르심의 상을 받기 위해서는 하나님의 말씀을 많이 읽고, 하나님께 기도를 많이 하고, 주님의 몸 된 교회에 봉사하고, 온전한 십일조 예물을 하나님께 드릴 때 받게 됩니다. 흔히 하나님을 믿으면 축복을 받는다고 생각합니다. 하지만 믿음도 아무 조건도 없이 얻지 못합니다. 믿음에도 죽은 믿음과 산 믿음이 있는데, 산 믿음은 실제로 생활에 따라서 실천해야 합니다.

사랑하는 성도 여러분!

부르심의 상에 대한 목표가 있는 성도가 시련을 넘어설 수 있습니다. 악한 마귀는 성도가 부르심에 합당하지 못하도록 역사합니다. 우리의 삶에 목표가 분명하면 경주에서 승리할 수 있습니다. 과거 2024년의 예전에 무슨 일을 어떻게 행했던지 과거는 다 잊어버리고 앞을 향해서 달려가는 성도가 되시기를 바랍니다. 하나님에게 부르심을 받은 성도는 자기 앞에 뚜렷한 목표를 세우고 그것을 이루기 위하여 최선을 다하여 인생의 경주, 믿음의 경주에서 승리하여 하늘과 땅의 모든 축복을 누리는 성도가 되시기를 주님의 이름으로 간절히 축원합니다.

[예화]

▣ 부르심과 열매

열매 맺는 무화과나무에 대한 예수님의 비유는 인습적인 생각에 어긋나는 것이다. 어째서 살아 있는 나무를 죽이는가? 나무가 살아 있는데, 그와 같은 격렬한 대책이 꼭 필요한가? 우리는 흔히 이 비유를 예수 그리스도를 통한 구원을 거부하는 사람들이 겪게 될 불행한 결과를 예언하는 것으로 해석하려는 경향이 있다. 그러나 예수님께서는 구별하여 부르신 제자들을 포함한 무리에게 말씀하실 때 이 비유를 드셨다. 당시 거기에 있던 어떤 사람들의 판단에 대해서 예수님께서는 강조하셨다. "너희도 만일 회개하지 아니하면 다 이와 같이 망하리라"(눅 13:3). 이 비유에 나타난, 시간을 초월한 주제는 하나님께서 정하신 시간이 지났는데도 회개하지 않고 남아 있는, 열매 없는 사람은 멸망한다는 것이다. 우리는 열매를 맺도록 창조되었으며 부르셨다. 따라서 궁극적으로 하나님께서는 우리의 열매나 열매 없음에 대해서 심판하실 것이다. 우리는 열매를 맺도록 창조되었으며 부르셨다. 따라서 궁극적으로 하나님께서는 우리의 열매나 열매 없음에 대해서 심판하실 것이다. 무화과나무는 어떤 목적을 위하여 지음을 받았다. 지음받은 어느 하나 부르심을 받지 않은 것이 없다. 하물며 하나님의 사역을 위하여 부르심을 받은 사람들은 어떠한가? 부르심을 받은 자들에게 있어 항상 나타나는 공통된 선행 요소들이 있다. 그것이 바로 회개이다. 동시에 부르심을 받은 자들에게는 반드시 드러나게 되는 것이 있는데, 그것은 바로 그 부르심에 합당한 열매이다. 회개와 열매, 이 두 가지는 부르심을 받은 사람의 선결 요건과 마땅한 반응이 아닐까?

▣ 동병상련

한 초보 강도가 어떤 집에 들어가서 누워 있는 집 주인에게 "꼼짝 마. 손들어"라고 외쳤다. 그런데 그 사람이 손을 들지 않았다. 당황한 강도가 "왜 손을 안 들어. 죽고 싶어?"라고 협박했더니 그 사람은 "제가 오십견이어서 손을 들 수가 없네요"라고 대답했다. 집주인의 말을 들은 강도는 "오십견이세요? 저도 오십견이 있었는데 지금은 다 나았습니다"라고 밀하며 칼을 놓더니 집주인과 오십견에 대해 치료 정보를 나누고 그냥 가버렸다는 이야기기 있다. 우리가 방황하고 나그네 되고 노예 되었을 때 하나님의 부르심으로 용서받고 구원을 받았으니 우리도 하나님의 마음을 품고 연약한 사람들을 사랑하고 베풀어야 한다.

제목 : 하나님과 소통하기 위하여 | 본문 : 사무엘상 3:1-11

사랑하는 두 사람이 있다고 합시다. 사랑하는 사람의 특징이 무엇일까요? 사랑하는 사람의 특징은 뭐니 뭐니 해도 서로 '대화', 즉 이야기하는 것입니다. 사랑한다고 하면서 서로 말도 안 하고 지낸다면 그것은 서로 사랑하는 것이 아닙니다. 사랑하는 사이에는 언제나 대화를 나눕니다. 나는 말하고 상대방은 들어주고, 사랑하는 사람이 말하고 나는 들어주는 것, 이것이 바로 사랑입니다. 사랑하는 사람과의 대화는 날이 새는 줄도 모르고 이어가기도 합니다. 왜냐하면 서로 사랑하기 때문입니다. 사랑하지 않으면 대화가 없습니다.

김 모 목사님의 칼럼에서 이런 글을 읽었습니다. 그가 대학 시절에 아르바이트에서 돈을 벌면 저녁밥을 굶는 한이 있어도 꼭 사는 것이 있는데 그것은 전화카드였습니다. 요즘이야 동네 개도 휴대전화가 있다지만 옛날에는 공중전화로만 소식을 주고받았습니다. 그는 서울에서 공부했고, 애인은 광주에 살았기 때문에 전화하는 일이 많았답니다. 5,000원 전화카드는 왜 그렇게 빨리 없어지는지, 카드가 금방 달아져도 둘은 전화로 참 많은 이야기를 나누었답니다. 그는 전화로 애인에게 이 말 저 말을 하다가 할 말이 없으면 노래도 불러주었답니다. 지금 생각하면 '왜 그렇게 미친 짓을 했을까?'라고 할 정도로 아르바이트해서 번 돈이 하나도 아깝지 않았답니다. 사랑하니까! 사랑하니까 사랑의 언어를 속삭이고 싶었습니다. 돈이 없어도, 배가 고파도 사랑의 이야기는 해야만 했답니다. 이게 바로 사랑한다는 증거입니다.

1. 하나님과 소통

하나님께서 우리를 사랑하시기에 우리와 사랑의 대화를 하고 싶어 하십니다. 우리 또한 하나님을 사랑하기에 하나님과 사랑의 이야기를 나누고 싶습니다. 이것이 하나님과의 소통이라고 생각합니다. 성도에게는 하나님과의 소통이 필요합니다. 하나님과의 소통을 다른 말로 표현하면 기도입니다. 하나님은 영이시기에 우리와 기도로 소통하면 우리에게 응답하십니다.

소통이란 서로 통한다는 말입니다. 한편에서만 말하고 끝내버리는 일방적인 말은 소통이 아닙니다. 서로 말을 주고받고, 생각을 나누는 게 소통입니다. 그래서 의견의 공통점을 찾는 것입니다. 요즘 정가를 비롯하여 소통에 대한 중요성이 끊임없이 나오고 있습니다. 이명박 대통령이 국민의 절대적인 지지를 받고 당선되었는데, 국민과의 소통이 부족하여 촛불시위를 비롯한 엄청난 사태가 나라를 뒤흔들었습니다. 박근혜 대통령이 국민과의 소통이 안 되어 탄핵을 받고 감옥에 갔다가 사면되었습니다. 윤석열 대통령에게도 소통이 필요합니다. 누구나 소통이 안 되면 상상할 수 없는 경제적 손실을 당했고 지금도 나라가 심히 어렵습니다.

부록

가정에서도 소통이 필요합니다. 남편과 아내 사이에 소통이 안 되니까 부부싸움이 일어납니다. 부모와 자식 사이에도 소통이 안 되니까 갈등이 생깁니다. 형제자매 간에도 마찬가지입니다. 이는 모두 가정불화의 원인이 됩니다. 교회에서도 소통이 필요합니다. 교역자와 교인 사이에 소통이 안 되면 믿음이 떨어집니다. 교인과 교인 사이에도 소통이 안 되면 교회에 갈등이 생기고 교회 분열의 원인이 됩니다. 성도에게는 하나님과의 소통이 절대로 필요합니다. 새해 들어서 드리는 중요한 말씀이 소통입니다. 소통의 길은 성전에서 드리는 새해 기도입니다. 여러분이 실패하거나 불행한 일을 당하거든, 아니 어려움을 당하기 전에 성전에 나와서 하나님의 도움을 요청하는 기도를 드려야 합니다. 하나님이 도와주시면 무슨 일이든지 잘 풀리고 형통하게 됩니다. 무시로 하나님께 기도하여 소통의 길을 여는 성도가 되시기를 바랍니다.

2. 에벤에셀의 기도

'에벤에셀'을 기도로 미리 준비하자는 것입니다. 우리는 **"여호와께서 여기까지 우리를 도우셨다 하고 그 이름을 에벤에셀이라 하니라"**(삼상 7:12)라고 하는 '도움의 돌'을 미리 세우는 지혜가 필요합니다. 따라서 오늘은 하나님과 소통하자는 말씀을 드리고자 합니다. 주제는 '하나님과 소통하기 위해서'입니다. 성도가 하나님과 소통해야 축복을 받습니다. 아무리 노력하고 힘써도 하나님과 소통하지 않고는 아무 일도 되는 것이 없을 것입니다.

하나님은 사랑이십니다. 하나님은 모든 사람을 사랑하십니다. 그런 사실에도 불구하고 하나님을 사랑하는 성도를 더 많이 사랑하시고 지켜주십니다. 일반적으로 사랑은 주고받는 것입니다. 한 편에서만의 짝사랑은 피곤하고 괴롭습니다. 여러분을 사랑하시는 예수님의 사랑을 짝사랑으로 만들지 마세요. 하나님의 사랑을 받고 싶은 성도는 하나님을 많이 사랑해야 합니다. 우리가 하나님을 찬양하고, 기도하고, 예배드리고, 예물 바치고, 교제하고, 봉사하고, 섬기는 모든 것은 오늘도 하나님을 향해서 "이렇게 하나님을 사랑합니다."라고 외치는 모습입니다.

이제 우리에게 중요한 건 하나님께서 우리를 향하여 베푸시는 사랑의 음성을 어떻게 알아듣느냐 하는 것입니다. 또 우리가 하나님을 사랑한다는 표현을 어떻게 하느냐 하는 것입니다. 하나님은 영이십니다. 하나님은 사람의 눈에 보이지 않습니다. 육신의 눈으로 볼 수 없는 하나님과 어떻게 사랑의 교제를 나누느냐 하는 것이 성도에게 중요합니다. 이것은 신비스러운 것입니다. 아무나 하지 못합니다. 오직 영으로 깨어 있는 성도만이 할 수 있습니다. 지극히 거룩하시고 크고 높으신 하나님께서 우리 같은 사람에게 말씀하신다? 그 하나님의 말씀을 알아듣는다? 이것은 하나님의 크나큰 은혜입니다. 하나님과 소통하는 자체가 놀라운 축복입니다.

오늘 성경 본문에는 사무엘의 어린 시절 이야기가 기록되어 있습니다. 사무엘은 어렸을 때부터 성전에서 자랐습니다. 어머니의 소원대로 그는 제사장 밑에서 제사장 수업을 받으며 자랐습니다. 그는 항상 제단의 하나님의 궤 옆에서 잠을 잤습니다. 어느 날 저녁에 자다가 하나님이 사무엘을 부르는 소리를 들었습니다. 처음에는 제사장이 부르는 줄 알았습니다. 제사장에게로 달려가서 "내가 여기 있나이다"라고 대답했습니다. 이러기를 3번이나 반복했습니다.

제사장은 여호와께서 아이를 부르시는 줄 깨닫고 이렇게 부탁했습니다. **"가서 누웠다가 그가 너를 부르시거든 네가 말하기를 여호와여 말씀하옵소서 주의 종이 듣겠나이다 하라"**(:9). 이에 사무엘이 가서 자기 처소 하나님의 궤 뒤에 누웠습니다. 아니나 다를까 다시 음성이 들려옵니다. **"여호와께서 임하여 서서 전과 같이 사무엘아 사무엘아 부르시는지라"**(:10). 사무엘은 벌떡 일어났습니다. 그리고 이렇게 말합니다. **"말씀하옵소서 주의 종이 듣겠나이다"**(:10). 이것이 살아계신 하나님과 어린 사무엘과의 처음 사랑의 대화입니다.

3. 하나님과의 대화

우리에게도 하나님의 음성을 듣기 위해서는 준비가 필요합니다. 첫째는 하나님의 음성을 들을 장소를 바로 선택해야 합니다. 어린 사무엘은 하나님의 성전에 있었습니다. 하나님의 성전, 하나님의 궤 뒤에 있었습니다. 우리가 하나님을 사랑한다면 언제든지 어디서든지 하나님의 음성을 들을 수 있습니다. 그리고 기도의 말을 하나님께 할 수 있습니다. 그런데 항상 우리가 하나님을 향한 마음의 준비가 안 되어 있는 게 문제입니다. 복잡한 세상에서 마음이 어수선해집니다. 그러나 최소한도 성전에 나와서 예배드리는 순간만은 하나님의 음성을 들을 수 있는 준비가 되어 있다고 봐야 합니다. 교회에 있다고 다는 아닐 것입니다. 그래도 하나님과 소통하기를 원하시는 성도는 주일 예배 시간마다 성전에 오시기를 간절히 부탁합니다.

둘째는 하나님의 음성을 들을 마음을 준비가 필요합니다. 예수님께서 씨 뿌리는 비유를 말씀하셨는데, 거기에는 4가지 밭이 나옵니다. 길가, 돌밭, 가시밭, 좋은 밭이 그것입니다. 이 비유의 밭은 우리의 마음입니다. 그런데 맥스 루케이도는 이 4가지 밭을 '4가지 귀'라고 해석했습니다. 밭은 씨앗을 받아들입니다. 마음은 하나님의 음성을 받아들이는 곳입니다. 그리고 귀로 하나님의 음성을 듣습니다. 받아들이는 밭을 우리의 귀와 마음으로 연결해 놓았습니다.

이 비유를 잘 살펴보면 4가지의 씨는 모두 같습니다. 씨 뿌리는 농부도 같습니다. 말씀이나 말씀을 전하는 자도 같습니다. 다른 것이 있다면 듣는 자가 다르고, 듣는 마음이 다르고, 듣는 귀가 다를 뿐입니다. 이 말씀을 비율로 따지면 교인의 4분의 3은 말씀을 깨닫지 못한다는 것입니다. 딱딱한 마음, 겉만 번지르르한 마음, 불안한 마음, 남을 콕콕 찌르는 마음은 말씀을 듣지 못하고 깨닫지 못한다는 말씀입니다. 육신의 귀가 안 좋아 잘 듣지 못하면 이비인후과에 가서 치료를 받거나 보청기를 끼우면 됩니다. 그러나 영적인 귀가 안 좋아서 하나님의 음성을 듣지 못한다면 어떻게 해야 하겠습니까? 이런 사람은 분명히 영적인 치료를 받아야 합니다.

영적인 마음이 굳어버리고 귀가 막혀버린 교인은, 하나님의 음성을 듣기 위해서 기도해야 합니다. 무엇보다도 회개의 기도를 해서 마음의 굳은살을 빼내야 합니다. 미워하는 마음을 버려야 합니다. 시기, 질투, 교만한 마음을 뽑아야 합니다. 하나님과 마주 앉아야 합니다. 진실한 마음으로 하나님의 음성을 기다려야 합니다. 하나님의 음성을 듣기 위해서 상당한 시간을 기도해야 합니다. 그러면 영의 귀가 열려 하나님의 세미한 사랑의 음성을 들을 수 있습니다.

하나님의 음성을 듣는 방법은 여러 가지가 있습니다. 가장 우선적인 것은 예배 시간마다 나와서 선포되는 하나님의 말씀을 듣는 것입니다. 그런데 이것도 한정이 되어 있습니다. 기껏해야 일주일에 세 번 정도밖에 안 됩니다. 그러면 어떻게 하나님을 사랑한다고 할 수 있겠습니까? 매일 매시간 듣고 싶은데 어떡합니까? 하나님은 말씀하시는 방법이 다양하십니다. 설교를 통해 말씀하시는 것은 필수요, 세상의 모든 사람, 사물들을 통해서 말씀하십니다. 봄, 여름, 가을, 겨울 계절을 통해서 말씀하십니다. 신문 방송을 통해서, 각종 사건을 통해서 말씀하십니다.

성도는 하나님의 음성을 듣고 싶어합니다. 아니 하나님의 음성을 들어야 합니다. 어떤 문제가 생겼을 때, 어떤 선택의 기회에 서 있을 때 과연 어떤 것이 하나님의 뜻인가를 속 시원하게 알고 싶어 합니다. 어떤 문제가 있을 때 걱정하거나 염려하지 마십시오. 모든 사건과 문제의 뒤에는 항상 하나님의 뜻이 숨겨져 있습니다. 그 하나님의 뜻만 발견하면 문제해결의 열쇠를 찾을 수 있습니다. 예수님께서 "구하라 그리하면 너희에게 주실 것이요 찾으라 그리하면 찾아낼 것이요 문을 두드리라 그리하면 너희에게 열릴 것이니 구하는 이마다 받을 것이요 찾는 이는 찾아낼 것이요 두드리는 이에게는 열릴 것이니라 너희 중에 누가 아들이 떡을 달라 하는데 돌을 주며 생선을 달라 하는데 뱀을 줄 사람이 있겠느냐 너희가 악한 자라도 좋은 것으로 자식에게 줄 줄 알거든 하물며 하늘에 계신 너희 아버지께서 구하는 자에게 좋은 것으로 주시지 않겠느냐 그러므로 무엇이든지 남에게 대접을 받고자 하는 대로 너희도 남을 대접하라 이것이 율법이요 선지자니라"(마 7:7-12)라고 말씀하셨습니다.

"무엇이든지 남에게 대접을 받고자 하는 대로 너희도 남을 대접하라"라고 말씀하셨습니다. 하나님의 사랑을 받고 싶으면 먼저 하나님을 사랑하시기를 바랍니다. 그러면 하나님의 사랑을 받을 수 있습니다. 하나님은 사랑하시는 성도에게 사랑의 음성으로 말씀하십니다. 그 하나님의 음성 속에는 신비한 문제해결의 열쇠가 있습니다. 하나님의 음성을 듣는 법이 있습니다. 먼저 하나님의 음성을 듣기에 적합한 '정해진 시간과 장소'를 택하십시오. 그리고 하나님의 말씀이 기록된 '성경'을 펴십시오. 오늘에 선포되는 말씀에 귀를 기울이십시오. 마지막으로 '듣는 귀, 듣는 마음'을 가지십시오. 그러면 분명히 하나님의 사랑의 음성을 들으실 것입니다.

사랑하는 성도 여러분!

우리 다 같이 앞에 있는 십자가를 바라봅시다. 십자가는 장식품이 아닙니다. 어떤 형체도 아닙니다. 십자가는 하나님의 사랑입니다. 십자가에서 하나님의 말씀이 사랑으로 들려옵니다. 십자가는 지기에 힘들고, 어렵고, 무겁습니다. 그래도 십자가는 하나님의 사랑이기에, 하나님의 뜻이기에 성도는 짊어지고 가야 합니다. 이제 눈을 감으시고 성전에 있는 하나님의 궤 뒤에 있는 어린 사무엘을 생각해 봅시다. 그는 성전에서 제사장을 섬기고 있었습니다. 그는 제사장에게 순종하고 있었습니다. 그는 마음을 비우고 열린 마음으로 제사장의 음성을 기다리고 있었습니다. 하나님의 음성을 섬기는 제사장의 음성으로 착각할 정도로 순진하고 겸손했습니다.

그러다가 이제는 사무엘은 제사장의 음성이 아니라 하나님의 음성을 직접 들었습니다. **"말씀하옵소서 주의 종이 듣겠나이다"**(:10). 사무엘은 무조건 순종을 고백하고 있습니다. 하나님과 소통한 사무엘에게 **"여호와께서 여기까지 우리를 도우셨다 하고 그 이름을 에벤에셀이라 하니라"**(삼상 7:12)라고 하는 '도움의 돌'을 미리 세우셨습니다. 성도에게 하나님의 도움의 돌이 절대로 필요합니다. 도움의 돌은 그냥 세워지지 않고 오직 기도로만 가능합니다.

성도는 하나님과 소통해야 합니다. 사람과의 소통도 필요합니다. 친구들과 애인과 가족과 소통이 필요합니다. 그러나 하나님과 불통하고 사람과 소통을 기대하지 마시기를 바랍니다. 하나님과 막히면 사람과도 막힙니다. 먼저 하나님의 음성을 들어야 합니다. 하나님께서 성도의 기도의 음성을 들으시기를 바랍니다. 하나님과 사랑의 대화를 나눕시다. 하나님과 사랑의 소통을 통해서 만사가 형통하는 성도가 되도록 기도하시기를 주님의 이름으로 축원합니다.

[예화]

▣ 소통하는 법 7가지

첫째, 항상 연장자에게 발언권을 준다. 둘째, 다른 사람의 이야기 도중에 끼어들지 않는다. 셋째, 말하기 전에 먼저 생각한다. 넷째, 당황하면서 서둘러 대답하지 않는다. 다섯째, 질문과 대답을 간결하게 한다. 여섯째, 처음 할 이야기와 나중에 할 이야기를 구별한다. 일곱째, 잘 알지 못하고 말했거나 잘못 말한 건 솔직하게 인정한다. 이는 이스라엘 사람의 5살부터 시작하는 유치원 토라 교육 가운데 가장 중요하게 여겨 먼저 가르치는 내용이다.

▣ 소통에 방해

할머니와 할아버지가 나들이를 가게 되었다. 한참 걷다가 피곤함을 느낀 할머니가 "영감, 나 좀 업어줄 수 없어?"라고 했다. 할아버지는 업어주기 싫었지만, 나중에 들을 잔소리가 겁이 나 할머니를 업어주었다. 업혀 가던 할머니는 조금 미안했던지 "나, 무겁지?"라고 하였다. 그러자 할아버지는 "그럼, 무겁지!"하고 퉁명스럽게 쏘아붙였다. 할머니가 "왜?"하고 되묻자 할아버지는 "머리는 돌덩이지, 얼굴은 철판이지, 간은 부었으니까 그렇지"라고 대답했다. 돌아오는 길에는 할아버지가 다리를 다쳤다. "할멈, 다리가 아파. 나 좀 업어주라" 할머니가 갈 때의 일도 있고 해서 할아버지를 업어주었다. 이에 미안한 할아버지가 "나, 무겁지?"하면 자기를 따라 할 거 같아서 "나, 가볍지?"하고 물었다. 그러자 할머니는 "그럼 가볍지!"라며 "머리는 비었지, 입은 싸지, 허파엔 바람만 잔뜩 들었으니까"라고 대답했다. 아무리 친한 사이라 해도 듣기 싫은 소통하는 말은 농담이라도 삼가자.

▣ 소통의 비법

옛날에 박만득이라는 백정이 있었다. 어느 날 두 양반이 그에게 고기를 사러 왔다. 그중한 양반은 습관대로 "야, 만득아! 고기 한 근 다오"라고 말했다. 만득은 "네" 하며 고기를 한근 내 주었다. 다른 양반은 "박 서방, 고기 한 근 주게"라고 부드러운 음성으로 말했다. 그런데 그 고기는 언뜻 봐도 먼저 산 양반의 것보다 훨씬 더 커 보였다. 똑같이 한 근이라고 말했는데 차이가 너무 많이 나자 앞의 양반이 화가 나 따졌다. "이놈아, 같은 한 근인데 이 양반의 것은 많고 내 건 왜 이렇게 적으냐?" 그러자 만득은 당연하다는 듯 이렇게 말했다. "손님 건 만득이가 자른 것이고, 저 손님 것은 박 서방이 자른 것이기 때문에 그렇지요" 때로는 한마디 말이 소통의 비법이 있으면 그 어떤 약보다 효험을 발휘해 생명을 구하고, 또 때로는 비수가 돼 남의 마음을 도려내기도 한다.

제목 : 십자가의 도로 섬기기 위해 | 본문 : 고린도전서 1:18-25

중세 교회의 박사이며 신학자였던 토마스 아퀴나스가 어느 날 로마 교황청의 부름으로 로마에 가서 교황을 만났습니다. 교황과 이야기를 나누는 데 마침 세계 각처에서 수많은 금은보화를 가득 실은 마차가 줄줄이 교황청으로 들어오는 것을 보았습니다. 그때 교황은 자랑스럽게 아퀴나스에게 "보십시오. 아퀴나스 박사, 초대 교황이었던 베드로 사도는 '은과 금은 내게 없다'라고 말했지만, 지금 우리는 금과 은을 저렇게 풍성하게 가졌습니다. 세계 각국에서 보내오는 저 금은보화를 보십시오. 이 놀라운 건물과 장식을 보십시오. 우리는 이제 가난하지 않고 부하게 되었습니다. 이게 모두 하나님의 은혜이고 축복입니다."라고 말했습니다. 그때 아퀴나스는 교황에게 "초대교회와 베드로 사도에게는 은과 금이 없었습니다. 그러나 나사렛 예수 그리스도의 이름을 가지고 있었습니다. 그런데 지금 우리는 은과 금을 너무 많이 가지고 있습니다. 우리는 참으로 아름답고 웅장한 교회를 지었습니다. 금으로 기둥을 만들고 대리석으로 바닥을 꾸몄습니다. 실로 엄청난 규모의 교회입니다. 우리는 넓은 땅과 많은 건물도 가지고 있고 교인들도 많아졌습니다. 그래서 은과 금은 우리에게 많이 있습니다. 그러나 우리에게 초대교회와 베드로가 가졌던 나사렛 예수 그리스도의 이름과 십자가는 없습니다"라고 말했답니다.

20세기 중반 이후 지금까지 한국교회는 교회 성장에 깊은 관심을 가져왔습니다. 교회가 성장하는 것은 좋은 일입니다. 주님의 교회가 생명의 유기체임을 생각할 때 교회는 성장해야 합니다. 그래서 그 재력으로 선교도 하고 사회에 큰 영향력을 행사할 수 있습니다. 그러나 교회의 몸집이 커지고 건물이 화려해졌다고 해서 반드시 건강한 교회가 되는 건 아닙니다. 우리가 바라는 건 살찐 교회가 아니라, 주님께서 이 땅에 세우시기를 원하셨던 교회, 하나님이 기뻐하시는 아름다운 교회, 건강하고 깨끗한 교회, 주님의 사랑과 십자가 있는 교회여야 합니다.

1. 십자가의 의미

교회들에는 교회의 표식으로 십자가가 있습니다. 우리의 이웃이나 세상 사람이 성도를 볼 때, "아, 저 사람은 교회에 다녀"라고 하는 것이 바로 성도 개인의 십자가입니다. 믿는 사람의 집에 교회의 패가 붙어 있고 거기에는 교회 이름과 함께 십자가가 있습니다. 그게 바로 교회라는 표식입니다. 우리 교회의 예배당 꼭대기에 십자가가 높이 세워져 있습니다. 어두운 밤에는 저 십자가가 네온 불빛으로 환하게 빛을 토해내고 있습니다. "수고하고 무거운 짐진 자들아 다 내게로 오라 내가 너희를 쉬게 하리라"(마 11:28)라고 말씀하고 있습니다. 죄 있는 사람은 이 교회에 나와서 저 십자가 밑에서 죄를 회개하고 주님을 믿어 구원을 받아야 합니다.

부록

십자가. 이 십자가의 의미가 무엇입니까? 여러분은 십자가를 바라볼 때 어떤 생각을 하십니까? 십자가를 바라보는 사람의 시각에는 크게 두 가지가 있습니다. 하나는 주님의 십자가를 믿음 없이 그저 단순한 형체로 바라보는 사람이 있고, 또 하나는 신령한 믿음의 눈으로 바라는 보는 사람이 있습니다. 믿음 없이 십자가를 바라보면 십자가는 그렇게 특별한 것이 아닙니다. 한낱 단순한 막대기에 불과하며 그저 극악한 죄인을 죽이는 끔찍한 형틀에 지나지 않습니다. 안 믿는 사람도 십자가의 모양새가 좋다고 장식품으로 목에 걸기도 하고 귀걸이를 하고 다니기도 합니다. 그래서 십자가는 아무것도 아닙니다. 그런 사람들은 십자가 위에서 스스로 죽음의 길을 택한 예수님의 사랑과 행동을 도저히 믿을 수 없고 이해할 수도 없습니다. 십자가와 전혀 상관이 없는 사람들입니다. 그래서 십자가를 하나의 종교적인 상징일 뿐입니다.

그러나 믿음의 눈으로 십자가를 바라보면, 십자가는 그저 단순한 나무가 아닙니다. 어떤 장식품이나 평범한 사형대도 아닙니다. 하나님의 아들인 예수님이 우리의 죄를 용서하시고, 우리의 죄를 씻으시기 위하여 자신의 살을 찢기시고 피 흘리신 곳입니다. 예수님의 십자가는 거룩한 것입니다. 죄로 말미암은 죽음의 권세를 용서와 생명의 부활로 바꾼 것이 예수님의 십자가입니다. 바로 승리의 십자가라는 것입니다. 그래서 예수님의 십자가는 믿는 성도에게 특별한 의미가 있습니다. 이 십자가가 자신을 살리는 것입니다. 예수님의 십자가가 기독교의 생명입니다. 예수님의 십자가는 믿는 성도에게 천국으로 가는 구원의 길입니다.

그런데 문제는 이렇게 귀한 십자가가 믿지 않는 사람들에게 우습게 보인다는 것입니다. 심지어는 교회에 다니는 사람에게까지도 미련하게 생각된다는 것입니다. 이러한 생각은 요즘뿐만 아니라 지금으로부터 2,000여 년 전인 사도 바울 시대에도 있었습니다. 그래서 사도 바울은 오늘 본문에서 **"십자가의 도가 멸망하는 자들에게는 미련한 것이요 구원을 받는 우리에게는 하나님의 능력"**(:18)이라 말씀했습니다.

3월 월삭 기도회에 성도 여러분들에게는 십자가가 무엇으로 보입니까? 십자가의 도가 미련한 것으로 보입니까? 아니면 하나님의 능력으로 보입니까? 단도직입적으로 말씀드리겠습니다. 십자가가 여러분에게 미련한 것으로 보이면 여러분은 죄로 멸망하는 사람입니다. 그러나 십자가가 여러분에게 하나님의 능력이라고 믿어지면 여러분에게 생명의 구원이 있습니다.

그러면 십자가는 진정 무엇입니까? 오늘 그 바른 답을 알고 실천하면 말로 할 수 없는 놀라운 은혜와 축복을 받으리라 믿습니다. 여러분 모두 앞을 바라보시기를 바랍니다. 강단에 매달려 있는 십자가가 보이지요? 조용히 생각해 보세요. 저 십자가는 무엇인가? 저 십자가는 나에게 무슨 의미가 있는가? 예수님은 저 십자가 위에서 왜 못 박혀 죽었는가?

저 십자가에 달리신 주님이 지금 나에게 무슨 말씀을 하시는가? 저 십자가를 나는 짊어지고 살 수 있을까? 저 십자가를 위하여 나는 무엇을 해야 할까? 곰곰이 생각하고 묵상하여 결단하시기 바랍니다.

2. 십자가와 관련된 사람들

종교개혁자 마르틴 루터는 "성경을 쥐어짜면 피가 나온다"라고 말했습니다. 구약성경에서는 짐승의 피가 흐르고, 신약성경에서는 예수의 피가 흐른다는 의미입니다. 예수님 당시의 십자가는 노예를 처형할 때 사용하는 심판대로써 수치와 치욕과 저주의 상징입니다. 그러나 예수님께서 갈보리에서 십자가를 지신 이후에는 은혜와 구원과 사랑의 증거가 되었습니다. 여러분은 성경에 나타난 십자가의 도가 무엇인지 아십니까?

가룟 유다는 주님의 제자로 부름을 받았습니다. 그러나 돈에 눈이 어두워졌습니다. 결국 노예의 몸값인 은 삼십에 주님이신 예수님을 팔아먹었습니다. 그리하여 예수님을 십자가에 못 박혀 피를 흘리고 죽게 했습니다. 여러분도 혹시 세상의 재물에 눈이 어두워 예수님을 등지고 살지는 않습니까? 예수님을 돈 몇 푼에 팔아먹어 십자가를 욕되게 하는 가룟 유다가 아닙니까? 최소한의 믿음이 있다면 가룟 유다와 같은 사람이 되지 마시기를 바랍니다.

본디오 빌라도는 유대의 총독이었습니다. 그는 하찮은 권력 때문에 예수님을 십자가에 못 박혀 죽도록 재판했습니다. 만약에 여러분이 세상의 어떤 것에 마음을 빼앗기고 그것 때문에 주님을 배반한다면, 여러분도 예수님을 십자가에 못 박아 죽여 피를 흘리게 하는 죄를 짓는 것입니다. 우리 교회 역사에 길이 남아 많은 사람의 입에 부끄러운 이름으로 오르내릴 것입니다. 예수님을 십자가에 못 박는 빌라도와 같은 부끄러운 인간이 되지 마시기를 바랍니다.

구레네 시몬은 천한 노예 출신의 사람이었습니다. 그는 억지로 예수님의 십자가를 지고 골고다 언덕까지 올라갔습니다. 여러분이 만일 억지로라도 예수님의 십자가를 졌다면 본인과 자손만대까지 복을 받을 것입니다. 예수님의 십자가를 지고 가는 것은 놀라운 축복입니다. 억지로라도 지고 가는 십자가에는 기쁨과 즐거움과 감격이 있습니다. 예수님의 십자가를 대신 지고 가는 구레네 시몬 같은 성도가 되셔서 은혜와 축복을 받으시기를 바랍니다.

아리마대 요셉은 부자였습니다. 대개 부자는 세속적으로 즐기며 생활하기 쉽습니다. 그러나 아리마대 요셉은 그렇지 않았습니다. 아리마대 요셉은 모든 불이익을 무릅쓰고 당돌하게 빌라도에게 예수님의 시신을 달라고 요청했습니다. 그는 예수님의 시신을 가져다가 한 번도 사용치 않은 자신의 새 무덤에 장사했습니다. 당시에 예수님 편에 선다는 것은 세상의 모든 유익을 포기할 뿐만 아니라 많은 어려움과 고난을 감수해야만 했습니다. 그러나 그는 예수님에게 삼일간의 안식을 제공한 유일한 사람이 되었습니다. 오늘 누가 예수님을 편하게 해드리겠습니까? 누가 주님의 몸 된 교회를 편안하게 하겠습니까? 누가 주님의 종을 편안하게 할 수 있겠습니까? 누가 우리 교회의 성도들을 편안하게 할 수 있겠습니까? 이 고달픈 세상에서 주님과 주님의 몸 된 교회와 성도들을 편하게 하는 요셉 같은 성도가 되시기를 간절히 바랍니다.

3. 섬기기 위한 십자가

교회에 와서 하나님의 말씀을 들으나 십자가를 발견하지 못하는 사람은 영적 장애인입니다. 성경의 주인공은 예수님이십니다. 그리고 예수님 구원의 사역은 십자가입니다. 그래서 사도 바울은 **"십자가의 도가 멸망하는 자들에게는 미련한 것이요 구원을 받는 우리에게는 하나님의 능력이라"**(:18) 말씀했습니다. 바울은 십자가만을 자랑하기로 작정했습니다. 오직 구원의 중심 사상은 십자가입니다. 오늘 3월 월삭 기도회에 아주 중요한 십자가의 도를 말씀하겠습니다.

첫째, 십자가는 섬김과 고난의 상징입니다. 예수님은 죄 없으신 몸으로 우리가 지은 죄를 속량하시기 위해서 십자가에 못 박혀 고통을 당하셨습니다. 예수님께서 하나님을 섬기기 위하여 고통을 당하셨습니다. 아마 예수님께서 하나님을 섬기지 않으셨다면 십자가를 지지 않았을 것입니다. 십자가를 사랑하는 성도는 영혼과 육신의 고통을 당하면서 섬겨야 합니다.

둘째, 십자가는 섬김과 사랑의 극치입니다. 하나님께서 우리를 사랑하셨기에 그의 외아들을 십자가에 못 박혀 죽게 하셨습니다. 우리는 십자가를 바라보면서 예수님의 섬김과 사랑을 깨달아야 합니다. 이것이 십자가의 은혜입니다. **"하나님이 세상을 이처럼 사랑하사 독생자를 주셨으니 이는 그를 믿는 자마다 멸망하지 않고 영생을 얻게 하려 하심이라"**(요 3:16) 예수님의 섬김을 모르면 십자가를 모릅니다. 십자가를 아는 게 주님의 사랑을 알고 섬기는 것입니다.

셋째, 십자가는 섬김의 승리입니다. 히브리서에 "피 흘림 없이는 죄 사함이 없다"라고 말씀했습니다. 하나님은 십자가의 사랑을 통해 인류에게 영원한 생명을 주셨고 참 소망을 주셨습니다. 그러기에 십자가는 믿는 성도에게 섬김의 능력이요, 지혜입니다. 어떠한 고난도 십자가의 믿음으로 주님의 몸 된 교회를 섬기고 능히 이길 수 있는 능력을 주십니다.

"십자가의 도가 멸망하는 자들에게는 미련한 것이요 구원을 받는 우리에게는 하나님의 능력이라 기록된 바 내가 지혜 있는 자들의 지혜를 멸하고 총명한 자들의 총명을 폐하리라"(:18-19). 여러분 착각하지 맙시다. 예수님을 믿고 십자가를 지는 성도가 부자 된다는

292

법이 없습니다. 예수님을 믿고 십자가를 지는 성도가 출세하여 부귀영화를 누린다는 법도 없습니다. 십자가를 앞세운 교회가 예배당을 호화롭게 짓고 수많은 사람이 모여 재정이 풍부하여 세상을 압도하라는 법도 없습니다. 오히려 그 반대입니다. 교회는 가난해야 합니다. 교회는 건강해야 합니다. 교회는 세상을 섬겨야 합니다. 십자가는 고난의 길을 가는 것입니다. 십자가의 도는 박해와 핍박을 받는 것입니다. 십자가의 도는 낮아지는 것입니다. 십자가의 도는 포기하는 것입니다. 십자가의 도는 죽는 것입니다. 십자가의 도는 사랑입니다. 십자가의 도는 섬기는 것입니다. 십자가의 도는 구원을 얻는 것입니다. 그러므로 십자가의 도는 영생입니다.

사랑하는 성도 여러분!

다 같이 강단의 십자가를 바라보시기를 바랍니다. '저 십자가는 지금 나와 무슨 상관이 있는가?' '하나님의 아들 예수님은 왜 저 십자가에 달려 죽었는가?', '나는 과연 저 십자가를 지고 주님을 따라갈 수 있는가?', '나도 저 십자가를 지고 주님을 위하여, 주님의 몸 된 교회를 위하여, 성도들을 위하여 죽을 수 있을까?', '나는 십자가를 지고 주님의 몸 된 교회와 주님께서 사랑하시는 성도들을 섬길 수 있을까?' 신중하게 생각하고 결단하시기를 바랍니다.

이제 저 십자가를 여러분의 가슴 속으로 안고 들어 가시기를 바랍니다. 그리고 눈을 감으십시오. 여러분 자신을 십자가 위에 누이시고 깊이 묵상하시기 바랍니다. 여러분 자신을 십자가와 하나 되게 하십시오. 십자가의 도로 섬기시기를 바랍니다. 십자가의 도로 섬기다가 어떤 고통을 당해도 참고 견디어 이기겠다는 다짐을 하시기 바랍니다. 십자가의 도로 어떠한 고난도 이길 수 있다는 확신하는 믿음을 가지시기를 바랍니다.

예수님께서 자신의 몸을 십자가에 못 박아 하나님과 인간을 섬기시기 위해서 세상에 오셨습니다. 예수님의 십자가는 고난입니다. 십자가는 사랑입니다. 십자가는 승리입니다. 십자가는 생명입니다. 십자가는 구원입니다. 십자가를 지시고 고통을 당하나 사랑으로 참고 견디면 승리할 수 있습니다. 영원한 생명을 누릴 수 있습니다. 구원을 받습니다. 3월 월삭 기도회에서 하나님께 기도하면서 십자가의 도를 깨달아 주님의 고난에 동참하면서 주님과 주님의 몸 된 교회와 성도와 이웃을 섬기시는 성도가 되시기를 주님의 이름으로 간절히 축원합니다.

[예화]

▣ 한경직 목사의 섬김

　한국 교계의 지도자 한 분이 이런 고백을 했다. "나는 평생 집 한 칸도 마련하지 못했고, 내 평생 저금통장 하나 가져 본 적이 없습니다. 지금은 사위 집에 얹혀 살고 있습니다. 나는 평생 어떤 단체의 장(長)이 되고자 노력해 본 일이 없었습니다. 그저 복음을 전하고 이웃을 사랑하고자 노력했을 따름입니다" 당신이 보기에 이분이 과연 성공한 사람이라고 생각되는가? 평생 집 한 채도 장만하지 못하여 딸네 집에서 사는 사람을 성공한 사람이라고 말할 수 있는가? 이 말은 노벨상에 버금가는 템플턴 상을 받은 한경직 목사님의 인터뷰 내용이다. 누구도 이분을 실패자라고 말하지 않는다. 한 심리학자는 현대인들이 가지고 있는 가장 큰 강박 관념은 성공에 대한 강박 관념이라고 했다. 현대인들은 끊임없이 성공해야 한다는 주문에 매달려 있다. 그 정도면 성공했다고 생각되는 사람은 그 나름대로 그 자리를 지키려 안간힘을 쓴다. 실패했다고 느끼는 사람은 성공한 사람과 자기 자신을 비교하며 좌절감에 빠진다. 이런 모든 강박 관념의 근본 원인은 성공과 실패, 그 자체에 있는 것이 아니라, 잘못된 성공관에 있다. 역시 템플턴 상을 받은 테레사 수녀는 "성공은 결코 지배자를 위한 왕관이어서는 안 된다. 성공은 다만 허리를 굽혀 남을 섬길 줄 아는 사람을 위한 보람의 훈장이어야 한다"라고 말했다.

▣ 친절한 섬김의 눈동자

　미국의 한 마을 입구의 큰 강에서 자리를 잡고 누군가를 기다리는 노인이 있었다. 추운 겨울이라 강은 얼어 있었고 다리도 멀리 있어서 노인이 건너기에는 쉽지 않아 보였다. 한참을 기다리던 노인은 멀리서 한 남자가 말을 타고 오자 도움을 요청했다. "강 건너의 마을까지만 태워줄 수 있겠습니까? 날이 춥고 물이 차서 늙은 몸으로 건너기가 쉽지 않습니다." 남자는 강을 건너의 마을 멀리에 있던 노인의 집까지 바래다주었다. 노인을 말에서 내려주며 남자가 물었다. "그런데 제 앞에 가던 사람들에게는 왜 도움을 요청하지 않으셨나요?" "그 사람들은 이 비루한 늙은이에게 조금의 관심도 없었습니다. 그러나 당신의 눈동자에서는 친절과 섬김을 찾아볼 수 있었습니다." 남자는 노인의 대답을 듣고 남을 도울 때는 자세가 중요하다는 것을 깨달았다. 이 남자는 훗날 독립선언문의 토대를 세운 미국의 3대 대통령 토머스 제퍼슨이다.

제목 : 십자가의 길을 증언하기 위하여 | 본문 : 마가복음 11:1-11

우리는 매일 길을 가거나 오며 살아가고 있습니다. 종려주일은 매우 역설적인 성격이 있습니다. '역설적'이란 말은 일반적으로 언뜻 보면 서로 반대되는 것으로 보이는 것이 오히려 또 다른 진리를 포함하고 있다는 말입니다.

오늘 우리에게 주신 말씀은 예수님께서 예루살렘 성으로 입성하신 사건을 기록하였습니다. 예수님께서 생애의 마지막에 담대히 예루살렘 성으로 입성하신 승리의 날을 기리는 종려주일로 기록함과 동시에, 예수님께서 예루살렘에 입성으로 인해서 받으실 고난과 십자가에서의 처참한 고통을 전제하여 기록하였습니다. 우리는 이 성경을 읽으면서 정말 기뻐해야 할지 아니면 슬퍼해야 할지 알 수 없는 수렁에 빠지게 됩니다. 그래서 오늘의 말씀은 역설적인 진리를 가르쳐주고 있습니다. 오늘 우리는 역설적인 진리의 말씀을 생각하고 기도하고자 합니다.

1. 성공과 실패의 길

우리는 세상을 살아가면서 수많은 성공과 실패를 경험합니다. 가령 누가 사업을 시작한다고 생각해 봅시다. 흔히 사업이라는 것이 불확실성이 있어서 장차 성공할지 실패할지를 아무도 모르는 경우가 많습니다. 하지만 만약 그 사업을 시작하기 전에 그 사업의 성패에 대해서 확실하게 안다면 어떻게 될까요? 가령 그 사업이 장차 큰 성공을 거둔다는 것을 확신한다면 우리는 두말할 것도 없이 과감하게 많은 투자를 감행할 것입니다. 누구든지 성공을 마다할 사람은 없을 것이기 때문입니다. 그러나 사업의 실패를 미리 안다면 누가 그 사업에 귀한 돈을 투자하겠습니까? 누구도 멍청이 바보가 아닌 이상 투자하지 않을 것입니다.

또 우리가 어떤 낯선 길로 접어든다고 가정을 해봅시다. 그 길에서 무엇이 나올지 잘 알고 있다고 생각해 봅시다. 그 길로 가면 아름다운 꽃이 피어나고, 맛있는 과일을 먹을 수 있고, 좋은 사람을 만나 행복해질 수 있다면 거침없이 그 길로 갈 것입니다. 그런데 그 길에서 불량배나 강도를 만날 게 뻔하고 망하거나 죽을 것을 안다면 아무도 결코 그 길로 가지 않을 것입니다. 누구든 무슨 수를 써서라도 그 길을 벗어나려고 할 것입니다. 아무것도 모르고 멍청이 바보가 아닌 이상 말입니다. 그래서 길은 인생의 중요한 여정입니다.

2. 예수님의 길

오늘 본문 말씀의 주인공은 예수님이십니다. 예수님은 자신이 가시는 길을 다 알고 계셨습니다. 예수님을 싫어하고, 질투하고, 반대하는 유대인들과 제사장들과 서기관들에게 모욕을 당하고 마침내 십자가에서 죽을 것을 이미 알고 계셨습니다. 예수님은 제자들에게 이 사실을 여러 차례 말씀하셨습니다. 그런데 예수님은 지금 그 길을 가시고 계십니다. 우

부록

라가 알기로 예수님은 세상을 몰라도 한참 모르시는 멍청이요, 정말 바보 중의 바보로 보입니다.

예수님은 바보처럼 이 길을 가셨습니다. 먼저, 예수님이 예루살렘 성까지 걸어오신 길을 되짚어 생각해 보면, 그 길은 참으로 신비롭고 비밀이 있습니다. 유대의 절기인 유월절이 다가오고 있었습니다. 예수님은 제자들과 갈릴리에서 사마리아를 거쳐 유대로 오셨습니다. 유대의 수도 예루살렘에 다가옵니다. 그런데 예수님과 함께 먹고 자고 하던 제자들은 예수님이 가시는 길을 몰랐습니다. 그저 이전처럼 '명절이나 지키러 가시나 보다'라고 생각했습니다.

그래서 제자들을 진지하지 못했습니다. 심지어 노상에서 누가 더 크냐를 놓고 싸우기까지 했습니다. 두 제자는 예수님께서 예루살렘에 가서서 왕이 되시면, 하나는 우편에 하나는 좌편에 앉아 권세를 누리게 해달라고 청탁까지 했습니다. 하지만 예수님은 묵묵히 그 길을 걷기만 하셨습니다. 하도 귀찮게 하는 두 제자에게 **"너희는 너희가 구하는 것을 알지 못하는구나"**라는 알 수 없는 말씀만 하셨습니다. 예수님은 더는 이상 자세히 말씀도 하지 않으시고, 예수님 자신의 길을 묵묵히 걸어가셨습니다. 이는 예수님께서 가신 침묵의 길입니다.

예수님이 걸어가신 길은 아무도 모르는 신비한 길이었습니다. 예수님이 가시는 길의 목적지는 예루살렘 성 밖에 있는 골고다였습니다. 예수님께서 예루살렘에 입성하시는 순간에 그 특별한 모습을 나타내셨습니다. 예수님께서 마치 개선장군처럼 수많은 군중의 환영을 받으시며 예루살렘에 입성하는 모습이 그 한 면입니다. 보기에는 심히 초라했지만, 평소에 안타던 나귀를 타시고, 제자들의 호위를 받으시면서 당당하게 입성하셨습니다. 누가 그렇게 하자고 약속도 안 했는데, 군중들은 앞다투어 종려나무 가지를 꺾어 흔들면서 **"찬송하리로다 오는 우리 조상 다윗의 나라여 가장 높은 곳에서 호산나 하더라"**라며 찬송까지 불렀습니다.

사람들은 다윗의 왕국이 이제 예수님을 통해서 재현되리라고 기대했을 것입니다. 능력이 많으신 예수님이야말로 이스라엘을 로마의 악정에서 벗어나도록 해방할 분이라고 생각했을 것입니다. 그 지긋지긋한 가난을 물리치고 이제는 잘 먹고 잘살게 해주실 줄 알았을 것입니다. 병이란 병은 다 고쳐주시고, 자신들이 세상에서 출세하고 잘 되게 하리라고 생각했을 것입니다.

그래서 군중들은 순식간에 흥분했습니다. 그들이 흥분한 탓인지 하얀 백마도 아닌 작은 나귀를 타신 예수님의 모습이 초라하게 보이지 않았습니다. 예수님의 다소 근심의 표정에도 그들은 전혀 신경을 쓰지 않았기 때문입니다. 평소에 예수님의 말씀을 잘 듣고 생각이 있는 사람이라면 예수님의 가시는 길이 어떤 길인 줄을 알 텐데, 그 누구도 예수님의 가시는 길을 몰랐습니다. 그들에게는 오직 출세를 위한 야망과 기대감만 가득했기 때문입니다. 그래서 모두 흥분하여 날뛰고 있습니다. 사람은 누구나 흥분과 기쁨을 삶을 살아가고 있습니다.

사람들은 너나없이 옷을 벗어서 길을 말끔히 덮었습니다. 마치 영화제에서 상을 받는 유명 배우들이 밟고 지나가도록 빨간 양탄자를 깔듯이 그들은 예수님을 위해서 최선을 다했습니다. 예수님께서 타신 나귀의 등에도 자신들의 옷을 깔아 예수님에게 최고의 우대를 해주었습니다. 자의든 타의든 이는 오로지 자신의 부귀영화를 위한 최대의 수단이었습니다. 그런데 미안하지만, 이들은 예수님이 가시는 길을 오해하고 있었습니다. 예수님이 가시는 길을 전혀 모르고 있었습니다. 지금도 예수님께서 가신 십자가의 길을 모르는 사람이 많습니다.

3. 성도의 길

말씀을 잘 들으시기를 바랍니다. 이 말씀은 옛날 예루살렘 사람들의 이야기가 아닙니다. 바로 오늘 우리들의 이야기입니다. 여러분 중에 진정으로 예수님이 걸어가신 길을 아십니까? 착각하지 마세요. 미안합니다. 여러분 중에 대부분은 예수님을 믿고 부자 되고, 돈 많이 벌고, 출세하고, 가정이 잘되고, 자식들 잘되고, 병이 낫고, 마음이 편하고 싶은 사람이 많을 것입니다. 그렇게 기도하는 사람들이 많을 것입니다. 복 받기 위해서 교회에 나오고, 예물 드리고, 봉사하는 사람들이 많을 것입니다. 착각하지 마세요. 그것은 예수님이 원하시는 게 아닙니다.

여러분, 어린 나귀 새끼를 타시고 예루살렘으로 가시는 예수님의 표정을 잘 살펴보시기를 바랍니다. 오늘따라 예수님의 표정은 그리 밝아 보이지 않습니다. 답답한 가슴이 예수님의 얼굴에 나타나는 것 같습니다. 무슨 근심을 띄고 계신 표정입니다. 아무도 모르는 사람들의 열렬한 환영을 받고 예수님은 더욱 서글펐습니다.

오늘, 성도 여러분들은 한 주간 동안 세상의 일에 수고하시고 교회에 오셨습니다. 일주일 만에 반가운 성도들을 만났습니다. 우리는 홀가분한 마음으로 예배드리며 찬송도 신나게 불렀습니다. 그런데 여러분, 미안합니다. 오늘 예수님의 표정은 그리 밝아 보이지 않습니다. 우리 교회의 근심을 한가득 짊어지시고 근심하고 계시는 듯합니다. 우리 교회의 막중한 문제를 어떻게 해결하실까 고민하고 계시는 듯합니다.

예수님은 호산나 찬송을 부르는 인파 속에서 자신에게 묻고 계신 질문이 있었습니다. '과연 이 길은 어떤 길이란 말인가?', '과연 이 길은 어떤 길이란 말인가?' 예수님은 반복적으로 자신에게 묻고 계셨습니다. 예수님은 속으로 이 질문을 중얼거리며 예수님 자신의 아픔을 꾹 참으셨습니다. 지금 예수님은 고통을 당하시러 가시는 길입니다. 며칠 후에 예수님은 십자가에서 죽으러 가시는 길입니다. 십자가의 길은 고통을 당하는 순례의 길입니다.

예수님께서 가신 고난의 길은 이렇게 시작되었습니다. 예수님의 고난은 군중들의 화려한 박수갈채 속에서 시작되었습니다. 수많은 군중의 환영 속에서 시작되었습니다. **"찬송하리로다 오는 우리 조상 다윗의 나라여 가장 높은 곳에서 호산나 하더라"**하는 수많은 사람의 요란한 찬송 속에서 시작되었습니다. 여기서 우리는 예수님의 고난의 길을 알아야 합니다.

예수님은 지금 자신이 가시는 길을 알고 계셨습니다. 예수님은 자신이 십자가에서 죽으러 가시는 길이라는 사실을 알고 계셨습니다. 예수님은 자신의 길을 다 아시면서도 마치 모르는 사람처럼 묵묵히 그 길을 가셨습니다. 예수님은 군이 자신의 길을 설명하려고 하지 않으셨습니다. 오직 자신밖에는 이 길을 갈 자가 없기에 굳이 설명할 필요가 없으셨습니다.

오늘, 예수님이 여기에 오셔서 "내가 십자가에서 죽으러 가니 너도 가려느냐"라고 물으신다면 "나요!"하고 손들고 나올 성도가 한 사람이라도 있을까요? 아마 쉽지 않을 것입니다. 믿는 성도라면 주님과 함께 죽고 싶은 마음은 있을 것입니다. 그러나 실제로 죽으라고 하면 용기가 안 날 것입니다. 이게 바로 저와 여러분들의 모습입니다. 그래서 주님은 우리가 창피를 당할 것 같아서 말씀을 안 하시는 것입니다.

아마 주님이 가시는 길이 어떤 길인지 아는 사람은 자신의 옷을 벗어서 길에 깔며 환영하지 않았을 것입니다. 그때의 군중들이 종려나무 가지를 꺾어 흔들며 **"찬송하리로다 오는 우리 조상 다윗의 나라여 가장 높은 곳에서 호산나 하더라"**라고 찬송하지 않았을 것입니다. 예수님을 환영하는 사람들에게 예수님이 가시는 고난의 길을 같이 가자고 하면 결코 가려고도 하지 않았을 것입니다. 예수님이 가시는 길은 험한 길이요, 고통을 당하는 길이요, 박해를 받는 길이요, 십자가의 길이요, 죽음의 길이기 때문입니다.

사람들은 욕심이 많고, 부귀영화만을 바랍니다. 사람들은 칭찬과 박수만을 기대하고, 영광만을 생각합니다. 그러기에 예수님은 그 십자가의 길을 말씀하시지 않으셨습니다. 오직 예수님 홀로 걸어가셨습니다. 오늘 우리도 마찬가지일 겁니다. 사람들은 편안하기만 바라지 예수님과 함께 고통을 당할 것은 사양하고 있습니다. 이런 우리의 마음을 아시는 예수님께서 우리를 탓하시지 않고 홀로 십자가의 길을 걸어가셨습니다.

주님을 믿는 성도라면 예수님께서 걸어가신 십자가의 길을 깨달아야 합니다. 이게 믿는 성도가 가져야 하는 최소한의 도리입니다. 그런데 우리는 자신의 고난을 거절하면서 예수님의 발걸음을 무겁게 하고 있습니다. 예수님의 길이 마치 우리의 물질적 성공을 위한 길인 양, 우리의 출세를 위한 길인 양, 잘 먹고 잘사는 길인 양, 우리의 욕심 추구를 위한 길인 양, 그릇된 박수갈채를 받는 길로 오해하고 있습니다.

성도가 가야 할 길은 고난의 길입니다. 핍박받는 길입니다. 모욕당하는 길입니다. 손해 보는 길입니다. 비난받는 길입니다. 이게 바로 성도들이 가야 할 십자가의 길입니다. 진실한 성도가 자랑할 것은 오직 십자가의 길밖에 없습니다. 성도는 예수님께서 지고 가신 십자가의 길을 증언하는 삶을 살아야 합니다. 증언한다는 말은 나타낸다는 말입니다. 종려주일의 진정한 뜻은 무턱대고 종려나무 가지를 흔들고 찬송을 부르는 것이 아닙니다. 주님이 걸어가신 십자가의 길을 세상 사람들에게 보여주면서 따라가는 길입니다.

다 같이 눈을 감으시고 수많은 군중이 종려나무 가지를 흔들며 나귀 새끼를 타시고 예루살렘 성으로 입성하시는 예수님을 생각해 봅시다. 진지하게 예수님의 얼굴을 살펴봅시다. 축제의 분위기에서도 기뻐하시지 않은 예수님의 표정을 읽어봅시다. 왜 예수님은 근심의 얼굴로 예루살렘 성으로 입성하고 계시는지 그것을 심각하게 생각해 보시기 바랍니다.

분명히 예수님은 만왕의 왕으로 오셨습니다. 그러나 세상의 부귀영화를 나눠주시기 위하여 오신 예수님은 아니십니다. 예수님은 모욕과 박해와 고통을 당하시고, 마침내 십자가에서 죽으려고 오신 만왕의 왕이십니다. 이 고난의 주님과 함께 가는 성도를 예수님께서 사랑하십니다. 예수님과 함께 십자가의 길을 가는 성도에게 은혜와 축복을 주십니다. 우리도 이 십자가의 길을 예수님과 함께 갈 수 있도록 기도하시기를 바랍니다.

사랑하는 성도 여러분!

이름도 모르는 어떤 사람이 예수님이 타시겠다고 하시니 아무도 타보지 않은 나귀 새끼를 선뜻 내놓았습니다. 예수님께서 마지막으로 가시는 길을 위하여 자신이 귀히 여기는 아까운 나귀 새끼를 내놓았습니다. 예수님께서 가시는 마지막 길에 최고의 선물을 봉헌했습니다. 나귀 새끼는 아무 일도 모르고 예수님을 등에 모시고 예루살렘 성으로 들어갔습니다. 오늘, 과연 예수님에게 가장 귀한 나귀 새끼를 내놓을 자가 누구입니까? 오늘, 과연 나귀 새끼처럼 예수님을 모시고 입성할 성도가 누구입니까? 오늘 세계교회가 함께 지키는 종려주일에, 예수님이 걸어가신 십자가의 길을 이해하고, 예수님에게 나귀 새끼라도 내놓고, 예수님을 등에 모시고 살아가는 성도가 되시기를 주님의 이름으로 간절히 축원합니다.

[예화]

▣ 좁은 길

당신은 좁은 길로 걸어가고 있는가? 세상에는 좁은 문과 넓은 문이 있다. 좁은 길과 넓은 길, 영생의 길과 멸망의 길이 있다. 넓은 문은? 예수님이 하나님의 아들인 것을 거부하는 삶, 즐기면서 안심하고 걸어가는 삶, 마치 뉴욕의 브로드웨이와 같은 길, 세상에서 가장 넓은 길이기도 한, 월스트리트가 있는 42번가의 Time Square가 있는 세상의 악, 즉 술과 여자, 마약과 도박이 있는 향락의 거리, 멸망이 있는 곳이다 그렇다면 좁은 문, 좁은 길은? 예수님을 하나님의 아들로 고백하고 자신의 구원자로 모시고 사는 사람이 가는 길이다. 어떤 사람이 예수님에게 와서 질문 했다. 예수님은 좁은 문으로 들어가기를 힘써라. 들어가기를 힘써도 들어가지 못하는 자들이 많도다! 예수님을 믿는 것이 좁은 문으로 들어가는 것이다. 어려움이 많을지라도, 고통이 따를지라도 이 길을 따르라 하신다. 그러나 교회 안에서 좁은 길을 택했으나 그 길이 험난하니 거부하는 사람이 많다는 것이다. 예수님을 믿는 것과 예수님을 좇아가기가, 신앙생활과 삶이 다른 사람이 있다는 것이다. 좁은 길을 걸어가는 사람이 예수님을 만난다.

▣ 길을 잃어버렸을 때

같은 꿈을 반복해서 꾸던 때가 있었다. 어두운 광야에서 홀로 모래바람을 맞으며 어디가 앞이고 뒤인지 몰라 어쩔 줄 모르고 서 있었다. 이 꿈처럼 인생의 어느 지점에서 '나는 어디로 가야 하지? 스스로 물을 때가 있다. 진로 결정을 앞둔 청년, 은퇴를 앞둔 직장인, 갱년기에 접어든 여성들이 이런 질문을 만났다. '무엇을 해야 할까?', '지금까지 잘살아왔나?', '어디로 가야 하나?'. 이런 질문이 마음에서 떠나지 않는다면 그때 바로 하나님의 초대장을 받은 것이다. 하나님이 당신의 인생에 동행하기 위해 새로운 대화를 원하신다. 많은 사람 속에서, 첩첩이 쌓인 일 가운데, 분주함 속에 살아갈 때 확실한 길을 간다고 여기지만 오히려 그때 하나님을 잃어버린다. 사람들이 떠나가고, 할 일이 없어지고, 공허함을 느낄 때 길을 잃었다고 생각하지만 실은 그때가 진짜 길을 찾아가는 첫 자리에 서 있는 것이다. 어디로 갈지를 몰라 서 있는 그곳에 하나님이 당신을 기다리고 있다. 당신은 지금부터 길을 시작한다.

제목 : 자식을 위하여 ㅣ 본문 : 시편 127:1-5

오월은 가정의 달입니다. 사회의 각계각층에서도 가정에 대하여 행사를 하고 있으며, 가정에서도 가정대로 아름다운 일들이 많이 벌어지고 있습니다. 물론 도시나 농촌의 여러 교회에서도 이에 뒤질세라 갖가지 행사하고 있습니다. 그래서 5월 월삭 기도회에서는 가정의 자식들을 위하여 기도하시겠습니다. 자식은 가정의 보배이며 교회의 희망이고 미래를 이끌 인물입니다.

시골의 어느 허름한 식당에 들어가 식사를 하다가 벽에 걸린 족자에 제 눈이 쏠렸습니다. 서툰 붓글씨로 다음과 같은 글이 적혀 있었습니다. "꾸지람 속에서 자란 아이는 비난하는 것을 배운다. 미움을 받으며 자란 아이는 미움을 배우며 자란다. 매를 맞으며 자란 아이는 폭력을 쓰는 사람이 된다. 놀림을 당하며 자란 아이는 수줍음을 타게 된다. 사랑을 받으며 자란 아이는 사랑할 줄 아는 사람이 된다. 용서받은 경험이 있는 아이는 남을 용서할 줄 아는 사람이 된다. 관용 속에 자란 아이는 넓은 마음을 가지는 사람이 된다. 격려받으며 자란 아이는 자신감을 가지고 자란다. 칭찬을 받으며 자란 아이는 감사할 줄 안다. 공정한 대접을 받으며 자란 아이는 올바름을 배우게 된다. 안정 속에 자란 아이는 믿음을 갖게 된다. 기도로 자란 아이는 희망을 꿈꾸는 사람이 된다." 누가 지었는지 구구절절이 참 좋은 글이었습니다.

어떤 어머니가 교육학자에게 물었습니다. "자녀교육은 언제부터 시작해야 합니까?" 학자가 묻습니다. "댁의 자녀는 지금 몇 살입니까?" 어머니가 대답합니다. "올해 다섯 살입니다." 학자가 말합니다. "서두르십시오. 댁의 자녀교육은 6년이나 늦었습니다." 자녀교육은 모태에서부터 시작되는 뜻입니다. 어머니가 아이를 잉태하는 순간부터 시작해서 그 아이가 자라서 성인이 될 때까지, 죽을 때까지 평생 하는 것이 부모의 자녀교육입니다.

자식은 부모가 낳지만, 그 생명은 하나님의 것입니다. 하나님은 그냥 쓸데없이 여러분에게 자식을 주신 것이 아닙니다. 아주 특별한 목적을 가지고 천하보다 더 귀중한 생명을 여러분에게 주셨습니다. 그러므로 부모 된 사람은 하나님의 뜻을 깨닫고 자식에 대한 교육의 도리와 하나님에게 대한 책임을 다해야 합니다.

목사가 오랫동안 목회를 하면서 얻은 깨달음도 그렇습니다. 대단히 미안한 말씀이지만 목회자를 하나님처럼 받들고 대접하는 부모의 밑에서 자란 자녀는 목회자를 존경할 뿐만 아니라, 하나님을 잘 섬겨 믿음의 사람이 되는 것을 보았습니다. 그런데 목회자를 비난하고 헐뜯는 가정에서 자란 자녀는 목회자를 무시하고 교회에도 안 나가고 신앙생활을 하지 않는 것을 보았습니다. 자식은 어쩔 수 없이 부모를 보고 배우기 때문입니다. 목사가 무슨 대접을 받으려고 이런 말을 하는 것은 아닙니다. 다 여러분과 여러분의 자식들을 위해서 하는 말입니다.

1. 자식은 여호와의 기업

솔로몬이 "보라 자식들은 여호와의 기업"이라고 말씀했습니다. 어떤 분은 이 말씀을 듣고 "월삭 기도회에서 무슨 기업을 통해서 장사꾼 이야기를 하려나?"라고 비아냥하는 분이 계실지 모릅니다. 뭐, 기업을 통한 '장사'라고 해도 좋고, 농촌에서의 '농사'라고 해도 좋습니다. 어차피 자식을 길러서 뭔가 이득을 내서 하나님께 영광을 돌리고, 교회에 유익을 주고, 자신의 가정에도 복이 되어야 하기에 솔로몬은 자식들을 '기업'이라고 말씀했습니다.

기업가가 사업을 해서 이익을 못 내고 밑천까지 날려버린다면 심히 부끄러운 사람이 되고 말 것입니다. 사람도 그렇습니다. 애써 자식을 낳아서 진자리, 마른자리 골라가면서 안 먹고 안 입고 자식을 가르쳐 길렀는데, 그 자식이 공부는 안 하고 놀기만 해서 국가나 사회에 공헌하지 못하고, 주님의 교회에도 봉사하지 못한다면 심히 부끄러운 일일 것입니다.

부모는 자식을 낳기만 했다고 부모의 도리를 다한 것이 아닙니다. 부모가 자식을 낳았으면 잘 기르고 바로 가르쳐서 사람에게 유익을 주는 사람으로 길러야 합니다. 부모에게는 자식을 하나님의 뜻을 이루는 사람으로 잘 길러야 할 책임과 의무가 있습니다. 그런 의미에서 오늘 월삭 기도회에서 자식에 대한 부모의 책임과 도리를 생각해보고, 자식을 잘 길러 하나님께 영광을 돌리는 성도가 되도록 하나님께 기도하시기를 간절히 바랍니다.

오늘의 "자식들은 여호와의 주신 기업이요"(:3)라고 말씀했습니다. '기업'이란 '어떤 사업을 계획하거나, 영리를 목적으로 생산·판매·서비스 등의 사업을 계속하여 경영하는 것'을 의미합니다. 그리고 기업은 연속성이 있어서 자식이나 다른 후계자에게 대물림하는 성격이 있습니다. 세계의 여러 나라나 우리나라에서 재벌이 기업을 자식에게 이양하는 경우가 많고, 마땅한 자식이 없으면 유능한 후계자에게 맡깁니다. 이는 기업의 본성이라고 할 수 있습니다.

자식의 기업은 대개 네 가지로 크게 나눌 수 있습니다. 첫째는 영적인 기업으로 신앙의 유산을 자식들에게 대물림합니다. 부모의 믿음을 자식들에게 전수하여 자손이 하나님을 공경하고 장로, 집사, 권사직 등 성직을 이어가게 합니다. 둘째는 정신적인 기업으로 부모의 정신을 자손들이 받들어 이어가는 것입니다. 부모가 이웃에게 선한 일을 실천하면 자식들도 부모의 정신을 이어받아 이웃에게 봉사합니다. 셋째는 육신의 기업으로 자식의 자식을 낳아서 가문의 혈통을 이어가는 것입니다. 특히 동양과 우리나라는 혈통을 중요하게 생각하여 반드시 아들을 낳아야 한다는 전통이 있습니다. 요즘은 가부장 제도가 없어져서 딸이 가문을 잇기도 합니다. 넷째는 물질적인 기업으로 부모의 가업을 자식들이 이어 펼쳐가는 걸 말합니다. 돈과 재산이 많은 부모는 자식들에게 대물림하여 그들이 여유 있고 풍부한 생활을 합니다.

기업은 가정에 소중한 자산입니다. 하나님께서 아브라함에게 "내가 너와 네 후손에게 네가 거류하는 이 땅 곧 가나안 온 땅을 주어 영원한 기업이 되게 하고 나는 그들의 하나님이 되리라"(창 17:8)라고 약속하셨습니다. 하나님께서 모세를 통하여 이스라엘 백성에게 "너는 여호와 네 하나님의 성민이라 네 하나님 여호와께서 지상 만민 중에서 너를 자기 기업의 백성으로 택하셨나니"(신 7:6)라고 말씀하셨습니다. "성민"은 '거룩한 백성'이라는 뜻으로 보통 사람과는 전혀 다른 특별한 권세와 특권이 있습니다. 이스라엘 백성은 현대의 유대인으로 지혜가 뛰어나고 탁월한 능력이 있어서 세계의 정치, 경제, 과학 분야의 우두머리가 되었습니다.

자식은 이렇게 소중한 존재입니다. 단순히 핏줄을 세상에 남기는 것으로서만 소중한 것이 아니라, 하나님을 섬기는 신앙적인 유산을 이어가는 것이기에 소중합니다. 하나님께서 "나를 사랑하고 내 계명을 지키는 자에게는 천 대까지 은혜를 베푸느니라"(출 20:6) 약속하셨습니다. 영적이고 정신적인 기업으로서의 자식을 믿음으로 잘 길러서 하나님을 대대손손 섬기는 축복받는 성도가 되도록 하나님께 기도하시기를 간절히 바랍니다.

2. 태의 열매

솔로몬은 "태의 열매는 그의 상급이로다"(:3)라고 말씀했습니다. "상급"은 아무에게나 주는 것이 아닙니다. 잘한 사람에게 주는 것이 상입니다. 또한 상은 꼭 잘해서만 주는 것이 아닙니다. 어떤 가능성이나 희망이 보이는 사람에게 더 잘하라고 주는 것이 상입니다. 또는 못하는 사람에게 경종을 울리고 어떤 경쟁심을 불러일으키기 위해서 상을 주는 때도 있습니다. 그런 의미에서 자식이 잘생겼든 못생겼거든, 공부를 잘하든 못하든 하나님의 상급입니다.

하나님께서 어머니의 태에 생명을 주셔서 10달 동안 기르게 한 후에 세상에 태어나게 하셨습니다. 여기에 자식을 낳은 어머니나 아버지에게는 막중한 책임이 지워집니다. "태의 열매는 그의 상급"이라고 생각한다면 부모 된 사람은 각별한 결심을 가지고 과연 상 받은 사람으로의 도리와 책임을 다하고 최선의 힘으로 자식을 잘 양육해야 합니다. 자식을 낳기만 했다고 무조건 부모가 되는 것이 아닙니다. 부모 노릇을 잘해야 참된 부모가 됩니다. 오늘 이 시간 부모 된 성도들은 하나님께 부끄럽지 않고 자식 앞에 떳떳한 부모가 되기 위해서 신앙생활과 일상생활에 최선을 다해야 합니다. 그럴 때 하나님께서 축복하시고 인도해주십니다.

세상에는 수많은 부모가 있습니다. 그런데 모든 부모가 노릇을 잘하지는 않습니다. 참된 부모 노릇이 무엇입니까? 부모는 자식에게 올바른 선행을 보여주어야 합니다. 부모는 자식 보기에 정직하게 살아야 합니다. 부모는 자식에게 거짓말을 해서는 안 됩니다. 부모는 항상 부지런해야 합니다. 부모는 이웃을 사랑하고 섬기는 삶의 본을 보여주어야 합니다. 부모는 확실한 믿음으로 살아야 합니다. 부모는 희생할 줄 알아야 합니다. 부모는 기도할 줄 알아야 합니다. 그래야 떳떳한 부모가 될 수 있습니다. 자식들 보기에 떳떳하고 바람직한 부모가 되어 자식을 믿음의 길로 인도하는 성도가 되도록 하나님께 기도하시기를 간절히 바랍니다.

3. 자식은 화살

솔로몬은 "젊은 자의 자식은 장사의 수중의 화살 같으니"(:4)라고 말씀했습니다. 옛날 전쟁은 칼이나 창이 아니면 활을 가지고 했습니다. 전쟁터에 나간 장수의 수중에 화살이 없다면 이 무슨 수치이고 망신이겠습니까? 장수에게는 수많은 군사 못지않게 전통에 화살이 가득해야 든든한 것입니다. 장사의 화살을 비유로 말씀한 것처럼 그만큼 자식은 부모에게 든든하고 영광스러운 존재라는 것입니다. 꼭 부모가 자식의 덕을 봐서가 아닙니다. 그래도 성공한 자식은 부모에게 말로 표현할 수 없는 어떤 힘이 되는 것이 사실입니다.

한 은퇴한 목사님이 계십니다. 그 목사님은 목회에 성공했지만, 딸만 다섯이 있고 아들이 없습니다. 얼마 전에 만나서 이런저런 이야기를 나누는 가운데에 상당히 의기소침해 있었습니다. "왜 그러시느냐?"고 물었더니 아들이 없으니 인생이 너무 허무하다는 것입니다. 제가 그 목사님에게 "목사님 같지 않습니다. 딸도 아들 못지않은 자식입니다. 힘을 내십시오."라고 위로해 드렸습니다. 그래도 그 목사님은 아주 아쉬운 마음으로 여생을 살고 계십니다.

자식을 둔 부모에게는 두 가지 가능성이 있습니다. 하나는 자식 때문에 영광을 얻게 되는 경우요, 다른 하나는 자식 때문에 수치를 당하는 경우입니다. 자식을 잘 두면 그 부모가 영광을 얻습니다. 가끔 올림픽이나 국제경기에서 우승하고 금메달을 따면 그 부모들이 영광을 얻는 모습을 보시지 않았습니까? 그런데 자식을 잘못 두면 그 부모가 얼굴을 들지 못하고 뜨거운 눈물을 흘려야 합니다. 흉악범의 부모가 세상에 얼굴을 들지 못하는 것이 이런 경우입니다.

세상의 어느 부모가 자식이 잘되는 것을 바라지 않겠습니까? 세상의 어느 부모가 자식이 성공하여 사회에 공헌하고 교회를 섬기는 것을 바라지 않겠습니까? 세상의 모든 부모는 자기의 자식이 "레바논의 백향목 같이, 어린 감람나무 같이" 되기를 바랍니다. 자기 자식이 큰 사람이 되고 위대한 인물이 되어 국가에 공헌하고 사회에 봉사하며 교회를 섬기기를 소원합니다. 그런데 뜻대로 안 되는 것이 자식입니다. 세상의 모든 일은 마음먹은 대로 할 수 있어도 자식만은 부모 마음대로 안 됩니다. 그러면 누가 여러분의 자식이 잘되게 할 수 있겠습니까?

그 대답이 "여호와께서 집을 세우지 아니하시면 세우는 자의 수고가 헛되며 여호와께서 성을 지키지 아니하시면 파수꾼의 깨어 있음이 헛되도다 너희가 일찍이 일어나고 늦게 누우며 수고의 떡을 먹음이 헛되도다"(:1-2)라는 말씀입니다. 하나님께서 성도의 자식을 세워주셔야 잘 됩니다. 여호와께서 세워주지 않으시면, 세우는 성도의 수고가 헛된 일이 되고 맙니다. 하나님께서 성도의 자식을 지켜주셔야 잘 됩니다. 여호와께서 지켜주지 않으시면 성도가 파수꾼처럼 온 밤을 깨어 지켜도, 새벽부터 일어나 밤늦게까지 수고해도 모두 헛된 일이 되고 맙니다.

우리 교회의 온 가족이 가족사진을 찍는 마음으로 예배당에 나와 함께 예배를 드린다면 좋겠습니다. 이러한 모습을 하나님께서 가장 기뻐하시고 크게 축복하실 것입니다. 식구는 가족이 모두 한집에 살며 끼니를 같이하는 사람을 뜻합니다. 밥을 함께 먹는 게 가족이라는 말입니다. 가정은 온 가족이 함께 식사하는 가운데 함께하시는 하나님의 축복을 경험하는 곳입니다. 임마누엘이란 하나님께서 우리와 함께 계신다는 뜻입니다. 가족이 함께하면 하나님도 함께하십니다. 하나님께서 함께하실 때 가정이 축복을 받는다는 사실을 믿으시기를 바랍니다.

사랑하는 성도 여러분!

다 같이 눈을 감으시고 오늘의 말씀을 묵상합시다. 지금 성도의 자식을 생각해봅시다. 하나님을 잘 섬기고 믿음을 지키고 잘 되고 있는지. 그렇지 않다면 왜 그런지 생각해봅시다. 자식은 부모의 그림자입니다. 자식을 보아 그 부모를 압니다. 자식은 여호와의 주신 기업입니다. 태의 열매는 하나님이 상급입니다. 기업은 날로 번성하여 자라나야 합니다. 여러분의 자식이 잘되어야 합니다. 여호와 하나님이 바로 세워주시고, 온전히 지켜주시도록 날마다 기도하는 부모가 되시기를 바랍니다. 상급은 잘한 사람에게 줍니다. 상급은 더 잘하라고 줍니다. 자식을 위한 사랑과 희생과 정성을 아끼지 마시고, 자식을 사랑과 교훈과 훈계로 양육하여 좋은 사람으로, 섬기는 사람으로 성장시키기를 부탁합니다. 그리하여 누구에게나 떳떳하고 자랑스러운 부모가 되도록 하나님께 기도하시기를 주님의 이름으로 간절히 축원합니다.

[예화]

▣ 불행한 미국 가정

　하나님께서 최초로 만든 제도가 가정이다. 가정이야말로 인간 생존의 보금자리요, 행복의 안식처이다. 그러나 많은 사람이 행복한 가정을 갖지 못하고 있다. 세계에서 가장 문명국인 미국에서 일어나는 일을 보면 하루에 9,077명이 태어나는데 그 가운데 1,282명은 사생아이고, 하루에 5,962쌍이 결혼하는데 그 가운데 1,986쌍이 이혼을 한다. 또 하루에 2,740명의 청소년이 가출하고, 하루 69,493명의 십대가 성병에 감염된다. 강간은 8분마다, 살인은 27분마다, 강도는 78초마다 일어나며, 자동차는 33초마다 분실된다. 그리고 2,740명의 10대 소녀들이 임신이 된다고 한다. 미국의 어느 대학 교수가 가정 문제를 연구한 결과 가정의 최대 불행은 75%가 십계명의 제7계명인 '간음하지 말라'라는 명령을 어긴 것 때문에 생긴다고 한다. 하버드 대학의 피티릿 소로킨 박사의 조사에 의하면 미국인의 결혼 25건 가운데 1건이 이혼으로 끝나고 있는데 부부가 모두 그리스도인으로 매일 가정 예배를 드리고 성경을 읽고 기도하는 경우, 1,015건의 결혼 중 단 1건의 이혼이 있을 뿐이라고 한다. 이것을 보아도 행복한 가정은 주님을 그 가정의 주인으로 모셔야 한다는 것이다. 평화의 왕이신 예수를 그 가정에 모시지 않고 행복을 바란다는 것은 나무에서 고기를 구하는 것과 같다.

▣ 진정한 가족

　미국 플로리다의 한 가족이 행복한 시간을 보내고 있었다. 인사를 드리러 온 딸의 남자친구와 부모님은 즐겁게 식사를 마치고 단란한 대화를 나누고 있었는데 갑자기 복면을 쓴 강도들이 문을 부수고 들어왔다. 남자친구가 막아보려 했지만 금세 제압당했고 강도는 남자친구를 바닥에 쓰러뜨린 뒤에 총을 꺼내 가족을 위협하기 시작했다. 그런데 그 순간, 이 모습을 본 반려견이 괴한들에게 달려들었다. 덩치가 큰 개는 아니었지만, 워낙 맹렬히 달려드는 탓에 괴한들은 당황해 총을 두 발이나 쐈다. 그러나 개는 총을 맞은 뒤에도 계속해서 강도들에게 달려들었고, 총성을 듣고 경찰이 올까 봐 강도들은 곧 도망을 갔다. 강도들이 떠나자 가족들은 개를 급히 병원으로 옮겼고 총을 두 방이나 맞았지만, 치명상은 아니어서 다시 회복할 수 있었다. 그리고 도망치던 강도들은 신고를 받고 출동한 경찰에게 붙잡혀 감옥에 가게 되었다. 이들 가족이 키우던 개는 단순한 반려견이 아니라 진정한 가족이었다. 진정한 가족은 어렵고 힘들 때 도망가지 않고 오히려 힘이 된다. 내 주위에 있는 형제, 자매, 모든 이웃들을 주님 안에 한 가족으로 여기고 섬겨라. 반드시 주님께서 좋은 것으로 채워주신다.

지금 산과 들에는 녹음이 무르익어가고 있습니다. 짙푸른 녹음에 들어가면 어머니의 품에 안긴 것 같고, 사랑하는 사람의 가슴에 안긴 것 같은 생각이 납니다. 이는 분명히 창조주 하나님의 선물입니다. 일 년 사계절이 다 아름답지만, 여름이 시작되는 6월은 정말 뭐라 표현할 수 없을 정도로 아름다운 계절입니다. 우리 다 같이 이 좋은 계절에 하나님이 주신 자연의 아름다움을 그려보며 찬송을 한 절 부르겠습니다. 찬송가 제79장인데, 제가 1절을 부른 후에 2절을 다 같이 불러서 하나님께 영광을 돌립시다.

1. 주 하나님 지으신 모든 세계 내 마음속에 그리어 볼 때
   하늘의 별 울려 퍼지는 뇌성 주님의 권능 우주에 찼네
   주님의 높고 위대하심을 내 영혼이 찬양하네
   주님의 높고 위대하심을 내 영혼이 찬양하네(2절 다 같이)
2. 숲속이나 험한 산골짝에서 지저귀는 저 새소리들과
   고요하게 흐르는 시냇물은 주님의 솜씨 노래하도다 (후렴) 아멘

이 아름다운 자연에서 하나님의 창조와 섭리를 발견하고 깨닫는 것은 최고의 은혜입니다. 하나님께서 지으신 자연은 건강합니다. 오묘한 자연의 어디를 보아도 흠이 없고 싱싱함이 하늘을 찌르고 있습니다. 이 자연 속에서 하나님을 아는 지혜가 무한한 축복입니다. 이 자연의 건강을 호흡하고 사는 사람은 저절로 건강해집니다. 이렇게 아름다운 자연을 떠나서 공기가 메케한 도시에 사는 사람들은 참 불쌍한 사람들입니다. 이렇게 건강한 자연에 살게 하신 하나님께 진심으로 감사를 드립니다.

먼저 세상 달력으로 6월을 보니까 5일은 '환경의 날'이고 망종입니다. 6일은 '현충일'이고, 10일은 '6·10 민주 항쟁기념일'입니다. 21일은 하지이고, 25일이 '6·25 한국전쟁일'입니다. 그리고 교회력으로 '삼위일체주일'입니다. 이렇게 볼 때 6월은 자연환경과 국가에 대한 중요한 이슈가 자리하고 있는 달이기도 합니다. 그래서 우리는 6월 월삭 기도회에 '건강한 영혼'을 필두로 하고 나라와 민족을 위하여 기도하기로 했습니다. 아름답고 건강한 자연 속에 살면서, 먼저 영혼이 건강하고, 믿음이 건강하고, 교회가 건강하고, 가정이 건강하고, 몸도 건강하고, 나라도 건강하고, 건강한 삶의 열매를 풍성히 거두기 위해서 기도하겠습니다.

나이가 많으신 우리 교회의 성도님들에게는 별로 관계가 없는 말이어서 죄송하지만, 부

부록

담 없이 말씀드리려고 하면서 먼저 한 가지 질문을 드리겠습니다. 요즘 사회에서 한창 뜨는 사업이 무엇인지 아십니까? 그것은 바로 성인용품을 파는 것이라고 합니다. 오래전에 미국에 갔을 때는 어디서나 쉽게 볼 수 있었지만, 우리나라에서는 몇 년 전에는 눈을 씻고 둘러보아야 찾을 수 없던 상점들입니다. 그런데 이제는 우리의 주위에서 심심치 않게 볼 수 있습니다. 얼마 전만 해도 이런 상점은 아주 한적한 곳에 숨어서 영업했습니다. 그러나 요즘은 큰 길가에 버젓이 상점을 열고 판매하는 실정입니다. 성인용품 상점이 성업 중입니다. 어떤 상점에서는 '성인용품은 음란물이 아닙니다.'라는 현수막을 내걸고 장사를 한다고 합니다. 이제는 인간의 쾌락을 배가시킬 수 있는 그런 성인용품이 필수품으로 변해가는 세상이 되어가고 있습니다.

그리고 이제는 부부간의 정조나 절개 같은 것은 우스운 것으로 타락하고 말았습니다. 30~40대 주부들에게 남자친구가 없으면 바보 취급을 당한다는 세상입니다. 청소년들에게 콘돔은 필수품이라는 것입니다. 어느 고등학교에서는 화장실에 콘돔을 비치해 놓고 필요할 때는 언제든지 가져가라는 학교도 있다고 합니다.

1. 영혼이 성결한 성도

왜 이 거룩한 강단에서 이런 지저분한 말을 하는 줄 아십니까? 요즘 불신자들은 말할 것 없거니와 심지어 하나님을 믿는다고 하는 사람도 '성결'을 잃어버리고 있습니다. '성결'이라는 것이 이제는 박물관에서나 볼 수 있는 게 되었습니다. '성결'이라는 말은 '거룩하고 깨끗함, 성스럽게 구별된다'라는 뜻입니다. 거룩하신 하나님을 믿는 성도들이 거룩하고 깨끗해야 합니다. 성도는 타락한 세상과 구별된 삶을 살아야 하는데 그렇지 못하다는 데 문제가 있습니다.

'성도'라는 말은 문자 그대로 '세상과 구별된 거룩한 무리'라는 뜻입니다. 그런데 오늘날의 교인들이 과연 '성도로서 성결한 삶'을 살고 있느냐 하면 그게 아니라는 것입니다. 더럽고 혼탁한 세상과 한패가 되어서 어울려 살고 있습니다. 아니 오히려 세상 사람보다 더 못되고 악하게 사는 교인이 있다는데 아주 심각한 문제가 있습니다.

성도는 영혼이 건강해야 합니다. 영혼이 건강해야 주님과 하나님께서 함께하십니다. 영혼이 건강하고 성결한 생활을 해야 성령님께서 임하십니다. 영혼이 건강해야 몸과 마음이 건강합니다. 마음이 건강해야 하는 일이 잘 되고 만사가 형통하게 됩니다. 여기서 말하는 것은 세상일의 형통이 아니라 영적인 신령한 형통입니다. 이 시간에 영적인 귀를 열고 성도를 위한 사도 요한의 기도를 들어보시기를 바랍니다. **"사랑하는 자여 네 영혼이 잘됨 같이 네가 범사에 잘되고 강건하기를 내가 간구하노라"**(요삼 1:2). 이 말씀은 아주 귀중합니다.

성도의 영혼이 잘되어야 범사가 잘 되고 강건하게 된다는 이 말씀을 역으로 생각해볼 필요가 있습니다. 사람의 영혼이 잘못되면 몸과 마음이 망가집니다. 사람의 몸과 마음이 망가지면 아무 일도 되는 것이 없습니다. 그러니 성도 자신의 몸과 마음을 위하여, 또 성도의 가족이나 가정을 위하여 영혼이 잘되도록 하나님께 기도해야 합니다.

성도의 영혼이 잘 되려면 어떡해야 하겠습니까? 성도의 영혼이 잘 되려면 첫째로 예수님을 잘 믿어야 합니다. 둘째로 하나님을 잘 섬겨야 합니다. 셋째로 예배를 잘 드려야 합니다. 넷째로 하나님의 말씀을 열심히 읽어야 합니다. 다섯째로 기도를 열심히 해야 합니다. 여섯째로 하나님을 찬양해야 합니다. 일곱째로 때를 얻든지 못 얻든지 복음을 전파해야 합니다. 여덟째로 하나님과 사람을 사랑하고 섬겨야 합니다. 그러면 성도의 영혼이 잘 됩니다.

그런데 이런 신앙생활을 제대로 하지 못하면 우선 마음에 시험이 들어옵니다. 마음에 시험이 들어오면 믿음이 떨어집니다. 믿음이 떨어지면 신앙생활이 허술해지고 여러 가지 문제가 발생합니다. 믿음이 떨어지면 범사가 잘 안 되고 뒤틀리고 망가집니다. 가정이 무너지고 자식들도 잘 안 풀립니다. 지금 드리는 이 말씀을 공갈이나 협박으로 받아들이지 마시기를 바랍니다. 목사는 공갈치고 협박하는 사람이 아닙니다. 목사의 말을 협박으로 받아들이면 우선 자신이 영적으로 손해를 봅니다. 성도가 잘 되기를 위해서 이런 말씀을 드린다는 사실을 이해하시기 바랍니다. 말씀을 충분히 이해했을 때 하나님의 은혜와 축복을 받을 수 있습니다.

2. 성도의 성결한 삶

성도는 성결하게 살아야 합니다. 성도의 영혼이 건강해야 합니다. 하나님께서는 성경 전체에서 '성결', '거룩'이라는 말씀을 유난히 많이 사용하셨습니다. 하나님께서 "너희는 거룩하라 이는 나 여호와 너희 하나님이 거룩함이니라"(레 19:2)라고 말씀하셨습니다. 신·구약 성경 전체에 나타나 있는 하나님의 뜻은 성도의 '거룩성'입니다. 하나님은 거룩하시니, 하나님을 믿는 성도도 거룩한 백성이 되라는 말씀입니다. 이게 성도의 성결한 삶입니다.

하나님께서 우리에게 십계명을 주셨습니다. 십계명은 성도를 규제하기 위한 법규가 아닙니다. 십계명을 통해서 하나님께서 우리에게 축복하시기 위한 약속의 계명입니다. 십계명은 영혼의 거룩함과 생활의 거룩함과 물질의 거룩함을 강조하고 있습니다. 십계명을 지키면 영혼과 생활이 건강해지고, 하나님은 영혼이 건강한 성도에게 축복을 주시는 것입니다.

오늘 본문 말씀의 상황은 이스라엘 역사의 후반기에 일어난 사건입니다. 유다의 웃시야 왕이 죽었습니다. 국가와 백성들이 너무 혼란스러웠습니다. 특별히 종교적인 타락과 방백들의 부패가 사회를 어지럽게 만들었습니다. 심지어 성전에까지 우상이 들어와 앉고 관리들과 백성들은 하나님의 말씀에 순종하지 않고 계명을 안 지키며 성적인 타락에 빠졌습니다.

이럴 때 이사야 선지자가 기도하기 위하여 성전에 들어갔습니다. 이사야 선지자가 기도하는데 갑자기 놀라운 환상이 나타났습니다. 주님께서 높이 들린 보좌에 앉으셨는데 주님의 옷자락이 성전을 가득히 채웠습니다. 그리고 주님을 모시고 있던 천사들이 날면서 찬양을 하였습니다. "거룩하다 거룩하다 거룩하다 만군의 여호와여 그의 영광이 온 땅에 충만하도다"(:3). 이런 모습을 본 이사야 선지자는 갑자기 자신의 모습을 보게 되었습니다. "화로다 나여 망하게 되었도다 나는 입술이 부정한 사람이요 나는 입술이 부정한 백성 중에 거주하면서 만군의 여호와이신 왕을 뵈었음이로다"(:5) 이렇게 통곡하며 엎드려 하나님께 기도했습니다.

이사야는 탄식했습니다. 세상에서 더러워진 자신의 모습으로 거룩한 하나님을 뵈었다는 것이 너무 두려웠습니다. 이사야 자신의 영혼이 건강하지 못함을 깨달았다는 것입니다. 그래서 이사야 선지자는 떨면서 철저하게 회개했습니다. "그 때에 그 스랍 중의 하나가 부젓가락으로 제단에서 집은 바 핀 숯을 손에 가지고 내게로 날아와서 그것을 내 입술에 대며 이르되 보라 이것이 네 입에 닿았으니 네 악이 제하여졌고 네 죄가 사하여졌느니라"(:6-7)라고 말했습니다. 이로 인해서 이사야 선지자의 영혼이 깨끗하게 되는 체험을 했습니다. 이렇게 해서 이사야 선지자는 건강한 영혼으로 다시 하나님의 부르심을 받습니다.

우리는 오늘의 말씀을 통해서 하나님께서는 거룩한 성도를 찾고 계신다는 것을 알 수 있습니다. 하나님은 입술이 깨끗한 성도를 찾고 계십니다. 하나님은 영혼이 건강한 성도를 찾고 계십니다. 하나님께서 찾으시는 성도는 성결해야 합니다. 하나님께서 찾으시는 성도는 거룩해야 합니다. 하나님께서 찾으시는 성도는 세상과 구별된 사람입니다. 하나님께서 찾으시는 성도는 영혼과 마음과 마음이 건강한 사람이야 합니다. 이런 성도가 하나님의 축복을 받습니다.

사랑하는 성도 여러분!

여러분이 저 푸른 녹음과 같이 건강하시기를 원하십니까? 자연의 아름다움과 건강을 여러분의 것으로 만드시기를 원하십니까? 여러분의 영혼이 잘 되고 몸이 건강하고 범사가 형통하시기를 원하십니까? 여러분이 하나님의 사람으로 쓰임 받기를 원하십니까? 여러분이 진정으로 변화되어서 하늘의 은혜와 축복을 받기를 원하십니까? 성도 여러분의 영혼과 몸이 깨끗해야 합니다. 그리고 성도 여러분의 생활이 성결해야 합니다. 성결한 생활을 위하여 기도하시기 바랍니다. 성도 여러분의 영혼과 몸과 마음, 생활이 건강해야 합니다. 그

강한 생활을 위하여 기도하시기 바랍니다. 이제는 성도 여러분이 달라져야 합니다. 성도 여러분의 생각이 달라져야 합니다. 이제는 성도 여러분의 말이 달라져야 합니다. 이제는 성도 여러분의 생활이 달라져야 합니다. 이게 거룩한 성도의 삶입니다. 그래야 이웃에게 본이 되고 전도가 됩니다.

모두 눈을 감으시고 오늘의 말씀을 묵상합시다. 지금 자연은 녹음으로 물들어 가고 있습니다. 건강한 자연은 하나님께서 창조하신 아름다움을 맘껏 나타내 찬양하고 있습니다. 성도는 하나님이 지으신 자연처럼 건강하고 아름다워야 합니다. 영혼이 건강하여 깨끗하고, 몸이 건강하여 싱싱해야 합니다. 나이는 많이 먹어 비록 몸은 늙었어도 영혼과 마음이, 몸과 생활이 건강하고 깨끗하기를 하나님께 간절히 기도하시기 바랍니다.

지금 우리가 사는 세상은 말할 수 없이 타락하고 있습니다. 무엇보다도 우리가 사는 세상은 성적으로 부패하여 썩는 냄새가 물씬거리고 있습니다. 오늘날 TV의 드라마들이 왜 그렇게 더러운 불륜만을 소재로 삼고 있는지 모릅니다. 이것은 TV를 보는 시청자들이 그만큼 타락했다는 증거입니다. 세상은 성도를 성적 타락으로 부추기고 있습니다. 성도는 이런 세상에 물들지 않기를 하나님께 간절히 기도해야 합니다. 그렇지 않으면 타락을 피할 수 없습니다.

하나님은 깨끗한 영혼과 몸을 소유한 성도를 쓰십니다. 사람은 누구나 죄를 지을 수 있습니다. 그러나 그 죄를 회개하고 용서받고 씻음을 받아야 합니다. 성전 제단의 숯불로 부정한 입술을 지져야 합니다. 성령의 불로 영혼의 죄를 태워야 합니다. 모든 죄를 용서받고 영혼이 건강해야 합니다. 그래야 몸과 마음이 건강해집니다. 생활이 깨끗해집니다. 건강한 영혼을 위하여 하나님께 간절히 기도하시기 바랍니다.

날로 타락해 가는 세상에서 거룩하게 구별되는 성도가 됩시다. 성결을 몸과 마음에 익혀서 영혼을 건강하게 만드는 성도가 됩니다. 건강한 영혼에서 바른 생각이 나옵니다. 건강한 영혼에서 바른말이 나옵니다. 건강한 영혼에서 바른 생활이 나옵니다. 영혼과 몸과 마음이 그리고 생활이 건강하고 깨끗하여 축복받는 성도가 되시기를 주님의 이름으로 간절히 축원합니다.

[예화]

▣ 일회용 반창고

한 부자가 여행을 가면서 종에게 자기 아들들을 잘 돌보고 옷 관리를 잘하라고 했다. 여행을 마치고 돌아온 주인에게 종이 보고했다. "주인님, 여기 아이들의 옷들은 깨끗하게 세탁했습니다. 그러나 아이들은 어디 있는지 잘 모르겠습니다." 아이들을 잃어버린 하인은 주인에게 엄한 질책을 받고 그 주인의 집에서 쫓겨나고 말았다. 하인과 같은 사람들은 하나님 앞에 갔을 때 이렇게 말할 것이다. "주님, 저는 저의 육체를 위해서 열심히 살았습니다. 육체를 위한 건강, 지식, 돈을 보십시오. 얼마나 많습니까? 그러나 저는 영혼에 대한 무관심 때문에 영혼을 잊어버리고 살았습니다." 이 세상을 마칠 때 사람들이 후회할 일이란 단 한 가지밖에 없다. 그것은 영혼 관리를 어떻게 했느냐 따라 판가름이 난다. 아무리 눈에 보이는 삶을 잘 살았어도, 영혼의 관리를 잘못했으면 실패한 사람이다. 영혼 관리를 어떻게 했느냐에 따라 하나님은 인간을 심판하신다. 인간은 이 세상에서만 먹고 마시도록 만들어진 존재가 아니다. 70년 정도 사용하고 마는 일회용 반창고가 아니다. 예수님께 속하지 않는 영혼은 이미 영혼을 잃어버린 사람이다. 영혼의 구원이 없는 내세에 대한 보장도 하나님의 자비도 없기 때문이다.

▣ 영혼의 추수꾼

나라가 경제적으로 매우 어렵다. 여러 원인이 있겠지만 더럽고, 어렵고, 위험한 일을 회피하는 우리 국민의 의식도 그 가운데 하나이다. 일할 것은 산적해 있는데 사람들은 쉬우면서 일확천금을 벌 수 있는 일만 찾는다. 그래서 유흥업소를 찾거나 복권을 사는 사람들만 늘어나고 있다. 하나님은 오늘도 당신의 나라를 확장할 일꾼을 찾고 계신다. 들판에 추수할 것은 널려있는데 일꾼이 적은 것이 주인의 고민이다. 구인광고를 냈지만 부르심에 응답하는 사람이 너무 적다. 그 길은 화려하거나 편하기보다는 오히려 힘들고 자기의 희생이 필요하기 때문이다. 그러나 그 길이 아무리 어렵고 힘들더라도 우리는 성도의 가장 기본적인 의무인 영혼의 추수꾼이 되어야 한다. 밭은 어디에나 있다. 거창한 세계 선교가 아니더라도 우리의 삶의 자리에서 만나는 불신 영혼들이 바로 추수를 기다리는 곡식들이다.

제목 : 한 몸의 교회를 위하여 | 본문 : 고린도전서 12:12-27

지난 6월에는 월삭 기도회 시간에 '건강한 영혼'에 대해서 말씀드렸습니다. '건강한 영혼', '건강한 믿음', '건강한 교회', '건강한 가정', '건강한 나라', '건강한 열매'에 대한 말씀을 나누면서 은혜를 받습니다. 7월은 초목과 곡식이 무성하게 성장하는 달입니다. 그래서 주님의 몸 된 '교회'가 한 몸으로 성장하기 위해서 하나님의 말씀을 나누며 기도하고자 합니다.

교회는 크게 세 가지가 있습니다. 하나는 성도 여러분 한 사람 한 사람이 작은 교회입니다. 여러분이 예수 그리스도를 구주로 영접하고 하나님을 믿으면 성령님께서 여러분의 심령에 내재하여 계십니다. 그리고 믿는 성도들이 사는 가정이 교회입니다. 여러분이 거주하시는 주택에 교회 패를 붙이고 가족이 모여서 찬송하고 기도하면 그 곳이 가정교회가 됩니다. 혼자 사셔도 주님께서 함께하시니 교회임에 틀림이 없습니다. 마지막으로 주님을 믿는 성도들이 예배당을 짓고 주일마다 모여서 하나님께 예배를 드리는 신앙공동체인 지역교회가 있습니다.

인류의 문명이 일찍이 발달한 곳은 이집트의 나일강 유역과 중국의 황하 유역, 인도의 갠지스강 유역, 바빌로니아의 유프라테스강 유역이라고 합니다. 그런데 이 세계 4대 문명보다도 더 찬란한 문명의 꽃을 피운 곳이 있는데, 그곳은 멕시코 남부 치아파스 주에서 과테말라와 유카탄 반도 전역, 온두라스 일대에 전개된 아메리카 인디언들이 고대에 형성시켰던 마야문명이라고 합니다. 이곳에서 형성된 문명은 솔로몬 시대의 부귀영화와 이집트의 나일강 문명을 능가하는 것이었습니다.

현대인들이 보아도 경탄할 수밖에 없는 이 마야문명이 A.D. 850년에서 950년 사이에 별다른 이유 없이 감쪽같이 사라지고 말았습니다. 외적의 침입을 받은 일도 없고 자기들끼리 싸운 흔적도 없이 일시에 증발해버린 이유가 무엇일까 하고 학자들은 그 원인을 연구하기 시작했습니다. 그 가운데에 가장 신빙성이 있는 연구는 제국의 왕과 군인들이 자신들의 부귀영화를 위하여 부과한 과중한 세금과 각양각색의 추징금 때문이었다는 것입니다. 무거운 세금에 시달리다 못한 백성들은 이곳에서 더 이상 살 수 없다고 생각하여 하나씩 둘씩 그 지역을 빠져나가 결국은 멸망에 이르고 말았다는 것입니다. 사람들은 호랑이가 무서워 삶의 터전을 떠나는 것이 아니라, 집권자들의 폭정과 과중한 세금 때문에 삶의 터전을 버린다는 것입니다.

있을 수 없는 이야기 하나 하겠습니다. 한 남자가 어느 날 밖에서 일을 보고 집에 돌아왔더니 아내가 "여보, 당신의 왼발을 어디에다가 두고 들어 왔소?"하고 물었습니다. 그는 "응! 그놈의 발이 하도 못생겨서 내버렸지." 실제로 그 남자의 발이 못생겼습니다. 하루는 남자의 눈에 이상이 생겼습니다. 눈곱이 끼고 시력도 떨어지는 것이 영 못 쓰게 돼서 뽑아 버렸습니다. 그랬더니 아내가 "여보, 그것 참 잘했네요. 나도 당신의 그 눈이 자꾸 신경 쓰였는데 정말 잘했습니다."라고 말했습니다. 이런 일이 실제로 있을 수 있겠습니까? 있을 수 없습니다. 어떻게 자기의 몸의 한 지체가 못생겼다고 내버리고 말썽을 부린다고 잘라버리겠습니까? 못생겼어도 내 몸이요, 병들거나 장애가 있어도 내 몸의 일부가 아닙니까? 극단적인 생각이 없으면 불가능합니다.

그런데 때로는 이런 일이 있을 수도 있습니다. 사람이 사는 사회집단에서 못 배우고 가난하다고, 못생기고 말썽꾸러기라고 다른 사람에게 따돌림을 당하는 경우가 너무도 많습니다. 더욱이 '교회'라고 하는 신앙공동체에서 어떤 이유로 성도들에게 소외되고 따돌림당하는 일이 있습니다. 사도 바울이 **"너희는 그리스도의 몸이요 지체의 각 부분이라"**(:27)라고 말씀하셨음에도 불구하고 말입니다. 성도들은 다른 사람에 의해서 소외되고 따돌림당하여 정신적인 억압이나 신앙적인 갈등이 생기면 교회를 떠납니다. 교회를 떠나는 사람 하나둘 많아지면 교회는 쇠약해지고 마침내 교회는 문을 닫아야 하는 최악의 경우가 생길 수 있습니다. 마치 마야문명을 이룬 사람들이 무거운 세금과 폭정에 시달려 그 지역을 떠나서 마침내 멸망한 것처럼 말입니다. 그래서 믿음이 있고 지각이 있는 성도라면 '교회'라고 하는 신앙공동체를 지키고 '성령으로 한 몸 이루기'에 최선의 힘을 써야 할 것입니다.

1. 성령으로 한 몸 되다

세상에서 떼려야 뗄 수 없는 관계는 혈연관계입니다. 한 남자와 한 여자가 서로 혼인을 서약하고 부부가 됩니다. 부부는 한 몸이라고 했습니다. 부모와 자식 간은 일촌(一寸)이라 하고, 부부 사이는 무촌(無寸)이라 합니다. 왜 그렇습니까? 부부는 서로 몸을 섞어 한 몸을 이루었고 피를 나눈 사이이기 때문입니다. 부모의 혈통을 이어받아 자식이 출생하고, 형제자매들은 부모의 피를 나누어 가진 사이를 혈연관계라 합니다. 혈연관계는 어떤 경우도 서로 떼거나 나눌 수 없는 것입니다. 그래서 피를 나눈 사람들이 모여 일가족을 이루게 됩니다. 피는 물보다 진하다고 했습니다. 어떤 이유로도 서로 갈라서거나 핏줄을 부인하고 멀리할 수 없습니다.

육신으로 피를 나눈 것도 이렇게 중요하거늘, 교회에 모이는 성도는 영으로 피를 나눈 관계이기에 더욱 소중합니다. 육신은 일시적이나 영은 영원합니다. 우리는 모두 예수 그리스도를 믿는 성도들입니다. 무엇 때문에 예수님을 믿게 되었습니까? 예수님께서 우리의 죄를 대신하셔서 십자가에서 죽었기에 믿게 되었습니다. 예수님께서 로마 군병들에게 잡히시기 전날 밤에 떡을 떼어주시면서 **"받아서 먹으라 이것은 내 몸이니라 하시고 또 잔을 가지사 감사 기도 하시고 그들에게 주시며 이르시되 너희가 다 이것을 마시라 이것은 죄 사**

함을 얻게 하려고 많은 사람을 위하여 흘리는 바 나의 피 곧 언약의 피니라"(마 26:26-28) 라고 말씀하셨습니다. 그래서 우리는 예수 그리스도 안에서 한 몸이 되었습니다.

우리가 한 성령으로 세례를 받고, 성찬에 참여하여 예수 그리스도의 몸을 먹고, 피를 마셨습니다. 이미 우리는 예수 그리스도 안에서 한 피 받아 한 몸이 된 성도들입니다. 우리는 다 같이 여호와 하나님을 아버지라고 부릅니다. 그러니 예수님의 피로 거룩하고 신령한 가족이 되었습니다. 어떤 이유로도 서로 떨어질 수 없는 사이가 되었습니다. 그런데 실제에 있어서 얼마나 많은 성도가 교회에서 떠났으며, 얼마나 많은 성도가 소외되고 따돌림을 당하고 있습니까? 사도 바울이 "우리가 유대인이나 헬라인이나 종이나 자유인이나 다 한 성령으로 세례를 받아 한 몸이 되었고 또 다 한 성령을 마시게 하셨느니라"(:13) 한 말씀을 명심하시고 우리는 모두는 성령으로 한 몸이 되었다는 사실을 잊지 마시도록 기도하시기를 간절히 부탁합니다.

2. 하나님께서 만드신 지체

몸에는 여러 지체가 있습니다. 머리가 있고 몸통이 있고 손과 발이 있습니다. 머리에는 눈, 코, 귀, 입이 있습니다. 몸통에는 기도, 폐장, 심장, 간장, 비장, 췌장, 신장, 식도, 위장, 소장, 대장, 항문이 있습니다. 손과 발에는 손가락과 발가락이 있습니다. 몸 안에는 뼈가 있고, 혈관과 신경계통, 내분비계통이 있습니다. 몸 밖은 피부로 싸여있으며, 필요한 곳에 모발이 나 있습니다. 이것을 사지백체(四肢百體)라 합니다. 수많은 지체가 있으나 이는 한 몸입니다. 한 가지라도 없거나 제대로 작용하지 않으면 정상인이 아닙니다. 몸이 고통을 당하거나 장애로 불편함을 당하게 됩니다. 그래서 가능한 대로 장애인이 되지 않으려고 합니다.

본문의 말씀과 같이 발이 손보고 몸이 아니라 할 수 없습니다. 귀가 눈을 몸이 아니라 할 수 없습니다. 모두 다 눈일 수 없습니다. 모두 다 귀일 수 없습니다. "하나님이 그 원하시는 대로 지체를 각각 몸에 두셨으니"(:18) 눈이 손보고 "내가 너를 쓸 데 없다"(:21) 못하며, 머리가 발더러 "내가 너를 쓸 데 없다"(:21) 하지 못할 것입니다. 몸의 지체 모두가 다 소중한 존재입니다. 하나님께서 사람 몸의 건강을 위하여 모든 지체를 적절하게 요소에 배치해 두시고 각 지체에 따라서 특이한 기능을 주셨습니다. 건강한 사람은 지체의 모든 분야가 건강하게 제 자리에서 자기의 구실을 해야 합니다. 그렇지 않으면 심히 불편해서 살기 어렵습니다.

주님의 몸 된 교회에는 어떤 지체들이 있습니까? 우선 성도들이 있습니다. 그리고 구역에 구역원과 권찰과 예배인도자와 구역장과 담당 권사님들이 있습니다. 아동부, 중등부, 고등부, 청년부, 대학부, 여전도회, 남선교회, 제직회, 성가대, 당회, 그리고 공동의회가 있습니다. 이 모든 지체가 한 몸이 되어서 '교회'라고 하는 신앙공동체를 이루고 있습니다. 이 교회는 주님의 몸입니다. 왜 하나님은 주님의 몸 된 교회에 여러 지체를 두셨습니까? 주님의 교회가 어떤 이유로도 병들지 않고 건강하게 하시려는 것입니다.

교회가 건강해지는 비결은 무엇이겠습니까? 첫째는 지체가 건강해야 합니다. 교회의 기관들이 튼튼하고 건강해야 합니다. 둘째는 지체들이 자기의 사명을 다해야 합니다. 각 부서는 각각 제 일이 있고, 그 일을 성실하게 잘 이행해야 합니다. 셋째는 지체들이 서로 도와야 합니다. 지체들이 따로따로라는 생각을 버리고 서로 협력하여 도와야 합니다. 우리는 시계 하나만 봐도 그 원리를 잘 알 수 있습니다. 시계는 여러 개의 톱니바퀴가 맞물려서 돌아감으로 시계의 초침과 시침을 움직여 정확한 시각을 알려줍니다. 어느 한 톱니바퀴도 찌그러지거나 제대로 돌아가지 않거나, 서로 맞물리지 않으면 시계는 절대로 정확한 시각을 나타내지 못합니다.

교회도 마찬가지입니다. 여러 기관이 건강하게 활발히 제대로 움직여서 서로 협력할 때, 그 교회는 건강하게 성장할 수 있습니다. 그런 교회가 선교의 막중한 사명을 감당할 수 있습니다. 그런 교회가 사람을 죽음의 길에서 건져낼 수 있습니다. 그런 교회가 땅끝까지 가서 주님의 복음을 전할 수 있습니다. 그런 교회가 하나님께 영광을 돌릴 수 있습니다.

3. 약한 지체가 더욱 소중해

우리의 몸에는 강한 지체도 있고 약한 지체도 있습니다. 겉으로 보기에는 강하게 보이는 지체가 중요하고 약하게 보이는 지체는 덜 소중한 것처럼 보일 수 있습니다. 그런데 사실은 그 반대입니다. 사람의 생각과 행동을 통제하고 움직이는 신경은 아주 약합니다. 특히 뇌 신경은 아주 섬세하고 예민합니다. 이렇게 약한 것은 뼈나 두개골로 감싸서 보호하고 있습니다. 남자와 여자의 생식기는 은밀하게 보호되었습니다. 그러나 손과 발처럼 약간 긁히거나 부딪혀도 괜찮을 정도로 강한 지체는 겉으로 노출되어 있습니다. 사도 바울도 "**더 약하게 보이는 몸의 지체가 도리어 요긴하고 우리가 몸의 덜 귀히 여기는 그것들을 더욱 귀한 것들로 입혀 주며 우리의 아름답지 못한 지체는 더욱 아름다운 것을 얻느니라**"(:22-23)라고 말씀했습니다.

주님의 몸 된 교회의 지체들도 마찬가지입니다. 교회에 강하게 보이는 지체가 있고 약하게 보이는 지체가 있습니다. 교회에 출석하는 성도들 가운데서도 가난하고 병들고 믿음이 연약한 성도가 있습니다. 회중 앞에서 얼굴을 나타내지 못하고 뒷전에 밀려나 있는 성도도 있습니다. 우리는 이들에게 관심을 보여야 합니다. 이들에게 사랑과 애정을 보내야 합니다. 이들을 돌봐주고 보살펴주어야 합니다. 주님은 이렇게 소외되고 사람들의 관심 밖에 있는 사람들을 사랑하십니다. 하나님은 "**네 모든 소산의 십일조 내기를 마친 후에 그것을**

레위인과 객과 고아와 과부에게 주어 네 성읍 안에서 먹고 배부르게 하라"(신 26:12)고 말씀하셨습니다. 제사를 맡은 레위인은 다른 직업이 없으며, 나그네들과 고아와 과부는 교회의 약한 지체이기 때문입니다.

연약한 지체를 돌봐야 할 또 다른 이유가 있습니다. 몸의 한 지체가 고통을 당하면 온몸이 고통을 당하는 것처럼, 교회의 약한 지체가 고통을 당하면 온 교회가 고통을 당하는 것이기 때문입니다. 한 지체가 영광을 얻으면 온몸이 영광을 얻게 됩니다. 교회의 한 지체가 영광을 얻으면 온 교회가 영광을 얻게 됩니다. 사도 바울이 "**하나님께서 세상의 미련한 것들을 택하사 지혜 있는 자들을 부끄럽게 하려 하시고 세상의 약한 것들을 택하사 강한 것들을 부끄럽게 하려 하시며 하나님께서 세상의 천한 것들과 멸시 받는 것들과 없는 것들을 택하사 있는 것들을 폐하려 하시나니 이는 아무 육체도 하나님 앞에서 자랑하지 못하게 하려 하심이라**"(고전 1:27-29)라고 말씀했습니다. 이 말씀은 인간을 평등하게 하라는 교훈입니다.

사랑하는 성도 여러분!

홀로 한 분이신 하나님을 영혼의 아버지로 섬기며 예수 그리스도의 피로 형제자매 된 성도들은 한몸이요, 한 가족이라는 신앙공동체 의식을 가져야 합니다. 사도 바울이 "**너희는 그리스도의 몸이요 지체의 각 부분이라**"(:27)라고 말씀했습니다. 오늘 우리에게는 따뜻한 친구 의식이 필요합니다. 오늘 우리에게는 철저한 동지 의식이 필요합니다. 오늘 우리에게는 주를 위하여 살기도 하고 죽기도 하겠다는 공동체 의식이 필요합니다. 오늘 우리에게는 주님의 몸인 교회를 위해서 나의 모든 것을 바치겠다는 희생정신이 필요합니다. 오늘 우리에게는 성령으로 한 몸을 이루겠다는 뜨거운 가족 의식이 필요합니다. 우리 모두 하나입니다. 우리는 나는 '나', 너는 '너'라는 개인주의적인 생각을 버려야 합니다. 오직 성령으로 하나가 되는 훈련을 통하여 온 교회의 성도와 기관이 한몸을 이루어나갑시다. 우리 모두 하나가 되는 뜨거운 결속을 이룹시다. 성령으로 한몸 된 교회를 만들어 지역을 복음화하고 이 땅 위에 하나님의 나라를 세워나가는 성도가 되도록 하나님께 기도하시기를 주님의 이름으로 간절히 축원합니다.

[예화]

▣ 죽어가는 교회의 특징

미국을 대표하는 대형교회 가운데 하나인 '하비스트 교회(Harvest Church)'의 그렉 로리 목사님이 '죽어가는 교회의 5가지 특징'을 다음과 같이 말했다. 첫째, 과거를 숭배한다. 미래가 아닌 과거의 성과를 자랑하듯이 말하는 건 발전에 도움이 되지 않는다. 둘째, 변화를 원하지 않고 오히려 저항한다. 진리의 핵심은 타협해서는 안 되지만 그것을 전하는 방식에 있어서는 융통성이 필요하다. 셋째, 리더가 게으르다. 변화를 거부하는 이유는 리더가 게으르고 무기력한 함정에 빠졌기 때문이다. 넷째, 청년들을 경시한다. 오래된 세대들은 새로운 세대들의 힘이 되어 세우는 역할을 감당해야 한다. 다섯째, 전도에 대한 열심이 부족하다. 새로운 신자들은 교회의 목적이자 생명줄이다. 하나님이 세우신 교회가 제대로 역할을 하기 위해선 나를 비롯한 모든 성도가 합심해서 기도하고 노력해야 한다. 우리 교회가 복음을 전하고 참된 제자를 양성하는, 부흥하는 교회가 되도록 합심하여 기도하며 행동하자.

▣ 교회에 가는 이유

고 이어령 박사는 한국사회의 대표적 지성인이다. 그런데 이 박사에게 '왜 교회에 가느냐'라고 비난조로 묻는 사람들이 많았다. 지성인이라면 집에서 찬송을 부르고 성경을 읽으면 되지 사람들 앞에 나서서 예수 믿는 티를 내지 말라는 것이다. 그때마다 이 박사가 했던 질문이 있다. "배가 고프면 어디에 가지?" "식당에 가지요." "뭔가 알고 싶을 때는?" "도서관에 가면 되지요." "심심하면?" "극장에 가서 영화 보면 되지요." "몸이 아프면?" "병원에 가지요." "그럼 먹어도 배고프고 마셔도 갈증 나고 놀아도 심심하고 배워도 답답하면 어디를 가나." 그러면 아무 대답도 하지 못했단다. 그러면 또다시 싸우고 소송하고 사교 집단처럼 이상한 짓을 한다는 교회를 들어 "그런데 왜 가느냐"고 반박을 하더란다. 그때마다 이렇게 말했다. "모든 교회가 다 영적인 것은 아니지만 역시 영혼이 메마른 사람이 찾아갈 곳은 교회가 아닌가? 부패한 교회가 있다고 해서 교회에 가지 말라는 것은 병원 의사가 오진해 죽었으니 앞으론 병원에 가지도 말라는 것과 같은 거지." 교회 무용론을 주장하는 게 얼마나 어리석은지 지적해 주는 말이다. 영혼의 목마른 사람들이 찾고 싶은 교회를 만들어가기를 바란다.

제목 : 세상을 이기기 위해 I 본문 : 요한1서 5:1-8

우리는 하나님의 뜻에 따라 세상에 태어났습니다. 물론 나를 세상에 태어나게 한 부모님의 은혜를 잊을 수 없습니다. 부모님은 나를 낳아주시고 먹이시고 길러주셨고 가르쳐 주셨습니다. 그런데 부모님은 내가 세상을 싸워서 이기는 방법까지 가르쳐주시지는 않았습니다. 치열한 생존경쟁에서 성공하는 법이나, 경쟁자와 싸워서 이기는 법이나, 갖가지 유혹과 시험이 많은 세상을 이기는 법까지 가르쳐주시지 않으셨습니다. 그것은 어디까지나 자신의 몫입니다.

우리는 세상을 살다가 부득불 죄를 짓게 됩니다. 불행하게도 인간은 세상에 태어나면서부터 죄의 멍에를 지고 태어납니다. 이를 신학적으로 원죄라고 말합니다. 우리는 '허물과 죄로 죽었던' 사람들입니다. 우리는 세상 풍조를 따르고 공중의 권세 잡은 자를 따랐습니다. 사도 바울이 **"우리 육체의 욕심을 따라 지내며 육체와 마음의 원하는 것을 하여 다른 이들과 같이 본질상 진노의 자녀이었다"**(엡 2:3)라고 말씀했습니다. 그런 우리가 예수님의 십자가의 피로 구원을 받아 하나님의 자녀가 되었습니다. 이제는 우리의 신분이 전혀 달라졌습니다. 비록 지금은 육신을 입고 세상에 살아도 이제는 세상 사람이 아닙니다. 하나님의 자녀입니다. 그런데 우리는 여전히 세상과 함께 살고 있습니다. 이 세상은 죽는 순간까지 벗어날 수 없는 데입니다.

우리는 세상을 유한한 곳, 즉 살다가 늙고 병들어 죽는 생로병사가 있는 곳이라고 말합니다. 정말 이 세상은 어두운 곳, 절망과 탄식이 있는 곳입니다. 이 세상은 생존경쟁과 약육강식이 치열한 곳이기도 합니다. 우리가 이런 세상과 짝지어 살면 타락할 수밖에 없습니다. 사람이 타락하면 죄의 종이 되고 사탄의 노예가 되고 맙니다. 모처럼 얻은 하나님 자녀의 자격을 잃어버릴 수밖에 없습니다. 우리가 세상과 짝지어 살다가 세상이 망할 때 함께 지옥에 갈 수밖에 없습니다. 그러면 어떻게 해야 할까요? 우리가 살아남을 수 있는 단 하나의 방법은 세상을 이기는 것입니다. 연약한 우리가 어떻게 악한 세상을 이길 수 있겠습니까?

1. 세상을 이기는 기도

성경은 우리에게 세상을 이기라고 말씀합니다. 세상을 이긴다고 할 때 무엇을 이기는 것일까요? 지금 세상은 공중권세 잡은 사탄이 지배하고 있기에 세상을 이긴다는 건 여간 어렵지 않습니다. 그런 사실에도 불구하고 하나님은 우리에게 세상을 이기라는 것입니다. 인간의 타락 이후에 사탄이 공중의 권세를 잡아 우리를 미혹하고 넘어뜨리려 합니다. 현실적으로 우리는 공중의 권세 잡은 사탄의 영향을 받을 수밖에 없습니다. 그러나 지금 세상을 공중의 권세는 사탄이 지배하고 있지만, 그 모든 건 궁극적으로 다 하나님의 것입니다. 그러므로 하나님은 세상에 대해 깊은 관심을 보이십니다. 그리고 믿는 우리가 세상을 이기기를 바라고 계십니다.

다윗이 "여호와여 위대하심과 권능과 영광과 승리와 위엄이 다 주께 속하였사오니 천지에 있는 것이 다 주의 것이로소이다 여호와여 주권도 주께 속하였사오니 주는 높으사 만물의 머리이심이니이다"(대상 29:11)라고 기도했습니다. 역시 다윗이 "땅과 거기에 충만한 것과 세계와 그 가운데에 사는 자들은 다 여호와의 것이로다"(시 24:1)라고 찬양했습니다. 하늘 아래의 모든 것이 여호와 하나님의 것이요, 우리는 그 하나님이 자녀이니까 실제로 세상의 만물은 우리의 것이나 다름이 없습니다. 그런데 왜 하나님을 믿는 성도가 세상의 지배를 받으며 살고 있습니까? 이것이 문제입니다. 성도는 세상을 이겨야 합니다. 성도가 세상에 지는 것은 첫째로 하나님의 영광을 가리는 것이요, 둘째로 인간의 본분을 다하지 못하는 것입니다. 그러므로 우리가 세상을 이기기 위해서는 믿음으로 무장하고 하나님께 기도해야 합니다.

2 세상을 이기는 자세

그렇다면 우리 성도들은 세상을 어떤 자세로 살아가야 할까요? 성도가 세상에서 하나님의 자녀답게 살기 위한 다섯 가지의 태도가 있습니다. 첫째로 성도는 세상의 소금으로 살아야 합니다. 예수님께서 "너희는 세상의 소금이니 소금이 만일 그 맛을 잃으면 무엇으로 짜게 하리요 후에는 아무 쓸 데 없어 다만 밖에 버려져 사람에게 밟힐 뿐이니라"(마 5:13)라고 말씀하셨습니다. 소금은 맛을 냅니다. 성도는 가정과 세상과 교회를 섬겨서 맛나게 해야 할 의무가 있습니다. 하나님의 자녀다운 맛을 드러내야 합니다. 소금은 방부제 역할을 합니다. 세상이 아무리 썩어가도 성도는 바르고 깨끗하게 살아야 합니다. 소금은 치료제로 사용됩니다. 성도는 병든 세상을 고치는 일을 해야 합니다. 소금은 녹아 없어집니다. 성도는 겸손하게 섬김으로 스스로 녹는 삶을 살아야 합니다. 이렇게 성도가 세상의 소금이되면 이길 수 있습니다.

둘째로 성도는 세상의 빛으로 살아야 합니다. 예수님께서 "너희는 세상의 빛이라 산 위에 있는 동네가 숨겨지지 못할 것이요 사람이 등불을 켜서 말 아래에 두지 아니하고 등경 위에 두나니 이러므로 집 안 모든 사람에게 비치느니라 이같이 너희 빛이 사람 앞에 비치게 하여 그들로 너희 착한 행실을 보고 하늘에 계신 너희 아버지께 영광을 돌리게 하라"(마 5:14-16)라고 말씀하셨습니다. 빛은 어둠을 몰아내고 세상을 밝힙니다. 지금 세상은 심히 어둡습니다. 성도는 세상의 어둠에 휩쓸리지 말고 밝게 살아야 합니다. 빛은 길을 인도합니다. 성도는 길을 잃은 사람을 바른길로 인도할 수 있어야 합니다. 빛은 따뜻합니다. 마음이 시리고 추운 사람을 성도는 따뜻하게 해야 합니다. 빛은 아름답습니다. 성도는 무엇보다도 아름답게 살아야 합니다. 빛은 밖으로 드러내는 멋을 가지고 있습니다. 성도는 다양한 직업과 신분에서 그리스도인의 멋을 한껏 나타내도록 해야 합니다. 이렇게 성도가 세상의 빛이 되면 이길 수 있습니다.

셋째로 성도는 세상을 품고 살아야 합니다. 성도가 세상에 살고 있으나 세상에 속한 사람이 아닙니다. 오히려 하나님의 택함을 받은 자로 살아가야 합니다. 예수님의 마음으로 세상을 끌어안으며 성실과 진실과 믿음으로 살아가야 합니다. 예수님은 세상에 속한 삶을 살지 않으셨습니다. 오히려 세상을 품고 사셨습니다. 병든 자의 병을 고치시고, 배고픈 자의 배를 채우시고, 외로운 자와 함께하셨습니다. 예수님은 세상이 감당할 수 없는 권세와 능력으로 3년 동안의 모든 사역을 이루시고, 마침내는 사람들의 죄를 짊어지시고 십자가에서 죽었습니다.

교회가 세상을 품어야 합니다. 요즘이야 세상에서 못 먹고 사는 사람은 별로 없습니다. 그렇다고 세상이 풍부한 것은 아닙니다. 세계 제일의 부자나라인 미국에 가난한 사람이 제일 많답니다. 우리 한국도 미국을 닮아가고 있습니다. 먹고살기가 좋아질수록 궁핍한 사람이 더 많아집니다. 이런 사회의 부조리 속에서 교회가 할 일은 정신적으로 가난한 사람, 영적으로 굶주린 사람을 먹이는 일입니다. 그들을 찾아가 위로하고 다독이고 삶의 용기를 주는 일을 교회와 성도가 해야 합니다. 교회는 가난한 사람을 돕고 나누어 주어야 마땅합니다.

넷째로 성도는 담대하게 살아야 합니다. 예수님께서 **"세상에서는 너희가 환난을 당하나 담대하라 내가 세상을 이기었노라"**(요 16:33)라고 말씀하시면서 믿는 성도들에게 힘을 줍니다. 우리는 이미 예수님이 이기신 세상 속에 살아가고 있습니다. 성도는 오직 믿는다고 하는 이 하나의 이유로 세상에서 말할 수 없는 고통을 당하고 있습니다. 사랑하는 가족에게 미움을 받습니다. 친구들에게 따돌림을 당합니다. 때로는 세상의 이익을 포기해야 합니다. 이렇게 세상에서 고통을 당하나 성도는 담대하게 살아야 합니다. 그러면 반드시 세상을 이길 수 있습니다.

다섯째로 성도는 세상을 사랑하지 말아야 합니다. 이 말은 세상을 증오하고, 미워하라는 말이 아닙니다. 세상과 짝짝이 되어 함께 놀아나지 말라는 말입니다. 성도는 어떤 이유로도 세상 재미에 빠지지 말라는 말입니다. 성도가 세상에 마음을 빼앗기고 영원한 천국을 잃어버리지 말라는 뜻입니다. 성도가 세상을 사랑하면 성도의 영혼은 망하게 됩니다. 결국 이 세상은 잠시 있다 망할 것이기 때문에 세상과 함께 망할 것입니다.

사실 세상 재미에 맛을 들이면 그 순간에 혼을 빼앗기고 맙니다. 돈을 새록새록 모아 통장이 두둑해지면 기분이 좋고 신바람이 납니다. 세상친구, 여자친구, 남자친구를 사귀면 정신이 없어 시간 가는 줄 모릅니다. 다양한 취미이나 여행을 즐기다 보면 주일을 잊어버리고 맙니다. 요즘 지역마다 무슨 문화제다, 축제다 해서 성도들을 홀립니다. 무슨 건강에 특효약이라고 미혹해서 노인들의 없는 돈지갑을 노립니다. 이런 세상을 사랑하지 말라는 말씀입니다. 야고보가 "세상과 벗된 것이 하나님과 원수 됨을 알지 못하느냐 그런즉 누구든지 세상과 벗이 되고자 하는 자는 스스로 하나님과 원수 되는 것이니라"(약 4:4)라고 말씀했습니다. 비록 우리는 지금은 땅을 밟으며 세상에 살지만, 우리의 소망은 하늘에 두어 주님과 벗이 되어야 합니다.

성도는 먼저 하나님께서 우리를 세상에 보내신 이유를 깨달아야 합니다. 그래야 하나님이 주신 힘과 능력으로 세상을 이길 수 있습니다. 성도가 교회 안에만 머물러 있어서는 안 됩니다. 세상을 올바로 보고 세상을 알아야 합니다. 하나님의 말씀과 확실한 믿음으로 무장하고 세상에 나가야 합니다. 세상에 나가서 다양한 사람들을 만나야 합니다. 이것이 하나님께서 성도를 세상에서 부르신 하나님의 목적이고 이유입니다. 이를 위해서 기도하시기를 바랍니다.

3. 세상을 이기는 방법

그렇다면 성도는 무엇으로 세상을 이길 수 있는지 살펴보도록 하겠습니다. 첫째, 성도는 하나님에게 낳아야 합니다. 여러분은 모태로부터 한 번 낳았습니다. 이제는 물과 성령으로 두 번째로 거듭나야 합니다. 믿기 이전의 여러분과 믿은 후로의 여러분이 달라져야 한다는 말씀입니다. 세상 사람들에게 '어? 그 사람, 교회에 다니더니 달라졌네?' 하는 모습을 보여주어야 합니다. 이것이 거듭난 것입니다. 이런 거듭난 하나님의 성도를 세상이 두려워합니다. 성도가 물과 성령으로 거듭남으로 자신을 이기고, 아울러 세상을 이길 수 있습니다.

둘째, 성도는 믿음으로 세상을 이길 수 있습니다. 이 믿음은 머리로만 믿는 믿음이 아닙니다. 가슴으로 진실하게 믿는 믿음입니다. 교회에 오래 다닌 사람치고 믿음을 모르는 사람은 없습니다. 그러나 그들이 믿음으로 자신과 세상을 이기지 못합니다. 왜 그렇습니까? 믿음 따로 생활 따로입니다. 지식적인 믿음은 아무것도 아닙니다. 속 빈 겉껍데기에 불과합니다. 성도는 믿음으로 영혼과 삶을 채워야 합니다. 예수님과 하나가 되도록 살아야 합니다. 예수님과 하나가 될 때 믿음의 능력이 생깁니다. 그러면 마귀와 세상을 충분히 이길 수 있습니다.

셋째, 성도는 성령을 충만하게 받아야 합니다. 사람이 자신의 지식과 꾀에 사로잡혀 있으면 세상을 이길 수 없습니다. 엄밀히 말하면 지식과 꾀로는 마귀를 따라갈 방법이 없습니다. 마귀는 하늘을 날고 땅을 기는 재주를 가지고 있습니다. 마귀는 사람보다 초월적인 지식과 능력을 소유하고 있습니다. 우리가 어떻게 지식과 꾀로 세상을 이길 수 있겠습니까? 안 됩니다. 지식으로는 세상과 싸워서 백전백패합니다. 성도는 순간마다 하나님께 기도해야 합니다. 기도가 세상을 이기는 방법입니다. 성도는 오직 기도로 성령을 충만하게 받아야 합니다. 성도가 자기의 의지로 할 수 없는 일을 성령으로는 할 수 있습니다.

제2차 세계 대전에서 위급한 상황에 몰렸던 영국이 1940년 5월 13일에 윈스턴 처칠을 전시 내각 수상으로 임명했습니다. 그는 싸움이 이미 시작된 이상 쟁취해야 할 것은 승리라고 강조하면서 이렇게 연설했습니다. "여러분은 '전쟁에 임하는 우리의 목표가 무엇인가?'를 물으실 것입니다. 이에 대해 본인은 한 마디로 대답하겠습니다. '우리에게는 오직 승리뿐! 우리는 반드시 이겨야 합니다'라고 말입니다. 어떤 희생을 치르더라도 어떤 공포를 무릅쓰고라도 우리는 승리해야 합니다. 여기에 이르는 길이 아무리 험악할지라도 우리는 승리에 도달하도록 해야 합니다. 왜냐하면 승리하지 못 한다면 우리는 절대로 살아남을 수 없기 때문입니다."

사랑하는 성도 여러분!

모두 눈을 감으시고 오늘의 말씀을 묵상합시다. 우리는 모두 죄인으로 세상에 태어났습니다. 그러나 주님께서 십자가에서 구속으로 우리를 구원해주셨습니다. 우리는 지금 세상에 살아도 세상 사람이 아니고 하나님의 자녀입니다. 사탄의 권세 아래 있는 세상에 끌려서 다니거나 지면 안 됩니다. 우리는 세상을 이겨야 합니다. 세상을 이기려면 빛과 소금으로 살아야 합니다. 세상을 품고 살아야 합니다. 담대하게 살아야 합니다. 세상에 마음을 빼앗기지 말고 세상을 즐기지 말아야 합니다. 장차 망할 세상에 끌려 다니지 않기 위하여 기도하시기 바랍니다.

세상을 이기려면 물과 성령으로 거듭난 삶을 살아야 합니다. 세상을 이기려면 진실한 믿음을 소유해야 합니다. 지식으로서의 믿음이 아니라 가슴으로 뜨겁게 실천하는 믿음을 가져야 합니다. 세상을 이기려면 성령을 충만하게 받아야 합니다. 거듭난 생활과 진실한 믿음과 성령을 받아 세상을 이기도록 하나님께 기도하시기를 바랍니다.

하나님을 믿은 성도는 세상을 이겨야 합니다. 세상에 지면 영혼과 믿음이 죽습니다. 성도의 영혼이 죽으면 세상 사람과 똑같이 수많은 죄악을 짓습니다. 성도가 죄를 지으면 마귀와 세상에 질 수밖에 없습니다. 성도의 승리는 오직 믿음이요, 성령의 역사입니다. 성도가 세상에 살면서 어떤 고난과 환난과 핍박이 있어도 영혼이 살아남기 위하여 세상을 이길 수 있도록 전능하신 하나님 아버지께 기도하시기를 주님의 이름으로 간절히 축원합니다.

[예화]

▣ 승리의 원리

서부 영화를 보면 술집에 카우보이 모자를 쓴 선한 총잡이가 여송연을 물고 탁자에 앉아 조용히 술잔을 앞에 놓고 있다. 그리고 그 뒤에서 선해 보이지 않는 또 하나의 총잡이가 양다리를 벌리고 서서 손은 허리춤에 있는 권총을 잡은 채, "야, 이 비겁자야, 어서 총을 뽑아라. 내가 네게 본때를 보여줄 테다." 하고 외친다. 여전히 침묵은 흐르고 주변의 많은 사람은 숨을 죽이고 이들을 지켜보고 있다. 그러다가 일순간 총성이 울려 퍼지고 총잡이는 쓰러진다. 각본에 의해서 이루어지는 일이지만 쓰러진 총잡이는 등을 보이고 뒤돌아 앉아있던 총잡이가 아니라 금방 총을 뽑을 듯이 떠들던, 선하지 못한 총잡이다. 승리는 침묵 속에 준비한 자의 것이다. 서두르는 자는 먼저 쓰러지게 되어 있다. 무슨 일을 하든지 조용히 준비한 사람은 승리한다.

▣ 전쟁 없이 얻은 승리

제1차 세계대전 말기 영국의 경건한 기독교도였던 알렘비 대장이 예루살렘을 점령할 때의 일이다. 알렘비는 영국 정부로부터 팔레스타인을 정복할 것을 명령받았다. 당시에는 이슬람교도들인 터키군이 예루살렘을 지키고 있었기 때문에 함락시키는 데 어려움이 많았다. 포격하면 쉽게 점령할 수 있었지만 알렘비는 예루살렘이 예수님의 흔적이 있는 곳일 뿐 아니라, 하나님의 거룩한 성임을 생각하고는 그곳에서 피 흘리기를 원치 않았다. 그는 공격 결정을 유보하고 영국 왕에게 피를 흘려서라도 점령할 것인지 여부를 물었다. 영국 왕 역시 피 흘리는 것은 원치 않았다. 그는 알렘비 대장에게 금식하고 기도하며 주의 뜻을 기다리라고 명령했다. 한편 예루살렘 성안의 터키 병사들은 자신들을 공격하러 온 사람이 알렘비 대장이라는 말을 듣고는 크게 두려웠다. '알렘비'라는 말이 터키 말로 '하나님이 막는다', '하나님이 저주하신다'라는 뜻이었기 때문이었다. 더구나 성을 포위한 채 공격은 하지 않는 알렘비 군대에 공포를 느끼기 시작했다. 결국 강하고 독하기가 영국 병사보다 더 이름난 터키 병사임에도 알렘비의 군사에게 큰 두려움을 느끼고 전의를 상실했다. 마침내 터키군은 예루살렘 성문을 열고 무조건 항복의 뜻을 표했다. 이렇게 해서 영국군은 총 한 방도 쏘지 않고, 알렘비 대장을 선두로 모자를 벗어들고 찬송하면서 예루살렘 성에 입성하였다.

제목 : 복 있는 성도의 가정을 위해 | 본문 : 시편 1:1-6

가정은 최초로 하나님께서 창조하셨고, 국가와 사회, 교회의 중요한 기초 조직입니다. 그래서 가정은 사람이 떠날 수 없는 '사랑의 공동체'라고 합니다. 또한 가정은 신앙생활의 기본일 뿐만 아니라, 가정이 잘되어야 행복한 생활을 할 수 있습니다. 그런 의미에서 9월 월삭 기도회 시간에 '우리 모두 복 있는 가정을 위해' 기도하고자 합니다.

영국의 로빈슨 목사님은 1735년 9월 27일에 놀포크 스와팜에서 태어났습니다. 그는 너무나 가난한 가정에서 태어나 교육받기 위해 학교 문 앞에도 못 가봤습니다. 하지만 어머니의 간절한 기도와 믿음에 근거한 신앙교육으로 위대한 목사님이 되셨습니다. 그가 주님을 영접하기 전의 청소년 시절에는 방탕하고 타락한 생활을 했습니다. 그가 어느 날 그 지방의 감리교회에서 부흥회를 하고 있는데, 거기에서 실컷 장난이나 치고자 교회당에 들어갔습니다. 그러나 부흥사 목사님의 설교에 감화를 받아 그만 회개하고 말았습니다. 그는 지금까지의 방탕한 생활을 청산하고 하나님의 말씀에 굴복하였습니다. 그 후에 그는 감리교도가 되었고 하나님에게 부르심을 받아 독학으로 신학 공부를 했습니다. 그 후 영국 써포크의 인덴 홀에 있는 칼뱅 감리교회의 요한 웨슬리 목사님의 안수를 받고 목사가 되었습니다. 로빈슨은 목사님이 되고 3년 후인 1758년, 그의 나이 23세에 성령의 감화를 받아 쓴 찬송가가 우리가 은혜로 부르는 찬송가 제28장입니다. 우리 다 같이 찬송가 제28장 1절을 불러보겠습니다.

"복의 근원 강림하사 찬송하게 하소서/ 한량없이 자비하심 측량할 길 없도다

천사들의 찬송가로 나를 가르치소서/ 구속하신 그 사랑을 항상 찬송합니다."

이 찬송가가 바로 오늘 본문 말씀인 시편 1편의 내용입니다. 시편 1편은 구약성경에서 가장 아름다운 축복의 말씀이고, 시편 150편을 대표하는 가장 부드러운 서시(序詩)입니다. 어떤 성서학자의 주장에 따르면 다른 시편보다 후대에 쓰였을 것이라고 말하지만, 시편 전체의 내용을 관통하는 중심사상을 밝히려는 의도를 가지고 기록되었음을 알 수 있습니다. 시편 1편을 자세히 읽어보면 "복"이라는 말씀으로 시작하여 "망하리로다"라는 말씀으로 끝납니다. 시편 1편은 사람들이 가장 좋아하는 "복"이라는 말씀과 사람들이 가장 싫어하는 "망하리로다"라는 말씀이 극명하게 대조를 이루면서 인생의 가장 근본적인 문제를 다루었습니다.

1. 복 있는 사람

사람들은 누구나 복 받기를 바랍니다. 행복하게 살기를 원합니다. 사람들은 예로부터 오

복을 말해 왔는데, 그것은 수(壽 : 오래), 부(富 : 풍부하게), 강(康 : 건강하게), 덕(德 : 덕 있게), 호종명(好終命 : 수명의 마지막을 보기 좋게 누리다) 죽을 것을 바랐습니다. 물론 세상을 살아나가면서 이러한 오복을 누리며 살 수 있다면 복이 아닐 수 없습니다. 그러나 우리는 이보다도 더 복된 삶이 있다는 사실을 시편 제1편의 말씀에서 발견할 수 있습니다.

오늘 본문은 사람을 의인과 악인으로 나눕니다. 의인은 **"복 있는 사람"**(:1), 악인은 **"멸망하리로다"**(:6)라고 말씀하였습니다. 성도는 과연 믿음으로 의롭게 사는 복 있는 사람인가, 아니면 아직도 믿음으로 살지 못하는 악한 사람인가 각자 판단해보시기를 바랍니다. 이 시간에 우리에게 주신 말씀을 함께 생각하면서 주님을 확실하게 믿어서 구원을 받고, 오직 믿음으로 사는 성도가 되시도록 하나님께 기도하시기를 간절히 바랍니다.

본문 1절로 3절에는 복 있는 사람, 즉 의인의 삶과 그 결과에 대해 말씀합니다. 의인은 어떻게 살아야 합니까? 이것을 소극적인 면과 적극적인 면으로 나누어서 설명합니다. 첫째, 소극적으로는 **"악인들의 꾀를 따르지 아니하며 죄인들의 길에 서지 아니하며 오만한 자들의 자리에 앉지 아니하고"**(:1)라고 말씀하셨습니다. 이 말씀은 최소한 하나님을 믿는 성도라면 하나님을 믿지 않고 무시하는 사람, 악을 꾸미고 갖가지 죄악을 음모하는 사람을 따르거나 그들과 자리를 같이하지 않는 사람이라고 말씀하십니다. 둘째, 적극적으로 하나님을 믿는 성도는 그런 사람들이 있는 곳에는 아예 가지 말아야 하고, 그런 분위기에 휩쓸리지 않아야 합니다. 하나님을 안 믿는 사람은 오만한 사람입니다. 혼자서 잘 났다고 하는 교만한 사람입니다. 이들은 하나님과 다른 사람을 얕잡아 보거나 비웃는 불량한 사람들입니다.

복 있는 사람으로 살기 위해 피해야 할 세 종류의 사람들이 있습니다. 첫째는 악인이요, 둘째는 죄인이요, 셋째는 오만한 사람입니다. 이런 사람들은 악을 향한 습성이 있습니다. 그들의 꾀를 좇지 아니하며, 길에 서지 아니하고, 자리에 앉지 않아야 합니다. 악인의 꾀를 좇는 것은 악인의 방법으로 사는 것입니다. 악인의 길에 서는 것은 따라가는 것입니다. 악인의 자리에 앉는 것은 악인과 하나가 되는 것입니다. 이 세 가지는 타락의 단계입니다.

복 있는 사람, 의인의 삶은 적극적으로 **"오직 여호와의 율법을 즐거워하여 그의 율법을 주야로 묵상하는도다"**(:2)라고 말씀하셨습니다. 복 있는 사람이 되기 위해서는 하나님의 말씀을 즐겁게 생각해야 합니다. 시인은 **"주의 율례들을 즐거워하며 주의 말씀을 잊지 아니하리이다"**(시 119:16), **"주의 법은 나의 즐거움이니이다"**(시 119:77)라고 말씀했습니다. 여러분들은 하나님의 말씀을 대할 때 어떻습니까? 마음이 즐거운지 아니면 마음이 괴로운지요? 믿음으로 사는 의인이요, 복 있는 사람이라면 하나님의 말씀을 즐겁게 생각해야 합니다.

그리고 하나님의 말씀을 쉬지 않고 묵상해야 합니다. 밤낮으로 생각하며 기도하는 사람입니다. 시인은 **"주의 율례들을 즐거워하며 주의 말씀을 잊지 아니하리이다"**(시 119:16),

"주의 법도를 작은 소리로 읊조리리이다"(시 119:78), "주의 말씀의 맛이 내게 어찌 그리 단지요 내 입에 꿀보다 더 다니이다"(시 119:103)고 말씀했습니다. 그러므로 믿음으로 의롭게 살고 복 받는 성도는 하나님의 말씀을 읽고, 듣고, 공부하고, 묵상하는 일에 열심을 다 해야 합니다.

2. 복 있는 성도의 가정

여름이 되면 초목이 무르익어 산천초목이 왕성합니다. 그러므로 여러분의 가정이 윤택하며 심령이 맑아져야 합니다. 또한 성령을 충만히 받아야 합니다. 성도의 가정이 윤택해지고 복을 받으려면 하나님의 말씀을 읽어야 합니다. 눈이 어두워 글에 익숙하지 못해서 못 읽는 성도는 열심히 나와서 말씀을 들어야 합니다. 그래야 가정이 살찌고 심령이 부드러워집니다. 이러한 의인의 삶의 결과는 어떠합니까? 본문에서 "그는 시냇가에 심은 나무가 철을 따라 열매를 맺으며 그 잎사귀가 마르지 아니함 같으니 그가 하는 일이 다 형통하리로다"(:3)라고 말씀하셨습니다. 나무는 때에 따라 열매를 맺어야 합니다. 나무는 잎사귀가 마르지 않아야 합니다. 나무는 열매를 맺어야 합니다. 믿는 성도도 마찬가지입니다. 때에 따라 성도가 해야 할 일이 있는데, 이것을 놓치지 말아야 합니다. 기회를 잘 살려야 합니다. 몸과 마음이 건강하고 믿음의 열매를 맺어야 합니다. 사랑의 열매를 맺어야 합니다. 성령의 열매를 맺어야 합니다. 무엇에도 메마르지 않습니다. 그 결과로 그의 모든 일이 형통하게 됩니다.

본문에서 "시냇가"는 무엇입니까? 성전 제단에서 흘러내리는 신령한 시내를 말합니다. 어린양이신 주님의 보좌로부터 흘러나오는 생명 시내를 말합니다. 사도 요한은 "또 그가 수정 같이 맑은 생명수의 강을 내게 보이니 하나님과 및 어린 양의 보좌로부터 나와서 길 가운데로 흐르더라 강 좌우에 생명나무가 있어 열두 가지 열매를 맺되 달마다 그 열매를 맺고 그 나무 잎사귀들은 만국을 치료하기 위하여 있더라"(계 22:1-2)라고 말씀했습니다.

생명의 말씀이 강물과 같이 흘러내리는 이 제단 앞에 나와서 말씀을 사모하는 성도의 가정이 복이 있습니다. 이 제단에서 흐르는 성령의 강물을 받아 마시는 성도의 가정이 복이 있습니다. 이 제단의 양편에 있는 생명나무의 실과를 따먹는 성도의 가정이 영적으로 굶주리지 않습니다. 이 생명나무의 잎사귀들은 소성하는 능력이 있어서 영혼의 질병도, 정신적인 질병도, 육신의 질병도 치료됩니다. 마음의 병도 생활의 병도 고쳐집니다. 그러므로 제단에서 흘러나오는 하나님의 말씀을 먹는 성도의 가정이 복 있는 가정입니다.

3. 악인들의 가정

시인은 악인의 삶에 대하여 말씀했습니다. "악인들은 그렇지 아니함이여 오직 바람에 나는 겨와 같도다 그러므로 악인들은 심판을 견디지 못하며 죄인들이 의인들의 모임에 들지 못하리로다 무릇 의인들의 길은 여호와께서 인정하시나 악인들의 길은 망하리로다"(:4-6)

첫째, 악인들은 바람에 나는 겨와 같습니다. 정처 없이 마구 날아갑니다. 타작마당에서 바람을 이용하여 알곡과 쭉정이를 나누는 것처럼, 바람에 나는 쭉정이는 형태도 없이 사라지고 맙니다. 악인의 삶은 바람에 날아가는 쭉정이와 같이 허무합니다. 악인은 한곳에 오래 정착하지 못합니다. 이리저리 방황하는 삶을 삽니다. 불안한 가정이 된다는 말씀입니다.

둘째, 악인은 하나님의 심판을 견디지 못합니다. **"의인들의 모임"**(:5), 즉, 교회에 들어오지 못합니다. 그들은 불쌍한 영혼들입니다. 마음에는 교회에 나오고 싶어도 안 됩니다. 무슨 일이 그렇게 꼬이는지 교회 밖으로만 나돌게 됩니다. 악인들은 바람에 날아가는 쭉정이처럼 하나님의 심판을 견디지 못합니다. 이 세상 모든 사람은 한 사람도 예외 없이 하나님 앞에서 심판을 받게 됩니다. 그런데 악인들은 그 심판을 견디지 못하고 유황불에 고통을 당할 거라는 것입니다. 얼마나 불행한 일입니까? 심판을 받지 않은 성도가 되기 위해 기도합시다.

셋째, 악인들의 길은 망하게 됩니다. 이 말씀은 최후의 심판을 면하지 못한다는 말씀입니다. 여기에서 의인들의 길과 악인들의 길을 대조시키고 있습니다. 의인들의 길은 여호와께서 인정하신다고 말씀하셨습니다. 인정한다는 것은 안다는 뜻입니다. 하나님께서는 의인들의 길을 아시고, 옳다고 인정하시며, 영원한 축복 속에 살도록 이끌어 주십니다. 그러나 악인들의 길은 멸망하는 것입니다. 오직 그들에게는 음부, 지옥이 기다리고 있을 뿐입니다.

한 목사님이 성도의 가정을 방문하셨습니다. 주님을 모신 가정으로 검소하고 얼굴에는 모두가 기쁨이 넘치고 있었습니다. 그 집은 방 하나에 부엌하나 뿐이었습니다. 매우 비좁은 주택에 많은 식구가 살고 있습니다. 아버지나 어머니, 그리고 큰 딸이 옷을 갈아입으려면 방에서 온 가족이 우르르 부엌으로 다 나가 주어야 합니다. 그런데도 모든 가족이 화목하게 살고 있었습니다. 목사님이 물었습니다. "어떻게 이 가정이 이토록 행복합니까?" 가장이 대답했습니다. "우리 가정은 주님이 가장입니다. 어찌 참으로 복된 가정이 아니겠습니까?" 목사님은 가장의 말을 듣고 너무나 기뻤습니다. 그래서 오늘 본문인 시편 1편을 읽고, 복 있는 사람의 생활에 대하여 말씀을 드리고 온 마음과 정성을 다하여 축복 기도들 드렸습니다.

사랑하는 성도 여러분!

사람들은 누구나가 행복하게 살기를 원합니다. 복이 있는 사람을 원합니다. 그러나 다 행복한 사람이 되는 것이 아닙니다. 복 받을 만한 행동을 해야 합니다. 주님께서 마태복음 5장에서 말씀해 주신 8가지 축복된 삶에 대하여 생각하면서 다시 한번 충격을 받지 않을 수 없었습니다. [마태복음 5장 1절로 12절까지 합독] 신앙의 양심이 있는 성도라면 주님의 신상보훈 가운데 8복의 말씀을 암송하고 생활로 실천할 때 **"복 있는 사람"**이 됩니다. '나는 과연 행복을 추구하며 살 것인가? 아니면 불행한 삶을 살 것인가?' 성도라면 각자가 고민해야 합니다. 주님께서 말씀하시는 행복을 위해서 사는 것은 그리 쉬운 일이 아닙니다. 그러니 진실한 생활을 선택해야 합니다. 참된 행복을 누리며 살기 위해서는 과감하게 결단하고 행동해야 합니다. 여기에 희생이 요구됩니다. 비싼 대가를 지불해야 합니다.

복 있는 사람의 가정은 악인들의 꾀를 따르지 않아야 합니다. 죄인들의 길에 서지 않아야 합니다. 오만한 자들의 자리에 앉지 않아야 합니다. 복 있는 사람의 가정은 오직 하나님의 말씀을 즐거워하여 그의 말씀을 주야로 묵상하며 살아야 합니다. 복 있는 사람의 가정은 시냇가에 심은 나무같이 됩니다. 주님의 몸 된 교회를 중심으로 삽니다. 철을 따라 신령하고 살찐 열매를 맺습니다. "그 잎사귀가 마르지 아니함 같으니"(:3). 복을 받으면 우선 성도의 마음부터 윤택해집니다. 인심이 넉넉합니다. 사랑이 마르지 않습니다. 믿음이 넘칩니다. 소망이 가득합니다. 찬송이 그치지 않습니다. 감사가 넘칩니다. 기쁨이 넘칩니다. 봉사가 활발합니다. 재물도 많아집니다. 자녀들도 다 잘 됩니다. 가정이 화목하고 건강합니다. 그래서 성도가 하는 모든 일이 다 형통할 것입니다. 영혼과 육신의 가정에 만사형통할 것입니다. 성도의 가정에 믿음이 넘치고 영혼과 육신이 건강할 것입니다. 마음에는 기쁨이 차고 넘칠 것입니다. 이런 성도는 여호와 하나님께서 인도하실 것입니다. 이웃과 화목하고 저절로 복음이 증거될 것입니다. "복 있는 사람은 시냇가에 심은 나무가 철을 따라 열매를 맺으며 그 잎사귀가 마르지 아니함 같으니 그가 하는 모든 일이 다 형통하리로다"(:3). 오늘 주님의 몸 된 교회에서 기도하는 성도 여러분들의 심령과 가정에 하나님의 복이 차고 넘치는 은혜와 축복이 함께하여 살아가게 하나님께 기도하시기를 주님의 이름으로 간절히 축원합니다.

[예화]

▣ 축복의 어머니

미국 북장로교회 선교사 소알론 박사 부부가 솔래교회 전도를 지원키로 마음을 정하고 마을 유지를 초청했다. 선교사 부부는 안방에 놓여 있는 요강을 아주 귀하고 큰 밥그릇으로 생각했다. 부부는 요강 다섯 개를 빌려와 깨끗이 씻어, 그 속에 흰 쌀밥을 가득 담았다. 전직 대감의 부인 안성은 씨도 모임에 참석했다. 안 씨는 선교사의 갸륵한 마음에 감화받아 예수님을 영접했다. 그리고 온갖 핍박을 받으며 황해도 서해안 일대를 전도했다. 안 씨는 2남 4녀를 두었는데 큰아들 김윤방은 솔래교회 초대 장로가 되었고, 둘째 아들은 한국 최초의 외과 의사가 되었다. 셋째 딸은 김규식 박사와 결혼했다. 안성은 권사는 솔래교회의 증인이요, 장한 어머니요, 황해도 서해안의 전도자요, 한국 교회사에 빛나는 복 받은 여인이 됐다.

▣ 만남의 복

우리 주위에서 일어나는 수많은 사건은 만남이 없기에 생긴다. 과거엔 친했지만, 만남이 없으니 해서는 안 될 일을 하게 되는 것이다. 만날 일이 없는 순간부터 배려도 없어진다. 이런 관점으로 본다면 신앙을 쉽게 이해할 수 있게 된다. 신앙은 만남에서 시작된다. 예배는 하나님과의 만남 속에서 이웃을 만나는 일이다. 찾아가야 할 이웃이 누구인지 알게 되는 것이다. 그리고 찾아간 이웃 속에서 다시 하나님을 만나게 된다. 하나님은 예배 가운데에 거하시지만, 이웃 가운데에도 거하신다. 예배를 통해, 이웃을 통해 하나님을 만나는 역사가 일어난다. 만남에는 변화를 이끄는 힘이 있다. 예배 가운데 만난 이웃은 섬김의 깊이가 다르다. 그리고 이웃 속에서 만난 하나님으로 인해 신앙의 깊이가 달라진다. 그래서 만남은 '복'이다.

▣ 참된 축복

구두쇠로 소문난 존 하일러 씨는 신실한 그리스도인이며 제과 회사의 사장이었다. 그는 사업을 시작하기 전에 하나님과 중요한 약속을 했다. "하나님이 주신 것 중에서 십분 일을 하나님께 드리겠습니다." 그래서 통장을 하나 특별히 마련하였는데, 예금주의 이름은 자신의 이름이 아닌 M.P.(My Partner)였습니다. 즉, 하나님을 사업의 동반자로 삼고 그분의 이름으로 통장을 마련한 것입니다. 그리고 그 통장에는 그의 수익의 1/10을 입금했다. 그 통장의 돈은 하나님의 이름으로 입금되고 하나님의 이름으로 인출되었다. 그 돈은 하나님의 손길을 기다리는 곳에 쓰였는데, 물론 통장의 돈이 쓰이는 곳에는 하나님의 이름만을 밝혔다. 누구도 그 돈이 누구에게로 가는지 몰랐고, 또 그 돈을 받은 사람도 누구에게서 오는 것인지 몰랐다. 오직 하나님의 이름만이 있을 뿐이었다. 시간이 지날수록 그는 그 통장의 저금 액수를 수익의 1/10에서 2/10, 3/10 … 늘려갔다. 이와 더불어 그의 사업은 2배, 3배, 4배의 확장을 이루는 축복을 받았다. 하나님께 아낌없이 드릴 때 하나님께서도 우리에게 놀라운 것으로 충만하게 주신다. 우리도 예금주가 M.P.인 마음이 담긴 신앙의 통장을 만들도록 하자.

제목 : 주님을 사랑하기 위해 | 본문 : 요한복음 21:15-18

새벽이 어둠을 밀어내고 동터오는 무렵에 갈릴리 바닷가에서 제자들은 주님께서 친히 차려놓으신 조반을 먹고 있었습니다. 조반이라고 해야 그럴싸한 많은 음식이 차려진 식탁이 아니라 모닥불에 빵 몇 조각과 생선 몇 마리였습니다. 제자들 가운데에 누구 한 사람 먼저 말을 꺼내는 사람이 없어 기나긴 침묵만 흐르고 있었습니다. 제자들은 한결같이 음식 먹기에만 여념이 없었습니다. 들리는 것은 바닷가에서 부서지는 파도 소리와 바람 소리뿐이었습니다.

이 장면을 연상하며 기도하다가 주님의 자리에서 이런 생각을 해 보았습니다. '나는 지난 3년 동안 너희들을 먹여 주고 입혀 주었다. 그런데 내가 힘을 다하여 가르쳤던 내 제자들이 나를 배신하고 가장 결정적인 순간에 나를 버리고 달아나 버렸다. 그리고 공개석상에서 나를 부인하고 저주까지 했다. 그래도 나는 너희들의 죄를 대신하여 십자가에서 고독하게 죽었다. 그러나 나는 죽음을 이기고 다시 살아나 맨 먼저 너희들을 찾아가 평안과 건강을 베풀고 성령을 부어주었으며 기쁨까지 선물로 주었다. 그런데도 너희들은 또 나를 잊고 옛 생활로 돌아가 갈릴리에서 기구한 목숨을 살리겠다고 물고기를 잡고 있구나. 나는 너희들의 굶주린 배를 위하여 조반을 먹이고 있긴 하지만 이 배신자들을 어찌하면 좋을까?'

주님은 이런 생각을 하고 계시는데, 제자들은 한마디도 없이 음식만 먹고 있었습니다. 제자들은 주님 앞에 누구 하나 감히 말할 엄두를 내지 못한 채, 주님의 입에서 과연 무슨 말이 나올지 서로 긴장하며 신경을 곤두세우고 있었습니다. 이런 상황 속에서 내가 주님이라면 과연 제자들에게 어떻게 하면 좋겠습니까? 감정이 있는 인간이라면 나중에 후회할망정 일단 배신자를 향해 욕설을 퍼부으며 주먹부터 휘두르고 볼 것입니다. 그러나 감정을 절제할 줄 아는 사람이라면 그들에게 얼마나 잘해 주었는지 상기시키면서, 그렇지만 왜 나를 배신했는지 그 이유라도 따져 물을 것입니다. 그리고 그보다 더 나은 사람이라면 지난 과거는 모두 잊고 다시는 배신자가 되지 말라고 점잖게 타이르거나 따끔하게 훈계라도 했을 것입니다.

그러나 주님께서 택하신 방법은 전혀 다른 것이었습니다. 주님께서는 배신자들에게 보복하시거나 배신의 원인을 규명하여 책망하시거나 훈계하시려 하지 않으셨습니다. 지난 과거를 일체 묻지도 따지지도 않으셨습니다. 긴 침묵의 시간이 흐른 후에 주님께서는 제자들의 대표인 베드로에게 이렇게 물으셨습니다. **"요한의 아들 시몬아 네가 이 사람들보다 나를 더 사랑하느냐"**(:15). 못된 사람을 주먹으로 때린다고 해서 바른 사람이 되는 것은 아닙니다. 이유를 따져 책망하거나 훈계를 한다고 해서 다시 배신치 않는 것도 아닙니다.

한 번 배신한 사람은 기회만 있으면 몇 번이고 다시 배신하는 법입니다. 그러나 사랑하면 됩니다. 사랑에는 등을 돌리지 않습니다. 사랑은 배신하지 않습니다. 사랑에는 오직 따름과 쫓음이 있을 뿐입니다. 그래서 주님께서는 주님을 배신했던 제자 베드로를 향하여 **"네가 나를 사랑하느냐?"**(:15) 물으셨습니다. 10월 월삭 기도회 시간에 우리는 '주님을 사랑하기 위해' 기도하시겠습니다.

1. 사랑이란

사랑이란 무엇입니까? "사랑은 언제나 오래 참고/ 사랑은 언제나 온유하며/ 사랑은 시기하지 않으며/ 자랑도 교만도 아니하며// 사랑은 무례히 행치 않고/ 자기의 유익을 구치 않고/ 사랑은 성내지 아니하며/ 진리와 함께 기뻐하네// 사랑은 모든 것 감싸주고 바라고 믿고 참아내며/ 사랑은 영원토록 변함 없네/ 믿음과 소망과 사랑은 이 세상 끝까지 영원하며/ 믿음과 소망과 사랑 중에 그 중에 제일은 사랑이라/ 그중에 제일은 사랑이라"(복음성가) 이 복음성가는 수없이 불러도 우리의 가슴에 남아 있어서 큰 은혜를 받도록 합니다.

진정으로 사랑하면 사랑의 대상에 최고의 가치를 부여합니다. **"하나님이 세상을 이처럼 사랑하사 독생자를 주셨으니 이는 그를 믿는 자마다 멸망하지 않고 영생을 얻게 하려 하심이라"**(요 3:16). 주님은 사람들을 사랑하셨습니다. 그래서 사람들의 죄를 대신하여 십자가에서 죽으셨습니다. 주님은 사람들을 사랑하셨기에 죽음을 이기시고 부활하셨습니다.

죽음을 이기시고 부활하신 주님은 제자들을 사랑하셨기에 그들이 있는 곳에 찾아가서서 평강과 성령과 기쁨을 주셨습니다. 그러나 주님의 사랑을 모르는 제자들은 또다시 주님을 배반했습니다. 그래도 주님은 그 제자들을 사랑하시고 그 제자들에게 최고의 가치를 부여하시며 **"네가 이 사람들보다 나를 더 사랑하느냐"**(:15)라고 물으시는 것입니다. 이는 제자들의 사랑을 촉발시키고 그 사랑을 확인하시려는 주님의 애절한 사랑의 몸부림입니다.

오늘도 주님은 우리를 사랑하십니다. 우리가 수도 헤아릴 수 없이 주님을 배신하고 부인하는 언행을 했음에도 불구하고 주님은 변함없이 우리를 사랑하십니다. 그래서 우리를 갈릴리 바닷가와 같은 이곳에 부르시고 지금 묻고 계십니다. **"네가 이 사람들보다 나를 더 사랑하느냐"**(:15). 여기서 우리가 유의해야 할 말씀이 있습니다. **"이 사람들보다"**라는 말씀입니다. 주님께서 이 질문을 베드로에게 던질 때 그 갈릴리 바닷가에는 베드로와 여섯 명의 제자들이 있었습니다. 바로 며칠 전 마지막 만찬을 마치고 감람산으로 올라가시면서 **"오늘 밤에 너희가 다 나를 버리리라"**(마 26:31) 말씀하실 때, 베드로는 **"모두 주를 버릴지라도 나는 결코 버리지 않겠나이다"**(마 26:33)라고 호언장담했던 적이 있습니다. 그래서 주님은 그 일을 상기시키시며 **"이 사람들보다 나를 사랑하느냐"**(:15)라는 말씀으로 물으셨습니다.

그런데 여기에는 단순히 다른 제자들을 가리키는 것보다 깊은 의미가 있습니다. 주님께서 체포를 당하셨을 때 다른 제자들과는 달리 베드로는 주님을 저주하기까지 하여 결과적으로 제자들 가운데에 가장 대표적인 배신자가 되었었기에, 이제는 역으로 누구보다 더 앞장서서 주님을 사랑하는 자가 되기를 촉구하는 의미일 수 있습니다. 그러나 주님께서 **"네가 이 사람들보다 나를 더 사랑하느냐"**(:15)라고 말씀하셨다면, 그것은 더욱 의미심장한 말씀이 됩니다. 여기에서 사람과 주님을 비교하여 말씀하신 건 인간적인 관점을 떠나서 신앙적인 표현입니다. 누구나 사람을 인간적으로 사랑하기는 쉽지만, 주님을 신앙적으로 사랑하기는 심히 어렵습니다.

주님을 신앙적으로 사랑하는 그것은 제자들의 삶의 터전인 갈릴리 바다를 의미합니다. 또한 지금 제자들 앞에 놓여 있는 방금 잡은 생선을 의미하기도 합니다. 그리고 제자들이 '모든 것'으로 여기며 살아 온 세상을 의미하기도 합니다. 주님께서는 사람들보다 주님을 더 사랑하는지를 물으셨습니다. 그렇다면 주님의 말씀은 바로 이런 말이 됩니다. 주님께서는 제자들이 밤이 맞도록 빈 그물질만 하던 갈릴리를 가리키며 말씀하셨습니다. "네가 이 공허한 갈릴리보다 나를 더 사랑하느냐" 주님께서는 제자들이 주님과의 약속을 망각하면서까지 소유하기 위해 혈안이 되었었던 물고기를 가리키면서 말씀하셨습니다.

"곧 썩어질 이 물고기와 사람들보다 나를 더 사랑하느냐" 이렇게 주님께서는 팔을 벌려 이 세상과 사람들을 가리키시며 물으셨습니다. "네가 공동묘지로 끝날 수밖에 없는 이 덧없는 세상보다 나를 더 사랑하느냐" 주님께서는 오늘 이 시간 우리 앞에 서시어 우리가 가장 귀하게 여기며 꼭 움켜쥐고 있는 돈과 세상과 사람들을 가리키시면서 묻고 계십니다. '네가 그것들보다 나를 더 사랑하느냐' 주님의 이 질문에 진실한 마음으로 대답하는 것으로부터 우리의 참된 신앙은 시작됩니다. 여러분은 과연 무엇이라 대답하시겠습니까?

2. 반복되는 사랑의 요구

주님께서 **"네가 이 사람들보다 나를 사랑하느냐"**(:15, 16, 17)라는 질문을 베드로에게 세 번이나 반복하여 물으셨습니다. 왜 세 번씩이나 똑같은 질문을 하셨을까요? 이에 대한 설명은 많습니다. 누구는 베드로가 세 번 주님을 부인했기 때문이란 사람도 있고, 베드로가 더는 이상 배신하지 못하게 못 박아 강조하기 위해서란 사람도 있습니다. 그러나 좀 다른 생각이 있습니다. 베드로는 주님을 세 번이나 부인하고 지금 주님 앞에서 몸 둘 바를 모르고 있습니다. 베드로의 가슴에는 언제까지나 지워지지 않을 상처가 생겼습니다. 그 베드로의 심정을 너무나 잘 아시는 주님께서 베드로의 마음에 난 상처를 치유해주시기 위해서 거듭거듭 반복하여 물으셨습니다. 이만큼 주님은 사랑하십니다. 이것이 주님이 베드로와 나눈 사랑의 언약입니다.

베드로는 주님의 사랑하시는 언약에 감동했습니다. 그래서 드디어 침묵을 깨고 "주님 그러하나이다 내가 주님을 사랑하는 줄 주님께서 아시나이다"(:15)라고 대답했습니다. 베드로는 '내가 주님을 사랑하였다'라고 과거형으로 대답하지 않았습니다. '제가 지금 주를 사랑하고 있다'라고 현재형으로 대답하였습니다. 조금 전까지만 해도 베드로는 주님보다 허망한 갈릴리 바다를 더 사랑했습니다. 곧 썩어질 생선에, 덧없는 세상일에 더 큰 가치를 두고 있었습니다. 그래서 주님과 주님의 말씀도 망각한 채 밤이 맞도록 빈 그물질만 했던 것입니다.

그런데 지금 베드로는 "제가 이제는 주님을 사랑하고 있습니다."라고 고백하였습니다. '이제는 이 세상의 그 어떤 것보다 주님을 더 사랑하겠다.'라고 하는 고백입니다. 이 고백이 얼마나 진실한지 주님께서 아신다고 말했습니다. 베드로도 똑같은 대답을 세 번이나 반복했습니다. 이 또한 변함없는 사랑의 언약입니다. 오늘 우리도 이런 사랑의 언약을 수없이 반복할 필요가 있습니다. 사람은 자주 변합니다. 그러므로 자주 사랑의 고백을 해야 합니다. 결혼한 부부는 날마다 사랑 고백을 할 필요가 있습니다. 성도는 하루에 한 번씩 새벽에 기도하며 주님께 신앙고백과 더불어 사랑 고백을 하는 것이 신앙에 도움이 됩니다.

3. 주님께 받은 사명

결국 베드로의 실패는 하나의 다른 기회였습니다. 그래서 실패는 성공의 어머니라고 했는지도 모르겠습니다. 주님은 이렇게 우리의 모든 실패에도 불구하고 새로운 기회의 문을 열어놓고 계신다는 사실을 알 수 있습니다. 구원이 무엇입니까? 죽을 수밖에 없는 죄인에게 하나님께서 새로운 삶의 기회를 주신 사실입니다. 회개가 무엇입니까? 또 한 번의 기회를 주님께 간구하는 믿음입니다. 용서가 무엇입니까? 또다시 잘 할 수 있는 기회를 주는 일입니다.

사랑이 무엇입니까? 다시 사랑할 기회를 주는 것입니다. 구제가 무엇입니까? 삶의 기회를 주는 것입니다. 왜 주님께서 십자가 위에서 못 박혀 돌아가셨습니까? 왜 주님께서 죽음의 권세를 이기시고 부활하셨습니까? 인간답지 않은 우리에게 참다운 사람답게 살아가는 기회를 주시기 위함이었습니다. 참다운 사람답게 산다는 게 무엇입니까? 주님의 사랑을 약속받은 제자의 기회를 활용하여 주님께 쓰임 받는 도구가 된다는 것이 아니고 무엇이겠습니까.

주님은 베드로에게 사랑의 언약을 받으신 후에 또 다른 기회를 주십니다. "내 어린양을 먹이라"(:15), "내 양을 치라"(:16), "내 양을 먹이라"(:17). 여기서 "먹이라"는 말씀과 "치라"는 말씀은 좀 다른 의미를 내포하고 있습니다. 그러나 종합적으로는 복음을 전하고 가르치며 교회의 감독자가 되라는 말씀입니다. 교회와 성도들을 섬기는 일꾼이 되라는 사을 주셨습니다. 주님의 사랑을 깨닫고 새 사람으로 변화된 사람은 그 사랑의 언약을 붙잡고 주님의 일꾼이 되어야 합니다. 이것이 사랑의 언약을 실천하는 길입니다. 사명이 있는 성도의 길입니다.

존 뉴턴의 젊은 시절은 술과 마약, 폭력과 방탕으로 일관된 생활의 연속이었습니다. 그는 마침내 무서운 죄를 짓고 노예선에 끌려가게 되었습니다. 처참한 노예 생활에 시달리던 어느 날, 고향의 친구로부터 소포가 왔습니다. 그 소포엔 일용품과 함께 책 한 권이 들어 있었습니다. 그 책은 『그리스도를 본받아』였습니다. 책의 표지를 열자 빨간 글씨로 "하나님은 사랑이시다. 주님은 너를 사랑하신다."라는 글이 선명하게 눈에 들어왔습니다. 책 읽기를 싫어한 그였지만, 친구의 성의와 주님께서 자신을 사랑하신다는 말에 이끌려 토마스 아 켐피스의 『그리스도를 본받아』라는 책을 읽기 시작했습니다. 그 책을 읽은 그의 마음에 폭풍우가 일기 시작했습니다. 칠흑 같이 어두운 그의 마음에 그리스도의 사랑의 빛이 비치기 시작했습니다. 그리하여 그의 30년간의 죄악 된 생활을 청산하고 변화된 삶을 살았습니다. 드디어 모범수로 풀려난 존 뉴턴은 39세에 목사가 되어 그의 여생을 하나님께 바쳤습니다.

사랑하는 성도 여러분!

주님은 세 번씩이나 부인하고 저주까지 했던 베드로를 용서하시고 사랑하셨습니다. 사랑의 언약으로 "내 어린양을 먹이라"(:15) 말씀하시며 다시 일할 기회를 주셨습니다. 주님은 지금 이 자리에 오셔서 우리에게 "네가 이 사람들보다 나를 더 사랑하느냐"(:15)라고 물으십니다. 주님께서 사랑하시는 요청에 성도는 뭐라고 대답해야 할까요? "주님 그러하나이다 내가 주님을 사랑하는 줄 주님께서 아시나이다"(:15)라고 사랑의 언약을 드리는 성도가 되시기를 바랍니다. 그리고 "내 어린양을 먹이라"(:17)라고 말씀하시는 사랑의 음성을 들으시고 순종하여 받은바 사명을 잘 감당하는 성도가 되시기를 바랍니다. 사랑은 그림이나 사인이 아닙니다. 아무리 멋진 사인을 그려도 핵심이 없으면 허무합니다. 뜨겁게 주님을 사랑하세요. 사랑은 베푸는 실천입니다. 사랑은 사명을 감당하는 것입니다. 그리하여 하나님께서 주시는 신령한 은혜와 평강을 영원히 받아 누리는 성도가 되도록 기도하시기를 주님의 이름으로 축원합니다.

[예화]

▣ 사랑의 의미

미국의 시인 데이비드 샤피로는 훌륭한 선생님이기도 했다. 샤피로가 일정이 있어 뉴욕에서 택시를 타고 가다가 샤피로를 알아본 택시 기사가 고민을 말했다. "어제는 새벽 2시까지 일을 하다 녹초가 돼 집에 들어갔어요. 그런데 아내가 그때까지 잠을 안 자고 울고 있더군요. 아들 녀석이 기도를 안 하고 자려기에 뭐라고 했더니 대들더랍니다. 저는 당장 아들을 깨워 호되게 혼을 내고 기도를 시킨 뒤 엄마에게 사과하라고 시켰습니다." 말을 하면서도 조금 찜찜한 표정이던 택시 기사는 넌지시 샤피로에게 물었다. "솔직히 제 행동이 맞는 것인지 잘 모르겠습니다. 괜히 짜증을 아이에게 풀었던 것 같기도 해요. 그래도 사랑해서 그랬다는 걸 아이도 알겠죠?" 샤피로는 잠시 생각에 잠겼다가 이렇게 대답했다. "사랑한다면 무슨 일이든 해도 괜찮을까요?" 택시 기사는 한동안 묵묵히 운전만 하다가 말했다. "선생님, 말이 맞습니다. 오늘 돌아가 아들에게 사과해야겠네요. 고맙습니다, 정말 고마워요." 사랑은 받는 상대방이 이해하고 받아들일 때 의미가 있다.

▣ 사랑한다는 것

기르던 반려견을 사고로 잃은 한 중년 여성이 극심한 우울증에 걸렸다. 6개월 넘게 치료를 받았지만, 여전히 잠을 자지 못했고 식욕도 감소해 위험할 정도의 저체중이 됐다. 오래 기르던 반려견이 세상을 떠난 또 다른 남자는 슬픔을 잊으려 술을 먹다가 알코올 중독에 빠졌다. 지난 몇 년간 실제로 신문 기사로 실린 내용이다. '애견 사망 증후군'이라 불리는 이 증상은 오래도록 기르던 반려견을 실제 가족과 같이 여겨 심각한 후유증을 겪는 병이다. 어떤 분들은 이해가 될 수도 있고, 또 어떤 분들은 '아무리 그래도 동물인데?'라는 생각이 들 수도 있다. 그런데 심리학자들은 반려견뿐 아니라 소중히 여기던 물건, 기호품에도 비슷한 감정을 느낄 수 있다고 한다. 그리고 이런 아끼는 것을 잃었을 때의 충격은 심한 경우 배우자를 잃었을 때의 정신적 충격과 비슷하다고 한다. 사랑한다는 것은 아픔과 슬픔, 기쁨과 행복을 모두 같이 느낀다는 뜻이다. 예수님께서 인간의 몸으로 세상에 오신 이유도, 십자가에 달려 돌아가신 이유도, 내가 고통 가운데 쓰러져 있을 때 함께 아파하시는 이유도 마찬가지다.

제목 : 진실한 감사를 위해 | 본문 : 요한1서 3:13-24

　유대인들에게 전해오는 명언 가운데 다음과 같은 말이 있습니다. "이 세상에서 가장 현명한 사람은 누구인가? 모든 사람에게 늘 배우는 사람이다. 이 세상에서 가장 강한 사람은 누구인가? 자기 자신을 이기는 사람이다. 이 세상에서 가장 부유한 사람은 누구인가? 자기 자신의 것으로 만족하는 사람이다. 이 세상에서 가장 행복한 사람은 누구인가? 감사할 줄 아는 사람이다." 환경과 생활이 만족하면 감사를 낳습니다. 감사는 생활의 윤활유 역할을 합니다.

　사람은 자기의 인생관에 따라서 모든 일에 감사하는가 하면, 모든 일에 불평하기도 합니다. 그런 의미에서 감사와 불평은 사람의 제조품입니다. 사람은 각자 자신의 지유가 있기에 모든 일에 감사할 수도 있고, 모든 일에 불평할 수도 있습니다. 하지만 범사에 감사하는 사람은 행복합니다. 그러나 범사에 불평하는 사람은 불행합니다. 우리는 험한 세상을 살아가면서 큰 어려움이나 큰 고통을 극복하고 하나님께 감사해야 기도를 합니다. 우리가 작은 일에 감사하고 사소한 일에 감사할 수 있을 때, 모든 삶에 만족하면서 행복하게 살아갈 수 있습니다.

　'일미칠근(一米七斤)'이라는 말이 있습니다. 농부가 쌀 한 톨을 만들려면 일곱 근의 땀을 흘려야 한다는 뜻입니다. 우리가 무심코 먹어버리거나 쉽게 버리는 쌀 한 톨이라도 그 쌀을 위해 땀을 흘린 농부의 수고와 그 수많은 손길을 기억하며 감사하라는 뜻의 말이기도 합니다. 사람은 감사하는 것만큼 행복해질 수 있습니다. 행복은 감사 가운데 있고, 감사는 만족 가운데 있습니다. 만족의 나무에는 감사의 꽃이 피고, 그 감사의 꽃에 행복의 열매가 열립니다.

　사도 바울이 "범사에 감사하라"(살전 5:18) 말씀했습니다. 감사할 수 없는 환경이나 처지일지라도 모든 일에 감사하라는 권면입니다. 감사에도 질이 있고 양이 있습니다. 어떤 감사를 하고 있는가? 얼마나 감사하고 있는가를 하나님께서 보고 계십니다. 가인은 철을 따라 추수하여 하나님께 감사의 제사를 했습니다. 그러나 질적으로 형편없는 감사 제사를 하나님께서 받으시지 않으셨습니다. 그래서 가인은 하나님과 사이가 나빠졌습니다. 하나님과 사이가 나빠진 가인이 하나님께서 아벨의 감사 제사를 받으신 동생 아벨과도 사이가 나빠졌습니다. 그래서 가인이 동생 아벨을 미워했습니다. 결국 동생 아벨을 죽이는 무서운 죄를 짓고 말았습니다.

　아벨은 하나님께서 기뻐하시는 향기로운 감사 제사했습니다. 히브리서 기자가 "믿음으로 아벨은 가인보다 더 나은 제사를 하나님께 드림으로 의로운 자라 하시는 증거를 얻었으

부록

니 하나님이 그 예물에 대하여 증언하심이라 그가 죽었으나 그 믿음으로써 지금도 말하느니라"(히 11:4)라고 말씀했습니다. 믿음으로 아벨은 가인보다 더 나은 제사를 했다고 했습니다. 믿음으로 드린 감사는 사랑이 있습니다. 아벨은 더 나은 감사의 제사를 하나님께 드림으로 의로운 자라 하시는 증거를 얻었습니다. 이는 사랑이 있는 감사입니다. 행함과 진실함으로 드린 감사입니다. 하나님께서 사랑이 있는 감사를 기뻐 받으시고 행함과 진실함의 감사를 인정하십니다.

1. 추수감사절을 준비하는 월삭 기도

11월 셋째 주일은 추수 감사 주일입니다. 우리는 어떤 감사를 하나님께 드릴까 지금부터 생각하며 기도해야 합니다. 아벨과 같이 향기롭고 아름다운 질이 좋은 감사를 준비해야 합시다. 사랑이 있는 감사를 준비해야 합시다. 행함과 진실함의 감사를 준비해야 합시다. 그러면 어떤 감사가 행함과 진실함의 감사가 될 수 있겠습니까? 그 대답을 오늘 본문 말씀에서 찾아보고 은혜를 나누고자 합니다. 사랑이 있는 감사, 행함과 진실함의 감사를 하나님께 드려서 하늘의 신령한 축복과 땅의 기름진 축복을 충만하게 받는 성도가 되도록 기도하시기를 바랍니다.

우리는 어디에 근거하여 추수 감사의 예배를 드려야 할까요? 무엇이 우리가 감사하지 않을 수 없게 하는 것일까요? 감사의 가장 근본적인 바탕은 뭐니 뭐니 해도 역시 자기 삶의 현주소가 바뀌었다는 것으로부터 시작되어야 합니다. 우리의 삶이 사망에서 생명으로 옮겨졌습니다. 우리는 죽을 수밖에 없는 사망의 자리에서 영원히 사는 생명의 자리로 삶의 주소가 바뀌었습니다. 사도 요한이 "우리는 형제를 사랑함으로 사망에서 옮겨 생명으로 들어간 줄을 알거니와 사랑하지 아니하는 자는 사망에 머물러 있느니라"(:14)라고 말씀했습니다.

하나님의 아들이신 예수님을 생명의 구주로 영접하기 이전에 우리는 사망의 자리에 있었습니다. 사단의 권세 아래에 있었습니다. 죄인의 모습으로 살고 있었습니다. 죽음이 우리를 지배하고 있었습니다. 지옥의 백성으로 살았습니다. 왜 우리가 이런 사망의 자리에 있었습니까? 하나님의 말씀을 듣지 않았기 때문입니다. 하나님에게 순종하지 않았기 때문입니다. 하나님을 사랑하지 않았기 때문입니다. 형제를 미워했기 때문입니다. 감사를 모르고 있었기 때문입니다. 하나님과 사람을 원망했기 때문입니다. 매사에 불평과 불만이 많았기 때문입니다.

그런데 이제 하나님의 사랑을 알았습니다. 하나님의 은혜를 깨달았습니다. 하나님의 감사를 알게 되었습니다. 이웃을 알게 되었습니다. 형제를 이해하게 되었습니다. 형제를 용서하게 되었습니다. 형제를 사랑하게 되었습니다. 비로소 주님의 십자가의 은혜와 사랑을 깨달았습니다. 이 사랑 때문에 사망에서 생명으로 들어가게 되었습니다. 하나님의 말씀을 듣게 되었습니다. 하나님의 말씀에 순종하게 되었습니다. 하나님의 은혜에 감사할 마음이 생겼습니다. 예배의 진수를 알게 되었습니다. 예배의 즐거움을 느끼게 되었습니다. 예배 시간에 은혜를 받게 되었습니다. 이제는 삶의 내용이 달라졌습니다. 생명력과 축복이 넘치는 삶을 살게 되었습니다.

"1. 나 이제 주님의 새 생명 얻은 몸/ 옛것은 지나고 새 사람이로다/ 그 생명 내 맘에 강같이 흐르고/ 그 사랑 내게서 해 같이 빛난다/ 영생을 누리며 주 안에 살리라/ 오늘도 내일도 주 함께 살리라// 2. 주 안에 감추인 새 생명 얻으니/ 이전에 좋던 것 이제는 값없다/ 하늘의 은혜와 평화를 맛보니/ 찬송과 기도로 주 함께 살리라/ 영생을 누리며 주 안에 살리라/ 오늘도 내일도 주 함께 살리라// 3. 산천도 초목도 새 것이 되었고/ 죄인도 원수도 친구로 변한다/ 새 생명 얻은 자 영생을 누리니/ 주님을 모신 맘 새 하늘이로다/ 영생을 누리며 주 안에 살리라/ 오늘도 내일도 주 함께 살리라// 4. 주 따라 가는 길 험 하고 멀어도/ 찬송을 부르며 뒤 따라 가리라/ 나 주를 모시고 영원히 살리라/ 날마다 섬기며 주 함께 살리라/ 영생을 누리며 주 안에 살리라/ 오늘도 내일도 주 함께 살리라"(찬송가 436장 전곡)

이렇게 찬송을 부르니 어찌 하나님께 감사가 안 나오겠습니까? 여기에서부터 사랑이 있는 감사가 시작됩니다. 사망에서 옮겨 생명으로 들어간 성도는 누가 뭐라고 해도 감사할 수밖에 없게 되어 있습니다. 사망에서 옮겨 생명으로 들어간 기쁨과 은혜를 감사로 하나님께 영광 돌리는 성도가 되도록 하나님께 기도하시기를 간절히 바랍니다.

2. 감사와 사랑의 실천

그런데 중요한 말씀은 이제부터 시작됩니다. 우리가 하나님의 감사를 깨닫는 것만으로는 부족합니다. 우리가 감사를 머리로 알기만 하는 것만으로는 안 됩니다. 하나님의 감사에 대한 실천이 따라야 합니다. 하나님께 감사는 실천이 바로 행함과 진실함의 감사입니다. 사도 요한이 "그가 우리를 위하여 목숨을 버리셨으니 우리가 이로써 사랑을 알고 우리도 형제들을 위하여 목숨을 버리는 것이 마땅하니라 누가 이 세상의 재물을 가지고 형제의 궁핍함을 보고도 도와 줄 마음을 닫으면 하나님의 사랑이 어찌 그 속에 거하겠느냐 자녀들아 우리가 말과 혀로만 사랑하지 말고 행함과 진실함으로 하자"(:16-18)라고 말씀했습니다.

"자녀들아 우리가 말과 혀로만 사랑하지 말고 행함과 진실함으로 하자"(:18). "형제를 사랑하자", "하나님의 은혜에 감사하자"를 입으로는 자주 말할 수 있습니다. "형제를 사랑하자", "하나님의 은혜에 감사하자"를 혀로는 많이 말할 수 있습니다. 문제는 실천입니다. 행동으로 나타내는 삶입니다. 정말 진실한 심정으로 감사와 은혜에 보답하는 일을 실천해야 합니다. 그런데 누구는 말과 혀로는 청산유수처럼 잘도 나불거려도 실천에 가서는 슬머시 뒤로 빠져버립니다. 사랑을 받고 대접받는 데는 앞장서면서 막상 자기가 봉사하고 베풀고 해야 할 때는 그림자도 안 보이게 숨어버립니다. 이것이 문제입니다. 여기에 함정이 있습니다. 사랑을 실천하려고 하니 우선 돈이 아깝고 손해를 본다 생각하니 앞으로 나설 엄두가 안 나는 일입니다.

"누가 이 세상 재물을 가지고 형제의 궁핍함을 보고도 도와줄 마음을 닫으면 하나님의 사랑이 어찌 그 속에 거하겠느냐"(:17). 여기서 저는 좀 치사한 이야기를 할 수밖에 없습니다. 목사가 잘못이라면 용서하시기 바랍니다. "누가 세상 재물을 가지고 형제의 궁핍함을 보고도 도와줄 마음을 닫으면" 물질적으로 나의 도움이 필요한 형제가 있습니다. 그래서 처음에는 '아, 안 됐다. 좀 도와주어야겠다.'라고 생각합니다. 그래서 속으로 '한 10만 원쯤 도와줄까?'라고 생각했습니다. 그런데 막상 도와주려고 하니 다른데 쓸데가 생겼습니다. 그래서 '아이고, 나도 어려운데 한 5만 원만 돕자.'라고 마음을 바꾸었습니다. 그리고 다시 생각하니 또 다른 용도가 생깁니다. 그래서 이제는 '에이, 한 3만 원만 주지' 그런데 그걸 주려고 하니 너무 작아 부끄럽기도 하고, 조금 주고 생색내는 것 같아 '에라. 그만두자. 나중에 형편이 나아지면 돕지'하고 포기하고 말았습니다. 이게 바로 형제의 궁핍함을 보고도 도와줄 마음을 닫는 일입니다.

이런 경우는 하나님께 추수 감사의 예물을 드릴 때도 치사하게 계산하는 사람이 있습니다. 추수감사절이 되었습니다. 지난 일 년을 생각하니 하나님의 은혜가 너무나 크고 고마웠습니다. 그래서 마음속으로 금 년에는 한 10만 원쯤 추수 감사헌금을 드리기로 작정했습니다. 그런데 막상 헌금을 드리려고 하니 돈 쓸데가 한두 군데가 아닙니다. 솔직히 돈이 아깝기도 합니다. 그래서 절반으로 줄여 5만 원을 추수 감사헌금으로 드리기로 했습니다. 그런데 이때 마귀가 시험을 했습니다. '네가 뭔데 그렇게 바치냐?'라는 것입니다. 그래 마음에 갈등이 생깁니다. 고민이 많습니다. 그러다가 최종적으로 결심한 것이 무엇인지 아십니까? 곤란하니까 추수감사절에 아예 교회에 안 나가버리고 친구들과 산에 등산하기로 작정하고 말았습니다.

문제는 사랑입니다. 하나님을 얼마나 사랑하는가. 형제를 얼마나 사랑하는가. 교회를 얼마나 사랑하는가. 이 지역사회의 가난하고 불우한 이웃을 얼마나 사랑하는가. 성도들이 하나님께 드리는 예물은 모두 불우한 이웃돕기에 사용됩니다. 복음을 전하는 데 쓰입니다. 하나님의 나라를 세우는 데 이용됩니다. "그(예수님)가 우리를 위하여 목숨을 버리셨으니 우리가 이로써 사랑을 알고 우리도 형제들을 위하여 목숨을 버리는 것이 마땅하니라 누가 이 세상 재물을 가지고 형제의 궁핍함을 보고도 도와줄 마음을 닫으면 하나님의 사랑이 어찌 그 속에 거하겠느냐"(:16-17). 주님의 몸 된 교회를 위하여, 하나님의 나라 건설을 위하여, 가난하고 불우한 이웃과 형제를 위하여 추수 감사의 헌금을 드려서 나눌 수 있는 성도가 하나님의 사랑을 실천하는 사람입니다. 이게 행함과 진실함의 감사입니다. 이것이 바로 사랑이 있는 감사입니다.

3. 추수 감사헌금에 대한 축복

사도 요한은 오늘 본문 말씀을 통해서 행함과 진실함의 감사를 드리는 성도에게 하나님의 축복을 약속했습니다. 사도 요한이 **"사랑하는 자들아 만일 우리 마음이 우리를 책망할 것이 없으면 하나님 앞에서 담대함을 얻고 무엇이든지 구하는 바를 그에게 받나니 이는 우리가 그의 계명을 지키고 그 앞에서 기뻐하시는 것을 행함이라"**(21-22) 말씀했습니다. 하나님을 사랑하고 형제를 사랑하기에 책망할 것이 없는 성도, 특히 행함과 진실함의 감사를 드리는 성도에게 두 가지 축복을 약속하였습니다. 첫째는 하나님 앞에서 담대함을 얻는다고 약속했습니다. 지금까지 가지고 있던 부끄러운 죄가 용서받아서 담대해집니다. 주님께서 믿음의 용기를 주셔서 담대해집니다. 둘째는 무엇이든 구하는 바를 받는다고 약속했습니다. 기도가 응답받는다는 말씀입니다. 무엇이든지 원하는 소원을 다 이루어주신다는 약속입니다. 이 얼마나 좋습니까.

"우리가 선을 행하되 낙심하지 말지니 포기하지 아니하면 때가 이르매 거두리라 그러므로 우리는 기회 있는 대로 모든 이에게 착한 일을 하되 더욱 믿음의 가정들에게 할지니라"(갈 6:9-10). 선한 일은 복음 전도입니다. 주님의 몸 된 교회를 섬기는 일입니다. 고통당하는 사람을 위로하는 일입니다. 병든 사람을 찾아보는 일입니다. 가난한 사람을 돕는 일입니다. 선한 일은 반드시 돈으로만 하는 것이 아닙니다. 선한 일은 마음으로 하는 것입니다. 선한 일은 기도로 하는 것입니다. 그러니 꾸준히 선한 일을 계속해야 합니다. 절대로 쉬지 말아야 합니다. 어떤 경우에도 기회를 놓치지 말아야 합니다. 특히 믿음의 가정, 즉 교회의 성도들에게 선한 일을 해야 합니다. 주님을 섬기라는 말씀입니다. 주님의 몸 된 교회를 섬기라는 말씀입니다.

사랑하는 성도 여러분!

사랑이 있는 감사를 준비합시다. 행함과 진실함의 감사를 드립시다. **"그 아들 예수 그리스도의 이름을 믿고 그가 우리에게 주신 계명대로 서로 사랑할 것이니라 그의 계명을 지키는 자는 주 안에 거하고 주는 그의 안에 거하시나니"**(:23-24). 형제를 사랑하여 사망에서 옮겨 생명으로 들어가는 성도가 되시기를 바랍니다. 재물을 가지고 형제의 궁핍함을 도와주는 행함과 진실함의 감사를 드리시기를 바랍니다. 그리하여 담대한 믿음을 얻고, 기도에 응답받아 원하는 바를 받도록 사랑을 실천하는 성도가 되도록 기도하시기를 주님의 이름으로 축원합니다.

[예화]

▣ 세 가지 감사

사회학자들은 지금으로부터 약 60년 전 지구촌 사람들에게 필요한 생활 조건이 72가지가 있었고, 절대 필요한 건 18가지가 있었는데 지금에 와서 필요한 것은 5백 가지이며, 절대 필요한 건 50가지라고 분석한다. 필요한 것과 절대로 필요한 걸 더 많이 누리며 사는 현대인들이 과연 60년 전보다 더 행복할까? 오히려 감사할 줄 모르며 불행하게 사는 것이 아닐까?. 1690년 증기기관을 발명해 낸 프랑스 물리학자 파핀은 이렇게 말했다. "나는 세 가지로 인해 늘 감사한다. 첫째는 하나님이 날마다 주시는 일용할 양식이요, 둘째는 몸의 건강이요, 셋째는 영원한 삶을 향한 소망이다. 이 세 가지는 모두 하나님께서 주셨다."

▣ 감사의 실종

대학생 스펜서는 낮잠을 자다가 갑자기 엄청난 충격음을 들었다. 창문을 열어보니 미시간 호수의 커다란 바위에 유람선이 충돌해 가라앉았고 수백 명의 사람이 물에 빠져 허우적대고 있었다. 수영 실력이 뛰어났던 스펜서는 바로 뛰어나가 호수에 몸을 던졌고 17명이나 구조했다. 그러나 한계 이상의 체력을 써 이날 이후로 큰 병을 앓았고 7년 뒤, 32살의 젊은 나이에 후유증으로 세상을 떠났다. 스펜서의 활약을 알고 있던 지역 신문사의 기자는 그가 세상을 떠나기 얼마 전 병실에 찾아와 이런 질문을 했다. "당신이 구해 준 17명의 사람이 이 소식을 들으면 참으로 가슴이 아프겠습니다." 이 질문을 들은 스펜서는 쓸쓸한 표정으로 대답했다. "17명의 사람 가운데 나에게 고마움을 표시한 사람은 어린 소녀 단 한 명뿐이었습니다. 작년까지 한 번도 빼먹지 않고 매년 감사 편지를 보내줍니다. 하지만 다른 16명의 사람에게는 아무런 연락도 받지 못했습니다. 그래도 한 소녀의 감사 때문에 내가 한 일을 후회하지는 않습니다."

거듭나지 못한 사람에게는 감사가 없다. 구원받은 감격을 느끼고 있다면, 생명을 구했다면 감사를 절대로 잊지 마시라. 특히 우리를 구원해주신 주님의 은혜를 잊지 마시라.

제목 : 곧 오실 주님의 대림을 위해 | 본문 : 이사야 64:1-9

12월 월삭 기도회에 곧 오실 주님의 대림을 위해 하나님께 기도하시겠습니다. 이사야 선지자는 "주께서 강림하사 우리가 생각하지 못한 두려운 일을 행하시던 그 때에 산들이 주 앞에서 진동하였사오니 주 외에는 자기를 앙망하는 자를 위하여 이런 일을 행한 신을 옛부터 들은 자도 없고 귀로 들은 자도 없고 눈으로 본 자도 없었나이다"(:3-4)라고 말씀했습니다.

용혜원 목사 시인이 「기다림」이란 시에서 이렇게 썼습니다. "삶이 있는 곳에는/ 어디나 기다림이 있네// 우리네 삶은 시작부터/ 기다리고 있다는 말로 위로받고/ 기다려 달라는 부탁하며 살아가네// 봄을 기다림이/ 꽃으로 피어나고/ 가을을 기다림이/ 탐스런 열매로 익어가듯// 삶의 계절은/ 기다림의 고통, 멋, 그리움이지 않은가?/ 기다림은 생명, 희망이지// 우리네 삶은 기다림의 연속인데/ 어느 날인가?/ 기다릴 여유가 없을 때/ 떠나는 것이 아닌가?// 우리네 가슴은 일생을 두고/ 기다림에 설레이는 것// 기다릴 여유가 있다는 것/ 기다릴 사람이 있다는 것/ 그것은 행복한 우리들의 이야기가 아닌가?"

미국의 작가 오 헨리가 쓴 『마지막 잎새』라는 단편소설이 있습니다. 소설의 주인공 존시는 중한 병에 걸려 죽을 날만을 기다리고 있었습니다. 그의 병실 창밖으로 담장이 있고 담쟁이넝쿨이 기어오르고 있었는데, 우수수 부는 초겨울 바람에 넝쿨 잎이 하나씩 둘씩 떨어지고 있었습니다. 병든 존시는 생각하기를 그 담쟁이넝쿨 잎이 다 지는 날이 자신이 죽는 날이라고 생각하면서 마지막 잎이 떨어져 죽을 날을 기다리고 있었습니다. 그러나 그를 사랑하는 사람들은 두 손 모아 넝쿨 잎이 다 떨어지지 않기를 기도하고 있었습니다. 밤 사이에 새 찬 바람이 무섭게 몰아치던 다음 날 아침, 분명히 넝쿨 잎이 다 떨어졌으리라 생각하고 창밖을 보았을 때, 여전히 잎이 하나 붙어 있었고 죽음을 기다리는 존시 역시 죽지 않고 살아 있었습니다.

그러기를 여러 날이 지나면서 존시의 몸은 점점 회복되고 마침내 병이 완치되었습니다. 그런데 사실은 그 담쟁이넝쿨 잎은 진짜가 아니고 이웃집에 살고 있던 무명의 화가 베어먼 할아버지의 그림이었습니다. 찬 바람이 몰아치는 추운 겨울밤에 온밤을 꼬박 새우며 베어먼 할아버지가 담벼락에 잎을 그려놓고, 심한 폐렴으로 세상을 떠났습니다. 이 단편소설은 젊은 한 사람의 생명을 구하기 위하여 목숨을 바친 노인의 모습이 아름답게 그려지고 있습니다. 비록 짝퉁이라도 '마지막 잎새'가 죽어 가는 한 사람의 생명을 살리는 기적을 낳았다는 이야기입니다.

지금 우리가 사는 세상은 비바람이 몰아치는 세상과 같습니다. 가난과 질병에 사람들이 시달리고 있습니다. 배신과 오해 때문에 사람들이 고통을 당하고 있습니다. 절망과 공포에 사람들이 스스로 목숨을 끊고 있습니다. 마치 오늘날의 사람들은 길바닥에 뒹구는 돌멩이만도 가치가 없는 존재로 하루하루 살아가고 있습니다. 솔직히 죽지 못해 사는 사람이 많습니다. 사람은 누구나 하루에도 죽고 싶은 충동이 한 두 번 나는 것이 아닙니다. 주변에서 자살하는 사람이 수없이 생겨납니다. 모든 것이 하나같이 절망의 꼬리를 달고 우리 삶을 맴돌고 있습니다.

그런 일에도 불구하고 우리는 살고 있습니다. 세상에 사는 사람을 크게 두 가지로 나누면 하나는 어쩔 수 없이 사는 사람이 있고, 또 하나는 그래도 작지만 어떤 희망을 가지고 사는 사람이 있습니다. 하나님을 안 믿는 사람은 어쩔 수 없이 절망 가운데 하루하루를 삽니다. 술과 담배, 세상의 쾌락을 즐기면서 죽을 날을 기다리며 살고 있습니다. 그러나 하나님을 믿는 사람은 힘겹지만 믿음과 소망을 가지고 세상을 살고 있습니다. 여러분은 지금 어떤 사람입니까? 절망으로 사는 사람입니까, 아니면 소망을 가지고 사는 사람입니까? 저는 오늘 여러분들에게 소망을 주고 싶습니다. 그 소망이 무엇입니까? 장차 오실 우리 주님을 기다리라는 것입니다.

1. 주님의 강림

12월부터 대림절이 시작됩니다. **"원하건대 주는 하늘을 가르고 강림하시고"**(:1). 본문을 기록한 이사야 시대에도 지금 우리만큼이나 인생 살기가 힘들고 고달팠습니다. 그래서 이사야가 하나님께 받은 계시의 말씀이 오늘 본문 말씀입니다. 세상을 아무리 둘러보아도 세상에서는 희망을 찾을 길이 없기에 하늘에 계시는 하나님이 강림하시기를 간절히 사모하고 있습니다.

강림이란 '주님이 세상에 임하신다'라는 뜻입니다. 강림에는 두 가지가 있습니다. 하나는 초림이고 하나는 재림입니다. 초림은 하나님이 인간의 육신을 입으시고 세상에 오신 것을 말합니다. 죄로 말미암아 멸망하기에 이른 인간을 구원하시기 위하여 주님이 하늘나라의 영광을 버리고 인간의 몸을 입으시고 이 세상에 오셨습니다. 세상에 오신 예수님은 하늘나라의 복음을 전파하시고, 말씀을 가르치시고, 병든 자의 병을 고쳐주셨습니다. 마침내 예수님은 인간의 죄를 대신 짊어지시고 십자가에서 죽었다가 사흘 만에 부활하셨습니다. 그리고 하늘나라로 승천하셨습니다. 누구든지 예수 그리스도를 주님으로 믿으면 구원을 받습니다.

주님은 다시 오시겠다고 약속하셨습니다. 이것이 재림입니다. 재림의 징조는 마태복음 24장에 자세하게 소개되고 있습니다. 이곳저곳에서 거짓 그리스도가 나타나서 사람들을 미혹합니다. 곳곳에서 난리와 난리 소문이 들립니다. 민족이 민족을, 나라가 나라를 대적합니다. 이곳저곳에 기근과 지진이 있습니다. 사람들이 성도를 환란에 넘겨줍니다. 성도가 예수님의 이름 때문에 미움을 받습니다. 사람들이 시험에 빠져 서로 잡아주고 미워합니다. 불법이 성하고 많은 사람의 사랑이 식습니다. 이게 주님 재림의 징조입니다. 주님은 재림의 날을 미리 말씀하지 않으셨습니다. 주님은 언제 오실지 모릅니다. 도적 같이 오십니다. 그러므로 성도는 정신 차리고 깨어 기도하며 다시 오시는 주님을 기다려야 합니다. 이것이 또한 성도의 희망입니다.

우리가 믿는 주님은 절망하는 사람에게 희망을 주십니다. 주님은 낙심한 사람에게 소망을 주십니다. 주님은 죄인이 회개하면 용서하십니다. 주님은 가난한 사람을 부하게 하십니다. 주님은 슬픈 사람을 위로하십니다. 주님은 병든 사람의 병을 고치십니다. 주님은 죽을 사람을 살리시는 하나님이십니다. 하나님은 성도 여러분을 사랑하시고 구원하십니다. 그러므로 주님은 우리의 희망이십니다. 대림절은 이런 주님이 다시 오실 날을 기다리는 절기입니다.

여기서 우리가 분명히 알아야 할 일이 있습니다. 주님이 아무리 좋은 하나님이시더라도 사람이 자신의 죄를 회개하지 않는 자에게는 가차 없이 심판하십니다. 그러나 사람이 자신의 죄를 회개하여 주님께 나아오면 그를 용서하십니다. 그를 사랑하시고 구원하십니다. 영혼과 육신의 생활에 축복까지 하십니다. 이사야 선지자는 이것을 분명하게 말씀하였습니다.

이사야 선지자는 세상을 바라보면서 절망하였습니다. 하나님은 불로 섶을 사르듯이 세상을 심판하실 분이시기 때문입니다. 하나님은 불이 물을 끓어오르게 하는 것처럼 강력한 힘을 가지시고 세상을 판단하실 분이시기 때문입니다. 하나님의 진노하심으로 열방이 하나님 앞에서 떨 수밖에 없기 때문입니다. 주님은 강림하셔서 죄를 심판하시는 날이 두렵기 때문입니다. 높은 산들마저도 하나님 앞에 진동합니다. 하나님이 하시는 일은 너무나도 신비하고 오묘하여 사람이 귀로들을 수도 없습니다. 눈으로 볼 자도 없습니다. 하나님은 기쁘게 의를 행하는 자를 기억하셔서 선대하시지만, 죄를 지은 자에게는 무섭게 심판하시는 분이십니다.

인간은 모두 죄인입니다. 죄를 짓지 아니한 자는 하나도 없습니다. 인간은 모두 죄악의 더러운 옷을 입고 있습니다. 그 죄를 어떻게 하겠습니까? 인간은 마른 잎사귀 같아서 언젠가는 다 심판을 받아 낙엽처럼 시들어 떨어지고 말 것입니다. 인간은 바람에 나는 겨와 같아서 바람 부는 대로 흩어지게 되어 있습니다. 인간은 성격이 포악하여 환란과 고통 중에도 하나님의 이름을 부르는 자가 없습니다. 인간은 스스로 멸망의 길로 들어가 영원한 지옥 백성이 되고 말 것입니다. 그러므로 성도는 하나님의 구원을 받기 위해서 기도하시기를 바랍니다.

2. 구원의 길

이런 인간이 하나님 앞에서 구원을 받을 수 있겠습니까? 어느 인간이 하나님의 은혜와 복을 받을 수 있겠습니까? 이 사실을 이사야 선지자는 너무 잘 알고 있었습니다. 그래서 이사야 선지자는 두렵고 떨리는 마음으로 회개하고 새사람이 되어서 주님의 강림을 기다렸다가 하나님을 맞을 준비를 하라고 당부하였습니다.

대림절은 그냥 교회에서 연례행사로 지키는 하나의 절기가 아닙니다. 그렇다면 교회에서 굳이 대림절을 지킬 필요가 없습니다. 교회의 여러 절기 중에 가장 중요한 절기가 대림절입니다. 교회력으로 새해가 시작되는 절기입니다. 세상에서 희망이 없는 사람은 죽은 사람과 같습니다. 아무리 살기 어려워도 희망이 있으면 산 사람입니다. 앞에서 예화로 든 것처럼 절망적인 중병에 걸려 죽을 날을 기다리면서도 '마지막 잎새'가 떨어지기 전에는 죽지 않는다고 믿음으로써 병과 싸워 마침내 병을 이기고 완치된 사람처럼 희망이 있으면 절대 죽지 않습니다.

교회에서 대림절을 지키는 이유가 여기 있습니다. 세상은 절망입니다. 고통과 슬픔, 낙심과 좌절, 아픔과 굶주림뿐입니다. 어느 것 하나도 잘 되는 것이 없습니다. 그러나 살아 계신 하나님을 믿는 성도에게는 단 한 가지 희망이 있습니다. 그것은 우리의 구세주이신 예수님이 다시 오신다는 것입니다. 주님이 다시 오시면 모든 것을 회복시켜 주십니다. 주님의 재림이 성도의 희망입니다. 주님이 반드시 재림하신다는 희망으로 사는 성도는 어떤 경우에도 절망하지 않습니다.

이사야 선지자가 **"그러나 여호와여 이제 주는 우리 아버지시니이다 우리는 진흙이요 주는 토기장이시니 우리는 다 주의 손으로 지으신 것이니이다 여호와여 너무 분노하지 마시오며 죄악을 영원히 기억하지 마시옵소서 구하오니 보시옵소서 보시옵소서 우리는 다 주의 백성이니이다"**(:8-9)라고 기도했습니다. 이 기도는 우리에게 넘치는 희망을 줍니다.

3. 창조주 하나님

여호와는 창조주 하나님이십니다. 세상과 인간을 만드셨습니다. 인간의 생사화복을 주관하십니다. 반면에 인간은 한낱 진흙에 불과합니다. 토기장이가 진흙으로 도자기를 만들 듯이, 하나님께서 인간을 만드십니다. 쓸모 있는 사람으로 만드시기도 하시고, 쓸모없는 인간으로 만드시기도 하십니다. 어떤 인간으로 만들어지기를 바랍니까? 쓸모 있는 금그릇으로 만들어지고 싶습니까? 아니면 뒷간에 놓여 오물을 받아내는 질그릇으로 만들어지고 싶습니까?

사람은 그 용도에 따라 그 가치가 있습니다. 금그릇이 있고, 은그릇도 있고, 질그릇도 있고, 나무 그릇도 있습니다. "여호와여 너무 분노하지 마시오며 죄악을 영원히 기억하지 마시옵소서 구하오니 보시옵소서 보시옵소서 우리는 다 주의 백성이니이다"(:9). 우리는 하나님 앞에 지은 죄를 고백하고 회개하여 용서를 기도해야 합니다. 하나님께서 내 죄악을 기억하지 마시라고 기도해야 합니다. "보시옵소서 보시옵소서 우리는 다 주의 백성이니이다"(:9). 하나님께 회개한 자신을 보여주어야 합니다. 하나님을 진실한 마음으로 섬기는 모습을 보여주어야 합니다. 하나님의 사랑과 용서를 구하면서 주님의 백성으로 쓰임 받기를 서원해야 합니다. 그래야 하나님이 귀하게 쓰시는 그릇이 됩니다. 귀중한 금그릇으로 쓰임 받아야 합니다. 회개해야 주님의 소중한 그릇이 되고 일꾼이 될 수 있습니다. 섬겨야 충성된 종이 될 수 있습니다. 이게 바로 주님을 기다리는 성도의 바른 자세입니다. 이렇게 주님의 재림을 기다립시다.

사랑하는 성도 여러분!

다 같이 눈을 감으시고 오늘의 말씀을 묵상합시다. 우리의 삶에는 자주 절망이 찾아옵니다. 생활이 고달프고 마음이 아프고 고달플 때가 한두 번이 아닙니다. 때로는 절망할 수 밖에 없는 상황에 떨어집니다. 정말 죽고 싶을 때가 있습니다. 그러나 우리에게 주님이 계십니다. 우리는 예수님을 생명의 주님으로 믿습니다. 그래서 우리에게 희망이 있습니다. 가느다란 희망이라도 붙잡기 위하여 기도하시기 바랍니다. 주님은 이미 오셨고 또 오실 것입니다. 아니 곧 오실 것입니다. 그 주님을 우리는 기다립니다. 기다림이 있는 사람은 어떤 경우에도 낙심하지 않습니다. 주님은 우리의 구원자이십니다. 우리를 구원하시는 주님은 멀리 계시지 않습니다. 주님은 내 가까이에 계십니다. 그 주님은 곧 오실 것입니다. 곧 오시는 주님을 맞이하기에 부족함이 없는 성도가 되기 위하여 기도하시기 바랍니다.

주님이 다시 오실 날을 기다리며 회개하는 자에게 구원이 있습니다. 신령한 복을 받습니다. 주님 보시기에 바르게 사는 성도에게 복이 있습니다. 바르게 사는 성도에게 의의 면류관을 주십니다. 주님은 회개하고 바르게 사는 성도를 사랑하십니다. 우리 모두 주님 보시기에 합당한 성도가 되어서 주님을 기다리는 성도가 됩시다. 주님을 만나기에 부끄럽지 않은 성도가 되기 위하여 기도하시기 바랍니다. 대림절은 성탄절에 가장 가까운 절기입니다. 주님은 2025년 성탄절에 성도 여러분의 심령 속에, 성도 여러분의 가정에, 그리고 우리 교회에 새롭게 탄생하시기를 준비하고 계십니다. 다시 오시는 주님을 영광 가운데 만나 천국을 이루고 영원한 세계, 하늘나라에 가도록 기도하시기를 주님의 이름으로 간절히 축원합니다.

[예화]

▣ 그리스도의 재림, 우리의 소망

주님께서 오신다는 약속은 수 세기에 걸쳐 신자의 커다란 소망이 되어 왔다. 에밀 브루너는 "폐에 산소가 필요한 것처럼 인간에게는 희망이 필요하다"라고 말했다. 찰스 웨슬리는 7,000개의 찬송가를 썼는데 그 가운데 5,000개의 찬송가에 그리스도의 재림을 내용으로 담았다. 엘리자베스 2세의 대관식을 주관했던 캔터베리 대주교는 왕관을 그녀의 머리 위에 얹으며 이같이 말했다. "오, 여왕 전하. 제가 이 왕관을 드리오니 마땅히 쓸 권리를 가지신 분이 돌아오실 때까지 전하께서 쓰소서." 그러나 주님이 오시기 전까지의 세상에 대하여, 한 유명한 칼럼니스트는 다음과 같이 말했다. "우리 모두에게 세상은 무질서하고 위험하며, 통제할 수 없는 것임이 분명하다." 누가 질서를 회복시킬 것인가? 누가 핵 위험을 막아줄 수 있겠는가? 누가 에이즈와 우리 시대의 코로나19 전염병을 박멸시킬 수 있는가? 누가 홀로 세상을 통치할 수 있을 것인가? 그 유일한 해결책은 예수 그리스도이다. 하나님은 이 세상을 그의 아들, 예수 그리스도에게 약속하셨고 어느 날엔가 완전히 그의 통치 아래 둘 것이다. 그리스도의 재림으로 믿음의 사람들이 해방되고 그들의 억울함이 신원될 것이다. 그때에 비그리스도인들은 왜 진실한 그리스도인이 그들과는 다른 삶을 살았는지 이해할 것이다.

▣ 내 주님의 다시 오심

지난밤 나는 아내와 함께 조용히 대화를 나누었다. 우리는 마주 앉아 커피를 마셨으며, 집안은 유난히 조용했고, 그날 밤에는 별다른 약속도 없었다. 그러다가 우리의 대화는 그리스도의 재림에 관한 주제로 옮겨 갔다. 당신도 잠시 그날에 대해 생각해보라. 어떤 사람들은 이런 생각을 마치 장례식이나 죽음을 앞에 둔 시점에서나 하는 생각쯤으로 치부해 버리기 쉽다. 하지만 성경은 우리가 그리스도께서 다시 오실 것이라는 사실을 인식하면서 '서로 위로해야(살전 4:13-18) 한다'고 말하며, '견고하며 흔들리지 말며 항상 주의 일에 힘써야 한다(고전 15:58)라는 삶의 원리도 제공해 주고 있다. 그리스도의 재림은 성경의 핵심 주제 중 하나다. 수많은 사람은 '그의 재림이 어디에 있단 말인가?'라고 빈정대고 있다. 구주의 재림에 대한 약속은 계속해서 공격받을 것이며, 오해될 것이고, 부인될 것이다. 그러나 그 약속은 견고한 돌처럼 곧 성취될 약속이며, 절망과 불신앙에 있는 우리에게 희망과 용기를 주는 진리다. 그렇다면 그날을 기다리는 우리는 무엇을 해야 할 것인가? 늘 하던 대로 하라. 매일 하나님의 영광을 위해 열심히 살라. 그의 이름을 위하여 당신의 직장과 가정에서 부지런히 일하라. 날마다 주님의 재림을 기대하는 마음으로 소금의 역할을 다하며 빛을 비추고, 균형 있고 명랑하며 안정된 삶을 유지하라. 그리고 만일 당신이 하늘에 올라갈 준비가 조금이라도 되어 있다면 구원 열차의 표를 단단히 붙잡아라. 주님께서 나누어 주시는 그 표를 거저 얻는 것이다.